水都大阪の民俗誌

大阪叢書 4

田野　登　著

和泉書院

浪花百景之内

安治

川橋

安治川橋《あぢがはばし》ハ安治川口《ぐち》にかけ
わたして是《これ》を橋《はし》の終《をは》りとす
北詰《きたづめ》ハ新堀《しんぼり》の妓楼立《ぎろうたち》つら
ねて泊《とま》り船《ふね》の船頭《せんどう》を浮《うか》し
南　詰《みなみづめ》ハ冨嶋《とみしま》の船問屋軒《ふなどいやのき》を
ならべてかまびすし橋下《きやうか》は
諸品《しよしな》を積《つみ》て元船《もとぶね》にはこぶ
上荷船《うはにぶね》又《また》ハ網舟釣《あみぶねつり》ふね遊《ゆ》
山船《さんふね》よりピンシヤウ船《ふね》にいたる
まで登《のぼ》るあり下《くだ》るありて実《じつ》
に扶桑第一《ふさうだいいち》の大《おほ》みなと
とはいふべき
なり

貞信写

目次

第二編　水都大阪の民俗誌　217

第一章　川筋からみえる水都大阪　219

第三章　川筋の生業世界　397

凡例

一　本著においては、歴史的行政地名およびさまざまな施設名等の表記直後の（　）内に現在該当する所在地の地名を付すことがある。それらは、市街地地図・地名辞典・インターネットサイトなどによる検索に基づく。その際、原則として「大阪府大阪市」を省略する。

二　本文中、今日の人権意識に照らして不適切と思われる表現がみられるが、原文の歴史性を考慮してそのままとした。

＊お願い井川洗崖氏、ならびにご家族の消息をご存じの方は、和泉書院編集部までお知らせください。

はじめに　「水都」周縁のマチの心象地図

——幼い頃の闇の世界——

1　私の「都市民俗」の視角

都市民俗を研究の対象とする場合、研究者自身が「都市」とどのように関わり、向き合ってきたかは、研究の視角に影響を及ぼす大きな問題である。「都市」を自分自身の記憶に残る「場所」として捉えてみることから始める。

私自身、都市民俗を研究することになったきっかけの一つは、幼年時代（昭和三〇〈一九五五〉年頃）、生家近辺の「不思議な場所」に興味を惹かれたことである。その好奇心を育んだのが浦江（大阪市福島区鷺洲《さぎす》）から福島・堂島・西梅田にかけてのマチである。この地域は、「水都」を標榜する都市大阪の北西の周縁部（urban edge）にあたる。

本著〈水都大阪の民俗誌〉を起筆するにあたって、自分が生まれ育ったマチ近辺の場所性について、幼児体験をもとに論究することにする。本著冒頭に幼児体験を俎上に載せるのは、自分自身の「郷愁の世界」を論考の対象とすることによって、私にとっての都市民俗の視角を再認識するためである。〈はじめに「水都」周縁のマチの心象地図〉では、幼い頃、歩いた場所をとりあげ、メンタルマップとして記すことにする。ここでメンタルマップを作成するのは、メンタルマップがさまざまな自然空間、人工的施設を有する空間の解読に有効であると考えるからである。

私の生まれ育った「場所」は、二、三〇軒もの家屋が軒を連ねる戦前からの長屋であった。昭和三〇（一九五五）年頃、町内には、たくさん子供たちがいて、二筋裏の長屋には地蔵さんが祀られ、毎年の地蔵盆にはお堂の前で踊ったりもした。そういったマチを子供の視点に立ち返って捉え直す時、そのマチがどのような民俗的世界を呈するものであったのだろうか。当時、このマチ近辺には、さまざまな商店・施設があった。町内の長屋を出ると、酒屋、市場、理髪店、風呂屋、古道具屋、カシワ屋、漢方薬屋、映画館、工場、橋、停留所、国鉄駅、私鉄駅、操車場、裏通り、ガード、ボイラー置き場、土木局、公衆便所、公園、病院、寺、神社といったさまざまな商店・施設があった。田圃や畑はどこにも見当たらなかったが、広っぱ（空き地）は随所にあった。子供時代の記憶に残ったそういった都市における「場所」には、常日頃、解釈されるのとは違った意味があるはずで、〈はじめに「水都」周縁のマチの心象地図〉の趣旨はその意味を探ることにある。

この都市を流れる川には、盆が過ぎると西瓜の皮がプカリプカリと浮いたりしていて、異臭を放っていた。そんな川にも、きっと川の民俗に共通する事象が認められるにちがいない。ここでは子供心に不思議をおぼえた場所に存在した事象の意味を考察することにより、都心部周縁のマチの場所性を論究する。都心部周縁のマチには、都心部では見られなくなっていた伝承を有することもあり、都市民俗を解明する一つの端緒が得られるものと考える。

2　概観

昭和二五（一九五〇）年生まれの私の幼年時代は、不思議な物や乗物を見るのに祖母（明治二三〈一八九〇〉年、兵庫県三田市生まれ）に他の孫たちと一緒に連れて行ってもらうことに明け暮れていた。ここでは、昭和三〇（一九五五）年前後、遊び場所であった国鉄西成線（現在の大阪環状線）福島駅界隈の記憶をもとに都心部周縁のマチの

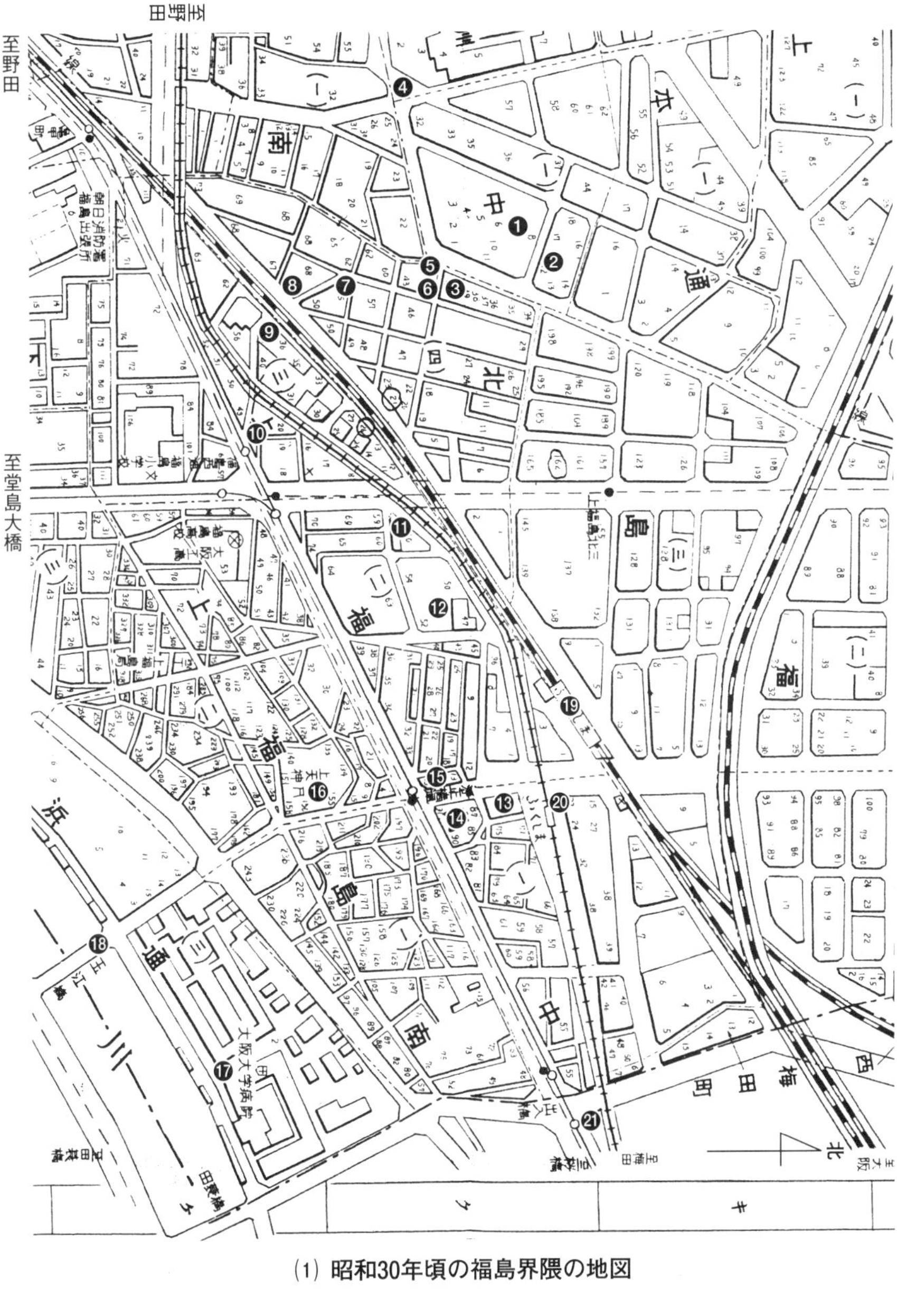

(1) 昭和30年頃の福島界隈の地図

心象風景を記すものである。まずは、文献をもとに概観を記す。

生家の長屋を出て道路を隔てて東は、上福島である。私が子どもの頃、祖母に連れられて毎日のように歩いたのは、福島から堂島・西梅田にかけてであった。上福島は、近世以来、場末の町場であった。かつての大阪三郷に接するマチである。

そこには、近世の文献に記されている寺社を散見する。岡松寺《こうしょうじ》という日蓮宗の寺がある。移転前のこの寺は、かつて痔を患った人が「秋山自雲霊神　何歳の男」と墨書した幟《のぼり》を奉納したら効くといわれていたということが、近世末期の呪《まじな》いのガイドブックである『神社仏閣願懸重宝記《がんかけちょうほうき》』に載っている。光智院《こうちいん》という天台宗（現在は単立）の寺もこの書物に載っている寺である。ここの元三大師《がんさんだいし》が淋病に効いてくださるとか書かれてある。往時の遊所・曾根崎新地に近いから流行ったのだろう。浄正橋筋を堂島川に向けて歩くと上《かみ》の天神さん（福島天満宮）がある。神社の由来に、昔、菅原道真公が左遷の砌《みぎり》、この地を訪ねられ、地名を尋ねられたところ、里人が「餓鬼島《がきしま》」と答えた。そこで「福島」と改名されたとの伝説がある。この伝説は、『摂津名所図会《せっつめいしょずえ》』（一七九六年）に記されている。これについては、〈第二編　第二章　17　福島天満宮の餓鬼島伝説〉に論究する。

ここでは、その際の見聞を心象地図に地点ごとに記し、その頃不思議に感じた心意について〈4　子供にとっての闇の世界〉として論究するものである。

3　私の心象地図

○酒屋

毎日の散歩は、大阪市福島区鷺洲の三〇軒ほど連なる長屋❶から始まる。ズラッと並ぶ長屋だから見通しはよい。

(2) 井路川跡道路

長屋を右（東）に出たら、柳屋という酒屋❷がある。この風流な屋号は亭主の姓からの命名である。コンクリートの高い段を三段上がった所に店舗を構えている。界隈の長屋とうって変わって立派な町家ふうの屋敷である。

○土木局

一行は酒屋の角を右（南）に折れる。この道路は、戦前までは井路川《いじがわ》であった。この道路を隔てて、右（西）は「鷺洲」、左（東）は「上福島」で小学校も別であった。ここを南に行くと右（西）に湾曲する。その時代、井路であった所が埋め立てられて道路となり、緩やかに自然なカーブを描いている。井路川の樋口か閘門《こうもん》があったあたりに土木局❸の建物が道路の左（東）に面してある。下水《げすい》の匂いが鼻につくが、建物は、煉瓦造りのハイカラな近代建築である。

○風呂屋の四つ辻

この先を右（西）に折れて、もう一本の井路と交叉するあたり❹は町会の境界である。そこには、戎湯《えびすゆ》という風呂屋があった。風呂屋の名前は、「七福湯」だとか「大黒湯」といったためでたい神様の名前ばかりであった。このあたりでは、昔タヌキが出たと母（大正一二〈一九二三〉年、大阪市福島区鷺洲生まれ）から聞いた。タヌキは、下水によく出たらしい。祖母からは湯を流す時にはシーッとタヌキを追い払うように教えられていた。この井路端の地では、タヌキの領分といったものが認められていた時代があったのである。

○ゴム工場

その先に角一《かくいち》ゴムという工場があった。煉瓦でできた建物が何棟か連なっていた。そこでは昼のサイレンを合図にたくさんの女工さんが正門から吐き出されてきた。塀で囲まれた空き地があった。昔、首吊り自殺があったとか噂されていた。ある時、塀の破れ目から覗いて見たことがあるが、ただ草が生えているだけだった。塀に囲まれた工場の敷地といった空間もまた、子供心には不思議な場所であった。

○理髪店

散歩道は、土木局の洋館建てを左（東）に折れる。以下のコースは、上福島小学校の校区である。その角の散髪屋（理髪店）前掲❺の屋号は「カワシモ」である。これも店主の姓からの命名である。店主は、ハイカラで優しかった。子供の機嫌を上手に取りながら鋏を見事に操っていた。

○古道具屋

理髪店の前の細い道を左（東）に行くと、隣に古道具屋❻がある。ここでは大きな赤い獅子頭が怖い顔をして一行を睨んでいる。お獅子がおとなしく飾られている店内の暗がりを毎日恐る恐る覗き込むのは実に興味津々であった。獅子は、魔除けの呪具である。それの据えられた場所は、子供心には怖い場所でもあった。

○カシワ屋

少し行って右（南）に折れて、まっすぐ行くとカシワ屋❼に突き当たる。饐《す》えた匂いが漂う。この当時、家の傍に鶏小屋がよくあった。猫除けといってアワビの殻を真珠色をした内側を外に向けて付けていた。ここでは首を絞められた鶏の悲鳴をよく聞いた。それだけに、そこもまた怖い場所だった。

○寺

そこを南に行った所に浄土真宗・三光寺❽という寺がある。寺といっても厳めしい造りでなく、むしろ洒落た教会のような建物だった。子供心を夢中にさせたのは、四月初めの花祭りである。白い象のダシモノが曳かれる。お釈迦さんが象の背中に乗っておられて、それに甘茶を掛けるのである。象の尻を追っ掛け廻したりした。この造り物の象は実物大ではなかったのだろうが、大きくて白いものだったと記憶している。子供心には、象とは、大きくて白いものだったのである。

○寺

三光寺の前を進んで、省線西成線の踏切を渡り切った所に、日蓮宗・岡松寺❾という寺がある。移転後のこの寺に、願掛けの幟があがっていたかどうかは憶えていない。

○ガード

少し行くと今度は阪神電車のガードの闇がある。ガードと言っても盛り土の下を掘り下げ、潜り抜けできるようにしたものである。かなり急な坂に掘り下げてある。闇の上を阪神電車が通過する時の轟音に指で耳栓をしていた。ここは、道中の難所で、しょっちゅう水が浸《つ》き、ここでコース変更もあった。この轟音を響かせるガードの闇は、怖いながらも楽しい場所だった。

(3) **丹波氷上郡加古川**（現・丹波市）

○停留所

ガードを潜り抜けるともう市電の電車道だった。そこで景観がガラッと変わった。すぐ右手にタイル張りの汚い公衆便所❿がある。そこは福島西通りの交叉点である。ここは見知らぬ世界への玄関口でもある。お寺参りや時たま動物園に出かけたりする出発点である。ここには、天王寺動物園へ行ったり、天王寺さんにお参りしたりする時に乗る市電の福島西通という停留所がある。私は祖父（明治一九〈一八八六〉年生まれ）から数えて三代目の大阪者である。幼くして身寄りを亡くした祖父は少年時代、丹波（兵庫県氷上《ひかみ》郡朝坂《あさか》村：現在は丹波市氷上町朝坂）の農村を出郷した。墓のない者たちは、浄土宗・一心寺（天王寺区逢阪）にお骨《こつ》を納める。祖父のお骨もそうした。それでできた骨仏《こつぼとけ》をお彼岸には拝みに行った。その時は百済《くだら》車庫行きであったかに乗った。

○市電の鉄橋の先

市電は、福島小学校、中の天神さんの跡地、洋館建の河原田医院の前を通って堂島大橋に向けて行く。堂島大橋の鉄橋までは、福島西通あたりからでも眺められた。中の天神さんは空襲で焼かれて石垣だけが残っていた。市電はそこで左にカーブして見えなくなる。いつも市電が鉄橋を渡って小さく消えていくのを眺めていた。橋から先へは、行ったことがない。市電は阿弥陀池筋を南に進む。心は逸る。「土佐堀」「京町堀」「白髪橋《しらがばし》」「阿弥陀池」とやらの停留所の名前の意味はわからなかったが、耳には残っている。その日は車窓から存分に大阪の市街を見物できた。一番胸をワクワクさせたのは、高架になる所だった。太鼓屋の太鼓正（浪速区塩草）のある芦原橋あたりであったか。その頃の大阪のマチには幾筋もの川があって橋が架かっていた。

(4) ラカンさんの公園

○ボイラー置き場

一行は福島西通の交叉点を、左（北）に曲り、阪神の踏み切りに向けて進む。その手前の空き地⓫に大きなボイラーが転がされていて、隠れん坊の場所だった。ボイラーの中は暗かった。この頃は、土管とか鉄管とかがそこらじゅうに転がっていて子供たちの恰好の遊び場所であった。物陰や闇は、怖い反面、ワクワクさせる空間であった。

○公園

右（東）に行くと、ラカンサンの公園⓬にさしかかる。ここにはコンクリートでできた長く湾曲したベンチだとか、水飲み場とかがあった。ここで子守り役の祖母は、長い煙管《きせる》を出して刻みタバコを一服ゆっくり燻《くゆ》らせていた。このラカンサンの公園は、後で知ったことだが、五百羅漢が祀られていた所であり、大正の頃、焼き場・火葬場があった所らしい。上方落語の「長屋の花見」に出てくる貧乏長屋は、一説によればこの付近らしいが、菱形に歪んだ家などは当時、もうなかった。この公園の長く湾曲したベンチは、珍しかった。

○裏通り

ラカンサンの公園を抜けて阪神電車の踏切に出る。踏切を渡らずに細い道をまっすぐ東に行く。このあたりは、ちょっと怖い所と教えられていた。「プロレスの力道山」がいると大人たちから聞かされていた。もしかすれば組関係の人の事務所があったのかも知れない。力道山は「外人」をやっつける「日本人レスラー」でカッコよかったが、怖い人でもあった。この薄暗いうらぶれた通りを抜けると、賑やかな浄正橋《じょうしょうばし》筋に出る。ここでも景観がガラッと変わる。

○映画館

吉本キネマ⓭という映画館がある。ゴジラとアンギラスといった怪獣の決闘などの映画をやっている。いつもスチール写真を見るだけであった。小学校に入っても、「映画は不良の見る物や」と言うて一度連れて行ってもらったきりである。それだけに館内の闇に登場するゴジラといった怪獣の恐ろしさへの興味は掻き立てられていた。

○寺

浄正橋筋を南にまっすぐ交叉点に出ると、天台宗・光智院⓮（現在は単立）がある。西から入って右手の薄暗いお堂には、お地蔵さんなどの仏像が安置され、左手の段の上に本堂がある。八月二三、二四日の地蔵盆の宵には数珠繰りがある。本堂では大きな数珠を子供たちが「ナンマンダースッポンダー」と唱えながら廻し、親玉が廻ってくれば、数珠を額に付け、「アン」したものである。帰りにオサガリの入った袋を戴いて帰る。だから地蔵盆の宵は楽しみだった。

○漢方薬屋

浄正橋筋を隔てて光智院さんの筋向かいに栃本天海堂《とちもとてんかいどう》という漢方薬屋⑮がある。クサができた時はジュウヤクを飲まされた。オウレンやらナツメやら、苦い味と香気ばかりが記憶に残っている。デンボには蛸の吸い出しというのを火で炙って貼りつけられた。

○交叉点

進駐軍を見た記憶がある。「外人さん」を初めて見たのは、この街角である。トラックや馬力に交じって彼らだけはジープに乗っていた。あの高い鼻とチョコンと頭に載せた帽子、カーキ色の軍服、あの高い背丈だけは、この浄正橋筋の交叉点から梅田新道にかけてで見た「外人さん」の確かな実像である。「外人さん」に対しては、不思議な眼差しを投げかけていた。「外人さん」は、背が高くても怖い人ではなかった。ただ、物珍しかっただけである。この「外人さん」が童謡「赤い靴」の横浜の波止場から船に乗る「異人さん」（イージンサン）と同じであるのを知ったのは、ずっと後のことである。

○神社

浄正橋の交叉点を渡って南に行くと、上の天神さん⑯がある。大人から聞かされていた天神さんは、なぜか偉い方だが怖い方とのことだった。ここの夏祭りは七月二三、二四日である。昭和三〇年代には、車楽《だんじり》や子供御輿が繰り出されていた。ただし、私の住む所は、そこの氏地でなかったので、戦前の井路川を境にダンジリも子供御輿も町内にはやって来なかった。いつもケナリ（うらやまし）がっていた。ただただ上福島の子が羨ましいだけだった。

○病院

上の天神さんを南に行くと阪大病院⑰がある。いつも外を通るだけであったが、ここは、薄暗い感じの洋館建てで、幽霊が出そうな怖い所であった。一丁字《いっちょうじ》を識らぬ祖母からは、隔離病院である桃山病院（天王寺区筆ヶ崎）で

(5) 玉江橋

は、夜中じゅうモウジャ（亡者）がグジャグジャ話していたと聞かされていただけに洋館建ての病院は昼間通るのも怖かった。

○橋

　阪大病院の前は、もう浜である。堂島川には玉江橋⑱が架かっている。この橋は福島区と北区との境界である。橋の欄干から蟹を釣ったこともある。八月一五日の宵は先祖さまを送る橋となる。餓鬼にもヒモジイ（空腹な）思いをさせないようにと、盆棚の果物などの、お供え物を船にした紙箱に載せて流した。何歳の頃だったか、右の股にできた疣《いぼ》をオガラ（麻幹）ではさんでもらってホトケさんに持って往《い》んでもらったこともある。だから、今、右の股に疣はない。紙箱の船に蠟燭を立て、橋を降り、闇の中、そーろっと川に浮かべた。いつも、「船」が見えなくなるまでに蠟燭の火は消えていた。この橋の向こうへは行った記憶が全くない。橋から先の中之島はもう別の世界である。

○駅

　玉江橋に連れて行って貰えるのは、アイサ（時たま）のことでアイダ（普段）は浄正橋筋の交叉点の北の方の国鉄の福島駅⑲あたりが遊び場所である。改札口の東の柵の外には輪《りん》タクが、いつも客を待っていた。一行は、汽車に牽かれる貨物列車の通るのをじっと待つ。いつも五〇いくつも繋がった車両を数えていた。数はそうして覚えた。

　省線の福島駅はもう一つの玄関口でもある。阪急沿線にある、大阪者の竈《かまど》の神様である清荒神《きよしこうじん》（兵庫県宝塚市）に初詣でに出掛けるのも、この駅が出発点である。唯一の遊園地である阪急百貨店（北区角田町）の屋上に連れて行ってもらえるのもこの駅からである。一駅先の大阪駅で降りるのである。ちなみに甲子園にある阪神パーク（兵庫県西宮市甲子園八番町）には小学校からの遠足が最初だった。珍獣・レオポンを見に行った。その時は、野田阪神（福島区海老江）から阪神電車に乗った。西成線は、福島駅を過ぎると変電所を左に見て大阪駅に向けて急な坂を登り始める。貨物線は、轟音をとどろかせてそのまま地ベタを行き東海道本線のガード下を潜り、梅田の貨物駅（北区大深町）に抜ける。父（大正九〈一九二〇〉年大阪市福島区鷺洲生まれ）からは、応召の時、ここから中国まで運ばれて行ったと聞かされていた。ガードから先は滅多に連れて行かれない。

○駅構内

福島駅で飽き足りない私たち一行は、梅田の操車場にまで出かける。国鉄の福島駅を左（南）に浄正橋筋に戻り、阪神の踏切を渡り、阪神の福島駅⑳を左（北）にして駅に沿って東に行く。次の踏切の手前の駅構内に阪神の線路の切れた所がある。そのレールは何故か、いつも錆びたままであった。線路に終わりがあるのが本当に不思議だった。

○キンツバ屋

阪神の福島駅を東の方に行くと蝋石屋《ろうせき》があって、やがて出入橋の踏み切りに出る。その南東の角にキンツバ屋㉑がある。アイサに母が勤め先のデンデンコーシャ（大阪市外電話局）からの帰りに買うて来てくれた。ここのキンツバはおいしかった。三、四㎝程の賽ころの恰好をして色は田舎饅頭のようでいて、中に餡がタップリ詰まっていた。

○橋

出入橋という石の橋が梅田の操車場と中之島をつなぐ堀川に架かっていた。この堀川は、汚い川だった。その当時でもヘドロがいっぱい溜まり、臭かった。なぜだか、この橋の少し上で小学校に入学した時の記念写真を撮ってもらった。「水都」の景観を背景に撮っておきたかったのだろうか。

○阪神電車の消えるトンネル

阪神電車は出入橋の踏み切りを過ぎると間もなく、地上から見えなくなる。子供心には電車がビルの地下に吸い込まれて行くのが不思議でならなかった。いつも電車が闇に消えて行くのだ。電車の消える闇はどこも「トンネル」だった。闇の先に地下駅があり、地下道があってビル街に通じているとは全然、知らなかった。

○操車場

梅田の操車場（北区梅田）からは国鉄大阪駅が見え、林立するビルが見える。一行は、それより先に行った記憶がない。ビルの林立する「梅田」は一行にとっては、遠い遠い世界である。そこは、電車に乗って行くヨソイキ（外行き）の世界である。毎日眺めている世界と繋がっているとは知らなかった。一行は、操車場の光景を堪能するまで眺めて帰路に着くことになる。

4　子供にとっての闇の世界

前項では、子供の頃なら誰にでもあった不思議な世界を回想してみた。私のふるさとには、鉄道駅があって、ガードもあった。寺や神社もあった。山や野原はないが、広っぱがあって、川があり橋が架かっていた。子供にとっては不思議なことばかりの世界であった。

子供の頃、読み書きのできなかった祖母からしばしば妖怪変化の話を聞かされた。狐や狸に騙された話、人魂や大入道や高入道が出た話などであった。たいていそれらは、祖母の出身地の三田にある火葬場でのことの焼き直しであって、私は実際にそれらを見たことがない。幽霊が出ると噂されていた所を怖々、塀の破れ目から覗いて見ると、ただの広っぱであったりもした。幽霊など見たことはない。昭和の初期にこの地で育った母は、実際に、タヌキを見たというが、その井路川もすでに埋め立てられて道路となっていて、もはや妖怪譚のタネになるようなものの棲みかではなかった。タヌキといったら「たんたんタヌキのキーンダマ／電車に轢かれて／ペッシャンコ」だとか、「雨のショボショボ降る晩に／マメダが徳利持って酒買いに／酒屋のカドで瓶割って／オマーン（饅頭）一つで泣きやんだ」など囃し立てたりしたぐらいのものであった。伝統的な妖怪などよりむしろ、ゴジラやアンギラスといった怪獣映画が流行り、やがて、テレビでは怪人二十面相などの悪玉の怪人などが暗躍しだす直前の時代であった。

それであっても、幼児体験において恐怖の対象となった空間・あるいは不思議な空間は、「闇」であることが多かった。しかし、それは漆黒の闇ではなかった。だいたい、提灯や蠟燭の火を点して夜道を歩いた体験などない。どこも電灯が点っていたので真っ暗闇の世界は知らない。もっとも、この頃、どこの家も電灯から蛍光灯に変わっていった。子供たちは、都会にある小さな闇を見つけては、不思議なものを感じ取り、遊び場所にもしていた。当時の都会にあって建築資材などの置かれている空き地など結構、隠れん坊の恰好の場所であった。阪神電車の線路端のボイラー置き場などもそうであった。ロージ（路地）に建具屋が立てかけている材木なども恰好の隠れ場所であった。夕飯時分まで隠れん坊をしていて、親たちから叱られることもあった。学校に行くようになってからも「正義の味方　赤胴鈴之助」のテーマソングがラジオから聞こえてくる六時頃には家に戻っていた。

骨董品屋の薄暗い店内もまた、中に陳列されている商品に興味を抱かせる空間であった。大きな赤い獅子頭の怖い顔は、怖い物見たさで興味津々であった。お獅子は怖いものと決まっていた。七月一七、一八日の氏神さんである浦江の八坂さん（素戔嗚尊《すさのお》神社：北区大淀南）の夏祭りの時には、お獅子が家の玄関まで踊り込んだ。そんな暴れまくるお獅子も一日の巡幸を終えて神輿の前におとなしく飾られているのを見ると、疲れた表情を見てとった。特に白髪のお獅子はコーヘータ（劫経ーた）お獅子だった。動物園の猿山でも白い猿はコーヘータ猿で偉い猿だったが、檻の中のヒヒは怖くて憎らしかった。お獅子は、向いの露店商の親分の家に正月、門付けに来た。そんなお獅子は、薄暗い骨董品屋の店内を覗き見ることでいっそう怖さを掻き立たせた。

阪神電車のガードの闇も子供心には、不思議というか怖い場所だった。闇の上を電車が轟音を立てて通り抜けるのは、毎回、怖い体験だった。電車の不思議は、「トンネル」の闇に電車が消えて行くことでもあった。子供の頃、地下鉄の闇も「トンネル」と思っていた。そんな「トンネル」はいつも怖かった。生駒のトンネルの工事で人がたくさん死んだのを聞かされていた。阪神電車には、今も昔も「トンネル」などない。電車の消えて行くのを飽かず眺めているのであった。電車の消えて行く先に地下駅があるなど想像できなかった。子供の認識空間は、その地点で途絶える。それから先は、日常性の及ばない世界であった。子供の世界の領分は、阪神電車の消える闇までであった。

精霊送りをする橋もまた、子供の認識空間の涯《はて》であった。蟹釣りをしたこともある玉江橋は、お盆の宵、先祖さんを送る橋であった。蠟燭を灯して送られた先祖さんは、堂島川を下ってどこに行き着いたのであろうか。毎年毎年、夕闇の川面を流れてゆく先祖さんの船を追いながら、霊魂の行方を真剣に想っていた。流されたお供え物は、下流の水辺に流れ着いたのであろうが、川は、子供心に火の点された精霊が彷徨っている空間であった。盆を過ぎれば水遊びは禁じられた。土用波のせいばかりでもない。海や川には、いろんな霊が漂っていると信じていた。川は「あの世」への通路であった。

このような習俗が子供心に「あの世」を想像させた。玉江橋の畔の阪大病院のあたりが薄気味悪い空間だったのは、病院という近代施設が死にまつわる施設であるだけではなかった。祖母から隔離病院での亡者の話し声を聞かされていただけでもなかった。子供心には、異界を察知する何かが具わっていたのかも知れない。そういった水都大阪の周縁のマチに育った子どもの空想もまた共同体の幻想に根づくものなのである。

〈初出は、「昭和三〇年頃の福島界隈」『都市文化研究』（大阪都市文化研究会）八号　一九九〇年一二月。これを大幅に改稿。〉

第一編　大阪の都市民俗誌研究の領域

第一章　近世大阪の都市民俗誌

概　要

私は、都市民俗学の研究分野に歴史民俗が含まれると考えている。もちろん、都市民俗学の研究の中心的課題は、今日において伝承される都市部における民俗事象の解明にある。しかし、地域民俗研究から都市民俗にアプローチする場合、その地域の民俗の全体像を追究するためには、通時的に論究する必要が生じてくる。この章は、「近世」について論じる。「歴史民俗」となれば、いくらも遡り得る。しかし、本著〈水都大阪の民俗誌〉が大阪に関する都市民俗について記述するものである以上、「近世」を以て上限とする。〈第二編　第一章　11「水都」の歴史〉に詳しく論じるように、現代都市大阪の原形が近世に形成されたものであり、現代に通じる都市社会を遡ることのできる上限を、「近世」と見なすからである。大阪においては、近世、都市社会の成立と相俟って都市生活者による特徴的な民俗が行われていた。大阪には、近世における都市社会の成立に伴っての、さまざまな文学作品を始めとする多くの資史料が残されている。それらを手掛かりにして近世大阪における都市民俗の研究が可能である。

本章においては、〈1　近世大阪の都市民俗の展開〉に近世における都市民俗の概観を記す。以下、近世大阪の都市民俗を三つの観点から論究することにする。第一は、都市としての大阪の民俗文化・習俗の特徴を探るものである。そのために、近世都市・江戸との比較を試みる。第二には、近世都市としての共通点を探るものである。これには、近隣農村との関係において都市的な民俗の性格を論究する。第三には、地理的条件から近世大阪を捉えることによってその特徴を探る。これには、水都大阪における神仏の縁起伝説を糸口とする。

〈1　近世大阪の都市民俗の展開〉は、郷土研究誌『上方』にみえる記事を軸に論究する。近世大阪には、京・江戸とは異なる民俗文化が展開していたことは、西鶴・大近松などの文学作品によって知ることができる。そのいっぽうで当時の三都に共通する民俗文化も認められる。農村に囲繞され、堀川によって画された近世の水都大阪の民俗空間を示したうえで、この都市を中心とする空間に繰り広げられた商都の年中行事、物見遊山などの遊興などの商人たちの旺盛な経済活動と表裏一体をなす豊かな民俗文化を概観する。

〈2　『道中膝栗毛』浪花見物の都市民俗〉においては、滑稽本『道中膝栗毛八編』を題材に近世大阪の習俗を論究する。大阪の都市民俗としての特徴を近世に遡って論究するのに用いたのがこの『道中膝栗毛八編』(1)である。『道中膝栗毛八編』は、近世大阪の都市民俗の特徴をおもしろおかしく紹介した滑稽本であって、戯作者・十返舎《じっぺんしゃ》一九《いっく》の筆になる。これは滑稽本という通俗的読み物であり、近世大阪の生活を記述した資料として民俗研究に活用されることがあまりなかったが、『道中膝栗毛八編』に登場する江戸っ子・弥次郎兵衛喜多八の大阪逗留の記事は、興味をそそるものである。もとより『道中膝栗毛八編』は、虚構の世界である。滑稽本の記述に対しては、正しく文献批判を行ったうえで民俗資料とせねばならない。作者・十返舎一九は、大阪に永年住んでおり、その記述には、信憑性が相当程度認められる。近世都市・江戸における習俗と比較する基準・項目の設定はなかなか困難であるが、弥次喜多の道中の失敗談を通して戯画化された「東西」の文化の違いから、近世都市大阪の特徴を見るのに好都合ではある。滑稽本『道中膝栗毛八編』の虚構性を除き、事実性を拾い上げるのに用いたのは、『守貞漫稿《もりさだまんこう》』(別名『近世風俗志』)である。『守貞漫稿』の著者・喜田川守貞《きたがわもりさだ》は、大阪に生まれ、後年、江戸に住んだ。このような経験は、『守貞漫稿』に遺憾なく発揮されている。「三都自慢」といった通俗的都市論は、今日でも行われるものである。これらには、細を穿ちすぎる観が否めないものの、観察が微に入っているところがある。その記述は、風俗百科『嬉遊笑覧《きゆうしょうらん》』などとりあげなかった大阪の習俗「坂俗」に刮目している点が評価される[2]。これに見る限り、江戸あるいは京とは異なる近世の都市民俗が大阪に存在していたことが窺われる。そこには、今日のごとき東京一極化する以前の、地方色豊かな都市民俗を読み取ることができる。

　いっぽう、共時的に民俗の都市的傾向を追究する方法も近世大阪においては可能である。

近世大阪は周辺農村と大阪三郷と云われた町地との民俗の違いは、〈3　梅田道牛の藪入りの都市民俗〉に示すように歴然としている。そこでは、近世都市における民俗を農村での行事との関係について論究する。近世都市における民俗宗教のありさまは、江戸と大阪の願懸重宝記《がんかけちょうほうき》に記述されている。それには、祈願内容・願掛け作法など絵入りで説明されている。願懸重宝記は、今日風に云えば神仏めぐりガイドブック・マニュアルのようなものである。近世大阪には、浜松歌国『神社仏閣願懸重宝記初篇』（文化一三〈一八一六〉年）が刊行されていた。その祈願内容に見られる現世利益を追求する姿勢、願掛け作法に見られる神仏諸霊への対応など、近世における都市生活者の処世観・世界観を窺い知ることができる。民俗の都市的性格は、近世の都心周縁部（urban edge）に隣接する農村を舞台とした行事にかえって端的に見ることができる。近世都市大阪の町地の周辺は、農村であった。本節では、『神社仏閣願懸重宝記初篇』などに記載されている年中行事である「梅田牛駆粽《うしかけちまき》」をとりあげる。近世大阪の端午の節供に行われていた「梅田牛駆け粽（牛の藪入り）」という行事は、農耕に使役される牛の健康を祈る行事の一形態である。場所は、梅田といった当時の大阪三郷周縁の農村である。この行事を大阪という近世都市を控えた一地点における都市生活者による近郊農村への行楽と読むことができる。そこには、農村行事の都市的展開を見ることができる。農耕儀礼から派生した都市民俗なのである。ここに見る都市における民俗の創成の原理は、江戸をはじめ他の近世都市にも共通する原理であろう。
〈4　難波浦《なにわのうら》の神仏諸霊〉は、漂着したと伝承される神仏諸霊について論究する。そこでは、地理的条件から近世大阪を捉えることにする。この地の地域特性として、「水」との関わりを論じられなければならない。そのための民俗資料として水際《みずぎわ》における伝説をとりあげる。大阪という都市は、近代以降、「水の都」「水都」を標榜する。東に琵琶湖に端を発する淀川が流れ、西に瀬戸内海に面する都市である。市中には堀川が掘削され、古来より「水」を利することによって開かれた都市である。そのいっぽう、「水」によって災厄を被った都市でもある。それだけにこの地には、「水」に纏《まつ》わる伝説が近世においても多く見られる。本編の冒頭に近世に遡って河海における伝説を論じ、〈第二編　水都大阪の民俗誌〉へと繋げてゆく。これらの近世研究を含めた範囲が大阪における都市民俗誌研究の歴史民俗的側面の最大領域と考えるからである。

1　近世大阪の都市民俗の展開

―文献資料にみる近世大阪の民俗文化―

（1）近世大阪の民俗文化

都市の民俗文化は、今日ではすっかり東京風のもの一辺倒となり、画一的になっているが、近世においては江戸と上方が異なり、東西を分かつものがあった。大阪のマチは、近世に至って町人文化が開花したマチであるだけに、諸文献に近世都市における民俗事象が多くとりあげられている。都市民俗的側面から見ての資料的価値の一つは、その記事のいくつかに、通時的考察が見られることである。大阪は近世以来の都市である。したがって、近現代とは異なったパラダイムシフトでの「近世都市における民俗」が存在した。民俗の古層をムラにのみ追究する立場に固執するのならともかく、そうでないならば、そこにはマチ・都市の「民俗」が認められる。以下の記述は、郷土研究誌『上方』を軸に論究するものである。同誌については、〈第三編　第三章　郷土研究誌『上方』にみえる大阪研究〉に詳述する。以下、同誌における記事については、雑誌名を省略し、筆者・標題・号数だけを記すことにする。

近世において民俗は、「風俗」という言葉で表現されている。喜多川守貞による『守貞漫稿』の標題をめぐって、最新の翻刻には『近世風俗志（守貞謾稿）』に決着がついた経緯がある。[1] 当時、「民俗」という語彙が使用されていなかったことからすれば、京・江戸・大阪における「風俗」には、民俗としての認定に必要とされる伝承性をも認められる。よしんば、都市に見られる「流行」によって「風俗」がその地から消え去ったとしても、地方都市にさらにムラに伝播し、今日、「伝統」を誇示する祭礼・伝統芸能などに近世都市の民俗が定着していることは明白である。『上方』における、江馬努の一連の上方に関する風俗研究の成果から、通時的な都市民俗研究の資料が得られることは、確かである。「幕末上方正月風俗」（創刊号）など、[2] 江馬氏自身所蔵の大阪石田家の日記より論じ、江戸との相違について述べている。江馬の上方文化についての記述には、その伝統に古層の日本文化を観ているところがある。この他に『上方』には、民俗の通時性を追究する端緒となる論考が多く寄せられている。

もちろん、上方・京阪といっても、京と大阪には相違があった。通俗的な読み物である『東海道中膝栗毛』などの記述にも、あながち虚構といえないところがある。松本茂平「弥次喜太と大阪鮨」（創刊号）に『東海道中膝栗毛』の弥次喜太の食べた鮨を『守貞漫稿』など九点の文献資料に基づき、京の鮨に遡って大阪独特の筥鮨《はこずし》について論じている。江戸っ子・弥次喜多の浪花における失敗話も江戸と大阪における習俗の相違に起因するものである。江戸の戯作者・滝沢馬琴の上方旅行記である『羇旅漫録《きりょまんろく》』には、大阪人気質を京都・江戸と比較していたりもする。[3] 大阪の習俗が京都・江戸との間に相違することは、『近世風俗志』において、詳細に記されていて、〈第三編　第三章　郷土研究誌『上方』にみえる大阪研究〉に記すように大阪の風俗を「坂俗」と表記し区別していることにも窺える。このことについては、本章〈2　『道中膝栗毛』浪花見物の都市民俗〉に詳しく論究する。

（2）近世大阪の民俗空間

近世大阪をめぐる空間には、船場・島之内を中心とする市中の町家と大阪城周辺の上町に武家屋敷が建ち並び、その郊外には農村が囲繞していた。〈第二編　第四章　「水都」周辺のマチの民俗〉にとりあげる「水郷」もまた農

(6) 八軒家船着き場跡

村である。近世大阪にあって、武家屋敷における民俗については、『上方』に有効な記事が見出せない。武家に特徴的な文化は注目されていない。近世新興都市といっても、その点、江戸とは大いに異なる。大阪市中における、武士の全体の人口に占める割合が三%程度であるとの説があり、[4] 武士の民俗は、町人との関わりにおいてしか記述することができない。

堀川に囲まれた中之島一帯には蔵屋敷が連なり、水都の景観を呈する大阪は、天下の台所とまで称されていた。松好貞夫「蔵屋敷と大阪の町人」（一四号）に蔵屋敷の分布・組織を記し、多くの掛屋を勤めた鴻池のような町人は問屋資本主義の盟主であったとも記している。蔵屋敷には、藩の鎮守の神が祀られていた。民俗宗教について詳しい『神仏霊験記図会《しんぶつれいげんきずえ》』には、それらの神仏への町人による現世利益を求める願掛けが記されている。中之嶋常安《じょうあん》町田辺屋橋西の阿波徳島侯の蔵屋敷鎮守五牛《ごぎゅう》大明神には「子供の瘡除《くさよ》け」を、中之嶋久保嶋町伊予宇和島蔵屋敷鎮守の和霊神《われいしん》には「開運」を、土佐堀白子町出雲松江侯蔵屋敷鎮守の鷺大明神には「小児の疱瘡除け」を願掛けすると霊験があると記されている。[5] 町人にとって、蔵屋敷地内の堂祠の神仏は信仰の対象ともなり、町人と武士とは、居住空間を別にしていても必ずしも没交渉であった訳でもない。

水都大阪の市中には、多くの堀川が巡り、物資の輸送はもっぱら舟運に頼っていた。京から来阪した弥次喜多が八軒家（中央区天満橋京町付近あたり）に降り立った時、「海内秀異の大都会」と賞賛しているとおりである。[6] 淀川から市中の堀川・河口にかけては、多くの船で賑わった。近世大阪は、出船千艘入船千艘で栄え、まさに「水都」の景観を呈していた。『近世風俗志』の「廻船問屋」に「諸国回船多しといへども、運賃をもつて漕するは、大坂より江戸に下るを第一とす。これまた大坂を本とし、江戸を末とす」とある。[7] 黒羽兵治郎「大阪地方の船仲間」（一四〇号）には、近世大阪に蝟集した諸国の廻船、大阪市内及び近郊の河川に活躍した川船の概観を論じている。松本茂平「船の話」（一四〇号）には、くらはんか船、三十石船、牡蠣船、船生州、天神祭の船などをあげている。船は輸送の手段に用いられていたばかりではなく、遊興・祭礼にも用いられていた。編集部「かき船の話」（二四号）に、大阪のかき船は、二五〇年前に芸州の人が販路を大阪に求めたことに端を発し、宝永五（一七〇八）年、大阪の大火の時、川筋に繋留したかき船に罹災民を避難させたことにより営業を許可されたと記している。『近世風俗志』にも、かき船について安芸国からの船が川岸に繋留し蠣を調理して売っていたことを記している。[8] 川筋に繋留する船には、廓船《くるわぶね》もあった。奇太楼主人「ぴんしよ舟に就て」（二八号）には、河口に停泊した船の船人相手に女郎が淫売を行っていたことが記されている。『近世風俗志』にも「（船の）胴の間の戸中にて交合するなり」とある。[9] これなど瀬戸内海の港町にもいた船人相手の遊女である。

西横堀に架かる新町橋を渡った一郭には、官許の遊郭があった。新町（西区新町）である。茨木屋四郎三郎「傾城遊女の足洗ひ井戸」（五三号）には、「古文書」にある「足洗ひ井戸」を考証し、新町遊女の「門出」の式のことを記している。遊郭から素人に身請けするのは、「足を洗う」と言ってこの井戸において盛大な儀礼が行われた。これなど遊女の人生儀礼である。新町遊郭では、特有の廓言葉《くるわことば》が話され、厳格な掟があった。『近世風俗志』には、娼妓の生国を隠すための「新町詞《しんまちことば》」が記されている。[10] 近世遊郭の習俗については、『虚実柳巷方言《きょじつさとなまり》』に粋言・粋事が詳しく記され、[11] 往時、この界隈は、官許の別天地であったことが窺える。福良竹亭「大阪町人の趣味生活」（一〇〇号）にあるように、近世の遊郭は『上方』当時のような無風流・殺風景なものではなく、廓といった遊所は近世都市生活者にとって、社交の場であったことが窺われる。

道頓堀を境とする町家の南の外縁には、芝居町・墓地・刑場が配されていた。千日墓地（中央区難波から千日前あたり）である。そこは、島之内からだと太左衛門橋《たざえもんばし》を渡ってすぐ南に位置する。高橋好劇・上田長太郎「千日前覚え帳」（一〇号）には、歓楽境となる以前、この界隈に位置した刑場・墓地および葬儀の格式を記している。刑場もまた近世都市にとって、欠くべからざる施設であった。大阪においては、大阪城東の郊外で京街道沿いの野江（都島区都島中通）、四天王寺の南西の鳶田《とびた》（西成区太子）にもあった。三宅貞次郎「蒲生・野江」（五六号）に、野江の刑場での最後の処刑は、幕末期、主殺しおとめの磔であって、それを見物するため、付近の田畑には大群衆が押し掛けたと記されている。これらの刑場は、町家の周辺（urban fringe）・街道沿いに配され、刑場は人の世の断面を一般町人に向けて見せしめるための施設でもあった。その見物に大群衆が押し掛けたあたり、野次馬根性の旺盛な都市生活者にとって仕置きは、恰好の物見《ものみ》の対象であった。

さらにその周辺には、農村が控えていた。佐古慶三「天王寺牛町の由来記」（三号）には維新前、石の鳥居南西に行われていた牛市をめぐるマチバの習俗を地方文書に基づいて実証的に論じている。マチバは農村間を交易によってつなぐ回廊である。天王寺のあたりがいかに農村的な風情を呈していたかは、『東海道中膝栗毛』において農民の担げる下肥《しもごえ》をめぐる会話に表現されているとおりである(12)。

（3）　商都の年中行事

滝沢馬琴『羇旅漫録』では、順慶町（中央区南船場）の夜店をとりあげ、武士がいないのに治安がよいのに驚いている(13)。市中に起居する者は、商人と職人と諸職に就く人たちである。近世大阪は、まさに彼ら町人の町であった。以下、町人の民俗を中心軸に据えて論じる。まず、いくつかの年中行事をとりあげる。豪商は、近世都市生活者として有力な存在である。それだけに貴重な資料を地方文書として遺している。南木萍水《なんきひょうすい》「鴻池家正月行事献立表」

（六一号）は、本文に大阪町人の一面質素と温情を物語る資料とあり、この記事からは天保（一八三〇年）以前、正月における豪商の質素倹約を旨とした暮らしぶりの一端が読みとられる。『大阪府布令集』明治五（一八七二）年一一月付「元日閉戸ノ風習打破」に、従来、商家において元日に表口を閉ざし「寂然晏眠するの風習」を改め、「相応に儀式を装ひ新年を祝し…（せよ）」との布告があるところからすれば[14]、商家の元旦は、家にひき籠もっていたと考えられる。林春隆「大阪の初荷」（四九号）には、二日の初荷、四日の初市・初相場を記す。これらは、商いに旺盛な活動意欲を示す商人の正月行事を物語る。町人と蔵屋敷の侍との年初における交流については、三宅貞次郎「大阪の蔵侍と町人の廻礼風俗」（六一号）に記されている。この記事からは、蔵屋敷の大名が正月三が日、両替屋を廻礼に出かける風俗があったことがわかる。大名貸しを誇示する豪商の存在を彷彿させる習俗である。

端午の節句において、興味深い行事に梅田道牛の藪入りがある。大阪周辺の農村は牛を使役していた。編集部「梅田の牛の藪入」（五号）は、近世から明治初年頃まで北郊梅田堤で行われていた端午の節供の行事を紹介している。町家からの見物人には、農民から粽《ちまき》が振る舞われ、疱瘡除けとしたとある。この農耕に伴う行事は、町人にとっては、初夏の行楽となっていた。その面からみると、これも周辺農民と町人とのひとつの交流である。これについては、本章〈3　梅田道牛の藪入りの都市民俗〉に詳しく論究する。

⑺ **梅田橋跡**　左右にみえる道路は蜆川跡。正面右に「梅田橋ビル」がみえる。

祭礼の賑わいは、『摂津名所図会』における天満天神船渡御などよく知られているところであるが、御霊《ごりょう》神社（中央区淡路町）の祭礼も盛んであった。園克己は「御霊宮御輿講組合法式帳」（五五号）に、安政五（一八五四）年書改の文書の紹介をしている。船本茂兵衛「高津の地車と差入書」（五五号）

に、高津（高津神社：中央区高津）の地車《だんじり》巡行に関しての元治元（一八六四）年六月の差入書に風紀上の取り決めを紹介している。近代に至っては、市内におけるダンジリの巡幸に交通上の面からの規制が厳しくなり、旧市内周辺地域にしか見られなくなるが、近世においては盛んに市中を引き回していたのである。『摂津名所図会大成』にとりあげる瀬戸物町《せともんちょう》（西区阿波座）の火除地蔵会《ひよけじぞうえ》もまた、都市的な年中行事として挙げられる。三宅吉之助「瀬戸物町の造り物」（七号）には、造り物が寛政の頃（一七八九～一八〇一年）のおどけ開帳の出し物から変化して弘化の頃（一八四四～四八年）には芝居物になっていったありさまが記されている。その負担は商人が受け持った。『近世風俗志』に、瀬戸物細工のさまが記され(15)、この祭礼が見物人で賑わう初秋の風物詩となっていたとうかがえる。この祭礼など、商人にとっては神仏に名を借りた在庫一掃の機会でもあった。都市生活者たちの造り物見物を当て込んで商人たちは瀬戸物を販売した。近世都市における祭礼と商人の関わりを知る手がかりを与える論考である。祭礼と商業とが分離できないところがある。これなどは、「近世商都」のパラダイムシフトの文脈で読み取ることが効果的な民俗事象の一つである(16)。

今日、大阪では十日戎が盛んであるが、近世においては、一〇月二〇日に呉服商たちが恵美寿講をいとなんでいた。園克己「大阪伏見町と恵美寿講の回顧」（三八号）は、『摂津名所図会』にもある伏見町（中央区伏見町）の恵美寿神社の由来、文久二（一八六二）年恵美寿講などを文書の解説を加えながら記した論考である。市中の堀川の晩秋には、棉の番船が繰り出された。中村松花「晩秋を賑はせた大阪の番船」（七〇号）には、棉の番船は江戸積雑貨問屋の一一月上旬の年中行事であったと記す。小野圭史「棉の番船」（一四号）には、元禄・宝永頃（一七〇〇年前後）を起源とするこの季節行事の、前日の出帆盃から始めて、鉦太鼓の鳴り物も加わり華やかに東横堀から下るありさまを記す。江戸と大阪を結ぶ番船の賑やかな出帆のありさまからは、水都であり商都であった大阪の活況を読み取ることができる。

今日においても商都の締めの祭りとされるのは、道修町《どしょうまち》（中央区道修町）の神農祭《しんのうさい》であるが、島道素石「道修町薬祖神祭」（二三号）には、張子の虎の由来など町に生きる祭礼を記し、編集部「道修町の神農祭」（五九号）には、文政五（一八二二）年の三日コロリ（コレラ）の流行った時、薬種商は丸薬を売ってたが、いつからともなく、丸薬の代わりに張り子の虎が創作され、それを頒布するようになる経緯を述べている。(17) 十日戎の小宝と称す福笹にヒントを得た縁起物であろう。都市は新しい民俗を創成する場でもある。都市においては、本物を作り物によって代用することが盛んに行われる。そのような文脈で読むと民俗研究に新たな展望が開かれる事例である。

(4) 物見遊山

近世都市の民俗として特徴的な項目に民俗宗教がある。『上方』では、宮本又次「大阪の民間信仰」（三八号）から、その概観を知ることができる。その主なものとして、十日戎・初天神・節分・初午・狐施行・彼岸・お大師めぐり・地蔵盆を挙げ、その推移を述べている。本節においては、巡拝の民俗をとりあげる。大阪近辺の巡拝の開始については、『摂陽奇観』にとりあげられている。貞享三年（一六八六）年に始まる川辺郡観音三十三所順礼、(18) 宝永五（一七〇八）年に始まる大坂地蔵巡り、(19) 宝暦三（一七五三）年に始まる大坂弘法大師廿一カ所巡り、(20) 宝暦年間（一七五一〜六四）に始まる大坂猿田彦太神七社巡り、(21) 享和三年（一八〇三）に始まる七福神順拝、(22) 同年記事大師巡り流行、(23) 文化年間（一八〇四〜一八年）の元祖巡り流行、(24) 稲荷穴巡り流行などである。(25)『上方』では大阪観音巡りをとりあげ、梅原忠治郎「大阪三十三所観音巡り」（五一号）に、延宝から元禄時代（一六七三〜一七〇四年）にかけて流行った大阪三十三所観音巡りにある寺院を踏査し、寺町を巡るこの行事について、春秋の遊楽気分を発揮したものと論じている。野間光辰「近世文学に現れた七墓参りについて」（五六号）に、貞享・元禄の頃（一六八四〜一

(8) 七墓参り南浜墓地

七〇四年）、流行した七墓参りに関して近世の文学作品の記述を挙げ、近世末には物見遊山気分になったとも記している。これらの巡拝が大阪の町人にとっては、行楽がてらの行動であったと考えられ、町人の行動文化のひとつとして捉えられる。

近世大阪において、民俗宗教がいかに世俗的なものであったかは、文化七（一八一〇）年発行『神仏霊験記図会』を読めば明らかである。それには、いくつもの神仏への願掛けが記されている。なかに巡拝の御利益を記述するものもある。「大聖歓喜天立願の事」には、「大聖歓喜天を祈るに禁忌斎戒の事多しよく信を凝らして敬へバ冥遍に応じ諸願をみて七福を生ず」とあり、「生玉てんわう寺、ひがし小ばせより天満、きたの、長柄、はまの寺、三番、うら江など歓喜天巡は六ケ所と二十一ケ所あり」と記し(26)、「毘沙門天信仰の事」には「毘沙門を信じて富貴をいのり家業繁昌をねがふべし御ゑん日ハ毎月三日八日十五日信貴山道のり五里　長町大乗坊はじめ下寺町、いくだま、天満寺町、北野村に順拝所十五所委ハ順拝記にあり」とある(27)。「歓喜天巡」であれ、「毘沙門天順拝記」であれ、いずれも現世利益を願掛けする巡拝路は、市中を取り巻く周辺（urban fringe）の村里である。観音巡り、七墓参りへの指摘にあった物見遊山気分はこれらの巡拝にも認められる。

(5) 市中の風雅

手狭な町家に密集して住む近世都市生活者の行楽のための空間は、郊外にあった。大阪であれば、寛政六（一七九四）年、藤波忠卿『住吉名勝図会』、天保六（一八三五）年、暁鐘成《あかつきかねなる》『天保山名勝図会』が出板されている。住吉は古来からの住吉神社（住吉区住吉）を中心とする神聖なる空間であるが、天保山《てんぽうざん》（港区築港）など天保年間に川浚えでできた大阪湾に築かれた人口の山である。川浚えの際、「砂持ち」と称して、町衆が盛大に繰り出してその心意気を競いあい、そこに松や桜を植え、狂客たちは詩歌連俳の集いを催し、酒宴を開いたものである。(28) 海に面した人口の山は、水都の新しい観光名所でもあった。

そのような大阪町人にとって最も近場で「自然」を観賞できたのは、料亭であり、遊郭であった。林春隆「大阪料亭の今昔」（五一号）には、郊外に泉水築山など酒宴と風景を賞でる風が流行したことを記している。編集部「浮瀬《うかむせ》の址」（六〇号）には、鮑《あわび》の觴《さかずき》・朱塗り蒔絵の大盃で有名な清水《きよみず》北坂（天王寺区伶人町《れいにんちょう》）のこの料亭について記す。乾献平「浮瀬と文献」（三号）に、この料亭の名は松尾芭蕉『笈日記』『花屋日記』にみえるとし、明治二〇（一八八七）年頃まで存在し、天下の騒客に知られた料亭であったと記している。市中の景色を眺め、趣向を凝らした盃を傾けることは、都市生活者の格別の遊興であった。玉樹芦成「九軒の桜」（四号）には、新町（西区新町）の郭の桜を紹介している。今日、市内の手狭な料亭に坪前栽があって、孟宗竹が植わっていたりする光景の原型はこれなのである。料亭にいささかの風雅を求める風は、王朝貴族・近世武家に共通する都市的生活様式から生じた自然への志向の一端であり、都市生活者の贅沢であった。

本節は、近世大阪といった空間を対象に、『上方』を軸にして近世における都市民俗をまとめてみた。そこには、水都の商人たちの旺盛な経済活動と表裏一体をなす豊かな民俗文化がひかえていたのである。

〈初出は、「大阪における都市民俗の展開」『近畿民俗』（近畿民俗学会）一六八・一六九号　二〇〇三年九月。これの一部分を大幅に改稿。〉

2 『道中膝栗毛』浪花見物の都市民俗

―江戸との比較―

(1) 『道中膝栗毛』浪花の世界

本節にとりあげる十返舎一九の筆になる文化六(一八〇九)年序文の『道中膝栗毛八編』という旅を軸にした滑稽本が大衆に好評を博すのには、社会の要請があってのことである。「膝栗毛もの」など滑稽文学の簇生《そうせい》するのは、近世の社会現象であり、[1] 旅が、観光目的にかなうものになってきたのは、ようやく近世中期を過ぎてからのことである。弥次喜多漫遊記が書かれるのには、観光のための旅が広まる風潮のもと、多くの庶民が旅に出かけ、あるいは出かけないまでも、「机上での旅」を楽しむ、そういった時代背景が控えている。そのもとで作り上げられた虚構の世界が『道中膝栗毛八編』なのである。『道中膝栗毛八編』の浪花見物において、江戸っ子・弥次喜多がいくら失敗をしでかそうと、その旅は遊興を目的にしたものであり、艱難苦行のものなんぞではない。以下、喜多川守貞『守貞謾稿』(『近世風俗志』)などにより、検証しながら論究する。

弥次喜多の浪花での失態を俎上に載せる前に、『東海道中膝栗毛』の浪花見物の旅程をたどっておこう。滑稽本『道中膝栗毛』浪花見物の世界の全体像は、旅程をたどることにより、およそ知ることができる。次に示す資料は、「弥次喜多の旅程」である。

【弥次喜多の旅程】

第一日目

京・伏見↓[1]八軒家↓堺筋↓[2]日本橋↓[3]長町・分銅河内屋

第二日目

[3]長町・分銅河内屋↓[4]高津社↓谷町通・居酒屋↓[5]安堂寺町↓[6]番場の原↓[7]天満橋↓[8]天満青物市↓[9]天満宮↓[10]天神橋↓横堀通↓[11]坐摩社《ざましゃ》↓[12]難波御堂↓[13]博労《ばくろう》稲荷↓[14]心斎橋清水町・呉服屋・大丸↓心斎橋筋↓[15]道頓堀↓[2]日本橋↓[3]長町・分銅河内屋↓堺筋↓[16]順慶町・夜店↓[17]新町橋↓瓢簞町↓[18]阿波座↓越後町↓九軒町↓[19]新町遊郭↓[3]長町・分銅河内屋

第三日目

[3]長町・分銅河内屋↓[11]坐摩社・冨会所↓[3]長町・分銅河内屋↓[20]高津新地↓[21]生玉社↓天王寺西門↓[22]四天王寺↓阿倍野道↓[23]天下茶屋村・和中散是斎↓[24]住吉新家↓料理屋・三文字屋↓[25]住吉神社↓[26]高燈籠↓料理屋・三文字屋↓[3]長町・分銅河内屋

（逗留・見物↓木曾路↓草津温泉↓善光寺↓妙義↓榛名↓江戸）

この旅程を地図に表示したのが次頁の(9)【弥次喜多の旅程関連地図】である。

原図は、「新改正摂津國名所旧跡細見大絵図」（山田和助鐫　天保七〈一八三六〉年校正再刻　大阪府立中之島図書館所蔵、一部改変）の右下部分であり、図中の番号は、【弥次喜多の旅程】の番号と対応する。

およそ、当時の大阪の観光名所が想像できるだろう。『道中膝栗毛八編』上巻の冒頭は次のとおりである。[2] 以下、考察の対象とする引用箇所が長文に及ぶ場合は、改行して紹介する。用字は、適宜、読みやすくするため、原文を

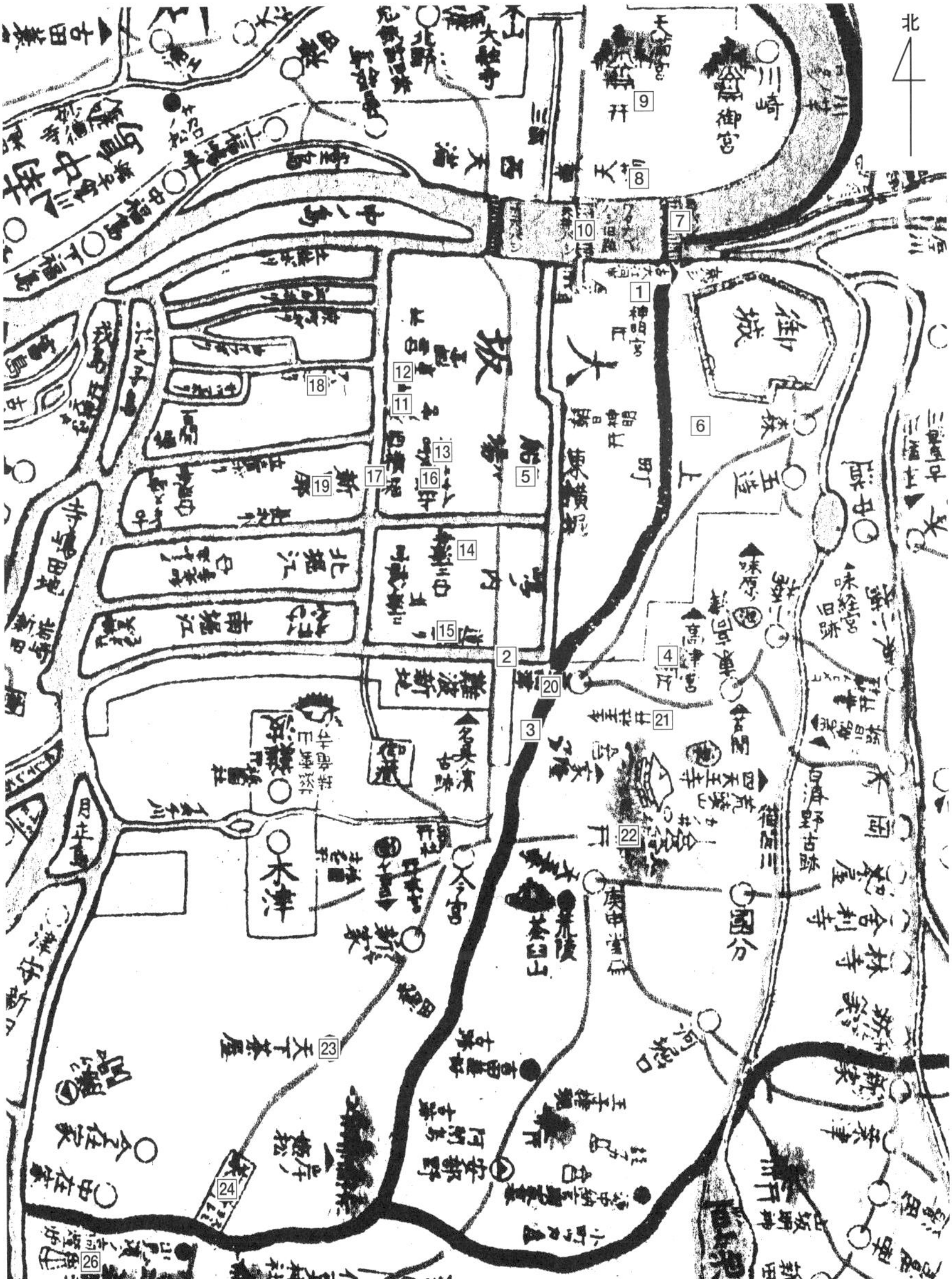

(9) 弥次喜多の旅程関連地図

書き改める。

○押照や難波の津は、海内秀異の大都会にして、諸国の賈船、木津安治の両川口にみよしをならべ、碇をつらねて、こゝに諸々の荷物を粥ぎ、繁昌の地いふばかりなし。

水都大阪を言い起こすのに、船着き場の繁昌ぶりを謳うのは、江戸っ子ならずも、しかるべきところであろう。大阪は「海内秀異の大都会」なのである。到着するのは、八軒家（中央区天満橋京町付近あたり）で、それは京・伏見からの船便による。両人の宿舎である長町《ながまち》七丁目の旅籠屋「分銅河内屋」に至るまでの足取りをたどることにしよう。

○かゝる名誉の地を、見残すも本意なしとて、かの弥次郎兵衛喜多八なるもの、伏見の昼船に飛乗して、はやくも大阪の八軒家に至り、爰より船を上がりたるは、最早たそがれ時にして、東西を知らず、南北をわきまえざれば、人に尋ね問ひつゝ、長町をさしてゆくほどに、堺筋通を南に、日本橋へ出たりければ、宿引どもこゝに居合はせ、両人を見かけて、宿の相談をしかくるに、早速きはまり、すぐさま、此長町の七丁目なる、分銅河内屋といふにぞ連れ行きける。(3)

到着した八軒家付近には、現在も石段が残っているが、その場所は、京阪電鉄・天満橋のある松坂屋百貨店の向かい側で、南の石町《こくまち》に向けての登り坂あたりであろう。江戸の戯作者・滝沢馬琴の『羇旅漫録』の大阪見物も淀川を下り、八軒家に着いたのであった。堺筋通りを南に、日本橋《にっぽんばし》・長町と行く。長町の筋は、現在の地図に照らせば、電気屋街でんでんタウン・日本橋筋（中央区日本橋から浪速区日本橋）である。「長町の七丁目なる、分銅河内屋」とあるが、安政年間の『摂津名所図会大成』巻之八の「日本橋」に「ふんどう河内屋」の名が記されている。(4)「ふんどう河内屋」とは「数百人」も泊まることのできる「浪花の名物」の旅籠屋である。そして両人の宿泊料の方は、二〇〇文程度であった。これなら『守貞謾稿』の「旅籠屋」の項目にある「下品宿二百文」に当たる、低料金である。はたしてどんな部屋に泊まったのか。

両人は、早速赤穂義士になぞらえて「同行四十七人」とまで洒落てみせて、さすがのマンモス旅館・分銅河内屋の番頭を慌てさせてみせるが、二人だけと知って、六畳の小座敷に通されることになる。しかも相部屋である。サービスの方はどうか。按摩（正体は目の見える女中である）が来たり、菓子売りが来たりでとんだ押し売り続きであるが、旅人はその迷惑を楽しんでいる気味である。[5]

当時、このような部屋数七、八〇もある当時のマンモス旅館が成り立っている理由の一つに当時の高野山《こうやさん》信仰が挙げられる。高野山（和歌山県伊都郡高野町）は、当時においても近畿の霊山であった。全国各地からの高野山に参拝する客が多数宿泊していた。じじつ、両人の相客は、丹波篠山（兵庫県篠山市）から高野山に亡妻の分骨を納めに参る男であった。[6] 大阪は、社寺詣での中継地であり、社寺詣に託つけての芝居小屋や色街のある歓楽地でもあったのである。市中見物は、翌日の市中北東部から始まる。南の郊外に当たる天王寺（天王寺区四天王寺）から住吉（住吉区住吉）にかけての観光コースは、ワンセットであったようである。それを次の日に後回しにして市中北東部から廻る見物から始める。弥次喜多ご両人は、まず宿舎のすぐ東の高津宮（中央区高津《こうづ》）に参り、昔の仁徳天皇の気分に浸る。ここは、大阪を南北に走る上町台地の西斜面に位置しているので、この絵馬堂から浪花を望見しようとするのである。弥次喜多を待っていたのは望遠鏡屋の触れ込みであった。あまり上品ではないが、市井の暮らしの細部までが覗き見ることができると触れ込んでいる。

○遠眼鏡の言ひ立て「サア見なされ、見なされ。大阪の町々蟻の這ふまで見へわたる。近くは道頓堀の人群聚、あの中に坊さまが何人ある。お年寄りにお若い衆、お顔のみつちやが何ぼある。女中がたの器量不器量、ほつこり買ふて喰てござるも、浜側でしゝなさるも、橋詰の非人どもが、襦袢の虱なんぼとつたといふまで、手にとるやうに見ゆるが奇妙。また風景を御覧なら、住吉沖に淡路島、兵庫の岬須磨明石、大船の船頭が、飯何杯食た、何食た角食たも、一気にわかる。まだまだ不思議は、此の眼鏡をお耳にあてると、芝居役者の声色、つけひやうし木の語り語り、残らず聞こへて見たも同然。お鼻を寄すれば、大庄の鰻の匂ひ、ふんぶんとあがつたも同然。ただの四文では見るがお得じや。千里一目の遠眼鏡これじやこれじや。(7)

この触れ込みに出て来る人たちで、江戸にはたくさんいて、ここには出て来ない人々がいることに気づく。「お坊さま」がいて「お年寄りにお若い衆」もいて「女中がた」もいて「橋詰めの非人ども」もいる。いないのは両刀差しの「侍」である。以下、『道中膝栗毛』浪花見物に、「侍」は登場しない。それにしても道頓堀の「芝居役者の声色」が聞こえ、「大庄の鰻の匂い、フンプンと上がった」とまで言い立てるのは誇大宣伝である。参拝を済ませて、市中北東部見物に出かけることとなる。

まずは谷町通・居酒屋での腹ごしらえ、大阪城の西をかすめて天満橋、天満青物市（北区天満）、天満宮（北区天神橋）と行き、天神橋を渡り、市中中心部の見物となる。この辺りのコースもお決まりの浪花観光コースであったのだろう。座摩社（中央区久太郎町渡辺）では富籤を拾い、当たり籤と思いつつ機嫌よく南下して、心斎橋清水町・呉服屋・大丸（中央区心斎橋筋）から道頓堀（中央区道頓堀）に出る。

○有頂天になり心斎橋筋を南へ、はやくも道頓堀に至りければ、まことに当地第一の盛り場にして、まへしまの内あり、うしろに坂町あり、おやま芸子の艶めき、行き交ふさま賑やか也。／いつとても調子狂わじ三味線の道頓堀の賑わひはそも／其の日もはや、七ツさがり、大西の芝居打出して、櫓太鼓の音喧く、評判じやの声、木戸口に溢れて、見物もどよみつれ、押し合ふ中を漸くすりぬけすりぬけ、行くまゝに角の芝居、評判じやの声、中の看板さへも目につかず。(8)

大阪道頓堀は芝居の街である。江戸っ子ならずとも、芝居を観光の目玉にしている。新城常三『庶民と旅の歴史』は、大阪に立ち寄る目的について述べ、芝居小屋の賑わいを「新興大阪商人のたくましいエネルギー」と記している。(9) 二人は、長町・分銅河内屋に戻り、ふたたび夜の巷に繰り出す。夜の巷は、当時から大阪旅行の目玉のもう一つであったようだ。まず順慶町（中央区南船場）の夜店を見る。

〇かくて三人は、足もそらに長町を北へ、堺筋ますぐに行けば、はやくも順慶町に至りける。名にしあふ此所は夜見せ繁昌の町筋にて、両側に内店、出店尺地もなく、万燈を照らし、呉服屋道具屋、袋物、櫛笥玳瑁珊瑚馬瑙の類、あるかと思へば、その隣には、盥小桶飯櫃磨りこ木杓子なんど、或は神棚もとめて、代銭をはらひきよめて行あれば、仏像買ふて、尻くらひ観音と、不足銭与へて走るもあり。傘の買人に下駄を履くあれば、草履の売人にわらじ履くあり。(10)

なかなか品数豊富で夜なのに賑わっている。この夜店を江戸の戯作者・滝沢馬琴は『羇旅漫録』に「めさむるわざ」と評している。(11) 江戸では見かけない夜店の賑わいに驚いているのである。それに大阪ではほとんど侍はいないのに治安はよいのである。(12) 新町遊郭（西区新町）にて遊び、長町・分銅河内屋に帰館する。

三日目は、座摩社（中央区久太郎町）の富会所に賞金を貰うべく赴く。その顛末は、ちょっとコワい目に遭う。実はこの富籤が外れであったのである。西も東も分からない旅人がおとなしく引き下がればよいのに……罵倒される場面である。(13) ここでは、外れ籤とも知らずいた弥次喜多一行が、「えらい阿呆うな衆」と罵られ、講中からは「往んだ往んだ」と追い出されようとする。それでも江戸っ子弥次さんは「十二支ぐらいは、間違ってもようござりやすから」と粘る。「阿呆うなことぬかしゃァがれ。ここな成らずめが」と罵られ、挙げ句の果てに「戯言言うとどつき倒すぞ」とまで言われる。この件の、形勢は一方的に江戸っ子に不利である。この顛末は、ぐずぐず言っている一行に、怖いオジサンが登場して来て、「やばなことさらすな」と凄んで見せる。さあ、ここで江戸っ子が応酬する。「横っ面張り飛ばすぞ」とは、なかなか勇ましい言葉である。しかし、地の利はない。多勢に無勢である。もともと外れ籤では仕方がない。腰を抜かした弥次郎兵衛は打ちのめされるのである。この場面だけとりあげたなら、「大阪は暴力の街だ」と決め付けられかねないが、幕府お雇いの侍はいない代わりをする人々がいたのだろうか。「棒突き」といった言葉は、警護の目的で社寺から私的に雇われている用心棒なのだろう。(14)お上に頼らぬ自警団である。

翌日、宿の主に事情を訴えたところ、「たとえ旅籠代がなくても、逗留なされ」との好意によって、天王寺（天王寺区四天王寺）、住吉（住吉区住吉）といった大阪の南の郊外に足を運ぶ段になる。長町・分銅河内屋に一度戻った後に生玉社（天王寺区生玉町）を経て天王寺西門（天王寺区四天王寺）に着く。「日の本最上の霊場」たる堂宇を見物の後は、阿倍野道を南下して天下茶屋《てんがちゃや》村（西成区天下茶屋）の有名な薬屋・和中散是斎を経て住吉神社（住吉区住吉）に到着する。

本社参拝、高燈籠見物の後、料理屋・三文字屋で一悶着、二悶着の末、長町・分銅河内屋に帰館する。話はその後、木曾路、草津温泉（群馬県吾妻郡草津町）、善光寺（長野県長野市元善町）、妙義（群馬県富岡市妙義町）・榛名（群馬県群馬郡榛名町）を経て江戸に帰るという設定である。滑稽を旨とした作品ではあるが、「弥次喜多の旅」には近世大阪の実像も認められるだろう。以下、弥次喜多のしでかした失態を材料に、江戸と大阪の風俗の違いを紹介してみたい。

（2）装いの不思議

まず衣食住の衣から始めることにしたい。次の記事は二日目、いよいよ大阪見物に出発の場面である。

○北八「モシ藁草履、二足買てもらひてへの」　弥次「イヤ一足でいゝ。おいらは京雪駄買てきた。どふも藁草履では、みすみす田舎者の上方見物と見へて悪りい」　北八「ナニ旅で見栄もへちまもいるものか」　左平

次「お支度がゑいなら、出かけましよかいな」(15)

弥次郎兵衛は、京雪駄《せった》で見物に出かけたいらしい。「藁草履では、みすみす田舎者の上方見物」と見えるのが、きまり悪いと言うのである。大阪では、藁草履を履く者を本当に田舎者扱いするのだろうか。『守貞謾稿』には、雪駄について、いくつかの記述が見られる。江戸と上方とでは履物に違いがあるようである。「表真竹タク（竹の皮）に裡は馬皮」なる代物を「雪踏」と記しているが(16)、これは『道中膝栗毛八編』の「雪駄」であろう。『守貞謾稿』では、「雪踏」を「江戸製を下品とし、また上方を上品とす」(16)とある。上方のは上等だから、弥次郎兵衛が京で買ったのである。『守貞謾稿』に記すこの言葉の起こりについては、『嬉遊笑覧』にすでにみえる。「雪踏」を「……なお湿り透らぬことを図りて、裡牛皮を以て造る。雪の上を踏む」とあり(17)、弥次郎兵衛の欲しがった「雪駄」はこれであろう。さらに『守貞謾稿』は同じ項目に「江戸の今俗は、冷飯草履と言う物」とあるので(18)、弥次郎兵衛が「田舎者」呼ばわりされるのを厭がったのも無理はない。皮革製品に関しては京阪の品物が江戸より技術が一段進んでいたのである。

もう一件は、第三日目、何とか宿屋の亭主の取り計らいで、天王寺、住吉への見物に漕ぎつけた末に生玉社《いくたましゃ》（天王寺区生玉町）に立ち寄った場面である。異様な風体の男の口上を聞くことになる。少々下品だが本文どおりに記す。

○かくて境内をうち過ぎ、馬場先通りに出たるに、ここは少しの遊所ありて、オヤマ芸子の艶めき、行き交うさま華やかなり。ここに股引き履きて、ちょいと片褄、はしょりたる男、茶屋めきたる角々に立ちて、言うを聞けば「イヤァ新吉に、船場辺お医者の娘出ぼっとりとした中年増、お寝間のところはグツグツと、煎じよう常のごとしとは申せども、そこにはちくっと匙加減お用いなされてご弄じませ。天王寺屋にこれはまた、さる所の飴屋のむすめ出、にっちゃりくっちゃり、たくさんな水飴もどきの上代物が出ます。いづれもお頼み申します。」と触れて行く。／北八「左平さん、アリャアなんだね。」／左平「あれかいな、ここの置屋に新造が出ると、あないに言うて、呼び屋を触れて、歩きおるのじゃわいな。」／弥次「コリャ珍しいハ、珍しいハ。」[19]

喜多八は「股引き履きて、ちょいと片褄、はしょりたる男」のファッションが分からずに宿の案内人・左平次に尋ねる。すると「呼び屋」だと知らされて、弥次郎兵衛もまた珍しがっているのである。いったい、江戸には、そのような風体の呼び屋が出没しないと言うのか。「股引き履きて、ちょいと片褄、はしょりたる男」についてであるが、『守貞謾稿』の「男服」に、色街の男がパッチを履いているのは、「京阪」と断りがあることからすれば[20]、江戸には見られぬ風俗らしい。ここに挙げた二件は江戸人が奇異に感じた装いの一端でしかない。しかし、ここにも近世大阪の特徴的な民俗文化を知ることができる。

（3）不思議な食い物

食い物の世界にも東西の文化の違いが認められる。『守貞謾稿』は、鰻丼飯を「マブシ」と言うか「ドンブリ」と言うかについて言及している[21]。今日、大阪では、次第に「ウナドン」（鰻丼）という言葉が勢力を得て、そのうち「マムシ」が消えはしないか心配である。この料理をご飯に鰻は「まぶす」ものだと思っている者にとって、「まぜる」の意味の動詞「まぶす」が忘れられていくのはさびしい。江戸の戯作者である滝沢馬琴は『羈旅漫録』に大阪の料理についても、大阪の鰻をけなした上で「その外料理店数軒あれど江戸人の口にはあわず」と述べている[22]。ただ『道中膝栗毛』では、鰻丼飯の呼称について触れていない。

弥次喜多両人は大阪に来て食い物でも面食らう。来阪二日目の高津の宮（中央区高津）物見遊山の後、谷町通・居酒屋に立ち寄る。「モシなんぞありやすかね。」という問いに対し、酒屋の亭主は「ハイ煎り殻に鳥貝、鰊の昆布（こぶ）まきじやわいな。」と答える[23]。

喜多八にはこの「煎り殻に鳥貝」「にしんの昆布巻」が「さっぱり分からねえ」のである。江戸っ子にとって、口にすることはなかったのか。『守貞謾稿』に鰊の昆布巻きについては、「鯡、江戸、これを食する者稀なり。専ら、猫の食とするのみ」とある。[24] 大阪人なら信じがたいはなしである。甘辛う煮いた鰊の昆布巻きでぬくぬくのご飯をほおばるのは、大阪の庶民の家庭料理の味である。これなら、まるで大阪人は猫の餌を食うていることになるではないか。しかし、近世大阪では、北前船《きたまえぶね》で運ばれて来た鰊を食していたのである。近世大阪は、北前船を擁して地理的には江戸からよりも蝦夷地（北海道）に近いのである。

東西の食い物の違いに気付かせられるのはなんといっても屋台店である。両人にとっての来阪二日目の晩、新町遊郭に出掛ける道すがら順慶町（中央区南船場）の夜店に立ち寄る。

○両替屋は目を皿になして天秤を打ならし、金物屋は口を剃刀にひとしく、きれものを商ひ、肴屋、しろものは腐たれども、売声はねて呼立るを聞けば「ヤァおつきな鯛じやア鯛じやア、鱧じやア鱧じやア、くるまやアくるまやア、このしろやア、はつのみのきりうりやアはつのみのきりうりやア。」　薩摩芋売り「ほつこりほつこり、ぬくいのあがらんかいな、ヤアほつこりじやアほつこりじやア」／上燗熱屋「ぬくいぬくい、鯡の炊いたの、あんばいよし。」「ヤアまけたまけた、しんまいの煎殻じやア煎殻じやア」[25]

この物売りの客寄せの言葉を追ってみるがよい。「鯛」「鱧」「車」（車海老）「このしろ」「はつのみの切り売り」「ほっこりぬくい（薩摩芋）」「ぬくい鯡の炊いたの」「しんまいの煎殻」。いったい両人は、どれだけ理解できたのだろうか。食う物自体の違いもさることながら、調理法に江戸と大阪に違いがあるようだ。例えば、薩摩芋がそうである。「ほっこりぬくい」のは、焼くのか、蒸すのか。『守貞謾稿』には「江戸にては、蒸し芋ありと雖も、焼き甘薯を専らとす」とある。[26] 弥次喜多が想像していたのは焼き芋でなかったか。ところが「ほっこりぬくい」のは、焼き芋ではなく、蒸し芋であった。「ぬくいの上がらんかいな」の「ぬくいの」は、温かい芋であって、「熱々」の焼き芋ではない。しかし、これも、今日では行商の売りに来るのは「焼き芋」であって、蒸し芋の味は忘れられつつある。家庭で食べるだけで、商品からは消えた。

スシはどうか。「御評判のちくらずし、鯖か鯖か、鳥貝やア鳥貝やア」と呼ぶ。(27)ご両人が口にしたのは、今日大阪人も口にする握り鮨か筥鮨《はこずし》か。これについては、郷土研究誌『上方』創刊号に「弥次喜多と大阪鮨」の論考があり、筥鮨とされている。(28)『守貞謾稿』に鮨の記述は詳しい。後集巻之一食類にはスシの変遷が記されている。『守貞謾稿』が書かれた嘉永年間（一八五〇年頃）より五、六〇年以前に江戸、京阪とも筥鮨が廃れて来たとある。それに取って代わって登場して来た握り鮨はどこから興ったのか。もちろん江戸である。「江戸風」である。『守貞謾稿』には、「また、文政末頃より、戎橋南（＊中央区道頓堀）に、松の鮨と号けて、江戸風の握り鮨を売る。烟華の地なるを以て粗行れ、後に大西芝居西隣の角へ転店し、これまた今に存す。これ、大阪にて、江戸鮨を売るの始めなり。余、在坂の時は、この一戸なりしが、今は、諸所にてこれを売るとなり」とある。(29)この記事の「余、在坂の時」とは、天保一一（一八四〇）年までを指す。ということになれば、「江戸風の握り鮨」が大阪に流行しだしたのは、天保一一（一八四〇）年以降、嘉永年間（一八五〇年頃）までの一〇年余りの期間ということになる。それなら、弥次喜多両人は文化年間（一八一〇年前後）の大阪見物と想定されているので、昔ながらの筥鮨を食べていたことになる。「弥次喜多と大阪鮨」の論考の結論に異論はない。

道中記で喜多八が「アレ弥次さん見なせえ。アノ鮨は、京で食ったが、とんだよかった」といい、鮨屋が「そっちが四文、こっちやのが六文」と答えているのは、上方には残っていた筥鮨というものだろう。では、四文や六文という値で採算が取れるのか。『守貞謾稿』に次の記述がある。(30)「因りて曰く、京阪にては、方四寸ばかりの箱の押シズシのみ、一筥四十八文は鳥貝のすしなり。また、コケラズシと言うは、鶏卵焼き、鮑、鯛と並びに薄片にして、飯上に置くを言う。価六十四文、一筥およそ十二に斬りて四文に売る」とある。鮨屋のいう四文、六文という値段も、筥鮨の一切れの値と見てよいだろう。それにしても今日では、押シズシ・筥鮨は握り鮨に押され廃れている。大阪にいて握り鮨を「江戸前」と呼ぶのはよい。昔からのをわざわざ「大阪鮨」と呼んでいるのである。芋同様、今日では東京が大阪を席巻しているのである。

（4）住まいの不思議

弥次喜多両人の戸惑いは、装い・食い物だけではない。喜多八は、居酒屋の雪隠《せっちん》でも戸惑うのである。所変われば便所が不便な所になる。

来阪第二日目、長町・分銅河内屋を出て高津社（高津神社《こうづじんじゃ》：中央区高津）に参り、市中見物に出る前に谷町筋の居酒屋に立ち寄った時のことである(31)。用足しに出た喜多八は厠に入ったままではいい。かたや弥次郎兵衛は案内役の左平次と酒盛りを始める。弥次郎兵衛にせきたてられ、慌てて厠を飛び出した喜多八の出た所は酒屋ではない。この酒屋の裏に住む隠居の家であった。「両方にて使う雪陣なれば、あなたにも、こなたにも、両口ある」とは、共同便所だから、この厠には、二カ所の出入り口があったというのである。入った出入り口を出ればよいのに、うろたえた喜多八が出た出入り口は裏の隠居の家の側であったというのである。

これなら、まるで通り抜けになった便所ではないか。両方の家に抜けることのできる出入り口のある便所など、本当にあるのだろうか。『道中膝栗毛』には、この後の箇所に「両頭《りょうとう》の雪陣《せっちん》」とあり、頭注に「両方に出入口のある便所」とある。喜多八は引っ返そうとするが、一方の弥次郎が雪陣を占拠中。抜けるに抜けられない喜多八は、弥次郎の江戸長唄の相手をさせられる(32)。喜多八は、強行突破を図ろうとして雪陣の戸を強く押すと、喜多八もろとも元の酒屋へ転がり込む。相変わらずのドタバタ劇を演じる羽目になる。その道具仕立てとなるのが「両頭の雪陣」

である。

『守貞謾稿』に「厠」の項目がある。(33) これには、「両頭の雪陣」の記事がない。『嬉遊笑覧』にはもとよりない。「一宇数戸の小民の借屋」になら三都どこにも共同便所はある。どちらかと言うと京阪の方が作りはよいようである。この空間の閉鎖性は確保されている。つまり、京阪は「周り及び二戸なるは、半の隔たりともに壁を用い、床ありて戸も全くに長し」であるのに対し、江戸は「周り羽目板壁、無床にて、戸も半戸」である。確かに、京阪の方は大便・小便の隔ても壁で仕切られ、出入りの戸も全体を隠す高さがある。江戸に慣れた者にとっては、見通しがきかず、便所を出た瞬間、大便・小便のどっちの方から便所に入ったのやら、わからなくなった。……。左右を間違えて飛び込んだのが裏の家だったということになる。十返舎一九は、東西の便所の違いを巧みに把らえて、大阪の便所を不思議な空間に仕立て上げたのである。

（5）生業の不思議

大阪と江戸とにおいては、ずいぶん生業に違いが見られる。両人の道中での失態の中には生業の取り違えによる場合もある。東西によって触れ込みの文句を異にする生業があるのである。

弥次喜多両人の触れ込み文句の聞き違えによる失敗は、来阪第二日目の市中見物の折、天満天満宮（北区天神橋）の参拝を終え、天神橋にさしかかったところである。

○紙屑買ひ「デイデイデイデイ」〈割注：是は大阪にては、紙屑買ひかくのごとくデイデイデイデイと呼んで、歩くを、弥次郎は、江戸のかくで雪駄直しと、思ひ呼びかけ〉「コレコレ此雪駄、頼みます。」紙屑買ひ「ハイコリヤかたしいかいな。かたしではどふもならんわいな。見りやその履いてじやも、鼻緒がどふやら損ねそふじや。

一緒にさんせ」弥次「ホンニこいつも今に抜けるは。とてものことに、一緒にして、いくらだいくらだ」と〈割注：トいふゆへ紙屑買ひはこれを買ひ取る心にてひねくりまはし〉「コリヤ一向安いが、ゑいかいな」弥次「そふさ、なんでも安いがいゝの」紙屑「さよなら四拾八文じやが、どふじやいな」弥次「イヤそれでは、高い高い。廿四文ばかりでよかろう」紙屑「エ、じやらじやらいふてじや」弥次「ハテサ、ほんとうに、廿四文廿四文」〈割注：ト無性に、履物を突きつけるゆへ、紙屑買ひは、一向に合点ゆかず。売り手の方から、値段を値切るは珍しいと、おかしさ半分、何にしても損のいかぬことなれば銭を取出し〉「ハイそしたら、廿四文にまけてあげて買ましよかいな」〈割注：ト廿四文弥次郎に渡し、雪駄を取、荷の内へ入れて、行こうとする〉弥次「コリヤコリヤ待つた待つた。おれに銭をよこして、その雪駄をどふするのだ」屑屋「ハテ買ふたのじやわいな」弥次「とんだことをいふ。鼻緒が抜けたから、直してくれろといふのだはな」(34)

弥次郎兵衛の雪駄の横鼻緒が抜けた時、通り掛かった紙屑屋を雪踏直しと勘違いしたのであった。はたして一九の記述するように「大阪にては、紙屑買いかくのごとくデイデイと呼んで歩く」のだろうか。大阪の紙屑屋はいかなる言葉で触れ回ったのだろうか。『守貞謾稿』の「紙屑買」の項目の触れ言葉には、「テンテン」(35)とある。弥次郎兵衛は「デイデイ」を「テンテン」を聞き違えたのである。「デイデイ」は、江戸ではいかなる職の人の触れ言葉か。『守貞謾稿』によれば「デイデイ」は江戸での「雪踏直し」の触れ詞であった。(36)「手入れ手入れの詘言なり」と解釈されている。雪踏直しは、「京阪は、穢多町より出て、市街を巡る」のであった。それであれば作中の紙屑買いが、弥次郎兵衛相手に雪踏直しと勘違いされたのに「あたけないわろじゃわい」と言い放つ意識には、「穢多町」と言われた地域、「雪踏直し」といった職業に対する蔑視があったと考えられる。これは、近世の戯作者の意識であり、このように作中人物に語らせた江戸の戯作者・十返舎一九自身の差別的な意識の問題は正されなければならない。弥次郎兵衛の紙屑買と雪踏直しとを勘違いしたように、江戸と大阪においては、生業・仕事のやり方にも違いが見られた。この段でも地理・暮らしの事情に不慣れな江戸人がトンチンカンなことをしでかし、土地の者との間にトラブルを生じさせている。

『道中膝栗毛』という読み物の滑稽さは、旅人である主人公たちの度重なる失態にある。主人公たちが、旅先で江戸から見ての異文化に触れ、失態を重ね、それを乗り越えて行くことに読者に痛快なものを感じさせている。そこにこの作品の面白さがあったのだろう。ともすれば、『道中膝栗毛』は、通俗的な読み物とされる作品ではある。しかし、正しく文献批判を行ったならば、各々の地方の習俗と江戸との習俗の比較するのに恰好の作品であると考える。

（6）馬琴による大阪評定

最後に滝沢馬琴の大阪観を示す。『道中膝栗毛』という読み物は、どこまでも滑稽さを求めた作品であって、両人は大阪人といくら口論をしようとも、悪態を付こうと面倒な議論などしていない。そこで、大阪・浪花といった江戸っ子からすれば知らない世界の異なる文化について、もう一人の江戸っ子の見解を示すことにする。馬琴は『羇旅漫録《きりょまんろく》』における旅にあって大阪・新町橋（西区新町）の上の屋台のありさまについて次のように記している。(37)「新町橋の大きさは、江戸のおやぢ橋ほどもあるべし。この橋の上、半分商人にて或は房薬を売る見せ、或は煮つけ肴菓子の類いをあるもの、おのおの屋台見せを出し、橋の上を真半分にして、一ツは商人の屋台にて塞げ、往来甚だ混雑すれども、悪言を言う者もなく口論もなし。（以下割注）大阪の市人、つねに風爐に釜などかけ、或は簫など吹きて、万事高上に見することこの地の一風なり」とある。ここに挙げた新町橋のありさまは「往来甚だ混雑すれども、悪言を言う者もなく口論もなし」なのである。不思議に秩序が保たれているのである。夜店についての記事においても同様に「夜中にかかる見せいくらもあれど、喧嘩争論なきゆえに、賊の愁もなきにや（あらむ）」として、その秩序が保たれていることに驚いている。

馬琴は、大阪人の気質をどのように把えているのであろうか。京、江戸と比較して次のように記している。[38]「大阪の人気は京都四分江戸六分なり。倹なることは京を学び、活なることは江戸にならう。しかれども実気あることは、京に勝れり。一体人気のよく一致するところなり。これは土地の狭きゆえなるべし」とある。大阪は京と江戸の、倹約と活気を兼ね備え、四分六で江戸に似たものと把えているのである。この活気は何によるのか。京大阪商家の評定を次のように記している。まず大阪の色街の繁昌ぶりの訳を記述する。続いて京の商家の女の才覚の無さを述べ、結論は大阪商人の才覚を大とするのである。[39]大阪の商家の主人も奉公人もこぞって色街に遊ぶ訳は、「自分のはたらきを以て商いの利を得る」ことを大事として、店の金を使い込まない限り、奉公人の散財も大目に見られるというのである。一方の京は、呉服の行商など女がするので「手先和らかにして反物損することなく、言語しとやか」なのであるが、「価を論ずるに至りても一個の才覚なく、万事主人の意をうけてこれを売る」というのである。大阪の商売は才覚次第なのである。後はとやかく言わないというのである。大阪の活気は商売の才覚から来るのだろう。

大阪の商売人の才覚は、街の公共利益にも寄与している。馬琴は「まけじたましいの商売」が橋普請をすると述べている。[40]その記事にある大阪は「気がさなる所」とは勝ち気な性分ということである。だから、飲料水に事欠く時でさえ、商売人が商売人根性の負けじたましいを発揮して、競うようにして仮橋をかけ、水を汲む者の助けとするというのである。いずれも大阪における活気の源を合理的精神に基づく商魂に帰しているのである。そこには、商売人を吝嗇家《りんしょくか》とする考えは成り立たない。今日、行政サイドがいう「民間活力導入」なんぞ、言われなくともやっているのである。はじめから行政の権力や権威を傘に着た力なんぞ頼りにしていない土地柄なのである。

〈(1)『道中膝栗毛』浪花の世界〉にも述べたように、大阪市中に侍の言動は『羇旅漫録』にも記されていない。それにもかかわらず、治安が維持されているのも、馬琴の記述する「負けじたましいの商売」によって説明することができるのではないか。近世大阪に対する江戸人の眼差しには、江戸と異なり、公権力に依存しないバイタリティといったものをも感じ取っていた。以上を、弥次喜多漫遊記には語られなかった大阪評とし、江戸人から見た近世における商都大阪観とする。本節では、江戸人にとって異文化である近世大阪の都市民俗について論究した。

〈初出は、「不思議の浪花の弥次喜多道中①」『大阪春秋』(大阪春秋社)七四号　一九九四年三月、「不思議の浪花の弥次喜多道中②」『大阪春秋』(大阪春秋社)七六号　一九九四年九月、「不思議の浪花の弥次喜多道中③」『大阪春秋』(大阪春秋社)七七号　一九九五年一月。これらを一部修正。〉

3　梅田道牛の藪入りの都市民俗

―農耕儀礼との関連―

（1）近世の願懸重宝記の世界

本節では、近世都市生活者による周縁農村との交流について論究する。このことにより、「近世の都市民俗」の性格を農漁山村などの地域の民俗との相違をとおして解明したいからである。ここに解明される相違は、近世都市大阪に限るものではないと考える。

対象とするのは、「梅田道牛の藪入り」（以下「梅田牛駆け粽」とも記す）の記事で、最初にこの行事を『神社仏閣願懸重宝記』初篇全体の中で位置づけしたい。考察の対象とする記事は次のとおりである。以下、考察の対象とする引用箇所を改行して紹介する。

○毎年五月五日の朝北野梅田道にて牛かけといふ事あり此日近在の農夫野飼の牛の角に　いろいろの野花をむすびつけ梅田の野ミちに放ちやりて牛のこゝろのまゝに遊バしむる　これを牛のやぶ入りともいふこのとき牛に付そひ居る農夫見物の諸人に粽をあたへる小児疱瘡をかるくする為なりとて乞受てかへる

⑽ 錦絵梅田道牛の藪入り

牛かけを見るも一興あり(1)

近世の地誌『神社仏閣願懸重宝記』初篇は、文化一三（一八一六）年に歌舞伎狂言の作者・浜松歌国の筆になるものである。『神社仏閣願懸重宝記』は、初篇しか出板されていない。江戸ではこれに二年先立つ文化一一（一八一四）年に万寿亭正二による『江戸神仏願懸重宝記』（以下「江戸重宝記」と略す）が刊行されている。体裁を見る限り、大阪が江戸をまねたものと考えられる。その体裁については、後で記述する。

大島建彦はこの間の事情を「民間信仰の多様化につれて、さまざまな寺社に参るとともに、それぞれの願を掛けることが、さかんにおこなわれるようになった。そこで、二とおりの『願懸重宝記』というものが作られて、そのような願掛けの案内記として用いられたといえよう」と述べている。(2)この時代の三都とりわけ江戸・大阪といった大都会においては、村落におけるものとは異なる豊富な民俗宗教が存在していたことが考えられ、こういった願掛けの案内記ものから当時の都市生活者の興味・関心のありかを探ることができる。

「梅田道牛の藪入り」を考察するにあたって、これを載せる『神社仏閣願懸重宝記』の全体を見ておこう。「浜松歌国伝」によれば、著者は、安永五（一七七六）年の生まれで、通称は布屋清兵衛、号は氏助、また颯々亭南水と号し、大阪島之内布袋町に住んでいたとある。また木綿問屋の若旦那で若い頃から歌舞伎に精通し評判記を記し、二五歳の時、浜松氏の名で初めて芝居の番付に顕われ、狂言作者となった。文政九（一八二六）年、大病に罹り、一たび軽快の身となったが、翌文政一〇（一八二七）年に没した。享年五二歳であったともある。(3)『神社仏閣願懸重宝記』の世界が、大阪の商人出身の狂言作者によってしたためられたものであることを確認しておきたい。彼もまた、「江戸重宝記」の著者である万寿亭正二同様、世俗の事に明るかったにちがいない。資料として〈表1〉『神社仏閣願懸重宝記』初篇記事〉の構成を示した。

その体裁は、標題、所在地、願掛けの対象となる神仏諸霊の名称、祈願内容・願掛け作法、霊験、願解き作法、

表1『神社仏閣願懸重宝記』初篇記事の構成

①所在地　②神仏諸霊の記述　③願掛けの対象となる神仏諸霊　④立願＝祈願内容＋願掛け作法［呪具・呪物］　⑤霊験・感応　⑥御礼参　⑦縁日

		①	②	③	④	⑤	⑥	⑦
1	北辰妙見菩薩立願の事	○		○	○	○		○
2	大聖歓喜天立願の事	○		○	○	○		
3	金毘羅権現立願の事	○		○	○	○		○
4	毘沙門天信仰の事	○		○	○			○
5	白世根大明神立願の事	○		○	○	○	○	
6	龍海寺子安地蔵の事	○		○	○	○		○
7	栗東寺観世音の事	○	○	○	○	○		○
8	清正公神祇立願の事	○		○		○	○	○
9	成正寺妙見祠の事	○	○	○	○			○
10	粟嶋大明神立願の事	○		○	○	○	○	○
11	妙儀大権現立願の事	○		○	○	○	○	
12	目神八幡宮立願の事	○		○			○	
13	かしく寺立願の事	○	○	○	○	○		
14	梅田牛かけ粽の事	○			○	○		○
15	梅田薬師立願の事	○		○	○	○		

縁日といった項目からなり、第一番から第六十九番にまで及ぶ。テキストは、「江戸重宝記」の三一件に倍する。「江戸重宝記」と比べて、記載項目も整っており、近世都市生活者の信仰を中心とした習俗を知るのに恰好の資料といえる。

　テキストは、所在地・立願の作法・願掛けの対象となる神仏諸霊の名称をほぼ必須に記している。霊験・感応については八割がた、御礼参りは四割がた、縁日は三割がた載せている。神仏諸霊の縁起来歴の記述は一五％しか載せていない。ここからは、巡拝の盛行、祈願内容、願掛け対象および作法の多種多様、行事の多彩といった傾向を読みとることができる。

　梅田牛駆け粽の記事について記述のあるのは、所在地、願掛け作法、霊験、縁日だけであり、願掛けの対象となる神仏諸霊の名称とその記述、御礼参りについての記述

16	王仁宮立願の事	○		○		○	○	
17	岡松寺痔神の事	○		○	○	○		○
18	光智院子権現の事	○		○	○	○	○	
19	野田村榎立願の事	○		○	○		○	
20	土佐堀疱瘡人形の事	○		○	○	○		
21	五牛大明神疱瘡立願の事	○		○	○	○	○	
22	常安町薬師立願の事	○		○	○	○	○	
23	和霊神立願の事	○		○	○	○		○
24	鷺大明神疱瘡立願の事	○		○	○		○	
25	霊験地蔵尊立願の事	○	○	○	○		○	
26	白髪町観音甘茶の事	○			○	○		○
27	抹香地蔵立願の事	○		○	○	○		
28	幸橋地蔵尊立願の事	○		○	○	○	○	
29	戸隠大明神立願の事	○		○	○	○	○	○
30	烏樞沙磨明王の事	○		○	○	○	○	○
31	油懸地蔵立願の事	○		○	○		○	
32	三津八幡猿田彦社の事	○		○	○		○	
33	堺瘡神立願の事	○		○	○	○		○
34	千日歯神立願の事	○		○	○	○	○	

がないことである。その点、記載項目に欠落の多い記事である。

まず『神社仏閣願懸重宝記』にとりあげられている社寺の所在地について見よう。

○能勢郡野間むら妙見祠大阪より道のり八里・第一番　北辰妙見菩薩立願の事(4)

この記事には、「大阪よりの道のり」とある。大阪を起点に記すのは、大阪三郷に居住する町人を主立った購買者として出板されたものだからであろう。願掛けの対象となっている社寺の所在地を大阪町地を中心に件数を整理してみたところ、大阪市中（大阪三郷町地）三三件、大阪三郷町地周縁三三件、摂津内近郊三〇件、摂津国外四件となり、この書物には、〈市中→周縁→近郊〉とほぼまんべんなく願掛けの対象となる神仏諸霊を挙げていることがわかる。摂津国の外への関心は乏しいことも読みとれ

35 千日榎立願の事	○		○	○	○	○	
36 安井稲荷安産の事	○		○	○	○	○	
37 平野町猿田彦の事	○		○	○		○	
38 御茶湯地蔵尊の事	○		○	○	○		
39 真田山中風除の事	○		○	○	○		○
40 玉造口観音寺小児立願の事	○		○	○	○		○
41 玉造口観音寺水火盗難除の事	○		○	○			
42 甑塚大明神立願の事	○		○	○	○		
43 北山不動立願の事	○	○	○	○	○		
44 四天王寺太子堂立願の事	○		○	○	○		
45 四天王寺紙子仏立願の事	○		○	○	○		
46 四天王寺紙子仏頭痛立願の事	○		○	○	○	○	○
47 四天王寺妙正大名神立願の事	○		○	○	○		
④、⑤記述順序逆転							
48 四天王寺石神立願の事	○		○	○	○		
49 四天王寺牛の宮立願の事	○		○	○	○	○	
50 四天王寺歯神立願の事	○		○	○	○	○	
51 四天王寺庚申堂参詣の事	○		○	○	○		○
52 四天王寺庚申堂境内九頭龍権現の事	○		○	○		○	

る。

原図は、「新改正摂津國名所旧跡細見大絵図」（山田和助鐫　天保七〈一八三六〉年校正再刻　大阪府立中之島図書館所蔵）の右下部分であり、この地図ではほぼ現在の大阪市域に限定して版図とした。これにより所期の目的である『神社仏閣願懸重宝記』にとりあげられた社寺のほとんどを表示できたと考える。以下にこの地図の表示の方法を記し、解説をする。

なおテキスト本文のうち、複数の社寺を記す[1]北辰妙見菩薩立願の事、[2]大聖歓喜天立願の事、[3]金毘羅権現立願の事は一カ所だけを表示した。[2]歓喜天の項にある「天下茶屋むら正圓寺」（「天下茶屋聖天」…阿倍野区松虫通）の場所については、[58]に示した。表示を除いたなかには、妙見の項の「能勢郡野間むら妙見祠」（大阪府豊能郡能勢町野間中）、「久々知広済寺」（兵庫県尼

53	四天王寺庚申堂頭痛除の事	○		○	○	○		
54	四天王寺西大門布袋像の事	○		○	○	○		
55	合法辻閻魔王立願の事	○		○	○	○	○	
56	新清水地蔵尊の事	○		○	○	○		
57	広田社立願の事	○		○	○	○	○	
58	天下茶屋天神立願の事	○		○	○	○		
59	住吉御湯参詣の事	○		○	○	○		○
60	住吉神馬歯ぎしり除の事	○		○	○	○		
61	住吉神宮寺五大力信心の事	○	○	○	○	○		
62	住吉大歳社参詣の事	○		○	○	○		
63	住吉誕生石安産の事	○		○	○	○	○	
64	住吉あびこ観音参詣の事 ③神仏名称と重複	○		○	○	○		○
65	堺乳守宮立願の事 ③神仏名称と重複	○		○	○	○		
66	堀こし観音参詣の事	○		○	○	○		○
67	加嶋権之頭の事	○		○	○	○		
68	地蔵堂絵馬の事	○		○	○	○	○	
69	節分の夜疱瘡除けの事	○		○	○	○		○

崎市久々知）、歓喜天の項の「岩屋宝山寺」（奈良県生駒市門前町）、「山崎観音寺」（京都府乙訓郡大山崎町）、67加嶋権之頭の事にある「加島社」（大阪市西淀川区）、65堺乳守宮立願の事の「堺乳守宮」（堺市堺区南旅籠町）のように、この地図の版図に入らない社寺もある。これらの表示できなかった六カ所のうち、妙見祠、久々知広済寺、加島社、堺乳守宮は摂津に位置するが、残りの二カ所は、隣接する山城、大和であり、社寺案内記としてのこのテキストは、大阪から遠出しないですむ社寺をとりあげていると見受けられる。複数にわたりとりあげられている平野町御霊社（中央区平野町：29〜30）、玉造口観音寺（未詳：40〜41）四天王寺（天王寺区四天王寺：44〜50）、四天王寺庚申堂（天王寺区堀越町：51〜53）住吉大社（住吉区住吉：59〜63）は、初出の番号だけで示した。これら五カ所のうちでは、

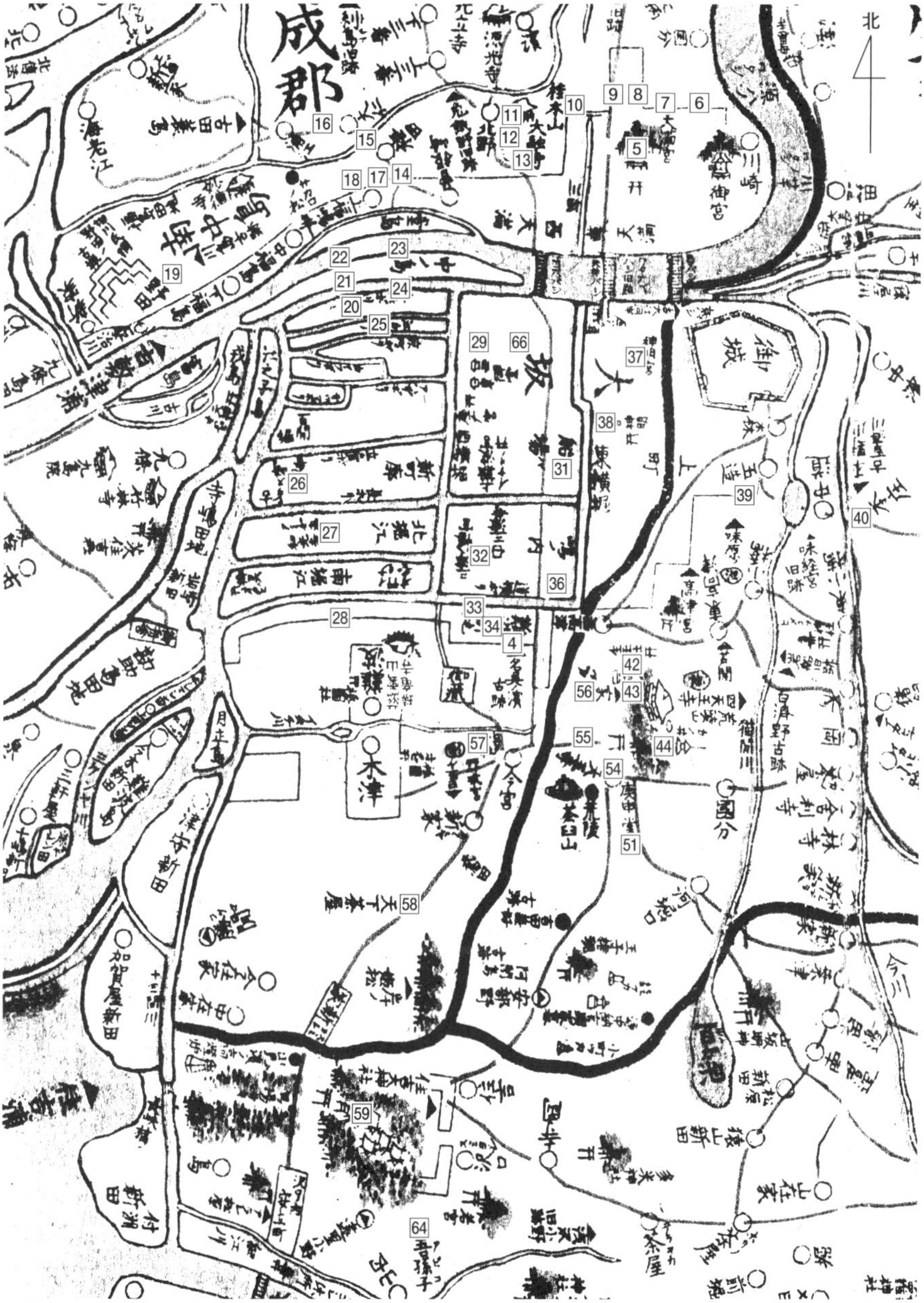

⑾『神社仏閣願懸重宝記』関連地図

四天王寺（天王寺区四天王寺）の七件、住吉大明神（住吉区住吉）の四件が件数の多さに注目される。四天王寺は聖徳太子創建とされる古刹であり、住吉大明神は摂津国一宮であるが、これらの歴史的社寺においても、この時代には後で明らかにするように近世大阪町人によるさまざまな現世利益を祈願する願掛けが行われているのである。

このような方法で分布を表示したこの⑾地図を読むとテキストが対象とした神仏は、およそ大阪三郷の周縁（urban edge）に多く分布することがわかる。北東周縁に位置する天満界隈では、九カ所にも及び、北西の周縁に位置する梅田から福島にかけても五カ所、南東部では、四天王寺周辺に七カ所分布する。市中中心部では、船場の平野町（中央区平野町）に四件、中の嶋常安町《じょうあんまち》（北区中之島）の三件が目を惹く。ことに蔵屋敷に祀る神を願掛けの対象とすることが多くみられる[5]。「第三番　金毘羅権現立願の事」の「讃州高松侯御蔵やしきの金毘羅権現」、「第廿一番　五牛大明神瘡立願の事」の「中之嶋常安町田辺屋橋の西阿州徳島侯の御くら屋鋪のうち鎮守の稲荷榎の社正一位五牛大明神」、「第廿三番　和霊神立願の事」の「中の嶋久保嶋町予州宇和島御蔵屋敷の内鎮守の社和霊神」、「第廿四番　鷺大明神疱瘡立願の事」の「土佐ぼり白子町雲州松江侯御くら屋鋪のうち鎮守の稲荷の社正一位鷺大明神」、以上が各藩の蔵屋敷内に祀る神である。西日本各地の民俗宗教が「水都」であり「商都」であった大阪においては、出張所である蔵屋敷に根付いていたのである。本節にとりあげる事象の梅田という場所は、北西周縁に位置する梅田から福島にかけて五カ所分布するうちの一件である。

祈願の対象となる神仏諸霊の記述は梅田牛駆け粽にはない。同様に願掛けの対象となる神仏諸霊の名が直接に明示されていないのは、白髪町《しらがまち》観音堂甘茶の事、四天王寺庚申堂頭痛除の事、住吉御湯参詣の事の三件である。しかし、これらには、白髪町観音堂（西区新町）甘茶の「四月八日灌仏会」、四天王寺庚申堂（天王寺区堀越町）の「庚申参り」、住吉御湯の「六月十三日神輿洗い」といった行事が記されている。梅田牛駆け粽も五月五日の端午の節供といった年中行事への関心からとりあげられたのであろう。

祈願の手段について、井之口章次は「①参拝（おまいり）②参籠（おこもり）③奉納④禊・祓⑤自虐⑥鎮送⑦対抗⑧強請と分類している。(6) しかし、本節では、祈願行動を中心とするためにあえて、Ⅰ　参拝・修行・禁忌、Ⅱ　喚起・誓言、Ⅲ　供え物、Ⅳ　戴き物・借り物、Ⅴ　祭祀、Ⅵ　鎮送の六種類に分類する。梅田の牛駆けで粽を「乞受てかへる」のは、Ⅳ　戴き物・借り物にあたる。戴く対象として、他に手向け水・甘茶・茶湯、御符・御守、小石、針、蒟蒻、絵馬がある。これらは、いずれも神仏諸霊に供えられていたものであり、何らかの霊を授かる意味あいが認められる。牛駆けの粽がどのようなものであったかは、他の文献にも記述がなく明確ではないが、牛に与える前に、近くの祠に奉納されていたものなのかも知れない。「江戸重宝記」にも願掛け作法として最も多いのは、戴き物・借り物である。そのように見ると、「乞受てかへる」という行為は、Ⅳ　戴き物・借り物に分類してまちがいない。この件の粽は、神仏諸霊の霊を帯びた呪物であってその威力にあやかろうとする心意からの作法なのである。

次に霊験・感応について見よう。〈表[2]祈願内容の分類〉は、『神社仏閣願懸重宝記』に記された祈願内容を分類したものである。

表[2]　祈願内容の分類　＊同一物件に祈願内容重複分類あり。

Ⅰ　治病：53件

疱瘡軽減・除け：11件
[14]　梅田牛かけ粽の事／[20]　土佐堀疱瘡人形の事／[24]　鷺大明神疫瘡立願の事／[32]　三津八幡猿田彦社の事／[37]　平野町猿田彦の事／[40]　玉造口観音寺小児立願の事／[47]　同妙大明神立願の事／[51]　四天王寺庚申堂参詣の事／[51]　四天王寺庚申堂参詣の事／[68]　地蔵堂絵馬の事／[69]　節分の夜疱瘡除けの事

歯痛平癒：5件
[11]　妙儀大権現立願の事／[15]　梅田薬師立願の事／[28]　幸橋地蔵尊立願の事／[29]　戸隠大明神立願の事／[50]　四天王寺歯神立願の事

五痔等平癒：5件
[17] 岡松寺痔神の事／[18] 光智院子権現の事／[30] 烏樞沙磨明王の事／[56] 新清水地蔵尊の事／[57] 広田社立願の事

安産：6件
[6] 龍海寺子安地蔵の事／[36] 安井稲荷安産の事／[40] 玉造口観音寺小児立願の事／[44] 四天王寺太子堂立願の事／[58] 天下茶屋天神立願の事／[63] 住吉誕生石安産の事

瘡等平癒：3件
[21] 五牛大明神疱瘡立願の事／[33] 堺瘡神立願の事／[52] 四天王寺庚申堂境内九頭龍権現の事

頭痛平癒：3件
[46] 四天王寺紙子仏頭痛立願の事／[53] 四天王寺庚申堂頭痛除の事／[55] 合法辻閻魔王立願の事

乳貰い：2件
[54] 四天王寺西大門布袋像の事／[65] 堺乳守宮立願の事

ひえ一切・下の病平癒：2件
[42] 甑塚大明神立願の事／[59] 住吉御湯参詣の事

その他の疾病治癒：[11]件
眼病平癒：[12] 日神八幡宮立願の事／**労咳治癒**：[13] かしく寺立願の事／**難病治癒**：[22] 常安町薬師立願の事／**(凍風痛みなし)**：[26] 白髪町観音甘茶の事／**身内の痛み平癒**：[35] 千日榎立願の事／**中風除**：[39] 真田山中風除の事／**小児の驚風其外諸病平癒**：[40] 玉造口観音寺小児立願の事／**道中達者・足痛なし・旅中患難除**：[48] 四天王寺石神立願の事／**足の病平癒**：[49] 四天王寺牛の宮立願の事／**歯ぎしり平癒**：[60] 住吉神馬歯ぎしり除の事／**病難除け・積聚鎮め**：[66] 堀こし観音参詣の事

病気一般・諸病平癒：5件
[10] 粟嶋大明神立願の事／[25] 霊験地蔵尊立願の事／[27] 抹香地蔵立願の事／[31] 油懸地蔵立願の事／[43] 北山

不動立願の事

Ⅱ　除災招福：11件

家業の繁栄・厄難病苦除け：[1] 北辰妙見菩薩立願の事／**海上風波の難火災除け**：[3] 金毘羅権現立願の事／**富貴家業繁盛**：[4] 毘沙門天信仰の事／**厄除け**：[7] 栗東寺観世音の事／**海運**：[9] 成正寺妙見祠の事／**火難除**：[40] 玉造口観音寺小児立願の事／**盗難除**：[41] 玉造口観音寺水火盗難除の事／**（荷物船安全）**：[61] 住吉神宮寺五大力信心の事／**（商人職人節季毎に売懸滞なく請取損銀なしと）**：[62] 住吉大歳社参詣の事／**厄難除け**：[64] 住吉あびこ観音参詣の事

Ⅲ　その他：6件

断酒：[13] かしく寺立願の事／**裁縫上達**：[45] 四天王寺紙子仏立願の事／**（懐胎除け）**：[44] 四天王寺太子堂立願の事／**小児の髪惜ミ・月代を嫌い治癒**：[38] 御茶湯地蔵尊の事／**野キツネつき落とし**：[67] 加嶋権之頭の事／**（諸願成就）**：[16] 王仁宮立願の事

梅田牛かけ粽は、「小児疱瘡をかるくする為なり」とある。テキストに記載されている祈願は、個人祈願に限られていて、共同祈願はとりあげられていない。近世の都市生活者に共同祈願が行われていなかったのではない。テキストが町人を目当てにした願掛けのマニュアル書であるため、町内とか同業者などの共同体による祭祀がとりあげられていないだけである。テキストの記事によって、都市生活者の民俗宗教の全容を理解することの限界は見えている。

ここにあげられている個人祈願は、治病五三件、除災招福一一件、その他六件である。治病が七六％であって近世の大阪に暮らす人々の神仏諸霊への願掛けに病気が大きな比重を占めると考えられる。治病のうち、件数の最も多いのは、疱瘡を対象としたもので一一件である。都市生活にあっては伝染性の強い疱瘡がおそれられ、呪術による除去の対象になっていたことの一端が伺える。梅田牛駆け粽も疱瘡を軽くすませるのに効用があるとしている。除災招福には、家業の繁栄、富貴家業繁昌、船荷・船安全といった、廻船人・商売人・職人が具体的に福を願い災いを除けようとする心意が認められる。また火難除、盗難除、病難除けから、厄難除け、厄除け、開運祈願といった、個人に対する災いを除き福を呼び寄せようとするものも認められる。

梅田牛駆け粽には、御礼参りの記載がない。それは、祈願の対象の神仏諸霊の記載がないことと呼応する。梅田牛駆け粽は毎年五月五日に、行われる年中行事であった。だいたい、テキストに縁日としてとりあげられているのは、年参り・年中行事六件、干支参り二件、月参り一二件、十二支参り一件、月参りと十二支参りを組み合わせたもの二件、平日一件ある。テキストは、牛駆け粽にみられるような暦日を用いての定日の年中行事への関心は、月参りほど顕著に認められない。

近世の都市は、月参りがさかんに行われていた。平山敏治郎も「市中の諸大社の祭礼が年中行事の華やかな時期になったことは、三都をはじめ諸国の町々も同様であった。また神仏の縁日と称して、月ごとに特定の祭や開帳をおこなって参詣を勧める習俗も一般になった」と述べている。(8)歌国が梅田牛駆け粽といった年中行事をとりあげたのは、寺社による開帳、開扉とか富籤などの興行同様に疱瘡除けの粽撒きを催し物として待望する都市生活者の心意に応えてのことであろう。それは、文末に「牛かけを見るも一興あり」とあるところと重ねると、純粋に霊験を被ることを求める信仰とは別の物見遊山気分でのレクリエーションを旨とするものであったと考えられる。

（2）　近畿の農村における牛をめぐる行事

論考の対象とする「第十四番梅田牛かけ粽の事」は、「牛の藪入り」とも称される。この習俗については、同じ浜松歌国による『摂陽落穂集《せつようおちほしゅう》』、『摂陽見聞筆拍子』があり、幕末には暁鐘成の筆になる『摂津名所図会大成』、明治半ば頃には著者未詳の『浪華百事談』、大正末年には『鷺洲町史』、昭和初期には郷土研究誌『上方』に記事がある。次に【「牛駆け粽」の記事】を紹介し、次いで表3（65頁）には〈牛駆け記事の構成要素の分析〉を示す。構成要素単位の分析をするのは、テキストの異同を確かめるだけでなく、「梅田牛駆け粽」を近畿の農村における牛をめぐる民俗事象の一つとして捉え、比較したいからである。

【「牛駆け粽」の記事】

①「牛の藪入の事」：例年五月五日、梅田堤へ近在の飼牛に新しき鞍を置、肩にいろいろの花を結び付て、引来る事その数を知らず、朝の五ツ時比より一時ばかり此辺の野に放ち、やがて牛の心のまゝに駆けさせるを牛の藪入と呼ぶ、農人ちまきを数多持来りて見物の人々へまきちらす、是を得てかへれば、小児のほうそうかろしと云ならして衆人我人と拾ふも又一興なるべし、（『摂陽落穂集』）

：浜松歌国　文化五（一八〇八）年序『摂陽落穂集』第二（『新燕石十種　第五』所載　一九一三年　国書刊行会翻刻　三五五頁）

②「牛の藪入の事」：例年五月五日の朝、北野梅田道にて、牛の藪入といふ事あり、近在の農夫、野飼の牛に色々の野花を角に結び付、野道に放ちやりて、牛の心の儘に遊ばしむる、是を牛かけとも言ひ、附添農夫見物の諸人に粽をあたふ、小児疱瘡かろくするまじなひとなれり。（『摂陽見聞筆拍子』）

：浜松歌国　発刊年未詳「摂陽見聞筆拍子」『新燕石十種　第五』所載　一九一三年　国書刊行会翻刻　四四二頁

③「牛藪入」：梅田道ニあり例年五月五日東雲より近在の農家に飼ところの牛に新しき鞍をおき全身を装ひ飾り角に種々の草花を結ひつけ此地に牽来りて此往還において一時ばかり牛をはなち心の儘にかけさせるなり是

を俗に牛駈といひ牛のやぶいりといふ農家のこらず牽来るゆへその数おびたゝしくあげてかぞへがたし爾すればバ其年中牛の病を除きて煩ふことなしとぞ又其農夫粽をあまた持来りて牛にくわせ其余ハ乞にまかせて見物の人々にあたふるなり是を得て小児にあたゆれバ　痘瘡かならず軽しとて衆人乞ふことはなハだし浪花の一奇とす尤ところに限らす十三の辺ハ川岸の堤にて駈さするといへり然れども此地ハ浪花市店のつゝきなれバ世に其名高く聞ゆ／按ずるに五月五日百草の花を集め五色の縷を以てこれを結束ねて家に懸け或ハ肱にかくれバ悪気をはらひ諸病を除き齢をのぶ是を薬玉と号し続命縷霊綵絲綵索など書ること諸書に見へたり正しく牛の頭に草花を頂かせ装ひかざることハ是等の例によるなるべし／曾根さきや牛に鞭うつ菖蒲ぐさ　鷺笠　（『摂津名所図会大成』）

：暁鐘成　安政年間（一八五五～一八六一年）『摂津名所図会大成』巻之十　『浪速叢書』第八　一九二八年浪速叢書刊行会　三二四頁

④「梅田の牛駈け」：陰暦の五月五日の朝、梅田村にて牛の脊に新き鞍をおき、角をあかね染めの木綿、又はうこん染めの木綿にて巻き、菖蒲つつじ其他の花をいろいろと結びつけ、農夫引きて堤に来ること数匹なり。而して此牛の引づなを放ち、堤の上を牛の随意に駈けさせるなり。是を世人牛かけとも又牛のやぶ入りとも云ひ、今日農夫、粽を其処へ持きたり、見物人の群る中へ投げあたふ。これ天然痘をかるくする咒ひとて衆あらそひ拾ひ持帰るなり。明治以前は毎年あり、余も見物に行たりしが、今は有かなきか知らず。（『浪華百事談』）

：著者未詳　一八九五年頃　『浪華百事談』『日本随筆大成』新装版　第三期二所載九四頁　一九九五年　吉川弘文館

⑤毎年五月五日、梅田堤へ大仁・浦江など大阪近在の村々より飼牛の角に菖蒲を束ねたる御幣を挿し、新しき鞍を置きたるを牽き来る其の数を知らず。朝の五つ時〈割注：今の午前九時頃〉比より一時ばかり、此の野に

放ち、やがて牛の心のまゝに馳せさするを牛駈〈割注：摂陽落穂集に牛の藪入と書せり今古老の語る所に従ひ牛駈と改む〉と呼ぶ。農人ちまきを数多持来りて、見物の人々へまきちらす。是を得て帰れば小児のほうそうかろしとて、衆人我も我もと拾ふも一興なり。曾根崎あたりの茶屋衆、この牛を招きて延喜を祝ひ、数々の纏頭どもを牛飼に与へなどすること、近き頃まで年中行事の一なりとぞ。（『鷺洲町史』）

：鷺洲町史編纂委員会　一九二五年『鷺洲町史』一七八九～一七九〇頁

⑥「梅田の牛の藪入り」：今は絶えたが、明治初年の頃まで、北の梅田堤といへば現在の梅田停車場より北の方向に堤があつた。春は一面に菜の花が咲き、げんげ、たんぽゝの摘草に賑ふた。この梅田堤の辺りで五月五日（旧暦の端午の節句）に付近の百姓が集り、飼牛を野面に放して終日遊ばしてやる行事があつた。これを牛の藪入と称した。当日は朝から業を休み、飼牛を装飾して、先づ角を紅白の布で巻き、頭上を躑躅、菖蒲、牡丹その他の時候花で飾つてやり、牛の背には模様のある綺麗な敷物をかけ、牛を終日自由に解放して労り慰めてやる。又飼主の家では節句に当るので、粽を沢山造り、当日集まつて来た見物人の群へ撒くと、人々は争つて、子供の疱瘡除けの呪禁としたといふ。…：上方郷土研究会編集部　一九三三年『上方』三〇号　口絵写真説明

表3　牛駆け記事の構成要素の分析

凡例《願》：『神社仏閣願懸重宝記』《落》：『摂陽落穂集』《筆》：『摂津見聞筆拍子』
《大》：『摂津名所図会大成』《百》：『浪華百事談』《鷺》：『鷺洲町史』《上》：『上方』

構成要素	記事	出典
(1) 時	五月五日の朝	《願》他
(2) 場所 ＝	北野梅田道	《願》

梅田堤・道	梅田堤	《落》
	北野梅田道	《筆》
	梅田道	《大》
	梅田村	《百》
	梅田堤	《鷺》
	北の梅田堤といへば現在の梅田停車場より北の方向に堤があつた	《上》
(3) 農夫行為1　＝　牛飾り	近在の農夫野飼の牛の角にいろいろの野花をむすびつけ	《願》
	近在の飼牛に新しき鞍を置肩にいろいろの花を結び付て引来る	《落》
	近在の農夫、野飼の牛に色々の野花を角に結び付ける	《筆》
	近在の農家に飼ところの牛に新しき鞍をおき全身を装ひ飾り角に種々の草花を結ひつけ此地に牽来り	《大》
	牛の脊に新き鞍をおき、角をあかね染めの木綿、又はうこん染めの木綿にて巻き菖蒲つつじ其他の花をいろいろと結びつけ	《百》
	大仁・浦江など大阪近在の村々より飼牛の角に菖蒲を束ねたる御幣を挿し、新しき鞍を置きたるを牽き来る其の数を知らず	《鷺》
	飼牛を装飾して、先づ角を紅白の布で巻き、頭上を躑躅、菖蒲、牡丹その他の時候花で飾つてやり、牛の背には模様のある綺麗な敷物をかけ	《上》
(4) 農夫行為2　＝　牛遊ばせ	梅田の野ミちに放ちやりて牛のこゝろのまゝに遊バしむ	《願》
	此辺の野に放ち、やがて牛の心のまゝに駆けさせる	《落》
	此往還において一時ばかり牛をはなち心の儘にかけさせる……農家のこらず牽来るゆへそ	《大》

	の数おびた、しくあげてかぞへがたし爾すれバ其年中牛の病を除きて煩ふことなしとぞ	
	農夫引きて堤に来ること数匹なり。而して此牛の引づなを放ち、堤の上を牛の随意に駈けさせるなり	《百》
	朝の五つ時今の午前9時頃此より一時ばかり、此の野に放ち、やがて牛の心のまゝに馳せさする	《鷺》
	付近の百姓が集り、飼牛を野面に放して終日遊ばしてやる行事があった…牛を終日自由に解放して労り慰めてやる	《上》
（5）農夫行為3＝粽撒き	このとき牛に付そひ居る農夫見物人の諸人に粽をあたへる	《願》
	農人ちまきを数多持ち来りて見物の人々へまきちらす	《落》
	附添農夫見物の諸人に粽をあたふ	《筆》
	其農夫粽をあまた持来りて牛にくわせ其余ハ乞にまかせて見物の人々にあたふ	《大》
	今日農夫、粽を其処へ持きたり、見物人の群る中へ投げあたふ。	《百》
	農人ちまきを数多持ち来りて、見物の人々へまきちらす	《鷺》
	飼主の家では節句に当るので、粽を沢山造り、当日　集まって来た見物人の群へ撒くと	《上》
（6）見物人行為＝疱瘡まじない	（見物の諸人は）小児疱瘡をかるくする為なりとて乞受てかへる	《願》
	（見物の人々は）是を得てかへれば、小児のほうそうかろしと云ならして衆人我人と拾ふ	《落》
	（見物の諸人）小児疱瘡かろくするまじなひとなれり	《筆》
	（見物の人々）是を得て小児にあたゆれバ痘瘡かならず軽しとて衆人乞ふことはなハだし	《大》
	これ天然痘をかるくする咒ひとて衆あらそひ拾ひ持帰るなり	《百》
	是を得て帰れば小児のほうそうかろしとて、衆人我も我もと拾ふも一興なり。曾根崎あた	《鷺》

りの茶屋衆、この牛を招きて延喜を祝ひ、数々の饅頭どもを牛飼に与へなどする 人々は争つて、子どもの疱瘡除けの呪禁とした	《上》

これらの記事を構成要素を単位にまとめると次のようになる。〈（1）五月五日の朝に（2）梅田堤にて（3）近在の農夫が飼い牛に飾り花をして（4）遊ばせる。この時（5）農夫は粽を見物人に撒き、（6）それが疱瘡のまじないになる〉となる。梅田堤については、『上方』に「現在の梅田停車場より北の方向」の堤とある。近在の農夫については、『鷺洲町史』に「大仁《だいにん》・浦江など大阪近在の村々」の牛の「飼主の家」とある。さらに『鷺洲町史』には、疱瘡のまじないに続けて「曾根崎あたりの茶屋衆、この牛を招きて延喜を祝ひ、数々の饅頭どもを牛飼に与へなどする」ともある。『上方』、『鷺洲町史』のこれらの記事は、梅田近辺を地理的に見渡してみて妥当なところである。

以下に、この習俗を他の地域での民俗事象と照らしてみよう。この都心周縁部の行事が農耕儀礼を基盤としたものであることは、明らかである。なぜならば、かつては大阪近辺各地の農村をはじめ、近畿地方の農村にこれに類する民俗事象がどこにでも存在していたと考えられるからである。例えば、兵庫県武庫《むこ》郡の「牛の節供」は次のとおりである。

○兵庫県武庫郡では、五月五日を「牛節供」と呼ぶ。この日、朝の間に露に濡れた草をウシに食わせると病気にならないと信じられたもので、野辺や畔で草を食わせた。（注8）。

これを表3に示した（1）～（6）の構成要素に照らせば、（1）（2）（4'）となり、行事の時期、場所が一致し、牛放ち行為が対応する。（'をつけるのは、構成要素の記述はあるが、異なるものを示す。）

大阪府下・北河内の池田川村（寝屋川市）にも牛駆け行事があった。

○北河内の九箇村の内に池田川村といふあり、此の里にも古き時代より毎年五月五日に牛駈けといふ行事あり、此の里の農家は耕地の多くは水田なるため、牛を使役するは五月と秋の収穫時以後に耕耘する而已故、閑期は他村の如く貨物運搬等にも用ひず、皆大和地方に連れ行き、毎年馴致の家に預けて飼育せしめ、五月となり連帰る風習あり、五日より前の日迄には全部帰着するを以て五日の日は端午節句の日とて、武者人形を飾り鯉幟などを建つる家もあり、牛の飼へる家も共に業を休みて、村里は相当に賑はふが、牛駈は農家の重要とせるものの如く、先づ飼牛には頭に、菖蒲、艾、躑躅、などにて飾り立て、面懸は太き紅白の布にて縄ひ鼻木より角の後ろにかけ、衣にて胴を被ひ、一人の男は綱を曳き、皆々「モジリ」といふ広場に集る、時定つて先頭の牛は道路に曳き出され、初めて静かに歩めとも、何し道路の両側に立てる人は、牛を遣り過して横から尻を叩き、ワアツト声を揚ぐる故に牛は驚きて駈けるを、道傍の人は皆尚も尚もと叩き声を揚ぐるものから、牛は益駈りに駈り休む暇もなく神社の境内に入りて止まる。此間牛方は綱を外さずに共に駈けり行く、先頭牛の境内に入りしと思ふ頃に次の牛は亦同様駈けり行く、斯く次から次と駈終るや、徐行にて皆それぞれの家に帰りて牛の汗などを拭ひて元の如く飾り立て繋留し置き、飼主は一定の当番の家に集り祝盃を挙げ又牛をも饗して一日を了る、之は近年迄確かに行はれしを今も尚行はれつつありや無しや判明せざるも多分廃れしならんと聞けり。……(10)

ここに示した北河内における牛駆け行事の構成要素は、表3の（1）（2'）（3）（4）である。行事の時期が端午の節供であり、牛飾りをして牛を放つ点で一致する。しかし、この件の行事の中心となる場所は、神社の境内である。この行事は、借り牛の習俗の一環として捉えられる。北河内と生駒山を挟んで東の大和地方との間には、農閑期は牛を大和に預け、農繁期の近づく五月に連れ帰る一連の習俗があった。それの一齣としてある行事である。行事日の五月五日の端午節供は、この地方では牛が飼い主の家に戻り、田植えに使役される前である。

牛にまつわる行事は、摂津・河内・和泉の農村に多く見られる。高谷重夫は、和泉地方の牛神祭りについて「……子どもたちは家々を回って供物を勧進しこれを牛神に供え、牛を飼う家では牛を連れてこれに参り、また供物を受けて来て牛が達者になるようにと食べさせる。子どもたちが牛のある家に配って歩く土地もあった。その後で子どもの相撲のあるのが普通であった」と述べている[11]。和泉地方における牛神祭りについては、『近畿民俗』にも報告されている[12]。この牛神祭りも梅田牛駆け粽と同じく農耕に使役される牛にまつわる行事である。

大阪府東大阪市の生駒西麓のデンボ・腫れ物の神様で「石切さん」で知られる石切劔箭神社《いしきりつるぎやじんじゃ》（東大阪市東石切町）では、現在、毎年七月二日に「献牛祭」という行事が行われている。参道商店街の人々が中心に、家内安全・商売繁昌を祈願する商売人が中心に行う行事である。牛とはいっても発泡スチロール製の造り物である。同社発行「石切さんの献牛祭」のチラシには次のように書かれてある。

> ○時代絵巻の復活「石切さんの献牛祭」／（七月二日）献牛祭は鎌倉から江戸時代にかけ盛んとなり、昭和初期まで石切神社で執り行われていた神事です。／田植えを終えた農家では、黙々と忠実に働いてくれた飼牛の労をねぎらうため、好物の酒やご馳走をふるまったあと、紅白の幣帛や錦絵や鈴などで牛を飾り、神社に参拝して、五穀豊穣と家内安全を祈願しました。美々しく装った牛たちが、近隣から競うように社頭に集って来る光景は、誠に壮観だったろうと思われます。昭和六〇（一九八五）年丑年に因んで、この祭りが復活され、境内に親子連牛像も建立されました。以来毎年献牛祭を執行し、連牛像を中心に、時代絵巻のパレードが繰り広げられます。神恩に感謝し、家内安全、商売繁昌の祈願のために、一人でも多くご参列ください。／石切劔箭神社

この商店街主催の発泡スチロール製の牛のパレードは、かつて農民によって「牛の労をねぎらうため」行われていた行事を昭和六〇（一九八五）年に丑年に因んで参道商店街が中心になって「復活」したものであった。このイ

ベントは、主体が農民であったものが商店街の商人となり、行事の意味合いを異にして商人の行うフェークロア（fake-lore）である。「復活」当初は、枚方市津田の牧場から本当の牛を借りて来たものの、途中人出に驚き、暴れ出し角を折ったりして、結局現在のような造り物に落ち着いたと関係者はいう。昭和初期までに行われていた石切献牛祭の行事を整理すれば、表3の（1'）（2'）（3）（4）となる。時は七月二日の半夏生《はんげしょう》で田植え後、場所は神社社頭と若干異なるが、行事の構成要素の対応を読みとることができるところから、これも同じ系統の牛にまつわる農耕儀礼であったと考えられる。しかし、この行事にも「牛駆け粽」表3構成要素の（5）（6）に該当する一連の粽のことが読みとれない。粽に関しては、次に示すノガミ行事の報告に記述されている。

大和地方（奈良県）においてノガミなどの牛にまつわる行事がかつて盛んに行われていた。

○六月五日早朝（かつては午前二時頃）、各家で飼っている牛の角にしょうぶとよごみを巻いて、ちまきを持って、ノガミの祠にまいる。牛に礼をさせて、連れてきた人も手を合わす。こうすると、牛が病気をしないという。現在は、牛を飼育しなくなったので、有志がまいるだけである。各家から持ってきたちまきは、ノガミに供えてからたばって帰る。また、近所へも配る。[13]

このノガミ行事とも、幾多の点において、対応関係を認めることができる。梅田牛駆け粽とこの行事との間には、構成要素のうち、粽を配る点に対応を読みとることができる事例である。この行事を整理すれば、表3の（1'）（2'）（3）（4'）前掲（5'）となり、牛にまつわる農耕の儀礼としての構造は、ほぼ一致する上に（5）の粽撒きと関連のある行為が認められる。この行事ではノガミの祠に参るのは、牛の病気除け祈願であり、「粽」はノガミへの供え物のお下がりである。粽の霊験に与ろうとする心意は、梅田の「牛駆け粽」と同じように認められる。

しかし、これら牛にまつわる農耕儀礼には見られなかったのは、粽撒き、疱瘡呪いの事象である。これらの事象は何を意味するのであろうか。

（3）　都市民俗としての「牛駆け粽」

「牛駆け粽」の民俗事象には、農夫による農耕儀礼とその際の配られた物を呪物とする町人の習俗という二重構造が見られる。この粽を呪物とする習俗は、この行事においては二次的に派生した民俗事象であろう。しかし、この派生した民俗事象は、この件を載せる記事七点すべてに記述がみられるのだから、看過できない事象である。この事象を派生させる契機となるのは、農夫による粽撒きである。

粽を撒くとは、いかなる意味をもつ行為なのであろうか。今日、寺社が行う餅撒き、団扇撒きといった行事は、広範な地域から参集する信者・檀徒・崇敬者たちに向けて行われるものである。参拝者にとって餅を得るかどうかにある種の年占《としうら》の要素も加わるが、そもそもは、寺社が地域共同体を越えた人々に対して、施し物を分け与える行為である。この地域共同体を越えることこそ、都市的なのである。分配の一方策であるのにちがいないが、ムラという共同体内のメンバーに応分に分配するのとは意味が違う。大和郡山のノガミ行事において近所に粽を配ったのは、一連の村落共同体の農耕儀礼の仕舞いであった。農耕儀礼としての牛駆け行事は、牛を遊ばせ、その後、村人の健康を祈願して完結するものである。それは、行事の主体である村落共同体内の農民にとって、再生産のための儀礼でしかない。

梅田牛駆け粽において、農夫が粽を投げ与えたのは、非農民である都市生活者に対してであり、農耕儀礼を逸脱し、村落共同体の外に向けて解放された行事となっている。農夫が粽を撒き、それを拾った見物人が疱瘡のマジナイにするといった事象は、一連の農耕儀礼としての牛駆け行事から逸脱している。その完結した行事に付け加わった二次的な民俗事象こそ、農耕儀礼を超えた都市の民俗を考える端緒となる。宮田登は、十一月八日の鍛冶・鋳物師たちによる鞴祭りに餅や蜜柑を投げるのは本来、鎮火祭の守札を出すことにあるとし、蜜柑のつかみ取りを「都市風」としている。(14)

粽を貰い受けるのをありがたいとする二次的な民俗事象が成立するには、関連する俗信が控えているようである。もちろん端午の節供の粽に健康を祈願をする習俗は、古くからある。【「牛駆け粽」の記事】(63頁)に示した『摂津名所図会大成』にある「按ずるに五月五日百草の花を集め五色の鏤を以てこれを結束ねて家に懸け或ハ肱にかくれバ悪気をはらひ諸病を除き齢をのぶ是を薬玉と号し続命鏤霊綵絲綵索など書ること諸書に見へたり」という一節を引くまでもない。しかし、このような二次的な民俗事象が成立するためには、端午の節供の邪気払いの習俗だけではなく、一連の心意が存在していたと思われる。すなわち、粽の受け手である見物人・町人の記憶に、牛は草を食うことから疱瘡のクサも平らげてくれるとする心意、さらに、牛馬を達者にする粽に子供の疱瘡除けをもあやかろうとする心意が控えていると考える。農民によって撒かれた粽が町人の子供の疱瘡を軽くするという民俗宗教・俗信がそれなりの必然性を持っていると考える。

『日本俗信辞典』の「牛」の項目中の「逃げ牛」に「見当たらなくなってしまった牛を捜す時には、天井に吊した節供の粽かまたはオコゼを持って行くと見つかる。(島根県隠岐島)」とある。(15)牛が粽を嗅ぎつけてやって来るとでもいうのだろう。粽は、牛の好物でもあったのだろうか。「天井に吊した節供の粽」の持つ呪力とは何であろう。香川県丸亀市の事例として「ウシに粽を与えたり、浜辺に連れて行く」と記されている。(16)七一頁に引いた大和郡山市のノガミさんの記事に「各家で飼っている牛の角にしょうぶとよごみを巻いて、ちまきを持って、ノガミの祠にまいる。牛に礼をさせて、連れてきた人も手を合わす。こうすると、牛が病気をしない」とあった。牛の疫病除けに、粽・菖蒲の香気にでも効用が信じられていたのだろう。

それがどうして人間の疱瘡に効くのか。ここで端午の節供の粽に健康を祈願をする習俗に戻る前に牛が草をはむように瘡・クサを食ってくれるという俗信が控えていることに注目したい。テキストには、疱瘡・クサ除けの願掛けがいくつも記されている。テキストにおける疱瘡・クサ除けの願掛けについては、すでに〈(1)　近世の願懸重宝記の世界〉において、その背景を見た。その中に子供のクサの平癒を祈って土細工の牛を奉納するというのが挙げられている。「第二十一番　五牛大明神瘡立願の事」の記事は次のとおりである。

○中之嶋常安町田辺屋橋の西阿州徳島侯の御くら屋鋪のうち鎮守の稲荷榎の社正一位牛大明神へ土細工の牛を捧げて小児のくさを平癒なさしめたまへと立願をこむるにいかなる瘡毒にても忽治せずといふ事なし御礼参にも土の牛なりとも牛の絵馬なりとも奉納すべし其余の腫物ハ図のごとく姿を画き榎へ張をく時は日ならす平癒なす御礼ニハ絵馬を奉納すべし(17)

この場合の土細工の牛の奉納は、願掛け作法の分類でいえば、〈II　喚起・誓言〉であって、〈III　供え物〉ではない。川崎巨泉は、四天王寺石神堂の奉納品・土牛について「牛が草を喰ふと云ふことが信仰となつて土牛が奉納祈願されてゐるので、凡て瘡神さんには何れの所でも牛が納められてゐます」と述べている(18)。瘡（クサ）は、草である。「クサ」の語呂合わせである。土細工の牛の奉納は、牛神さんの祠に模造品の牛を前に据えて、その模造品に向かって「牛神さんよ。うちの子供のクサを早う食うてくださいな」と訴えているのである。

直訴となれば、直接クサを神前にさしあげるのが手っ取り早い。「第五十二番　同（四天王寺）境内九頭龍権現の事」は、龍神に子供の瘡毒平癒の祈願に道々摘んだ七種の草を奉納するというのである。

○同庚申堂の境内九頭龍権現社ハ世に庚申の神忌と唱への小児を連て参詣の輩道にて草を七種摘とりて九頭龍権現へ捧け平癒を祈り御礼参にハ牛の絵馬土の牛を奉納す（注　19）

御やっぱり御礼には牛の絵馬などを奉納する。これも誰かさんの奉納した牛こそクサを食ってくれたのである。御礼の品が信仰の対象となり信仰が信仰を生む。倍納めの方法と原理も同様である。もちろん、この解釈は、龍神の祠を借りて瘡神である牛神さんがそこにいまするとするのが前提である。

ここまで示したように牛駆けの粽が、その香気もさることながら、疱瘡神を威圧するのは、牛がクサをはんでくれるといった黙契があったからだろう。ただ、断っておきたいのは、どこまで彼らが、この粽に疱瘡除けを信じていたのかについてである。これは、はなはだ疑わしい。〈(2)　近畿の農村における牛をめぐる行事〉に挙げた、同じ筆者になる『摂陽落穂集』に「是を得てかへれば、小児のほうそうかろしと云ならして衆人我人と拾ふも又一興なるべし」とある[20]。筆者・浜松歌国は、この記事でもマジナイの粽に群がり奪い合う見物衆のありさまをおもしがって見物している風である。

ここまで、この記事から読みとることのできる都市民俗を論究してみたが、この願掛けマニュアルの記事から都市生活者の心意を端的に読みとることができるのは、「牛かけを見るも一興あり」である。この記事は、〈2　近畿の農村における牛をめぐる行事〉に挙げた、暁鐘成になる『摂津名所図会大成』の「牛藪入」の一節に「其農夫粽をあまた持来りて牛にくわせ其余ハ乞にまかせて見物の人々にあたふるなり是を得て小児にあたゆれバ痘瘡かならず軽しとて衆人乞ふことはなハだし浪花の一奇とす」とある記事とも重なる心意である[21]。この農村行事に興味を寄せる都市生活者の意識が問題なのである。都市生活者、具体的には大阪三郷に住む商売人、職人、奉公人にとって、大阪三郷北郊の梅田における「牛駆け」に対してどのような眼差しを投げかけていたのだろうか。

江戸においてもこれと同じ構造の都市民俗がみられた。歳末の酉の市には、都市生活者の田園風景への好奇の眼差しすらある。この都市生活者による郊外の寺社を順拝する行為は、現世利益の信仰もさることながら、むしろ暮らしの鬱を散ずる行楽である。離農者である都市生活者に映ずる田園風景は、歳末の酉の市でもまた「一奇観というべし」なのである。この風景は、自然の意外な表情でありながらどこか懐かしみをおぼえる光景だったのかも知れない。宮田登は、歳末の酉の市（鷲神社：東京都足立区花畑町）の件に「冬枯れのうらさびれた田園風景が、都市民にはひどく珍しく感じられているのである」と記している。[22] これらの行事は都市の近場における農村行事を物見遊山の対象にしてしまった都市生活者の民俗である。野良仕事を忘れた都市生活者にとって野趣を楽しむ行楽である。しかし、牛駆け粽において興味深いことは、都市生活者による農村行事への好奇な眼差しに終始しない点にある。牛駆け粽には、農民たちによる「見物の諸人」へのパフォーマンスが見られるのである。

牛駆け粽の一次的意味は、牛を使役する農民にとっての農耕の儀礼であったが、農民と比べて季節感に乏しい都市生活者にとっては、これを見物することが端午の節供の風物となっていた。柳田國男は「祭りから祭礼へ」において「祭礼はつまり祭の一種、特に美々しく花やかで楽しみの多いものと定義することが出来るかも知れぬ。或はもつと具体的に、見物といふものが集まつて来る祭が祭礼である……」と述べている。[23] また米山俊直は「都市の祭りは、もともと見物人の存在を前提とする祭礼」と述べている。[24] 梅田牛駆け粽は、「農民による村落共同体の五穀豊穣を祈る儀礼」を都市生活者が「見る祭り」である。その意味においても、この行事は、二重構造を呈する。それは、農民にとっての農耕儀礼であると同時に都市生活者という観客のいる「祭礼」でもある。この農耕儀礼は、演者としての農民がいて、観客としての町人がこれに加わるといった「祭礼」でもある。そのような民俗事象は、一次的な民俗事象自体を対象化し、時に滑稽なものとし、観客に見せる民俗である。再び民俗化した民俗・フォークロリスムスなのである。[25]

牛駆けに類する行事は、当時の大阪近辺のそこかしこに行われていたであろうことは、〈(2)　近畿の農村における牛をめぐる行事〉でみたとおりである。しかし、なぜ、梅田の牛駆けだけが奇習としてとりあげられたのだろう。『摂津名所図会大成』に「尤ところに限らす十三の辺ハ川岸の堤にて駈さするといへり然れども此地ハ浪花市店のつゝきなれバ世に其名高く聞ゆ」とある。[26] 梅田のは町人に有名でも十三《じゅうそう》のは、どこにでも行われている平凡な農耕儀礼であったようである。中津川の南と北に位置する梅田と十三とのあいだに、農村の都市化に時間差があるとでもいうのか。その理由は、梅田が「浪花市店のつゝき」、都市と連接する周縁（urban edge）に位置するからである。このような地理的条件があって、ここの牛駆けだけが、都市生活者が見物に殺到し、「疱瘡除け粽」のごとき縁起物の土産までつく都市の年中行事となったのである。

さらに興味を惹くのは「疱瘡除け粽」には、町衆からの返礼があったことである。この行事は、農民が見物衆にサチを振る舞っておしまいではない。『鷺洲町史』には、「曾根崎あたりの茶屋衆、この牛を招きて延喜を祝ひ、数々の纏頭どもを牛飼に与へなどする」とある。[27]「纏頭《てんとう》」とは歌舞伎役者などに褒美として与える衣服である。茶屋衆は、粽を縁起物としていただいた返礼にとご祝儀を農民に授けているのである。農民と町衆とは、粽と纏頭のやりとりをした。このやりとりによって、この都心周縁における農耕儀礼が都市的な風俗をとりこみ、いっそう華やいだ年中行事として展開していったのである。梅田といった都心周縁の地においては、農村における年中行事が都市的展開を遂げているのである。

〈初出は、「「梅田牛駆け粽」考」『日本民俗学』（日本民俗学会）二一一号　一九九七年八月。これを一部修正。〉

4　難波浦の神仏諸霊
―大阪の風土―

（1）大阪人の異界空間

大阪人にとって川や海といった空間は、何を意味するのであろうか。大阪人の河海観の一端を示すものに厄払いの詞章がある。厄払いを職掌とする人たちは、明治の初めまで、節分の時、大阪の街を流して歩いていた。

○ヤアック払ひましよ……ヤアヤア目出度いナア目出度いナア。鶴は千年、亀は万年。東方朔は九千歳、浦島太郎は八千歳。三浦大助百六ツ。彼程目出度折柄にいかなる悪魔が来るとも此厄払がひつとらへ、ちくらが沖と思へども西の海へ真逆さまにサラリサラリ……(1)

大阪人の災厄は、河海にサラリサラリと流してお仕舞いというのか。「西の海」とは、いったい何なのか。大阪の街は、「水の都」「八百八橋」と称されていた。難波の浦は、大阪人にとって異界との縁《へり》ではないか。以下、水都大阪の伝説を河海を中心に考えてみたい。

（2）河海の習俗

大阪人にとって河海は、神事祭礼の舞台である。河海は浄化の装置でもあり、そこにはさまざまな習俗が見られた。『諸国図会年中行事大成』に天満天神（北区天神橋）の船渡御《ふなとぎょ》の記事がある。

○天満御祓（中略）其式今朝御迎船として福嶋の生土より数十艘の船をきらびやかに飾り、船印には吹ぬきを飄し、上には三番叟　猩々狐伶人の舞なんどさまざまの風流人形を付、櫓拍子を揃へ船中には太鼓を囃し踊興じて難波橋の辺に至る。寺嶋船も亦同し。(2)

これには御迎船《おむかえぶね》の華麗な様が記されている。船渡御の原形は鉾流し神事に求められる。かつての船渡御は、穢れをうつした神鉾の漂着した地をその年の斎地と定め、船で御神霊を遷座する行事だった。(3)もとよりケガレを河海に流す習俗は、天満の神事に限ったことではない。風邪の流行った時、風の神を送るのも河海であった。(4)

○市中風流行之事　同年三月上旬より、大阪市中風邪大いに流行して、是になやまざるもの稀也。是によって町々より風の神といへるものをこしらへ、夜毎々々に送りて川々に捨る。皆おのがさまざまにて、鬼形の姿、あるひは狐、和藤内、鬼の念仏、法界坊、鐘や太鼓どら螺貝を吹囃し、夜毎の賑ひ、誠に一つの珍事とも云つべし。　＊同年：享和二（一八〇二）年

風の神送りは、都市生活者のパフォーマンス・演劇的表現である。風の神を「鬼形の姿、あるひは狐、和藤内、鬼の念仏、法界坊」といった可視的な「異人」に見立てて、「送る」のである。その舞台は、都心周縁の堀川なのである。

福島区に育った私が、昭和三〇年代、盆の宵、先祖さんを送るのは、堂島川に架かる玉江橋の袂であった。西洋医学の殿堂・阪大病院（福島区福島）の前は、堂島川の浜である。堂島川には玉江橋が架かっている。八月一五日の宵の口は先祖さまを送る橋となる。餓鬼にもひもじい思いをさせないようにと、盆棚の果物などのお供え物を船にした紙箱に載せ、それに蠟燭を点し、闇の中、そーろっと川に浮かべて流した。盆を過ぎれば海水浴は禁じられ

た。土用波のせいばかりでない。海や川には、いろんな霊が漂っていると信じていた。

（3）神仏諸霊漂着の伝説

西九条（此花区西九条）に育った西山夘三は『安治川物語』に次のように記している。[5]

○お盆の精霊送りがすむころ、上流で流される供物が安治川の岸辺に沢山流れついてくる。それがすむと、やがて子供たちが主人公の「地蔵盆」がくる。[69]

安治川の岸辺は、精霊送りの供物の波路の末にあった。水都大阪の河海の祭礼に「仏の天神祭」といわれる伝法・正蓮寺川施餓鬼がある。『摂津名所図会大成』に「施餓鬼の法会」の記事がある。この正蓮寺（此花区伝法）には、次のような開基にまつわる伝説がある。

○寛永二年（一六二五）篤信の武家、甲賀谷又左エ門が、毎夜海中にて光りを発するものを見つけ網を入れたところ、お木像が上がって来たので、邸内にお祀りしていました。たまたま京都から来れた修業僧、唯性院日泉上人がこれをご覧になり、間違いなく日蓮大聖人の御尊像であることを認められました。そこで、日泉上人を開山とし又左エ門を開基として、大方の協力を得て建てた草庵が、今の正蓮寺のおこりであります。[6]

網にかかった、漂着した仏さまなのである。大阪人にとって神仏を送る浦辺は、神仏を迎える空間でもあるのである。この地では、神仏諸霊の漂着をいくらでも聞くことができる。大正区の呑海寺《どんかいじ》（大正区三軒家東）の厄除け観音は、節分の夜、賑わう。この観音さんは、またの名を「浪除観音《なみよけかんのん》」と称す。この観音さんの伝説もまた漂着の事情を伝えている。[7]その御詠歌は、「浪風のはげしきときはたゝたのめ／大悲の誓ひあらんかぎりは」である。この地は、津波・台風で何度も痛い目に遭わされている。この「浪除」を冠する観音像の出現は、嵐の夜であった。

「夜な夜な一道の光明輝きければ」とあるのは、神仏諸霊の示現・サインである。

漂着の伝承は、『摂陽群談』の神社の部を繰れば、いくらも挙げられる。次表のとおりである。

【漂着事象の主体】

西成郡　福島天神社：鉾―天満天神祭事の時―川岸に―漂流
島上郡　関戸神社：社―洪水の時―此地に―漂流
川邊郡　天神社：御輿―洪水の時―川岸に―漂流し留り雲實に繋る
川邊郡　恵比須社：社―洪水の時―此地に―漂流し留る
兎原郡　稲荷社：神幣―昔―海辺に―流れ留る
矢田部郡　和田社：御輿―洪水の時―此碕に―漂流し留る
類似　住吉郡　弁財天社：竈―寛文四年一一月一三日―海中より―浮出る
　　　西成郡　鹿島神社：御輿―渡御の時―此地を―不動

実に神社の神鉾・御輿・神幣・社殿の伝説に漂流・漂着が多いことがわかる。難波の浦の波難しというべきか。難波浦の神仏諸霊の出現は、嵐の時ばかりではない。堀江の盆踊り歌で有名な阿弥陀池和光寺（西区北堀江）の本尊伝説は、聖徳太子の時代の政争が絡む大袈裟な話である。

◯それ当時の阿弥陀池は、むかし欽明天皇の御時百済国より仏像経巻を渡す。帝これを尊信ある事大方ならず。しかるに物部守屋大連・尾輿中臣連等奏して曰く、我が国は神国なり。蕃神を拝したまふ事は天津国津神の御怒あらん。その上この頃疫病流行て国民大いに悲しむ。早く追ひ放ち候べしとて、有司に仰せて寺塔を斫り倒しあるいは火を放ちて仏像を焼き喪す事多し。その中に弥陀三尊火に焦げず、斫れども摧けず。つひに難波堀江に棄てしむ（以上『日本紀』大意）。その後、本多善光といふ者この所を過るに仏告あれば、尊像を肩にして信州へ帰る。今の善光寺これなり。その古跡なればとて、元禄十一年智善上人この地を闢き善光寺同体の本尊を安置し、昔よりの常灯を照らして難波の精舎となしぬ。(8)

阿弥陀池伝説については、信州善光寺（長野県長野市元善町）と阿弥陀池和光寺との関係の本末転倒の経緯が指摘されている(9)。近世に造成された「堀江新地」は、信州善光寺の出開帳《でかいちょう》の場であり、物部氏が仏像を棄てさせた「難波堀江」とは何の関係もないのである。

水都大阪は、都の魑魅魍魎が淀川経由で難波浦に漂着したと伝わる土地でもある。淀川左岸の淳上江村《かすがえ》（都島区都島本通）の鵺塚《ぬえづか》の伝説がそうである。鵺「ぬえ」とは、頭は猿、胴体は狸、尾は蛇、手足は虎の怪鳥である。鵺塚伝説の初出は、大阪の名所案内記として最古の『蘆分船《あしわけぶね》』である。

⑿ 鵺塚

○此所[*1]より北東の野中に鵺塚といふあり。是れ近衛院御在位の時仁平の比ほひ、主上よなよな御悩あり。有験の僧侶に仰せて大法を修せらる、といへとも其しるし更になかりしを則ち公卿詮議ありて、変化のものの業なるべしとて、源平両家の武士を選ばせ給ふ中にも兵庫守頼政[*2]に仰せ付けられ討ちとめし鵺をうつほ舟に押し入れ淀川に流し給ふとなり。其の鵺此の所の浮き洲に流れ留まりて朽ちける所なりとて人鵺塚といへり(10)。　＊1此所：淳上江の母恩寺　＊2兵庫守頼政：源頼政

都から漂着した妖怪の祭祀にまつわる伝説である。現在、鵺塚は交通安全の神として地元では崇められている。妖怪変じて神となったのである。鵺塚近くの淀

川河畔に大長寺（移転後の現在は都島区中野町）がある。近松門左衛門『心中天の網島』に脚色された天満の紙屋治兵衛、曾根崎の遊女小春の心中の場ともなる場所である。そこの寺に鯉塚の伝説がある。(11)

○境内にあり。寛文八年*此の里の漁父某淀川にて大なる鯉を得たり。其の鯉の鱗にことごとく巴の紋あり。里人これを奇なりとして官にうつたへ水辺に生け置きて諸人に見せしむ。日を経て死しければ里人等もいかさま因縁あるべき鯉ならんかしと思ひ当寺へ葬り供仏施僧いとねもごろに弔ひける然るに其夜住僧の夢に甲冑をよろひし武者来りぬ。住僧これをよくよく見れば腹巻に巴の紋を付たり。告げていわく「我こそは慶長元和の合戦に武功をあらわし終に討死せし者なり。世にある時殺生をこのみものの命を取りし報ひによつて斯鱗（うろこづ）に生れ苦しむ処にはからず和尚の引導をうけ当寺に葬らる其霊魂なり。今此供養に預りし功徳によつて仏果を得たり」と告げ訖はりて夢覚たり。これによつて龍登鯉山と法号し石牌を建て鯉塚と名づくと寺記に見へたり。　*寛文八年：一六六八年

豊臣と徳川の戦いの時代に討死した武将の霊魂は、これも淀川河畔に出現した。巴の紋のある鯉に変化したのは、祀られない武将の霊魂による示現である。祭祀の督促である。住僧の夢枕に立って自らを名乗り明かしたのは、夢中託宣である。これが契機となり、鯉塚が建立されて、無念の思いを果たしたのである。これらの伝説は、当時の都市周辺部（urban fringe）に語られた怪異伝承である。水都大阪周縁の河畔に出現するのは、変化のモノばかりではない。この地には、菅原道真公もまた、船着き場に来臨したという伝説がある。

（4）天神伝説

尼崎の長洲《ながす》天神社（長洲天満神社：兵庫県尼崎市長洲本通）には菅原道真公自筆の自画像にまつわる伝説がある。

それは『摂陽群談』に遡る。

*○同郡長洲村にあり。菅家筑紫下向の時、神碕の津より爰に来臨して、寓居し給ふ時、自影自画を土俗に賜ふ、則叢祠を置て、画像を爰に祭り、氏の神社と成。*同郡：川辺郡[12]

菅公左遷の砌、難波の浦に来臨した記事は、この時代の演劇にもある。近松門左衛門の時代物『天神記』では、大物の浜（兵庫県尼崎市大物町あたり）に設定し「今宵舟出と夕波に。潮待にしてゐたりける」とある[13]。これと同工異曲の伝説は、難波の浦辺にいくらもある。例えば『摂津名所図会』の福島天神社（福島区福島）がそうである[14]。福島天神社とは、堂島川支流の明治末の「キタの大火」まで蜆川《しじみがわ》（下流を福島川と称した）に面していた現在の福島天満宮である。玉江橋北詰すぐ北にある。

○此地に勧請のはじめは、菅公つくしへさすらへ給ふ御時、此島に船がゝりましまし、里人に所の名を尋ね給へば、餓鬼島なりと申上ぐる。是不祥の名なり、改めて福島と名乗らば、後世繁昌すべしとの仰によりて、福島といふ。異名を葭原島ともいふ。

天満・渡辺・福島一帯は、中世渡辺党の差配する港湾となり、近世は廻船人・商売人で賑わった大阪三郷周縁の船着き場であった。そこに都を逐われ、流離《さすら》う菅公が潮待ちをしたと伝わるのである。冤罪を負った都人の配所への船出を待つ空間は、異界との縁に位置する。難波浦は、天離《あまさか》る浪路の末である。そこは、此岸と彼岸を行き来する境界人・マージナルマンの棲む空間として設えられているのである。難波浦辺に多く聞く菅公来臨の伝説は、怨念を抱き下向した菅公を祀る御霊信仰の変形であることにちがいない。これについては、〈第二編　第二章　17　福島天満宮の餓鬼島伝説〉において詳述する。本節においては、水都大阪の水際に実に豊かな神仏諸霊にまつわる伝説が控えていることを概観するにとどめる。

〈初出は、「難波浦の神仏諸霊」『大阪春秋』（大阪春秋社）九四号　一九九九年三月。これを一部修正。〉

第二章　近代大阪の都市民俗誌

概　要

日本民俗学研究においては、昨今「近代」を陰画としてではなく、それ自体を研究対象とする論考が見られる。(1)民俗研究においての「近代」の意味は、伝統を解体せしめた消極的要因だけではすまなくなっている。学界には、「近代」を飛び越して「近世」と結びつける傾向を反省する機運がある。その反省は、民俗とは「時代ごとの政治・経済・社会状況に対応しながら繰り返され、あるいは再編されてきたものである」とする考え方に立つものである。(2)「近代」の論理は、日本社会を政治的・経済的に大きく変化させた。民俗研究においては、不易を追究するだけでなく、時代ごとのパラダイムシフトを読み取らねばならない。民俗の変容は、近代社会を支える一連の社会的事象の一環として展開されたものである。都市民俗の研究対象に「近代」を認めることにより、その研究領域は拡大するだけでなく、現代都市に向けての研究の視角が大きく開けてくる。

都市民俗研究において、今日の実地調査によってだけでは、「都市」「マチ」「ムラ」の空間が判然としないことが多い。大都市周辺の都市化現象は、中心都市が膨張し、新たに市街地化された地域によって埋め尽くされるといった様相をも呈している。この現象は、景観上のことだけではない。生業・民俗宗教・習俗など民俗学の関わるあらゆる面にわたるものである。そのような現象に対して、「近代」という時代に焦点を当ててみると中心都市、マチ、ムラにおける民俗事象の相違が判然としてくることが多い。大阪を中心とする都市圏の民俗研究についても、「近代」という時代に焦点を当ててみると、都市化現象に見られるさまざまな民俗事象が明らかとなるだろう。

今日においては、中心都市「大阪市」の前身である近世の「大阪三郷」とその周縁の新しい市域と、さらにその周辺の旧農村地域の境界が判然としないことが多い。駅前には、ハンバーガーショップがあり、商店街がある。住宅地には、古い住宅の合間にマンションが建ち、零細な会社が混在する。その隙間に建て売りの新築家屋が並ぶ……。このような一見雑然とした光景は、大阪近辺に限らず、全国各地の「都市」ならどこにでもみかける光景である。企業・商店の営業品目などに余程の注意を払わない限り、その場所における従来からの地場産業などの地域性・場所柄などを読み取ることが困難である。そのような時、「近代」に着目するとその地域に特徴的な民俗事象が見えてくることがしばしばある。地図といった図像においては、明治二〇（一八八七）年の陸軍実測図などを読むことによって、近代化以前の都市・マチ・ムラの概観が判然とする。この図像と明治四〇（一九〇七）年版の地図を重ね合わせてみると、中心都市の郊外への膨脹を読み取ることもできる。当初、都心周辺（urban fringe）のムラの市街地化が進行し、やがて周辺のマチやムラが、旧大阪三郷を核とする中心都市である「大阪市」と一体となることなど一目瞭然である。郊外への膨脹といった社会現象は、経済・社会状況の変化による生活様式の変化にともなって都市的な民俗を発生させる要因となっている。

『新版池田市史概説篇』には、明治末期の中心都市・大阪に隣接する近郷の住宅事情と生活様式の都市化をとりあげている。その記述は、遥か北方一五㎞に位置する現在の池田市域がいかに計画的に都市開発が行われたかを引き立たせるための記述である。『新版池田市史概説篇』によれば、中心都市大阪の西方への膨脹による新市街の現出として、梅田（北区梅田）の西に位置する、かつての水郷である浦江（北区大淀南から福島区鷺洲）・大仁（北区大淀中）・鷺洲（福島区鷺洲）をとりあげている。その地帯を「田園趣味を脱却して大阪市の場末化しつつあった」とし、このような新開地の変化を魚菜市場などでの雑沓、人家の激増、電灯の軒数の変化に認めている(3)。

今日、これらの地域は、老朽化した長屋が建て替えられ、工場跡地が高層マンションに変貌しつつある。この地域は、近代化にともなって大阪の北西郊に位置する工場街となり、人口密集地ともなった。明治後期から大正期にかけてやがて「大大阪《だいおおさか》」が成立する時代、地方から出てきた労働者のための住宅が急造された地域である。これにともなって労働者たちは、新しい都市生活者として、その場所性に規定された民俗を生み出していたにちがいない。

このような謂わば自然発生的な膨脹に対して、『新版池田市史概説篇』は、「大阪の既存市街地から離れた純然たる郊外住宅地の設立に努力し、また最も成功したのは箕有電鉄《きゆうでんてつ》であった」と記し(4)、明治の末期にかつての農村に設立された郊外住宅地をとりあげている。かつて、民俗学においては、マチバとムラとの比較研究が行われてきた。しかし、「近代」の都市民俗研究においては、中心都市にだけ目を奪われていることはできない。その周辺に現出した場末の新開地、さらに郊外住宅地にまで研究の対象を広げないと、都市をとりまく民俗研究の全体像に迫ることができないのである。

〈5　近代大阪の都市民俗の展開〉では、明治時代と昭和初期の二期に分ける。明治時代においては、明治の文明開化当時の風俗、浪花情趣の名残、改変された民俗、創成された生業、大衆娯楽の誕生を論究する。文明開化は、衣食住に亘って生活様式を変化させた。丁髷《ちょんまげ》が斬切《ざんぎ》り頭《あたま》になった。肉食が普及した。洋館の建物が建ち始めた。今日では当たり前となった習俗が当時においては新奇な事象としてとりあげられている。新奇な事象として見られた習俗には、制度面での近代化が控えている。近代における民俗を近世から現代に至る過渡的段階としてとらえるのでなく、それ自体を「陽画」として立体的にとらえることが大事である。欧米から移入された法制度、価値観など、開化のパラダイムシフトとして民俗事象をとらえてみたい。試みとして傍らに『大阪府布令集』を置き、法制度と照合しながら民俗事象の位置づけを図ることにする。もちろん、民俗学にとっては、「不易」を追究する姿勢が大事であることに異論はない。新奇な事象にばかり目を奪われていてはならない。そこで近世における民俗との連続性をみるために、類似する項目については『近世風俗志』の記述と比較することにする。

昭和初期の都市民俗の展開においては、昭和初期の市中における前近代的伝承、拡大する都市圏の民俗文化、祭りの再生、縁起物ブームについて論究する。そこにとりあげられている民俗事象は、雑誌『上方』と同時代のものである。祭りの再生の項では、「再興」と銘打って神事・祭礼の改変が行われているありさまが見て取れる。「縁起物ブーム」の項においては、何らかの事績の記念日に創製され、祈願の対象ともなる新たな縁起物を読み取ることができる。そういった近代において創製された縁起物と事績との関係について論究する。本章は、〈5　近代大阪の都市民俗の展開〉を概論として提示し、以下の〈6　堀江の子供の民俗空間〉〈7　此花「奴隷島」の近代女工の都市生活〉〈8　阪急池田室町住宅の都市民俗〉〈9　池田チンチン坂から見た都会〉において具体的に論究する。

〈6　堀江の子供の民俗空間〉では旧市街の商業地に住む商人の暮らし、〈7　此花「奴隷島」の近代女工の都市生活〉では場末の工場街に住む女工・職人の暮らし、〈8　阪急池田室町住宅の都市民俗〉では郊外の住宅地に住むサラリーマンの暮らし、〈9　池田チンチン坂から見た都会〉では近郊農村に住む農民の暮らしをとりあげる。これにより、近代における都市の民俗について、旧市内から郊外に至るまでの全体像を追究しようとする。

西区北堀江に育ち、長じて経済学者となった人物に宮本又次がいる。堀江は、大阪の商業の中心地である船場・島之内とは西横堀川を隔てた商業地である。都心の一部を形成する地域と見なしてよい。彼の「生い立ちの記」に記された小学生時代の記事をテキストとして、大正時代の水都大阪の民俗空間を探る。〈6　堀江の子供の民俗空間〉がそれである。彼は明治四〇（一九〇七）年、大阪市南区（現在は中央区）に生まれ、生後まもなく養子に出され西区北堀江の足袋製造販売業を営む商家で育てられた。彼の小学生時代は大正期に当たる。そこに析出されてくるのは、近世浪花の伝統的な風情を残しつつ、現代に繋がる近代大阪の都市民俗である。大阪は、上町台地を背骨として西に堀川を掘削して開かれた都会である。商家の子供の体験した民俗空間であるが、それを通して近代の大阪市中に暮らす人々の民俗的世界が究明され得ると考える。

〈7　此花「奴隷島」の近代女工の都市生活〉では、〈6　堀江の子供の民俗空間〉とほぼ同時代の場末のマチに暮らす女工たちの生活を論究する。現在の大阪市此花区・港区・大正区・浪速区・西成区は、近世において新田開発によって埋め立てられた地域である。これらの地区には、明治の半ば以降、いくつもの紡績工場が建てられた。その地域は、近代における場末の新開地である。そこには、たくさんの女工が寄宿舎に暮らしていた。賃金労働に追い立てられる農村出身の女性たちの趣味・娯楽を通じて「大衆文化」に耽る都市生活者の暮らしを論究する。ここにとりあげる新たな都市生活者は、「大大阪」が形成されてくるその過程において、市街地が場末に拡大する時代にその「大都市」に新たに参入してきた人たちである。華やかに見える都市の陽の当たらないところに暮らす人々の暮らしもまた、「近代」の都市民俗学研究においては、見落としてはならない重要な領域である。

都市における生活環境の悪化は、中産階級の人たちの郊外への脱出を促した。欧米の「田園都市」の構想は、夙に明治の末には、日本に紹介されている。柳田國男もこのような思潮を熟知していた。柳田は、明治四三（一九一〇）年初版発行の「時代ト農政」において、欧米諸国における都市生活者の「田園の趣味」について記している。彼は、都会の「健全にして且つ高尚なる快楽」と田舎の「清くして活々とした趣味」を合体させた理想の「郊外生活」を思い描いていた。(5)柳田は、その後、一九二九年「都市と農村」において一八八〇年から九〇年頃の「欧羅巴諸国の大都市の郊外」の事情を「汽車が到着せんとしてちやうど合図の汽笛を鳴らす頃、左右の空地を見れば皆この畠で、それを二畝一畝の狭い区画を切つて、思ひ思ひの花や野菜を栽ゑて居る」と記している。(6)柳田が「時代ト農政」を記したちょうどその年、後に阪急電鉄の総帥となる小林一三《こばやしいちぞう》が大阪郊外の池田に室町住宅（池田市室町）

の分譲を始める。〈8　阪急池田室町住宅の都市民俗〉としてとりあげるのは、その郊外住宅における暮らしである。彼らサラリーマン家庭における住居のたたずまい・周囲の環境への反応・趣味娯楽・マチバの人々との交流ぶりには、都心に住む商人・場末に住む労働者とは違った都市的な感性と生活様式を認めることができる。この郊外住宅に住む新しい都市生活者の暮らしに近代社会における都市民俗を論究する。

室町住宅の造成された周辺は、当時農村であった。〈9　池田チンチン坂から見た都会〉では、近郊農村である才田《さいだ》村・尊鉢《そんぱち》村（池田市鉢塚）に焦点を当てて、マチバおよび都会との連関によって近代の民俗を捉えようとする。ムラの民俗もまた、マチあるいは都会の民俗の比較に終わるものであってはならない。ムラの民俗は、生産に関わる事象としてだけで、充足するものではない。近代の近郊農村の民俗は、生産物を通じてのマチバ・都会の人々との交易を抜きにしては成立しない。農村と都市との関係は、相互依存しながら補完し合っているものである。本節で論究するのは、近代の民俗の構造の確認でもある。近代大阪の相貌を近代農村との合わせ鏡によって見ようとする試みでもある。

5　近代大阪の都市民俗の展開
―文献資料にみる近代大阪の民俗文化―

（1）明治の文明開化当時の風俗

本節は、郷土研究誌『上方』を軸に論究するものであり、〈第一章　1　近世大阪の都市民俗の展開〉に記述した「近世」を受けて、「近代」を論究するものである。以下の記述においては、同誌における記事についての雑誌名『上方』を省略し、筆者・標題・号数だけを記すことにする。

本節の〈明治の文明開化当時の風俗〉〈浪花情趣の名残〉〈改変された民俗〉〈創成された生業〉〈大衆娯楽の誕生〉の項は、「明治」についての記述であり、〈市中における前近代的伝承〉〈拡大する都市圏の民俗文化〉〈祭りの再生〉〈縁起物ブーム〉の項は、明治以降、雑誌発刊当時である昭和初期に至るまでについての記述である。本節が「近代」から「明治」を分節したのは、郷土研究誌『上方』から明治のパラダイムシフトの一連としての都市民俗を解読しようとするからである。多様な記述方法による「明治」に関する記事を注意して整理すれば、奥行きのある「明治」が見えてくるにちがいない。整理作業として、『大阪府布令集』を傍らに読み解くことにする。(1) このことによって、「文明開化」へと変換した時期の風俗が法制面から裏打ちされるであろう。

編集部「大阪流行唄ノーエ節」（二五号）の歌詞に「天満橋からノーエ、東を見れば鉄砲かついで」とある。そこからは、官軍が大阪城に入城してきた維新の一齣が見えてくる。(2) 文明開化時の風俗は流行歌からも探ることができる。藤田徳太郎「明治初期の上方流行唄本」（二五号）に、流行歌に関して、明治一〇（一八七七）年以前は東西を分けて見るべきであると記し、「明治初年の上方流行唄本（続）」（二六号）にとりあげている唄の歌詞からは、大阪における明治開化期の制度・建物・乗物・道具・趣味などの事物が読み取られる。編集部「大阪の流行唄ヨサコイ節」（二五号）の歌詞の「坊さん簪《かんざし》」の件には、明治五（一八七二）年斬髪令布告当時の大阪の風俗が風刺されている。

文明開化の特徴的な風俗として、日垣明貫「明治十年神戸京都間汽車開通当時の思ひ出」（二三号）に陸蒸気《おかじょうき》見物騒ぎのありさまをスケッチし解説している。(3) 当時の人々は、珍しい陸蒸気を見ようとしてまるで花見見物に行くように、弁当・瓢箪を持参し敷物を堤防下に敷いて待ちかまえていたとある。この時の陸蒸気見物騒ぎが初めてのことではなかった。すでに政府からの咎めもあった。『大阪府布令集』明治七（一八七四）年三月一〇日付で「蒸気車線路徘徊等ノ禁止」が記されている。(4)「近傍老少男女」が見物のため、線路近くを徘徊することへの差し止めが申し渡されているのである。この布告は、馬車通行に対しても適用されている。馬車鉄道は明治四（一八七一）年九月に堂島新船町（北区堂島浜）と造幣寮（北区天満）間に開通している。(5) 事象とすれば珍奇なように見えるが、民俗としては、開化時代に見られた物見遊山として位置づけられるものである。物見遊山は対象に流行があっても今日にも見られる民俗事象である。当時物珍しかった「陸蒸気」「鉄道馬車」が開化において物見の対象となったのである。

この時期は、衣食住のうち、とりわけ衣についての変化が顕著であった。洋装が始まったのである。『大阪府布令集』明治四（一八七一）年三月一一日「百姓町人ノ蝙蝠合羽着用ノ許可」が下され、(6) 服装の西洋化が認められた。男性の髪型にも変化が見られた。『大阪府布令集』明治五（一八七二）年九月「頭髪ニ関スル諭達」に「剃頭」を「陋習《ろうしゅう》」として止めることを申し渡している。(7) 南木萍水《なんきひょうすい》「明治の大阪風俗史（一）斬髪の始と髪結床」（創刊号）に、

⒀ 川口居留地　日本聖公会川口基督教会

斬髪は東京・横浜に端を発し、大阪では明治五（一八七二）年に川口居留地（西区川口）で外国人に伝習を乞うたことを記す。東の風俗が西に伝播している。しかも、斬髪の場合、大阪における嚆矢は、外国人居留地であった。この事象は、「江之子島政府」と称され当時の政治の中心地であった大阪府庁付近を発祥地とする事例である。日本の近代化が西洋化であり、地方における洋風化の中継基地が官庁であったことを象徴的に物語る事例である。江馬務「明治初年の大阪の女髷」（二五号）に、明治維新前後の嫁入り前・嫁入り後の大阪の女髷を絵入りで説明し、鉄道開通により風俗が東京化する以前は地方色を残存しようとする気風が見られたと論じている。この論考によれば、風俗の東京一極化傾向は、東海道線開通による人の移動が行われやすくなったことに起因するとある。髪型の習俗ひとつ挙げても、民俗文化は政治・制度と無関係ではないのである。

　鶴丸梅太郎「大阪明治初期の洋風建築」（二五号）には、造幣局（北区天満）・泉布館《せんぷかん》（北区天満橋）・旧大阪府庁（西区江之子島）・梅田停車場（北区梅田）・旧日本製薬会社（中央区道修町）と並んで住友旧宅（中央区島之内）が挙げらている。上田長太郎「住友家旧本邸を見て」（六九号）に、近世以来の豪商・住友家の明治一二（一八七九）年竣工の鰻谷《うなぎだに》の洋館を記す。明治初期における洋館の建設が役所などの公的機関の他、大阪ではかつての豪商でやがて財閥となる住友家においてであったことも、文明開化期におけるひとつの出来事である。進取の気性に富む裕福な経済人たちは、いち早く民俗文化の洋風化を推進した人たちでもあったと推察することができる。

（2）浪花情趣の名残

花月亭九里丸《かげつていくりまる》「明治三軒長屋」（六号）によれば、明治八、九（一八七五、七六）年頃、南区西新瓦町（中央区瓦屋町）の裏長屋に住んでいたのは、辻八卦・人力車夫・莢豆屋《さやまめや》といった生業の人々であった。「莢豆屋」は、『近世風俗志』の「湯出莢（ゆでまめ）売り」に「困民の業とす」とみえる。(8) このあたりは、「のばく」と称されていた。花月亭九里丸「『のばく』を中心に」（五〇号）に、明治三〇（一八九七）年頃、「のばく」は、上町でも擂鉢の底のようにくぼんだ土地で、この付近に金魚屋・皮癬《ひぜん》薬屋・赤紙屋・櫛屋・晒蠟《さらしろう》屋の乾燥場・菓子製造元・玩具の卸屋があったことを記している。菓子製造元はどんぐり（鉄砲飴）・黒砂糖の生姜板《しょうがいた》・豆板・金花糖・安煎餅だった。玩具の卸屋では、ベッタ・メンコ・ばいを作っていたと記されている。そこには、さまざまな生業に暮らしを立てる人々が肩を寄せ合って住んでいた。明治の当初、彼ら貧しい人々の生活様式にどれほど、洋風化の波が押し寄せていたのだろうか。彼らの暮らしが「近代」を迎えるのは、二〇世紀になってからなのだろう。近代化には貧富の差によるタイムラグがみられる。

明治の当初の年中行事には、いまだ浪花情趣というべき近世情緒の名残を感じさせる習俗が多く見られた。「坂俗」というべきこの地に特有の習俗も認められたであろう。正月について、高原護郎「初荷情景」（三七号）には、明治初期まで行われていた一番船の遡行のありさまなどを記している。当時の大阪には水都の面影が残っていた。船本茂兵衛「正月雑片」（六一号）に、かつての物乞い、初詣、地歌の祝儀物、初風呂、ハッタリ屋の賭事が記されている。(9) 初風呂は、『近世風俗志』に、正月二日「わいたわいた」と近所を触れ回る習俗として載せている。(10) ハッタリ屋の賭事は、『大阪府布令集』の明治五（一八七二）年二月二〇日「博奕・賭事等ノ禁止」に挙げられ、明治政府にとって、賭け事は風紀上、宜しくない「旧弊」であった。梅原忠治郎「明治の新年情調」には、初詣、郭かたり、初相場、初芝居、松囃子が記されている。田村桃圃「謡初・書初・弾初」（六一号）には、明治の初期、大阪中央部での朝の節会・年礼はじめ、当時行われていた稽古事の年始行事を紹介している。朝の節会は、明治になってから宮中に倣って行われるようになった行事であろうが、稽古事が盛んに行われた近世の町人における伝統的な習俗が変容しつつ継承されていることがわかる。菊岡城治郎「大阪商家の三ケ日」（六一号）には、明治時代行われていた一日の四方拝、二日の初売りから四日朝の福わかしまでを記し、初売は夜明けから広告を兼ねて市中を練り歩いたとある。初売は、すでに『近世風俗志』にみえた商人の習俗であった。もっとも商人の「一日の四方拝」は、宮中における四方拝に倣う行事であって、近世にまで遡る行事ではない。「明治」の習俗には「近世」に「近代」が被さって、特有の時代相を呈していた。

節分について、編集部「大阪に薄れ行く節分情景」（三八号）に、厄払い・お化けの挿絵を記す。浅井泰山「大阪に於ける節分の想ひ出」（三八号）に、恵方参り、厄除けの我孫子《あびこ》観音参り、豆撒き、お化け、厄払いについて記している。お化けというのは、節分の夜に限って年増の女性が若い女性に、娘が婆に変装する習俗である。「節分」といった暦の上での境界においては老若の倒錯を許す習俗がみられたのである。この習俗も境界儀礼の一つである。編集部「節分と鶴の羽根簪」（三八号）は、近世に由来し、明治三〇（一八九七）年頃まで、「鶴は千年」ということから鶴の羽根簪が俳優宅でもらえたとする行事を記している。この習俗も人気役者に殺到する、繁華の地ならではの情緒を醸す習俗である。

大阪の盆月にもこの時代、浪花情趣の名残を感じさせる行事が見られた。「おんごく」がそうである。編集部「をんごくの歌」（二一号）に、近世以来、明治二八、九（一八九五、九六）年頃まで、盆月の夕、幼い男女たちが長い列をつくり踊るさまが紹介されている。オンゴクは、『近世風俗志』に盂蘭盆戯の項目に「七月初めより同月末まで、女童の遊戯」と記し、章毎の発語に「をんごく（遠国）」が歌われることに由来する名称としている。[11]道路幅の狭いこの地においては、幼女の遊戯も長い列をなしていた。地蔵盆もまたこの地では盛大であった。日垣明貫「大阪市中の地蔵盆」（二〇号）に、明治初期の地蔵盆盛んなりし頃、寺・辻堂・路地奥に祀られていた地蔵尊の前で踊る盆踊りをスケッチし、解説文を載せている。『近世風俗志』に、大阪市中では地蔵尊を軒下に祀り、七月二四日、児童ら集まり戯れ、百万遍を唱えるようすを記している。[12]この地蔵盆に関して、『大阪府布令集』明治五（一八七二）年七月付「地蔵祭ノ停止」に「町内集会し、飲食を事とするのを旧習」と断じ、停止を申し渡している。[13]さらに同年一一月付「町内路傍・環境ノ整備」には、「府下各町路傍」に地蔵・妙見・稲荷・道祖神等を祀ることを「野鄙の風習甚、無謂事」とあげつらい、地蔵堂等の跡地に「塵捨場」「大便所」の設置を申し渡している。[14]明治初頭の廃仏毀釈の煽りであるが、開化の論理は、路地裏にまで及び、神仏の格付け・再編成の一端と読み取ることができる。もっとも、船本茂兵衛「地蔵祭と地蔵尊の由来」（三二号）に、昭和初期において盛んに行われている地蔵信仰を報告している以上、どの程度、根絶やしされたのかは疑わしい。

春秋には、人々は近郊に行楽に出かけた。この時代、「郊外」が遠い所にはなっていなかった。長屋の住民が花に浮かれて繰り出したことは、上方落語の「貧乏花見」にもみえる。[15]花見客の行儀は、近代社会の論理に照らしてけっしてよくなかった。『大阪府布令集』明治七（一八七四）年四月七日に「桜ノ宮等ノ花枝折取禁止」の布告が出ている。[16]その理由に「風景ヲ損ジ云々」とある。開化のこの時代、「風景」を論じるのもさることながら、花木を手折る風習が当時見られたことはいっそう興味をそそる。造幣局（北区天満）の桜の通り抜けが始まったのが明治一六（一八八三）年四月二〇日のことである。[17]「通り抜け」といった形態の花見は、桜を観賞の対象としてのみ観る近代の所産である。桜の木の下での飲めや歌えの野遊びなどではないのである。いっぽう、日垣明貫「大阪北郊鶴満寺の枝垂桜」（四〇号）には、明治三〇（一八九七）年頃の鶴満寺（北区長柄東）での花見を「野趣に満ちて春の一日の遊びを過ごす云々」と記している。そこには野遊びの風情が感じられる。黒崎貞江「尻無川の蛤取り」（四〇号）では、かつて六甲山から淡路島まで見渡せた潮干潟での蛤取りを回想している。晩秋から冬にかけての行事にも伝統的な習俗が残されていた。日垣明貫「明治二十年頃の尻無川の晩秋」（二三号）に、春は蛤取り、秋はハゼ釣りのための釣り船が出る尻無川の風景が記されている。尻無川の鯊釣りは、すでに『摂津名所図会』の挿絵に嵐雪の句「鯊釣りや水村山郭酒旗の風」を画賛として載せていて、[18]尻無川での鯊釣りは、近世以来の行楽であった。川筋の農村が市街地化する以前の光景である。

この時代、市中の人々には近郊の農村とも馴染みのつきあいがあった。師走の行事について、日垣明貫「歳暮情景百姓の大根配り」（二四号）を上げ、昭和初期当時は料金を支払って汲み取りを頼むようになっていたが、明治三〇（一八九七）年頃まで、大阪の町々にては師走に近郊の農民が肥《こえ》の汲み取りの礼に大根を配る習俗があったことを記している。『近世風俗志』の「屎（こゑ）代」について「得意農にこれを与へて、冬月綿と蕪菜とをもつてこれに易へんとす」とある。[19]屎と農産物が町と農村との間を取り持つ代物であった時代を物語る記事である。

⒁ 道修町

生業についても浪花情趣を感じさせるものがこの時代には残っていた。商家について、編集部「大阪商家の符牒《ふちょう》」（六二号）は、『明治二十八年商業資料』より天満青物市場（北区天満）・道修町薬種屋（中央区道修町）・瀬戸物屋（西区阿波座）・木綿屋・呉服屋・糸商・半襟商における、符牒の他、かくし詞、隠語を載せている。商いにおいては掛け値が当然であり、口銭を取って儲けを上げるものであった。林春隆「大阪の丁稚《でっち》」（二七号）に、丁稚の称の起源から起筆し、明治一五（一八八二）年当時、丁稚であった自らの体験をふまえて「仕着せ」などの民俗を記す。「丁稚」について『近世風俗志』巻之九「男扮」に特有の髷を記し[20]、巻之二十六「春時」の「養父入（やぶいり）」の項に、「奉公人、その主人より暇を給ひて、父母の家に帰す。（中略）江戸にては、丁児を小僧と云ふ」とある[21]。習俗に変容は見られつつ前代からの呼称が用いられているのである。丁稚制度の習俗の論考など、戦後、経済学者である宮本又次による大阪における商家の研究、歴史学者である佐古《さこ》慶三《けいぞう》による商業資料研究に引き継がれる研究テーマとなるもので、都市民俗研究にとっても主要テーマの一つである。これら「明治」の記事には、近世の商いの習俗が色濃く残る。そのような習俗が開化を経てもなお変容しつつ継承されているのである。

川筋の生業にも近世以来の習俗を窺えるものがある。山村太郎「立売堀材木屋の今昔」（五〇号）に、寛政五（一七九四）年「新問屋判取帖」にみえる立売堀《いたちぼり》（西区立売堀）材木問屋中心の市は、明治一四、五（一八八一、八二）年頃までは続いていたと記されている。「立売堀」が「板立売堀」から派生したとされる説もあるように[22]、浜はニワ・作業場であって、そこでは材木が立てて売られていた。蒲田利郎「堀江を環る川や橋の情味と巷話」（六号）には、明治四一（一九〇八）年撤廃された西長堀材木浜（西区）に伝わっていた材木の挽唄・木挽《こび》き唄をも記している。鷲谷樗風「明治の子供の世界」（一〇〇号）に、川口居留地（西区川口）の中国人の菓子屋のこと、仲仕《なかし》の唄などから明治の子供の世界を回想している。機械化以前には仕事唄による作業のリズムが生きていた。仲仕場について、編集部「力石と重量揚」（一四〇号）に、明治時代まで仲仕寄場にあった、一〇貫位から二五貫位までの力石を紹介し、これが仲仕仲間の慰楽と体位向上に資せられたと記している。力石を差すことは、農村でも行われていたことであり、所定の目方を差すことができた時、初めて「一人前」とみなされたのである。いまだ近代的労働の範疇に組み込まれる以前、仲仕作業は仲仕組の請負であった。仲仕に関して『大阪府布令集』明治五（一八七二）年一〇月三日付で「仲仕請場ノ禁止」を通達している[23]。これには、市中の浜において仲仕が「請場」と称して他より人足・車等を雇い入れ、荷物を運送する際、金銭を受けることを禁止している。これは近世以来の生業慣行の存在を物語るものである。

年中行事に挙げた事象について観点を換えて、この時代の生業としてみると、『近世風俗志』に分類する「雑業」「雑劇」に該当するものが何点か認められる。編集部「天王寺の見世物」（三号）には、明治二〇（一八八七）年頃まで「山行《やまゆき》」と呼ばれていた逢坂《おうさか》・天王寺界隈への行楽を記し、その出店・見世物を紹介している。日垣明貫「明治初年の四天王寺春の彼岸詣り」（二五号）には、いまだ田圃に囲まれた境内での引導鐘の音・放し亀・猿回し・覗き眼鏡などを記す。『近世風俗志』に、「覗機関《のぞきからくり》」が縁日の境内に担い出され、児童に観せ銭をとるとある。[24]雑業の「猿曳」に「猿廻しともいふ」とある。[25]縁日の出店では、近世の「雑業」「雑劇」に分類される項目が見られた。黒崎貞江「明治初期の大道芸人」（五八号）は、北船場（中央区）あたりに行われていた大道芸人をとりあげている。芝居・一人芝居・声色・俄・講釈・手品・蛇遣い・落語・砂書き・チュウチュウ太夫・カランコ・声出し糖・考え物・安ン辰・治三公・孝行糖・品玉屋・替え歌屋がそれである。これらのうち、『近世風俗志』にみえるのは、声色・俄・講釈・砂画・考へ物だけである。それらはいずれも、「雑業」「雑劇」に分類されており、戸外・門戸で行われていた。このような大道芸は、明治期になっても、寄席芸に囲い込まれる以前の形態をとどめていたのである。

開化の時代、新政府は、町内・路傍の景観を文明開化の世に相応しい空間に換えることにだけ終始したのでない。さまざまな生業に糊口を啜る人たちの暮らしをも換えた。『大阪府布令集』明治元（一八六七）年二月二四日、大阪裁判所は「非人小家頭ノ勤方」に町中での吉凶の際の貰い物を差し止めている。[26]明治四（一八七一）年二月三〇日付「四ケ所長吏へ金品私贈ノ禁止」に、年末・年始・節季における施し物を集めることを禁止している。[27]この法令によって、折節、街を訪れる異形の人々が一掃されたかどうかは疑わしい。節分について、前出の編集部「大阪に薄れ行く節分情景」（三八号）、浅井泰山「大阪に於ける節分の想ひ出」（三八号）にある「厄払い」とは、異相の男が厄払いをしてやると称して、独特の節回しの章句を歌い囃して、門付けに廻るもので、彼らはある種の物乞いであった。『近世風俗志』の「厄払ひ」に、節分の夜に来るとして、厄払いの詞章を記している。(28)「厄払い」とは、節分・年越しという境界の時間に出現するハラエの請負人である。日垣明貫「大阪の誓文払」（三四号）に、明治の初め頃のすたすた坊主の代参《だいさん》についても触れている。「すたすた坊主」というのも、代参を乞うことにより、金銭をねだる生業の人々である。『近世風俗志』の「すたすた坊主」に、彼ら「乞食坊主」の裸体に縄の鉢巻に注連《しめ》縄《なわ》を腰蓑のように巻く異相と章句を記している。(29)これらの年中行事の際には、異形の徒が町々を廻ったのである。彼らは謂わば「厄除け請負人」である。これらの人々が徘徊するには、前近代的な世界観が当時においても一掃されないで生き続けていたからにちがいない。

明治期の巷談・噂話から前近代を感じさせる記事をいくつか拾ってみよう。船本茂兵衛「上方怪異備忘録」（三三号）は、明治一四（一八八一）年から一五年の朝日新聞より狸・幽霊・人魂などの怪異談を記している。文明開化の時代にも近世以来の怪異の伝承はみられたのである。三井武三郎「浪華民俗雑談」（七六号）は、明治一〇（一八七七）年代の見聞による、狸・人魂・狼・河太郎・天狗・狐・幽霊などを記している。ここにも妖怪は語り継がれている。釈大虚「大泉坊の地蔵尊」（三三号）に、四〇年程前（明治の中期）夜更け下寺町《したでらまち》（天王寺区下寺町）に出現した子守をする地蔵の怪異談を記している。鬼女は、市中の屋敷にも出た。宇女波羅閑人《うめはらかんじん》「乳母の執念」（三三号）は、本町御堂裏（中央区本町）の丸薬を売る旧家での明治の頃、出現した鬼女の話を記している。城（大阪城：中央区大阪城）にも怪談があった。上田長太郎「大阪城の怪異譚」（三三号）に、新装なる前の大阪城の絵葉書売りの爺さんから聞いた明治年

⒂ 大阪城

間の怪談四点を記している。それは、夕闇迫る頃に山里丸から聞こえてくる大勢の人の叫び声、石崖の「顔面石」と称される石、夕刻に石造りの庫に見える人影、衛戍《えいじゅ》病院北手（中央区大手前）に突っ立っていた謎の歩哨との会話である。開化の世界の闇には見え隠れするモノがいまだ蠢いていたのである。

（3）改変された民俗

大阪において盛んに行われていた地蔵盆に対する停止の申し渡しについては、前述した。この時代、いかに新政府が伝統的な行事に対して冷ややかな眼差しを注ぎ、年中行事を含む民俗の再編に躍起になっていたかを知ることができる。そこに彼らの押し進めた「近代化」がみえてくる。「元日」を祝すことになったのには、明治政府の通達があってのことである。『大阪府布令集』明治五（一八七二）年一一月付「元日閉戸ノ風習打破」に、従来元日に表口を閉ざし、「寂然晏眠するの風習」を改め「相応に儀式を装ひ新年を祝し…」とあるように[30]、開化に伴い新たな年中行事が創成されるのが「明治」である。年中行事が「再興」と称して、改変された。住吉神社（住吉区住吉）の神事のような「古式ゆかしき」と思われる神事においても盛んに改変が行われた。梅原忠次郎「住吉宝の市起源と神事の次第」（一二三号）に、「神功皇后三韓征伐」を起源とすると伝えられている宝の市について、諸文献を引いた上で、明治三〇（一八九七）年、大阪築港起工式における住吉大神への成就祈願に併せて、翌年より現行のように「再興」執り行われたと記す。この「再興」には他にも問題点があった。この論考の「市女及び稚児の装束」の箇所に、大阪南地五花街（宗右衛門町《そえもんちょう》、九郎右衛門町《くろえもんちょう》、櫓町、阪町、難波新地：中央区島之内周辺）の芸妓が勤めることについて「かかる風俗の市女を採用した理由、又その風俗にしても何に依つて取定めたのやら不明であり、其部分々々に時代錯誤した箇所が多いと或風俗研究者からの言もあるから、市女及稚児に就ては尚考究すべきである」と記している。神聖たるべき古風の再興に卑俗な風俗が入り込んでいるのを非難しているのである。近代における神事祭礼の変容を知る上で興味ある記述である。

中央政府の威光が発揮され、「近代化」を推進したのは、何よりも暦法の切替である。『大阪府布令集』の明治五（一八七二）年一一月「太陽暦ノ採用」（太政官三五七）に「天地の正理に基き、萬世の大法創立被遊候厚御旨意ニ付、聊誤認なく遵奉可致事」とある。[31] 開化の「時間」は、欧米に倣い太陽暦によって分節するものと定められた。この決定により、多くの伝統的行事が改変を余儀なくされた。明治政府は、従来から行われていた五節句を改変した。明治六（一八七三）年一月一三日付けで、改暦に伴い「五節句ノ廃止、祝日ノ設定」が太政官から布告される。[32] この時代、創成された民俗がある。編集部「恭賀新年の始」（二五号）に、新年賀正の礼に代わるものとして、新暦による「恭賀新年」という詞章が明治一二、一三（一八七九、八〇）年以後、追々盛行したとある。太陽暦の採用は、年中行事のいくつかを改変した。梅原忠治郎「住吉御輿洗は陽暦日となる」（六七号）に、住吉神社における卯の花神事・御田植神事・南祭堺渡御・宝之市神事および御輿洗神事の日付の変更を挙げている。先に挙げた菊岡城治郎「大阪商家の三ケ日」（六一号）の商人による「一日の四方拝」なども近代の儀式である。五月節句に鯉幟をあげるのは、大阪においては伝統的な習俗ではない。日垣明貫「大阪地方の五月節句」（五三号）に、日清・日露の戦役をはさんで、「武士道発揚」により鯉幟を用いるようになったと記している。編集部「端午の節句と鯉幟」（九〇号）には、屋上に鯉幟を吹き流すようになったのは、東京風の真似で明治中頃からの流行と述べている。中央集権時代「明治」は、民俗の側面においては地方色が薄れ東京の習俗一辺倒になっていく移行の期間でもある。これもその事例のひとつであって、日清・日露の両戦争を経て近代国民国家の意識の宣揚が行われるようになり、それに伴って創成された民俗なのである。

（4）創成された生業

「近代」へのパラダイム変換の著しいこの時代、生業にも新規参入が見られた。衣食住のうち、食に関する生業にも変化が見られる。『大阪府布令集』明治四（一八七一）年一一月二日付「屠牛場ノ取締」に「近来肉食相開候ニ付」とあるように、[33]開化の当初から肉食が普及し、新しい商売が生まれた。『上方』編集部「大阪の牛肉屋」（二七号）に、東京と比較して呼び声の違いなどを記す。編集部「大阪の西洋料理」（二七号）に、商業資料を論拠に値段の安いのを重宝がる大阪人のことを記している。食の生業の変化には、この時代においては東西の気質による相違が見られた。編集部「うどんやの話」（二五号）に、明治一八（一八八五）年の「大阪麺類商見立」から、明治時代、簡易な食物としてうどんが全盛であったと記す。商人と職人のマチにおけるファストフードとして、この時代、うどんが重宝がられたのである。前述のように花月亭九里丸「『のばく』を中心に」（五〇号）に、明治三〇（一八九七）年頃、「のばく」（中央区瓦屋町）付近のさまざまな生業を記している。編集部「子供菓子の変遷」（五号）に、明治時代の大阪の一文菓子《いちもんがし》をとりあげ煎餅のことを詳しく記している。これら零細な職人の手になる商品の製造方法も徐々に近代化が進行していたのであろう。

開化の波が生業に及ぼした影響については、先に述べたが、大道芸への規制も加わる。明治五（一八七二）年四月二二日付「乞食ノ取締」に、辻芸・門芝居を「賤敷遊業」渡世とし、停止することを命じている。[34]開化の時代においても、大道芸はなおも盛んであった。前述した黒崎貞江「明治初期の大道芸人」（五八号）も見方を変えれば、いかに多くの大道芸人を簇出したかを示す資料ともなる。『近世風俗志』にみえない項目は、芝居・一人芝居・手品・蛇遣い・落語・チュウチュウ太夫・カランコ・声出し糖・安ン辰・治三公・孝行糖・品玉屋・替え歌屋がそれである。このうちいくつかは考証を進めてゆけば近世以来の大道芸の変容であることが明らかになるものもあるだろうが、明治初期に創成された生業も少なくはないだろう。その後も町々にはさまざまな行商の人々が出回ったことは確かである。日垣明貫「明治中期の珍奇行商人」（三五号）に、熊の油売り・稲荷さんの煮物売り・馬車豆・あまからや・飴を売る覗眼鏡屋といった生業を記している。これらの行商人が商う商品の品質はともかく、珍奇な衣装・パフォーマンスが市中の子供たちの目を惹いた。そこには、行政の立場がいくら「野卑だ、旧習だ」と決めてかかっても根絶しきれない生業の根が張っていた。その根っこのところから次々と新奇な稼業が創成されたのである。

人力車稼業は、開化の時代、鉄道開通により登場したものである。宮本又次は「大阪に発達せし人力車の過程」（二五号）に、明治二（一八六九）年、東京で完成した人力車の大阪における車数の消長、構造の変遷、営業、没落過程を論じている。森谷白魚「福島の人力車」（五〇号）には、明治時代、博徒・浪人・車夫の他は漁師と百姓の住む町であった福島の光智院近辺（福島区福島）の大通りに車夫が集まり尼ヶ崎・池田方面へと出たと記す。場末の町が都市化する一齣に見える事象である。この記事からは、福島界隈が梅田停車場を控えた場所であることを考え合わせれば、鉄道開通による都心周縁部におけるマチバの形成過程を読み取ることができる。

開化の時代、法制度の変更によって人生儀礼に伴う生業が創成される。それは、葬送に関わる生業において顕著に見られる。『大阪府布令集』の明治八（一八七五）年五月三一日に「火葬の解禁」（太政官八九号）が記されている。[35]これは、明治六（一八七三）年七月の火葬禁止の布告を廃止するものである。編集部「明治八、九年頃の棺車」（二六号）に葬式用棺車が写真入りで紹介されている。「棺車」というのは、火葬解禁による野辺送りの変化によって発明された利器であろうか。葬儀屋は、近世にその前身が見られるものの、[36]この時代、今日に至る業態を形成するようになる。鈴木太郎「水屋のことども」（一〇〇号）に、水屋を廃業し、イロ屋・駕籠屋・葬具貸物業・

葬儀請負業に進展していった生業の変遷を記している。素襖屋《いろや》は、『近世風俗志一』一八五頁にみえ、葬送の際の衣装を貸す生業である。水屋は、井戸水が鉄気《かなけ》を帯びて飲料に使用できない大阪において淀川の水を汲み、担ぎ桶に入れて行商する生業であった。(37) 開化の時代、上水道の敷設により、水屋は廃業となり、一部の人が葬儀屋に転身した。小島勝治「商都大阪の葬式」（九六号）には、大名の抱え奴・道中籠から葬儀人足となった人たちによる葬送儀礼をとりあげている。この論考は、明治時代の商都大阪の葬式の沿革を記したうえで、僧列・行列の組織などを記し、この葬式を「大阪を第二の故郷とする民俗」として記している。これは、「明治の都市」における野辺送りである。このように、明治には、農村に見られた葬式組といった同行組織が不充分な都市社会において冠婚葬祭に業者が請け負う風が進展した。東西屋は、嫁入り行列に携わることもあった。花月亭九里丸「嫁入行列の東西屋」（九六号）に、明治三九（一九〇六）年、広告幟を先頭に三味線太鼓と続き人力車に乗った花嫁御……と続くのを記している。開化の影響は、都市においていち早く、人生儀礼を変化させ、新たな生業を創成した。

この時代の前近代的な巷談・噂話を前述したが、そればかりではなかった。船本茂兵衛「明治巷談切抜帖より（中）」（二六号）に、弘法大師空中出現・世界転覆などの流言・噂を拾い上げている。前者の「弘法大師」はその実、市中に立てられた旗章であり、後者は英国の一奇人の説をとりあげたものであった。「弘法大師」はともかく、旗章を市中に掲げる習俗など近代の法律によるものであって、「世界」を想像することなど開化以来のことで、近代によってもたらされた世界観である。編集部「はやり言葉源助の由来」（二六号）に、明治二八（一八九五）年当時、水道工事人源助が間抜けだったことから花街で流行った経緯を記す。これは、流言飛語をよくする都市社会に共通する民俗事象である。人魚子「狆《ちん》わんの唄」（一一五号）に、明治初（一八六八）年頃、飴屋が歌い出し酒席にまで歌われるようになった玩具や人形などをまとめた唄について述べている。この記事は生業の芸が余興の芸に転換する事例であり、都市における伝承の場を考える材料の一つともなる。

（5）大衆娯楽の誕生

千日前は、大衆芸能の興業が最も盛んな場所であった。南木萍水《なんきひょうすい》「五十年前の千日前」（一〇号）に、千日墓地（中央区千日前・難波）における葬制・「隠坊《おんぼう》」の暮らし・火葬の符牒などが記録されている。歓楽街前史として読むことのできる記事であり、墓地・刑場跡地など人が住むのを忌み嫌う場所を安く買い占めて、人を寄せるのに成功した事例である。この論考からは、近代における歓楽街立地の一典型が読み取られる。鵜野漆磧「千日前と奥田弁次郎」（一〇号）に、明治三（一八七〇）年、払い下げられた千日の仕置き場を興業地とした草分けの興行師とその妻の事績を記している。「奥田弁次郎」という一人の都市生活者のライフヒストリーからは、近代都市における「大衆娯楽」といった都市民俗の新たな領域の創成が語られるのである。希有庵主人「三十年前の千日前」（一〇号）に、明治三四（一九〇一）年の探訪による、寄席・興行・見世物などが記録されている。これらの記録からは、近代都市における「歓楽街」といった、この時代に特徴的な都市化された空間を「明治」のパラダイムシフトによって読み解くことができる。

⒃ 千日前法善寺

このような興業地において繰り広げられていた諸芸・芸能は、生業の都市民俗としてとりあげる価値のある項目である。編集部「ヘラヘラ踊の流行」（二五号）に、明治二二、二三（一八八九、九〇）年頃の千日前の見世物小屋のありさまが記されている。大西利夫「講釈からうかれぶしへ」（五一号）に、明治時代の末、堂島裏町（北区堂島あたり）の藤井席の設え、講釈師の読みぶりなどを記す。「娘義太夫」は、

⒄ 法善寺横丁

すでに『近世風俗志』にみえるが[38]、東田清三郎「明治時代の女義太夫」（二四九号）には、「いたいけなる女性の語り口」といった「特性華やかなりし」明治中期の定席を記している。尾上金城「明治時代の大衆娯楽界」（二四九号）に、当時上演されていた水芸・軽業・奇術・見世物・ヘラヘラ踊・新内源氏節・筑前琵琶・錦影絵などを記す。新内節は、『近世風俗志』にみえるが、明治の当時は「貧民窟」の娘が二、三ヶ月の稽古で語ることもあったとも記されている。

近代大阪は、さまざまな大衆娯楽を育んだ場でもあった。それは、西日本各地から職を求めて大挙した人たちの嗜好に沿うものであった。そこには、いまだ見世物的な好奇の眼差しの対象となる「芸」も見られた。若い女性のいたいけなさに惹かれる大衆の心意につけ込むところには、セクシュアリティを商品化するこの時代の興行主の魂胆も窺われる。そこには、「芸人」と称されるハレを演出する人たちに潜む「闇」の世界の一端がかいま見えてくる。「明治」のパラダイムシフトは、「賤民」を法制上否定し、明治の初期に見られた路上を巡り「施し物」を受けるさまざまな予祝の稼業を「乞食」として駆逐した。彼らの多くは「貧民窟」の住民と化した[39]。その施策の成否は、「歓楽街」といった興行地における「大衆娯楽」の誕生と無関係なことではない。もちろん、個々の「芸人」の履歴をとりあげているのではない。すこしのタイムラグのあるものの、「明治」のパラダイムシフトで括ることのできる同時代のことなのである。やがて「近代都市大阪」は、大正を経て昭和初期に都市としての最盛期を迎えることとなる。

（6）市中における前近代的伝承

大阪市中には、「近代大阪」を標榜する昭和初期にあっても、前近代的伝承が随所に伝わっていた。市街地と化した市内各所にあっては、老樹に伝説・巷談などが聞かれた。鯛天源三郎「大阪の神社と杜」（五五号）に、杜の老樹巨木の伝説・願掛けを記している。太田米次郎「遊女が花魁に化け銀杏」（一〇〇号）に、昭和一三（一九三八）年当時の阿弥陀池和光寺（西区北堀江）の銀杏などを挙げ、「昔は大阪市内の方々に化け銀杏の噂があった」と記している。江崎政忠「大阪に遺れる名木老樹」（創刊号）に、旧大阪市内にある二七点の老樹の所在地・樹齢・伝説を記す。そのうち渡辺綱馬繋の松・母恩寺（都島区都島本通）の大樟・永代浜（西区靭本町）の樟・本町三番町（中央区本町）の樟・娘銀杏・姫銀杏又源兵衛銀杏には伝説を記している。寺院とその付近には怪異が多く語られていた。釈大虚「飴を買ひ来る幽霊」（三三号）に、昭和八（一九三三）年当時、下寺町（天王寺区下寺町）に現存する寺・墓石にまつわる怪異談を記している。甘人「天王寺の七不思議」（三号）に、「芦分舟」、落語「天王寺詣」、昭和六（一九三一）年当時の大毎記事を巡って七不思議の変遷を論じている。林春隆「お化けと上方」（三三号）に、古い怪談から、大阪の場末での狸にも及び、実体験として天満西寺町の寒山寺前（北区兎我野町あたり）で狸にだまされたことをも記している。古い町家にも怪異が語られた。三遊亭しん蔵「私の実印」（三三号）に、昭和八（一九三三）年当時、西区阿波堀通の髪結屋に浴衣姿の亡妻が出たといった怪事を記している。市中の町家に幽霊が出るあたり、近世的な色彩の濃い伝承である。ここまでとりあげた巷談は、前近代的な場面設定のところに出るべくして出た話である。

幽霊は近代的施設においても語られた。勿可魅魍生「妄談真昼の幽霊」（三三号）に、昭和八（一九三三）年六月四日、「日本が世界一と誇る医術の殿堂（天王寺区のM病院）に老人の幽霊が出て見物人が弁当持ちで蟻の行列をなしたという話を記している。その正体は金網に虫が巣くったところに日光が当たり老人の顔に見えたものであった。天王寺区のM病院（天王寺区筆ヶ崎町）とは、近代都市に欠くことのできない伝染病隔離病院である。場所は衛生設備の整った病院で、時間は白昼である。これなどは、近代的空間においてなお再生産され続ける根強い前近代的伝承といえ、今日「都市伝説」と称される類の事象に通底する心意現象である。

昭和初期の市中には、「浪花情趣」といったこの地特有の風情も遺されていた。ことさら「情趣」をとりあげるのは、「○○雑感」とか「○○情調」といった情緒を記した記事も民俗事象を考察する資料に取り入れようとするからである。この地の場所性に触発された感情をも問題にしたいのである。江崎政忠「鴻池家の事ども」（一四号）に、近世以来、自然に変遷しつつ昭和七（一九三二）年当時に至った鴻池家の元旦の室内飾り付け、神社奉賽の礼なども記している。鴻池家の本宅は、北船場今橋二丁目（中央区今橋）にあった。まさに市内中心地の富豪の本宅にこのような伝統的な習俗が変容しつつ継承されているのであった。英米文学の翻訳者で随筆家でもある石川欣一は、「路地住ひ」（一〇〇号）に、昭和一三（一九三八）年当時、昼間訪れる路地について記している。堂島浜通（北区堂島浜）の路地には、鮨屋、煙草屋の他はしもたやが建ち連なっており、そこに「安慰な生活」を感じ取っている。その地はかつて都心周縁のマチバであったが、当時、その一角にこざっぱりとした路地があった。そのような場所に閑静な趣を発見しての、ささやかな喜びを記しているのである。川筋のマチにも「浪花情趣」を感じ取ることができた。日垣明貫「今に変りなき材木浜の情景」（五七号）に、昭和一〇（一九三五）年当時、筏が着いたとき材木仲仕が鳶口でコジ揚げる際歌う唄が載せられている。しかし、旧市内周辺部に位置する川筋のマチの市街地化は、たいていの場合、工業用地化でもあった。

昭和初期においても、町の生業には「浪花情趣」が感じられた。須磨対水「上方料理屋の特色」（二四号）に、当時、庖丁調理の特色が廃れつつある中での料理屋の十八番物《おはこ》を記す。大阪でとりあげられている料理は、網島・鮒宗のもろこ、同地・岩国家の鯉の汁、浪花橋・網彦のきも吸い、今橋・つる家の鯛の頭の木の芽焼、鶴家のロース、博労町・魚利のロース、森吉のなまこの和らか炙り、伊勢屋の鶏ももと海老いも、高津表門・八百勘の吹寄なますである。そこには、道頓堀の食堂街の店舗はない。当時における料理の大衆化は、「食い倒れの街」を現出したが、いっぽうでは名代の十八番料理は高級化していき、老舗の料亭をも生み出した。

歳末の風情にはひとしお「浪花情趣」を感じさせるものがあった。南木萍水「歳暮雑感」（一二号）には、昭和六（一九三一）年、餅配り・煤掃きなどの歳末の行事について述べている。南木はまた「失はれゆく歳末情調」（二四号）に、昭和七（一九三二）年、色町の餅つき、煤掃きなどを記している。江上修次郎「新町廓の餅搗」（一二号）に、昭和六（一九三一）年、近松門左衛門「夕霧阿波鳴渡」冒頭にある、一二月一九日に行われる餅搗の時の餅搗歌の合唱、囃し立て、見物人への餅配りなどの当時のありさまを記録している。川崎巨泉「街頭の呼び声」（九号）には、昭和六（一九三一）年、当時残っていた、あまさけ屋・枇杷葉湯《びわようとう》・輪かえ屋など七九項目にわたって収載している。あまさけ屋は、夏の箇所に記され、枇杷葉湯の呼び声は、「烏丸ー本家枇杷ヨートー」と記され、輪かえ屋の呼び声は、「輪ガエー」と記されている。これら三件は『近世風俗志』に記載され[40]、枇杷葉湯（びわようとう）売りについては、「消暑の散薬なり」とあって、売り詞は「御存じ本家、天満・難波橋、朝田枇杷葉湯、云々」とある。枇杷葉湯は、天満難波橋（北区西天満）の店が逼塞したのか、分家したのか、当時は京本家の銘柄で売り歩いている。変容しつつ近世以来、伝承されている生業である。人魚洞「街頭の呼声（追補）」（一二号）には、時代が遡るが、大正五、六（一九一六、一七）年頃、新町（西区新町）を流すおでんやの呼び声などが記録されている。このような外来者には独特のパフォーマンスがあって、都市生活者の耳目を惹いていた。

（7）拡大する都市圏の民俗文化

昭和初期における大阪は、中心都市である大阪市が大正一四（一九二五）年四月一日「大大阪」に拡張され、従来の大阪三郷周縁（urban fringe）農村をも市域に加え、巨大都市になりつつあった。[41] 大阪を中心とする住宅地の拡大をみると、旧市街周縁地域および臨海部の旧新田地帯の「職住混在の宅地化」と周辺郊外の「職住分離の宅地化」とに大別される。行政面では、前者は「大大阪」に編入されたが、後者は周辺の郊外町村として大阪市からは独立していた。

これら拡大した都市圏には、各々にその地に即した民俗文化が展開した。都市らしい情趣は、都市の周縁、さらに郊外にも見られるようになった。大大阪に編入された地域は、急激に都市化し、新開地を形成した。そういった新開地の住宅のほとんどは、工場労働者向けの長屋で、これら周縁農村地域においては急速な都市化を招きスプロール現象が進行した。工場煤煙や井路川の汚染など劣悪な環境をつくりだし、さまざまな都市問題を引き起こした。[42] 編集部「甚兵衛小屋の変遷」（一二三号）に、昭和七（一九三二）年、秋は櫨の紅葉と鯊釣りで賑わったかつて尻無川畔の甚兵衛小屋（大正区泉尾）の、「現在は工業地帯となってその情趣は抹消された」付近に「西洋御料理・弁当仕出し」の看板を掲げる飯屋・甚平庵を載せ、昔のようすがを偲んでいる。そのように、近代化の波が周辺の農漁村部に及ぶなか、花月亭九里丸「伝法の施餓鬼」（四四号）に、昭和九（一九三四）年、伝法・正蓮寺（此花区伝法）の川施餓鬼の船からの見物の模様を記している。御輿の担ぎ手が鮮魚の行商で鍛えた婆さんたちであったりもした。漁港を抱く正蓮寺川の川筋のマチにおいては、『摂津名所図会大成』にも記されている近世以来の祭礼である船渡御が繰り広げられていた。[43]

このような近世以来の祭礼が行われるいっぽうで、正蓮寺川には「奴隷島」と称された川中島があった。そこには、繊維工場に勤める女工寄宿舎があったが[44]、女工の暮らしについて詳しくは、本章〈7　此花「奴隷島」の近代女工の都市生活〉に論究する。正蓮寺川近辺の商店街は女工・職工たちで賑わっていた。職工・女工の暮らした新開地には、「慰安」のために寄席・映画館などの大衆娯楽場が建ち並んだ。そのような近代的工場の建つ川筋の新開地にも、祭礼の時には「浪花情趣」が感じられた。近代大阪の都市民俗を鳥瞰する時、このような光景の存在にも注目しないとその全容が把握できない。「非近代」が「近代」から滲み出ているのである。川筋のマチには、ドブ川の饐えた臭いに混じって煮炊き物の臭いが漂っていた。そんな場所に新開地らしい下町情緒が醸し出されているのである。

大阪が郊外に拡張するこの時代、郊外らしい風情は、市中から距離的に遠い場所にしか感じられなくなっていた。編集部「大阪付近の虫の名所」（二一号）に、「昔」は有名な虫どころだった今宮（浪速区）がすっかり、市中となり、昭和七（一九三二）年当時、くつわ虫・朝鈴・松虫・邯鄲・鉦たたきなどの立秋以降の虫の名所としては、大阪近郊の三国・服部《はっとり》・大和川下流・石川下流・生駒山上を記している。市街地の拡大によって、郊外が市内中心地から遠のき、行楽地が郊外電車の利用を要する距離となった時代の記事である。

そのような市街地化の進行する時代にあっても、大阪の南東部に位置する旧平野郷（平野区）には、農村に囲繞された在郷町の風情が残されていた。曾根研三「杭全《くまた》神社《じんじゃ》御田植神事」（五号）に、昭和六（一九三一）年当時、翁舞と田植動作（もどき）からなる行事を「野趣な神と人との交渉」として記している。南木萍水「第6回行事平野大念仏寺拝観記」（六号）に、昭和六（一九三一）年当時の菩薩練供養《ねりくよう》の報告をしている。杭全神社（平野区平野宮町）・平野大念仏寺（平野区平野上町）といった社寺は、旧平野郷に属し、歴史的には大阪三郷よりも古く、中世の環壕都市に遡る地域である。環壕に囲まれた旧平野郷には、当時にあってもマチの周辺には農村が広がり、大阪市内の市街地化とは異なった歩みを遂げていた。

しかし、このような大阪近郊の農村部にも近代化の波が押し寄せていた。後藤捷一「大阪俚謡集」（一二号）に、昭和六（一九三一）年、周辺の農村部が都市化する中で歌い継がれている、蕎麦打唄・田植歌、伊勢音頭、綿紡ぎの唄などを編集記録している。編集部「酒造の一部米洗ひ」（三八号）に、昭和九（一九三四）年、西宮（兵庫県西宮市）の酒造会社での酒造の手順に「七五三」に踏むことなどを記す。編集部「酒造り唄」（三八号）には、伊勢・奈良・大阪・江戸といった地名が読み込まれた歌詞を記す。阪神間の都市圏における生業に唄われた仕事唄として貴重な記事である。

都心周縁の住宅地が煤煙・塵埃・汚水にまみれるいっぽう、周辺農村を開発してできた郊外住宅ではモダンな都市の生活スタイルが定着されていた。「大大阪」の悲惨を余所目に「郊外」が燦然と輝いていた。それが、この時代である。都市生活者の生活圏が広域化し、経済的に恵まれたサラリーマン層は郊外に移り住んで大阪市内に通勤していた。職住分離が進行していた。「大大阪」の周辺には、在郷町を核として市街地化が進行し、中心都市である大阪市とは、民間鉄道により結ばれ、首都圏に並ぶ一大都市圏を形成しつつあった。大大阪周辺の郊外は、市内南部の上町台地の南裾に位置する帝塚山《てづかやま》（住吉区帝塚山）に、明治四四（一九一一）年設立の東成土地建物株式会社により高級住宅地が開かれている[45]。北方の郊外では、阪急電鉄創始者の小林一三が沿線の宅地化と観光開発を進めた。編集部「上方七福神巡り」（二号）には、「阪急電車沿線七福神巡り」も記されている。これには阪急電鉄の沿線への乗客輸送に対する並々ならぬ経営意欲がうかがえるが、宅地開発についても、早く明治の末から大正にかけて積極的に取り組まれていた。大阪市内に職を持つサラリーマン層を対象に「田園都市」を銘打った宣伝文句で、北摂の池田・箕面《みのお》・豊中に相次いで住宅を分譲した[46]。そのような郊外住宅においては、自ら「中産階級」を自負する人たちがモダンな都市生活を享受していた。そのような郊外住宅地の周辺には、近郊農村が広がっていた。本章

〈9　池田チンチン坂から見た都会〉には、北摂池田の能勢街道《のせかいどう》沿いの農村の民俗をとりあげ、在郷町池田町、中心都市大阪市との民俗的連関を論究する。

言論人である竹亭主人は、「牧落の住心地」（七一号）に、昭和一一（一九三六）年当時、箕面の百楽荘桜通（箕面市百楽荘）の自宅での暮らしと周辺の趣ある景観を記す。そこには、都会の喧噪を離れ、ゆったりとした郊外生活が営まれていた。聊かの帰去来情緒を堪能していた。彼ら新しい都市生活者の生活様式は、周辺農村の人たちとは異なっていた。阪急沿線池田市の郊外住宅である室町住宅における暮らしについては、本章〈8　阪急池田室町住宅の都市民俗〉に詳しく論究するが、当時彼ら一家の趣味には、大阪市内道頓堀芝居町への観劇、地元住民会館での謡曲会などの開催の他、沿線の山野・社寺へのハイキング・カメラ撮影など多彩なものが挙げられる(47)。鯛天源三郎「箕面の紅葉」（五八号）に、役小角《えんのおづぬ》開創の瀧安寺（箕面市箕面公園内）の寺有林に明治三一（一八九八）年にすでに大阪府は公園を開設し、近く史蹟名勝天然記念物保護法の本指定となる昭和一〇（一九三五）年当時に至るまでを記している。この地を毎年訪れて終日、居る処とも記している。

『上方』四二号は上方の山々の記事を多く載せている。松井久之助「大阪から見える山」（四二号）に、勤務先である北浜のビルの屋上から見える山々は丘陵程度の低山で東京と比較にならないと述べている。またミウラコウサク「近い山遠い山」（四二号）に、河内平野南寄りに位置する自宅のバルコニーから眼に入る生駒葛城の連嶺、奥駈けの思い出のある大峯《おおみね》（奈良県天川村《てんかわ》）について記している。西岡一雄「上方の山」（四二号）に、上方の山は霊力に乏しく情的であるとして、この地は早くから開け、六甲縦走路には週末にハイカーたちが長蛇の陣形を張っていたと記している。昭和初期には、阪神間の山野においてハイキング・ワンダーフォーゲルが盛んに行われていた。このような郊外住宅には、モダンな都市文化が息づいていたのである。阪神間に住む新しい都市生活者の生活文化にハイキングが定着していたのである。

（8）祭りの再生

『上方』同人は、この時代、南木芳太郎を中心に大阪において当時行われていた社寺の神事祭礼・法要にまめに足を運び、多くの記録を残している。前代より継承されてきた祭りは前述の旧平野郷に限らない。歴史的都市でもある大阪においては、四天王寺（天王寺区四天王寺）をはじめ、住吉大社（住吉区住吉）などにおいて前代より伝承されている伝統的な祭りは、いくらもある。

梅原忠治郎「住吉大社の夏の神事」（五五号）に、昭和一〇（一九三五）年当時の神事として、陰暦六月一三日夜の御輿洗の神事、七月三一日夜の夏越《なごし》の祓、八月一日の南祭（堺渡御）のようすが記されている。以下、伝統的な祭りのうち、正月行事を二、三例挙げる。上田長太郎「四天王寺工匠金剛家の釿《ちょうな》始め」（六二号）に、聖徳太子の後裔と伝わる金剛家の昭和一六（一九四一）年正月十一日の儀式の模様を記す。難波八阪神社（浪速区元町）の綱曳神事は寛政年間（一七九〇年代）刊行の『摂津名所図会』にみえる。[48] 編集部「難波八阪神社の綱曳神事」（三八号）に、昭和九（一九三四）年、一月一四日のこの神事を時間の経過に沿って写真を提示しながら解説をしている。樋口車童「難波の綱曳」（六二号）に、昭和一六（一九四一）年、一月一四日の綱の由来から当時の行事の模様を記している。編集部「天王寺どやどや行事見物記」（二号）に、昭和六（一九三一）年、一月一四日、四天王寺六時堂前で東西両軍が牛王宝印《ごおうほういん》護符を得ようと揉み合うさまを記す。このような野趣に富んだ予祝儀礼が社寺においては

⒅ 四天王寺　六時堂

⒆ 住吉大社　太鼓橋（反橋）

伝承されていた。高原慶三「夏祭と氷室《ひむろ》」（七号）に、難波神社（中央区博労町）の氷室神事の奉納品が氷から白むしに、さらに明治一八（一八八二）年頃、綿に変化していたのが昭和六（一九三一）年当時、実物の氷を献供されるようになっていたと記されている。この事例については「正しく遺してゐる」と評されている。神社の「古式」が再興されているのである。

　このように神事・祭礼の伝統が継承されたり、「古式」が再興されたりするいっぽう、祭りが新たに生じてくることもこの時代のことである。船本茂兵衛「茨住吉神社夏祭特殊慣行神事」（六七号）に、九条村時代、同神社（西区本田《ほんでん》）の域外は一面田圃であったが、最近の発展により付近が歓楽地帯化しているとある。その神社の夏祭については、昭和一一（一九三六）年の実地調査に基づき神事・祭礼・渡御の組織を分析している。高原護郎「御輿と太鼓の引違行事」（六七号）には、昭和一一（一九三六）年の同神社の祭礼を「新興の産土神の形式的に完備した渡御」と述べている。祭礼の改廃は、地域の盛衰とそれにともなう崇敬者集団の動向如何にかかっている。古来より由緒正しく厳修されていたと思われる神事・祭礼が実は昭和初期に始まった事例もかなり多く見られる。以下、目に止まった事例を挙げる。

　藤里好古「天神祭の諸相」（七号）には、昭和六（一九三一）年当時の神事・祭礼からその経済効果までを述べ、昭和五（一九三〇）年の鉾流し神事の復興をも記している。編集部「天満宮秋思祭と歌替祭」（五八号）には、文久元（一八六一）年に発議された歌替祭行事が昭和一〇（一九三五）年九月再興とある。南木萍水「今宮神社奉鯛行列について」（八六号）には、この年昭和一三（一九三八）年より今宮戎神社（浪速区恵美須西）において「古式復興」の行列が行われることとなったとある。

住吉大社（住吉区住吉）の神事のようないかにも「古式ゆかしき」と思われる神事においても改変が行われていた。一柳安次郎「住吉神社おん田神事（上）」（六号）には、昭和六（一九三一）年当時の情趣豊かな神事を詳細に記し、「住吉神社おん田神事（下）」（七号）には、昭和六（一九三一）年当時の新町廓内のお練り、大正一一（一九二二）年復興の住吉踊りなどを記している。梅原忠治郎「住吉神社年中行事」（一一二号）、編集部「官幣大社住吉神社年中行事」（一一二号）には、昭和一六（一九四一）年当時の行事二〇項目を挙げその由来・現況を記す。それは、踏歌祭・白馬節会《あおうまのせちえ》・若宮八幡宮例祭・御結鎮祭・埴使・祈年祭・松苗神事・卯之葉神事・楠珺社《なんくんしゃ》大祭・御文庫晒書・御田植神事・例祭大祓式・御輿洗神事・夏越之祓神事・南祭（堺渡御）・宝之市神事・煤払御式・大祓式・除夜祭である。このうち、御結鎮祭は昭和一三（一九三八）年に復興とあり、松苗神事は「昨春（昭和一五年）初めて今里新地（生野区新今里）の美妓が奉仕して云々」とあり、宝之市神事は昭和一二（一九三七）年中止して相撲競技が行われたとある。梅原忠治郎「住吉大社の夏の神事」（五五号）には、昭和一〇（一九三五）年当時の神事として、陰暦六月一三日夜の御輿洗の神事、七月三一日夜の夏越の祓、八月一日の南祭（堺への渡御）のようすが記されている。潮の加減で明治以降も陰暦で執行されていた御輿洗の神事までもが改変された。梅原忠治郎「住吉御輿洗は陽暦日となる」（六七号）は、昭和一六（一九三六）年から長狭浦浚渫工事が終わり、太陽暦の日付を採用するようになったと記しているのである。明治の改暦以降、推進されてきた神事祭礼の日付の太陽暦採用は、環境の作り替えによって、改廃されたのである。もちろん、これらの事例以外にも「復興」「再興」と称して新たに加わった祭りも多くあったと考えられる。

昭和初期は、都市を中心に民俗の再生が盛んに行われた時代である。神事に携わる人たちにも近代化は進行している。上田長太郎「住吉の神巫子さん」（一一二号）に、昭和一六（一九四一）年当時、住吉神社の神巫子の月給制度、養成、衣裳、化粧のしかたなど専属の神巫子の実態を知ることができる。神事・祭礼の近代化は、「復興」「再興」と称して再生を図る。その際、当時の風俗を「さも古風なもの」として取り込み再生を遂げるのである。

生業と神事祭礼の結びつきは、古来より深いものがある。九十九豊勝「鞴《ふいご》と鞴祭」（六〇号）には、昭和一〇（一九三五）年、生玉神社（天王寺区生玉町）境内の鞴神社の「金栄講」をとりあげ、天明三（一七八三）年以来の一一月八日に蜜柑を供える神事を記している。北堀江（西区）の粟おこしの老舗に「あみだ池大黒」がある。創業は文化二（一八〇五）年である。この店舗の土蔵の蔵には今日も一五〇〇体もの大黒天像が安置されている。次に示す「大黒祭り」は、神祭りと商業とが結びついた事例である。同店舗発行の「あみだ池大黒の歴史」に戦前（昭和五、六年頃と聞く）、商いの閑散な二月の節分に「大黒祭り」と称して新製品「福おこし」のキャンペーンを展開したことが記されている。その日には抽選で純金・純銀の大黒様を贈呈し、浪花恒例の行事となり、昭和一四（一九三九）年まで続けられたとある。この「大黒祭り」などは、神祭りであるが、現代民俗としてとりあげられる「神なき祭り」は、昭和初期の大阪にすでに見られた。上田長太郎「大阪夏祭の新粧」（三二号）末尾に、高島屋の「百貨祭」、松阪屋の「ゆかたまつり」、大阪日日新聞の「象まつり」、キャバレー赤玉の「王冠祭」といった昭和八（一九三三）年当時の宣伝的行事にもふれている。

昭和三〇年代、大阪市内の公園などで踊られていた曲に「かんてき割った擂り鉢割ったエーノ叱られた……」といういかにも悠長でおどけた調子の歌があった。「堀江の盆踊り歌」である。この盆踊りは、この時代、創作されたものである。大阪市中において盆踊りが盛んに行われていたことは、明治の項の〈(2)　浪花情趣の名残〉に記した。この時代も変わらないことは、前述の佐古慶三「上町の盆踊」（二〇号）のとおりである。編集部「新町堀江の盆踊歌」（九号）に、昭和六（一九三一）年当時、花街の繁栄策として、作詞作曲された盆踊歌の歌詞を載せている。上田長太郎「大阪花街の盆踊」（二〇号）に、昭和七（一九三二）年、それまでの「田園趣味の横溢する盆踊り」をあらため、昭和五（一九三〇）年に「上方の昔の歌を多分に取り入れたものを新作」し、芸妓を踊り子にして始めたとあり、始めたきっかけは花街における不景気の重圧とカフェーの活躍に対抗するためであったとも記す。この年から年中行事の一つとなった堀江遊郭の阿弥陀池和光寺（西区北堀江）での盆踊りがとりあげられている。太田米次郎「阿弥陀池盆踊の今昔」（二〇号）に、界隈の男女が二組に分かれ衣装に鳴り物に趣向を凝らしたもとの踊りは百年前に行われていたが、二、三年で廃滅し、その後、女装・男装する「大衆的の低級なもの」となり、明治一二、三（一八七九、八〇）年頃に禁止された。それが昭和三（一九二八）年「再復」し、その翌年より堀江遊郭の芸妓が出演するようになったと記す。堀江界隈については、本章〈6　堀江の子供の民俗空間〉に論究する。上田長太郎「続大阪花街の盆踊」（二一号）には、昭和七（一九三二）年、今里新地（生野区新今里）・湊新地（港区夕凪）・住吉新地（住吉区住吉公園周辺）といった新地に流行した盆踊りをとりあげている。昭和初期にご当地ソングが流行るのには、蓄音機の普及とＮＨＫラジオによる実況放送が寄与しているこの時代は、「地方の民謡」が流行唄化し、転用・変化が盛んに行われた時代なのである。(49)

昭和初期の大阪では、今日の「町おこしイベント」のようなものが実施された。大阪商工会議所が中心に行った「大阪商工祭」がそれである。上田長太郎「大阪商工祭概観」（三五号）には、昭和八（一九三三）年一一月二日から三日間、大阪の商工に尽くした物故者の顕彰と発展のため計画された「大阪商工祭」の概観を記している。この「大阪商工祭」においては物故者の顕彰といった祭典が執行されていた。しかし、この祭りのメイン行事は、町人風俗行列であった。編集部「浪華町人風俗行列次第」（三五号）に、江戸時代の大名行列・浪速上人風俗行列の次第を記している。南木萍水「大阪商工祭浪速町人風俗行列に就て」（三七号）に、当日は皇族薨去により趣向は全部取りやめ静粛に大阪城まで行進したとある。「大阪商工祭」は、当初年中行事として企画されたが、翌年が未曾有の風水害のため取り止められ、昭和一〇（一九三五）年一一月一日、二日に第二回が実施された。記念誌によれば、祭典執行の後、豊公行列など行列・田楽舞のほか、講演会が開かれ、提灯行列・花火打ち上げなど期間中、商店街の大売り出し、花電車・装飾自動車の市中運行もあって、「市民祭」として盛典であったと記されている。[50]しかし、それ以降の記録はない。戦時体制が着々と進行しているさなかのことである。

（9）縁起物ブーム

この時代は郷土玩具の蒐集と創成が盛んに行われた。とりわけ、川崎巨泉は、「人魚洞」「人魚洞爺」「人魚子」とも号し、郷土玩具の蒐集に熱心であった。川崎巨泉は、明治三三（一九〇〇）年に『大阪名所―美術真景』を出版している画家である。どの記事にも挿絵が施されている。画家の趣味的嗜好がこれらの郷土玩具の蒐集と記録に当たらせた。郷土玩具に関しては、川崎巨泉の他にも藤里好古、木戸忠太郎、村松百兎庵、梅谷紫翠の記事がある。

川崎巨泉「大阪の郷土玩具」（創刊号）には、昭和六（一九三一）年当時の十日戎・初天神・初卯参り・初寅・庚申の日に神社から頒布などされる縁起物について述べている。それには、宝鈴・宝棒・土鈴・小宝・梯子・鳶口・木槌・銭笥、烏帽子かづらつけ髭・小判・箕入福・繭玉・熊手・天神旗・魔除牛・土牛・土馬・木製の鷽・住吉踊りの人気傘・土製の猫・張子の虎・土の三猿・赤紙包の猿・七色菓子を挙げている。十日戎の際、頒布される今宮戎（浪速区恵美須西）の小宝は、すでに『近世風俗志』にもみえ、生笹に模造の小判・米升・米俵・熨斗鮑《のしあわび》・銭叺《ぜにかます》・木槌・大福帳・鎰《かぎ》・はぜ袋・赤紙・黄紙などを括りつけたものである。[51]『摂津名所図会』にも笹を担げて往く姿が描かれており、[52]これらの縁起物のうちでも近世以来のものである。しかし、これらの郷土玩具が古来その社寺において頒布していたものであるとは限らない。これらの縁起物が、いつごろから、どのような心意によって頒布されたものであろうか。それほど古く遡ることのできるものはそんなに多くはない。

藤里好古「天満天神の縁起物と郷玩」（一一五号）に、昭和一五（一九四〇）年当時、年首・初天神・夏祭・秋祭

に頒布される一四点の縁起物と郷土玩具を挙げ、土鈴・張子・造花・守・土焼の牛・弓・矢・獅子頭・祭提灯などが「創製」「復活」「模作」されていることを記している。この記事から創作年は、文化文政年間、菅公千年祭のあった明治三五（一九〇二）年、菅公千二十五年祭のあった昭和三（一九二八）年、皇紀二千六百年の昭和一五（一九四〇）年などであることが読み取られる。掲載年である昭和一五（一九四〇）年一一月一一日に各地で紀元二六〇〇年祝賀行事が催された[53]。この記事を読む限り、昭和一〇（一九三五）年前後に創作され授与され始められたものも少なくない。

川崎巨泉「天王寺に因む玩具と縁起物」（三号）に、玩具と縁起物一二項目挙げ、ほとんどは当時、頒布されていない物であるが、土焼の猫のように、縁起書が付され、それに左甚五郎の彫り物をうつしたものといった縁起や霊験を述べているものもある。川崎人魚洞「大阪市内の神社に関する土俗信仰と縁起物其他」（五五号）に、昭和一〇（一九三五）年、市内の神社より授与される宝船の絵・御守・福財布・箸・小絵馬御守・小判・土鈴についての紹介をしている。縁起物は、財布・箸といった日常品にまで及ぶ。縁起物を受けようと殺到する心意には、呪物を渇仰する心意が根強く認められる。神仏の霊験に肖《あやか》る心意は、近世の願懸重宝記にもすでに見られた。土鈴蒐集家・東田清三郎「上方に於ける神社仏閣授与の土鈴」（一一四号）に、昭和三、四（一九二八、二九）年頃から大阪を中心とする近畿地方で流行した土鈴を二二九点あげ、神社名・所在地・土鈴の名称を記している。土鈴の名称からは、霊験・形状などを知ることができ、霊験としては虫切・虫除・疲瘉・火除・魔除・開運厄除・縁結・奨学・安産・子安・長寿・商業繁栄・鎮宅・勝利・武運長久・忠孝といった項目を読み取ることができる。同じく東田による「上方に於ける神社仏閣授与の土鈴（二）」（一一五号）からも、鈴の霊験・形状などを名称から読むことができる。霊験については、虫封じ・方除け・歯痛鎮め・火除・厄除け・安産子育て・乳貰い・智恵授け・身代わり・福徳・勝利などである。これらの記事にある虫切・虫除・虫封じの「虫」からは、前近代的な世界観の一端がかいま見える。土鈴への祈願内容には、世相を反映することもある。勝利・武運長久・忠孝といった項目からは、昭和初期のことだけに国家が軍事に傾いていた時代の社会風潮が感じられる。これからは民俗の時代性がうかがえる。しかし、概ね、これら除災招福を祈願する心意は、今日の神仏を祈る気持ちとそんなに変わらないともいえる。

今日、どこの社寺にでもありそうな、このような縁起物を頒布し始めた年月を特定できないものだろうか。川崎人魚洞「住吉の土俗信仰」（一二二号）に、昭和一六（一九四一）年当時の縁起物など一一点をあげている。それは、船の絵馬・住吉踊・ごろごろせんべい・御神馬・種かし人形・おもと人形・小絵馬・小石・招き猫・綿の花・住吉人形で、その他に当時すでになくなったもの六点をあげている。それは、つなぎ貝・竹馬・勝間の凧・土焼の地蔵尊・紅白の供餅・木彫の御守である。花街の女性の祈願に供えられた紅白の供餅は、統制で中止されていると記している。このように縁起物には、流行り廃りがあり、当時頒布されていた縁起物が社寺創建時代に遡ることはあろうはずがない。前述の十日戎の小宝と称す福笹であっても、近世大阪の地誌である延宝三（一六七五）年開板『蘆分船』延宝八（一六八〇）年開板『難波鑑』のいずれにもいまだみえない縁起物であった。[54] 昭和初期には、縁起物ブームといった流行があったのである。

これらの縁起物は、また必ずしも頒布する神社仏閣の縁起・霊験と直接つながるオリジナルなものばかりでもない。川崎人魚童「大阪の目無し達磨」（六七号）に、昭和一一（一九三六）年当時、関東から移住した人の商う目無し達磨をとりあげている。そのように関東からもたらされた縁起物があったことは、前述の「大阪の郷土玩具」の繭玉・熊手もそうである。そのいっぽうで大阪の縁起物が地方に出回ることもあった。木戸忠太郎「上方の縁起達磨」（一一四号）に、昭和一五（一九四〇）年当時の大阪が上方の起上り達磨の本場になっていたことを記している。縁起物は、いくらも他の地方から伝播されるものである。そのことは、近世における鷽《うそ》代え神事が太宰府天満宮（福岡県太宰府市宰府）から全国に広まったことにも認められる。[55] 縁起物は、特定の場所の縁起を語るモノとは限らない。むしろ特定の時代を読みとる視点が肝要である。

縁起物は社寺の過去に遡って縁起を語るモノであっても、新たに霊験譚を創出する契機となる呪物でもある。昭和初期は、郷土玩具および縁起物が復興されもしたが、創作された時代でもある。川崎巨泉「上方郷土玩具」（一一四号）に、京大阪あたりでは、『人倫訓蒙図彙《じんりんきんもうずい》』に人形師がみられるように元禄期から盛んに人形が製作されており、近年（昭和一五年近く）は蒐集家のために復興されたり、新しく作り続けられていると記す。

縁起物の創作には、おのおのにモチーフがあった。梅谷紫翠「長寿の土鈴」（七三号）に、昭和一二（一九三七）年当時流行した神宝を模したと伝える神戸生田神社（神戸市中央区下山手通）の長寿鈴、鳥居と宝珠をあしらった京都嵯峨野野宮（京都市右京区嵯峨野々宮町）の長寿土鈴の由来を述べている。縁起物がどのように創作され、祈願の対象となったかの経緯を知る手がかりは、人魚洞「浪華宝船会と阿倍野神社の鈴守」（二号）に求められる。この記事には、昭和六（一九三一）年に阿倍野神社（阿倍野区北畠）の列格五十年祝賀記念祭に記念品として節分の日に宝珠型の土製の宝鈴を考案したとし、これを神棚に供え振り鳴らして一家安全・商売繁盛などを祈るむね記している。この記述など考案者が願掛けの指南までしている。土製の宝鈴は、このように社寺にとって、あるいは国家にとって記念すべき時に肖り《あやか》の心意に基づき考案され、新たに信仰の対象となったものなのである。縁起物を信仰の対象とする民俗は、あるモチーフのもとに創成されるものである。重要なのは、神社の宝物なり、神社ゆかりのモノなりを模する心意である。霊験譚が神仏の縁起物を拵え、縁起物は霊験譚を語るのである。前掲の「上方に於ける神社仏閣授与の土鈴（二）」に「参拝記念鈴」という名称も挙げられている。参拝記念の土鈴は、社寺で授与された霊験あらたかな呪物なのである。このように、さも由緒ありげな縁起物の成立過程を追究する姿勢は、考現学と共通するもので、社寺の由来を現存するモノで語ろうとするまやかしの「歴史主義」とは異なるものである。

このように近代における大阪の都市民俗の展開を『上方』を軸に論究してみると、今日、「現代民俗学」がとりあげている民俗の再生・創成・フォークロリスムスといった都市民俗学の重要な研究課題がすでに昭和初期において、論究されないまでも好事家の好奇心をそそっていたことに気づかせられる。当時の民間の好事家による、さまざまな民俗事象の蒐集にとどまっている限りにおいては『上方』の限界を示すものであるが、今日の民俗研究者にとって『上方』が貴重な資料を提供し、今後の研究課題を提示するものである。

〈初出は、「大阪における都市民俗の展開」『近畿民俗』（近畿民俗学会）一六八・一六九号　二〇〇三年九月。これの一部分を大幅に改稿。〉

6　堀江の子供の民俗空間
―町家での暮らし―

（1）　近代都市の民俗空間

本節では、近代大阪の商家に育った子供の民俗空間を彼の記憶に基づく都市民俗誌として考察の対象とする。テキストにするのは、『上方の研究』第一巻（清文堂出版　一九七二年）所収の宮本又次「生いたちの記」である。以下に論究する地名・施設名の位置関係を図⒇【「堀江の子供の民俗空間」関連地図】に示す。原図は「近代都市の構築」（大阪都市協会　一九八八年）であり、大正一〇年代の大阪市の都市空間を復元したものとある。

宮本又次は経済学者であって、大阪町人学の系譜をひく上方文化の研究者である。「生い立ちの記」の冒頭は次のとおりである。「私は明治四〇年三月五日午前八時大阪市南区大宝寺町西の丁一〇番地（＊：中央区西心斎橋）にて生まれた。（中略）北堀江御池通《みいけどおり》二丁目六番地（現在二五番地。＊：西区北堀江）にて育てらる。（中略）家は宇和島橋筋（＊：宇和島橋：関連地図Ａ）の商店街にあり、市の側を出たところ、前に牛肉屋があって、弘得社といった。家業は丸三足袋という足袋製造販売業」とある(1)。

彼は、幼少の砌、現在の大阪市西区北堀江の足袋販売製造業を営む商家で育てられ、以下の記述によれば、阿弥陀池・和光寺（浄土宗）境内にある堀江幼稚園（西区北堀江）、大阪市立堀江尋常小学校（大阪市立堀江小学校：西区北堀江）に進みその後、大阪府立市岡中学校（現在の大阪府立市岡高等学校：港区市岡元町）に進学する。

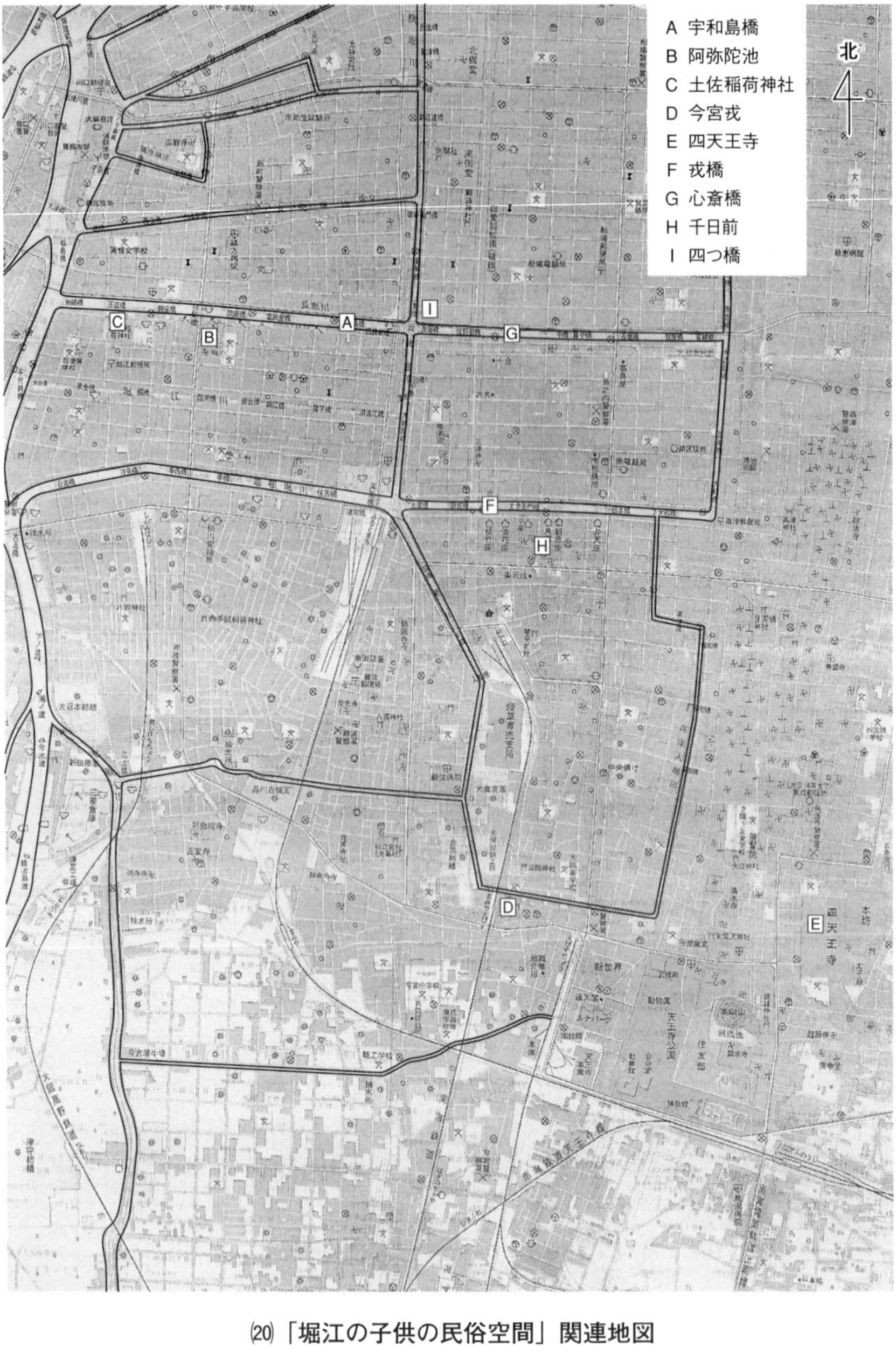

⑳「堀江の子供の民俗空間」関連地図

個人のライフヒストリーの幼少期を民俗資料としてとりあげてみたのは、幼少期は後の時期と比べ行動範囲が狭く、その空間の場所性を色濃く反映し、記述内容に執筆者の意思による取捨選択が行われているものの、心意の脈絡をたどることが可能だと考えたからである。

（2）「生い立ちの記」に見る地名・施設名

テキストに見られる地名・施設名などを拾い出してみると、山、海の地名はない。しかし、川、池、植物といったものの名称が見られる。その他に橋、寺、神社・祠、学校、幼稚園、塾・教習所、運動施設、石造物、墓地、葬儀場、警察、消防施設、公園、公民館、楼閣、鉄道駅、停留場、通り・界隈、路地、門、店屋、劇場、遊郭、市場、物置場、家・屋敷といった都市施設がみられる。ただし、歴史的地名、当時の宮本又次（以下、少年時代を区別して「宮本少年」と記すこともある。）の直接の見聞と関わりなくみられる地名、複合名詞中に含まれる地名などもあるが、これらは考察の対象から除いた。

それらを、自宅・幼稚園・学校のある堀江界隈、以下、大阪市中、大阪郊外、大阪府外とに分類してみた。その結果、堀江界隈は、一一三項目・二四二カ所、大阪市中は、五二項目・六五カ所、大阪府下は四項目・四カ所、大阪府外は七項目・七カ所であった。宮本又次の、幼稚園、小学校時代であってみれば、当然の結果として、町内である堀江界隈に記述は集中する。堀江界隈は、項目数にして六四％、箇所数にして七六％を占める。宮本少年の暮らしの中心が町内にあったからである。

町内・堀江界隈で記載項目数は、店屋が圧倒的に多く、次に路地、橋、川、植物と続き、田畑は全くない。およそ、宮本少年の過ごした界隈の環境を知ることができる。堀江界隈は、近世に堀川を開削して開かれた「水都」の一角で、当時大正時代は商業地域となっていたのである。

大阪市中で記載項目の多いのは、店屋、神社である。大阪郊外、大阪府外の場合は、社寺に限定される。いったい、それらについていかなる記述が行われているのか。

（3）　堀江界隈

(1)　市街地に潜む異界

宮本少年にとっての「世界の中心」はどこであったのだろうか。晩年記した、この「生い立ちの記」に次のようにある。「市井の緑の少ない、商家の子供達にとって、この阿弥陀池の印象は強くいまものこっている」とある。[2] この阿弥陀池（関連地図B）こそ、この宮本少年にとって「世界の中心」であったのだろう。この阿弥陀池とは、善光寺の末寺の蓮池山和光寺のことを呼称していた寺である。[3] この寺の池には、信州善光寺（長野県長野市元善町）に安置する本尊出現の伝説がある。

ここは、海・山を知らない市井の子供にとって、わずかに「自然」の生きている空間であった。「（阿弥陀池の）池畔には大いちょうがそそりたち、亀がすんでいた」とある。[4] この空間は、子供たちにとっての遊び場所である。「忍者ごっこを阿弥陀池境内でした。権太《ごんた》の仁田の順ちゃんなどは、ガチャガチャと印を結んだ手をあわせてあばれていた。相撲をとることもはやった」とある。[5] また「（阿弥陀池の）東南の隅に墓所があり、そこにホンのわずかの空地があったが、私たち子供達はそこで三角ベースをして遊んでいた」とある。[6] 忍者ごっこ、相撲が、当時・大正時代半ばの子供たちの遊びであったのは、肯けようが、三角ベースをもしているのである。全国中等学校優勝野球大会が開始されるのが、大正四（一九一五）年であって、[7] 宮本少年が小学校三年生の時である。彼が大阪府立市岡中学校（港区市岡元町）に入学するのは、大正八（一九一九）年である。「第三章　市岡中学校のころ」には、そのころ、市岡中学は野球部の黄金時代であったとある。[8] ともかく、商家の子供の世界にも、野球は深く浸透していたのである。

阿弥陀池は、法要の行われる空間でもある。三月の涅槃会《ねはんえ》に五月の花祭りへと続く。五月の花祭りのことを次のように記している。「五月の八日には、本堂の前に立つ仏像に、甘茶がそそがれ、その甘茶をもらいにいったものだ。その前後、見世物やのぞきからくりが出、飴や綿菓子がうられていた」とある。[9] 堀江の子供たちにとっての常日頃の遊びの空間が、その期間だけは、見世物やのぞきからくりの立つハレの空間に仕立てられる。

この空間の夜は、想像力旺盛な商家の子供のちょっと怖い場所となる。「和光寺阿弥陀池の裏門筋は割合に物寂しいところで、夜など森閑として恐ろしい程だった。それに裏門の狸窓をじっと見ると怪獣の目玉に見えたものだった」とある。[10] この時に宮本少年が心に描いた怪獣が何であるのかは知らない。「阿弥陀池にも豆狸がいると聞かされた。タヌキにばかされた話、『タノキの金玉八帖敷』とはやしたて、『雨がしょぼしょぼふる晩にマメダが徳利もて酒買いに』とうたって、歩いた」とある。[11] 阿弥陀池は昼間の遊び場所である。そこが夜には、怪獣の目玉を想像し、雨がしょぼしょぼふる晩には、愛嬌ある妖怪・豆狸《まめだ》の出没を半信半疑ながら期待もしていた。愛嬌ある妖怪の伝承が商家の子どもたちの世界に生きていた。昼間の遊び場が夜ともなれば、たやすく怖い場所となる。商家の子供たちにとって、異類の出る空間は、わずかに老樹がそそり立つ水辺で充分なのである。町内にあって唯一、人気のない暗闇は、子どもたちの想像力を掻き立てた。恐れるよりもむしろ、妖怪の出没を期待しているのである。当時の商家の子どもたちの想像力は、充分に芝居や見世物によって鍛えられている。

(2) 川遊び

堀江の空間的意味を確認しておく。「堀江の地は四囲環水、木津川・西横堀・西長堀・道頓堀の四川がこれをめぐり、堀江川がこの間を東西に貫流していた」とある[12]。堀江の地は、「水都大阪」にあって、「堀江」の名のごとく四囲環水の地であった。橋を渡ってしまえば別世界で、宮本少年のテリトリーはこのうちにある。とりわけ、桜の名所でもあった土佐稲荷（土佐稲荷神社：西区北堀江：関連地図C）の周辺は、当時、いまだ蔵屋敷の面影を残す水辺の地であった。このあたりには、当時、松前問屋、薩摩問屋、土佐問屋の老舗が店を並べていた[13]。土佐稲荷に通じる粟おこし屋の小林家大黒の創業の由来に、蔵屋敷のこぼれた米を集めて拵えたとかいうのを、聞いたことがある。もちろん近世の話である[14]。「土佐稲荷も私たちの少ない遊び場の一つであった。長堀川の両岸に土佐蔵があったが、南岸の方に土佐稲荷があり、その東側に山内藩主の御殿があり、その付近には留守居役などの役宅もならび、私達の子供のころは三菱関係の社宅になり、弓道場などもあった」とある[15]。この地の堀川は、近世大阪における舟運による物資集散の動脈であった。往時と比べ舟運の廃れた当時、子供たちの川遊びの場所となっていた。

「西長堀川の材木市場での、川あそび、メダカすくい。当時はまだ水の流れが清く、堀江川には藍物屋が、二、三あった」とある[16]。また「（堀江川の岸辺には）海から上がって来たウナギの稚魚もときにおり、メダカはすばしこかった。ドジョウもいて、あっぷあっぷし、藻の間に沈んだ。石垣にはタニシもいた。ヌカエビ、テナガエビもいたし、クロベンケイガニも泳いでいた。ヌカエビは石垣ぞいにいた」ともある[17]。商家の子供には、近世に開削された堀川がかっこうの自然空間であった。近代都市・大阪には、自然がまだ生きていた。そこには、鳶仲士《とびなかし》といった職人が妙技を演じていた。好奇心

(21) 西長堀川の材木市場跡

の強い子供たちは、筏回しに見入ることも、川辺での楽しみであった。「長堀川では一本乗りの鳶仲士が一材の丸太のぐらぐらするのに上る。足のかげんでグルグルまわして見せた。中流に材木を浮かべて、剣鳶という長い鳶口をもって足下の材木を見事に回転さして見せていた」とある。[18] 商家の子供にも自然と親しむ機会があった。とりわけ堀江の子供たちには、水辺がよい遊び場であった。商家の子供の暮らしは、ここに示した遊びの世界だけで、説明しつくせるものではない。

(3) 塾通い

塾通いは、今に始まったものではない。商家に生まれた宮本少年は、毎日のように放課後、習い事に勤しんだ。「市井の『小あきんどのこせがれ』」であった宮本少年にとっては、[19] 学校の勉強以外に、読み書き珠算は必須であった。「(小学校)三年生の頃から競算会という算盤屋へ放課後通わされた。[20] 隔日に問題日と競算日があり、競算日には一番勝、二番勝、三番勝があって、判取帳に勝利の判をもらった。たし算が一番、二番が暗算、三番がかけ算で、私はいつもかけ算で勝った。問題日は新しい算法をならう日だが、おもしろくないので、いつも露地の中で、ゴミ箱にゴザをおいてバイばかりまわしていた」とある。[21] これに加えて漢文素読に、二軒通っている。それも、一軒は、町内からは、ずっと東にある船場の懐徳堂(中央区今橋)にまで出掛けている。「若林という私塾に通って、[22]「近古史談」「国史略」の素読を習った。また本町橋畔の懐徳堂でも、素読を習った」とある。[23] 懐徳堂は、享保一一(一七二六)年にできた半官立の塾で、大阪城中の武士から庶民に至るまで学んだ伝統ある塾である。[24] 宮本少年の時代と現在とは漢文の教養において、比べるべくもない。当時は、小学生でも漢字の力で見知らぬ過去の世界を想像することができていたのである。彼ら商家の子供は、文字からの情報によってもまた、豊かな心象世界を築き上げていた。

この他に、習い事としては、謡曲があった。当時、中之島にあった豊国神社社務所（当時、北区中之島）や博労町《ばくろうまち》（中央区）の天狗楼や本町の博物場（中央区本町橋）の能楽堂での能舞台で会がある時は、子方としてひっぱり出されたとある。[25]これからすれば、現代っ子の生活サイクルと変わらない多忙な時間割をこなしていたことになる。異なるところは、学習の内容である。当時の教養の世界の豊かさに気付く。ここに挙げた習い事は大阪の商家の商人の嗜みでもあり、それによって素養を高め、情操を培っていたのである。

(4) 大人の世界

宮本少年を取り巻く環境は、子供の都合に合わせたものでないことは、言うまでもない。かっこうの遊び場所であった阿弥陀池の東門を出れば、夜なお殷賑を極める大人の享楽の世界が控えていた。「明治以後はこれを昔の『市の側』ととりちがえて、市の側と俗称したが、花の三月には雛人形を、端午の五月には武者人形をきらびやかに飾る人形屋があったり、袋物屋・小間物屋がならんだり、二鶴のすし屋、玉水の堀江店があって、芸妓と相逢傘で、通り抜ける風情もあり、更科のそばや秋田の煮豆屋などあって、銘店街でもあった」とある。[26]宮本少年の町内は商店街である。彼自身が足袋屋に育ったことは、冒頭記した。「駒屋の鯛ずし、万歳軒の西洋料理、弘得社の牛肉、魚市の魚料理、二鶴のにぎりずし、とり安・とり鹿のかしわ、生野の鰻、スッポンのはり半、丹波屋の鰻などがあった」とある。[27]当時の商店街の活況を知ることができる。そして、夏の大掃除の夕食に弘得社の洋食をとったとある。[28]あのころは家で洋食をつくることはなく、いつも西洋料理店からとっていたのである。

しかし、少年にとっての興味関心は、なんといっても一文菓子屋に向けられていた。得意先向けの菓子司の菓子をあてがえられようと子供心をそそるのは、一文菓子であったらしい。「小学校の付近の文房具屋も一文かしをうり、ベッタやバイなどのおもちゃも買えた。『あてもん』があって、くじをひかしてくれた。[29]ここで買ったベッタやバイで珠算塾の時間が始まるのを待っていたのだろう。

堀江界隈には、寄席などがあった。現在のように、テレビのなかった時代の大人の娯楽は、芝居を見、浪曲、講談を聞くことであった。子供も連れて行かれもしたのだろう。「堀江座へはよくいったし、中村信濃の芝居で、混雑したのをおぼえている。『難波戦記』を見て、家康をにくにくしく思い、真田幸村をたのもしく思った」とある。(30) 子供心に、太閤贔屓が教育されていたのだろう。町の子供の想像力は、囲炉裏傍で育まれるのではない。大人の享受する大衆演劇の世界にお付き合いしてマセてもいった。「(涼み床几では)おばけの話や人魂の話をきかされる。賑江亭では『ゆうれん』の怪談を上演していた」とある。(31) 大人の口から出るオバケや幽霊の話のネタは、寄席芸人の語る話芸であったりする。都市では、金さえ払えばいくらでも新しい趣向のオカルトめいた話が聞ける。子供たちの耳も一段肥えていて、リアルなものをねだったりもしたことだろう。その都市生活者の本物らしさを求める心意は、芝居や寄席の芸を進化させ、子供たちの阿弥陀池でのチャンバラや忍者ごっこをも進化させたにちがいない。

次のような空間の記述もある。「路地には下水道や家の塀で、行き当たりになる行き詰まり路地と通り筋から次の通り筋へぬけられる抜け路地があり、色町にはこうした通り抜け路地が多く、堀江はとくにこれで有名ではなし家や遊芸の『おししょうはん』、通い番頭、隠居、おめかけはん、仲居さんなどがすみ、芸妓の屋形になっていた」とある。(32) 堀江には、さまざまな人々が住んでいた。また「堀江遊郭に近く、日夜、音曲・三絃の音を聞いて成長した」ともある。(33) 宮本少年の育った町内は、まさにさまざまな境遇の人々が身を寄せる都会なのである。堀江は子供たちのあずかり知らぬ悪所をも抱え込む襞の深い空間なのである。それだけに少年の心象世界にも、芸事や色事の機微が微妙に影を落としていたにちがいない。長じて上方商人研究を大成する宮本少年の少年期には、このような豊かな享楽的世界が控えていたのである。

（4）大阪市中の世界

⑴　エベッサンの嚆口

「生い立ちの記」の四節には、旧い生活のリズムが記されている。そこには、宮本少年が体験した年中行事が多く記録されている。暮れの餅つきから、一二月一二日の真田山《さなだやま》の三光神社（天王寺区玉造本町）での泥棒よけの祈願まで、順を追って記されている。その内、堀江界隈の周辺の大阪市中の記事に着目したい。前に記したように、大阪市中の記事で目につくのは、社寺と盛り場の記事である。

殊に多くの字数を費やしているのは、今宮戎（浪速区恵美須西・関連地図D）と四天王寺（天王寺区四天王寺）である。そこで、この二カ所に焦点を絞って周辺の市中の世界との関わりを考えてみたい。まず今宮戎の項目をおよそ全文を紹介する。十日戎は、商家の子供にとっては、初春の楽しみの一つでもあった。「十日戎は午後三時頃に店をしめて、早仕舞になる。父につれられて、『えべっさん』におまいりした。父と母とが一緒になって外出することはあの頃はめったになかった。世間体がうるさいといった。先に母を出して、あとから父がいき、どこかでまち合わしていったりもした。町内の眼をなぜかはばかっていた。いまから思うと妙なことだが、照れやの風が日本人にあるのではないか。それでいて、父は芸者なんかつれて堂々と歩いていたらしい。出入りの手伝さんが『旦那エライエエ機嫌でしたで』と母に報告したりしたが、『そら世間のおつき合いやさかい』と母は平気に答えている。ともか

⑵ 今宮戎

く夫婦が共に出ることは小さな商家ではないことらしかった。しかし十日戎の日は特別で、一緒に出た。近所が皆店仕舞なので、世間の眼が光らぬからだろう、私もつれられていき、今宮におまいりし、帰りは歩いて難波に出て、どこかの料亭にはいったこともある。丸万や柴藤だった。東呉にいったこともある。『エベッサン』では竹の梯子や鳶口をかってもらった。(34)お多福（おたやん）の飴や金太さんの飴、ねじあめもかった。宝恵かごの出るのを追っかけて見たりもした」とある。午後三時過ぎに店は早仕舞になるとある。町内の神社の祭礼でもないのに、エベッサンは、商売の神様ということで、商家にとっては特別の日なのである。今宮参拝後、難波に出て料亭に入ったとある。社寺詣でと盛り場での外食が一連となっている。商家に育った少年にとって、この日は盛り場で御馳走にありつける日でもある。同伴者は父母である。夫婦連れが当時、大阪の商家では、異例であることが述べられている。大阪の商家では、家族で参拝して、家運を祈ることにしていたのだろう。エベッサンは、商売の神様で、商売をするイエにとっては祭礼の日であることにちがいない。

この間、買い物をする。竹の梯子や鳶口は、縁起物だろうが、なぜか「生いたちの記」には、近世の名所図会にもある笹が出ていない。(35)宮本又次の、別の論考である「大阪の民間信仰」には、笹をかたげて歩いている参拝者の記事がある。その論考には、神社からは例の名物小宝（吉兆）を売り出し、人々はこれを小笹につけて帰るとある。(36)縁起物の鳶口については、近来に売られるようになったものとしている。縁起物は伝播するものである。その鳶口は左義長《さぎちょう》の腕白者の注縄《しめなわ》貰いに利用されたともある。(37)宮本少年もまた、左義長の時、鳶口を手に、梯子を肩に「おしめなわくりだんせくりくりだんせ、一把か二把、三把か四把か、渋い嬶《かかあ》放り出せ」とうたって、軒に近付いて鳶口でひきおろしたと記している。(38)左義長は、周辺の農村にある小正月の火祭りのことであった。筆者の子供の頃では、肩車をしたりして玄関の注連縄の橙《だいだい》を子供たちは獲っていた。それは、単なるいたずらに見えるが、子供によるある種の盗みの習俗の名残なのである。そのような盗みの習俗が大阪市中にあり、宮本少年たちの場合、エベッサンの鳶口がそれに役立ったのである。

十日戎のお多福（おたやん）の飴や金太さんの飴、ねじあめについて、これは、めでたい時にこの長い飴を舐りて家内長久福徳円満を願う習わしがあったとしている[39]。関東の千歳飴なども同じ趣向の習俗で、舐り続けることに意味があるのであろう。おとなしく舐り続けることが神への祈りに通じるといった類の俗信は、商売人の発明にして、彼らが仕掛けた習俗なのだろう。宝恵かごは、南地五花街（宗右衛門町、九郎右衛門町、櫓町、阪町、難波新地：中央区島之内周辺）から出て参詣するものと記している。子供心にも商都の初春の華やいだ雰囲気に浸ったことだろう。

(23) 四天王寺　西門

(2)　天王寺さんの見世物

年越しには、七福神参りがあり、これの方は母に連れられて市中周辺を巡拝したことが記されているが、市中周辺の社寺参拝の記事の圧巻は春秋の彼岸の天王寺さん（四天王寺：天王寺区四天王寺：関連地図E）参りである。「春秋の彼岸にはいつも、天王寺さんへおまいりした。『暑さ寒さも彼岸まで』お彼岸もまた私の幼い日の思い出の中にある。（中略）私の家では彼岸の中日には牡丹餅を隣近所にくばった。そして天王寺まいり、四天王寺ではうなっている竹独楽、響いてくる引導鐘の音、八丁鐘が参詣人を浄土に引いていく。放し亀もうっていた。白酒屋に、覗きめがね、地獄極楽の見世物それに『蛸たこ眼鏡』を見せてもらった。『タコタアコ』と変な身振りのおどり、これを六角形の硝子の目鏡で見せてもらった。そのあとで恵比須の鯛釣り、軍人の戦争ごとをして見せた。張りぼての

(24) 四天王寺　亀の池

馬、銀紙張りの竹刀をかざし、腹と背中に同じ張りぼての馬の首と尻をつけて駆けまわった。同じ扮装の一人が追いかけて、戦争の真似事をした。これを六角形の硝子目鏡、万華鏡で見る。二六、十二で、一二人の姿が走りまわるように見えた。そして天王寺の石のとりいではガランガランと手車にて、手を浄めた。天王寺の亀井の水の縁にすがって、長い柄のついた竹筒に戒名をかいた経木をはさんで、亀の口から噴き出す水に沈めさせている。経木は流れて、それが水の真下にまわった」とある。[40] 前掲の論考には、大阪人は春秋の彼岸に家内総出で天王寺に詣でることが記されている。[41] こちらの家内総出は、先祖供養のためである。彼岸に参るのは、中世に行われていた西方浄土に往生することを願って日想観《じっそうかん》を修す、西門《さいもん》に沈む夕日を拝む西門信仰の名残である。

　境内では、竹独楽を売り、放し亀、白酒屋などの店が連ねられているようすが記されている。長谷川幸延『大阪歳時記』に放し亀について詳しく記している。[42] それによれば、「亀売りのおばはん」の客寄せの文句を「さあさあ、亀を放してやっとくなはれ。放生の功徳によって、亡者はんが極楽へ浮かばれまっせ。現世安穏・後生成仏……」と記している。日当たりの中でうっとりとうたうような調子でいうともある。放し亀は、放生会《ほうじょうえ》であって、生き物を金で買って池に放し、生類《しょうるい》を助け、その功徳《くどく》にあずかろうとするものである。おもしろがって亀を買っては池に放り込むことが商家の子供に慈悲の心を教えるというのは、皮肉なことである。

　見世物として、覗きめがね、地獄極楽の見世物、「蛸たこ眼鏡」が述べられている。「大阪の民間信仰」の彼岸の項では、見世物として覗き、曲馬、手踊りなどを挙げている。「蛸たこ眼鏡」は、名物の「たこたこ」(または「ほろほろ」)として述べている。参詣人の耳目をよろこばしているともある。また浅田柳一『なにわ歳時記』にも天王寺の彼岸の項があり、見世物の記事がある。それによれば、「サーカスの曲馬団や玉乗りの曲芸は上の部で、ロクロク首や奇形児の変体動物に至っては好奇心どころか陰惨な気がした。そうかと思うと、のぞき、猿芝居、山雀の芸当さては天王寺名物の〝たこたこ踊り〟などはいかにも無邪気な見世物であった」と記している。[43] およそ当時の天王寺境内で行われていた見世物は、近世の道頓堀にあった見世物の延長線上にあるものばかりである。それには、珍しい物を見せては金をとるナンセンスな世界が繰り広げられていた。見世物の解説に仏道の因果応報《いんがおうほう》、読み本の勧善懲悪《かんぜんちょうあく》といった教訓がいくら語られようとも、そこに展開するのは、怖い物見たさの好奇の心理をアテにするものばかりである。もともとは、地獄極楽の異界を解く絵解きが発祥であろうが、「ロクロク首や奇形児の変体動物」に注ぐ参拝客の視線は、化け物屋敷に仕立て上げられた「異類」を見るまなざしである。これは、当時の障害者への差別意識の表れで改められなければならないのであるが、これらの見世物が商家の子供のオカルト的世界への興味をくすぐるものだったにちがいない。

㉕ 四天王寺　経木流し

　引導鐘の音、八丁鐘が参詣人を浄土に引いていくとも、石の鳥居ではガランガランと手車にて、手を浄めたともある。[44] 願掛け作法として、亀井の水の縁にすがって、長い柄のついた竹筒に戒名をかいた経木《きょうぎ》を水に沈めさせたことを記している。[45]「大阪の民間信仰」でもこれをとりあげているが、[46] 亀井堂で行われているこの習俗を「経木流し」と呼ぶところからすれば、亡き父母子女の霊を井戸に流しやることにより他界へ鎮送する供養の意味がある習俗である。施餓鬼供養として行う流れ灌頂なのである。商家の子供に亡者の行く世界を想像させた。

　この日の時程について、詳らかでないが、「大阪の民間信仰」では「戻り道には境内や、付近の一心寺（＊：天王寺区逢阪）、安居の天神山（＊：天王寺区逢阪）、清水の舞台（＊：天王寺区伶人町）、さらに足を伸ばしては御勝山（＊：生野区勝山北・同南）や舎利寺（＊：生野区舎利寺）あたりまで進出し、用意の重箱を開き、瓢箪酒を酌み交わして、一日の行楽をするのが慣行であった」と記し[47]、さらに、この当時の昭和初期には、天王寺界隈の市街地化の進行により、野外散策地として不適当となり、この慣行は減少したともある。[48] 宮本少年が見た見世物、露店の店の並ぶ天王寺参りは、春秋の行楽でもあったのだろう。大阪人にとっての春秋の彼岸の天王寺詣りは、野遊びなのである。だいたい、時代による変遷もあろうが、上町台地の尾根筋から東斜面、御勝山《おかちやま》にかけてのあたりが大阪における宗教施設の多く集中する地域である。上町台地を軸にその周縁部一帯が大阪人にとっての神聖なる空間「ヤマ」なのである。この他の市中の社寺詣でとして、年越しの七福神参りを記している。この時は出雲屋（中央区道頓堀）でまむし（うなぎ丼）を食わしてもらうのが、楽しみだったと記している。[49] 道頓堀で御馳走にありついているのである。十日戎と同じ趣向である。次に市中の盛り場での体験について考えてみよう。

三層楼の日本建の料亭・丸万の立つのは戎橋南詰（中央区道頓堀）である。戎橋（関連地図F）という橋の名前の由来は大阪商家衆の今宮戎参拝の道筋に架かる橋だからである。この堀川の界隈に芝居小屋や見世物小屋が立ち、殷賑を極めていたありさまは、浜松歌国『摂陽奇観』巻之三などの近世の文献に詳しい。船場・島之内と連なる近世以来の整然たる街並みを途切れさせるのが、道頓堀川である。道頓堀川に架かるいくつかの橋は、マチと新地・ムラをつなぐ施設でもある。道頓堀川に面した芝居小屋の並ぶ通りの裏は、近世にあっては「難波新地」（中央区道頓堀）「西高津新地」（中央区高津）であり、さらに南に行けば「難波村」（浪速区難波中）「今宮村」（浪速区敷津東）、そこから西に行けば「木津村」（浪速区敷津西）と続くのである。[50] ちなみに歌人であり民俗学者であった折口《おりくち》信夫《しのぶ》の生家は木津村である。折口の特異な感性を育んだのは、都心周辺（urban fringe）のマチなのである。大阪という町において、大黒橋が木津大黒（敷津松之宮：浪速区敷津西）に通じるように、戎橋は商家と今宮戎を結ぶ渡り廊下であった。まさに橋のある場所は町の端（はずれ）であった。そこは都心周縁でもあり、町の外縁でもある。戎橋の橋詰で精進落としをし、日常の空間に戻る。この時代は、繁華街化が進展し、店舗によって埋め尽くされる以前の空間構造を辛うじて読み取ることのできる時代だった。

(3) 戎橋南詰料亭・丸万

堀江の子供にとって、ミナミの繁華街は、東横堀川を渡ったすぐそこである。しかし、そうそう頻繁に出掛ける所ではなかった。「(夏の大掃除の時) こんまき屋など物売りがとおる[51]、煮売り屋も来て、心斎橋筋（心斎橋：関連地図G）のさの半のカマボコを買いにやらされた」とある[52]。買いにやらされた夏の大掃除が特別な日であることにちがいない。宮本少年の家では和菓子であっても、新町、島の内のをよしとして、買い分けをしていた[53]。わざわざ買い求めに行かされるからには、心斎橋筋のさの半のカマボコは、逸品だったのだろう。

(26) 道頓堀界隈

心斎橋筋（中央区心斎橋筋）は、大阪人にとって、今日、韓国・中国など、東アジア諸国からの観光客が増えたと耳にするが、当時は、ヨソユキ（外行き）の空間である。心斎橋から戎橋まで島之内を南北に続く商店街には、銘店が軒を連ねる。心斎橋筋に店を出すのは、大阪の商売人にとって卯立《うだつ》を上げるのに等しく名誉なことだった。大正七（一九一八）年に米騒動がおこった時、ガラスを破られたのが、心斎橋筋の陳列であったとある[54]。経済恐慌になった時、群衆が標的にするのは、時の富の象徴である。心斎橋筋から戎橋筋、道頓堀から千日前、難波にかけての界隈は、大阪きっての繁華街である。宮本少年は、戎橋南詰の料亭・

丸万（中央区道頓堀）に連れて行ってもらった時の印象を次のように書き記している。「戎橋南詰のまだ洋風建築にならぬ前の三層楼の日本建の丸万へは父母に連れられてよく行ったものだ。溝石を限りに下駄がいっぱい並んでいた。白鉢巻で印判天《しるしばんてん》の威勢のよい下足番が『ようおいでやす、何人さんご案内』と大きな声でどなった。厚さ五分、長さ五寸ぐらいの木札に筆太に番号を記した下足札を渡してくれ、仲居はそれぞれの座敷に案内してくれた」(55)とある。商家の子供にして、なお物珍しかったのだろう。下足番の白鉢巻に印判天の装束、「ようおいでやす、何人さんご案内」の威勢のよい声、三層楼の日本建の建物も当時は人目をひいたのであろう。今も戎橋から道頓堀、千日前界隈には、派手な看板、奇をてらった建物の店舗が競い合っている。近世『摂津名所図会』の蚵殻《かきがら》で屋根を葺いた麺類屋いづみ屋は、新町西口南（西区新町）にあったが、これも建物で客寄せをしていた(56)。こういった食べ物屋の世界でも、味に付加価値が加わって、人の耳目が集まり、人口に膾炙して、客足繁くなりゆき商売繁昌するものである。

繁華街の活動写真が、堀江の子供の遊びの世界を豊かなものにしたのは、言うまでもない。「そのころ大流行の立川文庫や武士道文庫を小学生がもう読んでいたし、目玉の尾上松之助の活動写真を千日前（関連地図H）の常盤座や四つ橋（関連地図I）の四つ橋クラブで見ては、忍者ごっこを校庭や阿弥陀池の境内でやり、権太の仁田の順ちゃんなどは、ガチャガチャと印を結んだ手をあわせて暴れていた」(57)とある。町の子供とて、しじゅう、このような繁華街を徘徊していたのでは毛頭ない。大人に連れて行ってもらえる日は決まっていた。「初詣でもしたが、大体心斎橋筋や道頓堀を歩いて、芝居か活動写真を見せてもらうぐらいのことだった」(58)とある。また「(十日戎の日は）近所が皆店仕舞なので、世間の眼が光らぬからでだろう、私も連れられていき、今宮にお参りし、帰りは歩いて難波に出て、どこかの料亭にはいった。丸万や柴藤ぐらいだった。東呉にいったこともある」(59)とある。また「年越し、これにも七福神まいりなどに母に伴われていった。次から次へと歩かされ、弱ったが、出雲屋で『まむし』

(27) 茶臼山

ぐらいくわしてもらうのが楽しみだった」ともある。[60] ここに連ねて挙げた三例は、いずれも社寺詣での帰りである。初詣、十日戎、年越しの七福神まいりの後に、心斎橋筋、戎橋筋、道頓堀、難波に立ち寄り、芝居や活動写真を見、丸万や柴藤、出雲屋で御馳走にありついているのである。社寺詣でと繁華街をぶらつくのがワンセットになっているのである。前節の天王寺の亀の池のくだりに長谷川幸延『大阪歳時記』を引用したが、そのくだりのついでに次のような祖母と著者との会話が記されている。「はじめに石の鳥居をくぐる時に、祖母は、まず『今年は、亀さんは一匹だっせ』『……』『二匹以上になったら、帰りの雲水（精進料理屋）はやめでっせ』」[61] とある帰りの雲水込みの天王寺詣でなのである。ここに言う「雲水」とは、現在、天王寺公園（天王寺区茶臼山町）になっているあたりにかつてあった天王寺参りの帰りに立ち寄る精進料理屋である。社寺詣を当て込んだ料理屋があった。繁華街で食事をするといったことも、社寺詣とマチ歩きとのワンセットで、商家の者の祭礼にかこつけた御馳走も、もともとは社寺を巡拝するといった「修行」の後の都会人風の精進落としなのである。

（5）郊外の世界

宮本少年にとって大阪の郊外は、意外に印象の乏しい空間であったようである。大阪市中からして郊外にあたる大阪府下について、彼自身の行った所として記述されているのは、次の二カ所だけである。「店の改築をする場合、あるいはいつでも、堺の方違神社にまいって、御祈禱してもらって来た」とある。[62] また「遠足は十三の河原（＊：

淀川区新北野から十三《じゅうそう》東あたりか?)、住吉さんや四条畷《しじょうなわて》、観心寺など南朝の史蹟が多かった。『霜まつ秋のうす紅葉』などという第四師団凱旋の歌などをうたいつつ歩いた」とある(63)。前者の堺の方違《ほうちがい》神社(堺市堺区北三国ヶ丘町)への方災除け祈願は、堺という場所柄むしろ大阪市中の延長として考えても差し支えない。上町台地東麓の真田山の三光さん(天王寺区玉造本町)に泥棒よけ祈願に参ったのと同様の行為である。後者には、北河内の四条畷、南河内の観心寺(河内長野市寺元)に遠足で行っている。

このほか「生い立ちの記」の第一章の「私の出生と祖先」に大阪の郊外の記述を拾ったところ、次の二カ所ある。「高槻の菩提寺の乾性寺(＊：高槻市天神町)は高槻天神社に隣りし、山寺であって、私は幼時しばしば松茸狩りに父にともなわれていったことがある」とある(64)。宮本家の菩提寺がある高槻も、大阪市中からは郊外である。この墓については、「祖父が死に先立って、その所在をつげ、父たち三人が探しにいって、見つけたとあるので、先祖代々の墓といっても、祭祀の断絶があり、再興された墓所である」とある(65)。墓所のある高槻と商家の子供とは、墓参、松茸狩りといった行事で辛うじてつながっていたのである。

次の記事は、兵庫県の芦屋に関するものである。芦屋は、かつては同じ摂津国で阪神間の中間に位置し、大阪の郊外でもある。「(織田)友七は、(上海から)帰国し、芦屋に立派な邸宅をもって、(結核の)養生生活をしていた。私はその頃の織田家を何かハイカラなものと羨ましく思ったことがある。第一次大戦のころだったと思う。実母が死ぬ前に芦屋に出養生にいっていたのは、この織田家の関係からであろう。白砂青松の浜芦屋(＊：兵庫県芦屋市浜芦屋町)のありさまが、いまだに私のまぶたの中にある。実母が死んだのは私の小学校四年生のときであるが、私は急によばれて大宝町(＊：中央区西心斎橋)の家にいった」とある(66)。大阪の商家・宮本家の親戚に芦屋に邸宅を構える人がいたことが知られる。

この時代、大阪商人の別荘として、療養地として選ばれたのは、風光明媚な郊外・芦屋であった。大阪商家でも財を成した人は、大阪を離れ阪神間に別荘を設け、転地療養をすることがあった。阪神間の海岸には、「浜芦屋」といった自然景観の優れた空間があった。大正時代当時、阪神間の海は、まだ汚されていなかった。西宮から芦屋にかけての海浜地域には、邸宅・別荘が建ち並んでいた。兵庫県西宮市の香櫨園《こうろえん》・甲子園など「園」のつく地名がそれを物語る。南の方では、堺の大浜から浜寺にかけても白砂青松の転地療養の地であった。

（6）大阪府外の世界

大阪郊外よりもさらに外にある大阪府外の地域ともなれば、さらに記述に乏しい。「（遠足では）大和の社寺へ連れて行かれたこともある」とある。[66] 大阪の商家の小学生の遠足の遠出は、大和の社寺まで及んでいた。当時すでに鉄道が敷設されていたので日帰りができた。「五、六年生のとき一泊で、伊勢神宮（＊神宮司庁：三重県伊勢市宇治館町）におまいりした。関西鉄道で湊町（＊：浪速区湊町）から乗った」とある。[67] 伊勢神宮参拝の場合、一泊を要した。この記述が遠足の記事に続き、この記事のすぐ後に「中央公会堂（＊：中央区中之島）が落成し、小学校からつれられていった」と続くからには、学校の行事と考えられる。テキストに修学旅行という名称は、用いられていないものの、それに類する学校行事であった。この伊勢神宮参拝を目的とする学校行事は、当時、教育の一環として行われた宗教行事でもあったのだろうが、「お伊勢さんをお参りする」のは、大阪人にとって小学校卒業を以て「一人前」とする人生儀礼でもある。

(28) 中央公会堂

家族が連れ添って行う人生儀礼に十三参り《じゅうさんまい》がある。「当時は大阪では七五三詣ということはあんまりやらなかったが、『十三まいり』は盛んで、四月一三日京都嵐山法輪寺（＊：京都市右京区嵐山）の虚空蔵菩薩堂へ参詣し、智恵をさづかりに行った。男の子は洋風だが、女の子は着飾って行った。私はいとこの村田久子と一緒に連れて行かれた。この菩薩は十三仏中の最後の仏で、維摩経に『実相の恵蔵虚空の如し』とあり、福徳智恵を授けたまう仏とされていた。十三歳は生まれて、干支が一周するときなので、大阪では子供はここに参詣する習慣であった」とある。(68) 人生の節目である一三歳に大阪人がお参りするのが、この京都の寺で、「知恵の文殊様」として有名な寺である。十三歳を一人前とするならば、大阪人は、片や学校から連れられて伊勢神宮に参拝し、その一方で家族に連れられて京都の法輪寺に参拝しているのであるから、神仏両方に報告に参っていることになる。四月一三日にお参りするのは、春の行楽を兼ねることにもなる。ところでテキストのうち、京都に関する唯一の記事がこれなのである。大阪人がしばしば摂河泉の寺社に参るものの、「一人前」となる通過儀礼において京都にも参る。大阪人が古都・京都の寺社を仰ぐ心意の一例でしかない。

東京の記事は、一カ所見られる。「幼稚園のときはじめて、母に連れられ、東京へ行ったが、靖国神社の九段坂（＊：東京都千代田区九段北）で大村益次郎の銅像を見たことと、泉岳寺（＊：東京都港区高輪）へ参り、義士の木像の並んでいるのを見たことを、今もはっきり印象づけられている」とある。(69) 近代になって首都となった東京にも足を運んでいるのである。

宮本少年にとって、大阪府外の世界で足を踏み入れたのは、テキストに見る限りここに挙げた宗教施設に限られている。それは、大正時代における庶民における旅行の大抵の目的が商用などを除いては、いまだ社寺参拝・物見遊山であったことを物語る。

（7）近代大阪の民俗空間

本項では、前項までみてきた宮本少年の思い出を通し、大正時代の大阪の商家の子供の世界を整理してみることにする。その活動の空間は、同心円として把握することができる。〈町内→市中→郊外→府外〉という四重のそれぞれの圏内において、商家の子供が、いかにその空間とかかわってきたのかは、ここまで述べてきたとおりである。

宮本少年の生活空間の中心は、四囲堀川の巡る水都の一角・堀江にあった。彼にとって堀江は、学ぶ場所であり、遊ぶ場所であった。土佐稲荷・阿弥陀池の境内で遊び、長堀川もまた、遊び場所であった。西横堀川を渡った船場・島之内は、商業の街・大阪の中心であった。ここには、多くの商家が軒を連ね、商都の中枢をなす業務地域であった。南の境界が東西に流れる道頓堀川である。道頓堀川に架かる橋が戎橋であった。料亭・丸万の立つのは戎橋南詰であった。大阪という都会において、道頓堀に架かるいくつかの橋が商家と郭外を結ぶ施設であり、日常と非日常を転換する装置であった。道頓堀川を渡り切った千日前は、近世にあっては、千日寺（中央区千日前）、刑場、墓地があった。それが明治になって土地が売却されて繁華街となった。その地は、町の外縁部であった。この堀川の界隈に芝居小屋や見世物小屋が立ち、殷賑を極めていた。その界隈が現代の大阪ミナミの繁華街へと連なる場所である。その町場を南に抜けると、今宮・天王寺・住吉へと街道・鉄道がつながる。一心寺（天王寺区逢阪）、安居の天神山（天王寺区逢阪）、新清水の舞台（天王寺区伶人町）は、四天王寺の西、上町台地の尾根近くを南から北に連なる社寺である。上町台地から御勝山にかけてのあたりを「ヤマ」といっていたことは、船場の小学生がこのあたりに遠足に出かけることを「山行き」と云っていたことより明らかである[70]。

最後に、これまでの記述に補足を加え、近代における水都大阪の民俗空間の概観を示す。上町台地は大阪のマチの背骨にあたり、市内の東部に位置する。その北端部を横断する大川の右岸には、天満・堂島が近世以来の商業地として開けていた。中之島、船場と相俟って商都の中枢をなしていた。天満には、天満宮（北区天神橋）があった。台地の西には、東横堀川が流れ、近世以来の商業地としての船場・島之内が控えていた。船場には、北御堂（中央区本町）・南御堂（中央区久太郎町）、御霊神社（中央区淡路町）・坐摩社（中央区久太郎町渡辺）・難波神社（中央区博労町）などの寺社があった。さらに西横堀川の西に西船場・堀江といった近世以来の商業地が開けていた。西船場には、多くの堀川が西に流れ、木津川に注いでいた。まさに舟運によるネットワークが縦横に巡らされていた。台地には、多くの寺社が連なる。台地を南北の軸にして、台地西斜面は、高津神社（中央区高津）、生国魂《いくくにたま》神社（天王寺区生玉町）、生玉寺町を経て四天王寺（天王寺区四天王寺）に至る。台地の東斜面が傾斜して低湿地に下るあたりには、高津、真田山、桃山、御勝山が緩やかな起伏をなしていた。台地の北の突端の大阪城周辺は軍用地で占められ、そこには師団司令部が陣取っていた。上町台地の南は四天王寺から阿倍野街道、住吉街道が続き、帝塚山、住吉にかけては微高地をなして、住吉大社（住吉区住吉）に至る。それらの旧農村地域は、宅地が造成され、帝塚山には環境の良好な住宅も建ち始めていた。こういった地域を農村が取り巻いていた。いっぽう木津川以西、大阪湾に通じる西大阪は、築港工事が進展し、内外の船舶が停泊するようになった。西大阪は、近世、大阪湾沿岸に造成された埋立新田であるが、この当時、臨海工業地帯を控えた新開地として急速に都市化が進展し、工場街に労働者・職工のための借家住宅・社宅が建ち始めていた。

(29) 砲兵工廠跡

近代大阪における民俗空間の構造はおよそこのようなものである。もちろん、これは「近代」という特殊な時代相を反映したものであるが、これが現代大阪の民俗空間を考える場合の一段下の地層のようなものであることに相違ない。

〈初出は、「大阪町家の子供の世界」『都市文化研究』（大阪都市文化研究会）一五号　一九九四年一二月。これを一部修正。〉

7　此花「奴隷島」の近代女工の都市生活
―寄宿舎での暮らし―

（1）　民俗の「近代」

民俗から見たところの「近代都市」とは、何であったのだろう。本節では、前節とほぼ同時代の近代工業勃興期の新開地の寄宿舎に暮らした女工の都市民俗誌を記述する。【「此花「奴隷島」の「近代女工の都市生活」関連地図】には、この界隈の地図を示す。

大阪都市協会発行の雑誌『大大阪』に昭和初期の新開地風景が記述されている。大阪市此花区の千鳥橋（関連地図：Ⓐ）・四貫島《しかんじま》（関連地図：Ⓑ）界隈の記事である。そこには、「此花楽園」という至って気楽な名前の娯楽施設が昭和初期にあった。停留場のすぐ近くに「新世界の通天閣を小さくしたような門」を潜ると、小動物園、子供向けの遊具、食い物屋があって映画館が二館あった。その娯楽施設は「貧しくとも一定の規則ある生活を営む此の界隈のプロレタリアにとつて、文字通り唯一の楽園である」とある。(1) 電車道に出ると繁華街がある。そこには公認市場、子供服屋、呉服店、果物屋、喫茶店、理髪店等々があった。「何れも小綺麗なインテリ好みの小店舗が綺羅星の如く居流れた恰好」ともある。これも都市の場末の「近代」の小風景である。そこから、都市生活者である職工・女工の暮らしを読むことができる。

柳田民俗学には、近代化以前の生活文化の解明に強い意欲が認められる。時あたかも近代化による伝統的な生活

(30)「此花「奴隷島」の近代女工の都市生活」関連地図

文化全体の解体に直面した時代であった。[2] 柳田をして伝統文化の解体を想起せしめた「近代」とは、何であったのだろうか。「近代」により、人々の暮らしがどのように変貌し、現代に至ったのであろうか。

今村仁司『近代の思想構造』には、「時計は毛織物業者や商取引のための時間を告げる。都市の時計は、商人資本家の経済的・政治的管理の道具になった。職人や労働者を管理するためには、時間を厳密に正確に測定することが必要になったのである」とある。[3] さらにまた、労働の組織化により「地獄のリズム」とよばれる労働方式が芽吹きはじめたともある。[4]「近代」の論理は、産業革命により物質文明を大きく進展させた。それは、人間に「定められた時間」通りに労働することを強いる論理であり、農民出身である労働者の自然的＝農業的身体に人工的なリズムを強制する論理でもあった。

（2）近代の職工・女工

「水の都」であると同時に、「煙の都」を標榜した近代都市大阪にあっては、「女工さんはまさしく大阪の花」として称揚されていたりした。[5] 一九二五年出版の一労働者による体験記録兼調査書『女工哀史』においては、「現代の工場」を次のようにアイロニーを滲ませて表現している。「白い帽子、黒い上衣、白いエプロン、裾短き袴、靴下に靴という軽快な姿はまことに明るく幸福そうに観えるのだ。で、工場の実際を知らぬ人が誤魔化されてしまうのも無理はなかろう。すべてが大いに洋化された現代の工場は、いかにも愉快そうに学校のごとく思えるだろう」とある。[6] 一見、衛生的で活動的な装い、「洋化された現代の工場」は「学校」とも通底する思想によって貫かれている。『女工哀史』は、これに続けて「近代」の闇黒をとりあげている。

此花区の正蓮寺川のただ中に女工の寄宿舎（関連地図：C）があった。それは、冒頭にとりあげた「此花楽園」

とは目睫の間にある。「女工は陸橋と河橋を二つ渡っては毎日工場へ通うのである。搾取の城を築くに、何とした要害の地であろう」とある。(7) 女工は、川に隔てられた「奴隷島」に起臥し、工場での労働に服していたというべきである。女工・職工の暮らしは、前近代的制度に近代の生産優先主義とが被さっての過酷なものであった。
職工・女工の生活は、近代の都市生活者の一側面である。そこには、「近代」の都市の民俗を追究するのに避けては通れない「労働者」の問題がある。次にその具体例を挙げる。大阪・神戸にあった燐寸《まっち》工場の職工の暮らしはとりわけ悲惨なものであった。〈資料1　燐寸職工の家族の暮らし〉に示した。(8)『職工事情』聞書からの記事である。

〈資料1　燐寸職工の家族の暮らし〉

○同所（今宮村飛田）同番地／戸主　四十九歳男／職業　団子細工、一日儲高三十銭。／（職業）今は胃病にて休業。／生国　滋賀県近江国神崎郡五ヶ所村字七里。／主婦は戸主の妻　四十二歳。／主婦は棄児を市役所より預り一ヶ月三円。／一向宗ほかに天照大神稲荷を信仰す。／子供二人、長女十五歳。長男十二歳。／長女は燐寸会社に雇われ一日十二、三銭（一ヶ月二十日）。／長男も燐寸会社に雇われ一日七銭（同一ヶ月二十日）。／子供は燐寸会社の設置せる夜学校に通学す（無月謝）。長女は在学三年、長男は一年半なり。／授業時間は午後七時より九時まで、筆、墨、紙等の費用は一ヶ月一人三、四銭にて足る。／家賃一円二十銭。／一日米一升五合、一升十六銭二厘／醤油、油、菜等の費用は一日二、三銭。／薪は博覧会*の鉋屑をもらいて焚く。／夜具は内にあり。／近隣の交際は向五軒両横二軒、生死の時は五銭を贈る。　＊博覧会：一九〇三年開催の第五回内国勧業博覧会

場末の煤煙にまみれた工場街の借家では、都市近隣の農村出身者一家が糊口を凌いでいた。まだ二十歳にも満た

ない燐寸工場職工の僅かな賃金は、極貧の父母の生計を支えていた。家族四人、戸主の職業は団子細工であるが、「胃病」のため、休業中であって生計を立てる手だては、主婦による託児業、十五歳の長女と十二歳の長男による燐寸会社勤めによる収入である。長女・長男は、燐寸会社設置の夜学校に月謝無料で通学している。支出には、文房具代・家賃・食費代が挙げられている。この一家は、イエの宗旨の他に「天照大神稲荷」といった新興宗教のカミをも信仰している。近隣との付き合いは、生死の時に五銭を贈り合う程度である。その他の趣味・娯楽・教養に充てられた費用は、記されていない。『職工事情』聞書には、父親の晩酌が散見するだけで職工自身の「余暇」の記録は全く見られない。

女工の暮らしはどうであったのか。女工小唄の「籠の鳥より監獄よりも／寄宿ずまいはなお辛い」とある寄宿舎生活。「工場は地獄よ主任が鬼で／廻る運転火の車」とある工場労働[9]。これらの歌詞からは、紡績女工の暮らしの悲惨が見えてくる。大阪此花区の正蓮寺川、大正区の木津川河畔といった川筋のマチの紡績会社に勤める女工の生活も察しがつく。〈資料2　沖縄出身の元女工聞き書き〉に示した。

〈資料2　沖縄出身の元女工聞き書き：一九九九年八月二八日著者の調査による〉

話者：HTさん：大正一〇年（一九二一）生：沖縄県国頭郡《くにがみぐん》本部町《もとぶちょう》出身：大和紡績勤務経験：現在喫茶店経営：昭和一二年（一九三七）から紡績女工：大阪市大正区小林西在住：オジが募集をしていて応募。和歌山の紡績工場に勤めて後、来阪。本部出身者の警察官と結婚により永住。

(1)就職

①昭和一二年（一九三七）三月、募集に応えて、紡績工場に来た。

②たくさんの村の子が紡績女工になって内地に渡った。

③和歌山の紡績会社で働いた。

⑵労働

①ヨーセイ（養成）の時からいた。ヨーセイというのは予科生の意味で新米のこと。
②甲番・乙番と二交代制だった。
③朝の三時に起こされて四時か五時から午後二時まで働いた。
④糸を紡ぐ仕事をしていた。
⑤仕事の時、糸が切れたら哀れだった。たちまち花が咲いたように糸がまつわった。
⑥まじめに年数を勤めて表彰された。
⑦しんぼう強い子だと云われていた。
⑧帽子に綿ぼこりがたかってそれが原因で肺病になる人もいた。

⑶寄宿生活

①昼ごはんは二時からだった。
②夕飯は五時だった。
③部屋長もした。部屋には五～六人いた。
④部屋にはすぐ知り合いを呼んでくるのでたくさんいた。
⑤甲番は二階で寝た。乙番は一階に寝た。
⑥正月に田舎の料理が送られてくるのが楽しみだった。
⑦島尻の人の豚味噌は肉が多いのに本部からのは味噌ばかりだと言っていたりした。
⑧豚味噌は保存食だった。

⑨門の外には食べ物の店が出ていた。
⑩部屋長はオケンタイ（大っぴら）で食べ物をもらった。
⑪門の外に天ぷらを売りに来ていた。寄宿の知った人に預けてもらって食べた。
⑫年齢が一七、八歳で食べ盛りだったから夜、おなかをよくすかした。
⑬高い塀の外からサツマイモが棹の先の籠に入っていてそれを買い求めた。
⑭経済しようと思って夜は早く寝た。

(4)余暇・娯楽

①日曜日、遊びに行った帰り、近くの駄菓子屋でお菓子を買って部屋のみんなで食べた。
②四月になると北島橋の土手まで蓬を摘みに二、三人で出かけた。
③蓬と牛のスジを炊いて食べた。
④肉は値が高かったからスジだった。
⑤火鉢の五徳に買ってきた鍋を載せ、炊いて食べた。
⑥村の出身の子と「こんにちわ、こんにちわスジあるか？スジあるか？」と言って笑い転げた。
⑦サカン（検査官？）が来たら隠した。
⑧活動写真に日曜たんびに観に行っている人もいた。
⑨「愛染かつら」[*1]と「目ン無い千鳥」[*2]を観たことを覚えている。　＊1「愛染かつら」：一九三八年上映の映画。看護婦から歌手となる高石かつ枝と青年医師の恋愛を描く。　＊2「目ン無い千鳥」：一九四〇年上映の「新妻鏡」の主題歌。「新妻鏡」は薄幸な美女のたどる数奇な運命と純粋な愛を描いた映画。

現在大正区に住む七八歳になるこの婦人は、女工当時、二十歳前の独身女性であった。寄宿生活、余暇・娯楽について話したことは、食べ物の話題に集中する。沖縄出身の彼女の楽しみは郷里から正月に送ってくる豚味噌であった。春ともなれば橋の土手に出かけて摘む蓬にすじ肉を入れて煮て食べることであった。娯楽といえば何だったのだろう。観た記憶のある映画についての質問に、しばし考えたすえ、「愛染かつら」「目ン無い千鳥」（映画の題名「新妻鏡」）を挙げた。いずれも当時大ヒットした女性を主人公にした恋愛物である。彼女たちの過ごした「近代」の暮らしはこのようなものであった。

（3）会社の慰安行事

女工・職工に対する労働の過酷は、他の研究分野に委ねるとして、労働を離れての人間的営み・余暇について考察を試みたい。慰安行事は、会社主催で行われていた。演芸、観劇、慰安会、運動会等が毎年春秋二回行われたりしていた。この会社主催の催しの評判が女工たちの間では芳しくない。『女工哀史』によれば「慰安」の催し物としては、演芸物には芝居、活動、曲芸、ニワカ、浪花節等があり、従業員やその家族ならびに来客までも無制限に入場させる会社もあった。[10]工場の守護神の祭日もまた会社の主催する慰安行事であった。東洋紡績会社四貫島工場（此花区朝日：関連地図：D）には、「熊高稲荷大明神」、大阪織物会社には、「織姫稲荷大明神」が祀られていた。社・祠は、会社によって区々である。社の大きさは、工場敷地内・寄宿舎構内に設けられた、ほんの二、三坪の上に数本の樹木を植えた小さな祠から四、五〇坪もの庭園風な大境内に田舎の村社を凌駕するような堂々たる社殿まである。[11]「この祭日には仕事を休んで酒肴料を配り余興などして女工たちを慰める」ともある。[12]

大阪で「運動会」といえば、「遠足」を意味することがある。[13]ある会社の「運動会」で奈良まで行くのに、最寄り駅の西成線西九条駅（此花区西九条：関連地図：E）まで楽隊入りの行進曲を声を張り上げて歩かされたとある。行進曲の歌詞といえば「春来とつぐる鶯に／さそわれつつも来て見れば／早や盛りなる八重桜／奈良の都は今もなお（中略）今日の一と日をよく遊び／来るあしたの我が業に／つとめはげめよ国のため」といったものである。四月三日のことである。[14] 四月三日といえば神武天皇祭の日である。「殖産興業」を国是とする「日本の近代」が窺える。

道頓堀（中央区道頓堀）から千日前（中央区千日前・難波）にかけて女工服で曳き廻された「運動会」もあった。道頓堀から千日前といえば大阪きっての繁華街である。「『女工は着物なんか着る必要がない、女工らしく女工服を着て歩けば沢山なのだ。』こう言って管理人は黒い袴のままで市（まち）を歩かせた」とある。[15] これでは、「余暇」であろうはずがない。そもそも「余暇」という言葉自体が労働中心の考え方である。

（4）『女工哀史』にみえる女工気質

「余暇」は、女工自身の意思により行われるべきものである。女工たちの余暇は何に当てられていたのか。女工たち曰く、「買い食い」「観せ物」とある。[16] 西山夘三『安治川物語』の一節に次の記述がある。「伝法には前から紡績工場が出来ていた。明治二四年十月の濃尾大地震のときは、伝法は砂地であるから大きく揺れ、地面から水が吹きだした。煉瓦造りの立派な工場が崩れ落ちて沢山の女工の死者が出た。それからもう十年にもなるが、西九条の明治座前の盛り場はこの伝法から女工たちが休みの日など息抜きにどっとやってきて、賑やかになっていた」とある。[17] 「観せ物」「芝居」は、やがて大正・昭和になると「活動写真」に進化して、銀幕のヒロインがスターとなる。「買い食い」は、沖縄女工聞き書きにもあったが、もちろん「食い気」だけでもなかった。「工場付近に一種の待合あり、大阪にてはこれを盆屋と称す。これらは表面菓子類煮魚等を鬻ぎおれり。また下宿屋、貸間等にして男女の会合する処あり」とある[18]。大阪で「盆屋」というのは、「下級の待合。出会茶屋」を意味する[19]。年頃の女性たちが異性との密会・逢瀬を楽しむのは無理からぬところである。また『職工事情（下）』の聞き書きの一節に次の記述がある。「食料のほかにどんなものがいるか」●「洗濯など自分にする者もあれど、どーかすると乾かす間に盗まれる。寄宿に洗濯人がいる。一枚一銭五厘で洗うてくれる。頼む方がよい」〇「髪は自分で結ぶか」●「工場の門前に何人も髪結がある。寄宿へも二人は入りくる」〇「髪結代などどの位かかるか」●「銀杏曲は三銭、島田四銭、丸曲は五銭」とある[20]。彼女たちは、洗濯・髪結いといった身繕いまでも自分でしないで金を支払って済ませている。農村出身の女性が、買い食いをし、家事を請け負わせているのである。賃金労働に組み込まれたこういった農村女性は、よい得意客であって、消費の面でも都市生活者なのである。

女工の心理、表情動作の記事が『女工哀史』に「女工の『嫉妬心』」、「女工特有の表情動作」といった項目を立てて述べられている。「女工の『嫉妬心』」には、次のようにある。「それからまた、彼女たちは美に対する嫉妬心が甚だ多い。もし綺麗に着飾ってお化粧した同性にでも出会えば凄い眼つきでこれを眺めるのだ。で、時たま身嗜みのいい女工でもはいって来ようものならたちまち彼女に罵詈をあびせかけ、『白粉の相場がくるう程つけたる。』『ど厭らしいなあ。』などと言うのである。少し柄の好い衣裳でも持てば『芝居者のような。』と言って相手にせぬ」とある[21]。この言葉遣いからすれば、大阪近辺に取材したものにちがいない。また「女工特有の表情動作」の一節には、次のような記事もある。「女工特有の表情動作（中略）二、体は非常にいじけている。そして物事をなすに当っておっくうらしいしなを見せる。（中略）四、格段可笑しくもない事柄を、実にキャラキャラと笑いこける。そうしてまたその笑い方が一種特別にげさくなのである」とある[22]。これらの記事には、同僚・上司への当てこすり、見栄を張り合うといったところが随所にみられる。

この記述は、大正末期の一男性労働者の筆になるものである。ここから「女工気質」といった女工特有の性格のようなものだけを抽出して、鵜呑みにすることはできない。「女工気質」を論じる場合、確認せねばならない視点は、それら女工の言動が前近代性の残る日本の近代において、過度に近代性を強いられた結果であるという点である。女工気質は、社会的に形成されたものである。

（5）行政スタッフによる「労働者余暇生活」の分析

行政スタッフである大阪市社会部は、都市社会政策を実践するために一九二〇年代から一九三〇年代を中心に労働者の生活調査等を精力的に実施し、調査報告を刊行し続けてきた。これは当時の東京市の調査を質量とも上回るものである。[23]昭和二（一九二七）年『大阪市ニ於ケル労働者余暇生活ノ実際』の「（a）娯楽施設」の項目には、労働者の娯楽として活動写真、劇場、寄席、遊戯場、遊覧場、観商場（勧奨場）、浴場内娯楽場等の慰安娯楽施設に集中していることを報告している。[24]それの備考に次の三点を記している。[25]

○備考1、労働者ハ一流ドコロニテ一乃至二割他ハ六乃至七割ニ及ブ而シテ比較的廉価ナル寄席多シ

2、入場料ニ於テ僅カ十銭ノ値上ハ直チニ労働者ノ入場ヲ激減セシム

3、入場者ハ一月ニ多シ花時ノ如キハ郊外ニ出ヅルモノ多キタメカ入場者少シ、月ノ中ニ於テハ十六日最モ多ク一日十五日之ニ次グ

ここには、「労働者」の六割〜七割は、一流の寄席には、出かけずに「比較的廉価ナル寄席」に赴いて余暇を過ごしているとしている。これは、『安治川物語』にあった「西九条の明治座前の盛り場」といった場末の娯楽施設に女工たちが息抜きにやってきたという記事と符合する。道頓堀界隈といった目抜きの芝居街まではあまり出向か

ないのであろう。「備考3」に入場者数の季節変動をとりあげ、花見時分に減る理由を郊外への行楽を挙げている。昭和初期において、このような都市生活者は、郊外の花見に出かけたと分析しているのである。同報告の「(五)貸本業（大正十五年末現在）」の備考には、貸本の動向が記されている。「顧客ハ主トシテ労働者トス　殊ニ九條方面ニ於テハ女客多シ／主トシテ出ルモノ人情物、講談物、武勇伝等日曜祭日、公休日雨天等ニ需要多シ」とある。[26]「九條方面ニ於テハ女客」（九条：西区九条：関連地図：F）とあるのは、現在の此花区・大正区の紡績会社に勤める女工が客筋であるとみてよい。その借りる本の傾向が「人情物、講談物、武勇伝等」とあるのは、沖縄女工聞き書きの映画の体験と重ね合わせれば、彼女たちの嗜好を知ることができる。「籠の鳥」の女工たちは、こういった大衆読物に登場する佳人・英雄の世界に没頭し、現実生活に倦み疲れた情緒を癒していたのだろう。[27]

これらの調査を受けて大阪都市協会発行の雑誌『大大阪』に酒井利男の分析がある。酒井利男は、当時、大阪市社会部調査課長であった。[28]酒井は、会社の演芸、観劇、慰安会、運動会を「労働者の日常余暇生活としてはさして意義を認めない」と述べている。[29]酒井は、工場労働者の余暇時間がむしろ市内の娯楽施設・飲食施設に費やされていると指摘している。ことに「割り安の飲食店」を挙げている。[30]〈資料3「大阪市に於ける工場労働者余暇時間の実際」〉に示した。

〈資料3　「大阪市に於ける工場労働者余暇時間の実際」〉（『大大阪』四―一二）

○……試みに昭和元昨末調査に従ひ本市内に於ける飲食店数を挙ぐればその総数六〇八九軒にして、（中略）右飲食店六〇八九軒の内カフエー一二割九歩、うどん店二割三歩、魚肉料理店九歩、精肉すき焼店八歩、飯屋五歩、その他の順序である。単に如上の数字を以つて見るも、如何に本市民が割り安の飲食店も利用しつゝあるかその一般を推測するに難くない。殊に注目すべきはこれ等安上りの飲食店が、労働者の多数居住せる港区、浪速区、此花区等に多数所在してゐる事実である。而かも前述の娯楽施設も、又飲食施設も一日、十五日又は月末に最も多くの遊客を迎へてゐる現状は、謂ふまでもなく一般労働者の賃銀支払方法の大多数が毎月末日の前日又は十四日払にあるからで之を以つてしてもこれ等諸施設と労働者余暇生活との連鎖状態が如何に密接なる関係に立つかは想像するに難くないところである。

この記述では、「安上りの飲食店」を挙げ連ねた上で「これ等安上りの飲食店が、労働者の多数居住せる港区、浪速区、此花区等に多数所在してゐる」ことを根拠として挙げて、「労働者」が「割り安の飲食店」を利用していると論じている。この推論には、いくつかの疑問点がある。この利用者の区別のない統計資料からは、「労働者」だけを析出することはできない点が一つである。資料冒頭にあるように「昭和元昨末調査に従ひ本市内に於ける飲食店数」からの「想像」である。それに、「割り安の飲食店」にうどん屋・一膳飯屋を挙げるのはよいが、「カフエー」「魚肉料理店」「精肉すき焼店」を挙げている。はたして、それらが労働者にとって「割り安の飲食店」だったのだろうか(31)。酒井は、「カフエー」を「カフエー喫茶店等の簡俗なる飲食店」として、「喫茶店」と女給が接待して洋酒類をすすめる「カフェー」とを一緒に括っている。「カフェー」は、当時の金銭感覚から云って必ずしも「労働者」にとって割安とは言えまい。

酒井には、「職工や店員に対しても近代都市住民としての自覚を求める」との主張がある(32)。当時日本一の商工業都市・大阪市の社会部調査課長である酒井は、この論考の「結語」には「(労働者が)身体の鍛錬に精神の慰安に人格の向上に資するときに限つて、余暇生活の真意義が解せらる、のである」とある。「近代都市住民」を高らかに謳う酒井には(33)、高踏的なものの見方、理想追求の姿勢が窺える。

以上のように行政スタッフ・酒井の分析・主張には承服しかねるところがある。しかし、昭和初期において多方面からの統計資料から都市生活者の人格に踏み込んだ解釈を試みている点は注目される。この試みは、女工・職工の余暇の過ごし方を通して「気質」を追究する目的には適うものである。

（6）女工の暮らしにみえる都市民俗

都市民俗研究において「近代」とは、何であったのだろう。川に隔てられた女工寄宿舎制度を女工の逃亡防止策としてだけ解釈してはなるまい。寄宿舎制度に見られる「時間」の管理には、「積極的に新しいタイプの労働者をつくりだそうとする意図」を読み取ることもできる。[34]「近代」とは、分刻みの「労働」から「余暇」に及ぶまで全人格的に管理された時間に暮らす都市生活者の生活様式である。そのような生活のうちにも「此花楽園」に見られたごとく、貧しいなかでの気楽さ・息抜きを満喫する群集がいた。行政スタッフの析出しようとした「労働者」は、近代都市の雑踏の主体をなす不特定の集団であって、「大衆」というべきである。[35]

近代の都市民俗を追究する場合、ここにとりあげた女工・職工といった労働者の暮らしをも対象としなければならない。彼らは、都市に住みながらも贅沢な都市文化の恩恵を全うに享受などできない。彼らの暮らしを民俗学の研究対象とすることは、おのずから、大衆文化研究と重なる領域が生じる。そこにとりあげられる生活様式からは、「近代」の持つアンビヴァレンス・両面価値が感じ取られる。彼らは、過酷な工場での労働によって安い賃金を得る。そのなけなしの賃金から代金・料金を支払って身のまわりの生活の便利さ・気楽さを購おうとする。彼らは、商品経済に組み込まれた都市生活者なのである。

「都市民俗」は、柳田民俗学の死角となっていた人たちを研究対象に組み入れるものでもある。女工・職工といった労働者は、「近代」になって輩出されてきた人たちであって、近代の産業社会を下支えしてきた多数の人たちである。彼らは、騒音に満ちた工場での賃金労働に日夜追い立てられ、都市の薄暗い場所に身を休めては束の間の慰安の一時《ひととき》を過ごした。近代に関する都市民俗研究にあって、彼らの暮らしを視野に入れることを等閑にはできない。このような生活様式からもたらされる処世観は、なけなしの賃金を得ては消費に駆られる現代の都市生活者に通底する心意である。

〈初出は、「女工の暮らした「近代都市」」『近畿民俗』（近畿民俗学会）一五八・一五九号　二〇〇〇年三月。これを一部修正。〉

8　阪急池田室町住宅の都市民俗
―郊外住宅での暮らし―

（1）燦然と輝く「郊外生活」

現象学的地理学者であるイーフー・トゥアンは、『トポフィリア―人間と環境―』において、都市が宇宙の中心（コスモス）と見なされる時、郊外に住むことが境界の外に出ることであり、薄暗い地域（トワイライトゾーン）に居ることを意味したと記述する。そのいっぽう、都市が「邪悪な騒音」として記述される時には、郊外は、ロマンチックな輝きを手に入れると記述する[1]。郊外生活は、都市生活との関係において、闇が光に反転するのである。人間の理想的な生活は、郊外にあって、郊外におけるロマンチックな輝きと都市における宇宙の中心性の両方を手に入れることである。

日本の都市生活者にとって「郊外」が、ひときわ燦然と輝いて見える時代がかつてはあった。都心における煤煙と喧噪を離れて、豊かな自然に囲まれた、それでいて交通の至便な土地に文化的な暮らしが営まれていた。そんなユートピアに見える世界がかつてはあった。それは、明治末期から昭和初期にかけての大阪郊外の室町住宅（大阪府池田市室町）でもある。それは、一世代三〇年にも満たない短い時代であった。そこには、軍靴の音にかき消される直前に成熟しつつあった中産階級の暮らしがあった。

この室町の住民がいかに室町を愛し、みずから誇らしく思っていたのかは、地元自治会「室町会」による昭和三

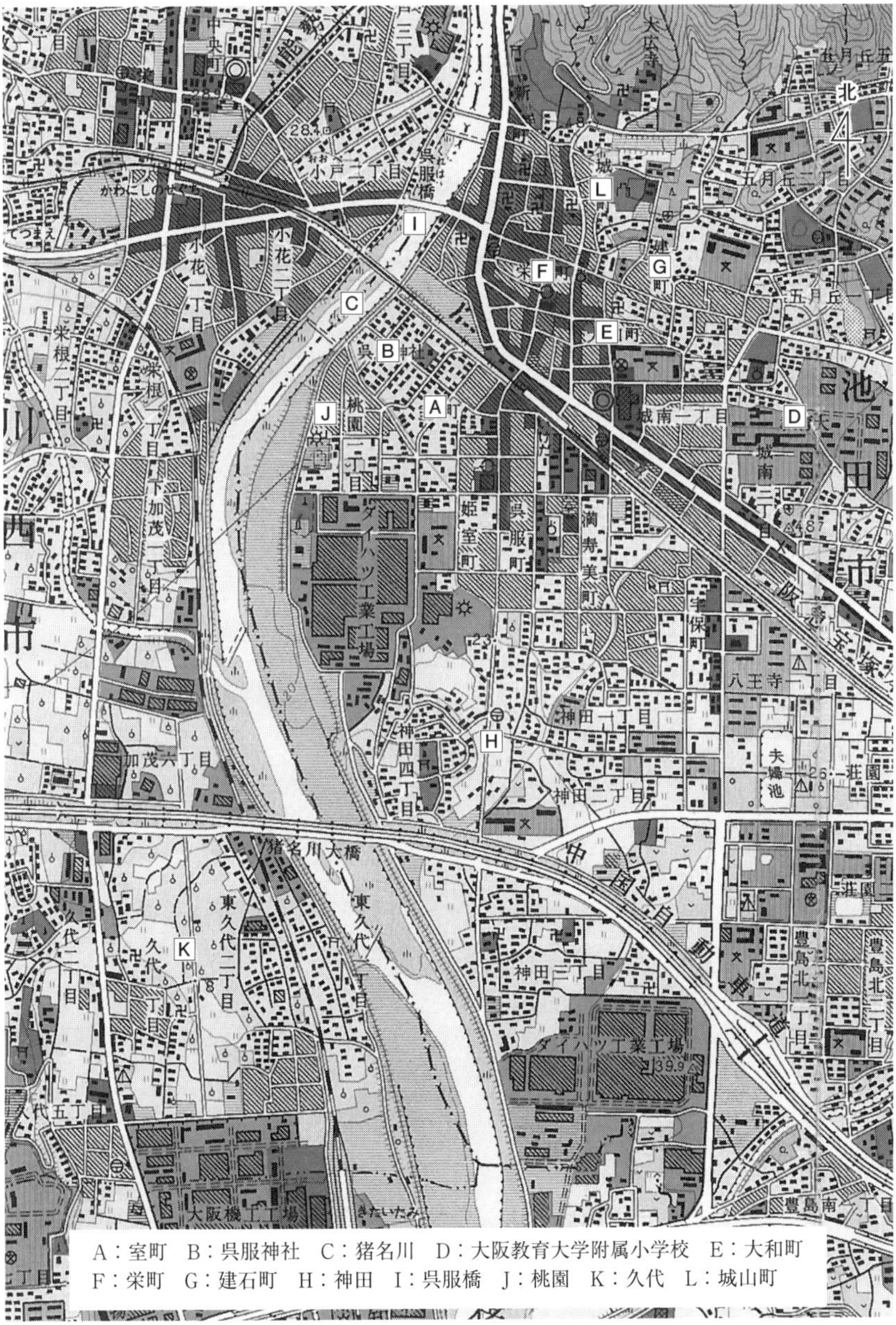

⑶1　現在の池田市室町周辺の地図

三年（一九五八）年発刊『室町のあゆみ』の随所に読みとることができる。自らを「室町人」と自称し、ホワイトカラー族、超文化人種、堅実な有識者層、中産階級であることを矜持する。また広い趣味領域を有する人たちであるとも記述する。室町に住むみずからを形容するのに「中庸」「良識」「堅実」「賢明」といった語彙を用い、室町を「平和郷」「桃源郷」とまで謳歌する。[2] そこには、真実、都市生活者が理想とする郊外生活があったのではないか。以下に、室町での長老たちの聞き書きをもとに文献資料を交えながら、近代の郊外住宅における都市民俗誌を記述する。前頁に図〈(31)現在の池田市室町周辺の地図〉を示す。

（2）室町前史

「箕面電車唱歌」の十一番に、室町が「池田の町の新市街」として謳われている。[3]「尊鉢才田右に見て　池田の町の新市街／呉服神社に五月山　麓をながる猪名川や」の歌詞がそれである。

室町（周辺地図A）は、箕面電車の新名所でもあった。梅田を発ったチンチン電車は、石橋を過ぎ、東に才田尊鉢（大阪府池田市鉢塚。以下、本節では「大阪府池田市」を省略する。）、やがて西に室町の「新市街」を見る。新市街の中央に位置する呉服神社《くれはじんじゃ》（室町：周辺地図B）を眺め、前方に五月山（綾羽《あやは》）を望み、やがて猪名川《いながわ》（周辺地図C）の鉄橋を渡る一齣を歌詞にしたものである。当時の電車唱歌の流行は、新旧織り交ぜての歌枕を謳い継ぐものであったのであれば、新市街・室町は新しい歌枕たり得た。その新市街は、田園地帯に突如現れる。新市街は中央に社を囲む。山を仰ぎ、川に臨む風光明媚の空間であったのだろう。

「室町は、明治の末、小林一三さんによって呉服神社を中心にして開発された」という。室町住宅の歴史は、阪急創始者である小林一三により始まるのである。小林一三は、この「新市街」を宣伝する段階から関わっている。

建て売り住宅を臆面もなく、宣伝すること自体、当時の時世からすれば、画期的なことであった。明治四二（一九〇九）年秋、その土地経営を宣伝するパンフレットの末尾は次の表現で結ばれている。「大阪市民諸君！往け！北摂風光絶佳の地、往て而して卿等の天与の寿と家庭の和楽を完うせん哉」である。(4) 命令口調の実に格調高い調子で、大阪市民にアッピールするものであった。明治の末という時代の息吹もさることながら、いかにも自信に満ちた郊外住宅建設の嚆矢となる宣言でもあった。これは、近代史に特筆すべきことである。

また別のパンフレットでは、大阪の衛生状態の悪いことの喚起、郊外生活への勧誘、郊外生活の素晴らしさの宣伝、家屋選択への問題提起といった順序で畳みかける。今日からみれば高飛車商法とでも感じられるものであるが、実にみごとな名文・美文で綴られている。その冒頭は、「美しき水の都は昔の夢と消えて、空暗き煙の都に住む不幸なる我が大阪市民諸君よ！」である。これではまるで「水都」の住民に最後通牒を呼びかける伝単ではないか。続いて、都会生活の心細さを挙げつらい、「田園趣味に富める楽しき郊外生活を」と続く。(5) 郊外生活であっても交通機関の便利を訴える件は、今も昔も変わらない、都市生活者の通勤の心配を意識してのものである。風光明媚を訴える件では、「自然」が売り物である。「黄ばめる稲原を渡る風」「野山の錦」「四月の花よりも紅なる紅葉」「畑に果物熟し、植木、苗木に不断の花」など、肥臭い田圃の風景はもちろん、汗水垂らして働く農民の暮らしなど臆面もなく捨象されている。住宅地の借景としての農村風景が売りに出されているのはいうまでもない。もちろん、価格が「一反平均僅かに三百五十余円に過ぎず」とあるのは、当時のサラリーマン階層にとっては、手頃な値であったのだろう。当時、大学出の初任給が、七、八十円から百円程度であった時代のことである。(6)

〈資料4　パンフレット「如何なる土地を選ぶべきか如何なる家屋に住むべきか」〉（『阪神急行電鉄二十五年史』所載）に池田新市街の宣伝文を示した。(7)

〈資料4　パンフレット「如何なる土地を選ぶべきか如何なる家屋に住むべきか」〉（『阪神急行電鉄二十五年史』所載）

○池田新市街は池田町の西南端、呉服橋畔に位し、北に蓊鬱《おううつ》たる五月山を負ひ、西に潺緩《せんかん》たる猪名川の清流を臨み広闊たる田野、遥に東南に展け、眺望絶佳、夏は不断の涼風青簾に入り、冬は寒風北方の連山に遮ぎられて、南窓暖に自ら火桶を閑却すべし。中央に有名なる呉服神社あり、機織裁縫の祖、呉媛、漢媛を祀り境内千六百有余坪、古松老杉昔ながらの面影を偲ぶべく、朝夕の逍遥、児童の遊戯場として適当の場所なれば、会社は更にこれを修理して小公園たる設備を完ふすべし。／公園の一隅に購買組合の店舗と並び倶楽部を建設して、居住者の親睦を謀り、併せて娯楽の用に供すべし、階下に玉突台を据え、階上三十六畳の大広間あり、電話の便を初め囲碁、将棋盤其他消閑の器具を備え、居住者の随意使用に供すれば、以て雨の日のつれづれ風の夜の無聊を慰むるに足るべし。

池田新市街の宣伝は、その位置・環境、その夏冬の快適さ、公園・緑地の完備、それに加えて購買組合・倶楽部《くらぶ》の建設といった具合に到れり尽くせりである。その環境たるや「池田町の西南端、呉服橋畔に位し」とあり、北に「蓊鬱たる五月山」、西に「猪名川の清流」、東南に「広闊たる田野」とある。まるで絵にも描いたような眺望絶佳の地である。公園・緑地の完備には、呉服神社（室町）が一役も二役買う。その「機織裁縫の祖」を祀る由緒ある「古松老杉昔ながらの面影」、その境内空間を「朝夕の逍遥、児童の遊戯場」に充てるというのである。購買組合・倶楽部の建設では、「居住者の親睦を謀り、併せて娯楽の用に供すべし」として、玉突き台を用意して都市生活を離れての「雨の日のつれづれ風の夜の無聊を慰むるに足るべし」と約束する。まさに田園の自然に都会の便利を兼ね備えた理想の郊外生活を謳ったのである。

はたして、いかなる住宅が出来上がったのか。『京阪神急行電鉄五十年史』の「池田室町住宅地」には次のように記されている。(7)「池田室町住宅地　明治四十三年／総坪数　三三、〇二〇坪／売出戸数　二〇〇戸　住宅価格二、五〇〇円（土地、家屋、庭園、施設一切）／当経営地には一〇〇坪を一区画として、二階建、五―六室、二〇―三〇坪の住宅が二〇〇戸建築された。この住宅は明治時代の家屋の観念から脱却し、最新の様式が取り入れられ、内部は住み良い便利な設計で、それぞれ違った日本風と純洋風の文化住宅を建築、特に衛生設備に意を用いた。販売方法としては最初に五〇円払い込めば、残金は毎月二四円払いの一〇カ年月賦であった」とある。まさに電鉄会社自画自賛の作である。ここで画期的なのは、月賦での販売を採用したことである。同書には、「土地の分譲、地所家屋の月賦販売は、関西においては実に当社をもって嚆矢とするものであり、先駆者としてこの事業は、一般業界に異常な注意を喚起したのである」ともある。明治の末に今行われている住宅の月賦販売が始められているのである。

これを機に箕面有馬電気軌道株式会社（現阪急電鉄株式会社。一九一八年、「阪神急行電鉄（株）」と社名変更。以下、社名変更以前を「箕面有馬電軌」と略称する。）は、これに続いて、豊中・桜井の順に新市街の設営を計画し、住宅販売に乗り出す。(8)それは、各地の電鉄会社の住宅経営をも促すこととなった。

（3）内務省『田園都市』との関係

小林の作成したパンフレットでは、「晨に後庭の鶏鳴に目覚め、夕に前栽の虫声を楽み、新しき手造の野菜を翫賞し、以て田園的趣味ある生活を欲望すべく、従つて庭園は広きを要すべし」とある。(9)朝夕の鳥や虫の声。手作り野菜の賞味。いずれも「田園趣味ある生活」として宣伝しているのである。こういった自然讃美の情緒は、「帰去来情緒」というべきであろう。この情緒をくすぐることは、私鉄経営と結びついてのベッドタウンとしての郊外住宅の商品性を高めることであった。この小林には、欧米流の田園都市思想を見据えながら室町を構想した節が認められる。

この間の事情について『京阪神急行電鉄五十年史』の座談会において上田篤は、室町住宅をエベネーザー・ハワードの田園都市という思想の最初の輸入かとも述べている。室町住宅にみられた地域のクラブや購買組合の新しいアイデアもハワードの田園都市にすでに全部あるとしている。[10]はたしてそうなのだろうか？

明治の末に東京・大阪はハワード『田園都市』を考える状況になかったという見方が西山夘三『住まい考現学』に示されている。その論考には、ハワードの名著『明日の田園都市』の原著を発表したのと同じ年に横山源之助が『日本の下層社会』を発表したことをとりあげ、いくらハワードの著書が明治末（一九〇九年）に内務省地方局の有志によって翻訳・上梓され、人々に注目されようとも、小林一三がその思想を取り入れるのは無理だったとする。その当時、東京や大阪などはようやく大都市への発展を歩みはじめたばかりで、ハワードのいうような「田園都市」を考える状況ではなかったとしているのである。[11]

ハワードの田園都市と小林一三による一連の郊外住宅との違いは、歴然としている。ハワードの田園都市は、田園を周縁に所有する計画都市である。それは田園と都市とがセットになった空間である。それに対して小林一三の郊外住宅は、都市郊外の田園に開かれたベッドタウンであり、周縁の田園は住宅地と無関係にある。正しくは、田圃の中に突如、私鉄資本の住宅が建ったのである。その点、ハワード『田園都市』の受け入れが行われていないという西山夘三の考え方は支持される。

むしろ、小林一三による一連の郊外住宅の宣伝文との関係が認められるのは、内務省地方局の有志による『田園都市』（以下、ハワードの『田園都市』と区別して「内務省『田園都市』」と表記する。）の方である。室町住宅と内務省『田園都市』との間の共通を認める指摘がある。[12]箕面有馬電軌の月刊広告誌『山容水態』創刊号に、内務省『田園都市』を引用した記事がある。[13]その記事は、「田園都市の著者センネットは曰」以下の箇所である。この箇所の引用は、送りがなの違いを除いては「一区寰《くかん》」を「一寰区《かんく》」にしただけでほぼ同じものである。小林一三は、ハワードの原著を読んだのではなく、明治四〇（一九〇七）年版内務省地方局有志『田園都市』を目にし引用しているのである。事実、内務省『田園都市』と小林一三による新市街パンフレットとの間には、随所に発想の共通したものがみられる。例えば、内務省『田園都市』の〈第十三章　我邦田園生活の精神（上）〉に記す「山に倚り水に臨みて」に、新市街パンフレットの室町住宅では「北に蓊鬱たる五月山を負ひ、西に潺緩たる猪名川の清流を臨み」とあり、(14)具体的な山川の名前を入れたものとも受け取られる。

発想について挙げれば、「新市街」の中心に神社を据えている点についても、内務省『田園都市』の〈第十五章　我邦田園生活の精神〉との対応がみられる。(15)すなわち、内務省『田園都市』に「両大神宮の祠宇を園の中央に設け、祭時には百姓を茲に集めて酒食を饗し、楽しき一日を送らしむるなど、娯楽の事に就ても、亦深く意を用いひたり」とある。それが新市街パンフレットには、「中央に有名なる呉服神社あり、機織裁縫の祖、呉媛、漢媛を祀り境内千六百有余坪、古松老杉昔ながらの面影を偲ぶべく、朝夕の逍遥、児童の遊戯場として適当の場所なれば、会社は更にこれを修理して小公園たる設備を完ふすべし」とある。この「呉服神社」と、内務省『田園都市』の「両大神宮の祠宇」とが、機能面で通じている。いずれも、これらの神社・祠が住民の憩いの場として設えられているのである。もっとも、小林が望んで神社のある土地を手に入れたとは断定できない。ただ、確かなことは、この両者の対応関係は、文章を真似したというレベルにとどまらないのである。その経緯からすれば、内務省『田園都市』を参考にして新市街パンフレットを作成したのか。前に述べたように、小林一三は、ハワードの原著は読んでいないだろうが、内務省『田園都市』は読み、借用していたと考えられる。新市街を構想する段階で、「神社を中心とせる娯楽と後庭の蔬菜園」をヒントにして、神社の持つ中央広場的機能を室町の住宅に取り込もうとした可能性がある。もっとも、呉服神社境内は、住宅所有地ではない。(16)もし、小林にその発想を生かそうとする意図があったならば、当初から羊頭狗肉であったというべきである。

このように、明治の末、小林一三により計画的につくられた郊外住宅・室町では、いかなる暮らしが展開していたのであろうか。以下、全盛期でもあった昭和初期を中心に紹介してみよう。なお、資料は、特にことわらないかぎり、地元長老に対する聞き書きによるものである。

(4) 室町の暮らし

この住宅地の住民は、当初、大阪市内の中流階級の人が多かった。それも市内北部の地域に居住または勤務する人が多かった。大企業のサラリーマンが多く、なかには富豪もいた。しかし、大阪北浜(大阪市中央区北浜)の株屋の石井定七という「借金王」もいた。

茶道・歌舞伎の世界で有名な日本画家・須磨対水は、大正三(一九一四)年から同一五(一九二六)年まで四番丁北に住んでいた。彼は大阪船場の瓦町(大阪市中央区瓦町)の生まれだった。唱歌「鳩ぽっぽ」「お正月」の作詞者である東《ひがし》くめは、大正六(一九一七)年に二番丁南に引っ越して以来、この地にとどまり、池田の児童の音楽指導に大いに貢献した。わが国最初のレビューで宝塚歌劇の名を挙げた「モン・パリ」の作曲者である高木和夫は、二番丁北に住んでいた。中之島の中央公会堂(大阪市北区中之島)を寄附し、竣工をみないでピストル自殺をした株屋・岩本栄之助の実弟が一番丁北に大正の頃、住んでいたりもした。

また、医者町といわれるほど医者が多かった。ここでの開業医もいれば、大病院、大学病院勤務の医者もいた。その他、世帯主の職業には、銀行・商社のサラリーマン、画家・音楽家・大学教授・弁護士・学校の教員などがあった。まさに中産階級の町であった。

(1) 家族

入居当初は、世帯主の年齢層が若く、三世代家庭は少なかった。一軒に一世帯がほとんどだった。子どもの数は、最低三人で多いところでは五、六人だった。若い父母と子どもが中心の家族構成で老人はいなかった。この間取りではそれで精一杯だった。

奥さんたちは、「良い意味の有閑マダムの奥さん方」であった。彼女たちは、事実はともかく、「紋付羽織を着ている」と噂の立つありさまで、[17] 近隣の町・村の人々にとっては、「室町婦人」が特異な存在と見られていたのだった。このような若い奥様たちのおつきあいは、気の合った者どうしであった。

子どもたちは、師範学校附属小学校（現在の大阪教育大学附属小学校：池田市緑丘：周辺地図(31)D）に八割がた通った。この学校は、坂の上にあったから「ウエの学校」と云った。いっぽう、町立池田小学校（現在の池田市立池田小学校：大和町《だいわちょう》：周辺地図(31)E）を「シタの学校」といい、マチの子が多く通った。室町の子の二割が町立池田小学校と私立の箕面学園（大阪府箕面市）に通った。

「女中さん」はどこの家でも雇っていた。名前を呼ばれないで「ねーや」と呼ばれたりした。彼女たちは、だいたい、縁故で雇った。出身地は、主婦のサトであったりしたが、隣の家の女中さんを頼りに呼んだりもした。北摂の山間部である能勢（大阪府豊能郡能勢町あたり）の方からも来た。行儀見習いのためにここへ来て、ここから嫁がせたこともある。

(2) 住居

売り出された住宅のタイプには、部屋割りによって「天地日月」の四つのモデルがあった。洋風は医者をしている人の一軒だけで、他はみな和風だった。寝室は、布団を上げ下ろしして居間をあてていた。

子供部屋は二階であったりした。女中部屋は四畳半の部屋であったり、ダイドコ（台所）の横の三畳の部屋を一応あてたりしていた。しかし、実際のところは、その部屋が持ってきた物の置き場になり、女中さん自身はダイドコで寝ていたりしていた。当初、老人はいなかったので、隠居部屋はなかった。

床の間はどこの家にも初めから備え付けられていたが、仏間は建て売り当初の設計図にはなかった。当初、若い住民たち相手であったので、先祖祭祀を想定して建てられていなかったのであろう。ところが、この新しい住民たちの間にも先祖祭祀が行われ出して、半間の押入に仏壇を備え付けたりもした。ダイドコの上の棚に、布袋《ほてい》さんと荒神《こうじん》さんを祀っていた家もある。清荒神《きよしこうじん》（清澄寺：兵庫県宝塚市米谷清シ）は、摂津国の竈の神様である。布袋さんは、放っておけないから祀っていた感じであるという。奥の間に神棚があったりもする。庭にはどこの家も神を祀っていなかった。新たに購入した土地に屋敷神など祀られていないのである。井戸は全戸にあった。もともとこの地の水は良いが、年に一度井戸替えをしていた。ここに見る限り、まだ若かったこの郊外住宅の住民には、先祖祭祀・竈神信仰はともかく、篤実な神仏の信仰家はいなかったことが窺える。その点において、「室町人」は、前に挙げた大阪市中の商人、場末の職工たちとは異なる人たちなのである。彼らインテリは、因襲にとらわれることなく、また新興宗教などとも無縁の人々であった。

売り込みパンフレットから想像される、鶏舎、家庭菜園などはなかった。そのような田園風の設えは、欧米流の田園都市ならいざ知らず、この地の新しい都市生活者には馴染まなかった。むしろ、屋敷内には、どこの家にも庭園があった。植え込みがあり、庭があり池があるという風である。現在でも「室町の家は東京・山の手の武家屋敷に似ている」と感想をもらす人がいるという。敷地百坪に建坪は三〇ないし四〇坪まででそれ以外は回遊式の庭になっていた。前庭は、純日本式で飛び石、築山、枯山水といった風でどこの家にも灯籠があった。室町らしい家に

(32) 室町住宅　別所邸庭園

は、灯籠と井戸が必ずあった。白壁の蔵には、農家でもないので大切な物をしまっていた。それは、社会的地位を示すことであったのだろう。家の周りにある植木の葉刈り・剪定をした。歳の暮れになると細河村（細河）から常連の植木屋が来てくれた。近代の新しい都市生活者は、武家に倣って伝統的な日本庭園を好んだのである。

建て売り当初の間取りの変更が行われ出すのは、昭和になってからのことである。昭和七（一九三二）年に応接間を拵えてマントルピースをしつらえ、奥にガスストーブを置いた家も出だした。昭和一〇年代になると、応接間を玄関に張り出す形で増築する家がみられるようになった。それは洋風であった。戦後、庭を削って建て増ししたりしている家が多い。住民の移動とも相俟って、冒頭記した「室町人気質」に翳りが見え出すのは、戦後のことである。

(3) 服装

明治四四（一九一一）年の生まれの人は、大正七（一九一七）年から同一三（一九二四）年まで師範附属小学校の小学生であった。一、二年生の時は着物で通学したが、大正九（一九一九）年、小学三年生から小倉（コクラ）服になった。また大正八（一九一八）年生まれの人は、大正一五（一九二六）年に「家なき幼稚園」（現・室町幼稚園）を卒園したが、その時の写真では、室町・雲雀《ひばり》が丘（兵庫県宝塚市雲雀丘）の子どもは、スーツにハンチング姿をしている。それに対し、マチの子どもの中には着物姿もあった。新しい都市生活者の子供は、マチの子供よりもハイカラであった。師範附属小学校に入学すると制服になり、革靴を履いていた。ちなみに池田小学校生徒の服装は、昭和四（一九二九）年当時の卒業写真によれば、五七名のうち、洋服は二二名、和服は三五名であった。三分の二が着物であった。着物の上には羽織を羽織っていたという。このように服装の点でもマチの子供とは違うぞといった矜持があった。

戦前、奥さんは日本髪を結い、和服に草履だった。外出のときは、揃って紋付羽織というでたちで、人目をひく姿であった(18)。当時、若い奥さんたちの伝統的な和装は、最新の都市文化であった。働くのは女中さんだったからそんなに活動的ないでたちでなくてもよかったのである。

(4) 食事

ふだんの朝食は、御飯に味噌汁とお茶漬け、昼食は弁当、夕食は御飯にオカズだった。洋食を食べることはあまりなかった。家によっては朝食がパンのところもあった。弁当箱に御飯とオカズを詰めて小学校に持って行った。子供たちの弁当箱は、低学年の時、アルミであったが、高学年になるとアルマイトになり、梅干しをいれても腐食しなかった。学校では、コヅカイさん（用務員）が大きな釜で弁当を暖めてくれたり、各自がストーブの上に金網を載せて暖めたりして食べた。パン食の子どもがクラスで二、三人いた。通学の途中にパン屋があった。大正年間は、餡パンが二銭、クリームパン・ジャムパン・味付けパンが五銭であった。夕食に駅前の料理屋・魚治《うおじ》（栄町・周辺地図F）に注文して洋食や寿司を食べることもときどきあった。ライスカレー、オムライスなどは家で作っていた。子どもたちは学校から帰るとおやつを食べた。大正年間だと、オカキ・干しぶどう・ビスケットだった。昭和一〇（一九三五）年頃だとキャラメルやチョコレートだった。

夕食は、ふだんなら家族揃って午後六時から七時くらいにしていた。世帯主が、仕事で遅く帰って来たときなどテンヤモン（店屋物）をとっていた。外食で済ませることも、ときどきあった。梅田の阪急百貨店（大阪市北区角田町）の食堂が昭和七（一九三二）年にできて、そこでライスカレーなどを食べることもあった。値段は二五銭だった。ここのライスカレーは、有名で量も多くて安かった。ライスの値段は、五銭だった。ランチの値段は、三〇～五〇銭だった。阪急で外食をするのは、学校の教員の場合だと遠足付き添いの後とか、日曜日の買い物帰りの時であった。阪急の食堂は、その頃、すでに食券制で代金前払いであった。当時の学生は、御飯にソースをかけて食べていた。それを「ソーライ」と云っていた。その際、ウェイトレスは気を利かせて福神漬けを多く付けてくれたりもしたという。学生としてのエリート意識を秘めたエピソードである。

漬け物は家で漬けていた。主婦が広島県出身の家では、年一回、サトから日通《にっつう》の便で漬け物が四斗樽で送られて来て、近所へも配った。この新しい都市生活者は、故郷とは、郷土の味で繋がっており、それがまた近所におすそ分けされていたのである。また、佃煮を作っていた家もある。梅干しや梅酒も庭の梅の実で作っていた。庭あればこそである。

ふだんとは異なる食事の機会がある。正月の雑煮は、高膳に漆の椀で食べていた。元日は白味噌、二日はスマシ、三日は白味噌、四日はフクワカシ、七日はナナグサ、十五日はアズキガユであった。フクワカシは、正月三箇日の仏さんへのお下がりでこしらえた。雑煮の元日、二日の仕立ては、マチバである建石町《たていしちょう》（周辺地図G）でも同じであるという。田辺製薬社主の実弟の田辺さんが町内に住んでいたが、正月には雑煮ではなく、アベカワ餅を用いたという。昔、先祖が生きるのに困って道端にしゃがんでいた時、通りすがりの人にアベカワ餅をいただき助けてもらった。そのご縁でこの一族はアベカワ餅を雑煮の代わりにしているのだという。家訓伝承の断片で訓戒の意味をこめて語られているのである。

ナナグサは八百屋に売っていた。ナナグサをミズナで代用していた家も多い。ナナグサの材料は、昔は揃っていなかったのである。建石町では、「昔は、七種類も揃わずに大根、スズナぐらいのものだった」という。

十日エビスの時、呉服神社の露店で買う捻り飴、お多福飴は、子供たちの楽しみであった。お多福飴の両端はお多福と金太郎で、なめているると知らぬ間に変わったという。商売と縁のない人たちの子供たちにも十日エビスには、こういった楽しみがあった。

節分年越しには、イワシを食べ、「福は内、鬼は外」といって豆撒きをした。また年齢より一つ足した数の炒り大豆に、一銭の賽銭を添えて半紙に包み呉服神社にお参りした。

お盆のしきたりは家によってまちまちであった。家庭によっては、猪名川に精霊流しに行った晩、駅前の料理屋・魚治（栄町）から出前を取って精進上げといって家で食事をしたりもした。献立は、二五銭程度のロールキャベツやカツレツであった。精進上げは、洋食だったのである。

名月の晩、子供時代、縁側に机を出してススキ・月見団子、小芋を供えていた。

(33) 室町会館

クリスマスには、友だちを呼んで家でケーキを食べて楽しんだりもした。またこの夜、キリスト教の牧師さんの家では賛美歌を歌って蠟燭をともしていた。

こういった行事の時の他、誕生日だとか、精進上げとか、来客時など月に一、二回ぐらい魚治から洋食をとっていた。洋食は、カツレツなどである。室町のサラリーマン家庭では、昭和初期にこうした都市的習俗を先取りして行っていたのである。

(5) 趣味・娯楽

当時の室町住民の趣味・娯楽について聞書調査をした結果を少年期、青年期、壮年期に分類し、男女を区別して示すと、次のとおりになる。

少年期男子：輪廻　鬼ごっこ　凧上　かくれんぼ　ラジオ　野球　虫採り　魚採り　庭球遠足少年期女子：遠足　旅行　羽根突　毬突　縄飛　お手玉　綾取り

青年期男子：音楽　文学　観劇

青年期女子：音楽　文学　観劇　抹茶　生花　手芸　謡曲　舞　琴　綾取り

壮年期男子：庭球　遠足　旅行　音楽　文学　観劇　謡曲　絵画　囲碁　玉突　カメラ魚釣り

壮年期女子：旅行　音楽　文学　観劇　抹茶　生花　手芸　謡曲　買物

表4　室町住民の趣味・娯楽

	少年期男子	少年期女子	青年期男子	青年期女子	壮年期男子	壮年期女子	場所・備考
輪廻し	○						
鬼ごっこ	○						道路、神社
凧あげ	○						道路、川原
かくれんぼ	○						道路、神社
ラジオ	○						
野球	○						道路、神社
虫捕り	○						
魚捕り	○						用水路
庭球	○				○		家族ぐるみ
遠足	○	○		○			箕面・六甲・有馬　家族ぐるみ
旅行	○	○			○	○	家族ぐるみ
綾取り		○		○			

羽子突き		○					
鞠突き		○					
縄飛び		○					
お手玉		○					
音楽			○	○	○	○	
文学			○	○	○	○	
観劇			○	○	○	○	宝塚・道頓堀
抹茶				○		○	会館茶室
生花				○		○	会館
手芸				○		○	会館・個人の家
謡曲				○	○	○	会館
舞				○			
琴				○			
絵画					○		会館
囲碁					○		会館
玉突き					○		会館
カメラ					○		
魚釣り					○		猪名川
買物						○	

（出典：『新修池田市史　民俗篇』第五巻　池田市　一九九八年　七六六頁。田野が分担執筆。以下『新修池田市史　民俗篇』は同じ。）

表④は、これに場所を加えて表にしてみたものである。場所としては、室町会館が多く利用されている[19]。抹茶、生花、手芸、謡曲、絵画、囲碁、玉突がここで行われた。道路では、鬼ごっこ、凧あげ、かくれんぼ、野球をしている。神社で行われたものとしては、鬼ごっこ、かくれんぼ、野球があげられる。家族ぐるみでの活動に、庭球、遠足、旅行がある。以下、『室町のあゆみ』を要約して、当時の趣味・娯楽の盛況ぶりを概観する。

玉突きは、室町紳士たちに特に人気のある娯楽であった。娯楽の殿堂として室町会館が大いに利用された。「メンバーは二〇名余。一パイ機嫌で、夕食後、三々五々集まってきては和気アイアイ、夜の更けるのも忘れ、中には奥様のお迎えを煩わす始末の向もあったほど」とある[20]。

囲碁も人気があり、定例会は毎週火木日曜、世話役持ち回りということで幹事は一カ月交代にし、毎晩のように数面の盤に向かって、大天狗小天狗ぶりを遺憾なく発揮していた。秋季とか春季とか新春とかといった名称を冠した囲碁大会が食事付きで開かれ、郊外住宅の紳士たちが寄り集い、競い合った。ところが、将棋の方はどういうわけか、不振であったという[21]。将棋の庶民性が「室町人」には馴染まなかったのだろうか。

謡曲も第一と第三の水曜日の夜七時から稽古をし、月々に例会があった。十二月には仕舞と小鼓をまじえて大会を開いたという[22]。謡曲は、大阪の商家の商人の嗜みでもあった。都市の文化は、郊外住宅地においても盛んに行われていたのである。

ハイキングは、多田（兵庫県川西市）から満願寺（兵庫県川西市満願寺町）のコースを皮切りに、十八回行われ、昭和一三（一九三八）年一一月二〇日の久安寺《きゅうあんじ》（池田市伏尾町《ふしおちょう》）行きを最後とするまで、北摂一帯の山野を跋渉したという[23]。満願寺とは、現在兵庫県川西市の寺で、源頼光が酒呑童子《しゅてんどうじ》を退治した時の首洗い池があるとの伝承のある寺である。マチバである綾羽では、一月一八日、一九日に厄落としに参拝したという。「室町人」が「山野を跋渉」

するハイキングに出かける心情は、寺社参拝とは異なるものである。野を懐かしむ都市生活者の新たな自然観であった。

カメラの会もなかなかの盛況で、「夜間撮影法」「現像液調整法」といった研究成果の発表もあったりして、いささか学究的な面さえあって、カメラ熱もまことに盛んであったという[24]。カメラマニアといった人たちが昭和初期の室町にはいたのである。

特筆すべきは、婦人たちの活動である。月例の茶話会や、生花、茶道、舞踊など行われ、染色や手芸の講習会といったものも、随時行われていたとある[25]。いずれも、当時の室町住民が室町会館に集い、活発に同好会的な活動を繰り広げていたのである。「室町婦人」と云われる奥様たちは、「三々五々相集まって、長唄に謡曲に吟行」に励んでいた[26]。当時において婦人の地位がすでに確立されていたことの証左である。そのような都市生活者としての暮らしも束の間のことであった。昭和一三（一九三八）年の日中戦争を契機に次々にそうした活動が廃れてゆくのは、日本の近代の歴史の歩みと軌を一にする悲しいことである。

この娯楽・趣味については、〈（6）暮らしの都市民俗〉に同じく郊外住宅であった大阪南郊の住吉・帝塚山（大阪市住吉区帝塚山）と比べながら詳しく考えてみる。

（5）室町人の生活空間

室町人の生活空間は、町内の公共施設、マチの周縁、近隣のマチバ、沿線の町村、都会という具合に遠方に広がる同心円的空間として把握することができる。

(1) 公共施設

最寄りの駅は、阪急（当時の箕面有馬電軌）池田駅（栄町）であった。建石町で聞くと、昭和の初め頃、ここの駅前に相撲、サーカスが来たこともあったという。駅前はイベント広場でもあった。駅前には、人力車が停まっていた。人力車は昭和二六（一九五一）年七月二〇日に阪急タクシーが開業したので、なくなってしまった。阪急池田駅が室町住民にとって宝塚方面、あるいは梅田方面への玄関口であった。[27]

公共の会館には、室町会館（前身は「室町倶楽部」）がある。その土地・建物は、一九三五年に一五年月賦で阪急電鉄から有償譲渡されたものである。[28]そこでは、さまざまな同好の集いが繰り広げられ、交際を深めていたことは、すでに記した。『室町のあゆみ』には、室町最初の催しが明治四四（一九一一）年七月二五日夜に行われたと記されている。この夜、浄瑠璃会で語った大夫は室町会の会員であった。素人浄瑠璃がここでも盛んであった。その後、茂山社中を招いての能狂言を観賞したり、時々子供会を開いたりもしていると記されている。さながら今日の文化ホールである。また、ここでの町内の年中行事として名刺交換会が行われていた。[29]さらに、百数十人にも及ぶ女中さんのための慰安会にも使用されていた。[30]室町倶楽部は、このように室町に暮らすあらゆる人たちに開放されていたのである。

神社は、呉服神社を「氏神」とする。境内が室町住宅の所有地でないことは、前に記した。その点、ニュータウンの中央公園とは大いに異なる。呉服神社は、シタノミヤさんと呼ばれ、室町はこの神社の「氏地」である。綾羽での聞書によれば、呉服神社は、本町通りより下（西）が氏地であった。マチバの人々にとっての呉服神社は、十日エビスに出掛け福笹を受ける神社でもあった。綾羽、建石町のようなマチバだけでなく、当時の農村であった鉢塚地区でも福笹を受けて帰ったという。近世、大阪郊外の今宮戎で始められた縁起物の笹が在郷町の神社にまで伝播しているのである。

このように、池田のマチの人たちで賑わった十日エビスであるが、新しく移住して来た室町住民が神社の行事に積極的に参画していたわけではない。十日エビスには、商売人でもない室町の人はあまり参らなかったという。もっとも、出産後、初宮参りに呉服神社に参ったりする人はいた。小正月のサギチョウに、マチの人は注連飾り、カドマツを燃やしているが、ほとんどの室町の家庭には関係のない行事であった。その点、在所の「鎮守の神」の社地空間を新市街の中央広場として当てるという小林一三の当初の目論見は外れた。呉服神社への信仰がマチバの商人たちの現世利益的なものであり、移住してきたサラリーマン家庭の日常生活において、新しい共同体の統合の中心とはなり得なかったのである。これについては、〈(6)　暮らしの都市民俗〉にも論じる。

幼稚園は、室町幼稚園である(31)。そこには、桜が植わっていて、入園式のころは、見頃であった。街路にも桜が植わっていた。町内にも桜が多かったので花見をするのにそんなに遠くまで行かなくてよかった。

室町には、小川が流れていた。そこでは魚釣りができた。ここにも手の加わった「自然」が設えられていた。

(2)　マチの周縁

室町の周辺には、農村が広がり、わずかばかりの「原野」が残っていた。そこには、井堰、田畑もあり、森、川原、竹藪、墓場があった。以下、往年の少年たちの興味に沿って探索してみよう。

井堰が室町と神田（こうだ：周辺地図H）の境界にあった。神田用水に水を引く井堰にはカッパが出ると母から云われていて立ち寄ってはならない場所とされていたという。カッパは、危険な場所に子供が立ち入るのを注意するのに借りだされた妖怪である。

神田には、田畑が広がっていた。神田の土地は、田圃・桑畑・イチジク畑、桃畑に充てられていた。室町への肥汲みは、ここの農家の人々が来てくれた。肥の代価として大豆・枝豆を置いて行ったりもした。下肥と野菜との物々交換がマチとムラとの交流としてここでも行われていた。

駅の向こうには、森があった。この天神の森を開発する時、白いヘビがたくさん出たという。ヘビの出る森は、点在する「原野」である。ヘビの白いことに霊異をおぼえているのである。白いヘビが出たと語られるのは、祟り伝承の断片である。森の開発に伴い、前近代的な時間と空間が失われたのである。

室町の西には、猪名川が流れている。この川は池田のマチバの人たちが盆の宵、お供え物を流した川である。猪名川は、精霊送りの川であった。それは、新しい住民である室町の人においてもまた変わらない。猪名川には、呉服橋が架かっている。呉服橋橋詰には、祠があって、料理屋や芝居小屋もあった。その祠には、住吉大明神・稲荷が祀られている。呉服橋（周辺地図Ⅰ）の東詰（西本町）には、「雑魚留《ざこどめ》」という川魚専門の店、「とり周」というカシワ屋があり、ウナギ屋もあったという。芝居小屋には、一九六九年までは、呉服座《くれはざ》というのがあった(32)。橋場は、盛り場である。春先には、豆芝居が興行されていた。豆芝居とは、豆の生る季節に興行される芝居である。周辺農村であった鉢塚では、「豆芝居」を豆を持って行って食べながら見る芝居といい、マチバの綾羽では、弁当に豆御飯を詰めて呉服座に芝居見物に出かけたという。オカズは煮しめであったという。また、芝居見物は、男女の社交の場でもあり、なかに役者に肩入れをして結婚した人もいるともいう。この農村の骨休めの芝居を往年の少年たちは、どう見ていたのだろうか。「有名な東西屋が馬や竹馬に乗って鉦や太鼓で囃し立てて来るなどしていた」という。橋場での興行を触れにやって来る大道芸人に興味を惹かれているのである。

呉服橋を渡った川向こうの川西座（兵庫県川西市小戸《おと》）という芝居小屋には狐が出たという。芝居小屋といった施設自体が妖怪変化を売り物にするものでもあるが、狐が出たのは、川向こうのことである。彼らから呉服橋を渡った先のことを聞くことができたのは、この件だけであった。猪名川は、往時の少年たちにとって世界の境界線であった。

河原があった。マチバの綾羽での聞書では、「中橋のあたりの河原には、現在でも月見に出かけるが、昔は、猪名川の河川敷では、八月九日のココノカビにゴボウのササガキを炊き込みご飯にしてにゴザを敷いて酒を飲んだりもした」という。河原には、権田堤《ごんでんづつみ》と云われる堤防があった。同じく綾羽での聞書では、「権田堤は、現在の桃園（周辺地図J）あたりにあった堤防であるが、昭和一〇（一九三五）年頃、猪名川が氾濫し、この堤の所で決壊し、中橋の上の川西側の久代新田（久代：周辺地図K）に水が入ったこともある」ときく。

その堤には、ササがたくさん生えていた。ここもまた「小さな原野」であった。室町の往年の少年たちは、それを使って七夕祭をしたという。そこは、彼らにとって薄気味悪い空間でもあった。そこには丑の刻参りをする人がいて、白装束で大きな椋の木に釘を打ち付けていたらしい。朝早く、椋の木に釘が刺さっているのを見つけたことがあるという。このゴンデン堤というのは、能勢の妙見さん（大阪府豊能郡能勢町野間中）にお参りをする人が白装束で団扇太鼓《うちわだいこ》を叩きながら通って行く土手道でもある。また、寒施行《かんせぎょう》といって寒に狐に油揚げをやりに行く人がいたともいう。池田から尼崎（兵庫県尼崎市）に魚を仕入れに行った人が狐に騙されたと語るのもこのゴンデン堤である。この土手道は修行者の通る道であったのだろうが、往年の少年たちにとってのゴンデン堤は、自分たちの領分を区切る境界線であった。そこでは、白装束といった異相の人を見たことがメンタルマップに記憶されているのである。

河原には、もう一つ怖い所があった。河原には墓場があり、竹藪があった。墓場の竹藪にはたくさんマムシがいたし、墓場の竹藪では人魂を見たという。藪の闇に霊異をおぼえる感性は、新しいマチの子供たちにも浸透しているのである。『室町のあゆみ』には、「都会人の淋しさ」を次のように述べている。(33)「平和郷といえども、室町の周囲は南に桃畑、東は畑地、西は草茫々と繁る猪名川堤、北は車庫で、周囲に人家は殆んどなく、竹藪の向こうに六甲を眺める景色はすばらしいが、都会人にとっては言い知れない淋しさが昼間でも感じられた」とある。また、同誌に掲載された座談会では、「十番丁下に竹やぶがあって、狸が出るといわれるくらいの淋しいところ」だったとも話されている。[34] タヌキは、大阪市中においても水辺に聞いた伝承である。実際に棲息してもいただろうが、河原の墓場の竹藪は、当地一番のオカルトスポットであったに相違ない。

　河原の墓場をマチバの人は、下の墓（シタノハカ）と言っていた。建石町の聞書では、「昔、八月一日から三日間、この墓の周囲に行燈を灯していた」ときく。そこには、焼き場があった。『室町のあゆみ』には、「十番丁の町のはずれ、堤防下に円通寺という庵寺のような小さいお寺があった。大きな松の木が五、六本あって猪名川の竹やぶにつづき、ここに墓場と火葬場があった」と記されている。[35]「別天地」と思われた室町は、マチバの人のソーレン（葬列）道に当たっていたのだった。室町でこのことを確かめたところ、往時、マチの人の葬列が一、二番丁を横に見て、三番丁を下まで通り抜けて墓場のある円通寺に行ったのだった。大正七（一九一八）年の時の葬列の様子は、次のとおりであったという。「提灯一対を先頭に、白裃・編み笠に藁草履の相続人が位牌を持って続く。その後、遺影を抱いた人、線香を持つ人、樒を持つ人と続き、座棺が続き、その後に近親者、その他大勢の参列者と続く」という。その墓場では、「設備のない田舎の野焼き」が行われていたのである。[36] その死者を焼く煙が室町住民を悩ませた。「やがて楽しい夕食が始まる頃、円通寺の松影から白い煙が上がり始めると、婦女子ならずとも、襟元が寒くなる。殊に夏の頃西から吹く涼風は、諸行無常の臭いをのせて室町のスイートホームを襲って来た」という。[37] 臭いだけは、鼻を摘まない限り、逃れることのできない厄介なものである。新しく開かれた土地というのは、旧住民にとっては場末であり町外れであって、三昧地《ざんまいち》として相応しい場所であった。円通寺の墓地と火葬場は、一九二八年に桃園に移転するまであった。[38]「諸行無常の臭い」は、新しく参入したマチのインテリ住民にとっての受難の一つであった。

　受難といえば、泥棒の侵入もそうである。室町は、野中の離れ島であった。それでいて、粗末な焼き板塀と排水路で囲まれているだけだった。昼間でも不用心であった。(39)一九一三年からは、室町倶楽部の一部を区切って請願巡査派出所が設置されるようになった。(40)小林一三の「理想的郊外」パンフレットには、神社の杜の効用が謳歌されようと、住宅裏の墓場の存在や、泥棒の出没を招く「野中の離れ島」であることは謳っていない。「新市街」に住むというのには、フロンティアスピリットとまでは言わないまでも、「勇気」が必要だった。郊外なるがゆえ「原野」と接して暮らすことを余儀なくされたのである。

(3) 近隣のマチバ

電車の線路の向こうを室町の人たちは「マチ」という。室町に一個所もない地蔵が電車の線路を越えた栄町、栄本町になら至る所に祀られていたりする。マチは室町と景観を異にする。昔の池田の町の繁栄は、杜氏唄《とじうた》にもうたわれている。「山家なれども池田は名所　月に十二の市が立つ」とうたわれた十二斎市が立っていた（綾羽聞書）。「室町物価」といわれたのもその一つであり、物価は高かった。それは、『室町のあゆみ』によれば、「利にさとい池田商人は、二割乃至三割の高価で売りつけた」のである。(41)「室町婦人」と呼ばれた奥様方は、買物を始め、家事は女中まかせで、ほとんど御用聞きに頼っていたのである。

マチバの店の人は、御用聞きに来て、注文されたお菓子、果物、肉、野菜、魚などを親切に持ってきてくれた。風呂を沸かす薪も、線路の向こうのマチの炭屋が持って来てくれた。代金は、月末に取りに来た。その代わり高かったという。マチの人は、物を売るだけではなかった。マチ・旧町に住んでいるおじさんは、ドブ浚え、煙突掃除までもサービスでしてくれた。ただ、各々の家庭では志し程度のお礼をしていた。その他、マチで食料、日用雑貨を買ったし、呉服を買うこともあった。呉服屋は、紅屋、北田とか姫屋である。

子供たちは、あまりマチに出ることがなかった。中学生ぐらいになると、教護連盟という人たちが目を光らせていて、劇場・喫茶店・ぜんざい屋などにはなかなか入れなかった。しかし、彼らにとってマチは、さまざまな誘惑が行われ得る場所でもあった。そうした室町の少年たちは、マチを毎日毎日、通学時にただ通り抜けていただけだった。

(4) 沿線の町村

箕面有馬電軌の沿線各地とは、線路でつながっていた。室町の人々にとって沿線の町村は、生活文化圏の一部であった。

宝塚沿線には寺社がたくさんあった。宝塚沿線は都会を離れた風光明媚の地である。室町では、花屋敷（兵庫県川西市花屋敷）の新温泉に卯月八日頃、桜を見に行ったという。旧農村である鉢塚では、花屋敷には遊園地があり、盆の時に電気の吊り鐘火を見に行ったという。花屋敷・満願寺（兵庫県川西市満願寺町）は、北摂の名所であった。

室町では、清荒神（清澄寺：兵庫県宝塚市米谷清シ）に出産後、命名をかねて参る人もいたという。この清荒神は、現在でも、三宝参り《さんぽうまい》といって、中山寺（兵庫県宝塚市中山寺）、門戸厄神《もんどやくじん》（兵庫県西宮市門戸西町）とともに初参りをする寺社の一つであり、男の前厄の四十一歳の時に親戚などが贈る鉄の火箸をいただく寺である。また、中山寺も、マチバの人にとっては、安産祈願の寺であり、イヌの日に岩田帯を戴きに参る寺であったりする寺である。

当時の室町住民の行楽といえば、ハイキングとかカメラ会などである。箕面（箕面市箕面公園）とか五月山（綾羽）とかといった所に出かけるが、あまり遠くへは出かけていない。近場でシャッターチャンスに恵まれていたのである。箕面有馬電軌に沿って近場の「自然」があった。郊外住宅生活者は、都市的生活を営みながら、自然に親しむことに喜びを感じていた。北摂の名勝地というのも、彼らにとっては、神仏のいます場所というより、美的対象としての「自然」なのであった。

室町住民において、沿線で最も光り輝いているところは、「宝塚」である。室町の娘さんに「ヅカ生」(宝塚歌劇の生徒)もいた。「ヅカ生」になることは、少女たちにとっては憧れであった。昭和の初め頃は、息子たちまでもが宝塚歌劇を観に行ったりもした。宝塚ホテル(兵庫県宝塚市梅野町)で婚礼披露宴を行うことも多かった。ここでは、小林一三の目論見が当たった。鉄道線路を敷いて、郊外住宅の住民を観光地に繰り出させる。それは、それまでの関西私鉄のたいていが行っていた寺社詣のための経営路線を脱皮した新たな経営戦略であった。新しい都市住民の生活スタイルに合ったものであり、鉄道経営が彼らの趣味・娯楽を引き出させたともいえる。近代においては、鉄道会社が都市民俗の形成に大きく関与しているのである。

(5) 都会

都会との結びつきは、大阪に集中する。池田室町は、大阪の衛星都市の一つであった。これも箕面有馬電軌が梅田(大阪市北区角田町)まで運んでくれるからである。室町のサラリーマンの勤め先の多くは大阪市内にある。小林の作成したパンフレットには、「郊外に居住し日々大阪に出てゝ、終日の勤務に脳漿を絞り、疲労したる身を其家庭に慰安せんとせらるゝ諸君は」とあった。(42) また、宣伝文句の一節に「戌亥に住みて辰巳に通う」の理想的住宅地とあり、鬼門を気にする都市生活者の向きには、鬼門に当たらないことを訴えていた。これらが効を奏してか、世帯主に大企業のサラリーマン・銀行商社のサラリーマンなど大阪市内に勤務する人が多かった。ここでは、早く職住分離が行われ、開発当初からベッドタウンとしての住宅地であった。

大阪梅田・阪急食堂での外食は、前に記した。室町の人は、冠婚葬祭の品物を大阪で調達した。買い物に出かける百貨店は阪急とか三越(大阪市中央区高麗橋)が多かった。高麗橋にある三越百貨店の方が格は上だった。当時農村であった鉢塚では、「（三越では）玄関口で履いて来た靴にカバーをかぶせて入った」というような話が今でも語り草になっているぐらいである。三越では高級品が売られていた。阪急へは直接行って買ったが、三越には電話で外商に連絡しておいて買うことが多い。奥さんたちの遊びといえば道頓堀（大阪市中央区道頓堀）に芝居、文楽、映画を見に行ったりすることだった。[43]

（6）暮らしの都市民俗

(1) 郊外生活の歳時

人間は、生活にゆとりができると、「自然」というものを恋い慕うものである。田園の「自然」を美意識の対象とするのは、農民ではなく、都市の住民である。室町住宅の内外の環境にも、美意識の対象として整備された文化の装置としての「自然」と、放置されてそこにある、あるがままの野生の「自然」とがある。室町周縁を見渡してみただけでも、ありがたい「自然」と、ありがたくない野生のままの「自然」とがあった。小さな「原野」があった。ここでとりあげる自然は、都市生活者が心を寄せた方の自然である。

室町住宅の庭園には、「自然」がある。親しむべき「自然」がある。植え込まれた木々に、おのずから寄ってくる虫もいれば、鳥もいる。聞き書きにより得られた昭和初期の室町住宅地の月ごとに意識される自然物を動植物に分けてまとめてみた。

○室町住宅地の「自然」―室町住宅の動植物：昭和初期

月　①花木　②虫　③魚　④鳥

一月　①椿、山茶花、水仙、三色菫

二月　①梅、ロウバイ　④鶯
三月　①桃、木蓮、沈丁花、雪柳、レンギョウ　②紋白蝶　③メダカ、タナゴ
四月　①桜、紅葉の新芽　④雲雀、鳶
五月　①牡丹、躑躅、皐、花菖蒲、薔薇
六月　①石楠花、紫陽花、山吹、泰山木　②揚羽蝶、螢　③泥鰌、田螺、ハヤ、鰻　④燕
七月　①藤、クチナシ、カンナ、ダリア、百合、無花果　②チーチーゼミ、アブラゼミ、オニヤンマ、シオカラトンボ
八月　①百日紅、夾竹桃、朝顔、向日葵　②クマゼミ、赤トンボ、ヒグラシ、ツクツクボウシ、カブトムシ、クワガタ、玉虫、天道虫　④蝙蝠
九月　①萩、桔梗　②バッタ、蝗、蟋蟀、鈴虫
十月　①柿、秋桜、金木犀、菊
十一月　①紅葉　④百舌鳥
十二月　①南天の実、葉牡丹、柑橘類
庭園の花木の開花の時、蝶がとまり、用水路の水がぬるみ魚が泳ぐ。……この室町住宅地の「自然」は、手の加わった「自然」である。庭園を生の「自然」を模してしつらえあげ、鳥や虫を呼び寄せる。この趣向は、王朝貴族ならずとも都市生活者の多くが懐く想いである。農村で汗水垂らして働く人々の発想ではない。

『室町並びに室町幼稚園の沿革』の「室町の四季」は、この地の季節感を歳時記風の筆致でみごとにまとめている。(44) この文章からは、たくさんの情報を得ることもできるので、【四季を感じる場所】としてまとめてみた。

【四季を感じる場所】
Ⅰ　自宅：梅の木　庭木　前栽　縁側　二階の窓　井戸　井戸端
Ⅱ　町内：小川　桜並木　道　道筋　神社　町
Ⅲ　周縁：町＝通り　店先　店頭　警察署の前
川＝川原
田畑＝桃畑　菜の花畠　田園　野原
山＝五月山
公園＝箕面公園

自宅でも四季を感じることができる。梅の木には、二月から三月にかけて鶯がやってきて、その声に春の息吹を感じるとある。こういった郊外住宅では、二階の窓もまた、「自然」の景観を楽しませる装置となる。二階の窓から「桃畑や菜の花畠が望まれて、たなびく霞の下にピンクと黄緑の裾模様が色を添えている様は、一双の屛風に描かれた春景色と紛う美しさである」とある。夏ともなれば、庭木にちいちい蟬・あぶら蟬・くま蟬のなき声が絶え間なく響きわたる。夏の夕べ、前栽に打ち水をした後、風鈴の音色を耳に涼風を肌に感じつつ、縁側に食卓をだし、井戸に吊して冷やしたビールをグイとのどへ流し込む、これが殿方にとって、昼間の暑さを忘れ、仕事の疲れを癒す唯一の楽しみであったともある。まさに暑気払いに「前栽」「縁側」といった屋内と屋外の境となる装置から効果的に「自然」を取り入れているのである。「井戸」もまた、住居において地下に通じる境である。「井戸端」は、秋の夜更けにコオロギや鈴虫のもの悲しい音色を奏で「深まり行く秋の気配を感じずにはいられなかった」ともある。

町内でも、小川、桜並木、道筋、神社などの空間に「自然」の営みを感じている。子どもは小川のせせらぎの中に入り、コブナやドジョウを網ですくいとった。川筋の桜並木は、四月上旬には満開となり、幼稚園の入園式にふさわしい光景となった。呉服神社の参道もまた町内の桜の名所であった。移住してきた都市生活者の「自然」志向は、旧来のマチ・ムラの信仰の空間を逍遥の空間に取り込んでいるのである。

室町住民は、室町住宅の周縁の町に、川に、田畑に、山に、公園に四季を感じ取っている。町内に地蔵を祀らない室町住民の、地蔵盆は池田の町に出かけて見物することがあった。夏の終わりを告げる「ガンガラ火」は、鉦の音からの名称で、その音は「ガーン・ガンガン・ガンガン・ガンガラビッチャ・オン・ガンガン」と聞こえる。愛宕火《あたごび》の一つで、その始まりは、正保元（一六四四）年という。郊外住宅地・室町には、伝統的な町の祭礼を見物するという新しい都市生活者の民俗がある。町の通りに町衆の競い合ってこしらえた作り物を品評し合い、ガンガラ火を繰り広げる城山町（周辺地図L）の住民の心意気を満喫するのも新しい都市生活者の観光客としての民俗だったのである。「祭礼」が成立するのは、こういった余所者の好奇の眼があってのことである。

買い物や、ウィンドーショッピングもまた、新しい都市生活者の民俗の一つであろう。秋口に能勢の山々から町の八百屋の店頭に入荷する自然の賜物・松茸や栗・柿を見て歩くのもまた新しい都市生活者の自然志向のなすところである。十二月の下旬のころ、警察署の前に横たわる大きな猪を猟師がその肉を売っているのを見るのも、マチ歩きの楽しみであった。マチに出れば、珍しい「自然」も目に飛び込んで来るのである。このような風物に年々同じ時期に、眼差しを投げかける行為もまた、都市生活者の民俗である。

近くの河原では、正月に凧揚げが行われ、また、田植えが始まるころの夕べには、蛙の声が田園にこだました。何でもない田園風景も、新しい都市の生活者の記憶には残っているものである。沿線の箕面公園には、紅葉狩に出かけたともある。花や紅葉といった自然は、室町住民にとっては、いつも観賞の対象なのである。

動植物名を季節ごとに分類してみた。そこには、室町住宅創始者の小林一三の意図した「郊外生活」の一端が実現していることを見ることができる。自然と文化に抱かれたベッドタウン・室町は、かつて、そこにあったのである。

【季語の分類】

【正月】

動物：植物：

気象：六甲おろし、妙見おろし

人事：凧あげ

【春】

動物：蛙　鶯、雲雀　ほたる

植物：梅の木、桃畑、菜の花畠、れんげ、クローバー、桜並木

気象：霞

人事：入園式

【夏】

動物：コブナ、ドジョウ
ちいちい蟬、あぶら蟬、くま蟬、赤トンボ、オニヤンマ

植物：いちじく、苺

気象：涼風

人事：田植え、麦わら帽子、打ち水、風鈴、ビール

【秋】

動物：カラス　コオロギ、鈴虫

植物：栗、柿、キンモクセイ

気象：夕焼け空

人事：地蔵盆、ゆかた姿、ガンガラ火祭り、秋の運動会、松茸狩、紅葉狩

【冬】

動物：猪

「室町の四季」の文章には、情緒を心地よく刺激する何かが、内蔵されている。その何かは、伝統的な歳事感覚のような感性である。まさに「文化」と「自然」とが一本の縄のように綯《な》われている世界が潜んでいるのである。人間の環境に対する情緒というものは、気象・地形・植物・動物・行事の醸す全体的な雰囲気によって生じるものである。このことは、四季の行事を見れば明らかである。人は「秋」ともなれば「山」に「紅葉」を見に出かけては、嘆賞するものである。。このような自然鑑賞法は、雅びや、侘び、寂びと通い合う日本の文化に具わった伝統的な感性である。この時代の郊外住宅地には、庭の筧《かけひ》の音、木々の佇まいに対し、このような伝統的な情緒を催すことのできる環境が設えられていたのである。「自然」を暮らしに組み込んだ最初の都市生活者である「都人」（みやこびと）の感性が内蔵されているのである。

(2) 西洋風の趣味・娯楽

前項〈(4) 室町の暮らし (5)趣味・娯楽〉に示した昭和初期の室町住民の趣味・娯楽の傾向から生活様式を

探ってみよう。それを明らかにするために、室町と同じく当時の郊外住宅地であった帝塚山（大阪市住吉区）と、その周辺の旧集落とを比較の材料としよう。室町での趣味・娯楽についての聞き取り調査の質問項目は、昭和初期に刊行された『住吉村誌』に基づくものである(45)。

前掲の表4の項目を昭和初期の「帝塚山」における同様の調査結果と比較した結果を表5に示した。

表5　昭和初期の帝塚山住民の娯楽　25／36＝69％

少年期男子	輪廻し、凧あげ、かくれんぼ、野球、庭球、遊覧（遠足）、ラジオ：7／7
少年期女子	羽子突き、鞠突き、縄飛び、お手玉、舞、琴、遊覧、ラジオ：4／8
青年期男子	野球、遠足、絵画、音楽、ラジオ、文学：2／6
青年期女子	抹茶、生花、琴、舞、洋（音）楽、絵画、ラジオ、文学：6／8
壮年期男子	囲碁、謡曲、玉突き、旅行、絵画、ラジオ、文学：6／7

（　）内は室町の項目。
傍線部は室町と共通。
出典：『新修池田市史　民俗篇』第五巻　池田市　一九九八年　七八一頁。これは、財団法人住吉常磐会発行　一九二七年『住吉村誌』三〇八頁の記事に基づき作成した。

これを見ると、室町は、帝塚山と娯楽の点でいくつか共通するところが認められる。その共通する項目は、少年期男子の輪廻《わまわし》、凧上、かくれんぼ、野球、庭球、遊覧（遠足）、ラジオ。少年期女子の羽根突、毬突、縄飛、お手玉。青年期男子の音楽、文学。青年期女子の抹茶、生花、琴、舞、洋（音）楽、文学。壮年期男子の囲碁、謡曲、玉突、旅行、絵画、文学である。帝塚山の記載項目数三六項目のうち二五項目・六九％が室町と共通することになる。これに続いて『住吉村誌』の帝塚山付近旧集落における同様の調査結果と比較してみたのが表6であるが、帝塚山ほど共通するところがない。

表6　昭和初期の『住吉村誌』の旧集落の住民の娯楽　13／23＝57％

少年期男子	輪廻し、角力、凧あげ、鬼ごっこ、かくれんぼ：4／5

傍線部は室町と共通。
出典：『新修池田市史　民俗篇』第五巻　池田市　一

少年期女子	羽子突き、毬突き、縄飛び、お手玉、三味線：4／5
青年期男子	角力、力持、浪花節、活動写真、尺八：0／5
青年期女子	三味線、舞、抹茶、生花：3／4
壮年期男子	囲碁、謡曲：2／4

九九八年　七八一頁。これは、財団法人住吉常磐会発行　一九二七年『住吉村誌』三〇七頁の記事に基づき作成した。

その共通する項目は、少年期男子の輪廻、凧上、鬼ごっこ、かくれんぼ。少年期女子の羽子突、毬突、縄飛、お手玉で、青年期男子には共通するものはない。青年期女子の舞、抹茶。壮年期男子の囲碁、謡曲は共通する。旧集落の記載項目数二三項目のうち一三項目・五七％が室町と共通する。

室町に認められた娯楽の項目を帝塚山、旧集落と照合してみた。これら三個所に共通するものを挙げると一二件ある。内訳は、少年期男子の輪廻、凧上、かくれんぼ。少年期女子の羽根突、毬突、縄飛、お手玉。青年期女子の抹茶、生花、舞。壮年期男子の謡曲、囲碁で、青年期男子に共通するものはない。これらは当時の大阪の周辺の郊外住宅だけでなく、旧集落・農村にも行われていた娯楽であったのだろう。

これに対して、室町と帝塚山には認められていて旧集落に認められないものを挙げると一三件ある。少年期男子のラジオ、野球、庭球、遠足。青年期男子の音楽、文学。青年期女子の音楽、文学、琴。壮年期男子の旅行、文学、絵画、玉突で少年期女子に共通するものはない。これらの娯楽は、当時の都市郊外に住む中産階級家庭のハイカラ趣味と理解できる。いっぽう、室町と旧集落には認められていて帝塚山に認められないものを挙げると一件しかない。それは、少年期男子の鬼ごっこである。

それらに対して室町だけにしか認められていないものは、一四件ある。少年期男子の虫採り、魚採り。少年期女子の遠足、旅行、綾取り。青年期男子の観劇。青年期女子の観劇、手芸、謡曲、綾取り。壮年期男子の庭球、遠足、観劇、音楽、カメラ、魚釣りである。郊外住宅・室町らしさは、ここにある。鉄道沿線である宝塚への観劇、保有の庭球場でのテニス、室町住民による同好会活動としてのカメラ撮影会など、趣味的生活を暮らしに活かす室町人の面目躍如たるところである。

室町および帝塚山の双方において認められなくて旧集落に認められているものが、六項目八件ある。それは、少年期男子の角力《すもう》、少年期女子の三味線、青年期男子の角力、力持、浪花節、活動写真、尺八、青年期女子の三味線である。これらは、およそ伝統的な芸事であったり、農村において行われていた青年たちの力比べであったりする。そういった娯楽は、帝塚山・室町といった郊外に出た都市生活者には受け入れられなかったのであろう。同じ池田市においても、角力、力持といった青年の娯楽は、農村であった鉢塚では、神社、ゴングラ（郷蔵）の前で行われていた。このような相違点からも娯楽・趣味に都市民俗としての色合いが濃厚に見られているのである。こういった郊外住宅地にあっては、周辺のマチおよびムラと比べて西洋風の趣味・娯楽を摂取するのが早くから行われていたことを示している。近代の郊外生活者においては、生活様式の欧米化が進み、ムラに比べていち早く、西洋風の趣味・娯楽を取り入れていた。そのいっぽうで伝統的な洗練された文化を享受していた。郊外住宅地における暮らしは、都市部に隣接する地域の生活環境に見られる「闇」と、因襲にまみれた農村生活の「闇」を捨象した理想の暮らしでもあった。彼ら郊外住宅地住民に見られる都市文化は、輝ける「近代」を標榜するものでもあった。

(3)　呉服神社との関係

このように室町の住民の趣味・娯楽が農村的ムラと異なるのは、神社に対する関係においても認められる。もちろん、今日、呉服神社と室町住民の関係が親しくつきあいしているのであるが、当時のことについて地元では、「クレハさんを阪急は安らぎの場にしようとしたが、実現しなかった。室町会の家なき幼稚園の運動会には境内を使わせてもらっていたが、そんなに密接な関係ではなかった。呉服神社の宮総代は歴代マチの人であった。室町と神社の行事とは直接関係はなかった」という。

新住民は、ややもすれば旧来のマチ組織を基盤とする神社信仰とは疎遠なものである。だからといって、室町住民が呉服神社に対して冷淡であったというのではなさそうである。『室町のあゆみ』に呉服神社と室町人の関係の経緯を記している。第三者に分かり得ないところもあるので、要約しないでそのまま、引用する。「……お宮の経費の割り当てが来るのは当然で、大正元（一九一二）年から年六十円と室町に負担がかかってきた。移住者の寄合世帯であるから故郷の氏神のように親しみを持てず、その後に負担金は五十円に値下げされたが、いつも出し渋り、何回も神社から督促されてやっと支払ったような有様だ。崇敬の念の厚い人からは別に寄付する人もあるのだから、室町一般から金を出すことに反対されるのは当然であった。ところが、大正十（一九二一）年八月に呉服神社増築のことがあり、全工費千二百円を要するので、室町へも寄付を懇望してきた。二、三円ずつであったが、ほとんど全戸から寄付が集まり、合計金二百八十九円にのぼり、神社側も満足したらしい。信教の自由だとか何とか理屈をならべず、委員の骨折りによって、アッサリ寄付金を出したということは、当時の室町気質を物語っている点ではなかろうか」と記している(46)。ここには、戦後になって取り沙汰され出した神社祭祀をめぐっての宗教か、習俗かといった地域共同体内における「信教の自由」の問題を先取りしている観がある。

この記事からは、小林一三の呉服神社を住宅地中央の憩いの場にしようという構想の実態を読み取ることができる。宣伝文句にあるような神社を中心とした「新市街」は、成立しなかった。なぜならば、中心として目論んだ神社は、すでにマチバの「お宮」であったからである。そこでは、彼らが神社を取り巻く共同体においての新たな参入者でしかなかった。新しく移住してきた室町住民は、旧来のマチバを中心とする共同体の伝統行事に積極的になれなかった。いっぽうで、マチバの人からみると室町住宅の住民は、富める異邦人であった。しかし、バランス感覚に長けた室町住民の良識は、結局、ほとんど全戸が神社に寄附し、折り合いをつけた。その結末をマチバの人との妥協と見るか、協調と見るかは論議が分かれるところであるが、神社を中心とする地域社会に対して付き合いというものを弁えていたのである。

小林一三の理想的郊外住宅は、いくつかの点において羊頭狗肉に終わったが、全体的にはほぼ実現した。何よりも往時の住民の都市生活者としての趣味・思想が一定程度、成熟していたことはまちがいない。軍靴の音の近づく時代、早く実り、早く潰え去った郊外住宅住民の都市的生活様式の束の間の輝きをそこに見る。

〈初出は、「郊外住宅の都市民俗」『新修池田市史』五巻　一九九八年三月。これを一部修正。〉

9　池田チンチン坂から見た都会
—近郊農村と都市の民俗的連関—

(1)　近郊農村の地理

ここにとりあげる大阪府池田市鉢塚〈近世から明治二二（一八八九）年までの「才田村」「尊鉢村」。両地名は聞き書き時のとおりの表記。以下、本節では、池田市内の地名については「大阪府池田市」を省略する。〉は、昭和初期においては都市近郊の農村部であった地域である。以下に鉢塚といった近代の近郊農村からみたマチ・都会について地元の古老からの聞書に基づいて、近郊農村と都市の民俗面からみた連関を中心に民俗誌を記述する。はじめ村落空間における民俗をとりあげ、以下、池田町といったマチ、大阪市といった都会との民俗的連関を論究する。

(34) 鉢塚古墳

鉢塚の歴史についての記述は、鉢塚古墳から始める。『新修池田市史』第一巻によれば、鉢塚古墳は、古墳時代後期で、径四五mの円墳である[1]。巨石をもつ横穴式石室の規模・形態から秦氏の有力者の墓と推定されている。現在も鉢塚古墳は五社神社の境内に残っている。この古墳については近世の地誌『摂陽群談《せつようぐんだん》』巻第二の「村里豊島郡」にある。「才田村　《割注》尊鉢村此中にあり　所伝云、釈尊所持の鉄鉢を、当所の塚穴に得たり。因て才田の名は隠て、尊鉢の号世に顕る、所也。塚穴其部に然り」とある。(2)「釈尊所持の鉄鉢、当所の塚穴に得たり」とある。同一趣旨の記事は同書巻第十四の「寺院の部釈迦院」に「当寺伝来の宝物、仏在世の鉄鉢は、当荘の窟より出たり」ともみえる。「塚穴」といい、「窟」といい、鉢塚古墳を指すと考えてよい。これらの伝承から、この古墳には鉄鉢が納められていたと伝承されていて、それは「釈迦」にまつわる宝物と読むことができる。

これが、釈迦院の開創の縁起には、「神功皇后」が新羅から持ち帰った鉄鉢を埋めたとする伝説となる。史実を追究する立場からすれば「神功皇后」の存在自体が俎上に載せられねばならない問題であるが、本節においては、伝承上での事象としてこの伝説を原文のままとりあげる。「往昔仲哀天皇の御世、神功皇后の新羅出兵のみぎり、その戦勝帰国に際して国王の献上物に釈尊の仏舎利、袈裟、鉄鉢の三宝物があった。皇后はやがて武庫の港（今の神戸港）にがいせんされたが、当時我が国にはいまだ仏法が伝来しておらなかったので、この宝物の処理に困り猪名の里（今の池田）のこの地に埋め、後年仏法流布の日を待たれたと伝えられる。奈良時代に至り聖武天皇の時、行基が近畿行脚の折当地に一泊し、夢に観世音菩薩が影現せられ、くだんの宝物の埋蔵せられていることが告げられた。行基夢さめて早速その地を発掘して前記の三宝物を得た。事の重大さに驚き早速朝廷に報告し、天皇の勅願により一大伽藍が建立され、若王子の寺号を賜り莫大な寺領が寄附された。又鉢多羅山の山号は釈尊の鉄鉢にちなんで命名されたものである」とある。(3)

この「戦勝帰国に際して国王の献上物」のくだりは、いつの時代からの伝承かは明らかではない。この古墳もまたご多分に漏れず、早く盗掘があったと聞く。いずれにせよ、上述した鉢塚古墳の存在、あるいは、古代にこの地は秦上郡《はたがみ》、秦下郡《はたしも》と称されたことから、この一帯は早くから渡来氏族「秦氏」の居住地であったと考えられている。(4)

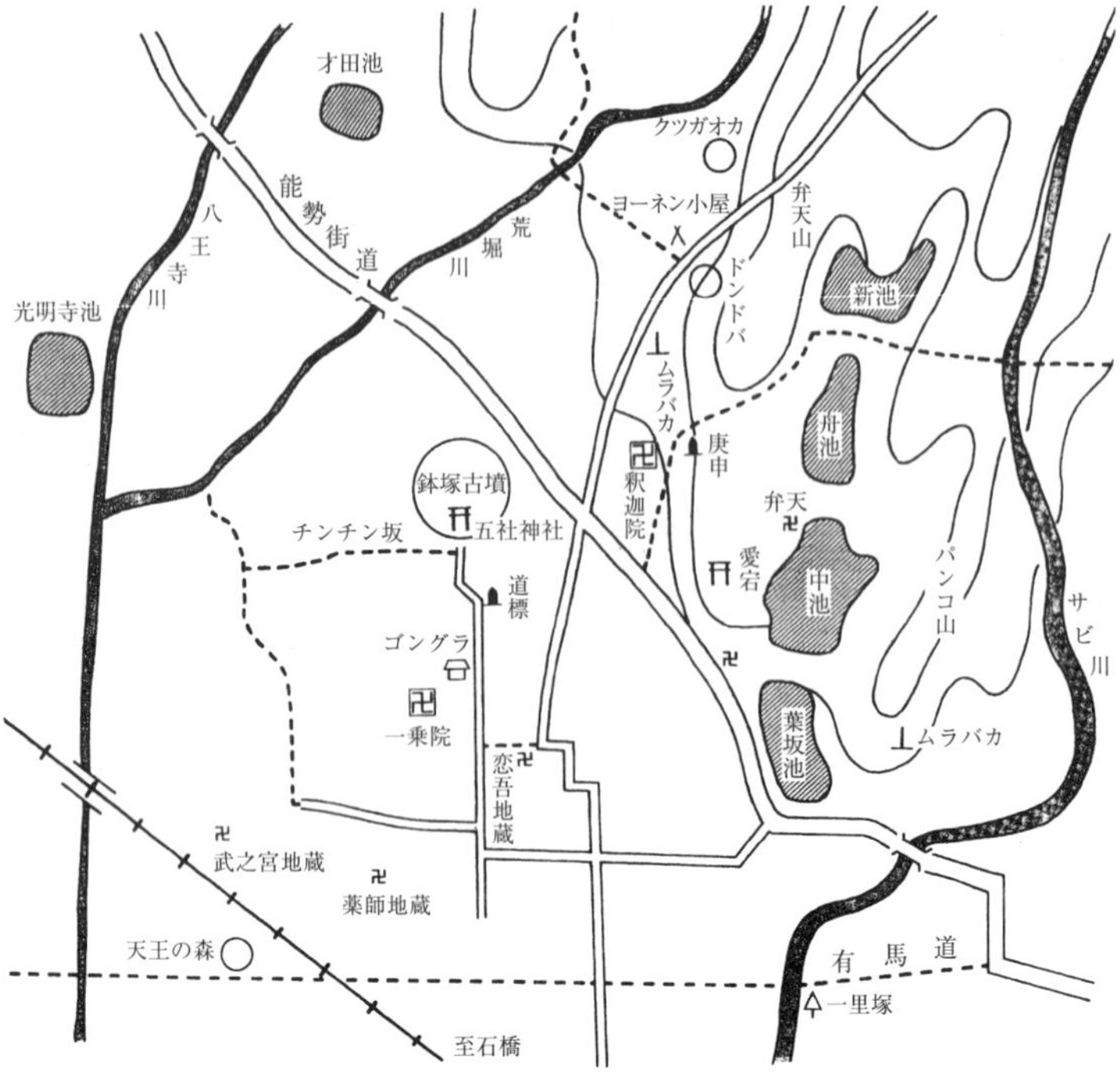

(35) 昭和初期の才田・尊鉢の地形図

鉢塚地区は現在、一丁目から三丁目まであり、平成二（一九九〇）年現在、人口は合わせて四四六七人である。[5] この地区を昭和五七（一九八二）年の土地利用図によって読んでみるとおよそ次のようになる。[6]

①鉢塚地区全体は一般住宅地区である。
②公園緑地として示されているのは東部に位置する四つの池の周囲と二カ所の寺院と一カ所の神社だけである。
③普通畑、その他の樹木畑が公園緑地の周辺にわずかに示されている。
④商業地区、業務地区、工業地区などは全く見られない。
⑤標高は公園緑地の北東部に五〇m以上、六〇m以下の等高線の表示はあるものの、全体は二〇m以上、五〇m以下である。

以上のことから昭和五七（一九八二）年の

鉢塚地区の土地利用は、一般住宅地区が大勢を占めていることがわかる。地勢はわずかに西に下り傾斜する丘陵地（この丘陵を秦野台地という）の西端に位置する緩傾斜地である。

では、昭和初期当時の土地利用はどうであるのか。当時の地形図によって読んでみるとおよそ次のようになる。[7]

①全般は、おおむね、水田と果樹園である。

②水田は西部全体に認められるが、果樹園は東部の五〇m以上の表示のある地域に限定される。

③集落が認められるのは、五社神社から寺院にかけての南北に連なる道路沿い、南西部の東西に連なる道路（有馬街道）沿い、北西から南東にかけての街道（能勢街道）沿いの一部に限定される。

以上のことから昭和初期の鉢塚地区は、一部に集落が認められるものの、水田が西部全体に広がり、果樹園は東部の丘陵の裾の所に広がっていたと推定される。地勢はわずかに西に傾斜する秦野台地の西端に位置する緩傾斜地である。

このように昭和初期の当時は、水田と果樹園のみられる農村であった。とりわけ大都会・大阪に近いところから近郊農村であったと認められる。

（2）　ムラにおける民俗

戦前の鉢塚の中心は、五社神社からゴングラ（郷蔵）と呼ばれる穀物倉庫にかけてであった。地図に照らせば、才田の集落と尊鉢の集落の交錯するあたりである。このあたりは「字宮ノ前」である。まさに鉢塚古墳を北に控える五社神社の前が合併した集落の中心であったのである。五社神社は、ムラビトたちからはオミヤサンとして親しまれ、初詣、小正月、夏祭り、秋祭りにムラビトが集った。秋祭りには、村相撲が行われたりもした。戦前は、青年会活動の一貫として神社でヤガク（夜学）が行われていた。戦時、ムラの若者たちの入営、応召の時はここのオミヤサンに挨拶をして出かけた。五社神社は、才田村・尊鉢村のムラビトの鎮守であった。

五社神社の南西の角に「チンチン坂」と呼ばれる坂があった。特に、ここになんらかの施設があったわけではない。この坂は、ムラの中心地から一気に下る坂である。北東より南西に下る細い坂道で、竹やぶがそばにあった。なぜここをチンチン坂というのかについては三つの説がある。

1　太郎兵衛さんの爺さんの夢に出て来た狸が歩くのが「チンチンコロリン」といったようすだったからチンチン坂という。

2　昔、阪急電車（当時の箕面有馬電気軌道）がチンチン電車であった頃、それが見える坂だからチンチン坂という。

3　子供の腰の下げもんの瓢簞や鈴が鳴る音からチンチン坂という。

これら三説とも、それぞれに真実を伝えていると考える。第一の説は、タヌキの出没してもおかしくない丘陵に接する人里だからである。第二のこのチンチン電車説もおもしろい。確かに、南西向きの坂の下り切った田園地帯を箕面有馬電車の路面電車が走っていた。第三の子供の腰の下げ物の音説も楽しい。しかし、いったいなぜ、子供が腰に瓢簞や鈴をつけていたのか。おまじないなのか、もっと実用のあるものなのか、分からない。

チンチン坂は、地形的に鉢塚古墳から南に延びるわずかな稜線から南西に向けて傾斜している斜面にある坂である。この坂を下ればすぐそこは田圃であった。ムラの中心地の宮ノ前を下りれば米や麦が植わっていた。それほど大きくない集落なのである。その先を路面電車がガタゴト音をたてながら走っていたのである。この風景は新しい時代が生んだものである。この電車の終着駅は大阪・梅田（大阪市北区角田町《かくたちょう》）であった。都会はすぐそこであった。当時でさえ、宝塚（兵庫県宝塚市栄町）と梅田を五十分で運転していたのである。[8] だから、最寄りの石橋の駅（石橋）からは三十分程度で梅田に着けただろう。チンチン電車はムラビトたちにとっては新しい生活文化であった。鎮守のオミヤサンから近代文明がかいまみえたのである。チンチン坂の第二説の発生の理由には、この新しい時代の風景に対してのムラビトたちからの好奇なまなざしが感じられる。

宮ノ前は、宗教・文化・経済・情報などの活動の中心的な空間であった。ゴングラ・穀物倉庫の前はムラで一番、威勢のよい場所でもあった。ゴングラの前で、ムラの青年たちは、秤であるコクメーイシ（石目石）を差し上げて力を競ったりしていた。ムラの娘たちの処女会もここの二階を充てて活動していた。現在も、五社神社からゴングラにかけては、鉢塚会館、農業協同組合の支店のある才尊会館といった公共的施設が立ち並んでいる。

ムラの中心地を取り巻くように集落がある。かつては、その背後に田畑があり、ミカン山がみられた。その集落の切れる北部の丘陵の裾野には、山があり池があった。山となれば、バンコ山。弁天さんの山があった。バンコ山というのは、大正の頃に蜜柑番・ミカンバンのおじさんが住んでいたからだという。弁天さんの山というのは、山のサキの下り立った所に弁財天の祠があるからである。ここの池は、盆にはソンジョサン（先祖さん）を送る場所でもあった。

村はずれにドンドバがある。「ドンドバ」とは、灌漑のための舟池からの水が放水された土手下であって、水の轟音からの名という。[9] このあたりの村はずれにヨーネンコー小屋が小正月には建てられた。ヨーネンコーには「夜寝ん講」の字があてられるという。[10] 小正月に子供たちが行うトンド行事である。年越しのサエノカミ（賽の神）祭りである。

弁天池の南には中池がある。「昆陽（コヤ）の大池（オイケ）か、狭山の池か、さては尊鉢中池か」と言われ、深いことで有名だった。また、明治の半ば頃、白い蛇が泳いで渦を巻いたことがあるともいう。この池には、奈良時代の遊行僧・行基《ぎょうき》により掘られたという説もある。

この丘陵を下ると北墓があった。青年会による夜学の試胆会《したんかい》の時、先輩の面白半分の命令に従って、ここの塔婆を取って来るのも若者の試練のひとつであった。そこはまた、釈迦院の境内に通じる。釈迦院は「尊鉢の釜」、「尊鉢の桜」などといわれ、この寺は、都会近郊の名所でもあり、季節になれば大阪からたくさんの人がやって来る寺であった。

いっぽう、ムラの南西部は田圃ばかりが続く。尊鉢の集落から西に位置し、五社神社の氏地の外れにテンノウノモリがある。これは「天王の森」であろう。タカニュウドウ（高入道）が出たという。このタカニュウドウなる妖怪の出没したのは、村はずれの田圃である。このあたりの田圃では狐が出たともいう。「ある人が婚礼帰りの明け方に狐に騙され天王の森のある田圃の中をさまよっていた。御馳走を取ろうとした狐がしっぽを右へ振ると右へ、左へ振ると左へ行った」という。そこでも小正月には、ヨーネンコーの小屋が建てられていた。鉢塚の村の周縁では、どこにも神仏諸霊・狐狸妖怪が跋扈していた。青年会による夜学の試胆会は、村落共同体の構成員としての一人前になるための儀礼である。このように見てくると、昭和初期の大阪近郊のムラにも、外縁部にはモノの暗躍する闇の世界が控えていたのだろう。ムラの外縁は、異界の縁でもあったのだろう。換金作物を栽培する経済的には豊かな近郊農村にも、まだ少しは、呪術的な霊魂観の残存を認めることができた。

このような都市近郊の農村と町、都会との交易はどのようなものであったのだろうか。

（3）　マチ・池田との交易

鉢塚から阪急池田駅（栄町）までは歩いても二十分程度で行くことのできる距離である。しかし、昭和初期の頃は、才田村・尊鉢村のムラビトにとって、池田はマチであった。そこは行商に出かけた所であり、珍しい物を買い求める所でもあった。

才田村・尊鉢村のムラビトにとって、マチは小売先である。池田のマチは商いの場であった。卸し売り市場は満《ま》寿《す》美町《みちょう》にあったが、建石町、本町、新町、綾羽へはダイコン、ネギ、エンドウマメなどの野菜の小売りに出かけた。町は手軽に現金を手に入れることのできる場所でもある。

マチはコエ取りの場所である。上池田《うえいけだ》、栄本町の託明寺裏は、コエ取りの区域であった。大八車の小さな肩引きのネコグルマを引いて取りに行った。その礼にダイコンなどの野菜を置いて帰ることもある、心安い間柄でもあったという。マチの人には、厄介なものがムラの人にはありがたいものとなる。そこには、ムラの暮らしとマチの暮らしが互いに無い物を補い合う関係があった。物を現金でやりとりする以前の物々交換が行われていたのである。それは、ムラとマチの付き合いというものであった。

マチには、食い物屋があった。ムラビトにとって手に入らないものを現金で買い求めることのできる所がマチでもある。現在の西本町（当時の「西の口」）には、クイモン（食い物）屋が並んでいた。昆布屋の上村があった。山椒の実の取れる頃、家で塩コブ（塩昆布）を炊く。その時分にここに立ち寄って昆布を買った。魚屋の尼安《あまやす》があった。この店が尼安というのは兵庫県尼崎の人が店を開いていたからである。尼崎は「アマ」といい、そこの人たちは魚介類を商った。「アマ」という言葉は、海士・海女であり、漁師を指す言葉でもある。ここからは仕出し弁当を取った。取るのは婚礼の時や葬式の時に限られていた。うどん屋の吾妻屋《あずまや》もあった。うどん屋に立ち寄るのは、暮れの誓文払《せいもんばら》いの時など、子ども連れでマチに出かける時ぐらいである。ふだん農民は始末（節約）して暮らしているのである。ヨーネンコーの時には肉を牛肉店「いろは」に買いに出た。建石町のめん茂坂《もさか》には、「めんも楼」という料亭があった。この料亭は、細原茂三郎の所有だった。[11] その人の「茂」をとってめん茂坂といったのだという。めんも楼は、昔の池田町役場（城南。注：池田町は昭和一五（一九四〇）年から池田市となる。）の隣にあったが、才田村・尊鉢村の普通のムラビトにはあまり縁のない所である。よそからの旅商人や薬売りが出入りしており、ムラでもゴンタクレ（腕白者）が芸者を上げたりしていたぐらいだったらしい。

マチには、呉服屋・履物屋があった。栄町には現在もある北田呉服店があった。正月や盆前になると親から「惣《そう》物《ぶつ》（贈り物）を買うてやる」と言って着物を買ってもらったことがあった。履物を買うのは、本町（栄本町）の「まからん屋」などの履物屋であった。着物や履物のサラ（新品）を下ろすのは正月や盆にきまっていた。

マチでは、十日戎・ガンガラ火・誓文払いといった祭礼が行われた。マチには市が立ち、祭りも賑やかだった。室町の呉服神社には一月十日の十日戎の時に参拝し、福笹を受けて帰った。八月二十四日の地蔵盆の晩には五月山の大文字山に愛宕火が灯る。「ガンガラ火」は、田中町（栄町）、綾羽・城山町・建石町あたりの町中を半鐘を打ち鳴らして練り歩く。猪名川の河原では花火が打ち上げられる。マチでは見せる祭りが行われ、近郷の村々から大勢の人が詰めかけ、才田村・尊鉢村のムラビトも出かけた。町の祭りの時には見物衆である。また暮れの誓文払いには、本町に、正月準備の服、履物、雑貨、揚げ饅頭などの露店が立ち並んだ。

マチでは、芝居・活動写真が興行され、楽しいことがあった。娯楽施設が並び、西本町にあった呉服座には芝居を見に行った。芝居の出し物は、「壺坂霊験記」などだった。呉服橋を渡った兵庫県の側には川西座（兵庫県川西市小戸）があった。明治座というのは綾羽にあり、ここには活動写真を見に行った。昭和の初期は、尾上松之助の全盛期だった。戦時中のことではあるが、綾羽には赤線地帯があり「かつの屋」という女郎屋があったこともある。マチは享楽を与えるだけの空間ではない。現金を調達し、預け入れるための機関として、現在の栄本町に加島銀行があった。

マチには、公会堂（城南）があった。昭和一五（一九四〇）年に軍隊に入営した時には、池田市公会堂に集められ、市の中田助役から激励されて出かけたという。マチには電車の駅がある。阪急電鉄（前身は、箕面有馬電軌）の池田駅（栄町）は故郷との別れの空間でもあった。昭和八（一九三三）年に入営した時には、池田駅を出発して梅田駅まで出たという。ムラの若者たちは、兵隊になるのにチンチン電車に乗って行った。

鉄道の駅は池田駅だけでない。阪急石橋駅（石橋）もある。石橋駅周辺もマチである。畑の梅林での梅見の時分は、ここから馬車が出た。石橋駅からは貨車も出た。商品の花をここで朝四時四〇分の貨車に積み込み、梅田駅まで送り、次の電車で梅田に出たという。チンチン電車は生業の線路でもあった。

（4） 都会・大阪との交易

近郊農村・鉢塚と都会である大阪とはいろいろな付き合いがあった。時には大阪から人がやって来たり、才田村・尊鉢村のムラビトたちが大阪を訪ねたりした。都会からは、電車に乗ってやって来るが、なかには能勢街道を歩いてやって来たりもした。近郊の農村と、都会とのさまざまな交易についてみてみよう。

都会からは、茶人《ちゃじん》がやってきた。大阪からの茶人は、桜の季節の釈迦院の野点《のだて》に「尊鉢の釜」「尊鉢の桜」ともてはやし集まった。いかにも、この地の往時は風光明媚であって都会にない自然・風情があった。釈迦院の桜は、都会人の田園趣味を惹きつけたのである。

能勢参りの人々もやってきた。鉢塚の丘の行楽に満足できない向きには能勢の妙見さん（大阪府豊能郡能勢町野間中）への参拝があった。九月一日の八朔《はっさく》の日には、妙見参りの人が能勢街道を通って能勢の妙見に向かった。その人々の出所はたいていは大阪であった。鉢塚は、都会とヤマとを結ぶ中間点の村里でもあった。

大阪から行商に来る人もいた。行商に来た呉服屋の出所は船場の本町（大阪市中央区本町）であった。鉢塚には、戦前、薬売りや魚売りや、茶碗売りや、あるいは下駄直しなど、さまざまな生業を携えた人々が訪れた。しかし、大阪からの行商は呉服屋だけであった。呉服屋は一反風呂敷をセタロウテ（背に負って）やって来た。これも近代の都会とムラとの間の小さな交易であることに相違ない。

いっぽう、鉢塚が大阪にもたらしたものには果実と生花がある。木津の市場（大阪市浪速区敷津東）、天満の市場（大阪市北区天満）には、ミカンを卸しに行った。亀甲町（大阪市福島区玉川あたり）、阿波座（大阪市西区阿波座）の花の問屋には、切り花を朝の四時からリヤカーで売りに行った。戦前の鉢塚は、地域の北東の畑地区に財産区域を有する農村であった。都会に売りに出て、生活用の資金を稼いでいたのである。近郊農村には、とうの昔に、商品経済が入り込んでいた。

都会には、丁稚奉公に出かけた。都会にもたらしたムラの力は何よりも若い労働力であった。立売堀（大阪市西区立売堀）の「高橋岩治商店」という布海苔《ふのり》屋に丁稚奉公に行った若者もいたし、南堀江（大阪市西区南堀江）のラシャの輸入卸商に出された若者もいた。松屋町（大阪市中央区松屋町）のオカシンヤ（菓子屋）に出された若者も、船場の本町（大阪市中央区本町）の呉服問屋に出された若者もいた。「口入れ屋」という、職業安定所のようなことを商売とする人たちに頼み、奉公先を斡旋してもらった。戦前の大阪市内の町家にはたくさんの住み込み店員がいた。客の来ない店の休みの日にも店の中の片付けをさせられ、丁稚の休みの日といったら盆と正月の藪入りだけだった。

ムラから奉公に出たのは男だけではない。若いムラの娘たちは女中に出た。女中には上下があり、上女中（カミジョチュウ）としてオエハンと呼ばれた町家の女主人の世話をするのから、下女中（シモジョチュウ）として飯炊き、洗濯をするのまであった。これらの労働力をムラの人々は、娘自身の行儀見習いためにと思って安く提供した。必ずしも、この労働力は等価交換として償われたものではない。ムラにとっては、都会により多くを支払っていた。

(36) 阪急百貨店エントランス

たしかに、それによって都会の仕来り、作法がムラに持ち帰られことは事実だろう。都会の習俗が農村を近代化することもあった。とはいえ、彼らの労働力がどれだけ、このムラの暮らし向きを豊かにしたのだろうか。もともと、才田村・尊鉢村は、近郊農村として裕福であった。子女をマチに奉公させてかろうじて暮らしを立てたというような家庭事情は、このムラでは耳にしない。

都会には、百貨店があった。高麗橋《こうらいばし》の三越百貨店（大阪市中央区高麗橋）では高級品を売っていた。「玄関口では履いて来た靴にカバーをかぶせて入った」というような話が今でも語り草になっているぐらいである。百貨店は物を売るだけではなかった。都市文化・現代文化を触れさせてくれる空間でもある。人の目を楽しませる絵画を展示したりもする。梅田の阪急百貨店（大阪市北区角田町）の食堂ではお見合いが行われたりもした。晴れがましい時を演出する空間であった。子供たちにとってのお目当ては何よりも屋上である。阪急百貨店の屋上には遊園地があった。

都会は祝祭空間でもあった。昭和三（一九二七）年の昭和天皇御大典の時、花電車を見に行った所が梅田（大阪市北区）だったという。その時、道頓堀の中座（大阪市中央区道頓堀）の前でチャールストンを踊ったとも聞いた。街じゅうの料理屋の蓄音機が鳴り、みんながみんなおもしろ半分で踊っていたとのことである。心斎橋筋（大阪市中央区心斎橋筋）が狭いほどに人が集まっていた。だから、戎橋（大阪市中央区心斎橋筋）の派出所の巡査は、警備のため剣を吊って立っていたとのことである。都会とは不特定な人々の集まる空間であるだけに、時には物騒なことの起きる危険な場所でもある。

都会は、「外地」への道程でもあった。鉢塚の若者たちにとっては、都会の駅は「外地」に赴くための駅でもあった。阪急梅田駅は、チンチン電車の終着駅である。ここまで来て、大阪市電に乗り換え、築港（大阪市港区築港）まで行った。築港の停留所を下りて、朝鮮の「釜山」（ふざん・プサン。大韓民国）まで船で運ばれて行った。

（5）ムラとマチ・都会との連関

ムラビトにとってのマチ・池田とは、いったい何であったのだろうか。マチとムラとは下肥のやりとりがあり、心安い付き合いがあった。マチにはムラにない都市文化があった。マチは、才田村・尊鉢村のムラビトにとっては、生産物の商いの場であると同時に、消費の場であった。池田のマチでの歳末の誓文払には、正月準備の服、履物、雑貨、揚げ饅頭などの露店が出た。これは商人が景気を煽る華やかな祭礼にも似たものである。ムラの正月を迎えるに当たっての晴れ着は、池田のマチの呉服店で買い求められ、ムラでの慶弔事の際の仕出し弁当も池田のマチの仕出屋から取るのであった。買い求めた商品はムラの暮らしのハレの場を演出した。マチそのものが、華やいだ空間であって、マチに出て珍しいものを見るだけでもムラビトにとっては目の保養（メェノホォヨォ）であった。マチには芝居小屋が、活動写真館が立ち並ぶ、年じゅう、ハレの世界でもあった。農村の質素な暮らしに華やぎを添えたのは確かである。いっぽう、応召の時、通過するのもマチであった。壮行会が開かれ、電車に乗り込むのもマチからであった。では、ムラビトにとっての大都会・大阪とは、いったい何であったのだろうか。経済的に、農産物の大きな市場として、生計を潤してくれたのは、都会であった。ムラからは、大阪のマチに農産物をもたらした。野菜や生花を小売に、卸しに出した。文化的には、都市は近代文化の陳列台として今まで目にしたこともないもので心を魅きつける空間であった。大阪・高麗橋の三越百貨店（大阪市中央区高麗橋）に出かけることもあった。そこには高級品が揃っていた。ムラから都市にもたらしたものは、農産物だけではなかった。若い労働力である。若者にとっては丁稚奉公、若い娘にとっては女中奉公に出る巷でもある。大阪の商家では、ムラの若者や娘を「行儀見習い」といって都市風の習俗を仕込んだ。丁稚奉公の休みは盆と正月の藪入りだけである。農村の労働力は、「精神修養の場」の美名の下に都会の使用者のご都合次第でどのようにでも取り引きされる時代でもあった。これはムラの若い労働力をマチに組み入れようとする都会の側の算段である。都会は、昭和天皇御大典の時に顕著に見られたように祝祭空間でもあった。花電車が走り、人々が踊り狂った。ムラの若者たちもそこでは浮かれた。そこには、日本の近代のひとつの絶頂期をみることができる。「御大典」は、大きな政治的出来事・イベントであった。それからもう五年もすれば、この都会の港からムラの若者たちは、「外地」に赴くことになる。その時、ムラの若者たちは、「皇国の戦士」である。

　このように論じてみると、明らかにムラとマチ・都会とは民俗的には対照的な空間でありながら、それぞれ別個に成立しているものでないことは明らかである。お互いがモノなり、労働力なり金銭のやりとりによって関係づけられていることがわかる。日本における他の都市近郊のムラにおいてもおそらく、これとよく似た事象が見出せるであろう。その上で「ムラの若者たち」が生きた昭和初期を、世界史的出来事と重ね合わせてみるとよい。「ムラの若者たち」の生きた昭和初期からは、「近代」の制度を取り入れつつもいまだ前時代的な習俗を残存していた近郊農村を取り込みながら、都市化社会の道を歩んだ日本の「近代」のパラダイムシフトがはっきりと見えてくることだろう。本節においては、池田市鉢塚といった近郊農村の聞書から得られた事柄を、空間ごとにまとめた上で、ムラを中心に据えて、マチ・都会との連関について論究した。都市化社会の発展段階にあった昭和初期においては、ムラの民俗・マチの民俗・都会の民俗がいまだ有機的に連接し、補完し合っていたことが確かめられるのである。

〈初出は、「近郊農村とマチ・都会」『新修池田市史』五巻　一九九八年三月。これを一部修正。〉

第二編　水都大阪の民俗誌

第一章　川筋からみえる水都大阪

概　要

〈第一編　大阪の都市民俗誌研究の領域〉においては、大阪の都市民俗全般を地域民俗学的研究の方法をもって記してきた。しかし、本著〈水都大阪の民俗誌〉についての論旨を明確にし、具体的に展開するためには、限定された視角が必要となる。そこで、本編〈水都大阪の民俗誌〉の〈第二章　川筋の伝承世界〉、〈第三章　川筋の生業《なりわい》世界〉では、「川筋」に焦点を絞って論究する。〈第四章　「水都」周辺のマチの民俗〉は、水都大阪全般の民俗研究に向けての全体的視野を得るために、福島から浦江にかけての地域を都心部周縁として位置づけることにより、大正末年成立の「大大阪」の都市民俗研究に向けての視角を得ようとするものである。日本の大都会の周辺には、ここに示した「大大阪」のみならず、これと同じような事情があって都鄙《とひ》が連続しているところがあるものと考える。大阪は「水都」であると同時に「商都」とも称されてきた。〈第五章　現代大阪の都市民俗誌〉には、都心部である船場・島之内にまで範囲を広げて「商都」における都市民俗誌を記述する。本編〈水都大阪の民俗誌〉における都市民俗に関する論究は、川筋のマチを端緒に始め、かつて近郊の水郷であった周縁のマチを経て、都心部を含む地域を射程に入れることにより完結する。

本編前半〈第一章　川筋からみえる水都大阪〉〈第二章　川筋の伝承世界〉〈第三章　川筋の生業世界〉にとりあげる「川筋」とは、川水の流れる道筋ではなくて、川の流れに沿った一帯の地域であり、川によって画された地域を指す。ここにとりあげる大都会の「川筋」には、大きな水族館もあれば鄙びた漁港もある。民家もあれば作業場もある。橋もあれば渡船場もある。大きな社寺もあれば小さな祠もある……。この「川筋」においては、変貌著しい大都会にあっても、さまざまな伝説・祭礼・習俗を変容しつつ、いまだ伝承し続けている。本章〈川筋からみえる水都大阪〉は、このような伝承が息づく「川筋」を都市民俗研究の一つの視角として提示する。

近代「水都大阪」を標榜した大阪の街の中心部は、太平洋戦争時の空襲によってすっかり焼け野原となり、その瓦礫などで昭和三〇（一九五五）年頃から次々と堀川が埋め立てられた。多くの堀川は姿を消し、舟運は衰えた。しかし、大阪は、古来「浪速」「浪華」「浪花」「難波」と記されるように、現在なお「浪」「波」に風土性を感じる。大阪という都会は、海に面して幾筋もの川筋にできたマチなのである。

従来の民俗学研究においては、河川を線的に捉えることが多かった。それには、二つの側面があった。その第一は、川の縦断的側面であって川を上流と下流から捉える側面であり、その第二は、横断的側面である川を挟んでの両岸から捉える側面であった(注)。しかし、大阪といった都市における民俗を論究する場合、「川」「河川」といった線的な側面だけでは捉えきれないと考える。都市大阪の大部分は、かつて多数の堀川に画された地域であり、この地域の民俗を解明するには、「川筋」といった河川の流域一帯を論考の対象とすることが効果的であろう。

はじめに、川筋の民俗を追究するために、「川」についての学際的な視野に立ったうえで、民俗研究の位置づけを図ることにする。河川に臨む都市の水際《みずぎわ》空間は、さまざまな今日的問題を孕んでいる。有史以来人類が関与してきた河川については、すでに環境工学・地理学・歴史学・人類学・社会学など多方面からの研究が行われている。そこで川筋を含むところの水際空間についての先行研究と今日的課題を提示してみる。〈10　川筋の民俗研究の視角〉がそれである。そのうえで大阪の水際空間をとりあげる。

〈11「水都」の歴史〉では、大阪の川筋のマチの通時性を論究する。その際「水都」「水の都」ということばをキーワードに据える。いかに「水都」が「水」を治め、それを利して発達してきた都会なのか。「水都大阪」を謳う時代のパラダイムシフトを明らかにする過程で近代社会、そして現代社会における水際空間の持つ意味を解明しようとする。そこでは、大阪という都会の都市民俗を論究する視角として、この都会と「水」との多岐にわたる関わりを論じる。この節は、前節における川筋の民俗研究の視角を大阪に適用してみるものである。本章は、以下の〈第二章　川筋の伝承世界〉〈第三章　川筋の生業世界〉に向けての導入となる章で、以下のフィールドワークに基づく論究の対象とする「川筋」に関する前提条件を示すものでもある。

10　川筋の民俗研究の視角
―川筋に関する学際的研究―

（1）河川と都市

古今東西、「都市」は河川に沿った空間に築かれることが多い。このことは、従来から学際的に論じられてきたところである。川は、「文明の母」と称され、川の畔には人口が集中し、高度な文明が育まれた。エジプト、チグリス・ユーフラテス（イラク）、インダス（インド）および黄河（中国）の四大古代文明の発祥地が、いずれも大河の畔であって、「水」によって農耕に適する肥沃な土地が得られたからである。この四大古代文明に対して、中国の歴史学者・徐朝龍は、長江流域（中国）に五〇〇〇年前から巨大都市が存在したことを明らかにしている。すなわち豊富な水の利便性と危険性に対応・操作して、稲作農業社会に基づく都市文明が存在したと述べている(1)。水際に位置する都市についての論究には、「水」の利便性と危険性といった矛盾する両面を観る必要があるのである。

川の畔にはさまざまな相貌が見られる。歴史学者・樺山紘一は、繁栄をもたらす河川ではあるが、河川の沿岸は住民によって野放図に使用されるおそれのある空間でもあるという。大都市の河川の畔では、人間のさまざまな日常的使用が行われていた。セーヌ川のような大都会を流れる河川であっても、小舟をつけたり、水浴したり、小魚をとったり、洗濯したりする場でもあった。河川の流域は、あいまいな所有権と用益権が支配する場であったという(2)。地理学者・イーフー・トゥアン『空間の経験』は、現象面から都市における居住空間の価値の序列を述べている。すなわち、「水」に面した空間は、都市においては、商工業地域となることが多く、個人の住宅は高いところにいくほど立派になると述べている。(3) 川の縁《へり》には、貧困生活者が住むことが見受けられる。水際空間はスラム街ともなる。地理学者・福岡義隆は、ブラジルにおけるファベラ、アフリカのフランス語圏におけるビドーンヴィル、中近東におけるイシシュ、インドネシアにおけるカンポンといったスラムをとりあげ、いずれも河のほとりに立地することを述べている。「仮に他の条件がさほど良くない場合でも、近くに水さえあれば生きていけるもの」なのである。(4) 人類学者・藤巻正己は、インドネシアのカンポンをとりあげている。すなわち、「農民的生産システム」として、野菜や果物の栽培、ニワトリの飼育など、家計収支の低下を軽減するために、都市貧困層が市場経済とは別に自給自足的におこなっていることを明らかにしている。(5) これらの研究からは、川の「水」をめぐっての利害・貧富・禍福といった対立する両面を見ることができる。

わが国においても多くの都市が川の畔、あるいは河口部に発達した。近世都市江戸も河口に築かれた都市の一つであった。建築学者・陣内秀信『東京の空間人類学』には、近世江戸の都市空間をその地形から分析し、武家地の多く存在した「山の手」に対して、「下町」は、堀割・河川を軸にして成り立っていたと述べている。すなわち、「全国から江戸湊に集まった回船は品川沖や鉄砲州沖に碇泊し、ここで艀に荷を積みかえて、市中の堀割を通じてそれぞれの河岸地で荷揚げした」と述べている。(6) 堀割・河川は、交通機能としてだけでない。賑わいに満ちた広場や人間を引きつける名所、劇場の多くも堀割・河川の水際に成立した。(7) 近世都市江戸の繁栄も、海に注ぐ河川が都市の経済的・文化的発展にとって重要な役割を果たしてきたことの証左の一つといえる。このように河川をめぐっての都市の問題について、多方面からの研究が報告されている。これらに対して日本民俗学はどのように研究を進めてきたのだろうか。

（2）水辺と橋の民俗

日本民俗学においては、河川をめぐる「都市」の民俗について、充分に研究されているとはいえない。都市・マチの河川にあっても橋場空間については、すでに柳田國男以来、多く民俗学はじめとする多分野において論じられてきた。古来、橋場《はしば》空間は、異界と交流する空間と意識されてきた。江戸の両国橋、筋違橋などの橋のたもとは、防火のための火除地としての空地が、茶屋や見世物小屋が並ぶ広場として機能したのである。(8)それは、行政上の措置からだけ説明されるものではない。文学研究者・前田愛は、柳田を引いた上で橋をはじめ峠・坂・渚・三叉路・十字路などの境界は、昔から、土地の精霊が宿る禁忌の場所として畏怖され崇敬されてきたと述べ、(9)芝居町を橋場の聖地性との関連で捉えている。

河川全般に亘る民俗調査の項目の試案は、北見俊夫が提示している。すなわち、〈（一）川の政治性、（二）川の経済性、（三）川の社会性、そして（四）川の文化性〉である。この川の文化性については、「民間信仰のうち、水神信仰と川の神、川祭りなど年中行事。また、人生儀礼を通じてのかかわり方。橋に関する信仰・橋姫・橋占。ついで民間文芸・芸能など」と記している。(10)北見の試案は、民俗学から河川全般を論察する一定の目安を提示したものだった。

河川と流域に住む人々の暮らしについては、野本寛一が、その著書『人と自然と四万十川民俗誌』において、綿密な調査に基づき刻銘に分析している。その中には、白装束の男性や全裸の女性が四万十川《しまんとがわ》で水垢離《みずごり》をしている様子を挙げて、川は禊《みそぎ》の場としても重要な場だったと述べている。(11)さらに、川の阻害性を挙げて、川に接する先端部に墓を作ったり、流れに面した部分に川除《かわよけ》地蔵を祭ったりする事例を挙げている。川は交通の空間でもある。川の対岸との遮断性に対しては、渡し舟を生み、さまざまな橋を造らせた。野本は、渡し場・橋が港の性格を有する空間であったとして、渡し場・橋詰には茶店があり、橋のたもとには宇治の橋姫のごとき伝説が生まれ、橋詰地蔵なども祀られ、川が行政の境界となるだけでなく、民俗の境界ともなっていると論じている。(12) そこにとりあげられた川をめぐる情景は実に美しい。一度も行ったことがなくてもなぜか郷愁をそそる情景である。その「川」には、縦から切ろうと、横から切ろうと豊かな民俗文化が息づいているのである。

ところで日本民俗学において、河川流域を含む水際空間を「面的」に考察する観点から論じられたことがどれほどあったのだろうか。菅豊《すがゆたか》は、そのような水際空間を「水辺」環境として面的にとらえての民俗学的考究が遅滞していると指摘し、その理由として、三点あげている。すなわち、第一として「水辺」環境が荒蕪地であって不自由な生活を余儀なくされてきたという視点が固定観念としてあったこと。第二の理由としては、人間が固着する水田開発は、せいぜい近世期の新田開発を待たねばならなかったという先入観があったこと。第三に、人間生活を総体として取り扱う環境論に関心が向けられなかったと論じている。そして河口域は、洪水に見舞われる災厄の地として、冷淡に扱われてきたともいう。(13)

およそ日本民俗学においては、河川と都市という観点から論じられることもあまりなかった。そういったなか、一九九〇年、森栗茂一《もりくりしげかず》による『河原町の民俗地理論』（弘文堂）が上梓された。これは、マチ・都市の生成過程に果たした川をとりあげ、その生成過程における民俗的側面を論じた。結論はともかく、都市民俗学構築に向けての切り口としてユニークなものであった。さらに彼は二〇〇三年、『河原町の歴史と都市民俗学』（明石書店）を著した。この著作に挙げられる「河原町」は、地名として「河原町」「川原町」「新町」「材木町」などと表記される「河原の町」を対象としたものであるが、そこからは「本著の趣旨と異なる」として「河岸《かし》」「浜」といわれる場についての論究は除かれている。(14) この著作は、「河原の都市的なる場」の歴史と都市民俗をハレ・ケ・ケガレ理論を軸とする「民俗原理の変遷」に沿って論究したもので、全国各地の「河原の町」の事例を多く資料として挙げている。しかし、森栗の関心はもっぱら「民俗原理の変遷」にあって、「河原町」といった環境に即した民俗宗教・伝説・生業などの伝承文化の生成・消長に関して深くは論究していない。それらの項目は、理論構築の段階で捨象してしまい、せっかくの豊富なデータを充分に活かしきっているとはいえない。河岸・浜の空間を論究の対象としない限り、河川と都市という観点からの実証的な都市民俗学的研究の分野は、いまだ沃野となり得ないと考える。

（3）都市河川をめぐる今日的課題

東京には、昔、もっとたくさんの堀川があったと聞く。今日、マチを歩いていて、川がないのに「○○堀」とか「○○橋」とかいう地名に出くわす。その一角の小緑地に河川埋立の記念碑が建っていたりもする。「川のない橋」は、どこの都市にも見られる光景であろう。堀川が埋め立てられて高速道路や一般道路になっているのである。このような風景は、「水の都」と称されてきた大阪、あるいは新潟、広島などの都市も同様であろう。都市における河川は、物資を輸送・流通ルートとしての「動脈」というより、今日、むしろ「静脈」であって、市街地に発生する「水」は、水路・小河川・下水道を経て幹線河川へ流れているだけになっている(15)。それらの河川の静脈的機能は、たいていが見えなくなってしまっているのである。

かつて河川は、舟運やレクリエーションの場として都市生活者の活動に巧みに組み込まれていた。そういった水際空間が近年著しく衰退した。高度経済成長による産業の急速な発展や人口の過密化は、工場排水や生活排水の増加をもたらし、河川の公共水域の水質は急激に悪化していった。さらに河川や水路は埋め立てられて道路に変わり、市街地は過密化し、建築物は河川へぎりぎりまで迫り、水際空間は著しく衰退してしまった(16)。今日、さらに川をめぐる景観を大きく損ねている元凶の一つは、高潮対策のための高いコンクリートの防波堤である。[17]「川の流れ」は、都市生活者からは実感されにくくなり、汚染された河川は人の目に届かなくなってしまった。

今日、都市の河川については多岐の方面からの学際的研究が始められている。成田健一は、次の三つの問題点・視点を提示している。すなわち、洪水制御という「治水」の問題、水資源という「利水」の問題、そして近年注目されているのが「親水」という視点である。[18]「親水」ということばは、一九七〇年代中頃に登場し、その後の環境ブームに乗り、瞬く間に定着し、高度経済成長期を終えた一九八六年から九〇年までの五年間だけでも全国で七八か所の「親水公園」が設置されている。親水機能の内容は、レクリエーション機能、公園的機能、景観形成機能、心理的満足機能、浄化保健機能、生物育成機能、空間機能、防災機能などで、まさに複合的な「環境形成機能」全体を包含する概念であると考えられる。その背景には、水際が人々の生活感覚から遊離した存在となってしまったということが理由として考えられているのである。[19]従来からの「機能的な都市づくり」をめざす価値観からすれば、河川を挟む水際空間は、それ自体の汚濁等も一因となり、「片隅」に追いやってきたのである。今日、近代社会に見られた価値観の見なおしが迫られている。[20]東京湾におけるウォーターフロントには、さまざまな施設が建ち並ぶ。高層マンション、オフィス、国際会議場、親水公園などの文化性を持った要素も含め、様々な機能が再び水際に集まりつつあるのである。[21]今日に至るまでの工業化社会を支えてきた価値観の変換が「親水空間」としての水際を案出したのである。

野本寛一は、前述の著作において、河川民俗研究の柱としての「川の恵与性」と「川の阻害性」を論じている。すなわち、川は人の暮らしに欠くことのできない水を恵んでくれる自然の装置である反面、河川氾濫は流域の人々に限りない脅威をもたらす。河川がそういった両義性を持つ存在なのである。[22]川筋のマチにおいては、この「川の阻害性」を等閑にはできない。川筋のマチにおける民俗研究においては、たとえ今日、高い防波堤に阻まれて川面が見えなくとも、「水」を背にした環境条件のもと、形成してきた民俗文化の解明が重要であると考える。

本編にとりあげる水都大阪における川筋の市街地は、そのほとんどが近世の新田開発によって開かれた、洪水に見舞われる災厄の地でもある。そのような川筋の市街地には、その地域に特徴的な民俗宗教・伝説・生業といった分野において、伝承性を有する都市の民俗が存在しているのである。本編の趣旨は、それらの民俗を論究することにある。

〈本書初出〉

11「水都」の歴史

―「水都大阪」のパラダイムシフト―

(1)「水都」ということば

(37) 中之島剣先

「水の都」「水都」ということばは、普通名詞である。しかし、このことばは、都市大阪を指すことばでもある。花火大会に「水都祭《すいとさい》」というのがある。二〇〇三年七月二五日の宵、大阪天満宮（北区天神橋）の船渡御に合わせて実施された「水都祭」は、大阪市民には馴染み深い行事である。

戦前の船に「水都《すいと》」はあった。観光艇「水都」である。大阪市は昭和一一（一九三六）年六月から観光艇「水都」を就航した。これは、行程二八km、所要時間二時間のコースだった。淀屋橋北詰桟橋（土佐堀川）を出航し、中之島剣先（北区中之島）から堂島川に入り、安治川を下って大阪港を巡航して、木津川運河・木津川を上り、川口（西区川口）から土佐堀川に入って淀屋橋北詰（北区中之島）に戻るというものだった。しかし、昭和一五（一九四〇）年には早くも一般運航が全く中止され[1]、この観光艇「水都」は、戦時体制に入って短命に終わった。

大阪の冠辞「水の都」「水都」ということばは、近代に入ってから用いられたことばである。しかし、このことばは、近世都市大阪に現出していた水都景観からの命名であることに相違ない。

（2）水都の賑わい

大阪市の広報紙に〈「水の都」大阪のまちづくり史〉といった特集記事が組まれている。[2] その冒頭には、「すでに一五〇〇年前に海外との玄関口として栄えていた大阪。水に恵まれた土地である反面、河口に堆積する土砂や洪水に悩まされていた土地でもあります」とある。これを地質面で裏付けるのは、大阪市建設局監修『大阪の川―都市河川の変遷』の記事である。[3] これには、上町台地を形成する難波砂堆・天満砂堆の西の海岸低地は、沖積層の地盤上に出来た三角州であることが示されている。ここで、前掲の広報紙の小見出しを参考に『新修大阪市史』第十巻（大阪市史編纂所　一九九六年）「Ⅱ　年表」より抜粋しながら、歴史の流れを中世末期まで一飛びにたどると〈資料５　水都前史関連略史〉のようになる。

(38) **史跡難波宮公園**　大阪歴史博物館からの光景。

〈資料５　水都前史関連略史〉

①古代六千年前の大阪は海だった
②七～九世紀：最初のまちづくり「難波堀江」
　→推古朝一六（六〇八）年：隋の使者裴世清を難波の江口に迎える
③六四五年以後：難波津に近い場所に広大な宮殿・難波宮《なにわのみや》の造営
　→白雉二（六五一）年：孝徳天皇、長柄豊碕宮に遷都
④中世：新しい瀬戸内航路の開削による難波のさびれ

↓延暦四（七八五）年：朝廷、三国川（神崎川）から淀川に通ずる水路開削を計画
⑤室町時代後期：石山本願寺の寺内町となる
↓明応五（一四九六）年：蓮如、摂津国生玉荘内に石山御坊の建立を開始

これを見ても、大阪の歴史が「水」と深い関わりがあることがわかる。大阪の浮沈はまさに「水」によって決まった。天正八（一五八〇）年、織田信長方による真宗門徒衆の拠点・石山本願寺への攻撃の結果、教如が大阪を退去し門徒宗による寺内町は滅亡する。(4) 豊臣秀吉が石山本願寺の跡に濠を巡らせた大阪城を築くのは、この五年後の天正一三（一五八五）年のことである。こうして水をいかした城下町づくりが始まる。水都・大阪の原型はこの時代に形成される。

時を経て、近世末に水都の見事な景観を述べた記事が『浪華の風』にある。

〇浪花の地は、日本国中船路の枢要にして、財物輻輳の地なり。故に世俗の諺にも、大坂は日本国中の賄所とも云、又は台所なりともいへり。実に其地巨商富估軒を並べ、諸国の商船常に碇泊し、両川口よりして市中縦横に通船の川路ありて、米穀を始め日用の品はいふに及ばず、異国舶来の品に至る迄、直ちに寄場と通商なる故、何一つ欠るものなし。(5)

著者の久須美祐雋《くすみすけとし》は、大阪町奉行に在職し、その折に見聞したこの地の人情・風俗・物産・食物などについて刻銘に書き記している。(6) その冒頭がこれである。「水都」の景観を呈すものである。そこには、後世大阪を云う「天下の台所」という常套句に通じる表現が見られる。「日本国中船路の枢要にして、財物輻輳の地なり」とあり、浜に軒を連ねる商賈、岸に接岸する商船、市中に四通八達する堀川がとりあげられ、市中繁昌のさまが叙せられている。近世大阪においては、浜が交易の場であった。

現在の大阪市域の市街地化の歴史は、木津川の東と西とでは異なる。木津川より東は、近世の大阪三郷の町地であり、西は近世以降の埋立新田である。一九九六年『新修大阪市史』第十巻「Ⅱ　年表」より抜粋しながら、〈資料6　水都のまちづくり関連年表〉を示す。

〈資料6　水都のまちづくり関連年表〉

（天正一三（一五八五）：この頃、大阪城本丸完成）
慶長三（一五九八）：天満堀川開削
（慶長三（一五九八）：八・一八　秀吉没）
（慶長五（一六〇〇）：九・一五　関ヶ原合戦）
慶長五（一六〇〇）：阿波座堀開削
（慶長八（一六〇三）：二・一二　家康、征夷大将軍就任）
慶長一七（一六一二）：この年、南堀川（道頓堀）開削着手
（元和元（一六一五）：大阪城落城）
（元和元（一六一五）：六・八　松平忠明、大阪城主となる）
元和二（一六一六）：船場を南北に分け、北組と南組が成立
元和三（一六一七）：江戸堀川開削
　東横堀川東岸に住吉屋町開発
（元和五（一六一九）：七・二二　松平忠明、大和国郡山に転封）
元和五（一六一九）：又一町の遊郭を道頓堀に移し瓢箪町とする。

北船場・南船場などに多くの新町が成立。

：＊横堀（西横堀川）開削：第三巻一九七頁

（元和六（一六二〇）：三・一　大阪城築城工事開始（第一期工事））

元和八（一六二二）：長堀開削成る。

市中散居の乞食（非人）を下難波村の荒地と天王寺の堀越・飛田に移す。この頃、道頓堀垣外成立

寛永元（一六二四）：海部堀川の開削と永代浜の建設成る

高西夕雲（香西晢雲）ら、衢壌島干拓着手

寛永三（一六二六）：立売堀開削成る

寛永四（一六二六）：三月衢壌島干拓完成、九条村成立

寛永五（一六二八）：阿波座新堀川（薩摩堀川）開削開始

寛永七（一六三〇）：阿波座新堀川完成

寛永八（一六三〇）：中村勘助、木津川を浚渫

これを地図にしたものが、(39)〈近世大阪の堀川〉である。

大阪三郷の開発は、豊臣時代の大阪城築城と城下町づくりの着手に始まる。その時、堀川の開削が始まった。堀川の開削は、秀吉の死後も続けられ、松平忠明が大阪城主となる元和元（一六一五）年までに天満堀川・阿波座堀・南堀川（道頓堀）が開削された。元和二（一六一六）年に、船場に北組と南組が成立し、翌元和三（一六一七）年に東横堀川東岸に住吉屋町が開発された。これらの記事からして船場の東・上町の西に東横堀がすでに南北に掘

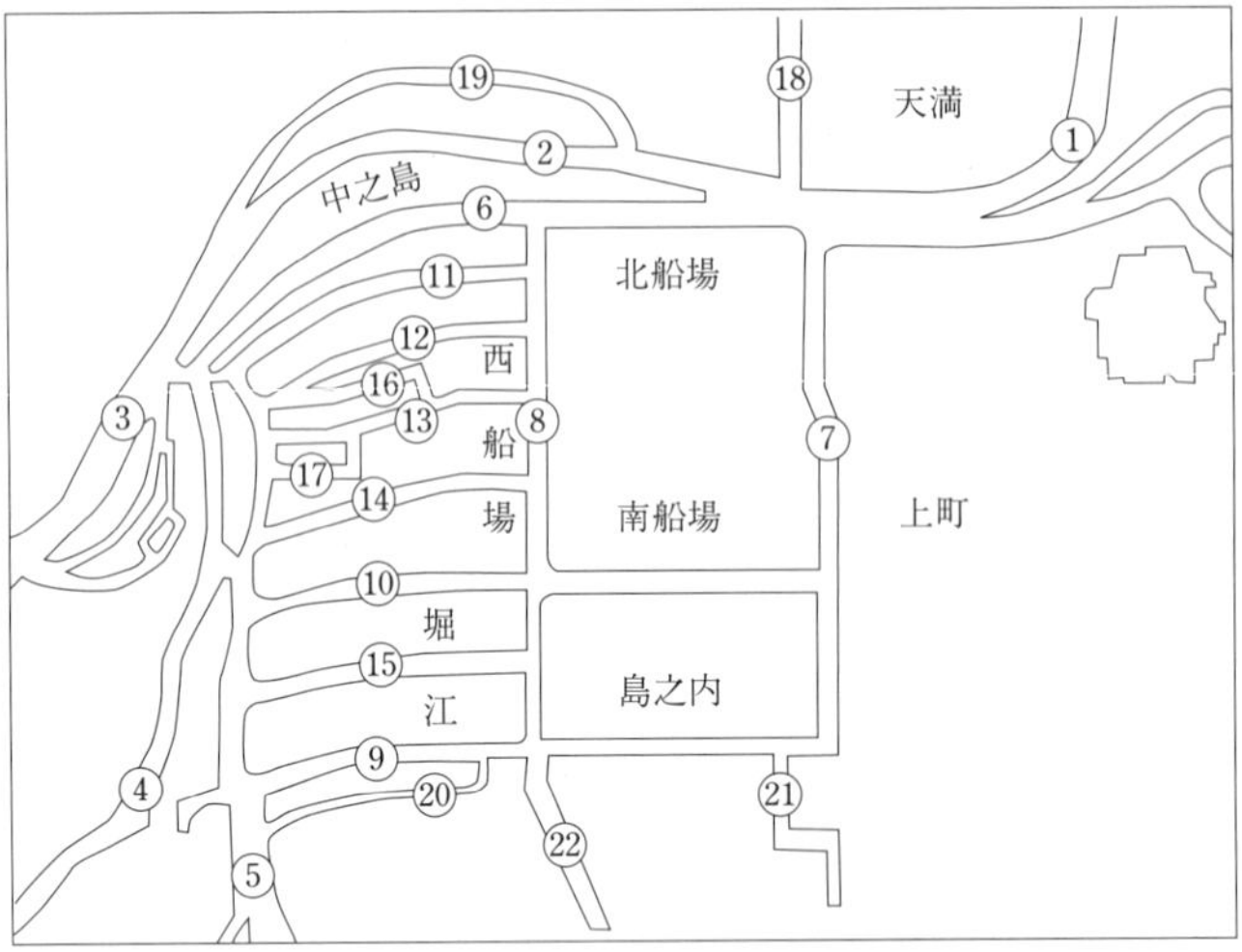

①旧淀川（大川）　②堂島川　③安治川　④尻無川　⑤木津川　⑥土佐堀川　⑦東横堀川　⑧西横堀川　⑨道頓堀川　⑩長堀川　⑪江戸堀川　⑫京町堀川　⑬阿波堀川　⑭立売堀川　⑮堀江川　⑯海部堀川　⑰薩摩堀川　⑱天満堀川　※⑲曾根崎川　⑳桜川　㉑高津入堀川　㉒難波新川
（慶応改正大阪細見全図・大阪市立博物館蔵より）
※曾根崎川は蜆川下流は福島川とも。

(39) 近世大阪の堀川

られていた。『新修大阪市史』は、開削の順序を次のように記している。[7]

○まず南北に東横堀川と西横堀川が通じ、西横堀川から西に阿波座堀川が掘られ、次いで東横堀川の南端から西の木津川に至る道頓堀川、西横堀川から西に向かって江戸堀川・京町堀川・阿波座堀川から分岐する薩摩堀川が、その後、東横堀川から西横堀川を横断して木津川に至る長堀川、また阿波座堀川から分岐して西に海部堀川、西横堀川から西に立売堀川が開かれていた。

近世大阪の町場は、上町の西に東横堀川を挟んで北から南へ船場・島之内が造成され、さらに西に西横堀川を挟んで北から南へ西船場（下船場）・堀江が造成された。大阪三郷町地は、水利の便によって諸国の物産の集積地として、浜に沿って多くの問屋が並び、西国諸国の蔵屋敷の並ぶ水辺の町として繁栄した。さらにまた町場の南の境を限る道頓堀界隈が芝居の建ち並ぶ繁華な町となったことは、すでに延宝年間（一六七三～八一年）刊行の『蘆分船』にみえるとおりである。[8]大阪三郷町地にあっても西船場の南に位置する堀江の開発はやや後れた。西長堀川と西道頓堀川に挟まれたこの地域は、元禄一一（一六九八）年、河村瑞軒が堀江の中央部を東西に堀江川を開削したのが嚆矢となり、その川筋に新地を造成したことに始まる。[9]この堀江新地にも、能舞台・芝居・相撲・魚市・青物市が許可され、賑やかな市街地となっていった。[10]これらの堀川は、用水路・排水路であるだけでなく、商品・物資の輸送のための運河・水路となった。さらに堀川の巡らされた界隈は、都市生活者の目を惹く遊興空間として演出された。水辺にできた近世大阪は、生業に遊びに「水都」の賑わいを呈していたのである。遊郭・悪所に架かる橋は、現実生活と享楽的世界とを往来する舞台装置でもあった。

（3）川筋の農村

⑽ 九島院

いっぽう、木津川より西の地区は、尻無川・木津川の川筋に開かれた近郊の農村である。現在の西区・此花区に衢壌《くじょう》島が開かれたのは、江戸時代初期の寛永元（一六二四）年のことである。この頃、すでに開発されていた大阪湾岸の新田は、慶長一五（一六一〇）年の三軒家《さんげんや》村（大正区三軒家東あたり）、寛永元（一六二四）年の四貫島《しかんじま》村（此花区四貫島あたり）、正保元（一六四四）年の福村・大野村（西淀川区福町・大野あたり）ぐらいのものである。[11]この時代の川口新田は、まだ代官見立新田であった。[12]

衢壌島というのは、淀川水系の三角州の一つであった。寛永元（一六二四）年、幕府の役人・香西晳雲《こうざいせきうん》たちが高潮を防ぐための堤防を築いた。[13]しかし、洪水の被害は跡を絶たなかった。安治川左岸九条の九島院《きゅうとういん》（西区本田）の「龍渓禅師庵」

は、寛文一〇（一六七〇）年の水害の時、潮流に呑まれて遷化した龍渓禅師の記事がみえる。[14]また、「九条《くじょう》」の地名に因むエピソードにも洪水伝説がある。

　＊
○延宝年中洪水の時、一本の笏衢壌村に漂着す。之を験すれば京都九条家のものなりしこと明らかなりければ、爾後之に因み村名を九條と書き改めたりと伝ふ[15]　＊延宝年中：一六七三～一六八〇年

由緒を「京」に求める伝承は、大阪においてもよくあることで、この記事だけでは史実とは見なせない。その後、貞享元（一六八四）年に至って、河村瑞軒が土佐堀川の水を九条島の中央を貫いて大阪湾に導く新川（後の安治川）を開削した。[16]一八世紀のはじめ元禄時代の頃になってようやく九条村（西区九条あたり）はムラの形を整えることとなる。[17]集落はわずかに安治川から引いた堀割とそれに並行して流れる井路（イジ・現在の本田《ほんでん》と九条を画する通称「中道《なかみち》」）との間に集中しているのみで、[18]「海表（うみおもて）堤」と呼ばれた堤まで海水が押し寄せていた。[19]次に大阪川口新田の開発年を現在の区ごとに整理してみよう。

表7　大阪川口新田開発年表

開発年＼区名	西淀川	此花	港	西	大正	西成	住吉	住之江
元禄元年（一六八八）	中島 出来島							
元禄11年（一六九八）		春日出 酉島 本西島	市岡		泉尾			
元禄15年一七〇二		北西島 南西島				津守		

＊加賀屋：住之江区にまたがる　＊桜井：西成区にまたがる

元禄年間（一六八八～一七〇四）	百島 蒲島	恩貴島 西野						
享保15年（一七三〇）								北島
宝暦4年（一七五四）			湊屋					
宝暦5年（一七五五）								＊加賀屋
宝暦7年（一七五七）			木屋	前田屋	炭屋	千島 平尾		
宝暦8年（一七五八）			池山					
宝暦年間（一七五一～六四）		六軒家 島屋			木屋			
明和元年（一七六四）			石田					
明和2年（一七六五）	西島	秀野						
明和年間（一七六四～七二）		南		岩崎				
安永元年（一七七二）					中口			
安永3年（一七七四）					上田			
安永5年（一七七六）			田中					
安永7年（一七七八）	矢倉							
文政12年（一八二九）			八幡屋 北福崎		南恩加島			

			池田					
天保2年（一八三一）					北恩加島		＊桜井	
天保3年（一八三二）					岡田 小林			
天保6年（一八三五）								庄左衛門
弘化元年（一八四四）			柴屋					
弘化2年（一八四五）					千歳			
嘉永年間（一八四八～五四）		常吉						

：『新修大阪市史3』一九八九年　四一六頁「元禄元年以降開発の大坂川口新田」に基づく

これを見ると、安治川・尻無川に挟まれた現在の港区の全域が川口新田開発以降の土地であることが分かる。港区をはじめ、大阪湾に面する西淀川区・此花区・大正区の土地は、川の分岐点の一部を除く全てが一八世紀以降、造成された土地なのである。元禄時代以降の大阪湾岸の新田は、先進地型の町人請負新田の代表例といえる[20]。例えば市岡新田は、元禄一一（一六九八）年に桑名町人である市岡与左衛門が開発したものである[21]。その新田名に開発した人名・あるいは屋号を冠し、それが現在の町名に残っている事例がいくらもある。

寛政年間に刊行された『摂津名所図会』には、尻無川の秋景が絵にされ、画賛として「鯊釣りや水村山郭酒旗の風　嵐雪」の句が添えられている[22]。この川筋の田園地帯は、この句にある「水村」というべき景観であった。これ以後、大阪湾沿岸の川口新田開発は、江戸時代末期・慶応末年まで次々と海に向かって進展する。

九条村は、明治になってからも農村風情を色濃く残していた。その安治川川岸の集落である松の下・現在の本田北西部には、僅かに漁夫の家が散居していた[23]。およそ、この地は、九条ねぎ・九条なす・新田西瓜を名産とする農村だった。[24]

明治期の安治川右岸の川筋には、船頭、漁師、船宿、船大工、船具店、職人の親方、漁師・船子・人夫が住むマチバに変化していた。[25] そういった川筋のマチが近代化とともに、やがて工場労働者が住む街に変貌するのである。

（4） 近代「水都」のパラダイム

大阪を「水の都」と呼称する表現の定着は、明治の末年頃とする説がある。[26] 管見による上限の用例も明治四一（一九〇八）年三月発行の友松会『おほさか』児童叢書おほさか地理の巻である。

〇市内を縦横に通ってゐる河には大小の船が上下し、大厦高楼が影を倒にうつし、夜などは電気燈や瓦斯燈の光が水にうつつて、大阪市が水の上に浮んでゐるよーで、ちよーどイタリヤと云ふ国のヴェニスと云ふ町のよーです、それで世の人は大阪を水の都ともいふてゐます、河が多くあるから橋の数も亦多いおそらく日本一でせう。[27]

ヴェニスを引き合いに出して「世の人は大阪を水の都ともいふてゐます」と述べている。大阪の水都景観にヴェニスを引くのは、明治三五（一九〇二）年の第五回内国勧業博覧会協賛会蔵版の案内書に遡る。すなわち「世人京都を水の都と称すとはいへ其実は大阪こそ真の水の府なれ、大阪は西洋人も日本のヴエニス（伊太利にて有名なる水の都）と称する位にて、川と堀とは此地の骨なり」[28]とある。ここでの「大阪」は、「水の府」であった。

友松会『おほさか』児童叢書に次いで「水の都」の見られるのは、明治四二（一九〇九）年四月日本電報通信社支局発行の『大阪案内』である。これには、「・・・・大川の夕涼み舟遊びは大阪人四季の行楽中最も大袈裟に且つ盛んなるものにしてげに水の都ならでは見ること能はざる名物の一」[29]とある。この表現は、大阪人の四季の行楽を叙するのに用いられている。この『大阪案内』については後に詳述する。他に「水の都」が用いられているのは、明治四四（一九一一）年発行の『最近之大阪市及其付近』という案内書である。(30)これには三個所見られる。

①大阪は実に橋の都なり水の都なり。…四頁

②川は実に大阪の生命なり。大阪市を称して『水の都』と云ふ。之を伊国のヴニス《ママ》に比して、果して妥当なりとすべきやの疑はしきものあり。然れども大阪が此の川によりて活き又益活きんとするは遂に否むべからず。…三六～三七頁

③大縲ノ於て川は道路を兼ぬると同時に又一種の公園とも云ふべし。此の意味に於て『水の都』と云ふ亦妨げず。…三七頁

②の用例には、第五回内国勧業博覧会協賛会蔵版の案内書、児童叢書『おほさか』にあったのと同様、ヴェニスを本家とする意識が見られる。

小説の題名を「水の都」とするのは、明治四五（一九一二）年、高安月郊の小説である。

〇川涼／大阪は水の都である。町幅が狭い丈川が大道である。淀川は大通である。横堀は小路である。町を通るより、川を通る方が大阪の特色が味はれる。(31)

これは、斬新な表現だったにちがいないが、そこには何の気取りも奇を衒う風もない。「大阪は水の都である」の短い一文は、大阪の風情を述べる文章の冒頭に据えられていて、さりげなく「水都」の情緒を偲ばせる町のたたずまいを述べている。明治の末年の頃に「水の都」大阪といった表現が熟していたにちがいない。しかし、「水都」の近代は、このような風情ある景観ばかりではなかった。明治四二（一九〇九）年一〇月、箕面有馬電軌（現在の阪急電鉄宝塚線）による風光明媚な郊外住宅を売り出す時のパンフレット「如何なる土地を選ぶべきか」の冒頭は、次のとおりである。

○美しき水の都は昔の夢と消えて、空暗き煙の都に住む不幸なる我が大阪市民諸君よ！／出産率十人に対し死亡率十一人強に当る大阪市民の衛生状態に注意する諸君は、慄然として都会生活の心細きを感じ給うべし。同時に田園趣味に富める楽しき郊外生活を懐うの念や切なるべし。(32)

何と挑発的な文句であろうか。まるで敗残兵士に投降を呼びかける調子である。「水の都」を「昔の夢」とし、「煙の都」に住む「不幸なる我が大阪市民諸君よ！」と呼びかけている。管見による「水の都」の初出は、明治四一（一九〇八）年三月であったのだから、これと同時代のことである。パンフレットの文章を作成したのは、後の阪急電鉄の総帥となる小林一三である。このいささか脅迫的な住宅売り出しの文句は、近代における「水都」の現実を「告発」している。

先に示した『大阪案内』というパンフレットは、小林一三のパンフレット「如何なる土地を選ぶべきか」と同じ年に発行されたものである。これの冒頭は、「大阪は煙の都なり水の都なり煙と水とにて彩れる大阪は実に日本の大都会にして亦日本商工業の中心たり」である。次に明治四二（一九〇九）年四月発行の『大阪案内』序を示す。

（句点は筆者）

〈資料7　『大阪案内』序〉

○大阪は煙の都なり水の都なり。煙と水とにて彩れる大阪は実に日本の大都会にして亦日本商工業の中心たり。百見よ工場より高く吐き出して蒼空に飛散する煙は一面の雲となつて十重二十重に大阪を包めるにあらずや。百尺の飛虹とも見るべき。幾多の橋影を倒涵して流る、所の水は縦横に大阪を囲めるに非ずや。前者は今の大阪を語り後者は古の大阪を示せり。煙突の下には諸種の工業行はれ富の増殖行はる。試みに大阪市内の煙突を挙ぐれば高さ六十尺以上石炭を燃料とせるもの七百余基。其高さ十間以下のもの及び工業を目的とせざるものを加ふれば総数一千基に上るべし。斯の如きは亦此れ一種の壮観ならずや。今の大阪の繁栄十中の七八は蓋し之に因す。又河川に就て見んか。大阪市街到処に大小の河川あり以て商舶賈船の出入に便す。是を以て封建の代諸侯の蔵屋敷あり。又大阪の二十四組問屋と江戸の十組との間に行はる丶賈買の為めに往復する所の菱形廻船あり。伏見と大阪との交通の為めに淀川を上下する過書船あり。昔の大阪の繁栄は全く之に頼りき。(33)

これらを合わせれば「水の都」をようやく謳った明治の末という時代は、時既に「煙の都」と称された時代でもあったのである。『大阪案内』は、「煙」を「百尺の飛虹」と讃え「今の大阪」を語る。すなわち工業が行われ、「富の増殖」を見るというのである。その時代、「水」は既に「古の大阪」と表現していた。すなわち「大阪市街到処に大小の河川あり以て商舶賈船の出入に便す」と述べ、以下に往時の水都風景を連ねている。そこでは、蔵屋敷・二十四組問屋・菱形廻船・過書船を挙げ「昔の大阪の繁栄」と謳っている。ここでも小林一三による郊外住宅の宣伝文同様、「水の都」は失われつつある光景なのである。「水の都」と謂い、「烟の都」と謂うが、「近代」の趨勢は、商業都市から工業都市への移行していた。工業化の著しい近代になってはじめて近世の水都景観に気づいているのである。「水都」は、いつも「烟都」と対句になっている。水都を「昔」とする「近代」のパラダイムシフトは、〈煙―工業―富の増殖〉に傾斜している。陸上交通の盛んになりつつある時代においてもはや軸足は「水」にはないのである。「烟の都」の記述は、「水の都」の初出に示した友松会『おほさか』児童叢書おほさか地理の巻にもみえる。

○高津の高台から北、西を臨むと、煙突がまるで林のよーに立って、太陽の光がうすく見える程、烟をはいてゐます、皆さんはイギリスのロンドンと云ふ都会はいつも烟のために空の曇ってゐる話を聞いたでせう、大阪は実に東洋のロンドンです。大きな、小さな、幾萬となく立ってゐる煙突からはき出す黒烟は市街と云はず

空とゐはず一面に蔽ふて、大阪は煙の都となってゐる。(34)

ここでは、ロンドンに見立てて「煙の都」を謳っているのであるが、近代都市大阪を「煙の都」と叙する背景には、「近代神話」の世界が控えている。ここで云う「近代神話」とは、「近代」の論理・価値観によって称揚された神話のことである。煙を見る場所が「高津の高台」である点に注意を払いたい。その地は「たかきやに登りて見れば・・・」の国《くに》見歌《みうた》の伝わる「仁徳天皇」の「伝説の地」なのである。明治の末期に見られた「近代神話」を明らかにするために、仁徳天皇国見伝説を記した教科書記事を示す。ここに示す「小学中等読本」は、明治一五（一八八二）年再版のものである。

〈資料8　仁徳天皇国見伝説を記した教科書記事〉

○仁徳天皇・即位ノ初、高台ニ登リ、人家ヲ望ム、炊煙ノ升ルコト多カラザルヲ見テ、人民ノ貧困ナルヲ知リ、乃年租ヲ免シ、窮民ヲ恤ム、宮室門牆、破壊スト雖、肯テ修理セス、上漏リ下湿フ、帝以テ意ト為サス、幾クモ無クシテ、百姓殷富ス、帝復タ台ニ登テ之ヲ望ムニ、家々ノ炊烟頗濃蔚ナリ、喜テ和歌ヲ作テ曰ク、タカキヤニ、ノボリテミレバ、ケムリタツ、タミノカマドハ、ニキハヒニケリ、帝・欣然トシテ皇后ニ謂テ曰ク、朕既ニ富メリ、皇后ノ曰ク、今屋壁・風雨ヲ禦ガズ、何ソ富メリト謂フコトヲ得ンヤ、帝ノ曰ク、民富メリ、朕何ソ富マズト謂ハンヤ、是レヨリ先ニ、羣臣百姓、交々宮室ヲ修メントト請フ、許サズ、是ニ於テ始テ之ヲ許ス(35)

「仁徳天皇」の善政を讃える記述である。竈の煙の立つのの少なきを嘆き、「人民の貧困」を知り、課税、年貢を免除し、自らは宮室の修理を拒んだ。幾ばくもなく再び高台に登ってこれを望んだところ「家々の炊烟頗濃蔚なり」とある。この友松会『おほさか』の近代の「煙突からはき出す黒烟」も、「高津の高台」からの望見とする限り、この国見伝説の「炊烟」に見立てているのではないか。

折しも、明治の半ばは、西大阪にも近代工業の発展の緒を見る時でもある。明治一六（一八八三）年、西成郡三軒家村（大正区三軒家東）の官有地に渋沢栄一ら財界有力者が出資して大阪紡績会社が操業を開始する。この近代的建物は、木津川河畔に三階建ての煉瓦造りの偉容を誇った。(36)この新しい工場を見物しようと大阪市民が三日間で五万人も押し寄せたという。(37)川筋の農村を工業の地としたのが「近代」なのである。日清戦争後の二十世紀前後から、ますますこの傾向に拍車がかかり、都市周辺部では、農地が宅地や工場用地として市街地化が進展する。(38)

「煤煙防止ニ関スル意見書」が大阪府会から大阪府知事宛に提出されたのは、明治三五（一九〇二）年のことである。この頃、紡績業を中心に商工業が飛躍し、大阪は「東洋のマンチェスター」と呼ばれるにいたっていた。その意見書には、「工場烟突ノ数無慮二千三百三十有余五本、（中略）市内及接続町村ヲ顧望スルトキハ、黒煙天ニ漲リ真ニ烟都ノ名ヲ亦適実ナルヲ知ル」とある。(39)「烟都の名」をほしいままにしていたのである。小林一三の檄文にも似た宣伝文句「空暗き煙の都に住む不幸なる我が大阪市民諸君よ！」の出る七年前のことである。

近代都市大阪は、公害先進地でもあった。それにもかかわらず、これから先、人口は旧市街地である都心周辺（urban fringe）を中心に増え続ける。この煤煙に汚された土地に向けて西日本各地から人々が集まってくるのが近代大阪の膨張なのである。大正一四（一九二五）年の時点で大阪市は二一一万人の人口を擁する世界有数の大都市となる。旧市街地の周辺部、とくに淀川から大阪港にかけての川筋一帯が、綿業、機械工業などの工場を有するアジア最大の商工業都市となっていった。(40)それに伴い川筋の環境の劣悪さ加減は、ひどくなるばかりであった。河川の汚濁も一段と進んだ。人口の増加に伴って河川への屎尿やゴミの投棄、工場排水や家庭からの排水の激増によるものである。(41)

昭和四（一九二九）年には、着工から三二年にもおよんだ築港工事が完了した。[42] その後、昭和九（一九三四）年の室戸台風で被害を被るが、その修復によって港湾施設はさらに充実する。昭和一四（一九三九）年には取扱貨物量が全国一位となり、東洋一の工業都市として戦前における最盛期を迎えるに至った。[43]

この時代の近代都市大阪にまつわる思潮を明らかにするために、昭和初期の国定教科書をとりあげる。大阪が「水の都」として小学校の教科書にはじめて記述されるのは、昭和八（一九三三）年に発行された第四期国定国語教科書『小学国語読本』と、『尋常小学地理書』である。[44] 第四期国定国語教科書は、昭和八（一九三三）年より昭和一三（一九三八）年までの間、発行されている。[45] これには次のように記されている。[46] 傍線等は筆者による。

〈資料9〉

○第十五　大阪／汽車で大阪駅に近づくと、晴れた日でも、空がどんより曇つたやうに見えます。それも其のはず、大阪は俗に煙の都といはれ、大小八千以上の工場がこゝにあつて、林のやうに立ち並ぶ煙突から、たえず黒い煙をはき出して居るのです。大阪は、実に日本第一の工業都市で、各種の工業がはなはだ盛な所です。大阪は又、昔から商業の盛な所です。市を流れる淀川は、幾筋にも分れて、西の大阪湾に注いで居ます。其の（十九頁）川水は、市内幾十といふ堀から堀に通じ、川と堀とは、まるであみの目のやうに組合つて居ます。大阪は水の都ともいはれるわけは、こゝにあるのです。そこで、大阪の港に集つて来る船の積荷は、小船で川や堀を伝つて大阪の町々に上げられます。又大阪の物産も、多くは堀や川を通つて港へ送られます。かうして、多くの品物が、自由自在に集つたり散らばつたりするので、しぜん大阪が一大商業都市として発達したのです。／水の都ですから、大阪には大小千何百といふ橋があります。大阪駅からほぼ南へ、御堂筋といふ大通を進むと、やがて、大江橋を渡つて中之島といふ所へ来ます。それは淀川の中にある細長い島ですが、此の島に向か

⑷1) 高津神社

⑷2) 天王寺美術館

つて、北から南から、かけ渡された橋ばかりでも二十もあつて、まるで、中之島をたくさんの串でさし通したやうになつて居ます。／中之島及び其の付近には、近代的な高い建物が並び、島の東端には中之島公園があります。公園はさして広くはありませんが、大川をめぐらした眺は大阪らしい景色で、其のまゝ水の公園といつてよいくらゐです。／一番にぎやかな場所は、市の中央、道頓堀付近の町々です。心斎橋筋にはりつぱな商店が並び、堀端の町には映画館や劇場があつて、人の波が後から後から押寄せます。夜になると、此のへん一たい電気の光が輝いて、町も水も、一面に火を流したやうです。／名所としては、先づ大阪城があります。豊臣秀吉の建てた城で、近年復興された天守閣に上ると、広い大阪は一目に見えます。石垣の大きいのは有名ですが、中でも縦六米、横十一米といふすばらしく大きい石には、誰でもびつくり（二〇頁）させられます。／仁徳天皇をおまつりしてある高津神社や、其の近くにある生国魂神社、ずつと南にある住吉神社、又日本最初の寺といはれる四天王寺など、何れもゆゐしよの古い神社やお寺です。ことに住吉神社は、境内が広く、樹木が多く、社殿がおごそかに拝されます。四天王寺に近い天王寺公園には、美術館や動物園があり、又木立や、池や、運動場や、広い花壇があります。かういふ所へ来ると、もう煙の都といふことなどは、すつかり忘れてしまひます。／大阪港は、防波堤が遠く続き、港内の岸壁には、一万五千トンの大船が横付けにされます。大小の船の帆柱が林のやうに見えます。／市内には、自動車が走り、電車が走り、地下鉄道も通じて居ますが、川や堀に幾千といふ船が通つて居るのは、大阪でなくては見られぬ景色です。近郊電車の発達して居ることも、りつぱな飛行場のあることも、大阪の誇の一つになつて居ます。／昔、仁徳天皇は、此の地に都をお定めになつて、堀江をお開きになり、又三年の間租税を免じて、民のかまどの煙の立つやうになつたのを大さうお喜びになりました。大阪が、水の都として発達し、又煙の都と呼ばれて、今日のやうな大都市となつたのには、まことに尊いいはれがあるといはねばなりません。(46)

注意して「大阪」の項目全文を読むと昭和初期、大阪に向けられた「近代国家日本」からの要請を読み取ることができる。そこからは、近代国家による「大阪」をめぐるパラダイムシフトが見えてくる。すなわち、大阪を形容する表現は、〈日本第一の工業都市／商業の盛な所／一大商業都市／大都市〉である。記述された人名は〈豊臣秀吉／仁徳天皇〉である。仁徳天皇の記述は、二個所あり「仁徳天皇をおまつりしてある高津神社」とも「昔、仁徳天皇は、此の地に都をお定めになつて、堀江をお開きになり、又三年の間租税を免じて、民のかまどの煙の立つやうになつたのを大さうお喜びになりました」ともある。記述された地名・施設名十八箇所のうち水辺に関係するものは、次に示す九個所である。すなわち〈淀川／大阪湾／大江橋／中之島／中之島公園／大川／道頓堀／心斎橋筋／大阪港〉である。(「住吉神社」は、当時の地形からして除いた。)

「水の都」は、傍線で示したように三個所みえる。これまた傍線で示した「煙の都」と同じ数である。

こうした点に注目してみると近代「水都大阪」に関する一連のパラダイムシフトを読み取ることができる。ここでも明治末年に見られた〈水の都—商業〉〈煙の都—工業〉との対応が見られる。「煙の都」は、「林のやうに立ち並ぶ煙突から、たえず黒い煙をはき出して居る」と現在形で語っている。注目すべきは、「仁徳天皇」の記事である。この教科書において「民のかまどの煙の立つやうになつたのを大さうお喜びになりました」とある。この一連の「大阪」の項目の記述には、「見立て」が見られる。つまり、この教科書にある煙突からの「黒い煙」を炊飯の煙「家々の炊烟」に見立てることにより、「工業都市の発達」こそ、「民富めり」と教え、都市の繁栄を讃えるのである。この「工場からの煙」を「炊飯の煙」と見立てるというのは、当時いくらもあった。

大阪市内の小学校の校歌にもあった。私事にわたるが、母校である大阪市立鷺洲小学校の校歌の歌詞にも「淀の流れを汲み分けて／水の通い路《じ》いと繁く／煙は高く空を覆《おお》いて／鷺洲の里は賑わえり」とうたわれている(47)。この小学校の開校は、明治三一（一八九八）年である。ここにも「水」と「煙」があり、近代大阪の繁栄のパラダイムを読み取ることができる。すなわち、水辺の里は、煙が空を覆って賑わうのである。この歌詞の「煙」を国見歌の炊飯の煙に見立ててはじめて、町の繁栄を讃える歌・国誉めの歌となるのである。このような「近代神話」が今日なお子供たちに教育され続けているのである。はたして「工業都市の発達」は、市民を富ませたものであろうか。作家・富岡多恵子は、昭和一〇年代の淀川河口に近い伝法（此花区伝法）に生まれた。彼女は、随筆に次のように記している(48)。

○昭和九年、わたしが生まれる前の年に、この思い切り広い通りを、築港からくろい水が背の高さで、人間が走るより早くおしよせたのが室戸台風であった。そのあたりの人間は、いつも、水におびえて暮らしていた。そのあたりに住んでいる人間は、工場の職工か、小商売人であった。

川筋のマチは、人々が絶えず「水」の脅威にさらされながら暮らしていた土地でもある。そこに暮らすのは、工場の職工や小商売人たちであった。近代都市の幻影「美しき水都」の波路の末には、いつも「水」に脅えながら暮らす工場街の人々がいた。近代における「水都」のパラダイムシフトの内実は、このようなみじめなものだった。

（5）「水」を背にした街

現在、大阪の街を歩いていて、「水の都」を実感することがあまりない。それは、戦後、市中を巡っていた河川が埋め立てられたことにもよる。〈資料10　西区の埋もれた川と橋〉に埋め立てられた年月と失われた橋の数を表にした(49)。

〈資料10　西区の埋もれた川と橋〉

参考文献：伊勢戸佐一郎　一九九〇年『埋もれた西区の川と橋』大阪中央ライオンズクラブ発行
　『角川日本地名大辞典二七　大阪府』一九八三年

①西横堀川：昭和三七年五月　：二一橋　②江戸堀川：昭和三〇年九月　：九橋
③京町堀川：昭和三〇年六月　：九橋　④海部堀川：昭和二六年　：六橋
⑤阿波堀川：昭和三一年九月　：八橋　⑥薩摩堀川：昭和二六年　：六橋
⑦立売堀川：昭和三一年一月　：九橋　⑧西長堀川：昭和三九～四五年　：九橋
⑨堀江川　：昭和三五年一一月：九橋　⑩百間堀川：昭和三九年三月　：五橋
⑪古川　：昭和二七年一一月：五橋　⑫尻無川上流：＊昭和三一年以前：五橋
⑬境川運河：昭和四一年三月　：七橋　＊は、前掲『九条のすがた』二三頁による。

近世水都の景観を誇った西船場・堀江の地区は、堀川の外枠だけを残して全て埋め立てられた。残されたのは、

(43) 土佐堀川

東の東横堀川、西の木津川、北の堂島川・土佐堀川、南の道頓堀川である。埋立が始まったのは、昭和二六（一九五一）年頃からで、まず海部堀川、薩摩堀川が埋め立てられた。昭和三九（一九六四）年から同四五（一九七〇）年までの六年がかりの工事で西長堀川が埋め立てられ、西区の堀川埋立は終息する。その間、足かけ二〇年の歳月を要した。なぜ埋め立てたのか。次の三点が考えられている。一つは、陸運の発達による河川利用の減少、次に河川の水の汚濁、それに防潮堤の築造費用の節約である[50]。埋立の土砂には、空襲による焼け野原の残土が充てられたこともあった。この結果、河川に架かっていた橋がなくなった。西区だけで実に一〇八もの橋が消えたのである。

　水都の景観を一変させた要因のもう一つに、一連の港湾地区の整理事業が挙げられる。港湾地帯の全面盛り土工事・防潮堤の嵩上げである。前掲の「大阪市政だより」の特集に「水害からまちを守る」の小見出しがある。港湾地帯の全面盛り土工事は、港区・大正区の港湾地帯約一〇〇〇haに及ぶものであった[51]。昭和二二（一九四七）年から始まったこの工事は、三・五mから四・五m嵩上げをするという工事だった[52]。それまでの街の施設は順繰りに撤去され、嵩上げ造成された土地に新たに建て替えられた。

　この盛り土工事を急き立てたのは、昭和二五（一九五〇）年のジェーン台風による甚大な被害であった。盛り土工事は、防潮堤の嵩上げと並行して行われた。これによって、川筋の景観は一変した。河川・運河・海岸沿いには高い防潮堤が築かれて[53]、「水」が見えなくなり、コンクリートの護岸だけが川筋を取り巻く光景となった。この間、戦後の復興事業と下水道建設が並行して進められ、防潮堤の総延長は一二四kmにも達した[54]。

　現在の港区は、中央大通・みなと通りといった幹線道路が「海」に向かって伸びる整然とした街並みである。歩いてみて気づくことに港区には、坂がいくつもあることである。これは自然地形によるものではない。市岡元町のあたりにも南北に坂がある。中央大通に通じる北の方は高く、みなと通りの通る南の方は低い。街全体が安治川左岸の方が高く尻無川右岸の方が低くなっている。その分、尻無川右岸には高い防波堤が延々と連なる。港区の坂は、盛り土工事によるものである。したがって嵩上げに遭った地区にある神社仏閣も祠堂もすべて、その後に建設されたものなのである。洪水・高浪といった「水」の脅威から身を守る代償に水際空間の景観は一変した。今日、川筋に沿って歩くのも刑務所の塀に沿って歩くのも一向、景観に違いはなくなった。「水」は、高い防潮堤に囲い込まれて見えなくなってしまったからである。この高い防潮堤には、何十年に一度であっても「水」は決して逃してはならないという近代の機能主義的な治水の思想が貫徹しているのである。

〈はじめに「水都」周縁のマチの心象地図〉で記した堂島大橋の下流に位置する、川筋とりわけ「川口近くの街」を舞台にした小説に宮本輝『泥の河』がある。[55] 作者の宮本輝は、中之島近くに四歳から九歳頃まで住んでいた。安治川の川口近くの岸には、「……身元不明の溺死体や、まだへその緒のついた赤児の死体などが、ゆらゆらと流れて来ることも珍しくなかった」という。[56]「泥の河」に沿ってあるのは、漂着物の流れ着く川下の街である。

(44) 小説「泥の河」の舞台　土佐堀川は前方、鉄橋の先で堂島川と合流して安治川となる。

この小説は、昭和三〇（一九五五）年頃の海と街の領域の境界というべき空間を舞台にしている。この小説からは、けっして裕福とは言えない人々の暮らしを読み取ることができる。その頃はまだ川面にポンポン船が行き交っていた。泥の河に沙蚕《ごかい》を採りながら暮らしを立てる老人がいた。鉄屑を運ぶ馬力屋《ばりきや》がいた。主人公・信雄少年の家は、そういった川筋の人々相手の食堂である。喜一少年の家は、橋の袂に係留されていた廓船《くるわぶね》であった。それは、母が娼婦をして、姉弟の二人の子供を養っている母子家庭である。それらの記述すべてを事実として受け止めてはなるまい。この時代の川口に「廓船」の存在は確認されない。しかし、戦後もこの付近の川面一帯が川に暮らす水上生活者と彼らを相手にする行商人の船の溜まり場であったことは、確かである。三浦行雄『船のある風景』には、次の記述がある[57]。

　○市中の枝川には曳船が入れないので、艀や土砂船はポンポン船から離されて、櫓や櫂の自力でめざす荷揚場や工場に向かった。そこでは荷役の都合か、幾日も滞留している艀もあった。なかには世帯ぐるみ乗り込む艀、「舟の家」もあり、主婦が船から船に渡した板をたくみに乗り移ったり、カンテキをあおぐ風景などもみうけた。下流部に、こんな艀の溜まり場があり、そこでは艀から艀へ飲食物や雑貨を売ってゆく行商人がいたが、後に溜まり場に無料給水栓が設けられたが、こんどは栓の付近に船頭めあてのおでん屋や屋台店が軒をならべることになった。

昭和三〇年（一九五五）頃の都市空間の中での「川筋」とは、いったい何であったのか。川筋は、戦後の発展によって、どんどん周辺に追いやられていく空間である。どの時代においても川筋の街は「周縁」である。あるいは都市の縁・ヘリといってよい。繁華な都心に対して、周縁であった。「水」を背にした街の浜には、外からの商品を中心に運ぶための倉庫群があったりする。遠い故郷を離れてやって来た人々が身を寄せ合う地区であったりもした。一九八〇年代に入ってその川筋の街にも変化が起き始めた。「水」に暮らしを立てる生業は徐々に消えて行った。その頃から「水」を見えなくした防潮堤に囲まれた「安全な街」に、「水」をコンセプトとする新たな都市の施設が造られ始めた。

（6）一九八〇年代以降のウォーターフロント

この時代、市政担当者とそれに協力する民間企業によって市民の「水」へのまなざしは、大川および天保山と人工島に注がれだした。そこには、一見洒落たポストモダン風の街が造成された。冒頭記した連絡船「水都」は、昭和五六（一九八一）年、天保山と海上の人工島・咲洲（住之江区）、舞洲（此花区）を結ぶ連絡船として就航を始めた。この船は全長三二m、総トン数約一八八t、最大速力一四㎞で定員は一八五名であった(58)。

続いて昭和五八（一九八三）年一〇月からは、大川に水上バスが就航するようになった。これは京阪電鉄の資本によって行われた。水上バス「アクアライナー」は、超薄型のスマートな船体である。京阪電鉄グループは、大川を大阪の新しい観光ゾーンとして再開発し、水上バスを水都大阪にふさわしい新交通システムと自負していた。就航の目的は、大川上流の大規模住宅団地住民の都心への足として、また大阪城、中之島の観光活性化の旗手としてであった。京阪電鉄グループは、さらに平成二（一九九〇）年六月一日に天保山ハーバービレッジ（港区海岸通）に帆船型観光船「サンタマリア」を就航させ、大阪港のウォーターフロント開発にも参加した。そして一九九八年三月に川の本格的なレストラン船「ひまわり」を就航させた(59)。

(45) 木津勘助お迎え人形

この他、昭和六〇（一九八五）年春に、上方の噺家露の五郎・（現在、露の五郎兵衛《ごろべえ》師匠）は、屋形船「五郎船」を就航させ、水上からの大阪の景観の素晴らしさを満喫させた。私事にわたるが、興に乗った五郎兵衛師匠自ら、この地に因む上方落語「勘助島《かんすけじま》」の一席を語っていただき、感激した経験がある。また一本松海運（株）は、大阪市中の河川を遊覧船で巡るイベント船を就航させている。「道頓堀・中之島遊覧船―粋な都会の川あそび―船上パーティー各種イベント結婚式二次会に！」といった船遊びが行われている。これは、〈土佐堀川↓天神橋↓大川（Uターン）↓大川↓天神橋↓堂島川〉といったコースと〈木津川↓大阪ドーム前通過↓道頓堀川↓戎橋を通過↓下大和橋↓（Uターン）↓道頓堀川↓木津川〉のコースとがある。この遊覧船は、船内で会食をしたり、カラオケを楽しんだりもする。[60] こうなれば船内から水際空間を楽しむのもさることながら水に浮かぶカラオケ会場である。この一本松海運（株）（北区中之島）は、道頓堀スタジオジャパンといった団体に輸送部門として参画し、二〇〇一年夏より、ユニヴァーサルスタジオジャパン（此花区桜島）といった大遊園地と道頓堀を結ぶ遊覧船「オクトバス」を就航させた。この船には、大きな蛸のゴム風船を取り付け人目を惹いた。

大阪市は、一九九六年七月から一九九七年一月にかけて、市民から公募した「私の好きな水辺の風景」を「大阪市政だより」五五八号から五六七号に掲載した。選ばれたのは、中之島・ATC・舞洲シーサイドプロムナード・天満界隈・淀川わんど・道頓堀・淀川・OBP・大阪城で、伝統的な名所から新しい施設まであった。行政当局は、「親水空間」の広報宣伝につとめた。

(46) ＯＢＰ大阪ビジネスパーク

市政だよりの「大阪市政カレンダー」にも水際空間での行事・イベントを多く載せた。[61] 大川では、四月の市民レガッタ、五月下旬の大阪市立大学のボート祭。大阪港では四月一七日にメルボルン大阪ダブルハンドヨットレースのスタート、七月の「大阪港ボート天国」「オリンピッククルーズ」など、ボート競技・マリンスポーツの会場に大川・大阪港といった水際空間をあてている。本物の「海水」の遠のいた今日、七月から八月いっぱいは南港海水遊泳場（住之江区南港南：二〇〇六年閉鎖）がオープンした。自然文化探索としては、五月一六日に「南港野鳥園探鳥会」、六月・七月に水都大阪淀川めぐりが行われた。春・秋にWTCコスモタワー展望台（住之江区南港北）では、「夕陽ウィーク」が設定された。大阪湾一帯は、古来、落日の名所だった。その他、天保山・南港では、八月のワールドパフォーマンスフェスティバル、一二月のクリスマスイベント、一二月三一日のカウントダウンなど若者向けの新しい歳事習俗も組み込まれた。

ベイエリア・大阪湾一帯には娯楽・スポーツ施設が次々と建設された。「天保山」には、海遊館（港区海岸通）が建ち、大観覧車が設けられた。「咲洲《さきしま》（住之江区咲洲）」には、ATC・WTC・ふれあい港館といった外国文化との情報交流施設が建てられた。「舞洲《まいしま》（此花区舞洲）」は、「二〇〇八年大阪オリンピック」誘致運動のメイン会場候補地でもあった。オリンピック誘致に失敗した現在も、ここには、スポーツ施設・野外活動施設が設営されている。

安治川右岸の桜島地区には、テーマパーク・USJ（ユニヴァーサル・スタジオ・ジャパン：此花区桜島）という遊園地が二〇〇一年三月にオープンした。これなどは、もはや、この大阪の臨海部にあってもアメリカ・ハリウッドの映画文化を楽しむことのできる娯楽施設である。この「巨大遊園地」は、大阪の川筋の歴史風土に根ざすものではない。浦安（千葉県浦安市）にあろうと香港島（中国香港特別行政区）にあろうと何の不思議もない施設である。〈ディズニー化＝別世界指向〉の極致であり、没場所的空間というべきである。(62) それであっても、園内の恐竜の森・ジュラシックパークには、ラグーンが設えられ景観的には「水辺」を演出している。しかし、見えてくるのは、場所性ではなく、時代性である。川筋に重工業生産を誇った「近代」企業の土地が今度は「超近代」の見世物空間に早変わりするする「時代」が見えてくるのである。この川筋にもアメリカ資本主導のグローバリズムの波が押し寄せているのである。

いっぽうで、「天保山ハーバービレッジ」の開発は、大阪の〝海・水〟を意識した企画であった。大阪ウォーターフロント開発株式会社役員は「水の都・大阪と天保山ハーバービレッジの開発」を書き記している。これには、次のようにある。[63]

○ベニスは昔日の姿を変えず魅惑的に化石化しつつありますが、アムステルダム、大阪は、都市の近代化とともに、交通は陸上に移り土地利用も変化し、新しい都市に変貌しております。残念ながら、大阪は高潮と地盤沈下に対応するためすべての水際線に防波堤をはりめぐらせて以来、市民はすぐ目の前にある水を忘れはじめました。町は水に顔を向けていたのですが、それに背を向けた建物群でおおわれたウォーターフロントになってしまったのです。また海に近い地域では、土地利用が、工業系、物流系に偏っており、現在、時代の流れからはずれ黄昏状態になっているところが多々見られます。

一九九〇年頃の天保山地域に〈都市における周縁性〉と〈近代の終焉〉を見抜いている。そこでこの記事は、「サンセット広場という一番西の端からは海と美しい夕陽」に着目した。これを名物にしようと考えたというのである。[64]この発想は、かつての大阪湾一帯が地形的に「落日を拝す名所」であったことをコンセプト・統一的視点に据えたものといえる。すなわち、中世、日想観を修すのは、上町台地西斜面の「夕陽丘」一帯であり、四天王寺西門（天王寺区四天王寺）は、その名所であった。天保山のサンセット広場（港区海岸通）は、都市生活者が忘れかけている〈水と太陽〉の織りなす風景に目覚めさせるものである。巨大水族館「海遊館」を立て上げるのにこのことを意識していたのだろう。事実、水族館下の西向きの浜・サンセット広場は、大阪湾に沈む夕陽を見る新名所になっている。この水族館のテーマは、〝リングオブファイヤー〟（太平洋をとりまく環太平洋火山帯の愛称）であって魚だけでなく動物

(47) サンセット広場夕景

や鳥までも上手に「展示」されている。まさに「海遊館」は、「自然を体感した都会人が心の安らぎ」を感じるように演出されている。(65) かつての近代水都のパラダイムであった〈水―商業―繁栄〉は、〈水―自然―癒し・安らぎ〉に変換されつつあるのである。

（7）〈水―自然―癒し〉のパラダイム

日本の都市の多くが臨海部に築かれた。とりわけ、近代において臨海部は、重工業を中心とする産業の集中する空間となってしまった。白砂青松の光景は、小学校で習った唱歌の世界でしかなくなってしまった。

此花区に正蓮寺川がある。この川は、現在埋立工事中で地図上から消える日は近い。そこの川筋は、かつての都市生活者にとっての舟遊びの場所であった。また、戦前までは、この川筋に阿波・讃岐出身の船大工がいて、川筋の生業が息づいていた。そういった都市の郊外が工業廃棄物に汚染された「公害」の地となり、伝統的な宗教行事である川施餓鬼の舞台も変更を余儀なくされた。廻船人の目印の松が消えて久しい。風光明媚な河海は、臨海工業地帯と化した。急激な河川の汚濁は、正蓮寺川をもメタンガスの発生する腐敗した川にした。その結果、船上での法要と経木流しは臭気により修行不能となり、昭和四二（一九六七）年、川渡御を新淀川に移すことになったのである。川施餓鬼が正蓮寺川から新淀川に変更されたことは、祭場の喪失であって祭事にとっては重大な変更であった。おのずから川施餓鬼の儀式の組み替えが行われたのであった。しかし、それが現在、新淀川を祭場として参拝人・見物客を観光船に乗せて盛大に行われている。それは、「水」をめぐる民俗の変容であり、再編成でもある。

一九八〇年代になってはじめて、「近代」によって汚された水際空間の本来の意味が再評価され出した。昨今、「親水空間」として見直され出している。どこの大都市圏においてもウォーターフロントの再開発が取り沙汰されている。今日、近代国家において成立したパラダイムシフト〈水—商業—繁栄〉〈煙—工業—発達〉の功罪があらゆる側面において問われ始めている。近世、海から街を望むべく設えられた行楽地「天保山」には大きな水族館「海遊館」が建設され、市中を一望できる大観覧車も出現した。天保山は、近世末、浚渫により成った航海の目印山である。そこは、墨客粋人の遊ぶ行楽地でもあった。天保山公園は、明治天皇観艦の聖躅碑などの立つ「近代の遺跡」に成り果て、市民からしばらく、忘れられかけていた。それが、ようやく都市生活者にとってのレクリエーション空間・癒しの場所として注目されつつある。

しかし、一九八〇年代に立ち上げられた大都市周辺のウォーターフロントの再開発には、財政面を始め、問題点も多い。工場廃液や投棄されたゴミに含まれていた有害物質が遊園地建設予定地から検出されたりしている。天保山の対岸にオープンしたテーマパーク・USJ（ユニバーサル・スタジオ・ジャパン：此花区桜島）にも問題があった。園内の恐竜の森・ジュラシックパーク再現の場面の予定地に基準値を超える鉛・総水銀・砒素が埋まっていた。(66) 有害物質を含む残土でできた埋立地・人工島の上に遊園地やスポーツ施設をつくる計画からは、「近代の澱《おり》」が滲み出しているのである。このような事象は、オリンピック候補地とされた舞洲（此花区舞洲）でも見られるきわめて今日的問題なのである。

臨海地帯が都市生活者のレクリエーション空間として再生するのには、財政負担を含めて、不安が解消されていない。しかし、「臨海」という言葉から「臨海工業地帯」や「臨海コンビナート」という言葉しか思い浮かばなかった私たちの想像力の欠如に、まちがいなく、このごろようやく気づき始めている。臨海工業地帯は、科学技術を過信し、経済の「発達・繁栄」のみを追求した「近代」の所産でしかなかったのである。

昭和三〇年代前半、小学生の頃、習った社会科の教科書に「煙の都・大阪」とあった。校歌にも「煙の都」を称賛し、煤煙を「仁徳の竈の煙」に見立て、「民の賑わい」として謳歌していた。行政当局も、一昔前までは臨海部

⑷⑻ 海洋博物館

の工場誘致にあくせくし、経済的利便を図ってきた。しかし、今日、欧米諸国「先進国」に追随して科学技術の発展と経済的効果を優先してきた近代のパラダイムシフトそのものの見なおしが迫られている。

大阪市は、二〇〇〇年夏、人工島・咲洲に「大阪の海の交流史」をテーマに体験型の海洋博物館「なにわの海の時空館」（住之江区咲洲）を建設した。また「魅力ある水際空間の整備」を謳って、舞洲地区・咲洲地区・矢倉地区（西淀川区矢倉海岸地区）での緑地や親水堤防等を整備、道頓堀川において湊町地区（浪速区湊町）の水際空間の遊歩道づくりなどを推進している。(67) 今や水際空間のパラダイムシフトは、〈水―自然―癒し・安らぎ〉に変換しつつあるのである。

〈初出は、「冠詞『水都』考」『大阪春秋』（大阪春秋社）九八号　二〇〇〇年三月。
これを一部修正。〉

第二章　川筋の伝承世界

概　要

本編の冒頭〈概要〉に水都を標榜する大阪における都市民俗学研究の端緒を得るために、まず川筋のマチの民俗を対象とすることを述べた。本章〈川筋の伝承世界〉および次章〈第三章　川筋の生業世界〉においては、フィールドワークに基づく論究をする。そこでは、川筋に住む人たちにおける心意伝承を把握するために、伝承世界をとりあげることにする。本章の最初に地蔵信仰をとりあげる。それは、この川筋のマチをはじめ大阪市内には地蔵尊がたくさん祀られているからである。近世末、江戸の戯作者・滝沢馬琴は、上方における町内に祀る地蔵尊の盛況ぶりに瞠目している(1)。今日においても京都・大阪には地蔵尊が多く祀られていることに変わりがない。地蔵尊は、寺院、民家の傍らばかりか、公園・四つ辻・墓地・刑場跡地・駅・橋といったさまざまな都市施設のある空間にも安置されていて、地蔵盆の行事も現在なお盛んに行われている(2)。

この章で川筋のマチとしてとりあげるのは、西区・港区・大正区・西淀川区であるが、中心に据えるのは、木津川以西の川西地区（以下「川西」と称し、木津川以東を「川東」と称す）から臨海部に及ぶ地域である。行政区でいえば、大阪市西区の西半分と港区・大正区である。西区は、東をかつての西横堀川（現在、阪神高速1号環状線）によって中央区と接し、北は安治川により、右岸の福島区・此花区と接す。安治川は大阪湾に注ぐ。南は道頓堀川を隔てて浪速区《なにわく》と接す。その西区のほぼ中央を木津川が北から南に流れ大阪湾に注ぐが、千代崎の南東端で岩崎運河に通じて、尻無川《しりなしがわ》（上流は埋め立てられている）にも通じる。尻無川は、南西に流れこの川も大阪湾に注ぐ。尻無川は西（右岸側）に港区、東（左岸側）に大正区を画す。この安治川・尻無川・木津川に挟まれた地区は、近世以来、明治の半ば過ぎまでは、九条茄子・新田西瓜の生る川口新田であったことは、前章〈11「水都」の歴史〉に記した。それが昭和の初め頃には、近代工業の進展によって急激に市街地化していた。これら川筋のマチにおける都市の民俗の歴史は、川東の大阪三郷町地と比べて浅い。その民俗は、つい百年程前からの近代化につれて、西寄りの風に乗って寄り集まった人たちばかりの、いわば、吹き溜まりの民俗とも思われ、「不易」を民俗研究の大事とする立場からは一顧だにされなかったフィールドである。しかし、そのような地域にも地蔵尊は何カ所も祀られ、さまざまな祈願がなされ、年に一度は町内の人たちがお堂の前で踊ったりもする。新開地の民俗にも、立派な根が生えているのである。このような都心周縁の新開地における事象からは、都市部における伝承文化の生成過程を解明することができる。

〈12　川筋の地蔵の由来〉においては、地蔵尊を祭祀する事情を論究する。木津川と北に流れる安治川に挟まれた川西地区は、度重なる洪水に見舞われ、戦災にも遭っている。このような川筋のマチにおける地蔵信仰を調査していて気づいたことは、なんらかの事情で拾われてきて祀られている地蔵尊がたくさんあることである（以下、このような由来を伝える地蔵尊を「拾い地蔵」と称すこともある）。拾われてきたことに、奇しき縁を感じ取り、ありがたみがあるというものもある。尊像を拾うのは、災害の時ばかりではない。地中から不意に出現した尊像に対して「勿体なき」ことととして心を寄せ、水中から不意に出現した尊像に対しては、「奇縁」に心を打たれて、祀りを始めることがしばしばある。なかには、拾って来たというべきか、盗んで来たというべきか、判然としない場合もあるし、明らかに盗まれてきて祀られているというのもある。この地においても神仏の像などを盗む風習の痕跡は認められ、その心意は近代社会における個人による盗みの行為以前の村落の習俗の段階にまで遡ることもできよう。川筋のマチにおける「拾い地蔵」をとりあげることによって、この地域における民俗宗教の伝承性を論究する。

〈13　港区八幡屋の漂着した地蔵〉では、港区八幡屋《やはたや》の波除《なみよけ》地蔵を中心に据えて、川筋のマチの民俗誌を記述する。この地蔵の祭祀は、幕末の頃、漁師町の砂浜に漂着した木像を祀ったことに端を発する。本節では、地蔵信仰といった民俗の展開する地域社会を総合的に捉えることを試みる。現在、港区八幡屋地区には、地蔵尊の他、エビス、龍神が祀られ、夏祭りには港住吉神社（港区築港《ちっこう》）の巡幸が行われている。その町内には、一般のサラリーマンの他、漁師・魚介類販売者・水夫・潜水業者・港湾業務従事者といった「水」に生業を立てる人々が住んでいる。この人たちは、これらの信仰を重ね合わせながら、それぞれの神仏にかなった祈願をしていて、それぞれの信仰のもつ共同の幻想を共有しあっている。この地域に重なり合う、それらの民俗宗教と祭祀集団との対応を解明することによって、この川筋のマチに根づいている地蔵信仰をはじめとする民俗宗教とそれに関わる人たちの心意を論究する。その過程で、この川筋のマチにおける民俗宗教にあっては、地蔵信仰をベースに複数の信仰がかぶさるような形での重層性が認められることが解明される。本章においては、「川筋」のマチの地蔵信仰に関してのフィールドワークを通じて得た情報を分析することによって、川筋空間に暮らす人々の心意伝承について論究する。

本章〈12～13〉では地蔵信仰について論究したが、その調査地域とした大阪市港区・西区・大正区は、四囲を河海が囲繞する地域である。この川筋の地域では、水害に幾度か見舞われている。このようなかつて大阪湾沿岸の川口新田に開発された川筋のマチには、地蔵尊に限らず「波除（ナミヨケ）」を冠する神仏・施設が多く見られる。「波除」は地名にもある。そこで「波除」という語を手がかりとして、川筋地域の伝承を論究してみる。かつてはこの地域に人工の山・波除山があって、その名辞である「波除」の意味は「防波」であった。人々の暮らしが変化する中では、「波除」の伝承も変化している。もっとも「波除」は、この地に見られるだけではない。東京には「波除稲荷」（東京都中央区築地）が祀られている。その縁起にも漂着の伝承がある。近世以降成立した日本の諸都市の多くは、「波除」に囲まれて出来た埋立地であった(3)。その「波除稲荷」の利生は、今日「災厄除・厄除・商売繁昌・工事安全」などに変化している。同じような変化は、この川筋のマチに祀られる波除を冠するホトケにも見られる。〈14　港区・大正区の波除伝承の仏像〉における波除信仰の歴史性・場所性といった川筋の風土の論究からは、臨海部に形成された地域の民俗宗教を端緒として、今日の都市社会全般に通底する民俗の変容を解明する。〈15　野里の岩見重太郎伝説〉においてとりあげるのは、西淀川区野里の住吉神社の一夜官女祭《いちやかんにょさい》である。西淀川区野里は、今日、川が埋め立てられ川筋のマチではないが、明治末期まで中津川の右岸に位置していた。一夜官女祭には岩見重太郎伝説が伝承されている。かつてこの地は、しばしば洪水の危険にさらされることから、川に棲むモノと宥和をはかるために一夜官女祭が行われていたのである。この神事には近世以来、人身御供《ひとみごくう》の伝承が生じ、その伝承の表層部に昭和初期以来、流布した文芸講談の主人公である岩見重太郎伝説が堆積したものである。この節では、川筋の農村における宮座神事をめぐる言説が都市化の中で変容した事例として論究する。

河海に面する川筋のマチは災厄に見舞われる地域であるが、そのような地域的特性を有する地においては、いっぽうで今日も水際《みずぎわ》空間を舞台とする祭礼が盛大に行われている。水際空間における祭祀は、何を意味するのであろう。都市生活者にとっての河海とは何なのだろう。水都大阪における川筋の祭礼で有名なのは、大阪天満宮（北区天神橋）の船渡御が挙げられるが、かつては船場の御霊神社（中央区淡路町）、あるいは住吉大社（住吉区住吉）の北祭りにおいても船渡御が行われていた(4)。正蓮寺川施餓鬼は、今日、大阪市此花区伝法の日蓮宗の寺院が行う宗教行事である。この行事にも、近世末以来、たくさんの都市生活者が参加している。正蓮寺川施餓鬼は、古来西に海を控え、その河海を場として種々な儀礼・祭礼が行われてきた都市における祭礼の一つである。〈16　伝法正蓮寺の川施餓鬼〉は、正蓮寺川施餓鬼の歴史的変遷をたどることにより、川筋における宗教行事を解明し、それに参加する都市生活者における河海に寄せる心意を論究する。論究する過程において、河海と陸との縁《へり》が神仏諸霊の寄りつく空間であり、鎮送する場所であることから、この宗教行事に参加する都市生活者にとって、その行為は霊所・神聖な空間を確認するための行為であることが解明される。

川筋を遡った旧市内周縁部には、川筋に特徴的な伝説が伝承されている。第一編〈第一章　4　難波浦の神仏諸霊〉にその概略を紹介した。大阪の都心部を流れる大川・堂島川水系の川筋には、大阪天満宮をはじめ天神社が多くみられるが、それらの縁起の多くは菅原道真が大宰府への途次、この川筋の地に立ち寄ったというものばかりである。福島天満宮（福島区福島）の縁起もまた、このような菅公来臨の伝承が見られ、それが福島の地名起源となっている。これら一連の伝説は、川筋の天神社における御霊信仰の縁起譚の一類型と見ることができる。〈17　福島天満宮の餓鬼島伝説〉からは、この餓鬼島伝説の地である川筋のマチバ・福島の原風景とともに生業のありさまを明らかにする。近世の福島は、演劇の世界では、船頭の棲む粗末な家居のたたずまいに演出されている。この天神社伝説において菅公をもてなすのは、当時、天満天神のお迎え船を仕立てた福島の廻船人である。この伝説からは、神仏の信仰に篤く水運に生業を立てる一連の人々の存在が析出されてくる。本編の冒頭〈第一章　10　川筋の民俗研究の視角〉に「川の恵与性」と「川の阻害性」といった川の両義性を示した。この節においては、河川の利便性のひとつである舟運をとりあげる。舟運に活路を見出す生業にまつわる伝説として、菅公来臨伝承を捉えて論究する。本章の後半に据えた〈14　港区・大正区の波除伝承の仏像〉〈16　伝法正蓮寺の川施餓鬼〉〈17　福島天満宮の餓鬼島伝説〉では、川筋のマチに伝承される民俗宗教を対象として、災厄とともに利便をもたらす河川がいかなる意味をもつものかを都市民俗学の観点から論究するものである。

12　川筋の地蔵の由来
—川あがりの伝承—

（1）　阿弥陀池本尊縁起の由来

大阪市西区北堀江にある浄土宗・蓮池山和光寺は、かつての「堀江のトッテレチンリンの踊り」の寺でもある。「かんてき破った擂鉢破ったソレ叱られた／おかしうてたまらん／ソレ西瓜ソレ真瓜エノ焼茄子／喰いたい喰いたい……」と歌うのは、堀江盆踊り歌である。(1) 昭和三〇年代までは、この和光寺境内において芸能人なども出て賑やかに踊られていたという。(2) 最近は、アップテンポの河内音頭に押され気味で、大阪の地蔵盆でもあまり踊られなくなったが、この悠長な歌こそ、大阪市西区の御当地の盆踊り歌である。

㊾　阿弥陀池放光閣

ところでこの寺の本尊には拾われた仏像にまつわる縁起がある。阿弥陀池和光寺（西区北堀江）の本尊の由来について『摂津名所図会』に次の記述がある。「夫当時の阿弥陀池は、昔、欽明天皇の御時、百済国より仏像経巻を渡す、帝これを尊信ある事大方ならず。然るに物部守屋大連・尾輿中臣連等奏して曰く、我国は神国なり、善神を拝し給ふ事は天津国津神の御怒あらん。其上此頃疫病流行りて、国民大に悲しむ。早く追放ち候ふべしとて、有司に仰せて寺塔を斫倒し、或は火を放ちて仏像を焼き喪す事多し。其中に弥陀三尊、火に焦げず斫れども摧けず、遂に難波堀江に棄てしむ。以上〔日本紀〕大意。其後本多善光と云ふ者此所を過るに、仏告あれば尊像を肩にして信州へ帰る、今の善光寺これなり。其古跡なればとて、元禄十一年智善上人此地を開き、善光寺同体の本尊を安置し、昔よりの難波の精舎となしぬ」とある。(3) 要は、信濃国・善光寺（長野県長野市元善町）の本尊とは、当地、難波堀江に欽明天皇の御代に遺棄されたもので、それを本多善光なる人が拾い、信州に持ち帰ったと記述しているのである。その拾い場所が当寺の阿弥陀池だというのである。どこの寺社の縁起にも立派な尾鰭は付くものであるが、この不思議について、戦前、由井喜太郎は「元を糺せば何でもない田圃の中の水掻池、それをまんまと善光寺本尊出現の霊地難波の堀江に仕立て上げた、こんな芸当は僧侶でなければ到底出来さうもない。それが又当時の世間に信じられ遂には『難波地向後堀江町ト改メノ事』といふ触まで出され、立派な地名と成るに至つた」と指摘する。(4) 奇しき縁により拾われたことに、ありがたみがあるというのであろうか。このような、いささか眉唾物の噺にこそ、水都大阪に暮らす人々を信じさせる深い訳があるのである。

（2） 嵐の夜に寄り来る地蔵尊像

阿弥陀池本尊ほど、往古にまでは遡れまい。はたまた、それほどまで遠隔地に運搬されることもあるまい。しかし、川筋の地蔵にも拾われてきた履歴を伝承すること屢々なのである。安治川左岸に当たる西区本田の松之下地蔵尊の再建趣意書が地蔵堂の銘板に記されている。それには、「抑々豊臣秀吉大阪城を築城の時、各大名に命じて国の自慢の大石を運ばせた。（中略）昔国津橋一帯は大石小石でそれに砂が流れ込んで小松林であり蛇が沢山居た由にございます（地名を松之下と申して居りました）たまたま大水が出た後砂の中より今お祭りして居る地蔵尊が現れたので当時の人は此の地に縁のある地蔵尊として此の地に祭られたのでございます（改行）以来、火難水難はもとより道行く子供の守り本尊として当時お詣りする人々で線香の煙の絶え間がなかった由にございます（以下省略）」ここに記されている出現由来を読む限り、「霊光ありて海面を照らす」ような、ありがたい珍物などではない。しかし、「あらしの去った夜忽然として現れていた」ものの一つではあろう。(5) あるいは、全国津々浦々に伝承する「渚の寄り石」の類ででもあれば、拾ったのが漁夫であったかも知れない。事実、『九条のすがた』に、明治の頃、国津橋よりの一角・松の下（西区本田）には漁夫の家があったとある。(6) また野村豊『漁村の研究―近世大阪の漁村』には、旧幕時代漁師方組合五ケ村の一つであった九条村の明治一五（一八八二）年頃について「専漁者戸数七戸・・・・兼漁者戸数八戸」と記されている。(7) しかし、誰が拾い手であったかは、いくら歩いて聞いてみても今日では皆目わからない。つい百年程の昔であっても、今では漁夫の家は影も形もない。ただ、稠密な長屋が連なっているばかりである。本田・九条の明治の末以降の市街地化の波は、拾い主が誰であるかを特定できないが、地蔵尊出現の伝承だけを残している。ともかくも、不時の出現に、この地に縁を認め祀ったのである。

この川筋のマチが度重なる洪水に見舞われ、松之下地蔵尊がごとく、予期せぬ時、拾われ祀られた地蔵尊がたくさんあることだけは事実である。そもそもこの九条の地名の一説にも洪水に縁のある話がある。『大阪地名語彙』には、「衢壌の謂は海水の逆流に依って、始終民家が壊れるに在るらしい」とある。(8) この「衢壌説」は、信憑性に乏しいが、『大阪府全志』には、「九条村は往時南浦と呼び、後の衢壌島なり。島名は林道春の命名なりといふ。後延宝年間に至り洪水に際し、一木笏漂着しけるに京都九条家のものなりしかば、是れより文字を改めて九条島と称するに至りしとなん」と記している。(9) この川筋のマチは、一木笏が洪水の時に漂着したという伝承を生み出すような場所なのである。

尊像の拾われる時が台風・水害の時というのは、川筋のマチでは、いくらでもある。大正区南恩加島の延命地蔵尊は、「戦前は、メガネ橋（ループ橋）の入口にある食肉卸場の検疫場に延命地蔵尊が祀られていた。ジェーン台風（昭和二五年）の時、流されてきたか何かで、一文菓子屋をしている物好きなお婆ちゃんが拾って帰り、家に祀った」ものである。この物好きなお婆さんとて、松之下の人と変わることなく、嵐の去った夜忽然として現れた尊像に奇縁を観て祀ったのかも知れない。ところで尊像を拾うのは、このような予期せぬ時ばかりではない。

（3）「川あがり」の伝承のある地蔵

『新編相模国風土記稿』巻之三十二（大日本地誌大系）の足柄下郡巻之十一の貴ノ宮神社（現在の貴船神社：神奈川県足柄下郡真鶴町真鶴）の縁起には、「寛平元年、笠島の沖に、毎夜霊光ありて、海面を照す、平井の翁、磯辺に出て遥に窺ひ見るに一の楼船波に浮びて、磯の方へ寄り来る、近づきて見るに、奇異なる楼船に、王者様なる神像降臨しけり、翁此地にとどめしめ、永く鎮護の氏神として、貴宮ノ明神と、勧請せりとなり」とある[10]。これほどまで奇しきものの漂着は当地の地蔵尊にはない。しかし、西区の地蔵尊においても漂着は屢々ある。殊に木津川以西の本田・九条においてである。延命地蔵（西区九条南）では、「昭和六年、安治川の河川工事の時、工事現場から尊像は出てこられた。Yさんが祀り、延命地蔵と名づけられた」という。また、立江《たつえ》地蔵（西区九条北）では、「この尊像は、昭和のはじめ頃、安治川からあがったものらしい。四国八十八箇所十九番の立江寺（徳島県小松島市立江町）から名前をいただいた」という。これら二件を含めて、拾い場所が川であるのは西区の川西地区では、四四箇所祀られているうちの九箇所にのぼり、三六％にあたる。これらの「川あがり」の伝承のある地蔵の分布図を示した。ところが、また別の説を時々聞くことがある。右に示した九条北の立江地蔵についても「川から上がったのでは

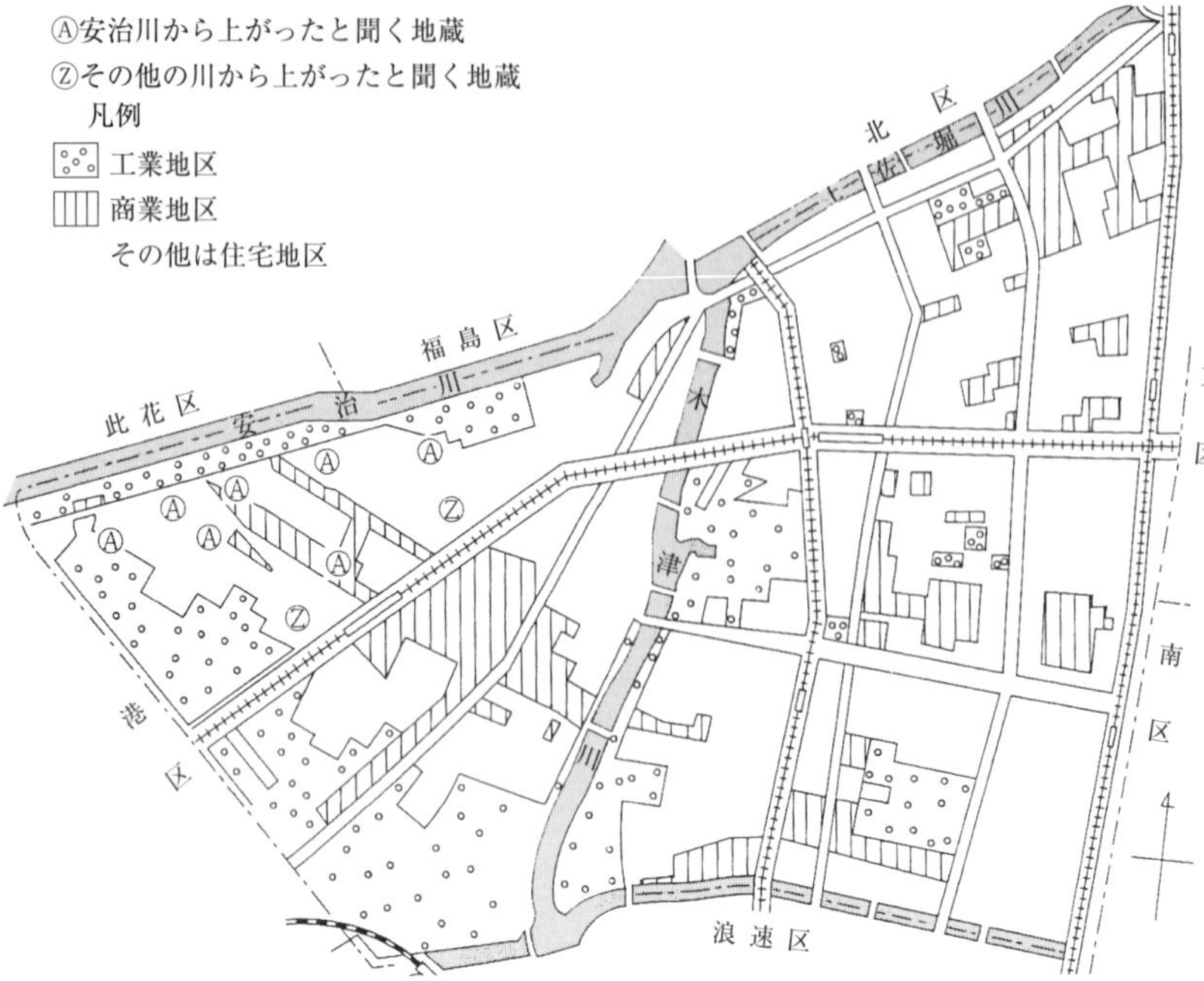

(50)「川あがり」の伝承のある地蔵の分布図

なく、以前から近所のお婆さんが祀っていた」ともいう。どちらが正しいかは知らない。ともすれば、「川あがりのお地蔵さん」に仕立て上げられる風潮があるのかも知れない。これなど、渚に拾う石に格別の意味を感じた「常民の記憶」のようなものによって川あがりの伝承ができてしまったのかもしれない。

たしかに、川あがりの伝承を事実とするための根拠はなくはない。真鍋廣済『地蔵尊の研究』には、「翻って惟ふに、明治初年、かの廃仏毀釈によって、如何に多くの路傍の石仏が取り除けられ、河に海に、将た湖底堀江に投げ込まれ、或は土中深く埋没せられたかは、親しく古老たちの物語って呉れるところであり、且つ正にその物語を裏書きでもするかのやうに、そちこちの土木工事に発掘せらるる石仏群を見ても、当時如何に無慙なしぐさに出逢つたことかは、恐らく想像に余りあるものがあつたことであろう」と記されている。[11] この真鍋説によって九条南の延命地蔵祭祀の真相を推測するならば、明治の初めまで、どこかの町家に祀られていた尊像が、後に川に投げ込まれ、それが土木工事の時に引き上げられたということになるのかもしれない。

（4） 拾いの心意

この川筋の地蔵には、拾われてきて祀られたと伝承されている事例が多い。木津川西の場合、現在祀られている地蔵四四体のうち二二体が何らかのかたちで拾われて祀られたと伝承されているのである。それでは、拾って祀る人々の心意とはいかなるものであろうか。九条北の子安地蔵は、地中から掘り出されたという伝承を持つ。その地蔵堂の額には「子安地蔵尊出現由来」が記されており、その祀られた経緯を知ることができる。その由来は、「この処九条村と云ひし昔　一面芦原のいぢ川の多くありし時　一軒の百姓家のいとむさくろしき土中に本尊の埋れあるを知らざりしかばその家次第に家運も傾き家内の者に下の病を患ふものも出来　子供達も病気勝ちにて医療も更にそのしるしなく一同も安き心もなくひたすら嘆き悲しみ居りしに　或る夜の夢にいと尊き僧の土中より出現れ給ふと見て目は覚めたり　翌日其の処を掘り起こせしに不思議にも石の地蔵尊出現まし給ふ　あまりの勿体なきにそを洗ひ清めて安置し奉り朝夕礼拝するに家内の者の病気も忽ち平癒し子供も日に増しに達者に育ち次第に栄ゑたりしかば子安地蔵尊と讃えて斎き奉り日夜信心怠らざりき　世は遷り年変り今の繁華の九条となりし今日に至りては霊験愈々著しく篤信の人も増すにつれこの処に斎き奉り一般の人々にも有難き霊験の御利益に浴せしめ共々に有難き霊験を蒙りたく出現の由来を誌す（改行）子宝の利益授ける　地蔵尊　まゐる心に家は栄ゑん　昭和三年六月上旬　世話人施主　入船館　三国みつ」である。地中から出現した地蔵を拾い上げた時の心境を表す表現は、「勿体なきに」であろう。同じことばは、港区田中（夕凪）の、戦災の焼け跡から拾われた立栄《たちえ》地蔵を祀る時の心境としても聞いた。同じ九条北の別の子安地蔵で現在祀られている尊像も戦災の焼け跡から拾われたものだが、そこでは「気の毒だったので」と、大正区三軒家東の無名地蔵もまた、戦災焼け跡からバラバラになって出土したが、その時は「ほっておく訳にゆかないので」祀ったという。祀りの途絶えた地蔵尊の「不遇な境涯」に対して、人々が哀れと思いやる気持ちでもあるのだろうか。あるいは拾い主にどれほどかの道心があって、拾い上げるのであろうか。

ところで、尊像が拾われるのは、いつもがいつも奇縁によるばかりではない。何らかの目的があって他所に祀られている尊像を「戴いてくる」こともあるようだ。そのことは、逆に不意に尊像が無くなってしまうことがあることからも推察される。西区千代崎の花園出世地蔵がそうである。以前は盗難に遭ったという。大正区泉尾の尻無川左岸甚平渡船場の上がり口に祀られている川守子安地蔵も、先代の尊像は、とられたとも川に棄てられたともいう。大正区南恩加島の延命地蔵は、盗まれたが、二、三日して戻ってきたという。地蔵の数ほどアテにならないものはない。地蔵堂に捨てて置かれるのあり、はたまた持って行かれるのありで、その数が定まることはない。

（5）盗みの吹聴

神仏の像などが盗難に遭うことは、しばしばある。『雍州府志』第一に京都鳥部山（京都市東山区）の阿弥陀仏について、その末尾に「然本尊土人奪取之　今在山科小堂」と記されている。[12] また『張州府志』三十の知多郡矢梨村（愛知県知多郡豊浜町）の法華寺の項末尾にも「里人伝云此寺金剛力士像為奪去今在勢州朝熊寺不知是非」と記されている。[13] 金剛力士像の、当時の所在については、強奪に遭い伊勢国朝熊《あさま》寺（三重県伊勢市朝熊山麓公園）に在るのかも知れないと伝承するのである。神仏が盗まれたとなると、人は口を容易に開くが、盗んだとなるとどうだろう。盗まれてなくなる神仏があるとなると、当然、盗まれて祀られている神仏もあるはずである。『三国地誌』巻之二十三（大日本地誌大系）の伊勢国鈴鹿郡の八幡祠・落針村（三重県亀山市布気町）の項には、「按、古老云、朝鮮攻の役、落針の邑里より三人の夫を出す。帰郷の日、路次より八幡の神体をとり来て、此の地に祭る」と記されている。[14]「神体をとり来て、此の地に祭る」とある。このように神仏を他所より無断で失敬して帰り祀ることは、全国各地に昔からあっただろう。

川筋の地蔵尊にも盗まれてきて今に祀られているというのがありそうである。港区八幡屋の波除地蔵の二代目は、拾って来られたというべきか、盗んで来られたというべきか、その線の引き方が微妙でむつかしい。先代の木像の地蔵尊は空襲に遭い、焼失した。その後のことである。「地蔵さんがのうなって（無くなって）、皆さびしかった。盆も近い頃、まだあかい（明るい）うちから、若い衆三人が『ええのん（良いのを）見つけてあるさかいに』ということで、大八車を曳いて出かけよった。昼日中とはいえ、そこらじゅう焼け野原、一軒の家もない。首尾よく、積み込んだ。ところが、帰って来た時の恰好ときたら、ホオカムリでビショ濡れ。帰りしな、一雨降りよったんや」という。どうもその口吻からすれば、「拾い」なのかどうか怪しい。話者は、また「地蔵さんは、町内のシンボルや」という。ともかく若い衆は、町内のシンボルをとりにいったのである。なかなか、現在の祀り手からは「盗んで来た」とは聞かない。たいがいは「拾うて来た」なのである。

ところが本田（西区川口）の無名地蔵では少し違う。その事情については、「昭和一〇（一九三五）年以前に、おじいさんが尊像をどこか、確か梅本町からとって来た。その像以外の二体は、どこかの人が地蔵堂に置いていったもので、気がつけば増えていた」という。「とって来た」とは「盗って来た」ではないか。聞きなおすと、竹林寺（西区本田）付近の現在公園のあるあたりから盗んで来たという。盗んで来た地蔵を町内に祀るようなことがあるのである。神仏を盗む心意とは、如何なるものであろう。

柳田國男「神仏を盗むこと」には、「江戸では浅草の市の大黒像は盗んで来て祭れば霊験があるという迷信があつた」と記されている。(15) さらに『諺語大辞典』には、豊前の俗説として「盗ンダ猫デナケレバ鼠捕ラヌ」ともある。(16) 盗みには効験があるとの俗信があるのである。小林忠雄によれば、金沢市内の高校生が他人の表札を盗むと大学受験に合格するといった流行をとりあげている。それを分析する際、高桑守史の言説を引用して「日本の農漁村の民俗に盗みの慣習が広く分布しているといわれ、例えば能登の漁村ではエビスの神像が他村の漁師によって盗まれたという伝承が聞かれるのもその一例である」と記している。(17) 盗みの場合、一個人がその効験を得ようとして、その行為に出るが、それ以前には、村落を単位とする習俗が存在していたのである。西区九条南の延命地蔵では「わしのイナカでは、神や仏は、盗んでくるものや」と聞いている。そのイナカとは兵庫県城崎であった。

個人による盗みの行為以前の、村落の慣習の段階での心意は如何なるものであったのであろうか。平瀬麦雨（胡桃沢勘内）「道陸神盗み」には、「明治になって此風習は止んだが、松本平（＊：長野県松本市）には道陸神盗みの流行した時代があつたさうである。（中略）首尾よく盗みおほせて自村の境界内に入れば占めたもので、何村のを盗んでやつたと誇らかに吹聴して祝つたといふ。今日でもどこ村の道陸神は何村で拵へたのだといふやうな話が沢山残つてゐる」と記されている。(18) 港区八幡屋の若い衆が、二代目をとって来た話と似通うところがあるが、当地で吹聴したかどうかは知らない。ところで、この「道陸神盗み」の話には続報がある。同氏「道祖神の御柱」には、「この道祖神盗みの風習を「実は幸の神の嫁入と云ふのであつたさうである」とある。(19) この「道陸神盗み」の事例一つを切り離して、当地の拾い地蔵の件と比べてみてはなるまい。彼の地における盗みの風習には、婚姻・出産の習俗が背後に控えているのである。神仏のことのみならず、盗みを吹聴したがる村の男たちはいたことであろう。それは、共同体として暗黙の諒解があってのことである。

盗みの動機ついて、この川筋では、「盆も近い頃」、尊像の前で盆踊りでもしようとしての「盗み」だった。この件だけで、この川筋の地蔵に共同体としての盗みの習俗があったとまでは、断定できないが、八幡屋の若い衆の思いつきとは云えない心意が推察される。それには、「拾う」こととも通底する心意が認められる。一九八五年「大阪市港区の地蔵信仰─『拾い地蔵』とその風土」に「港区の地蔵は、戦災の時、水害の時に拾われることが多い。不時の時に拾い祀られる背景に『拾い地蔵』としての習俗は考えられないだろうか」と記した。[20] 本節〈(3)「川あがり」の伝承のある地蔵〉以下において、拾われる事例について考えてみた。そこには、「川あがりのお地蔵さん」に仕立て上げる風潮すらみられるのである。その心意には、他所から運搬された神仏、とりわけ漂着の履歴ある神仏を格別にありがたく観る、近代社会以前の常民の意識がみられる。高桑守史は、能登の漁村のエビス神をはじめ、神体の盗みの習俗をとりあげて、盗まれる神を境界をつかさどる神であると論じている。[21] この川筋のマチでも、地蔵は災厄から町内を守るホトケとして祀られている。これらの拾われて来て祀られている地蔵は、町内を守護するという点で、松本平の道祖神・能登の漁村のエビス神と共通する性格を有するものと考える。

毎年、地蔵盆ともなれば地蔵尊には、町内からのお供え物がうずたかく供えられ、町内の人たちが地蔵尊の前で談笑したりもしている。「川あがり」の伝承の真偽はともかく、この川筋のマチにおいても、地蔵尊を祭祀する心意には、町内を災厄から守っていただくといった町内を一つの共同体とする共同祈願の心意が認められるのである。

〈初出は、「拾い地蔵考」『月刊　歴史手帖』(名著出版)一八二号　一九八八年一一月。これを大幅に改稿。〉

13　港区八幡屋の漂着した地蔵
―川筋の地蔵をめぐる民俗誌―

(1)　浜に漂着した地蔵のこと

本節において、中心に据えようとする波除《なみよけ》地蔵尊（港区八幡屋《やはたや》）は、戦後、地上げ嵩上げにより造成された土地に安置されている。本編〈第一章　11「水都」の歴史〉に記したように、川筋のマチとしてとりあげる地域のうち、港区・大正区の大半は、戦後の区画整備の際、水害の難を避けるため、地上げ・嵩上げにより造成された土地である。港区八幡屋に祀られる波除地蔵尊は、いかなる経緯により、その信仰を生じたのであろうか。

一九八六年五月、波除地蔵尊の祀られている港区八幡屋を調査した時、その土地の古老のKさんは、「ここの地蔵さんもなァ、今でこそ、お堂にちゃんとおとなしく納まっとるが、戦時中はなァ、花札持っとったんや。みんながみんな、爆弾来んので、気ィ狂たように博打《ばくち》ばっかり打っとったもんや」という。この古老の話は、記憶違いをしているところがあるのだが、このあたりの歴史を知る上での恰好の材料としてとりあげたい。

(51)　八幡屋波除地蔵

この古老の、半ば自嘲的な心中を明らかにするには、まず波除地蔵尊の由来譚から書き起こすことにする。波除地蔵尊を中心になって世話をするOさんは、「先代の地蔵は、明治二四（一八九一）年生まれの父が、子供の頃からすでに祀られていた。父が嘉永年間（一八四八～一八五三年）生まれの祖父と同じ年代の人から聞いたところによると、昔、天保町（安治川口左岸）の砂浜に木でできた地蔵が打ち上げられて来た。流し返したが、また返って来た。そんなことが何度もあったので何か縁があるのだろうと思い、祀るようになった。後背のついた一mもある立派な像であったが、昭和九（一九三四）年の室戸台風の時、宝珠を紛失した。これは、観音講の方に、夢のお告げがあり、床の下のドベ（泥）の中から見つかった。その像は、昭和二〇（一九四五）年六月一日の空襲で焼失してしまった。現在、祀っているのは、戦災焼け跡から拾って来た石の地蔵である。現在地で祀るようになったのは、区画整理で天保町の人と一緒に、ここに移動して以降のことである」という。この波除地蔵尊は、浜や戦災の焼け跡から、いずれも拾われてきて祀られているのである。

〈12　川筋の地蔵の由来〉に見たように、港区においても拾われてきて祀られている地蔵が実に多くある。そのうちここの波除地蔵尊の先代のように、流れ着いたと伝承されているものが港区では次に示す四例ある。浪除地蔵（港区福崎）では、「昭和二〇（一九四五）年頃、ジェーン台風（＊：実際は枕崎台風か？）で流れて来た。当時、S倉庫（株）の専務のSさんが祀り始められた。水・高浪が来ないようにということで『浪除地蔵尊』と名づけられた。福崎住吉神社（港区福崎）のところで祀られていたが、昭和三五、六（一九六〇、一九六一年）年頃、現在地に移された」という。子安地蔵（港区八幡屋）では、「先代の地蔵は、ジェーン台風の時、泥に埋まっていたのを掘り起こして祀っていた。後で、築港のS寺から、うちの地蔵だと言って来られたので、お返しした。現在のは昭和五三（一九七八）年頃に弁天町の石材屋さんに刻んでもらったものである」という。地蔵（港区夕凪）では、「ジェーン台風かそれ以前の台風の洪水の時現在地に流れ着き、それ以来祀っている」という。厄除地蔵（港区弁天）を世話するHさんは、「現在の地蔵は三代目だが、初代は川に流れているのを拾って来たものを祀っていた。昭和三九

（一九六四）年、地下鉄工事のため、現在地で祀るようになった」という。このように流れ着いた尊像を祀ったとする事例は、東に隣接する西区にも六例あった。そのいずれもが、木津川以西の安治川左岸の九条、本田に限られている。これらのうち、浪除地蔵（港区福崎）、子安地蔵（港区八幡屋）、地蔵（港区夕凪）は、いずれも台風、洪水の時の事例であり、波除地蔵（港区八幡屋）、厄除地蔵（港区弁天）は、台風・洪水の時ではない事例である。

この地蔵を拾って祀る人々の心意を追究するために、文献にそのような事例を求めたところ、三重県志摩郡波切《なきり》の「汗かき地蔵」を見い出した。汗かき地蔵の由来は、「大王崎波切には汗かき地蔵（霊汗地蔵）がおわします。昔、漁師が大王崎の沖合、通称『大堂の瀬』、いつもの通り、網をかけていた。大魚がかかったと思い、いそいで引きあげると、思いもかけず、八〇貫にもあまる石塊である。漁師はそのまま海中に棄ててしまった。翌日、同じ場所で漁をすると、昨日と同じ石塊が網にかかった。三度まで同じ石塊が網にかかったので、さすがに漁師も奇異の感にうたれ、海には棄てず浜に持ち帰った。もっとも浜に放置したままであった。ところが、腕白小僧らがこの石塊に目をつけ、付着している貝類をとると、端麗な石地蔵のお姿が現れた。のち一堂を作って安置した。この地蔵は波切に大事が起こる時には、全身に汗をかいて知らせ給う。白い汗の時はよい知らせ、黒い汗をかかれると、悪いことの起こる知らせである。明治以後にも数回汗をかかれた。汗をかかれると、人々は争って白紙をもって拭ってさしあげるという」と記されている。[1] 波除地蔵（港区八幡屋）と、この汗かき地蔵とは、いくつかの点において異なるものの、祀り始める心意に共通点はみられる。この両者の話の構成を「波除地蔵と汗かき地蔵の由来の比較対照」にまとめてみた。

波除地蔵と汗かき地蔵の由来の比較対照

波除地蔵	汗かき地蔵
昔、天保町の砂浜[A1]に木でできた地[B1]	昔、漁師が・沖合[A2]で、網をかけていた。大魚がかかった

蔵が[C1]潮で打ち上げられて来た。
[D1]流し返したが、[E1]また戻って来た。
そんなことが[F1]何度もあったので
[G1]何か縁があるのだろうと思い、
[H1]祀るようになった。

と思い、[C2]（網にかかったのを）引きあげると…[B2]石塊である。漁師はそのまま[D2]海中に棄ててしまった。翌日、同じ場所で漁をすると、[E2]昨日と同じ大きい石塊が網にかかった。[F2]三度まで同じ石塊が網にかかったので…奇異の感にうたれ…浜に持ち帰った。のち[G2]一堂を作って安置した。

尊像との出会いの場所A、尊像の出現のしかたCに違いがみられるが、D～Hの、拾い上げては海に戻すことの繰り返し、やがて奇縁を感じることとになり、祀り始めるという展開は一致する。祀るきっかけとなるところの、一度水中に棄てて戻す（以下、「棄て戻し」と表現する。）の構成は一致するのである。こうした汗かき地蔵由来のタイプは、文献に多く見られる。別に珍しくはない。江戸の金龍山浅草寺《せんそうじ》（東京都台東区浅草）の本尊縁起は、「人皇三十四代推古天皇の御宇、土師臣中知といへる人、故ありてこの地に流浪ふ。（中略）家臣、檜熊浜成（中略）と言ふ二人の兄弟付き添ひて、主従三人恒に漁猟を産業とし、ここに年月を送りけり。同三十六年戊子三月十八日の朝、

⑸② 大王崎波切汗かき地蔵

碧洛に雲消えて蒼溟に風静かなりければ、小舟に乗じ、此所の沖に出で、網を下すに、（中略）遊魚はさらになく、幾度も同じ観音大士の尊像のみかゝり賜ふ。異浦に至りてもいよいよしかり。依つて主従驚きこれを奉持して帰り、機縁の浅からざるを思ひて、その家に安ずといへども、唯臭魚の穢に雑る事を恐るゝのみ。（中略）こゝにおいて、終に魚舎をあらためて一宇の香堂を造営り、かの尊像を安置し奉る」と記されている。(2) 出雲国楯縫郡（島根県平田町）の条の恵美酒《えびす》は、「社

(53) 浅草寺

はなし、石を神体となす。灘より西の岩崎にあり。古老の伝に云昔、浦人鮪網を張しに網の内へ石入たり、其を捨るに、又、前の石、網に入こと三度なり。浦の者とも不思議におほへて遂に神にまつる」と記されている[3]。浅草寺の本尊縁起には、観世音菩薩を、出雲国楯縫郡の恵美酒には、エビス神を祀る経緯が記されている。これらは、前の汗かき地蔵の場合と、神仏名を除き、全ての項目において一致する。この一致する項目をたどれば、「棄て戻し」の構成をみることができる。汗かき地蔵タイプの由来譚は、日本国じゅう津々浦々にある。これほどの一致をみるものには、個々の漂着の事実を一定の形式におさめるだけの伝承者集団が想定できないだろうか。

　想定されるその集団は、漁撈者集団ではないか。これらの神仏については、堀田吉雄『海の神信仰の研究上』に詳しい[4]。また、桜田勝徳『海の宗教』は、これらの神仏を「漂着神」として述べている[5]。漁撈者を祭祀集団とする漂着神なのである。本節における波除地蔵尊も漁撈者の信奉する漂着神に、分類されるものであろうか。

　それを明らかにするためには、汗かき地蔵、浅草寺観世音菩薩、出雲国楯縫郡エビス神との共通項でありながら波除地蔵では、そうならない事柄の事情を解明しなければならない。それは、A、神仏との出会いの場所であり、C、神仏出現のしかたである。また、波除地蔵尊に欠落していて、他の神仏において明らかであるのは、神仏の拾い主が漁撈者である点である。波除地蔵尊の場合、拾い主が誰であるのかは、不明のままである。他の漂着神の場合、漁撈者が漁撈作業中に、網にかかったのに対し、波除地蔵尊の場合、砂浜に潮で打ち上げられて来たのである。波除地蔵尊も漂着神なのだろうか。この疑問については、以下、八幡屋地区の人々の暮らしと、その信仰をみるなかで明らかにしたい。

（2）八幡屋地区の人々の生業

一九八三年の夏、八幡屋地区における地蔵尊の所在を大阪府立市岡高校都市文化研究会の生徒たちと調査している時、生徒たちが堤防下に地蔵堂を見つけて来た。地図に地蔵堂を記入したところで、まあ一息つこうと地蔵堂の裏の堤防に上った。入堀を見下ろしたところ、そこには幾艘もの船が停泊していた。都会の中にも、このような長閑な船溜まりがあるのだなァと感慨に耽っていたいたことを憶えている。波除地蔵尊の由来を知ったのは、その翌春で、漂着神ではなかろうかと考え出したのは、それからさらに後のことである。波除地蔵尊が祀られている八幡屋地区もまた、漂着神と同じく漁師町なのであった。

⑸4 船溜まり

前項の波除地蔵（港区八幡屋）の由来譚によれば、波除地蔵尊は、もともと八幡屋に祀られていたのではなかった。戦後の地上げ嵩上げ以前は、天保町であった。この天保町は、今では海に没してない。戦後の安治川内港化工事により、削り落とされたのである。先代が打ち上げられた砂浜とは、どのような所であったのだろうか。この天保町について、画家である本木《もとき》元一《もといち》は、「天保町と云うのは、安治川改修の土砂を川口の左岸に堆積して出来た丘に、天保の時代になって沿岸警備の為に砲台が築かれて、そのあたりを天保山と云い、天保町と名づけられたらしい。私の少年時代（＊：大正時代の末頃）海辺の天保町は、船大工と漁師の町であった。海岸には漁師の網や魚籠が干してあった。真夏になるとそれらの漁師たちが、午後の町を大きな声を張り上げて『天保町の昼網っ』と勢いよく流して歩き、昼寝の夢を破ったものであった」と記している。[6] 天保町は、船大工と漁師の町であった。また『港区誌』には、「漁業は臨海区であるため天保山附近は徳川時代より漁業地として栄え、明治時代に入って工業の発達と大型汽船の入港によって海面が汚染されるようになってからも、海の漁獲高は府下二七漁業協同組合中最も優位を占め、明治三二（一八九九）年には天保町に魚市が創められた」との記述がある。[7] 先代の波除地蔵尊が打ち上げられた砂浜もまた、漁師町であったのだ。その波除地蔵尊が、やがて空襲により焼失したのは、由来譚にみたとおりである。

二代目となる石の地蔵尊像を拾って来た時の様子は、〈12　川筋の地蔵の由来〉に記したが、「地蔵さんが、町内からのうなって、みなさびしがった。盆も近い頃、まだ、あかい（明るい）うちから、若い衆三人が、『ええのん、見つけたあるさかいに』ということで、大八車を曳いて拾いに出かけよった。昼日中といえ、そこらじゅう焼け野原。一軒の家もない。首尾よく積み込んだ。ところが、町内に帰って来た時の恰好というたら、尻からげに頰かむりで、ビショ濡れ。帰りしな、一雨降りよったんや」という。その二代目が、天保町の人々と一緒に八幡屋（当時、港区出崎町）に移動して来たのは、昭和二四（一九四九）年のことだった。天保町の人々の八幡屋（当時は出崎《でさき》町）への移動のことは、野村豊『漁村の研究―近世大阪の漁村』にもみえる。[8] その当時の八幡屋は、地上げが終わったところで、もちろん人家もなく、芦が茫々と生えていたと聞く。

では、現在の八幡屋はとなると、本節の冒頭のとおりなのである。天保町の漁業は健在なのである。幕末以来の天保町の漁業の伝統は、芦の生い茂れる入堀の奥深くの別天地に根づいたのである。以下、大阪府企画部統計課による『第七次漁業センサスからみた大阪の漁業（昭和五八年一月一日現在）』を参考資料としてこの地区の漁業について記述する。ただし、この資料により知ることのできる細目は、「港区」にとどまり、「八幡屋」はない。漁業協同組合の関係者の話では、港区には漁業に従事する者は、他にも築港などに散らばっているが、八幡屋ほど集中す

〈資料11　港区の漁業〉

表A　経営組織別経営体数

区分			計	個人	会社	漁業協同組合	漁業生産組合	共同・経営	官公庁・学校試験場
市区町名	漁業地区名		1	2	3	4	5	6	7
大阪府計		1	840	796	—	—	1	43	—
大阪市計		2	126	128	—	—	—	8	—
港区	港	7	22	22	—	—	—	—	—

表B　営んだ漁業種類別経営体数

区分			漁業経営体数	小型底びき漁	その他のまき網	その他の敷網	その他の刺網	その他の網	その他のはえ網	ばっち網	小型定置網	採貝	採藻	その他の漁業	海面養殖 のり養殖	海面養殖 わかめ養殖	海面養殖 はまち(ぶり)養殖	海面養殖 たい類養殖
市区町名	漁業地区名		11	2	3	4	5	6	7	8	9	10	11	12	13	14	15	16
大阪府計		1	840	235	14	14	377	213	23	57	58	1	17	216	53	48	1	1
大阪市計		2	126	1	8	1	39	45	12	4	16	—	—	82	—	—	—	—
港区	港	7	22	—	—	1	6	10	12	—	5	—	—	—	—	—	—	—

表C　年次別漁業経営体（市区町別経営体数）

「漁業世帯員就業調査」による。昭和53，58年は漁業センサス結果である。　　単位：経営体

市区町	昭48	49	50	61	52	53	54	55	56	57	58
計	835	791	810	810	806	791	803	794	772	758	840
港区	39	32	37	29	35	28	25	25	24	21	22

表D　個人経営世帯男女・年齢別世帯員数

「漁業世帯員就業調査」による。昭和53，58年は漁業センサス結果である。　　単位｛全国：1000人　大阪：　1人

年次 市区町	計 計	計 14歳未満	計 15～39	計 40～59	計 60歳以上	男 小計	男 14歳未満	男 15～39	男 40～59	男 60歳以上	女 小計	女 14歳未満	女 15～39	女 40～59	女 60歳以上
全国昭58	858.1	164.3	261.2	266.7	165.9	432.3	83.9	137.7	133.1	77.6	425.8	80.4	123.5	133.6	88.3
大阪　58	3,156	471	1,109	1,048	528	1,627	245	582	546	254	1,529	226	527	502	274
港　区	68	4	17	23	24	37	2	12	11	12	31	2	5	12	12

大阪府企画部統計課『第７次漁業センサスからみた大阪の漁業　昭和58年11月１日調査』（昭和60年３月）
近畿農政局大阪統計情報事務局『大阪府沿岸漁業等の動き』（昭和60年１月）より抜粋

る場所はないとのことである。「港区」の項により、「八幡屋」を知り得よう。〈資料11　港区の漁業〉を提示する。
以下に記す資料11の表A～Dについての説明は、大阪市漁業協同組合八幡屋支部の人たちからの聞き取り調査によるものである。

表A　経営組織別経営体数

これは、大阪市内では西淀川区の五七に次ぐ。西淀川区の場合、大阪市漁業協同組合内に、千舟（西淀川区千舟）、福（西淀川区福町）、大野（西淀川区大野）の各支部がある。港区の場合、八幡屋支部のみである。このことから、「港区二二」の数字は、かなりの集中していると見られる。また、経営組織は、その全てが個人である。なお、大阪市全体の九八％が個人である。

表B　営んだ漁業種類別経営体数

「その他のはえ縄」ではアナゴなど、「小型定置網」ではツボアミによる、タチウオ、コサバ、サゴシ（サワラの子）などを獲る。

表C　年次別漁業経営体数

昭和四八（一九七三）年の経営体数を一〇〇として、同五八（一九八三）年を見ると、大阪府全体が一〇〇・六に対し、港区は五六・四である。一〇年間で相当大幅に減っている。大都市の中心に近いこともあってか、漁業経営者の息子が漁業に就かず、サラリーマン、公務員になっていったともいう。収入の安定を求めるからという。

表D　個人経営世帯男女・年齢別世帯員数

港区の場合、四〇歳以上が六九％にものぼり、世帯員の高齢化が進んでいる。このことは、大阪府全体の五〇

%と比べても著しい。漁業協同組合長は、「四〇歳ぐらいは、ハナタレ小僧や」と冗談めかしていう。

以上、八幡屋地区の人々の暮らしを、天保町時代にまで遡り、漁業の方面に焦点を合わせて述べてきた。しかし、この地区に住む人々の職業が、漁業ばかりでない。では、漁業以外の職業はいったいいかなるものであろうか。もちろん、サラリーマンが半数を超えるのであるが、船員、潜水夫が多く住む。通船・艀船・タグボート・ゴミ収集船などの船員である。これらのことからして、八幡屋地区を漁師町と断定できなくなる。むしろ漁師町的性格を有しつつも、大阪港をすぐ側に控えた港湾地区と見るのがよかろう。このことは波除地蔵尊と、漁撈者の祀る漂着神との関連性を考える基準の一つとなる。

（3） 八幡屋地区の人々の信仰

一九八三年の夏、生徒たちと歩いた時、また一つの地蔵堂を見つけたと駆け寄って来た。見ると、地蔵堂ではなかった。千木《ちぎ》の立つ神様の祠であった。一九八六年五月に再び訪ねてみた。その祠を「住吉さん」と聞いた。築港の住吉さん（港住吉神社：港区築港）の夏祭りに、枕太鼓がそこにやって来るという。波除地蔵尊の世話をしているOさんに尋ねてみたら、「コンピラさんやないか」と言った。いずれにせよ、その祠の神様を祀っているのは、漁師と言う。漁師に尋ねたところ、はたして「エベッサン」であった。この漁師町でもまた、エビス神が祀られているのであった。もう一個所、この堤防下の並びに祠がある。そこにはミー（巳）さんが祀られていた。これも漁撈者の奉斎する龍王ではないかと思った。

以下、八幡屋地区に祀られる神仏を一巡り記述することによって、この町内の人々と波除地蔵尊との関係について考えてみたい。次に「玉龍王大神」、「エビス神」の祀り手からの聞き書きを記す。

【玉龍王大神】

Kさんは、「祭神は、ナガモノで玉龍王大神と称する神様である。個人でお祀りしている。毎月二五日を命日として、枚岡のH寺から、オダイさん（＊：霊媒者か）に拝みに来てもらい、お供えのミカンなどは、堤防から川に流す。四月と八月には、護摩を焚く。家族、親戚は、護摩木に年齢・名前を書き、身体健全などの祈願内容を書く。祀るきっかけとなったのは、昭和二六、七（一九五一、一九五二）年、この堤防のところで、近所の子供が自転車ごと川にはまったりするなど、水死事故が相次いだことによる。ある時、オダイさんに、玉龍さんの霊が移り、『オモテに出して祀ってくれ』と告げられ、祀るようになった。それ以後、堤防での子供の事故はない」という。ミーさんを祀る祠の神は、これであった。Kさんは、漁師であるが、鮮魚商でもある。祭祀集団は親戚家族である。龍王を祀るのであるが、ここでは、漁撈者集団としての共同祈願を行っていないという。

【エビス神】

Yさんは、「祭神はエビス神であり、神体は現在、神鏡である。大阪市漁業協同組合八幡屋支部でお祀りしている。年中行事としては、一月一〇日の十日戎がある。この行事は、港住吉神社の神官が奉祀し、御神酒の他、ミカン、リンゴなどを供え、祈禱の後、漁業協同組合員全員が御神酒を一杯ずつ戴く。祈願内容は、海上安全、豊漁、家内安全である。昭和二四（一九四九）年、旧天保町の漁師がこの地に転住して来た時、西宮のエベッサン（＊：西宮神社：兵庫県西宮市社家町）より勧請したことに始まる。御神体はそこから戴いてきた神石であったが、昭和二五（一九五〇）年のジェーン台風の時に流失した。なお、毎年、港住吉神社の夏祭りの七月一四日、一五日に、この祠のところに枕太鼓が巡幸する」という。なお、昭和二七（一九五二）年、港住吉神社復興の砌、同社の方から、社地が整備されたのを機に、当地のエビス神の遷座の話が持ちかけられたが、当地の漁業関係者は、「当地での祭

(55) エビス神の奉斎地図

祀に日も浅く、お断りした」と言う。

前頁の資料「(55)エビス神の奉斎地図」を提示する。この地図には、大阪市漁業協同組合八幡屋支部に所属する人の家が記されている。エビス神の祭祀集団は、大阪市漁業協同組合八幡屋支部であり、これは地元の職業集団である。このことは、祈願内容とも呼応する。祈願内容として挙げられている、海上安全、豊漁は、漁撈活動を共にする者たちの共同祈願としての側面をもつ。その祭祀集団の構成員である漁業に従事する人たちの住宅地を図示したのが、資料「(55)エビス神の奉斎地図」であった。エビス神の奉斎者は、三十間堀川入堀の右岸（図では入堀の下）の一筋目を中心に入堀のどん詰まり（入堀の左下の端）、左岸（入堀の上）にも点在する。右岸中程の破線より三十間堀川（右端）にかけては、旧出崎町域であり、ホンケ（本家）と呼ばれる地域である。そこは、旧天保町住民が戦後移住したところであるが、現在は、その地域にだけ集中しているのではない。十日戎の時、港住吉神社の神官が奉祀し、同社の夏祭りに枕太鼓が巡幸するのは、旧天保町時代から、同社の氏子であった伝統が生き続けているからである。

(56) 八幡屋エビス祠

なお、港住吉神社（港区築港）の氏子地域について付言しておきたい。この地区から東に歩いて一五分ぐらいの夕凪に三津《みつ》神社（港区夕凪）がある。同社に尋ねたところ、同社の氏子地域としては、八幡屋地区全域と、その北東に位置する石田地区、田中地区であるというとの答えであった。しかし、八幡屋地区でも、ここに述べている入堀の近辺の人々は、港住吉神社にお参りしているとも付け加えた。漁業関係者からも、三津神社の布団太鼓の巡幸は、入堀左岸（地図では入堀の上）までであるともいう。以前に、氏子地域の境界線をどこにするかで氏子の間で揉めたことがあると言う。地上げ嵩上げによって、土地はあてがえられても、子供の時分からの「氏神」は、代わ

⑸⑺ 八幡屋地区における神仏の祭祀集団

りがきくものではなかったのである。

ところで波除地蔵（港区八幡屋）の現在の信仰の状況はどうであろう。この件についてのOさんからの聞き書きを要約すると「波除地蔵尊の尊像は、現在のは石でできている。祭祀組織は、町内有志による波除地蔵保存会である。年中行事は、八月二三日から二五日まで（昭和六一年は二四日まで）の地蔵盆がある。百万遍念珠、護摩焚はしないが、盆踊りは地蔵堂の前の四つ辻で行われる。堤防下の入堀で子供の水死事故のあった昭和二六、七（一九五一、二）年には、運河に船を出し観音講の人たちが乗り込み、供花を水面に流す施餓鬼を行った。祈願内容は、町内安全・火事除け・病気除けであり、入学祈願も行われる」となる。

波除地蔵尊の祭祀集団については、地蔵盆行事の時の参加のしかたを三段階に区別した。寄附のしかたにより、A子供の有無によらず寄附のある区域、B子供のいる家からだけ寄附のある区域、C自治会から一括して寄附のある区域とに分けられる。前に示した玉龍王大神、エビス神の祭祀集団の地図に波除地蔵尊の三段階に区別した祭祀集団を重ねたのが前頁の資料「(57)八幡屋地区における神仏の祭祀集団」である。

これに見られるように、この地域の中にエビス神の祭祀集団が内包される。祈願内容を比較した場合、エビス神の方は、漁撈活動に伴うものとして限定されるのに対し、波除地蔵尊の方は、広範な個人祈願への広がりが認められる。〈表8町内で祀る神仏の一覧表〉は、これらの神仏を一覧表にまとめたものである。

この表から祭祀集団と祈願内容の対応が確認できる。以上、八幡屋地区の暮らしの中に信仰を見据えることによって、波除地蔵尊は、漁撈者の信奉する漂着神ではないとの結論が得られる。過去、現在において祀られている場所が漁師町の性格を有することと、信奉者に漁撈者がいることとは別問題である。そもそも、由来のなかに波除地蔵尊を漁撈者だけで祀っていたとは一切聞かない。むしろ「町内で祀る伝統」といったものを見出すことができる。もとは砂浜に漂着したというだけの伝承であったところに、後になって「棄て戻し」が加わり、今日の由来譚

表8　町内で祀る神仏の一覧表

祠・堂 社名 / 項目		玉龍神祠	エビス神祠	波除地蔵堂	〈参考〉港住吉神社
神仏名		玉龍王大神	エビス神「オエベッサン」	波除地蔵尊	住吉大神三神 息長足姫命
御神体 御仏体		(「ナガモノ」)	鏡 (もとは石)	石像 (もとは木像)	
所在地 (港区)		八幡屋4丁目2番地	八幡屋4丁目3番地	八幡屋4丁目1番地	築港1丁目5番地
もとの場所		(移祀なし)	(移祀なし)	天保町 (昭和24年現在地)	天保町 (大正6年現在地)
祭祀奉斎をはじめた年		昭和27年頃	昭和24年頃	嘉永年間以降？ (1848～53年)	天保13(1842)年
祭祀奉斎者	組織名	(個　人) ＊鮮魚商	大阪市漁業協同組合八幡屋支部	波除地蔵保存会	(氏　子)
	地　域	(個　人)	三十間堀川入堀周辺	八幡屋3、4丁目	築港、港晴、八幡屋各地区
	集　団	血縁集団	職業集団	地縁　約縁集団	擬制地縁集団
結縁起源		水死事故が多発し、「おダイさん(神霊者)によるお告げ」	西宮戎社より勧請	漂着	本社より勧請
祈願内容 御神徳		身体健全	海上安全 大漁 家内安全	町内安全 火事除け 病気除け 入学祈願	禊祓 海上守護 産業、文化、外交 貿易振興 諸願成就
年中行事			1/10　十日戎		
		4/上旬　護摩焚			
					7/14、15　夏祭 枕太鼓巡幸
		8/上旬　護摩焚			
				8/23～25 地蔵盆、盆踊り	

を形成したと考える。すなわち、由来譚に漂着神に共通してみられる「棄て戻し」の条がみられるのは、由来譚形成の過程に、漁撈者の伝承がそのままの形で入り込み、砂浜に漂着したとする伝承が漁撈者の伝承に共通の「棄て戻し」の伝承によって脚色されたのではないか。町内には漁撈者がたくさんいるので、彼らによる脚色が「棄て戻し」の条として、由来譚に影を落としているのだと考えるのである。次に地蔵盆踊りを通じて波除地蔵尊の祭祀集団を漁撈者との関わりについて考えてみたい。

（4）地蔵盆踊り

地蔵盆の晩に限って、地蔵堂の前の四つ辻は盆踊り会場となる。会場といっても、いっとき、七〇人もの輪が出来れば上出来である。興が乗ってくれば、取り巻きの大人連中が、賑やかになるのはどこも一緒である。

波除地蔵尊の祭祀集団は、ほぼ地蔵堂を中心にA区域、B区域、C区域とに広がっていることは前述したが、さらに中心に位置する祭祀組織がある。それは、波除地蔵保存会である（以下、「保存会」と略す）。そのメンバーは、〈57〉八幡屋地区における神仏の祭祀集団〉に図示してあるが、そこには、ホンケ「本家」と呼ばれる人たちが加わっていない。つまり、天保町から移住してきた漁師たちの草分け地である旧出崎町区域からは、顔を出していないのである。波除地蔵尊が旧天保町から住民とともに、この地区に持ち込まれた経緯があったにしても八幡屋地区の町内においても、ホンケ意識は薄らぎ、地域全体と同質化しているとみてもいい。しかし、旧出崎町区域の漁師たちは、保存会のメンバーではないが、依然、地蔵盆では重要な位置を占める人たちである。寄付の点を挙げてみても、ホンケの人々の住む区域は、Aの区域なのであり、地蔵盆の時には子供の有無によらず寄附をするのである。A区域は、およそ三十間堀川入堀右岸の区域と、入堀の奥の区域とに広がり、左岸には及ばない。入堀右岸のどん詰まりに位置する地蔵堂を取り囲む恰好となる。左岸にまで及ばないことは、地蔵堂の距離からだけではなく、歴史からも説明されよう。左岸の町内の人々にとっては、波除地蔵尊はもともとが、旧出崎町域のホンケを含むところの右岸一帯の町内の地蔵尊であると認識されているからではあるまいか。

B区域は、子供のいる家からだけ寄附のある区域であり、A区域よりも、地蔵盆行事への参加のしかたは消極的であり、波除地蔵尊との関係は疎遠である。この区域は、入堀左岸と、その奥に広がり、入堀右岸にはない。入堀右岸と左岸とに偏りがみられるのは、停泊する船舶にも顕れている。右岸には漁船が多く、左岸には艀船・通船・タグボートが多い。このことは、〈(2)　八幡屋地区の人々の生業〉において触れたことと関連して、およそ旧出崎町域を含む右岸は、漁師町的性格を持ち、左岸は港湾地区的性格を持つと言い得る。その町内の性格が波除地蔵尊との親疎の関係をもたらしていると考えられる。地蔵堂との空間的距離によってA区域、B区域と区別される理由である。ところが、右岸のA区域の外側に、C区域が位置するのである。これはどのように説明すべきか。

C区域とは、自治会から一括して寄附のある区域であり、その区域は、新しく建造された集合住宅区域なのである。A区域にも、新しくこの地区に転住して来た人々はいる。その人たちに波除地蔵尊を尋ねたことがある。その答えは、「由来のことは知らないが、地蔵盆の時には寄附を集めに来られるので、毎年している。漁師の人たちが持って来たと聞いている」というものだった。地蔵尊をこの地に移したのを「漁師」と記憶違いしているのはともかくも、三六年も昔にあった移動のことを知っている。この人たちは、隣近所の漁師の人たちとの、つき合いの中で、波除地蔵尊を中心にした町内に組み込まれていると言える。しかし、同じように新しくやって来た人たちでも高層建築の市営住宅などの集合住宅の住民となれば、そうはいかない。かなり町内意識に違いがみられる。子供もたくさんいて、盆踊りにも来るし、お下がりも貰って帰る。その一方、寄附・お供えはとなると、桁違いに少ないと聞く。このように地蔵堂との空間上の距離からだけではなく、住居の形態によっても、町内で繰り広げられる地蔵盆踊りへの参加のしかたに違いが生じるのである。漸次、人口流入のある地域では、中心となる町内との地縁の発生条件に住居形態が重要な要素となるであろう。地域の運動会など見てもわかるように団地住民は、旧来の町内とは別のチームを組むことが多い。高層建築の市営住宅などは、まとまった自治会などの住民組織もあり、旧来の町内とは、一線を画す。こういった事情もあって、高層集合住宅の住民にとっては、旧来の町内への帰属意識は低いのである。

さて、ここまで地蔵尊をめぐる住民組織を、外縁に向けてみてきたが、最後に地蔵盆踊りの中心的担い手である、保存会の人々について詳しく見てみよう。Oさんは、「波除地蔵尊は、戦前は天保町の町内で祀っていた。その頃は、地元の観音講の女の人たちが中心であった。八幡屋へ転住してからもそうであった。観音講の人たちが六、七人に、地蔵盆の時だけ、町内の若い連中が、ワイワイ手伝っていた。そのうち、だんだんと観音講の人たちも年がいって亡くなっていった。それで、しまいに、若い連中もいないようになって、私が加わり観音講の人たち三、四人が手伝うような形に変わってきた。昭和三七、八（一九六二、三）年に『波除地蔵保存会』にした。現在、私を代表にして、近所の七軒の家の、一四、五人の人で世話をしている。その人たちは、みんな八幡屋に移住してからの人で、天保町時代からの者は、私一人である。三五、六歳ぐらいの人から七〇をまわっているおばあさんもいる。お花替えは、その人が率先して一人でやっている。地蔵盆の時などは、一カ月ぐらい前から、夜、その人たちで寄附金集めに廻っている。なかには、一、二年でやめていく人もいるが、ずっと続けている人もいる」という。波除地蔵尊の祭祀組織は、戦前、戦後を通じて、町内有志組織の「観音講」なのであった。「観音講」とは、町内において信仰により結び付いた篤実な人たちである。観音講から保存会に変わろうとも、町内を母体とする組織に変わりはない。この場合、町内隣組的規模でない。その点、戦災に焼け残った西区の本田・九条などの路地・裏通りにみられる、隣組を祭祀組織とするのとは、異なる。昔から「天保町の波除地蔵」であった。

観音講から保存会に変わったのは、一つは組織の老齢化による世代交代である。現在の代表であるOさんが四〇歳の時である。そのOさんは、旧天保町時代からの人で、いわば町内の「生え抜き」である。港湾関係の船員で、入堀には持ち船を停泊させている。保存会の人たちは、「生え抜き」のOさんを取り巻く恰好であり、Oさん自身はそういった人たちのことを「ネキの人」と呼んでいる。「ネキ」とは、「そば、かたわら、きわ」である。(9)その人たちは、地蔵堂のネキの人でありOさんとは、近所どうしであり、地縁関係により結ばれているといい得る。地縁としての義理のつきあいだけではなく、気の張らない、気さくな同志的結びつきがある人たちなのであろう。その人たちが中心となって地蔵盆行事が繰り広げられるのである。

昭和六〇（一九八五）年の場合、集まった子供たち（大人も含む）に配られたアイス・キャンデーの数は、二一〇〇人分であった。八幡屋三、四丁目の人口は、五六八二人である。(10)三人に一人以上の割合で配られるのである。漁師の家で保存会に加わっているのは、二軒だけである。それでも、九〇％の家がAの区域である。子供のあるなしにかかわらず、寄附には協力しているのである。

その晩、漁業組合長は、踊りの輪の外で腕を組んで見ていた。この地でもまた、子供の踊りの後に大人たちが踊る。しかし、漁師の男は照れくさいのか、踊らない。漁師たちは地蔵盆踊りの主役でもなければ、裏方でもない。むしろスポンサーといった方がよい。その晩が終われば、地蔵堂の四つ辻は、人も自転車も自動車も行き交う、いつもの朝を迎える。そこは、この町内では「一等地」である。戦後、地上げ嵩上げされた造成地にも、地蔵堂が設けられ、地蔵尊は祀られ、年に一度の地蔵盆踊りが行われるのである。

以上、地蔵信仰をその他の民俗宗教・生業・地域組織などと関連づけながら論究した。ここに挙げた川筋のマチには、サラリーマンの他、漁師・魚介類販売者・水夫・潜水業者・港湾業務従事者といった「水」に生業を営む人々が住んでいた。そこでは、住民の職業によりおのおのの信仰が行われているものの、その信仰は互いに排他的ではなく、重なり合ってそれぞれの神仏に対して祈願を行っている。この川筋のマチは、漁師町を内包するマチであった。漁師町を内包するマチであることを端緒にして都市における祭祀集団の分布・神仏の信仰圏を析出してきた。エビスを祀る漁師たちも「町内で祀るのはお地蔵さん」に何の異論もない。このように戦後、造成され新たに移住してきた人たちからなる川筋のマチにおける民俗宗教は、同一の生業に基づく祭祀集団が見られるものの、地縁を基礎とした地蔵信仰をベースにして複数の信仰がかぶさるような形での重層性が認められるのである。

〈初出は、「漂着した地蔵とその町内の人々」『近畿民俗』（近畿民俗学会）一一三号　一九八七年一二月。これを一部修正。〉

14　港区・大正区の波除伝承の仏像
―川筋の風土―

(1)「波除」なる名辞

川筋のマチに多く見られる語に「波除」がある。「波除」という語は、「なみよけ」と読む。私の母校でもある大阪府立市岡高校の近くに「波除小学校」というのがある。格別、風流な名称でもなし、入学した昭和四〇（一九六五）年当時は、海には遠いのに、なぜこんなところに「波除」なのかと思ったぐらいのものであった。この名称に格別な関心を抱き始めたのは、その母校に勤めて生徒たちと地蔵調査を始めてからのことで、「波除」が安治川左岸に位置する川筋のマチであることに気づくのはさらに後のことである。

柳田國男に「波除」の使用例がある。それは、「有明湾は泥海で遠浅の干潟には蛎、蟶蟶《あげまき》（＊揚げ巻き貝）の養殖場が多く、いよいよ土が多く積れば波除の堤、この地方の言葉で塘《とも》というものを作って、ここに埋立開墾地ができるのである。（中略）埋立地の中には産島・小島・白島の三の島を囲い込んで潮除堤の手伝いをさせている」という記事である。(1)総索引によれば、これが別巻を含め三八巻にも及ぶ『定本柳田國男集』に登場する唯一の例である。この条では「波除の堤」なる語は、「潮除堤」とほぼ同義に用いられている。「波除の堤」とは、今日ならば「防波堤」であろう。「波除地蔵」なる地蔵も、これとの関係があるのかも知れない。

大阪市港区・大正区・西区に「波除」を冠する名辞を〈資料12「波除」「浪除」を冠する名辞〉に提示する。

〈資料12　「波除」「浪除」を冠する名辞〉

名　辞	存否	所在場所
［波除］		
波除山	×	現在の港区弁天付近
波除橋	×	現在の港区弁天付近
波除橋停留所	×	現在の港区弁天付近
波除小学校	○	港区波除3丁目
波除郵便局	○	港区波除5丁目
波除公園	○	港区波除5丁目
市営波除住宅	○	港区波除2丁目
市営波除第2住宅	○	港区波除4丁目
波除地蔵	○	港区波除3丁目
波除地蔵	○	港区八幡屋4丁目
波除地蔵	○	西区本田4丁目
波除地蔵	○	大正区三軒家東5丁目
［浪除］		
浪（波）除地蔵	×	港区築港1丁目釈迦院
浪除観音	○	大正区三軒家東6丁目

浪除地蔵　○　港区福崎1丁目
浪除地蔵　○　大正区三軒家東2丁目
浪除地蔵　○　大正区泉尾6丁目
凡例　○：現存　×：現存せず

これが全てではない。電話帳を繰ってみると、この他に民間の学校法人あるいは企業に四件見当たる。「波除」と同音・類義語に「浪除」がある。資料12においては、まず「波除」から挙げて見た。「波除」を冠する施設は多岐に亙る。過去にあったものを含めば、山、橋、停留所、小学校、郵便局、公園、住宅、それに地蔵に及ぶ。このうち、山、橋、停留所は現在はない。

⒅ 波除公園

その所在場所は実地に調査した範囲においては、大阪市港区、西区、大正区に亙り、安治川を渡った此花区にも地蔵の異名に「波除」はみられる。現存する名辞に関してみれば、その所在場所は、二通りの分布が認められる。その一つは、港区波除地区一帯に集中するものであり、あと一つはより広範に港区・西区・大正区、さらに此花区に及ぶものである。前者には小学校・郵便局・公園・住宅さらに地蔵の異名に亙る。後者には地蔵の異名に限定される。前者は、公共施設に関しての名辞であることから、町名「波除」との関連が考えられる。現存しない名辞として挙げられる波除山・波除橋・波除橋停留所は、その所在場所がいずれも現在の港区弁天付近であり、現在の港区波除地区の西に隣接する地域であり、これらにも集中が認められる。かつては、現在の港区波除地区の西の地区に「波

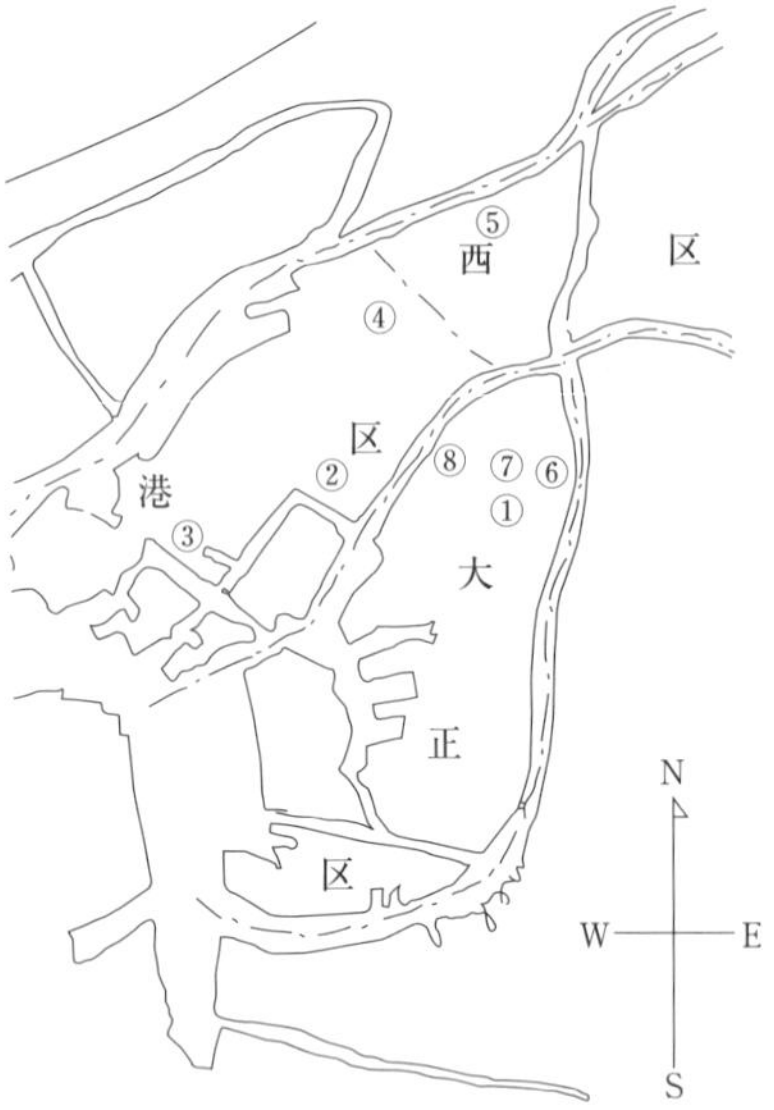

地図上の番号は、以下の本文中の〈波（浪）除を冠する仏像〉

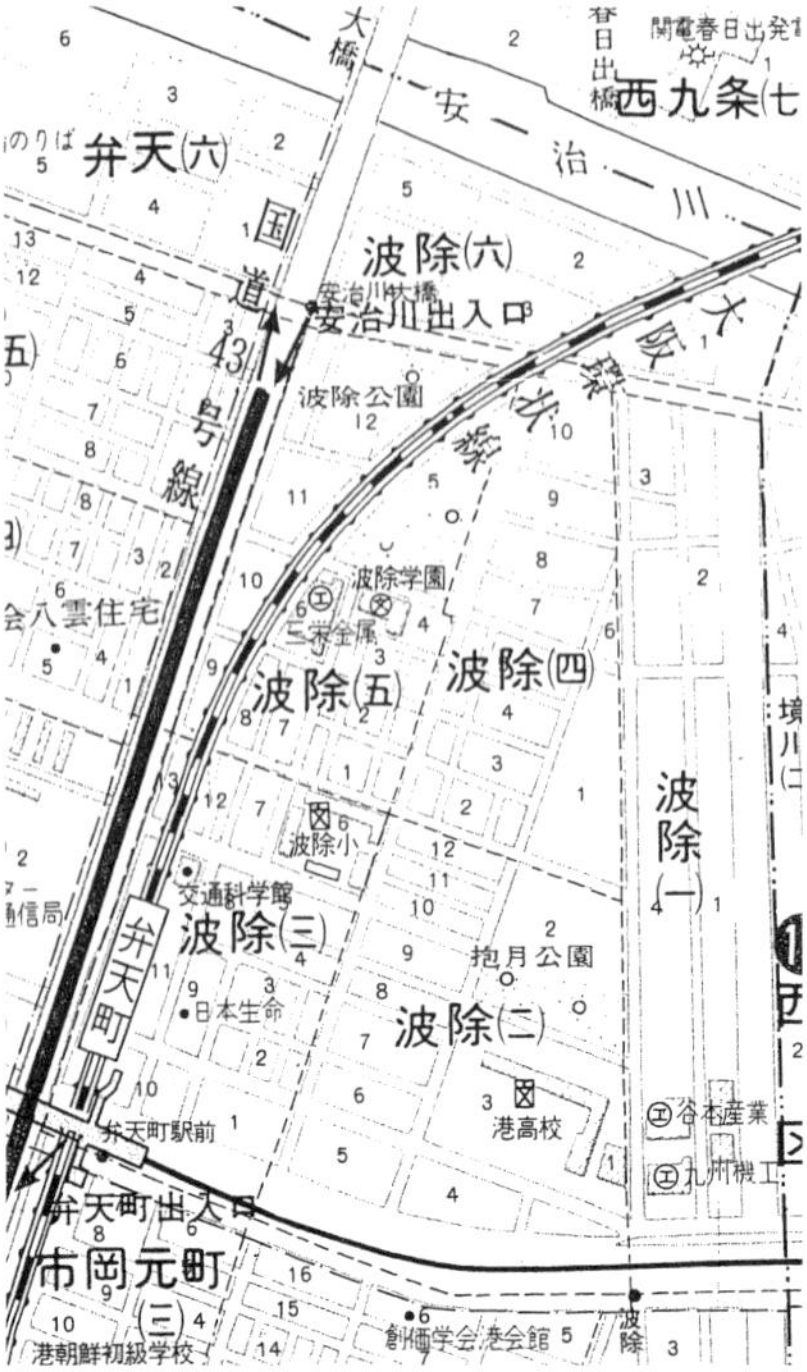

町名としての波除—大阪市港区波除
（『エアリアマップ京阪神詳細図』
昭文社　1979）昭著第07W029号

(59)「波除」関連の地図

除」は集中していたと考えられる。

いっぽう、「浪除」はどうだろう。これを冠する名辞は地蔵・観音といった仏像に限定される。所在場所の分布は「波除」に見られたような集中は認められない。分布に関しては、「波除」の後者同様、広範囲に及ぶ。その点、現在の町名「波除」との関連が認められないものである。資料〈(59)「波除」関連の地図〉として関連地図を付しておく。大阪市西部に見出される「波除」を冠するものを地図に示した。

（2）「波除」の地名伝承

今、名辞「波除」の地域的偏りを見た。「波除」は町名でもある。それとの関連において「波除」を冠する場合がある。港区波除の「波除地蔵」は、その一つである。そこでは、「昭和二八（一九五三）年以前に、有志で子供をまもってもらうために造立した。『波除地蔵』というのは、波除という地名からである。初めは墓標であった。元は、現在地より約一〇〇m東にあった。現在地に移ったのは昭和三三（一九五八）年である」という。[2] 聞書調査において聞いた「波除という地名」をそのまま、合点してはなるまい。「昭和二八（一九五三）年以前」に「波除」なる地名があったかどうか。『角川日本地名大辞典二七　大阪府』「波除」においては、「昭和四三年～現在の町名」とあり、昭和二八（一九五三）年にはまだない。[3] しかし、「波除小学校」は筆者が高校入学した昭和四〇（一九六五）年以前にあったが、町名は抱月町（ほうげつちょう）だった。そこにある風呂屋「抱月湯」をforget　youなどとつまらない駄洒落で言っていた記憶がたしかにある。もちろん、旧地主の茶室「抱月庵」からの命名であることなどもちろん知らなかった。『港区誌』を参考にこの付近の関連地名に重ねて「波除」の記事を年代を追って拾い出し、[4] そこに「波除地蔵造立」を書き込んだのが〈資料13　地名「波除」の関連年表〉である。

〈資料13　地名「波除」の関連年表〉

元禄一一（一六〇二）年　市岡与左衛門が市岡新田を開発成立
貞享　二（一六八五）年　安治川開削により波除山築造
明治二二（一八八九）年　村名市岡新田を大字名市岡新田に改称
明治三〇（一八九七）年　大字名川南市岡に改称
明治三三（一九〇〇）年　町名市岡に改称
昭和　二（一九二七）年　波除小学校開校
　　　　　　　　　　　　町名を抱月町と改称

昭和二〇（一九四五）年　空襲により波除小学校焼失
昭和二七（一九五二）年　波除小学校再開
昭和二八（一九五三）年　以前港区抱月町に波除地蔵造立
昭和三三（一九五八）年　波除地蔵を現在地に移祀
昭和四三（一九六八）年　町名を波除と改称

この地域の「波除」なる名辞の一つの発端が「波除山」にあることに相違ない。歴史的文献における記述としては、浜松歌国『摂陽年鑑』の小見出し「貞享二年　安治川を掘り浪除山成る」の項があり、そこには、「瑞軒此川口に堀上し土を一所に運バせ一ツの山を築キ松樹を多く植させたり。波除山と号ク高サ八間二尺新山ともいふ世俗瑞軒山と呼ぶ云々」と記されている(5)。「波除山」なる人工の山は現在では影も形もない。JR大阪環状線の安治川鉄橋すぐの安治川左岸の東に見えるグラウンドに小さな土盛りがある。それなんぞではない。かつての「波除山」は、『港区誌』の記事に照らせば、西三〇〇mほどの弁天五丁目付近に位置する。現在の波除なる町名は、この地において戦後、嵩上げ工事により、出来た土地に命名されたものである(6)。その際、昔、付近に「波除山」が位置していた縁により「波除」を戴いたものである。これも一つの地名伝承である。

懸案の「波除」のうちの、集中的に分布した方はこれで、全て説明することができた。仏像に関して説明することができたのは、港区波除に位置する一件だけである。町名「波除」を冠する限り、ここの波除地蔵は、この土地を守護するホトケとしての性格を有するものである。

広く分布する「波除」「浪除」はどうだろう。手掛かりは、地蔵、観音に限定されて用いられていることである。したがって、その祈願内容、御利益を解明すればよい。聞書資料に基づき、〈資料14　波（浪）除を冠する仏像への御利益・祈願内容〉を作成した。

〈資料14　波（浪）除を冠する仏像への御利益・祈願内容〉

①浪除観音（大正区三軒家東6丁目　呑海庵）

現在は水を注意するための信仰は薄れている。年越しのお札には「厄除開運」、「家内安全」、「交通安全」、「学業成就」、「商売繁盛」、「安産祈願」がある。伊勢の度会郡《わたらいぐん》の漁師は、航海安全を祈願している。

②浪除地蔵（港区福崎1—1）：高浪除け、会社繁栄、社宅無事

③波除地蔵（港区八幡屋4—1）：病気除け、火事除け、町内安全、入試合格

④波除地蔵（港区波除3—2）：町内交通安全

⑤波除地蔵（西区本田4—2）：子供の交通安全

⑥浪除地蔵（大正区三軒家東2—16）：家内安全

⑦波除地蔵（大正区三軒家東5—18）：水害で亡くなった人への追悼。子供が元気に育つことを祈願している。

⑧浪除地蔵（大正区泉尾6—2）：町会にたくさんの人が住んでいたころは町内安全だった。

（3）波除祈願の伝承と祭祀組織

〈資料14　波（浪）除を冠する仏像への御利益・祈願内容〉を通覧すると、厄介物である「波浪」を除けることを祈願するものは八件のうち、②**浪除地蔵**（港区福崎）の「高浪除け」だけである。しかし、「浪除」は、「波除山」にみたとおり、厄介物である「波浪」除けが本来の意味である。「水」との関連を認めることができるものは

ある。①**浪除観音**（大正区三軒家東）の「航海安全」と⑦**波除地蔵**（大正区三軒家東）の「水害で亡くなった人への追悼」がそうである。ただし、呑海庵《どんかいあん》の浪除観音に頒布する護符も「航海安全のお札」といって、伊勢の度会郡の漁師だけが求めるに過ぎないという。むしろ、町内安全といった内容を多く聞く。③**波除地蔵**、④**波除地蔵**、⑤**波除地蔵**がそうである。その他にも、安全祈願が目立つ。とりわけ、除災の「災」が「波浪」とは限定されずにある。①**浪除観音**の「厄除開運」、③波除地蔵の「病気除け」、「火事除け」がそうである。祈願内容と御利益に見る限り、この地の今日にあっては「波除」、「浪除」のホトケ、必ずしも「波浪」除けではないのである。むしろ「波」は「災厄」全般を指すものとして、現在の人々に伝承されているのである。これは、この地の住民における脅威が自然災害そのものに対する心意から、より都市生活全般に亙る災厄に対する心意に変貌しつつあることを示すものと考えられる。

この今日の祈願内容は、今日の祭祀組織との関連が考えられる。〈資料15　波（浪）除を冠する仏像の祭祀組織〉を示す。

〈資料15　波（浪）除を冠する仏像の祭祀組織〉

①浪除観音（大正区三軒家東6―14）：呑海庵
②浪除地蔵（港区福崎1―1）：会社・（株）S倉庫
③波除地蔵（港区八幡屋4―1）：町内有志・波除地蔵保存会
④波除地蔵（港区波除3―2）：町内会・波除3丁目2班、3班
⑤波除地蔵（西区本田4―2）：町内会・本田4丁目4班、5班、6班
⑥浪除地蔵（大正区三軒家東2―16）：町内有志・三軒家東九地区地蔵尊管理委員会

⑦波除地蔵（大正区三軒家東5―18）：個人。戦前は町内
⑧浪除地蔵（大正区泉尾6―2）：町内有志・護持会。以前は泉尾第六町会

祭祀組織の大半は町内である。③**波除地蔵**、④**波除地蔵**、⑤**波除地蔵**、⑥**浪除地蔵**、⑧**浪除地蔵**がそうである。さらに②**浪除地蔵**の「会社」とあるのも、会社の社宅に祀られていることからすれば、町内と同じ範疇に入れてよい。これらの「波除」のホトケは、基本的には地縁性に基づく集団によって祭祀が継承されていると考える。ただ⑧浪除地蔵において「町内有志・護持会。以前は泉尾第六町会」であるように、現在は町内の有志組織に変わりつつある。同じ傾向は、③**波除地蔵**における「町内有志・波除地蔵保存会」、⑥**浪除地蔵**における「町内有志・三軒家東九地区地蔵尊管理委員会」にも見られる。地縁に重ねて約縁もまた祭祀を継承するのに必要なる条件となっているのである。この地における「波除」の仏像の祭祀の組織においても、都市の民俗における約縁性が重要な結びつきの要因となっているのである(7)。翻って「波除」の祈願内容・御利益が町内安全といった内容を多く聞いたのもこのような「地縁＋約縁」に基づく祭祀組織であることとの関連が認められる。なお寺院を祭祀組織とする①**浪除観音**については、以下の「波除」の仏像の由来を探ることにより、論究を深めたい。

（4）「波除」の由来譚の伝承構成

ここまで述べてきたことは、「波除」という語、名辞としての「波除」、「波除」の地名伝承、波除祈願の伝承と祭祀組織であった。名辞としてこそ「波除」を冠するものの、今日大きな防潮堤に囲まれた市街地となっては、波浪を脅威とする新開埋立地を偲ぶ縁の乏しいことは無理からぬところである。だいいち、防潮堤の高さは、娑婆を

囲む塀のようであって、「水」が見えないから脅威を自覚することがない。いったい、「波除」の由来については、いかなる形で伝承されているのであろうか。そもそも、「波除」を今日の人々はいかに認識しているのであろうか。次に示す「仏像由来の文献伝承の構成」に沿って、ここに示した仏像の由来譚の構成の分析を試み、波除伝承の本質について論究したい。〈資料16　波（浪）除を冠する仏像の由来〉を示す。

〈資料16　波（浪）除を冠する仏像の由来〉

①浪除観世音（厄除観世音）菩薩縁起略（大正区三軒家東六丁目）

抑も当庵安置厄除観世音菩薩は弘法大師の御自作と古代より云ひ伝ふ御霊像の由来を尋るに人王百二十二代霊元天皇寛文十年八月二十三日の事なりしが折柄の暴風大雨遂に大海嘯を起して当地の建家数多押し流され住民の溺死せるもの其数計り難し其後風静まり浪平らぎて浜辺一面に家屋の破れたる物家財諸道具の類ひ且は溺死者の遺体など取り交へて流れ寄りし其中より夜な夜な一道の光明輝きければ見るもの不思議の感を起したり。／其頃休清と曰ふ和尚ありて其光明の下に観世音の尊像ましますを見出し直ちに拾ひ上げ奉りてさゝやかなる御堂を造りて安置し日夜礼拝供養して兼ては溺死者の追福を修したりけり。／其後検地奉行青山大膳の所置にて御堂の地を除地とせられ当時の代官大芝六兵衛は其御堂に呑海庵といふ名を付して公私彌よ尊信し奉りけり。／爾屢ば暴風海嘯あれども溺死せしもの更らに無かりければ諸人皆な菩薩の霊験に感じて誰いふとなく浪除観世音と称へ奉りたり。／御詠歌　浪風のはげしきときはたゝたのめ／誓ひあらんかぎりは実にや御経に「波浪も没すること能はず」と説き給ひ。又た「若し大水の為に漂はされんに。其名号を称ふれば。即ち浅き処を得ん」と誓はせ玉ふ金言更に疑ひあるべからず。／されば有信の人々来り賽して其現益を頂き殊には船に乗り海を渡る人等は必ず大悲の慈愍を仰ぎて其厄難まぬがれんこと「念々に疑ひを生ずる勿れ。観世音浄聖は苦悩死厄に於て。能く為めに依估となり玉ひ。一切の功徳を具し。慈眼を以て衆生を視なはし玉ふ」観世音菩薩の威神を尊重して彌よ信心を励まさるべきものなり。／大正四年二月重刻／三軒家呑海庵

②浪除地蔵（港区福崎1―1）

昭和二〇年頃、ジェーン台風（枕崎台風か?）で流れて来た。当時、S倉庫（株）の専務のSさんが祀り始められた。水（高浪）が来ないようにということで「浪除地蔵」と名付けられた。福崎の住吉神社のところで祀られていたが、昭和三五、六（一九六〇、六一）年頃、現在地であるS倉庫社宅敷地内に移された。

③波除地蔵（港区八幡屋4―1）

先代の地蔵は、明治二四（一八九一）年生まれの父が子供の頃からあったもので、流れ着いた地蔵に「あっちゃ行け。あっちゃ行け。」と言ったところから「波除地蔵」と呼ぶ。父が嘉永年間（一八四八～一八五三年）生まれの祖父と同じ年代の人から聞いたところによると、昔、天保町の砂浜に、木でできた地蔵が潮で打ち上げられて来た。流し返したが、また返って来た。そんなことが何度もあったので何か縁でもあるのだろうと思い、祀るようになった。光背のついた、一mもある、立派な像であったが、昭和九（一九三四）年の室戸台風の時、宝珠を紛失した。これは、観音講の方に、夢のお告げがあり、床の下のドベ（泥）の中から見つかった。その像は、昭和二〇（一九四五）年六月一日の空襲で焼失してしまった。現在、祀っているのは、焼け跡から拾ってきた石の地蔵である。現在地で祀るようになったのは、区画整理で天保町（現在は、安治川内港化工事により、港晴地区北の海成地となっている）の人たちと一緒に、現在地に移動して以降のことである。

④波除地蔵（港区波除3―2）

昭和二八（一九五三）年以前に、有志で子供をまもってもらうために造立した。「波除地蔵」というのは、波除という地名からである。初めは墓標であった。元は、現在地より約一〇〇m東にあった。現在地に移ったの

は昭和三三（一九五八）年である。

⑤波除地蔵（西区本田4―2）

昭和四五（一九七〇）年頃、現在、モータープールになっている所の露地の奥から移し、子安地蔵と一緒に祀っている。この地蔵を移した人は、交通事故で亡くなった。戦前、このあたりには行き止まりが多かった。地蔵は目につくところがいいので、このような角に祀っている。筋向かいの並びに祀られている北向地蔵と比べて、こちらの方が賽銭も多い。詳しい由来はわからないが、水害に関係があるらしい。九条にまだ、二、三体、波除地蔵はある。

⑥浪除地蔵（大正区三軒家東2―16）

元々、この地は難波島《なんばじま》であって、島の先が削れるので中を掘って川をこしらえた。ある時、島が削れる訳を祈禱師に尋ねると「人柱を立てれば、侵食がなくなる」と言われた。そこで、千日前の処刑場の死体を持ってきて埋めたという。地蔵尊を祀るのはその人たちへの供養かも知れない。浪除地蔵というは浪を治めるために命名されたもので「浪」は「波」よりも強い。八体有るのは、年寄りが拾い集めて来たもので、真ん中の地蔵は、昭和三〇（一九五五）年に、戦災で壊れたのを新しく造立したものであるが、ご本尊を除いて七体を七地蔵として巡るのを一カ所でまとめようとしたのかも知れない。地蔵堂の卍の字が逆さに書かれている。

(60) 難波島

⑦波除地蔵（大正区三軒家東5―18）

明治三二（一八九九）年以前に既に祀られていた。水害で亡くなった人への追悼の意味で波除地蔵と命名したという。昔は、向かいの長屋の間の路地に祀られていた。現在地に移してきた時から焼けた尊像と仏頭とが一緒に祀られていた。

⑧浪除地蔵（大正区泉尾6―2）

昔、大正、港、西区は一つの村で葦原だった。この地蔵は、Fさんが昭和以前に、水害などで死んだ人の供養のために造立した。その当時、どう称していたかは不詳であるが、浪除地蔵というのは、昭和六一（一九八六）年、床几に、この文字が書かれてあるのを見付けたことによる。この辺りは夏の大潮の時、しばしば浸水したことによる命名だろう。

⑨浪除地蔵《異説》（大正区泉尾6―2）

現在の尊像はまだ新しい。昔は、泉尾に船大工がいて、ここには漁師の家が二軒あった。ある時、漁師の網に尊像が掛かり、祀り始めることになった。ところが、その尊像を誰かが持って行き、地蔵堂の建物だけとなった。地蔵は場所を鎮める仏であるだけに気味悪がって二代目を造立したのである。

ここに示した〈資料16　波（浪）除を冠する仏像の由来〉を一覧すると「波除」の由来譚としての構造が最も整っているものは、①**浪除観音**（大正区三軒家東六丁目）であることに気づく。この仏像の由来は、漂着の伝承を含むものである。その構成は、〈（1）祭祀する仏像の由緒→（2）出現の時→（3）出現の場所→（4）出現の霊異→（5）奇異の感→（6）とりあげ→（7）祭祀→（8）奉仕→（9）霊験→（10）命名〉に至るものである。これを「波除由来」の一つのモデルとしてみる。〈表[9]　波（浪）除を冠する仏像の伝承の構成〉はこのモデルに沿って伝承の構成を見たものである。

表9　波（浪）除を冠する仏像の伝承の構成

No	神仏名	（1）祭祀仏像	（2）出現の時	（3）出現場所	（4）出現霊異	（5）奇異の感	（6）拾い上げ	（7）祭祀	（8）奉仕	（9）霊験	（10）命名
①	浪除観音	○	○	○	○	○	○	○	○	○	○
②	浪除地蔵	×	○	?	○	×	×	○	×	×	○
③	波除地蔵	○	昔	○	○	○	?	○	×	×	?
④	波除地蔵	×	×	×	×	×	×	○	×	×	○
⑤	波除地蔵	×	×	×	×	×	×	○	×	×	○
⑥	浪除地蔵	×	×	×	×	×	×	○	×	×	○
⑦	波除地蔵	×	×	×	×	×	×	○	×	×	○
⑧	浪除地蔵	×	×	×	×	×	×	○	×	×	○
⑨	⑧の異説	×	或時	?	×	×	○	○	×	×	○

凡例　記載あり：○　記載なし：×　記載の想定：?　「漂着」については、「出現の時」、「出現の場所」の項に含む。

①から⑨の伝承の構成は二つに大別される。一つはモデルに示されたタイプである。このモデルには、《（2）出現の時→（3）出現の場所→（4）出現の霊異→（5）奇異の感→（6）とりあげ》といった一連の漂着の伝承を含む。これと等しく漂着を含む伝承は、②**浪除地蔵**、③**波除地蔵**、⑨の⑧**浪除地蔵異説**を含めて四件ある。

いっぽう、このモデルに対し、漂着の伝承を含まないものが④**波除地蔵**、⑤**波除地蔵**、⑥**浪除地蔵**、⑦**波除地蔵**、

(61) 香海寺（香海庵）

⑧浪除地蔵の五件ある。ここに挙げた二つのタイプがはたして本質を異にする別個の伝承か否かを明らかにせねばならない。以下に由来の展開を場面を追って比較してみたい。

（5）波除伝承の構成

(1) 祭祀する仏像

この項目についての伝承が認められるものは、**①浪除観音**であり、「弘法大師の御自作と古代より云ひ伝ふ御霊像」とある。この他には**③波除地蔵**だけであるが、**①浪除観音**の「弘法大師の御自作と古代より云ひ伝ふ」のごとき大袈裟な由緒ではない。**①浪除観音**の安置場所が香海庵なる寺院であることに注目したい。**①浪除観音**に伝わるような伝承は、往々、寺院安置の仏像に見られるもので、元禄一四（一七〇一）年、岡田徯志編纂『摂陽群談』の寺院に祭祀される仏像の由来にも多々見られた伝承である(8)。

このように仏像由来を高僧による「御自作」とする伝承は、信仰を広めた人により伝えられた「伝説」である可能性が高い。信仰の対象を荘厳化する何等かの意図があって、後の宗教者などが脚色したとも考えられる。そのように考える限りにおいて、**③波除地蔵**の「光背のついた、一メートルもある、立派な像」とは、いまだ由緒に脚色が加わらない段階の伝承と考え得る。

(2) 出現の時

この項目についての伝承が認められるものは、**①浪除観音**の他には**②浪除地蔵**、**③波除地蔵**、**⑨波除地蔵**《異

説》である。①**浪除観音**の場合、「暴風大雨遂に大海嘯を起して当地の建家数多押し流され住民の溺死せるもの其数計り難し其後風静まり浪平らぎて……夜な夜な」と伝承され、津波による水害の時である。同様の時は、②**浪除地蔵**の「ジェーン台風」（一九五〇年九月に襲来）の時である。この地蔵の漂着の時を昭和二〇年頃と聞くので、枕崎台風（一九四五年九月襲来）である可能性もあり、「ジェーン台風」は記憶違いかも知れないが、戦後の水害時に漂着したことは事実であろう。いっぽう、③**波除地蔵**、⑨**波除地蔵《異説》**の時は、このような水害でない時である。

この項目についてもまた、①**浪除観音**の伝承には脚色の可能性が考えられる。確かなことは、西区本田にある九島院について『摂津名所図会』に、寛文十年八月二十三日、龍渓禅師が佛法を説いていた時、高潮が来襲し、座禅をしたままの姿で入寂したと記録されており、(9)この時がこの仏像漂着の伝承にある津波の時と一致することである。仏像の水害時の漂着を記憶し伝承するこの地の人たちには、「人王百一十一代霊元天皇寛文十（＊：一六七〇）年八月二十三日」の津波時の漂着を容易に受け入れる素地は充分に具わっている。

(3)　出現の場所

この項目についての伝承が認められるのは、①浪除観音の他には、②**浪除地蔵**、③**波除地蔵**、⑨**波除地蔵《異説》**である。①**浪除観音**の「浜辺一面に家屋の破れたる物家財諸道具の類ひ且は溺死者の遺体など取り交へて流れ寄りし其中より」とある浜辺の光景は、③波除地蔵のごとき「天保町の砂浜に」とあるのと比較して、阿鼻叫喚の浜辺の空間がまざまざと伝承されている。⑨波除地蔵《異説》の出現の場所は、展開に沿って、「水上」と想定した。

(4)　出現の霊異

この項目についての伝承は、①**浪除観音**の他には、②**浪除地蔵**と③**波除地蔵**に認められるが、③**波除地蔵**の「木でできた地蔵が潮で打ち上げられて来た。流し返したが、また返って来た」といった伝承は②**浪除地蔵**の「流れて来た」といった単なる奇縁を一段進めた伝承である。繰り返しての出現の不思議は東京・浅草の浅草寺（東京都台東区浅草）観音縁起などの漂着神の系譜にも連なるものでもある。[10]このことについては、本編〈第二章　13　港区八幡屋の漂着した地蔵〉に論究した。③**波除地蔵**の出現した「天保町の砂浜」の「天保町」には、かつて漁師が住んでいたが、③**波除地蔵**の祭祀の経緯に漁師の直接の関与は認められなかった。[11]①**浪除観音**の「一道の光明輝きければ」は前の「夜な夜な」と合わせて経典を典拠とする伝承であろうことは、『摂陽群談』の寺院に祭祀される仏像の由来について論究したとおりで、神仏諸霊の出現の時に光明、音声、薫香は一層の荘厳を添える仕掛けなのである。

(5)　奇異の感

この項目についての伝承は、①**浪除観音**の他には、③**波除地蔵**に「そんなことが何度もあったので何か縁でもあるのだろうと思い」とあった。紛失した宝珠が観音講の人たちの夢告により発見された伝承と併せれば、仏像との邂逅に奇縁を感ずる条も、この条も観音講の人たちの関与を認めるのが妥当と考える。

(6)　仏像の拾い上げ

この項目についての伝承が認められるのは、①**浪除観音**の「見出し直ちに拾ひ上げ奉りて」とある他には、③**波除地蔵**と⑨**波除地蔵**《**異説**》である。③**波除地蔵**は、「（砂浜で）拾い上げ」を想定した。⑨**波除地蔵**《**異説**》は「漁師の網に尊像が掛かり」とあり、本編〈第二章　13　港区八幡屋の漂着した地蔵〉に明らかにしたように漁撈者による漂着神の伝承が付け加わった考えられる。

(7)　祭祀

この項目についての伝承は、現在、祭祀されている仏像を対象としただけに全てに具わる。

(8) 奉仕

この項目についての伝承が認められるのは、①**浪除観音**だけである。この仏像への礼拝供養と御堂命名が述べられている。

(9) 霊験

この項目についての伝承も①**浪除観音**にのみ認められる。「暴風海嘯あれども溺死せしもの更らに無」き旨伝承されている。町内の波除の仏像には取り立ての波浪除けの祈願は、②**浪除地蔵**以外にはない。このことは前に述べた。

(10) 命名

「波（浪）除」は、全ての仏像にみられる名称であるが、「波」を除ける心意には、「波」の解釈をめぐって微妙に異なる。

陸地を侵食する「浪」を懼れるのは、大正区三軒家東の⑥**浪除地蔵**である。浪除地蔵を祭祀するのは、この地が難波島（大正区三軒家東あたり）であって、島の先が削れるので「人柱を立てれば、侵食がなくなる」と祈禱師から言われ、千日前の処刑場の死体を持ってきて埋めたことに端を発するというものである。この地に木津川口刑場がかつて存在したことは、『大正区誌』の「今木新田」の項に記されている。(12)かつて地の先端部であった「波除」の地は、刑場でもあった。地蔵尊像を安置するのは、刑死人の霊を弔うことによってその地の安全確保を祈願するためである。

「高浪除け」であるのは、「暴風海嘯あれども溺死せしもの更らに無」しとある①**浪除観音**、「高浪が来ないように」とある②**浪除地蔵**である。

「水害除け」は、「水害に関係があるらしい」とある⑤**波除地蔵**と「水害で亡くなった人への追悼」とある⑦**波除**

地蔵である。

「浸水除け」は「夏の大潮の時、しばしば浸水したことによる命名」とある⑧**浪除地蔵**である。これらはいずれも、水の害を除く心意を「波除」としている。

流れ着いた地蔵に「『あっちゃ行け。あっちゃ行け。』と言ったところから『波除地蔵』と呼ぶ」という③**波除地蔵**はどうだろう。これは漂着の伝承の不思議に脚色と合理化が行われた伝承かも知れない。「波除」の名辞については、〈(6) 漂着の伝承〉において詳述するが、波浪を「あっちゃ行け。あっちゃ行け」と心に念じたのが、奇異なる仏縁を説く過程で漂着した地蔵像への言葉に取り違えられたのではないだろうか。

「波除という地名から」の命名は、前に見たとおり港区波除の④**波除地蔵**だけであった。概ね、「波除」は波浪、水害除けの心意を本質とすると考える。

(6) 漂着の伝承

ここでひとまず「波除伝承」における漂着の伝承の位置付けをしておきたい。漂着の伝承を含むものは、①**波除観音**、②**浪除地蔵**、③**波除地蔵**、⑨**浪除地蔵**《**異説**》の四件である。⑨**浪除地蔵**《**異説**》は、他の三件が浜に漂着したという伝承と異なり、漁師の網に懸かったというもので漁撈者、舟運に携わる人たちに多くみられる伝承であり、波除伝承に重ねられた伝承と考えられ他と異なる。これは、波除信仰が、漁撈者による信仰と汀線を挟んで浜と沖の関係で接することからの混同であろう。

他の三件は浜側における信仰であり、漂着した仏像に対し奇縁を感じて祀るものであろう。漂着の伝承と波除祈願とは別個のものでありながら波除伝承に漂着の伝承がみられるのは、外来の霊を尊ぶ心意が認められる。その仏像が地蔵であれば、オキの方向からやって来る災厄である波を遮ることを願って祀るのである。漂着した地蔵がサエノカミとしてハマに祀られることにより、町内を「波」から守るのが本来の趣旨である。

波除伝承は、基本的には冠水を懼れるハマベ（浜辺）の者の伝承である。波除伝承というのは、陸と水（河海）との間を隔てる境界のハマベから見ての水際において、波を遠ざけハマベの安全を祈願する心意から生じる伝承なのである。河海に囲まれた川筋のマチにおいてこそ波除伝承が生じるのであり、汀線より相当離れた地にあっても冠水を恐れる心意が働いておれば「波除」の伝承は生じるものなのである。

（7）波除信仰の場所性

この項では、河海に向けて開かれた日本の都市の伝承としての波除伝承を論究しよう。

柳田國男は「波除」ならぬ「潮除堤」について次のように記している。それには、「たとえば東京では隅田川以東の低地、安芸や肥後の海岸部、あるいは筑後川下流などの、潮除堤をもって取り囲まれたる村は、いかなる名を持っていようとも新しい。いわゆる干拓地の耕地は多くは三百年前の海であった。（中略）日本の国土の中世以後に広くなったことは、おそらくは諸君の意外とするところであろう。たとえば大大阪を取り巻いている広々とした水田地は、つい近い頃にだんだんと排水をして、この通りの耕地になし得たものである。名古屋市以西の海岸にも、やはり潮除堤の大工事をもって、ようやく拡張し得た水田面積がなかなか大きい」とある。この記述において柳田は潮除堤をもって取り囲まれたる村として、東京の隅田川以東の低地、安芸や肥後の海岸部、筑後川下流、名古屋市以西の海岸、それに大大阪を取り巻いている広々とした水田地を列挙している。[13]「波除」を「潮除」に置き換えれば、本節における波除に関する伝承の論究は、日本の多くの地域に適用できるのではないだろうか。

まず、東京の「波除」の伝承について論究する。「波除」は一般名詞であって、東京の臨海部にも見られる。『新編東京繁昌記』には次の記事がある。それには、「海岸の『砂浜』に強引というも過言でないほどまっすぐ敷き通したものが（明治五年）「明治開化」の鉄道線路であったが、それはあらかじめ机上で地図の上に定規で引いた線をそのまま実地へあてがったかのように、本芝海岸の鉄道線路は、その初め『海岸線に添うて』といおうより『海中へ石崖にのせた鉄軌の直線をじかに布設して』敷かれ、本芝の一部はあたかも汐入りの堀のような工合に―料亭の『いけす』や波除稲荷のあったあたり―囲まれた。その時には、その後ガスタンクや自動車工場、電気工場などの立ち並んだ工業地帯、今の『西芝浦』であるとか、『高浜町』、『芝海岸通』等は、唱歌の通り『台場も見えて波白い』遠浅の海だったのである」とある。(14) 引用文に「波除稲荷」がみえる。波除稲荷があったあたりは、一九五五年当時にはすでに、「台場も見えて波白い」遠浅の海変じて、ガスタンクや自動車工場、電気工場などの立ち並んだ工業地帯となっているのである。これと同じ事情は西大阪の波除の地にもあてはまる。だいたい、波除の地の全てがそうなのか。

真実は多様である。東京駅から築地（東京都中央区築地）・鉄砲州《てっぽうす》（東京都中央区湊）を経て、佃島（東京都中央区佃）を訪ね歩いた際、入り堀に見付けたのは、「波除地蔵」ならぬ「波除稲荷」（東京都中央区佃）であった。彼の地での聞き書きに、祭祀の経緯を「漁師の守護神だから（海での）災難を除けるという意味での『波除』だろう」と書き記している。調査年月日は一九九一年一〇月六日である。話者は佃島漁業協同組合組合長で大正六（一九一七）年生まれの老漁師である。ここでは海難除けを、祭祀の事情に伝承する。これは大阪市大正区の浪除観音の「縁起略」（大正四年重刻）にあった「船に乗り海を渡る人等は必ず大悲の慈愍を仰ぎて其厄難をまぬがれんこと云々」とは水上での厄難を除けることにおいては通じる。ここでは沖での無事を祈願するのである。ただし大正区の浪除観音の場合、その霊験は「船に乗り海を渡る人等」にだけ示されるものではなかった。むしろ一義的には陸での「浪除」であった。そう考えられるのは、尊像安置後の記事に「暴風海嘯あれども溺死せしもの更らに無かりければ諸人皆な菩薩の霊験に感じて誰いふとなく浪除観世音称へ奉りたり」とあることより明らかであろう。港区八幡屋の波除地蔵の祭祀の経緯の伝承に見られたのと同様、「浪除」の意味の混同が見られるのではないか。このことは、〈（4）「波除」の由来譚の伝承構成〉において述べた。

東京佃島の波除稲荷のような漁撈者による「波除祈願」は、他にもある。『新編日本地蔵辞典』には、次の記事がある。それには、「八雲地蔵　静岡県焼津市小川　光心寺（＊：静岡県焼津市東小川）／小泉八雲が焼津を訪れた時、波打ち際にあった漁師の波除け祈願のお地蔵様に興味を示され、両手と首を修復すべく労をとろうとしたが、夫人に反対され実現しないままで終わった。それから六〇年後の昭和四二年に地元の有志達によりこの像が造り替えられ、古い地蔵尊は小川の光心寺に安置され『八雲地蔵』と呼ばれている」と記されている[15]。祭祀の場所は波打ち際で、「漁師の波除け祈願のお地蔵様」があったと記されている。ただし、ここにある「漁師の波除祈願」の「波除」は今までのいくつかの用例からすれば「波浪除け」なのか、「海難除け」なのか、あるいは両方の意味なのかは即断できない。

東京における波除稲荷で最も有名なのは、築地《つきじ》の波除稲荷神社（東京都中央区築地）であろう。その縁起は、「波除稲荷神社参拝栞」に「今から三百三十年程前、この築地一帯は、一面の海でした。慶長江戸図には、今の馬場先門辺りまで汐入を画き、八重洲海岸に舟の役所がありました。文録元年、江戸城西丸の増築に、お堀の揚げ土を以て、日比谷入江を埋め始めたのが、江戸東南海岸埋立の始めであります。（中略）その後着々と埋立の工事が進みましたが工事が困難を極めたのが、この築地海面でした。それは万治年間のことです。堤防を築いても築いても激波にさらわれてしまうのです。或夜の事、海面を光りを放って、漂うものがあり、人々は不思議に思って舟を出してみると、それは立派な稲荷大神の御神体でした。皆は畏れて、早速社殿を作り、そこにお祀りして、皆で盛大なてみたい。お祭りをしました」と記されている。[16]この縁起の構成は大正区の浪除観音とほぼ一致する。浪除観音縁起を再び見

三軒家呑海庵すなわち、浪除観音縁起の構成は、《(1)祭祀する仏像の由緒→(2)出現の時→(3)出現の場所→(4)出現の霊異→(5)奇異の感→(6)とりあげ→(7)祭祀→(8)奉仕→(9)霊験→(10)命名》に至るものであった。以下に波除稲荷神社縁起の記述の構成をこのモデルにあてはめてみよう。

《(1)祭祀する仏像の由緒》に対応する記述は、神仏を異にするものの「立派な稲荷大神の御神体」である。

《(2)出現の時》は「(海岸埋立の工事が困難を極め)堤防を築いても築いても激波にさらわれてしま(った)或夜」である。

《(3)出現の場所》は「海面」である。

《(4)出現の霊異》は「海面を光りを放って、漂うもの」である。

《(5)奇異の感》は「人々は不思議に思って舟を出してみる」である。

《(6)とりあげ》は「社殿を作り、そこにお祀りし(た)」である。

《(7)祭祀》は「社殿を作り、そこにお祀りして」である。

《(8)奉仕》は「皆で盛大なお祭りをしました」である。

《(9)霊験》は「波風がピタリとおさまり、工事はやすやすと進みました」である。

《(10)命名》は「稲荷大神に波除の尊称を奉り、今に至るまで、『災難を除き、波を乗り切る』波除稲荷様(とした)」である。

以上のように波除稲荷神社の縁起は、漂着を含む伝承としての波除伝承の構成として完璧なものと考える。

以上、資料が東京の僅かな事例にとどまったものの、波除信仰といったものが、実地調査した西大阪に限るもの

でないことを示した。波除信仰の今日における場所性の一端が示されたものと考えている。

（8）潮止めの神

冒頭に「波除」なる語について触れた。そこでは、この語が『定本柳田國男集』総索引においてはただ一例しか、挙げていないことを記した。その用例は「波除の堤」とあるもので、「潮除堤」の意味であった。「波除」なる語について、関連する周辺の語彙の検討をしてみよう。「潮除」「潮除堤」「潮止め」「潮止堤」はどうであろうか。『定本柳田國男集別巻第五』（一九六九年）の語彙索引には「潮除堤」五例、「潮止め」一例、「潮止堤」一例、「潮除」一例が見当たった（「潮除堤」表記の読み方を異にする二項目は同一項目として数えた）。ちなみに『改訂日本民俗語彙』第一巻（一九五五年）の語彙索引には、「波除」はもとよりこれらの語彙は全て記載されていない。

ここでは「波除」に関連する語として「潮止め」をとりあげ、ここまでの論考を補いたい。この語をとりあげたのは、「波」の類義語としての「潮」、「除（け）」の類義語としての「止め」が挙げられるからである。伊藤作一に「潮止めの神について」という論考がある。それに開作工事における潮止めの神事が記されている。[17]それには、「干潟に堤防を築いて耕地などになすことを開作といっている。而してこの開作工事は、その作業の性質からして、無事竣功は人の力ばかりでは出来ないとして、いづれの開作に於ても漏れなく祭祀が伴っていたといってよい。先ず工事着手には鍬初行事があり、工事中には風鎮行事、及び祈禱があった如くで更に竣功に際しては潮止めの神事があった」と記されている。港区、大正区といった新開埋立地においても、このような潮止めの神事が行われていたであろうことは想像に難くない。「潮止め」を冠する神はあるにはある。大正区三軒家東六丁目の八阪神社の下の社に「汐止め天神」が祀られているのである。以下に同社の禰宜《ねぎ》からの聞書の記録を記す。それには、「祭神は、素戔嗚尊、応神天皇、仁徳天皇、菅原道真公である。外に船魂様も祀っている。当社に祀る菅原道真公は、当地・恩加島の開拓者である岡島嘉平次が勧請したもので、菅公幼少の砌に縁のある河内国道明寺の系統の信仰であり、開拓当初、水害に悩まされたところから、当社の天神さんを『汐止め天神』、『引き潮天神』ともいう。上の八坂神社（＊：大正区三軒家東二丁目）には末社に『汐止め天神』が祀られている。しかし、『止め』、『引き』、『除け』を地元の人は厭がって口にしない。昔、木津川の土手には狐狸の巣がたくさんあって、そこから鉄砲水がよく出たとも聞く」という。「汐止め天神」について「当社に祀る菅原道真公は、当地・恩加島の開拓者である岡島嘉平次が勧請した」のであり、「開拓当初、水害に悩まされたところから」の命名である。この神は、伊藤作一の「工事着手には鍬初行事があり、工事中には風鎮行事、及び祈禱があった如くで更に竣功に際しては潮止めの神事があった」とある、工事着手の時に際しての神なのではないか。

この「汐止め天神」については『大阪府全志』巻之二の大阪市西区三軒家聯合「八阪神社」に次の記述がある。(18)それには、「八阪神社は西南にあり、速素戔嗚命を祀れり。正保四年中村勘助の勧請なりと伝ふ。明治五年村社に列し、同四十一年七月十七日難波島町字氏の村社八阪神社（速素戔嗚命）・同四十二年一月十九日千島町字鶴の割無格社天神社（菅原道真）を合祀せり。合祀せられたる八阪神社は慶安四年の勧請、天神社は安永三年同地開発者の勧請なり。伝へ云ふ、同天神社は一に汐止の天神と称し、天満天神（＊：北区天神橋）夏祭渡御の前夜を以て同社神官参拝して汐止の式ありしを以て此の名あり」と記されている。これには八阪神社に合祀された天神社（菅原道真）について「安永三（一七七四年）年同地開発者の勧請なり」とした上で、「伝へ云ふ」として「汐止の天神」の命名の所以を「天満天神夏祭渡御の前夜を以て同社神官参拝して汐止の式」があったことからとしている。この地の開発においておいて勧請された「潮止めの神」は、「汐止の天神」であった。さらに、かつて行われた「天満天神夏祭渡御の前夜」の「汐止の式」がいかなる神事なのかは分からないが、おそらく波除の祈願であろう。以上により「潮止め」は「波除」に通じる埋立地の民俗の一端であると考えられる。

　このように考えてみると、この埋立地における神仏の由緒に波除の祈願はいくらもみられると考えてよい。地元・港区の浄土真宗・唯称寺《ゆいしょうじ》（港区夕凪）住職による『港区の昔話　増補版』（一九八四年）には興味深い話が載せられている。「市岡パラダイスの話」の項目に「弁天様」が出てくる。「大正一四年、市岡土地会社は土地の繁栄策に綜合娯楽場パラダイス（＊：港区磯路）を開設しました。一万二千坪の場内は大劇場、映画館、演芸場、千人風呂、アイススケート場があり一度入場券を求めたらどこでも自由に遊べました。場内中央には東洋一の飛行塔があり大阪の新名所として沢山の人が集まりました。（中略）後、町全体が充分賑やかになったので各々の建物は独立して営業するようになりました。その時飛行塔は生駒山上遊園に移され今も山上で舞っています。又場内池の中央に石山があり弁天様が祭られてありました。新田開発者が祈った弁天様に因縁があります」と記すのである。[19]綜合娯楽場の池にある石山に祀られた弁天様には何が祈願されたのか。同書の「弁天町」の項目には、「市岡新田開発者市岡与左衛門が元禄の頃開発したが、度々の水害で田畠は荒れ堤防は切れその苦しさを神に祈った時、水に縁のある弁天様を祭ったその社の跡が大正末期の埋立完成の時弁天町と名付けました」と記されている。[20]大正区に「汐止め天神」が祀られていたが、港区にはかつて弁天様が祀られていたのである。この「弁天様」は、元禄の頃の開発の時、「度々の水害で田畠は荒れ堤防は切れその苦しさ」から逃れんために祀られたのである。この記事のとおりであれば、この地の「弁天様」もまた、波除の仏ということになる。このような埋立新開地においては波除を祈願する信仰は普く存在するものなのである。

（9）波除信仰の歴史的展開

ここでは、波除信仰の発生とその展開を東京築地の波除稲荷神社（東京都中央区築地）発行の「波除稲荷神社参拝栞」を軸として考察してみよう。信仰の発生の件は、前掲の「今から三百三十年程前」から始まり、「皆で盛大なお祭りをしました」に至る。この記述で以て、信仰の発生した「史実」が示されたとは考えない。これが史実か否かは検証されねばならない。〈（7）波除信仰の場所性〉でも述べたとおり、これは浪除観音と同じく社寺の縁起である。すなわち、浪除観音に見られた《（1）祭祀する仏像の由緒↓（2）出現の時↓（3）出現の場所↓（4）出現の霊異↓（5）奇異の感↓（6）とりあげ↓（7）祭祀↓（8）奉仕↓（9）霊験↓（10）命名》の一連の構成要素は、完全に一致した。この整った体裁は、いっぽうで史実性について、疑問の余地を残すものである。

つまり「或夜の事、海面を光りを放って、漂うものがあり、人々は不思議に思って舟を出してみると、それは立派な稲荷大神の御神体でした」の記述が問題なのである。（5）波除伝承の構成にも述べたように、《（1）祭祀する仏像↓（2）出現の時↓（3）出現の場所↓（4）出現の霊異↓（5）奇異の感》までは信仰の対象を荘厳化する何等かの意図があって脚色されたと考えられる。あまりにも仏像出現の伝説に述べられる奇瑞の伝承に似ているのである。このことは、以前「仏像由来の文献伝承の構成」において考察したとおりである。[21]

この伝承より史実だけを読み取るとすれば、「・・・その後着々と埋立の工事が進みましたが工事困難を極めたのが、この築地海面でした」とする記述と「早速社殿を作り、そこにお祀りして、皆で盛大なお祭りをしました」とする記述であろう。この史実と考えられる間に挿入されているのが《（1）祭祀する仏像＝神体の由緒↓（5）奇異の感》の記述である。それでは、この記述はどのような事情によって置き換えるのが妥当であろうか。「潮止めの神について」に「この開作の工を起すに当って、その工事の容易でないことは想像に難くないのであり、従ってこれの完遂を天地神明に誓願をこめたであろう事も判らないことはない。而してその対象が風雨に関連を持ち、大海に縁のある神々であることも肯けるのである」と記されている。[22]この記事を《(1) 祭祀する仏像→(5) 奇異の感》の伝承に置き換えるならば、「埋立工事の完遂のために、風雨に関連を持ち大海に縁のある神々といった天地神明に対し誓願をこめた」ということになる。すなわち潮止めの神の勧請である。この事情は、浪除観音をはじめ、本節にとりあげた他の波除の仏像とて大差はないと考える。波除の信仰の発生は潮止めの要請に始まる。

これを承けて、如何に波除の信仰が発展し、消長していったのか。再び「波除稲荷神社参拝栞」に戻ろう。「ところがそれからというものは、波風がピタリとおさまり、工事はやすやすと進みました。(中略) 当時辺境の地であった築地も次第々々に開け、現在の如く繁華街となったのであります」とある。ここには潮止めの神の祭祀による利生とその後の展開を読み取ることができる。潮止めの神の祭祀による利生とは、波風がピタリとおさまったことである。これこそ波除の利生であり、利生の第一段階である。潮止めの神の勧請に対応する当然の帰結である。やがて「災難を除き、波を乗り切る」といった利生を発生させる。これは波除信仰から派生した別の利生であり、「潮止め」の神の勧請から逸脱したものではないか。次にある「災難除・厄除・商売繁盛・工事安全等」とは派生した別の利生の具体的項目である。これは利生の第二段階である。

この事例の第一段階から第二段階への利生の展開には、言葉の類似・連想が作用したと考える。「波」を人事上の災厄のメタファーと把らえると、「災難除・厄除」が生じる。「波」を「波に乗る」といった揺れのある状態のメタファーとして把らえると波の「浮き(沈み)」から「商売繁盛」が生じる。「工事安全」とは、「(埋立) 工事はやすやすと進んだ」とことからの、あやかりの利生であって、工事全般の安全祈願に及んだものである。商売人・建設業者といった都市生活者の祈願に及ぶ。新たなる利生・祈願が生じる心意は新たなる時代、社会からの要請が前ない。

提となる。ところで波除稲荷神社の第二段階の利生・祈願がいつ生じたのか。「近代社会」であることはまちがいない。

大正区の呑海庵に安置されている浪除観音（大正区三軒家東）も同様の信仰の展開が考えられよう。再び、呑海庵発行の「厄除観世音菩薩縁起略」を考察の対象としよう。これによって、第二段階の発生の時代を特定できようか。まず「浪除観音」はこの寺院発行の縁起では「厄除観世音菩薩」となっている点に着目したい。現在は「浪除」ではなくて「厄除」なのである。まさに「浪」が「厄」に置き換えられているのである。

またここでは「厄除」に年号が付されている。「大正四年重刻」とあり、縁起の時代性が少しは明らかとなる。「厄除観世音菩薩縁起略」の伝承的世界の下限は大正の初期と考えられる。以下、「縁起略」によって波除信仰の展開を考察しよう。潮止めの仏の祭祀による利生の第一段階は「爾屢ば暴風海嘯あれども溺死せしもの更らに無（きこと）」、「若し大水の為に漂はされんに其名号を称ふれば即ち浅き処を得ん」が挙げられる。これらは風水害に対しての利生と考えてよい。第二段階としては「船に乗り海を渡る人等は必ず大悲の慈愍を仰ぎて其厄難まぬがれんこと」、「観世音浄聖は苦悩死厄に於て。能く為めに依估となり玉ひ。一切の功徳を具し。慈眼を以て衆生を視なはし玉ふ」が挙げられる。前者は水上安全であり、後者は「苦悩死厄」といった人生上の災厄である。前者の利生の「浪除」は陸地での祈願項目が水上に派生して及んだもので、本来は、別項目と考える。後者は前の波除稲荷に見られたのと同様、厄介物である「波」をメタファーとして把らえたことによるのだろう。

この利生の第二段階を、呑海庵住職（一九二五年生）からの聞書調査の記録により補足しておきたい。その記録には、「『厄除観世音菩薩縁起略』に『船に乗り海を渡る人等』とあるが、現在は水を注意するための信仰は薄れている。年越しのお札も伊勢の度会郡（＊：三重県度会郡）の漁師が『航海安全のお札』を受けられるぐらいである。現在、年越しのお札は『厄除開運』『家内安全』『交通安全』『学業成就』『商売繁盛』『安産祈願』などである」と記している。年越しのお札に見る限り「厄除観世音菩薩縁起略」にあった「苦悩死厄」といった文言が現代的に具体化されたものでもある。この仏像については、名称が「浪除観音」が「厄除観音」に変化しているように、第一義の「浪」が第二義の「災厄」に移っているのである。

今日、高い防潮堤に遮られて「浪」を直接は目にしない。浪除観音にみた波除信仰の展開は、波除稲荷に見たところといくつかの共通点が見られよう。もはや波浪・都市災害への不安を観音、稲荷に祈願してみたところで解決しないと考えるのが今日の都市の住民である。今日の都市住民にあって観音・稲荷に祈願する心意は、種々の災厄への漠然とした不安と福徳への期待なのである。ここでは町内に祀る波除を冠する地蔵についてはとりあげなかったが、第一義の「浪」への信仰が廃れているのは〈(3)　波除祈願の伝承と祭祀組織〉によって示したとおりである。川筋のマチにおいて「水」が見えにくくなった今日、「波除」の祈願内容が漠然とした災厄・不安から逃れることを願う心意に変化するのは、この川筋のマチに見た民俗事象の変容にとどまらない。この「波除」から「災厄除」といった祈願内容の変化は、今日の都市社会全般に通底する民俗の変容の一つとして捉えることができる。

〈初出は、「波除伝承考（前）」『都市文化研究』（大阪都市文化研究会）一〇号　一九九一年一一月、「波除伝承考（中）」『都市文化研究』（大阪都市文化研究会）一一号　一九九二年六月、「波除伝承考（後）」『都市文化研究』（大阪都市文化研究会）一三号　一九九三年六月。これらを大幅に改稿。〉

15　野里の岩見重太郎伝説
――住吉神社一夜官女祭の伝承――

（1）論究の視点

市街地には、商家を中心とするマチヤ（町家）的性格の民俗事象もあれば、農家を中心とするムラ（村）的性格の残る民俗事象も存在する。「都市」といっても一律に括ることはできない。空間的には、〈都心部→都心周縁部（urban edge）→都心周辺部（urban fringe）〉と中心から外縁部へと市街地が広がる。大阪の場合、時間的にみると、近代以前に成立していた市街地もあれば、近代以降、成立した市街地もある。図像上では近世の絵地図から始めて、一八八六（明治一九）年の陸地測量部による実測図を経て、それ以降の国土地理院発行地勢図を並べてみれば都市の外縁への膨張は、明瞭となる。大正末に成立した「大大阪」の領域は、〈旧大坂三郷→旧三郷先端部→旧三郷周辺部〉からなり、民俗事象もまた、これに対応して類型化される。

本節において対象とする大阪市西淀川区野里は、「大大阪」が成立する大正末年に市域に編入された都心周辺の農村で、明治の末に、新淀川が開削される以前は中津川の右岸に位置する川筋のムラであった。この地に鎮座する住吉神社では、毎年、一夜官女祭が神社を中心に地元の人々によって継承されており、この神事は一九七二年に大阪府無形文化財に指定されている。この神事の起源については不明なところが多いが、神事に用いられている夏越《なごし》桶《おけ》に「元禄十五年四月吉日」と墨書されているところから、一七〇〇年以前から行われていたと考えられる。文献における一夜官女祭の初見は、安永六（一七七七）年『改正増補　難波丸綱目《なにわまるこうもく》』である。同書の年中行事の項に「（一月）廿日（中略）野里村住吉一時女郎神事」とみえる。(1)大阪における商いを目的とする携帯版の便利帳に載るぐらいだから、当時においても近世都市大坂および近郷に知れ渡った神事であったことは確かである。寛政一〇（一七九八）年『摂津名所図会』には、「野里村の本居神。住吉の例祭の時、この里の民家より十二、三ばかりの女子に衣裳を改め神供を備ふ。これを野里の一夜官女といふ。むかし御手村一双の地にして例祭厳重なり。今はその形ばかりを行ふ」とあり、(2)当時すでに『摂津名所図会』の著者にはその趣旨が不明ながら、昔から女子による神供《じんぐ》が行われ続けられていたことが記されている。

いっぽうで、この神事にまつわる岩見重太郎狒々退治伝説については、一九六八年、司馬遼太郎が短編小説『一夜官女』をこの伝説をもとに創作し、一九八〇年には『大阪の伝説』の冒頭に「一夜官女祭」としてとりあげられている。一九八二年『大阪府の民話』に「一夜官女」を再話として載せられたりもしている。また一九八五年以降地元の和菓子屋の銘菓に棹菓子「一夜官女絵巻」が販売されていて、岩見重太郎狒々退治伝説は、よく知れ渡っている。しかし、この伝説自体を俎上に載せて論究した論文は見あたらない。

したがって、本論における先行研究については一夜官女祭を軸に関連する論考を順を追って記し、論点を定めることにする。一九六三年には、沢田四郎作《さわだしろさく》・高谷重夫《たかやしげお》による「野里の一夜官女―住吉神社の祭―」が発表されている。この実地調査に基づく調査報告は、資料的価値の高いものであり、綿密かつ総合的なもので、これには岩見重太郎伝説についても若干論究している。(3)一九六九年には、上井久義《うわいひさよし》が『宮座儀礼と司祭者』に一夜官女祭について、「官女」を神饌《しんせん》を神供する女児として捉えている。(4)一九八〇年には、大阪府神道青年会が『大阪の祭り』に「一夜官女祭」をとりあげ、調査報告をしている。(5)一九八一年には岩井宏實《いわいひろみ》が『神饌―神と人との饗宴』に「一夜官女祭」をとりあげ、祭器についても論究している。(6)一九八九年には池永悦治《いけながよしはる》が『野里誌』に「一夜官女祭」をこの地の歴史をふまえて論究している(7)。一九九一年には高橋秀雄・森成元《もりしげもと》編になる『祭礼行事・大阪府』に「一夜官女祭」をとりあげ、調査報告をしている(8)。一九九八年には、澤井浩一が「一夜官女祭とその周辺」に周辺の神社の神事の神饌との類似から中津川河口部域の文化圏を想定している(9)。二〇〇〇年には六車由実が「「人身御供」祭祀論序説―「食」と「性」、そして「暴力」―」において、野里一夜官女祭などについても実地調査と文献調査に基づき人身御供祭祀の一つとして論究している(10)。

以上、一夜官女祭に関する主な先行研究を列挙したが、この地における岩見重太郎狒々退治伝説を一夜官女祭と関連づけて、真正面に見据えて論究したものがないことを確認する。そこで本論は、都心周辺部におけるこの神事が岩見重太郎伝説により解説されるに至る過程を伝承の深層に遡及した上で、この神事に関する言説の変容について論究する。〈(3)　岩見重太郎伝説〉に示すように岩見重太郎伝説そのものはありふれている。しかし、当地が都心周辺部に位置するゆえ、近世以来、この神事を「奇祭」として見物に訪れ、書き記された記録が多数存在し、今日の岩見重太郎伝説に至る過程をたどることにより、神事をめぐる言説がいかにして変容したかの原因を論究することが可能であると考えている。

(2)　野里住吉神社一夜官女祭

この節は、二〇〇五年から二〇〇六年にかけての野里住吉神社鎌田義昭宮司からの聞き書きと神事の実地調査に基づいて、今日、同社が継承する一夜官女祭の進行を記す。

一、二月一九日午後二時～三時半：トウヤの家で神饌を調製する。平成一八（二〇〇六）年は　姫里会館であった。

①神饌は川魚である鯰・鯉・鮒と野菜*などからなる。

＊野菜など：餅、酒、小豆、干し柿、白味噌で味をつけた豆腐、大根、菜種菜。
②膳には、一の膳から七の膳まである。
③一の膳に精進物しか入れないのは、ナマグサを入れないで汚していない代わりに乙女を神様に差し上げることを意味し、一番官女に選ばれるのは、その年のニエ（生け贄）に当たることになる。
④「散里の餅」（チリノモチ）は、現在二〇kg（三〇〇〇世帯分）ほどであるが、この数は氏子の員数に合わせるものである。
⑤柳箸は、二月初めに氏子総代が公園局の許可を得て、十三《じゅうそう》公園などに自生している柳を頂いて来て作る。
⑥ハライ花は、氏子総代が竹を割ったり切ったりしたものを神社で作る。
⑦神饌調製に当たるのは、氏子総代のうちの一四、五名で全員男性で五〇歳の人もいれば七六、七歳の人もいる平均六五歳ぐらいである。宮司は指導役として出席する。
⑧神饌調製の時には、白い上っ張りを着るが、口覆いは宮座の時代からしていない。
⑨鯰・鯉・鮒は生きたまま調理するので、生血が飛び散り、調理後も動いていたりする。
⑩御神酒《おみき》を戴くのは、宮司と調製に当たった氏子総代である。
二、同日午後二時～二時二〇分：神社から迎えの行列がトウヤの家に向かう。
①行列は、〈❶金棒→❷楽人→❸供奉人→❹奉幣使→❺宮司→❻後見人→❼一般の参列者〉である。
②この時は奏楽をしない。
③トウヤには、官女の他、家族が待っている。官女は、野里・歌島・姫里の三地域に住む幼稚園児から小学校低学年の女児が勤め、毎年三地域の氏子総代によって七名決められる。なかには、出氏子《でうじこ》の娘がなることもある。複数回、官女になる人もいる。

(62) 別れの盃事

三、同日二時二〇分〜四〇分：宮司によるオハライの後「別れの盃事」を行う。
①服装は昭和三七、八（一九六二、六三）年から稚児姿になった。冠に千早・赤袴《せっこ》を着て、草履を履く。衣裳は神社が貸し与える。
②官女の父はサムライ役を務め、母は付き添いとして加わっている。
③この儀式は、親と縁を切って娘から官女になる意味があり、俗なる身分から聖なる身分に変わる儀式である。
④この時、盃事には、宮司・サムライ役七名・奉幣使・年行司・トウヤ・前年のトウヤが列席する。
⑤サムライ役に御神酒を注ぎ、一同盃事をする。肴は叩き牛蒡である。
⑥一月末の官女祭の総代会で総代が盃、牛蒡を勧める役を決める。

四、二月二〇日午後二時五〇分〜三時五分：行列が神社に向けて発進する。
①この時の行列は〈❶年行司→❷金棒→❸祓役→❹楽人→❺大幣→❻官女と付添→❼サムライ→❽御膳持ち（夏越桶）→❾唐櫃に入った幣物→❿奉幣使→⓫後見役→⓬宮司→⓭氏子総代→⓮一般の参列者〉
②役をこなすのは、〈*❶氏子総代→❷氏子総代→❸助勤神職→❹専門の楽人→❺助勤神職→*❻幼女と母親→*❼幼女の父→*❽地域のアルバイター→❾地域のアルバイター→❿氏子総代→⓫助勤神職〉
*❶氏子総代：一般の氏子の場合もある。*❻幼女と母親：母親の代わりに祖母の場合もある。*❼幼女の父：父親の代わりに祖父の場合もある。*❽地域のアルバイター：「例祭費支払領収書綴　昭和七年二月二十日」には「傭人業」とある。
③衣装は、〈❶裃を着け帯刀し一文字笠を被り袴を履く→*❷略礼服・上に法被→❸狩衣→❹楽人装束→❺狩衣→

❻官女は晴着の上に千早、付添は訪問着→❼裃を着け帯刀し一文字笠を被り袴を履く→❽法被→❾法被→❿衣冠束帯→⓫狩衣→⓬衣冠束帯→⓭略礼服かそれに準じる服装→⓮和服の女性・普段着の人もいる。〉

＊❷略礼服・上に法被：法被以前は白丁・烏帽子。法被を着るようになったのは、官女の衣裳が稚児姿になった時である。

④この時の行列はお練りのようなもので、奏楽を行う。

五、同日午後三時一〇分～四時：神社にて神饌の神事を行う。

①この神事では、川魚と共に官女が神様に近い所に供えられる。

②一番官女だけは単独に向かって右の社の前に一人座り、他の六人は二人ずついずれも神に向かい合う方向に座る。

③一番官女の草履だけは、宮司によってひそかに隠される。

④この神事は、住吉四神に捧げられるもので、川の神の祟りを防ぐために行うのである。

六、同日午後四時～四時四〇分：ナオライをする。

①幼女とその母は、「家内安全」に龍の頸とお花をいただいて帰宅する。

②宮司・氏子総代・サムライ役を務めた父・地域の氏子がナオライに出る。

③その時の料理はオードブルの他、ゴンタクロウ汁が出される。

④ゴンタクロウ汁とは、鯰・鯉・鮒と餅、酒、小豆、干し柿、白味噌で味をつけた豆腐、大根、菜種菜を煮た汁である。

次に野里住吉神社における神事にまつわる岩見重太郎伝説について、『大阪の伝説』を軸に共時的観点でとりあげた上で、これらの伝説の原型とみなされる文芸講談「岩見重太郎」の成立過程について論究する。

（3）岩見重太郎伝説

この地の住吉神社に継承されている一夜官女祭にまつわる伝承は、大阪の伝説の一つに挙げられている。それは、一九八〇年、大阪府小学校国語科教育研究会が発行した『大阪の伝説』の冒頭に所載する「野里一夜官女」である。(11) 以下、梗概を記す。

○昔、野里の村に不思議な化物が出て、田畑を荒らし、村人は困っていた。ある時、神のお告げがあり、白羽の矢が立った家の娘を祭りの日、生贄として供えられるようになる。七年目のある日、偶然この村に立ち寄った岩見重太郎は、これを聞いて化物を退治するために身代わりとなって長持に潜み、神社に運ばれることになる。真夜中、重太郎は、長持から躍り出て、大狒狒に襲いかかり退治する。今も毎年二月二十日、野里では頭屋に、生贄役の少女が集まり、別れの式をすました後、住吉神社まで行列する。

話の展開は〈①村人の困窮→②人身御供の託宣→③身代わり→④狒々《ひひ》退治→⑤後日譚〉である。この伝説は、時を「昔」とした上で、場所を「野里の村（西淀川区野里町）」、生贄を供える神社を「森の中の住吉神社」と記し、その神社は野里住吉神社である。「その後、これを記念して、七人の若い娘が神さまに、米や酒などをお供えする祭りが始まりました。今も毎年二月二十日、野里町では頭屋（祭りのせわをする家）に、生け贄の役になる少女が集まり、別れの式をすました後、住吉神社まで行列することになっています」とあるのは、野里住吉神社に継承されている一夜官女祭を指す。

『大阪の伝説』にみられる岩見重太郎狒々退治と同工異曲の伝承は、インターネット情報によると博多の飾り山笠や岸和田の地車の彫り物などにもあしらわれ、多様な形態の伝承がみられるが、全国各地の神社においても伝承されている。兵庫県西宮市小松の岡太《おかだ》神社にも岩見重太郎狒々退治伝説はみられる(12)。以下、梗概を記す。

○昔、小松の村が打ち続く風水害や獣類の被害等で田畑が荒れ疲労困憊していた時、村人を救うためには毎年定めの日に一人の子女を神に捧げよとの託宣があり、その年、白羽の矢が打ち込まれた家の子女が人身御供と定められていた。ある年、一人の武士が立ち寄り村人の嘆き悲しむ子細を聞き、神は人を救うが犠牲を強いるものではない、自分が身代わりとなって唐櫃に入り真相を確かめようと申し出た。人身御供の夜、ドス、ドスという音がして何者かが唐櫃に近付き蓋を開けようとした時、武士はパッと飛び出して切り付けた。この武士こそ武者修行中の岩見重太郎であったとのことである。毎年岡太神社の例祭には、新穀への感謝と地域の平穏無事を祈願して一時上臈の神事が斎行される。その年の当屋から、米、酒、餅、柿、栗、ざくろ、柚などの神饌を唐櫃に入れ、その上に紅白の宝冠様の御幣を差立てて奉献される。

『小松の昔話』は、『大阪の伝説』とは、話の展開において完全に一致する。その展開は〈①村人の困窮→②人身御供の託宣→③身代わり→④狒々退治→⑤後日譚〉である。そればかりか、神饌こそ異なるものの、人身御供を捧げる家に白羽の矢が立つこと、岩見が身代わりとなって唐櫃に潜み退治するなどディテールにいたるまで一致する。『小松の昔話』での「唐櫃」は、『大阪の伝説』では「長持」になっているに過ぎない。これは、野里の神事に岡太神社の神官が見学に来たこともあると聞くので、野里の伝承が小松に伝わった可能性もある。しかし、岩見重太郎の狒々退治伝説におけるディテールにいたるまでの一致は、野里近辺に限らない。

京都府亀岡市稗田野町の河阿《かわくま》神社にも岩見重太郎狒々退治伝説が『口丹波風土記』に記されている(13)。全文は、次のとおりである。

○昔、河阿神社の森の中に、一匹の大狒々が棲んでいて、毎年村の娘を一人づつ喰べていた。当時村の家に矢が立つと、神様のお召しだとして、その家の娘を白い布に包み箱に入れて神前に供えねばならなかった。ある時村人や家人が泣き悲しんでいる所へ、一人の武士が通りかかり事情をたずねた。そこで村人の一人が泣いているわけを話した。するとその武士が「わしが助けてやろう」と云って、村人に酒を沢山用意させ、自分は娘の身代わりに箱に入り宮に運ばせた。真夜中ごろ、大狒々が現われ、先ず酒をのんでから娘を食うつもりで酒を呑み酔いつぶれてしまった。武士は頃をみてその狒々を殺した。この武士が岩見重太郎であるという。また一説に、むかし大狒々が人を襲ったので村人はおそれて、現在でも神社附近は、夜になると唯の一人も通らないという。

この話の展開は〈①村人の困窮→②人身御供の託宣→③身代わり→④狒々退治→⑤後日譚〉である。『口丹波風土記』の〈⑤後日譚〉では神事の由来こそ記さないが、〈②人身御供の託宣〉では人身御供を出す家に矢が立つなどで『大阪の伝説』と一致する。また〈③身代わり〉のところは、『口丹波風土記』にある娘を入れる「箱」が『大阪の伝説』では「長持」になっているに過ぎず、両者は類似する。しかし、この両者の直接的な関係を野里では聞かない。

これらと類似する話は、長野県下伊那上郷町《かみのごうちょう》にもみられる。『下伊那の民話』には、「人身御供を救った岩見重太郎」がある(14)。その梗概を記す。

○姫宮の祭りの前の日の朝、神のお告げがあり、白羽の矢が立った家の娘を祭りの日、生贄として供えられるようになる。もし、大事な娘の命にかえられない、と差し上げなかったりすると神様がお怒りになって、その年、その村の田畑からは何もとれないようにしてしまわれるというのである。通りかかった岩見重太郎がこのことを聞きつけ、神様が人身御供を出せということは考えられない。そいつを退治してやろうということを申し出る。村人はこのことばに喜び、祭りの日、岩見重太郎は、しっかりと刀をかまえ、そのまま用意された白木のひつぎに入って、夜になるのを待っていた。闇の中、何かあやしい物音が聞こえてきて、大きな黒い影がだんだんとひつぎの方に近づいてくる。とうとうひつぎのふたに手のふれる気配がしたとたんに、重太郎はひつぎのふたをパッとはらいのけ、外におどり出て切りつけた。やがて東の空が白み始めたころ、虚空蔵山の山すそに細いのろしが上った。大狒々を退治した合図だった。村人たちはみんな、姫宮に向かって走り出した。神社にたどりついてみるとだれもいない。村人は、だれ一人、たくましい背中を見せて山を下りていく重太郎には気がつかなかった。

話の展開は、〈人身御供の託宣→村人の困窮→身代わり→狒々退治〉であり、村人の困窮が人身御供の託宣の後にまわされ、後日譚らしい記事はない。『下伊那の民話』の原文は、語り口調であったりして冗長なところがあるなど、民話としての体裁を整えている。その点を勘案すれば、概ね『大阪の伝説』と話の展開に大差ない。ディテールをみると、〈人身御供の託宣〉に白羽の矢が立つことが一致し、〈身代わり〉のところも、『大阪の伝説』では「長持」であるのが、『下伊那の民話』では「白木のひつぎ」となっているだけでほぼ一致する。

これらの話の展開からディテールにいたるまでの一致を一方から他方への伝播とみてよいのであろうか。もし、時代を遡って、これらのディテールを記録しない話がみつかれば、その話が「一致するディテール以前の岩見重太郎狒々退治伝説」（以下、「原狒々退治伝説」と記す）である可能性が考えられるだろう。

富山県射水郡《いみずぐん》小杉町では黒河夜高祭《くろかわよだかまつり》が行われている。この地にも岩見重太郎の伝承がある。一九五九年の伊藤曙《いとうあけ》覧《み》「岩見重太郎の伝承」の「一般的伝承」として挙げられている梗概は次のとおりである。[15]（以下、「黒河一般的伝承」と記す。）

○岩見重太郎はたまたま越後より越中に入って（一説どこからとも来たともいう）四月はじめ（六日ともいう）射水郡黒河の地を訪れた。祭だというのに村の中が静まりかえっていたので一村人に尋ねると、昔から人身供養と言つて毎年祭りになると白い矢がささった家の一人の女（未婚）を宮の神様に献じた。もし女を出さないとその年の稲は大変悪く、それのみか一夜の中に田畠は荒れてしまうという。今年は村の旦那さん黒田の娘が人身供養にあげられる番であった。そこで重太郎は、黒田の旦那を尋ねて、「私を身代りにしてくれ」と頼み夜も更けてから人身供養の箱に入つた重太郎は村人に別れを告げ、村の若衆が担いで山のお宮（竹山という）へ運び椽側におかれた。箱のふたが取られるや否や重太郎は「えい」とばかりに切りつけ、化物を退治した。（三日間戦ったともいう）この時、重太郎は傷を負い、黒田の旦那さんまで運ばれ、介抱され体も回復したので村人に別れを告げて能登の方へ又修業に出かけた。これから村には人身供養は絶えてしまつた。しかし今も人身供養の箱を山の宮に送つた習わしと伝えて、四月の祭礼前夜村の子供らがヨータカ（夜鷹に非ずして夜高である）という行事をしており、夜高あんどんの行事の列の先頭には必ず重太郎のひひ退治の絵がかかれている。

この話の展開もまた、〈人身御供の託宣→村人の困窮→身代わり→化物退治→後日譚〉である。懸案のディテールは、人身御供の家に立つのは「白い矢」であり、重太郎が潜むのは「人身供養の箱」である。ところで、この伊藤論考には、「原狒々退治伝説」とみられる記録が残されている。それは、一九三二（昭和七）年に黒河小学校から出た資料である。(16)（以下、「黒河小学校資料」と記す。）全文を記す。

○付近一帯は、大変木が繁っていて昼も暗いところだった。そして人身御供といって、毎年、三年または五年とも一説に言っている。一人の娘を白木の箱に入れて神前に供えて帰ってくる風習があった。そしてある時、筑前の小早川隆影の家臣であった岩見重太郎の諸国遍歴の途中重病に罹って富山の巴屋万兵衛というところに泊まった。そして栗崎道庵という人について治療を受けた。たまたま道庵の親戚である黒河の郷の黒田与三次方のひとり娘お千代という人物が人身御供にあがる番に当たったということを聞いて、てっきり化け物の仕業であると考えて重太郎は、ついに化け物を退治した。（以下の後日譚は省略）

この「黒河小学校資料」には、人身御供の家に立つ「白羽の矢」も、重太郎が潜む「長持・棺」もない。「黒河小学校資料」は、一致するディテールを含む「黒河一般的伝承」の前段階の伝承ではないだろうか。同じ黒河における伝承であっても「黒河小学校資料」は、「黒河一般的伝承」より戦争を挟んで三〇年程以前である。「黒河小学校資料」は「原狒々退治伝説」の一つに相違ない。「原狒々退治伝説」がどの時点でどのような経緯のもとに「ディテールの一致する岩見重太郎狒々退治伝説」を生成したのであろうか。伊藤曙覧「岩見重太郎の伝承」には、「講談で知られた岩見重太郎の話」とある。今日流布している岩見重太郎伝説である「ディテールの一致する岩見重太郎狒々退治伝説」を「講談で知られた岩見重太郎の話」とみてよいものだろうか。

　弘化元（一八四四）年刊行『岩見英雄録』には、狒々退治の話が載っているが、[17] 人身御供と繋がる話などではなくて、白羽の矢、白木の棺なんぞもちろん記されていない。明治期の講談についてはどうだろうか。旭堂小南陵《きょくどうこなんりょう》は明治期の講談速記を丹念に整理している。その中に「岩見重太郎」をいくつか挙げていて、話の内容を知ることができる記事に「西尾東林口演　丸山平次郎　速記」がある。それには、「破牢後、信州松本在吉田村で、名主藤左衛門の娘おいとが、国常大明神の生けにえになっているのを、重太郎が知る。人身御供をさらう奴は何者ぞと、待ちかまえているとこれがヒヒという怪物。これを退治し、礼に関孫六の名刀を貰う」とある。[18] これには〈身代わり〉とは記されてなくて、懸案の一致するディテールは、明治期講談の文字媒介による記事としては確認できない。

　明治末の立川文庫《たつかわぶんこ》の『豪傑岩見重太郎』[19] は、話芸である講談が盛んに読み物として提供される時期の岩見重太郎狒々退治である。この話の展開は〈村人の困窮↓人身御供の託宣↓狒々退治↓後日譚〉である。信州国常《くにとこ》大明神の祭礼の日、重太郎は白羽の矢が立った家の娘が人身御供に差し出される話を聞きつける。妖怪退治を約束した彼は、白無垢を身にまとい白木の箱に入れられた娘が据えられた社殿の片隅で、妖怪（実は狒々）を待ちかまえているのであった。これにも〈身代わり〉が記されていない。

　講談・講談本にみる限り、明治期には一致するディテールの記事が確認できない。昭和に至っても一九二九（昭和四）年の『講談全集』第八巻所載の伊藤陵潮「岩見重太郎」においては、立川文庫の『豪傑岩見重太郎』と同様、白羽の矢の立った家の娘が安置されている白木の箱の据えられた社殿の片隅に身を忍ばせているのであって[20]、けっして岩見自身が〈身代わり〉として白木の箱に潜むのでない。前代から読み継がれてきた岩見重太郎狒々退治伝説が全集に載せられているのであって、別系統の話である。

それでは、重太郎が潜む「長持・棺」が案出されるのは、昭和四年の『講談全集』以降のことなのか。実はその初見は、既に大正一四年の直木三十五《なおきさんじゅうご》の歴史小説『岩見重太郎』にあった[21]。（以下、「直木歴史小説」と記す。）講談に読み継がれていた「岩見重太郎」とはひと味違う「岩見重太郎」がすでに大正末年の歴史小説に記されていたのである。関連箇所の梗概を記す。

○破牢後、重太郎は山中の一軒の大きい門構への家で生身御供に娘さんが上る話を聞く。
重太郎は早速、この正体である狒々を退治することを決意する。狒々は娘を年に一人づつ御供しないと野畑を荒すというのである。重太郎は身代わりとなって輿に入る。山腹の一宇の堂の前へ据えられ、長持の中から伺っていた。すると狒々が現れ蓋へ手をかけると共に、上へべりべりと引裂く。重太郎は飛びかかる狒々と格闘する。最後には長持の棒で殴られた狒々は死んでしまった。

「直木歴史小説」の醍醐味は、活劇を思わせる格闘場面の詳しい描写にあるが、本論に関係しないので割愛した。話の展開は〈村人の困窮→人身御供の託宣→身代わり→狒々退治〉となるが、〈人身御供の託宣〉らしき箇所には、「一人を捕へてきくと、生身御供に娘さんが上るのだといふ」とだけあって「神」や「託宣」という言葉がなく、もちろんディテールの「白羽の矢」もない。さらに神社の祭祀の由来を語る〈後日譚〉もない。しかし、この「直木歴史小説」においては、重太郎が潜む「長持」が出てきているのである。これは重要なディテールの一致である。

今日の『大阪の伝説』と最も類似する記述がみられるのは、昭和一一（一九三六）年、大日本雄弁会講談社発行

⑹ 高木義賢編集発行　絵本『岩見重太郎』大日本雄弁会　講談社　表紙　井川洸崖画

⑹ 同絵本　格闘場面

の絵本『岩見重太郎』である。(22)「直木歴史小説」から一一年後である。

○アルムラヲトホルト　ナヌシノウチニ　大ゼイノ人ガアツマッテナイテヰマス。重太郎ガ「ドウシタノカ」ト　タヅネルト　ナヌシハ「コノ山オクノカミサマニ一人ムスメヲ　アゲナケレバ　ナラナイノデス。カハイサウニムスメハ　カミサマニ　クハレテ　シマフノデス」ト　ナキナガラ　コタヘマシタ。重太郎ハ　ソレヲキイテ「ソンナバカナコトガ　アルモノカ　キット　ワルモノノシワザニチガヒナイ　ワタシガ　ムスメサンノカハリニ　イキマセウ」トイッテムスメサンノキモノヲキテ　ハコノナカニ　ハイリマシタ。ユフガタニナリマシタ。ムラノ人タチハ　重太郎ノハイッタハコヲカツイデ　タイマツヲテラシナガラ　サビシイ山ミチヲ　ノボッテ　イキマシタ。サウシテ山ノオクノヤシロニツクト　ハコヲ　ヤシロノマヘニオイテ　ドンドンニゲカヘッテキマシタ。ヨハ　シダイニ　フケテキマシタ。ホー　ホートナク　フクロノコヱ。ボーント　トホクデキコエル　オテラノカネノネ。コノトキ　カラダガ　マッシロデ　カホノアカイ　ヒヒトイフケモノガキ、キ、キ、キ、ト　サケビナガラ　ハコノソバ　ニ　チカヨッテ　パッ　トフタヲ　トリマシタ。「オノレッ」トイヒナガラ重太郎ハムスメノキモ

ノヲ　パットハネノケ　刀ヲヌイテ　キリツケマシタ。ヒヒハ　ヒラリト　トビノキ　ガーット大キナ口ヲアイテ　トビカカッテキマシタ。シバラクノアヒダ　ハゲシクタタカヒマシタガ　トウトウ大ヒヒヲ　タイヂシテシマヒマシタ。ヨガアケルト　ムラノ人タチガヤッテキマシタ。ミンナハ　コロサレタヒヒヲミテ　目ヲマルクシテ　オドロキマシタ。ナヌシハ「オカゲサマデ　ムスメモタスカリ　ムラモタスカリマシタ」トイッテ　イクドモ　イクドモオレイヲイヒマシタ。ムラノ人タチハ　重太郎ヲ　ミナトマデ　オクッテ　イキマシタ。ミンナハ　ツヨクテ　シンセツナ重太郎ニ　ワカレルノガツラクテ　イツマデモ　イツマデモ　ワカレヲ　ヲシミマシタ。

この話の展開は、〈村人の困窮→人身御供の託宣→身代わり→狒々退治→後日譚〉である。しかし、〈村人の困窮〉〈人身御供の託宣〉の箇所はいずれも明瞭でない。〈村人の困窮〉に人身御供を捧げる理由が記されてなくて、〈人身御供の託宣〉に白羽の矢が立つ記事もない。そのうえ、〈後日譚〉は、神社の伝承のような記事が欠落している。ところが「白羽の矢」、人身御供を捧げる理由については、絵本巻末の読物に次のように詳しく記されている。(23) 絵本本文の「ナヌシハ『コノ山オクノカミサマニ　一人ムスメヲ　アゲナケレバ　ナラナイノデス。カハイサウニムスメハ　カミサマニ　クハレテ　シマフノデス』ト　ナキナガラ　コタヘマシタ」の箇所である。

○この人はこの村の名主で藤左衛門、娘はお糸といって、小町といはれるきれいな娘、この三上山の奥に神様の社があって、毎年その神様は、若い美しい娘のゐる家の屋根へ白羽の矢を立てる。その矢の立った家の娘は、きっと白木の箱に入れて、夜その社の前へ持って行っておいてくると、神様は夜中にその娘を食べてしまふ。もしその通りしないと、村中の田や畑を荒す。ところが昨夜、この藤左衛門の家へ白羽の矢が立ったので、たった一人のかはいゝ娘を、今夜神様へ差上げてしまふのだといって、泣きながら話をした。

ここにとりあげた絵本巻末の読物は、絵本『岩見重太郎』の下敷きとした話とみなされる。そこには、ディテールである「白羽の矢」、重太郎が潜む「長持・棺」がみられ、〈後日譚〉こそ異なるものの『大阪の伝説』と一致する。この絵本の著者は、記されていないが、絵本巻末の読物の標題に「天下の豪傑　岩見重太郎　大河内翠山先生作」とあるので、大河内《おおこうち》翠山《すいざん》と推定される。

大河内翠山については、大正三（一九一四）年一一月創刊の『少年倶楽部』、大正五（一九一六）年一〇月に創刊された『面白倶楽部』、大正一四（一九二五）年一月創刊の『キング』、昭和六（一九三一）年に刊行された『少年少女教育講談全集』にも、名を連ねていて、速記記者から文芸講談に転じた人物である[25]。当時、速記記者は、講談社が講談師・落語家と雑誌に浪花節を大々的にとりあげたことをめぐっての紛争を煽動し、結局、雑誌『講談倶楽部』は「文士の手になる新講談を掲載する」といった編集方針を樹立することになる[26]。その紛争に関わったともされる彼の執筆姿勢については、竹島茂『速記曼荼羅鉛筆供養（下）—大河内翠山と同時代の速記者たち』に詳しく、それよれば、「中村博（＊：「佐野孝」名で『講談全集』解題。『講談五百年』などを執筆）のはなし」として次のように書き記している[27]。

○「これ、新作だよ」といって持ってくるんだよ。（中略）ときどき、講釈にふさわしいような小説があるわけでしょう。そういうようなものをもじってこしらえてくることもありましたね。」

「講釈にふさわしい小説」をもじったとなれば、重太郎が潜む「長持・棺」の一致も、大河内が直木歴史小説を借用してきた可能性が充分考えられる。『大阪の伝説』と最も類似する記述がみられる絵本巻末附録の読物である文芸講談には、さらにもとの種本としての歴史小説の存在が浮かび上がってくるのである[28]。

以上、岩見重太郎狒々退治伝説を『大阪の伝説』を軸に論究してみたが、『今昔物語集』の猿神退治の記事に夙にみられた、身代わりとして棺に身を潜めたという記述は[29]、大正一四（一九二五）年の直木三十五の歴史小説、昭和一一（一九三六）年の大日本雄弁会講談社刊絵本にみられるが、講談記録を読む限り、明治・大正初期にまでは遡ることができない。本論に示したディテールの整った岩見重太郎狒々退治伝説は、近世以来の講談師によるものではなくて、大正末期から昭和の初期あたりに、講談話の英雄「岩見重太郎」が読物として成長を遂げてゆく文脈の中で記述されだして以降のことなのである。

大正から昭和初期にかけては、「岩見重太郎」は、いっぽうでは銀幕の英雄でもあった。「岩見重太郎」は、活動写真で活躍した。一九一二年の俳優・尾上松之助による「岩見重太郎」を皮切りに、大正から昭和初期にかけて澤村四郎五郎、片岡松太郎、市川百々之助、杉山昌三九、大谷日出夫、阿部九州男、澤村國太郎たちが演じた(30)。大衆社会の到来の中で妖怪に敢然と立ち向かう正義の味方「岩見重太郎」によりいっそうリアルな動きを要請したことはまちがいない。銀幕の英雄「岩見重太郎」は、近世講談師が読む「岩見重太郎」を近代社会の中で成長させ、今日、神社神事にまつわる伝承におけるキーパースン「岩見重太郎」に向けての下準備を整えていくのである。

(4)　神事をめぐる伝承の重層性

(1)　岩見重太郎伝説

前節では、野里住吉神社にまつわる神事に関する説明のキーパースンとなる岩見重太郎伝説について記述した。しかし、野里住吉神社における神事の説明となる伝承を通時的にみれば岩見重太郎伝説だけではない。この項では、岩見重太郎伝説についての伝承を野里一夜官女祭における伝承全体に照らして論究する。

概して有名社寺の縁起なども古来から変わらないと見なされているが、知らぬ間に改訂されてゆくもので、今日、目にすることのできる由来書に書かれている社寺縁起などおそらく「最新のヴァージョンアップされた伝承」であろう。もちろん「最新のヴァージョンアップされた伝承」は、個人が一人で拵えあげた創作物ではなく、それまでの伝承の層をふまえ、緩やかに新しい知見を書き込んで改訂されたものにちがいない。今日、一夜官女祭にまつわる伝承の総体も比較的新しく形成された伝承もあれば古くからの伝承もあって、伝承の重層性が認められる。けっして一度に古くからの伝承が新しい伝承に差し替えられるのではなく、徐々に新しく書き換えられてゆき、新しい伝承が表層に堆積し、古い伝承の層が埋もれて隠れてゆくものである。幸いなことに、この都心周辺の神社には、近世中期以降、幾多の見物人が訪れ神事についてのさまざまな言説を記録にとどめている。以下、今日における伝承を起点として、伝承の履歴を遡及することによって、見え隠れする伝承の堆積層のようなものを探りたい。

野里の神事についての伝承もいきなり岩見重太郎が登場したのでないことは明白であり、岩見重太郎伝説は、この神事についての伝承の表層部でしかないのではないかと考える。もっとも岩見重太郎伝説に限っても、『大阪の伝説』の他にもいくつかのヴァージョンがある。神社境内に「野里住吉神社一夜官女の祭（乙女塚）の由来」と題する説明板があり、それもヴァージョンの一つである。説明板は、境内の片隅にある「龍の池」跡地に建てられた「乙女塚」にまつわる話として書かれたものである。この説明板は昭和四〇（一九六五）年以降に地元の西淀川ライオンズクラブが寄贈したものである。（以下、「説明板神事由来」と記す。）「説明板神事由来」における岩見重太郎伝説の展開は、〈①村人の困窮→②人身御供の託宣→③身代わり→④狒々退治→⑤後日譚〉である。

この神事については、平成一〇（一九九八）年、更新の野里住吉神社による印刷物「一夜官女の祭」もあり、説明がなされている。（以下「神社配布神事由来」と記す。）「神社配布神事由来」の話の展開は〈①村人の困窮→②人身御供の託宣→③身代わり→④狒々退治→⑤後日譚〉であるが、『大阪の伝説』とは〈村人の困窮〉と〈身代わり〉の箇所が異なる。

そもそも、この神事にまつわる岩見重太郎伝説を民俗学者が最初に書きとめているのは、「沢田・高谷報告書」である。一九六三（昭和三八）年のことである。「沢田・高谷報告書」には、現在でも行われている例として、この伝説をとりあげている。[31] 全文は次のとおりである。

○すなわち昔この地に狒狒が棲んでいて土地を荒したが村人は之を天変地異として恐れ、その対策を卜占によつて神意を問うたところ毎年、乙女を一人神に献ぜよと云うお告げがあり、正月十六日白羽の矢の立つた家から乙女を出して長持に入れて献じた。かくして過ぐること七年目の正月に岩見重太郎が此地に来つて邪神たる狒狒を退治し、この事は止んだがこれを記念して七人の乙女が神に神供を献ずるこの祭が始つたというのである。

この文章にみられる話の展開は、〈村人の困窮→人身御供の託宣→狒々退治→後日譚〉であり、『大阪の伝説』にみられる〈白羽の矢〉[32]〈長持＝唐櫃〉が記されていて、異なる点は、〈身代わり〉が明示されていない点にある。「沢田・高谷報告書」では「白羽の矢の立つた家から乙女を出して長持に入れて献じた」とはあるが、「岩見重太郎が此地に来つて邪神たる狒狒を退治し、この事は止んだ」とだけあって、重太郎自身が〈長持＝唐櫃〉に身を潜めて狒々を退治したというくだりが記されていなかった。この記事からすれば、野里における岩見重太郎伝説は、「沢田・高谷報告書」以降、よりいっそう詳しい話に変容したものとみられる。この「説明板神事由来」「神社配布神事由来」の中心に位置する岩見重太郎伝説〈②人身御供の託宣→③身代わり→④狒々退治〉は、神事の発端と主要要素である神饌奉献を説明するために挿入された新しく発生した伝承とみられ、それが中心に据えられることによって、以前からの伝承が外縁に押しやられたものと考えられる。

今日中心に位置する岩見重太郎伝説が初めて語られるのは、高々、昭和初期のことである。（以下の鵜野漆磧記事の所在については、大阪庶民文化史研究者・肥田《ひだ》皓三《こうぞう》氏（元関西大学教授）の教示による）。「浪花趣味同人」の鵜野漆磧が昭和二（一九二七）年正月三日に高橋好劇翁に誘われて野里住吉神社を訪ね、神職からの咄として聞き止めたことが次のとおりに記されている。「……宮の境内に小判型の龍の池と云ふのが有る是は往昔悪龍が棲んで居たのを岩見重太郎が退治したと言ふ伝説が有ると付け加へられたが、一夜官女、悪龍、岩見重太郎ではドウヤラ三題咄の様な感じがした」とある。(33)（以下、「鵜野記事」と記す。）「鵜野記事」が野里住吉神社における岩見重太郎伝説の管見によるところの初出であり、鵜野が「三題咄の様な感じがした」と述べるところからすれば、神職が即席で話した感もする。「鵜野記事」の伝説は、いまだ個人による作り話との境目のはっきりしない段階であった。「鵜野記事」は、また今日の退治される〈狒々〉が〈悪龍〉になっていて、〈①村人の困窮→②人身御供の託宣→③身代わり〉といった複雑な話の展開はいまだみられない。

昭和初期の時点で神職によって付け加えて話された岩見重太郎伝説は、日本各地に出回った大正末以降、岩見重太郎に関する講談本・大衆文学・絵本により流布した話ほど複雑な展開の話ではなかった。〈(3)　岩見重太郎伝説〉にみた「黒河小学校資料」は「原狒々退治伝説」の一つであった。「鵜野記事」は〈狒々退治〉ではなく〈悪龍退治〉であるが、「黒河小学校資料」同様に「原狒々退治伝説」の一変型とみなすことができる。「鵜野記事」は「直木歴史小説」以前に、講談師が語っていた岩見重太郎妖怪退治譚の影響のもとに話されたものと推測する。

鵜野漆磧が神職からこのことを聞きとめたのは、一九二七（昭和二）年のことであって、今日から遡ること高々八〇年ほど前のことで、岩見重太郎伝説は、一夜官女祭をめぐる伝承の層としては、最も表層に位置する新しい伝承として位置づけられるものなのである。

(2)　人身御供伝承

新たに登場したキーパースン・岩見重太郎を取り除いた時、神事にまつわる伝承においてみえてくるものは、〈人身御供伝承〉である。「説明板神事由来」においては「毎年定まった日に一人の子女を神に捧げよとの託宣があり、村を救う一念から村人の総意でこれを実行していた。人身御供の子女は毎年一月二十日丑三ツ時に唐櫃に入れられて神社に運ばれ放置された」とある。これは「人身御供」の記事である。最新版である「神社配布神事由来」においては「古老達は村を救うとの願いから占いにより毎年定めの日に白矢の打ち込まれた家の娘を神に捧げるために唐櫃に入れ深夜神社境内に放置したのである。これが人身御供である」とある。

一夜官女祭における「官女」を「人身御供の対象」とする解釈は、当然のこととしてある。澤井は、「少女＝官女」を神供運搬の主体として記述しながらも「一夜官女祭」の名称から「人身御供伝承」を読み取っている。[34] 六車もまた、「一夜官女祭」を「祭に奉仕する氏子が「人身御供」に見立てられるタイプの事例」として挙げ、起源としての「人身御供譚」の伝承をとりあげている。六車は、「祝詞奏上、神楽奉納などの神事が進行していく様は、まさに『神の食物』として供えられた『人身御供』をイメージさせるものだ」と記している。[35] この記述からは、「官女」は他の神饌と共に神供の対象となっていると読み取られる。六車は、「これは現行の祭の検討から言えることであって、それ以前の歴史において、同様に女性の役割が形骸化していたかどうかは、さだかではない」と論者自身が述べている。[36] 六車のみた「人身御供」は、この神事を通時的にみる観点からのものではない。本論では、「人身御供伝承」についての言説を通時的に遡及することにする。

昭和初期においては、都会の好事家である『上方』同人が見学会を催し、それを探るために大挙して、神殿に据えられた「唐櫃」を生贄の入るべき器とみて、彼らは「人身御供の遺風」を連想していた。[37]「唐櫃」は当時すでに「人身御供の遺風」を醸す祭具となっていたが、その根拠となる「唐櫃」が行列に加わるのは、『西成郡史』にこの行列の割り注に「此列次は最近のもの」とある。この記事からすれば、大正四（一九一五）年『西成郡史』の刊行された時代をそんなに遡らない時点である。神事の歴史からみれば比較的新しい時代のことである。

もとより少女による神饌神供を中心とするこの神事を「人身御供の遺風」とみる言説は、大正から明治へと遡り、安政年間の稿本『摂津名所図会大成』にも認められる。[38] 筆者である暁鐘成は、幕末期大坂きっての物書きであり、多分に推測を交えてこの神事を記述し、人身御供伝承を景行紀と絡めて物語化しようと試みたものであった。その試みは、景行紀を引いて、「上古此辺りに悪神ありて人民をなやませしを日本武尊のころし給ひし邪神の霊などを鎮めん為とて生贄などそなへし遺風によりてかゝる神事を行ふならんか」と記して、「上古此辺り」を『摂津志』の解釈から「柏の済」と想定し、この地の神事を「生贄などそなへし遺風」と解釈する。この解釈の論拠とする「柏の済」については実在性自体に疑問があり、その位置を近世の「野里渡」に比定することは、誤りである。(39) しかし、この地の神事を「生贄などそなへし遺風」とする言説は、近世末には既に存在した。

暁鐘成がこの神事に「邪神の霊などを鎮めん為とて生贄などそなへし遺風」とみようとしたことには、文化五（一八〇八）年刊行の『摂陽落穂集』の「祭神にいけにへを備へる事、古雅なる事にして見るべき事也」(40)の言説をふまえていた。『摂陽落穂集』を記した浜松歌国は、浪華の狂言作者であり、大坂近辺を中心に珍事を渉猟し、奇談としてこの少女による神饌神供の神事をとりあげたのである。このように二人の近世都市の物書きの言説としてとりあげられた少女による神饌神供を中心とする神事に人身御供伝承をみる見方には、はたして確かな根拠があるのだろうか。

以下、〈人身御供伝承〉を〈女子の関わる神供をめぐる宮座神事〉に関する言説を見据えながら論究する。今日『大阪の伝説』には、〈(3)岩見重太郎伝説〉に示したように、「官女」が「生贄」となる人身御供の伝承として述べられていて、少女が神供に関わる行為は記されていない。女子が関わる神供の伝承は、今日ある「説明板神事由来一九六五～」「神社配布神事由来一九九八」にも記されていない。現在の神事の調査記録では、行列がオミヤサンに向けて発進する際の行列に「❻官女と付添」があるが、神供の主体としての「官女」とは、ここからも読み取れない。オミヤサンにおける神饌の神事に「①この神事では、川魚と共に官女が神様に近い所に供えられる」とあり、さらに「②一番官女だけは単独に向かって右の社の前に一人座り、他の六人は二人ずついずれも神に向かい合う方向に座る」とある。七人ともその坐る向きは、「神に神饌を差し出す方向」であると同時に、「神に捧げられる方向」でもある。②では、坐る向きからは神供行為の主体とも解釈される。注目すべきは、一番官女である。彼女は一の膳の後にひとり控える。一の膳については、現在の神事調査の記録に「(これに)精進物しか入れないのは、ナマグサを入れないで汚していない代わりに乙女を神様に差し上げることを意味し、一番官女に選ばれるのは、その年のニエ(生け贄)に当たることになる」とある。このように今日の神事を見る限り、一番官女だけは「神饌」と同格となっており、明らかに「神供の主体」ではない。「神供の主体」を隠してしまっているのではなかろうか。

以下、この神事における「神供の主体」としての「官女」の所作を通時的に探ってみることにする。一夜官女を宮座がおこなう頭屋神事として位置づけることは、柳田國男に認められる。柳田が「氏神と氏子」に野里一夜官女について言及した論考を発表するのは、一九四七(昭和二二)年である。その記事には、この神事を「現在は是も十二三の女の児が七人出ることになつて居るが、それでも其中の一人だけをニエと称して、別の座に坐らせて居る」と記すが、ニエとなる女児を籤取りで決めることを挙げて「頭屋といふ神役の機能の退歩、殊に経済上の止むを得ない理由からであつた。祭の式の変遷の背後には、頭屋の制度の崩壊……」と論じ[41]、伝説については述べていない。トウヤを出す宮座が解散するのは一九五〇(昭和二五)年のことである。この記事には「現在は是も十二三の女の児が七人出ることになつて居る……」とあるだけであって、少女による神供とみられる所作は行われていなかったと考える。

「沢田・高谷報告書」には、第一の膳について「一ノ宮に供える御供だが、神は精進の膳を喜びこの膳をささげた官女をいけにえとしてとったと云う伝えもある」と記し、少女が神前に供えるといった記述がないままに、「少女をいけにえとした行事に起源を持つという説」の本質は、「神供献進」と結論付けている[42]。この「沢田・高谷報告書」の官女による「神供献進」としての見解は、上井における「ミコリカキの少女」へと繋がる。上井においては、人身御供の伝説をともなう神事に両親が介添えすることに着目し、この女性をミコリカキの少女と位置づけ、野里の一夜官女をもこの例に数えている。(43) 一夜官女祭における「官女」の行為を神供とみる言説は、これらの論考に限らない。『大阪の祭り』では、今日と変わらない稚児装束の官女を「祭礼当日、氏子の中から選ばれた七人の少女が巫女の姿でこれを神前に供える」と記す。しかし、この記事には、少女による神供の具体的な記述がなく、少女は据えられるだけで神供の所作は実際には行われていなかったと考える。この記事は「女人を他の神饌とともに神に捧げた人身御供の形式を今日に伝える祭礼であると伝えられる」とも書き添えていて、(44) 所作の伴わない「少女が神前に供える」といった神供に関する記述は、人身御供伝承と結びつけた記述となっている。

少女による神供とみられる所作については、昭和初期に神社が発行した「住吉神社幷に一夜官女祭神事の由来」に、「官女と称するは、其扮装を官女に擬し神饌を伝供するより来りしなり」とある。（この資料については、前述の肥田晧三氏から手渡されたものである。）確かに神饌の「伝供」とある。しかし、ここでも具体的な所作はわからない。大正時代の記事としては、『大阪府全志』に「其の式といへるは十二三歳の女子官女に扮装し、異様の祭器に神饌を盛りて神前に供御するものにして……」と記述されている。(45)「神饌を盛りて神前に供御する」主体は、「十二三歳の女子」と読み取ることができるが、ここでも具体的な所作はわからない。

少女による神供の所作についての具体的な記事は、漸く近世にみることができる。安政年間の稿本『摂津名所図会大成』の「野里一時上臈」には「廿日にいたつて（中略）平盤七に盛て少女にこれを捧げしむ其姿さけ髪裲襠にて供御の平盤を頭にいただき列を正しくして神前にいたりこれを献ず」とある。(46) 神供に向けての行列が少女による神饌の頭上運搬で行われていたことがうかがわれる。さらに文化三（一八〇六）年刊行の『諸国図会年中行事大成』には、「今晩十二家の番頭帯刀して前駆し、次に上臈御供物を頭に戴歩行す」と記されている。(47) これも神社ま

⑹⑸ 速見春暁斎『諸国図会年中行事大成』

での行列は少女が神饌を頭上運搬しているのである。

しかし、神供については、当時、すでに別の方法もあったようである。同時代である文化八（一八一一）年以前刊行の『摂陽落穂集』には、「その日の行粧といへるは、先手大松明一本、次に夏越桶を奴僕持〈割り注〉、右夏越桶五〈割り注〉ことごとく鯉なまず二ツ切にして入る、其跡より少女六人、わけ髪、白絹のかづきにて行〈割り注〉、宮座廿四人、各々上下に帯刀して附したがひ、四座の神前へ右夏越桶をそなへ、みなみな荒ごもの上に座して、太鼓どひやうしやうにて神楽を奏し、終て帰宅す」と記されている。[48] 神饌を入れた夏越桶を持つのは「奴僕」であって、本文「夏越桶五」の割り注には、「黒きかんばん着たる下男持行」と記されている。行列は〈松明→夏越桶→少女→宮座衆〉となり、少女が神饌を運搬するのではなく、神饌を入れた夏越桶の後に付き従っているのである。明らかに『諸国図会年中行事大成』の記事・挿絵とは異なる。浪華の狂言作者・浜松歌国の記事もまた正しいならば、文化年間においては、女性の後に神饌を運ぶ者が練り歩くことが行われていたことになる。この時代、〈少女の頭載による

(66) 下男による夏越桶運搬「野里一夜官女花暦浪花自慢」

神供〉を〈下男による夏越桶運搬〉が介添えしたりもしていたのであろう。[49] 方法がいずれであれ、近世のこの神事においては、少女による神饌神供が行われていたことは確かである。

このような少女による神饌神供の神事を〈人身御供伝承〉として最初に捉えているのは、『摂陽落穂集』であった。そこでは少女が神饌を神に捧げる所作をとらないで、神饌の後に付き従っている。浜松歌国が「祭神にいけにへを備へる事」と記したのは[50]、神饌である〈血生臭い川魚〉と〈少女〉を一組として〈川魚＋少女＝神饌＝生贄〉と捉えたと考える。[51] 浜松歌国が目にした光景は、介添え人の夏越桶運搬による神供であって、〈少女〉自身は神供に連なる所作などしないで、ただ、しずしずと行列に付き従う姿であった。その姿を生贄に供される乙女とみて「いにしへの生にへのまねび」と表現したのである。歌国によれば、〈少女＝官女〉は、神供の主体というより人身御供の対象であった。今日、宮司は「官女さんは、ただおとなしく坐っているだけでいいのですよ」と述べる。この伝承が「別れの盃」といった今日の儀式に通じることはまちがいない。人身御供伝承は、文化年間以前には成立していたものであり、今を遡ること二〇〇年以上昔から堆積してきた伝承の層である。この神事における伝承の層としては、さらなる深層が控えている。

(3) 蛇の淵伝承

人身御供伝承の層を取り除いたならば、何が残るのであろうか。神饌の品目にみえる川にまつわる伝承である。「鯰・鯉・鮒」は、〈境内説明板〉にはみられないが、最新版の「神社配布神事由来」には、〈身代わり〉のくだりに「武士は村人により中津川でとれた鯉、鮒、鯰、村で作られた餅、酒、小豆、干し柿、白味噌で味をつけた豆腐、大根、菜種菜と共に神社に運ばれ放置された」とあり、「中津川でとれた鯉、鮒、鯰」は供えられた神饌の最重要品目となっている。今日の神饌については〈(2)　野里住吉神社一夜官女祭〉に「神饌は川魚である鯰・鯉・鮒と野菜などからなる」と記した。神饌の品目に関する記述は、この神事についての記事に多くみられ、「鯰・鯉・鮒」は、『西成郡史』の記事中の「其神饌の献立は、鯉鮒鯰の生肉・串柿・水菜の辛子よごし・小豆の煮物の類、其外御酒・鏡餅・小餅・飯盛のくさくさにて、海物は一切用ゐず」にもみえ、[52]近代以降はこの三品に定着している。

神饌の品を近世に遡ると、『摂津名所図会大成』には、「鯉なますを二ツ切て平なる盤に盛其余餅飯種々の供御をとゝのへ平盤七に盛て」とあり、[53]『摂陽落穂集』には「右夏越桶五〈割り注省略〉ことごとく鯉なまず二ツ切にして入る」とあって、[54]いずれにも「鮒」が抜けている。しかし、『御供一件記』には「一、鮒丸に而　三ツ／一、鯉〔弐枚おろし薄身　三ツ／骨附方ニ目ガヘシ　三ツ〕／一、鯰〔つゝ切四ツ盛ニシテ是ハ味噌たき　三ツ〕」とあり、[55]『諸国図会年中行事大成』には「神供四品。一に御供飯土器盛、二に鯉魚の三年物を頭を切て紙につゝみ首尾ともに土器に盛、三に鮒魚の七八寸許なるを土器にもり、四に鯰魚を二つに切……」とあり、[56]「鮒」がみえる。近世末においては、鮒を献じることのできない年もあったのだろうが、この神事における神饌として川魚である「鯰・鯉・鮒」が最重要品目であることは、まちがいない。川魚を神饌の最重要品目とするのは、この神事が「川」にまつわる神事であるからである。

現在、野里には川が流れていないが、住吉神社の本殿の北・裏手に位置する乙女塚には、かつての水辺を偲ばせる伝承がある。宮司からは、「昭和五〇（一九七五）年、それまで玉垣に囲まれた池が埋まっていたのを埋めて塚を築いた」と聞く。また池の名を「龍の池」と云ったと聞く。最新版の「神社配布神事由来」には、「毎年娘が運ばれた場所は社殿裏の龍の池である」とあり、これを乙女塚の由来としている。「龍の池」は、「鵜野記事」に、

「宮の境内に小判型の龍の池と云ふのが有る是は往昔悪龍が棲んで居たのを岩見重太郎が退治したと言ふ伝説」があったとされる場所である。(57)

その話では岩見重太郎が退治したのは、今日の伝承にみられる「狒々」ではなくて「龍」である。狒々退治の話が語られ始めるのは、〈（3）岩見重太郎伝説〉に論究したように、今日全国に広く分布する岩見重太郎狒々退治伝説であって、講談ネタが文字を媒介とする文芸講談として流布し、この地に伝承として定着するのは、一九二七年の「鵜野記事」以降、一九六三年「沢田・高谷報告書」以前のことで、この間、戦争を挟んで宮座は解散している。宮座の解散は、伝承者集団の大きな変化であり、伝承の変容を促し、文芸講談による言説を容認することとなった。

「龍の池」は「蛇の池」に遡る。大正時代初期に刊行された『西成郡史』には、「古へは神殿の北後ろに蛇の池と云ふ物凄き大淵ありしかども、今はさゝやかなる水溜となりて僅に其址を存するのみ。昔は之に神秘の不思議ありしと誠しやかに口碑に伝ふ」とある。(58)この「神秘の不思議」の「口碑」が一九二七（昭和二）年、鵜野漆磧が神職から聞きとめた「原狒々退治伝説」に発展する伝承となるが、この「蛇の池」にまつわる伝承は、近世における「蛇の淵」に遡ることができる。『諸国図会年中行事大成』には、「俄然として風雨起り黒雲淵上に覆ひ白波を上て真龍出現」した場所を「蛇の淵」と名づけたと記されている。(59)このように今日、境内の乙女塚の立つ場所は〈龍の池→蛇の池→蛇の淵〉へと遡ることのできる場所であって、蛇の淵伝承の旧跡なのである。

「蛇の淵」となれば、全国各地にその怪異を伝承する場所であろう。肥後和男『宮座の研究』に奈良県宇陀郡御杖村菅生の四社神社における旧正月の弓祭にまつわる伝説をとりあげ、「昔はこの日人身御供をしたといふ。菅生川は庚申塚といふところで物凄い淵になつてゐたが、そこから恐ろしいものが出て来て人を食つたといふのである。御弓祭はそれをはらふ為であらう。簡略になつて神職が東西南北を射て悪魔払をしたといふが今は何もしない」と記している。[60]これは神事由来伝承であって、深淵に魔物が棲んでいてそれを退散させるために弓祭を行っていたというものである。淵は異界であり、〈龍〉〈大蛇〉といった〈ヌシ〉の潜む空間なのである。今日、野里には川が流れていないが、神社東側の玉垣の外側には、中津川が流れていた。社務所の庭園には土手の一部が残されている。一夜官女にまつわる伝承については川との関連で読み解かねばならない。

『大阪の伝説』には、「説明板神事由来」に記されている中津川にまつわる伝承が欠落している。『大阪の伝説』は、「説明板神事由来」とは冒頭の〈村人の困窮〉と結末の〈後日譚〉の記述が異なる。『大阪の伝説』における〈村人の困窮〉は「昔、野里の村（西淀川区野里町）に不思議な化け物が出て、田畑を荒らしたり、人びとにいたずらをしたりするので村人は大変困ってました」とある。[61]この箇所は「説明板神事由来」では「中津川に面した昔の野里は、打ち続く風水害と悪疫の流行によって悲惨な明け暮れで近隣の村人たちは野里のことを『泣き村』とも呼んでいた」とあって、中津川に面した村における風水害と悪疫の流行をとりあげている。また『大阪の伝説』における結末の〈後日譚〉は「その後、これを記念して、七人の若い娘が神さまに、米や酒などをお供えする祭りが始まりました。今も毎年二月二十日、野里町では頭屋（祭りのせわをする家）に、生け贄の役になる少女が集まり、別れの式をすました後、住吉神社まで行列することになっています」[62]は、「説明板神事由来」にある「村ではこの後安泰の日々を送るようになった。これを後世に永く伝へるため、同じ形式で同じ一月二十日に村の災厄除けの祭をし明治四十年より二月二十日に改められた」に対応する。『大阪の伝説』では「説明板神事由来」にある「村の災厄除けの祭」が欠落している。『大阪の伝説』は、〈②人身御供の託宣→③身代わり→④狒々退治〉といった岩見重太郎伝説の中心部分においては、「説明板神事由来」とは記述が一致するが、冒頭の〈村人の困窮〉と結末の〈後日譚〉の記述が異なるのである。

『大阪の伝説』は、最新版「神社配布神事由来」とも重要な点で異なる。「神社配布神事由来」の〈村人の困窮〉

の記述は「神社の右側（商店街通り）は中津川（明治末期新淀川が開さくされ廃川）が流れており、当時の野里村は打ち続く風水害と悪疫の流行により村人達は悲惨の明け暮れで近隣の村人は野里のことを泣き村とも呼んでいた」とあり、「説明板神事由来」にあるように中津川に面した村における風水害と悪疫の流行をとりあげている。また「神社配布神事由来」の〈身代わり〉の箇所には、「武士は村人により中津川でとれた鯉、鮒、鯰、村で作られた餅、酒、小豆、干し柿、白味噌で味をつけた豆腐、大根、菜種菜と共に神社に運ばれ放置された」とあって、この神事における主要な神饌である「鯉、鮒、鯰」を記述している。「説明板神事由来」「神社配布神事由来」は、新しく流布した岩見重太郎伝説を表層には取り入れながらも、神事の発端と神事の中心である神饌の伝承を記述しているのである。

一夜官女祭は、川魚を神饌の最重要品目とする「川」にまつわる神事である。この神事における伝承において深層をなすのは、〈蛇の淵伝承〉であり、この伝承は、浜松歌国『摂陽落穂集』における言説〈人身御供伝承〉以降、隠れてしまったのである。神事としての一夜官女祭には、〈人身御供伝承〉〈岩見重太郎伝説〉といった伝承が表層に堆積したものの、〈蛇の淵伝承〉といった伝承の深層が周辺に押しやられながらも今日なお見えるのである。

野里の地が開かれ、鎮守が祀られるようになるのは、室町時代頃とされる。当時の景観を『野里誌』は、「東は中津川に、北と西は池や湿地帯に囲まれ、あたかも逆三角形の形で中世の集落を形成し、その周囲には池や河があり、その中に小さな水田が散在し、水郷の景観を呈していた」と記述している。[63] また、『西淀川区史』には室町時代、当地を訪れた連歌師肖柏が、「あしのやに真木の戸たたく水鶏かな」（春夢草）の句を残すほどの「静かな水郷であった」とも記述する。[64] そのいっぽうで、この地が淀川のデルタ地帯に位置し、幾度も水害に遭った地でもあった。『西淀川区史』には、「江戸時代（一六〇三―一八六七）の二六五年間に、洪水が発生した年が五九年、その洪水回数六六回を算しており、洪水間隔年数は平均四年であった」と記すように、[65] 近世の淀川は氾濫の川であった。

殊に中津川が蛇行する地点に位置する野里の鎮守社のあたりは、水流が激しかった(66)。『諸国図会年中行事大成』にある蛇の淵伝承は、この神事における深層を物語るものといえる。川の淵に棲む大蛇の伝説は、水の神への水難除去・五穀豊穣を祈る神事に端を発するものである。今日、鎮守の社の荒菰におとなしく座る一番官女の幼女は、外来者から人身御供の言説がもたらされて以降、「まねびとしてのニエ」の役を演じるようになったものである。その本来的性格は、荒ぶる神の「食物」として供される対象などではなく、狒々や蛇などの餌食となるのでもない。この神事は、この地が中津川流域にあって、いつ氾濫を起こすか知れない川に棲む荒ぶるヌシに対して鎮守の神を仲立ちにして、神饌として生魚を神供することによって、宥和を計るために始められたものと考える(67)。

（5）都心周辺部の伝承研究の課題

明治の末、中津川は埋立てられ市街地化が急速に進展し、西淀川区は阪神工業地帯の一画をなすことになった。戦後、昭和二五（一九五〇）年、宮座は解散し、新たな伝説を生成した。神事をとりまく環境は、都市社会の中で大きく変化した。

この神事を掌る宮司は、「西淀川・野里に災いが起こらないように祈禱している」と語る。大切にしている点についての質問には、「①鯉・鮒・鯰の川魚三種を女人禁制で調製すること。②官女による練り。③神に近い場所に一番官女を座らせることである」とのことである。神事は、今日においても神社を中心とする氏子組織によって継承され、地域の災厄除が真摯に祈願されて続けているのである。今日、しばしば目にする観光客目当ての祭礼・イベントなどではないのである。しかし、神事をめぐる伝承は変容した。近世後期以降生じた人身御供の言説を文芸講談「岩見重太郎」が上塗りすることによって変容した。

かつては川筋のムラであって、都心周辺部におけるこの神事は、絶えず「鄙」を欲する都市生活者の眼差しに晒される中で多少の潤色を加えながらも継承されてきた。このような都心周辺部における伝承研究にとっては、神事を取り巻く情報環境の変遷に伴って発生した伝承の堆積を取り除き、深層に息づく伝承を見極めることが肝要となる。変容する伝承の中にその深層を追究することの大切さは、都市社会における民俗事象研究の全般について共通することであろう。最後に、国語国文学者である井出至氏（大阪市立大学名誉教授）から私信にて神事の名称からして「一夜妻《ひとよづま》伝説」との関わりのご指摘をいただいたことを謝して記す。異類婚姻譚としてこの伝説を捉える視角もあると考える。今後の研究課題としたい。

〈初出は、「都心周辺部にみえる岩見重太郎伝説」『日本民俗学』（日本民俗学会）二四九号　二〇〇七年二月。これを一部修正。〉

16　伝法正蓮寺の川施餓鬼

—河海での経木流しと遊覧—

（1）　正蓮寺川施餓鬼の概要

(67) 正蓮寺川施餓鬼

正蓮寺川施餓鬼は、今日、大阪市此花区伝法にある寺院が伝承する宗教行事である。この正蓮寺川施餓鬼は、河海を舞台に展開する民俗の一つであって、「水都大阪」の民俗を論じるのに欠かすことのできない重要な祭礼である。この行事には、近世末以来、たくさんの都市生活者が参加している。この行事を原形に遡るにより、この行事に参加する都市生活者にとっての河海に寄せる心意を解明しようとするものである。

この川施餓鬼は、大阪市此花区伝法《でんぽう》六丁目の日蓮宗・正蓮寺が伝承する。この伝法という地は、かつて中津川の川尻にあって、貞享元（一六八四）年安治川が開通するまでは、西国方面から来る船の船着場として、木津川を凌いで繁盛していた。[1]「正蓮寺略縁起」には、「寛永二年（一六二五年）篤信の武家、甲賀谷又左エ門が、毎夜海中にて光りを発するものを見つけ網を入れたところ、お木像が上がって来たので、邸内にお祀りしていました。たまたま京都から来られた修行僧、唯性院日泉上人がこれをご覧になり、間違いなく日蓮大聖人の御尊像であることを認められました。そこで、日泉上人を開山とし又左エ門を開基として、大方の協力を得て建てた草庵が、今の正蓮寺のおこりであります」と記されている(2)。この寺院の草創は、寛永二（一六二五）年に漂着した日蓮大聖人の木像を安置したこととされている。海浜によくみられる漂着神伝承のひとつである。寺院縁起に「網を入れたところ」とあるのは、本編〈第二章　13　港区八幡屋の漂着した地蔵〉に論究した網掛り伝説と共通するものである(3)。この地が河海に臨む地であることからこのような漂着の伝承がみられる草創伝説が成立したものと思われる。海は異界であり、神仏諸霊の出現する空間として伝承されているのである。

この寺院において川施餓鬼が行われるようになった事情は、同寺発行の「伝法の川施餓鬼」に記されている。これには、「川供養の行事」を始めたのは享保六（一七二一）年とある(4)。ところが、この記事の活況ぶりがいつの時代のことを指すのかは特定できない。すなわち、「正蓮寺略縁起」に「数百曳の船団で参拝者が群集いたしました云々」とあるところの「摂津名所絵図」という名の書物は見当たらない。「摂津名所絵図」が寛政年間刊行の『摂津名所図会』であったとしても、それに伝法の記事はあるが、「伝法の川施餓鬼」は記されていない。寺伝に疑問がある。しかし、今日、多数の船団を繰り出す河海を舞台とする祭礼として、この地の晩夏の風物詩となっていることは、確かなことである。以下、この行事の現在を記述することから始め、近世以来の文献の記述により明らかにしたい。

（2）　現在の行事

現在の川施餓鬼行事の進行については、正蓮寺第二十六世住職による「私の寺のおせがき会」に詳細に記されている(5)。この記事は三〇年以前の行事の進行を記したものであるが、およそ現在もこの記述のとおりに執行されている。この項の記述は、住職への聞書の記録に基づくのであるが、「私の寺のおせがき会」を適宜、参考にする。同一人から得た情報でもあり、参考にした箇所と聞書の記録は特に区別しない。以下、時系列に沿って現在の行事の進行と組織を記述する。

八月二六日午前一〇時、本堂には別棚がもうけられ、施餓鬼会に先立って新盆会特別法要が営まれ、檀信徒はもとより有縁の他宗派の家からも申し込みがある。新盆会特別法要は、昭和五〇（一九七五）年から始められたもので、施餓鬼に添えた行事である。

午前一一時、最寄りのJR大阪環状線西九条駅（此花区西九条）には、日蓮宗大阪地区管内に組織されている川施餓鬼参拝会の信徒が参集し、大型貸切バス数台に分乗し春日出《かすがで》（此花区春日出北）で下車、当日特別出仕している大阪日蓮宗青年会会員が、玄題旗と扇太鼓で誘導し商店街や町内を唱題行進して山門に入る。玄題旗とは「南無妙法蓮華経」の題目を書いた旗である。商店街は「伝法川施餓鬼」の幟を立て待ち構えている。これが始まったのは、昭和四二（一九六七）年に川施餓鬼の場所が現在の新淀川に移ってからのことである。

その時間に正蓮寺山内（此花区伝法）では天幕が張られ、塔婆、経木（水塔婆）・御供等の受付が行われている。同時に、此花区遺族会の奉仕により第二次世界大戦時の「英霊」の経木が無料で書かれている。

正午、参詣者全員に粗飯・飲物・うちわ・マッチ等の供養がある。「粗飯」とは、角切《すみきり》弁当と呼ばれるものであり、約一〇〇〇食用意される。それは、ひじき・あつあげ・こんにゃく等の煮付けと白和《しらあ》え、そして御飯のみのごく質素な精進料理ではあるが、婦人会の手によって前日から準備が進められ、精根込めて作られたものである。御飯は、大きな釜に薪で炊いている。

午後一時、本堂で大阪日蓮宗青年会会員が布教訓練を兼ね約一五分間法話を行い、続いて大阪市布教師会会長・副会長・幹部が約四〇分間の説教をする。これらの話は、堂内のみならず、外部にもスピーカーを向け、門前の臨時休憩所や近隣にまで聞こえるようにしている。門前の臨時休憩所は、昭和五二（一九七七）年にれんげ保育園（此花区伝法）ができ、その場所が充てられている。

午後二時、半鐘の音とともに大阪市管内寺院多数出席のもと稚児音楽大法要が始まる。この法要では戦死者慰霊も併せて行われ、大阪市長の追悼文も奉読され、大阪檀信徒協議会、川施餓鬼参拝会、伝法のせがき奉賛会等の代表はもとより、区内の官公署代表、府会市会議員等の焼香も行われる。昭和五〇（一九七五）年頃から笙《しょう》・篳篥《ひちりき》の演奏はなくなった。稚児は小学校一・二年生が二・三人である。前の晩、祭文を読む練習をする。「戦死者」だけでなく「戦没者」をも慰霊している。幟には、「諸霊供養」、「戦没者慰霊」とある。

午後三時、法要終了と同時に本堂前には御題目を背中に書き込んだ揃いの法被を着た若い信徒や町内の者約二〇名によって御輿が担ぎ出され、唱題とともに練供養に出発する。担ぎ出される御輿には、日蓮大聖人立像の安置されている厨子が納められている。輿内には多数の経木も納められている。行列順序は、〈先見↓金棒↓旗幡↓稚児↓御輿↓大太鼓↓僧侶↓扇太鼓↓来賓↓檀信徒並一般参詣者〉である。行列は約二〇〇m続き、町中にお題目を轟かしながら渡船場（此花区伝法）へと行進する。その厨子には朱の漆で「安政二乙卯年七月／再興施主／常香搆中／御厨子幷ニ戸帳／世話方　舛屋伊兵衛／淡路屋平七／海照山廿一世／日圡代」と記されている。安政二年は一八五五年である。当山第二十一世・日圡上人の時代の「再興」である。渡船場は新淀川閘門繋船場で、ここも地区の奉仕団によって数日がかりで清掃され片付けられている。御輿の担ぎ手に現在、女性はいないが、戦前は女性だけだった。その頃、この漁師町の女性は、行商にでかけたりしていて力もあった。「練供養」の「練」は「錬」が正しい。正蓮寺川で行っていた頃は、唱題行進はなくて、「錬供養」だけを行っていた。正蓮寺を出発して〈伝法↓四貫島↓春日出↓恩貴島橋《おきじまばし》を渡り、寺の前の渡船場〉まで練っていたが、あまりに長距離過ぎたので、新淀川に変わって、それから現在のコースになった。稚児は、三歳から小学校二・三年生ぐらいまでの男女十数名である。お稚児さんは三年続けて出ると身体が丈夫になると言われ、毎年希望者も多い。地区の奉仕団は、大阪市漁業協同組合此花支部の人たちが中心である。しかし、漁業協同組合のこの祭礼への関与は、このことの他、聞かない。

待機する船団は、団平船《だんぺいぶね》（三〇〇人乗ハシケ）二隻、引船（砂船）二隻、先導船一隻で御輿を先頭にして各船に分乗していた。現在、船団に団平船、引船はない。大阪港の通船と中之島の遊覧船一〇パイで三九〇人近くの人が乗船する。先導船は、漁業協同組合の船三・四ハイが勤める。

大玄題旗と吹流しを立て太鼓の音に力を得た船団は新淀川（川幅約四〇〇ｍ）の中央まで進み出ると、導師が船の舳先に立って読経しつつ経木を流す。それにつれて一斉に参列者はお題目を唱えながら一枚一枚経木を水面に落してゆく。それはあたかも広い淀川の中に別に一条の白い川が出現したようでもある。この時が川施餓鬼の最高潮であり、「落日が大法灯の川施餓鬼」と詠まれる情景である。経木を流す時、昔は、供え物も流していた。「この施餓鬼が終ろうとする船上での川風は味わいがたい清涼であり法悦の合掌となるのである」と記されている。(6) 祭りのクライマックスであるこの場面では、船上で俳句の結社の人たちが一斉に句を詠む。平成一〇（一九九八）年には、阪急俳句会会員の人が、この飛花落葉の光景を「はらはらと経木流しぬ施餓鬼船」と句帳に写し取っている。(7) この行事の展開順序は、〈新盆会特別法要→唱題行進→塔婆・経木供養→法話・説教→稚児大法要・焼香→練供養→船渡御→経木流し〉なのである。

以下、この行事を執り行う現在の組織を記す。川施餓鬼の運営組織は、奉賛会、参拝会、檀信徒の三団体からなり、奉賛会は地域組織で五〇〇～六〇〇人の会員からなる。役員は、有力な檀家である鴻池運輸（中央区北久宝寺町）の他、此花区の連合町会の代表、同区の官公庁の代表四五名（一九九七年現在）からなる。鴻池運輸は、渡御船など船の用意をする。団平船のなくなった今日、市内の遊覧船などをかき集めてくるのは大変であるという。これに加わる此花区の連合町会は、伝法・高見・春日出中・同北・恩貴島・西九条・桜島・四貫島・朝日・梅花である。これに加わる同区の官公庁は、此花区役所（此花区春日出北）・同警察署（此花区春日出北）・同消防署（此花区春日出北）・同保健所（此花区春日出北）・福島此花税務署（大阪福島税務署：福島区玉川）・北市民病院（此花区西九条）である。年間の行事は、二月の新年の会合、七月の準備打ち合わせ、八月二六日の川施餓鬼当日、九月下旬頃の反省会（一九九七年は九月二四日）である。もともと川施餓鬼には宗派を問わず参詣があり、特に地元の人々からもこの伝統行事を地域の行事としてとらえられ、それが奉賛会の結成ともなった。

参拝会には、「大阪伝法川施餓鬼参拝会世話人会会則」がある。(8) 参拝会の役員は、三三名で日蓮宗寺院の檀家と信徒から構成されている。地元大阪府をはじめ兵庫県、奈良県在住の檀信徒たちで、この行事に最も熱心な人々である。年間の行事は、六月の事前打ち合わせ、八月二六日の川施餓鬼当日、九月、一〇月頃の反省会である。

正蓮寺檀信徒がこの行事に多く参加することはいうまでもないが、地元の人たちの参加も多い。前掲「私の寺のおせがき会」には、「(地元)此花区内で結成されている『伝法のせがき奉賛会』(役員数名以外は他宗派で会員約六〇〇名)の協力が大きいし、町ぐるみの援助もありがたい」とある。(9)

以上のとおり、この川施餓鬼は、寺院の執行する宗教行事であるが、川筋の地域に根ざした伝統行事であり、かつ大阪府および周辺の県の人々が参加する行事でもある。この行事の歴史的展開を見るために正蓮寺について記載する文献をくわしく読むことにする。

（3）文献資料に見る正蓮寺

正蓮寺は、安永七（一七七八）年開板の『浪花のながめ』に「南伝法村海照山正蓮寺」としてみえる。すなわち「南伝法村海照山正蓮寺松／寺内に大木ありやミの夜にもても《ママ》はるか沖より船々方角の目当になすよし」とある。(10)

正蓮寺の松は船の航路の目印なのである。各地に三本松とかいった地名があるように、この寺院の松は、沖合から眺められる松だったのだろう。この松は現在山内にない。海浜に自生するクロマツであったのかも知れない。大阪に入津する船舶にとっては、自然の標識であったのだろうが、それが当時の都市生活者にとっては、奇観としてとりあげられていたのである。

下って『摂陽奇観』の文化一〇（一八一三）年の記事にも、山内の松がとりあげられている。「四月上旬　南伝法正蓮寺境内の松へ鶴六羽来り巣を造ル目出度しるし也とて諸人見物羣集ス」とある。(11) この記事の「諸人」とは、書物の性格からして大阪の町人であると考えられる。都市生活者の見物の対象としてとりあげられているのである。都市生活者にとっては、「松に鶴」が吉兆なのである。「見物羣集ス」の記述からは、噂好きな都市生活者の物見の対象となっていたと読み取られる。『浪花のながめ』『摂陽奇観』に見る限り、正蓮寺の記事に「川施餓鬼」といった宗教行事はとりあげられていない。いずれもとりあげられているのは、「松」であって都市近郊の一奇観なのである。

この寺院の施餓鬼は、文政七（一八二四）年出板の「神仏霊験記図会二篇　目録」に「伝法大施がき幡の事」とあるのが管見では最初である。しかし「神仏霊験記図会二篇」に本文はない。(12) また、この「神仏霊験記図会二篇」という書物は、出板された記録がない。『神仏霊験記図会初版』の巻末に「近日本出」とあるだけである。だからこの「伝法大施がき」の行事の内容は何もわからない。ただ「幡の事」とあることから、施餓鬼に幡が翻り、その幡が大阪に住む町人たちにとっては何らかの願掛けの対象になっていたのである。

下って天保八（一八三七）年頃発行の地誌(13)『年中遊覧　難波めぐり』の「年中参詣記　花見持参」に「（七月）廿六日　伝法正蓮寺／せがき」とある。文政・天保年間においては、七月二六日に伝法・正蓮寺で行われる施餓鬼は、浪花市中の人たちにとっては幡が願掛けの対象であるばかりでなく、彼ら都市生活者の年中行事としても組み込まれていたのである。この行事が船渡御を伴っていたかどうかはこれだけでは判らない。

安政年間（一八五四〜六〇年）筆録の暁鐘成『摂津名所図会大成』の「施餓鬼の法会」の記事にようやくその全体像が見えてくる。すなわち、この書物の「伝法」の項目のうち、日蓮宗の寺院・正蓮寺の施餓鬼の法会の記事である。この記事は、伝法の地理、歴史の記述に続くものである。[14] それには、「例年七月廿六日にハ当地正蓮寺といふ日蓮宗の寺院に施餓鬼の法会ありて浪花中より宗門の男女船にて群集していたつて賑わし是を伝法の施餓鬼とて天神祭に彷彿たる舟行の大紋日也同廿八日ハ法泉寺といへる浄土宗の寺院の施餓鬼にして此日もひとしき群参なり【編者曰ク原本此ノ所壹丁挿画ノ予定ニテ伝法施餓鬼ト題シ諸精霊かいつけてやる経木をバやがて弘誓の船かとぞみる　幽山ノ一首ヲ書入レアルモ構図ナシ】」と記されている。この記事を見る限り、同寺院発行の「伝法の川施餓鬼」にある「摂津名所絵図」とあるのは、この『摂津名所図会大成』ということになる。祭日は、七月二六日。行事の進行は、寺院での施餓鬼の法会があり、それに続いて「浪花中より宗門の男女船にて群集」とある。これを「舟行の大紋日」と記している。さらに書き入れ予定の和歌からすれば、この行事に経木流しが行われていたと見ることができる。「船にて群集」、「舟行」から今日見るような川施餓鬼に船上からの経木流しが行われていた可能性がある。

この記事は、ほぼ同年代の慶応二（一八六六）年序の『大阪繁昌詩後編巻之下』の伝法の記事とも一致する。[15] 以下〈　〉内割注。原文の漢文を読み下し文に改める。それには、「稍々往けば一大寺有り。〈海照山正蓮寺と称す。法華宗。日蓮を祭る。〉寺に毎年施餓鬼の挙有り。〈施餓鬼の義楽美の前編に見ゆ。正蓮寺の施餓鬼都下に冠たり。其の挙七月二十六日に在り。群船殆んど江を塡む。〉村人此の日家を掃ひ簾を垂れ業を休み客を会す。〈凡そ法華宗に属するの巨刹大院悉く舟に乗り之に聚る。都人も亦或は陸し或は船し之に礼す。〉」と記されている。以下、幕末の時点での川施餓鬼のありさまを具体的に捉えるために、『大阪繁昌詩後編巻之下』の記事を『摂津名所図会大成』

と校合する。『大阪繁昌詩後編巻之下』には「施餓鬼都下に冠たり」とあり、「都人も亦或は陸し或は船し之に礼す」ともある。これは、『摂津名所図会大成』の「浪花中より宗門の男女船にて群集していたつて賑わし」に対応する。『大阪繁昌詩後編巻之下』の「都人」が、京の人を指すことはよもやあるまい。「浪花人」とみられる。『大阪繁昌詩後編巻之下』の「凡そ法華宗に属するの巨刹大院悉く舟に乗り之に聚る」は、『摂津名所図会大成』の「宗門の男女船にて群集していたつて賑わし」とほぼ対応する。『摂津名所図会大成』に「宗門の男女」とあるので、檀徒の女性が含まれることになる。渡御船と別に檀徒の乗る見物船が出ていたのだろうか。前の『年中遊覧　難波めぐり』の記事を踏まえるならば、浪花の年中行事となっているだけに、檀徒だけでなく、浪花市中の見物人も『大阪繁昌詩後編巻之下』の「群船殆んど江を塡む」とある群船の乗客であったと考えられる。さらに『大阪繁昌詩後編巻之下』にだけ「村人此の日家を掃ひ簾を垂れ業を休み客を会す」とある。おそらく、安政年間には、この川施餓鬼は宗派を問わず、地元南伝法村こぞっての祭礼となっていたのだろう。厨子に「安政二乙卯年七月／再興」とあった。この朱書きの年月は、『摂津名所図会大成』草稿筆記の上限と一致する。安政年間にはほぼ現在の川施餓鬼の体裁を整えていたと考えられる。

⒅ 錦絵正蓮寺川施餓鬼

　明治に入ってからは、明治二一（一八九八）年初版の『大阪繁昌誌』下巻に「七月廿六日　長柄国分寺川せがき音楽、伝法村正蓮寺せがき」の記事などがある[16]。「伝法村正蓮寺せがき」は引き続いて行われ、大阪市中生活者の風物詩として定着しているのである。

　次に昭和初期のこの行事を見よう。昭和九（一九三四）年『上方』四四号掲載の記事がある。それには、〈練り供養→船渡御→経木流し〉の場面が記されている。それには、寺から正蓮寺の船着場までの御輿渡御に「それを擔ぐのがお婆さんの大群」とある。[17] 漁師の妻で行商で鍛えた足腰である。この記事の筆者である噺家・花月亭九里丸は、川の両岸の拝観船からこの祭礼を見物している。この時の川の設えが詳しい。すなわち「正蓮寺川の川の中央には笹を立て棚を祀つて、（中略）この仏さんの船行列をお迎えして有縁無縁の仏を供養する、五色の紙を付けた笹（中略）その下の棚には経木に戒名認めて供物をきちんとしてお祀りをする」とある。[18] 船渡御について、九里丸は「渡御の船が列を作つて、雅楽のリズムもいと荘厳に漕ぎ出で給ふ、両側のお迎船から南無妙法蓮華経の合唱が聞える戒名をドシドシ川へ流す、行列船からも戒名を流す」と記す。[45] この行事を大阪市内の日蓮宗寺院役僧として参加しての体験から記されたのが放送作家でもある永滝五郎『市岡パラダイス』の記事である。これも昭和初期の川施餓鬼のありさまを活写している。〈船渡御↓経木流し〉の場面である。この行事には、大阪の日蓮宗の寺院総出仕で、各住職はそれぞれ役僧一名を連れて参集しているのである。[19] この記事からは、この時代、僧侶による経木流しにおいて流すのは、経木だけでなく、小さい塔婆、各寺院に盂蘭盆会の時に供えられた供物もあることが判る。御輿船の渡御のコースもわかる。当時もまたこの行事の最高潮は経木流しにある。

（4）民俗の構成

都市祭礼の構造を動態として捉えたのは、和崎春日の京都の大文字についての秀逸な論考である。[20] 現在行われている伝法川施餓鬼についても、民俗継承、過去の民俗生成、現在の民俗生成の三つの性質が認められるだろう。現在、この川施餓鬼の構成は、〈新盆会特別法要↓唱題行進↓塔婆・経木供養↓法話・説教↓稚児大法要・焼香↓練供養↓船渡御↓経木流し〉となっている。この都市の祭礼においても幾多の構成要素が付け加わり、また消えてもいったと考えられる。以下、民俗としての構成について考察する。「伝法川施餓鬼」は、過去の民俗、風俗を取り入れつつ現代的要素を含む、多重的構造を有する現代都市の祭礼である。この行事の意味について執り行う正蓮寺は、「流灌頂」と説明している。[21] これは、教義上の意味として理解される。創始以来の宗教行事が今日に至るまで原形のまま伝承されたのではけっしてない。この宗教行事が突如一人の聖職者によって創始され、一挙に完成されたものでないことは明らかである。このような都市祭礼は、簡素な伝承形態を護ろうとする考え方に対し、ほんらい、それと無縁な要素が補助手段として導入される可能性が常にある。[22]

このさまざまな要素が認められる川筋の宗教行事の民俗としての本質は、何であろうか。「施餓鬼」にあることにまちがいない。この「施餓鬼」の方法として、今日まで伝承されてきた重要な要素は〈経木流し〉であろう。まず〈経木流し〉についてその本質を考えてみよう。〈経木流し〉という要素は民俗としては、ナガシ・オクリのひとつと位置づけられる。ナガシ・オクリの民俗は、水都大阪の地においてもいろいろな形態で認められるものである。例えば、寛政四（一七九二）年六月二十九日の口達に、「毎年七夕短冊竹、精霊祭之品々、最寄川々江流シ来リ候処、先達而、塵芥類川中へ捨間敷旨厳重ニ相触候上ハ、右両様共、是迄之通ニハ取計間敷事ハ勿論之事」とある。[23] この口達が下されるからには、河海に七夕短冊竹、精霊祭之品々等を流す民俗が控えていたのだろう。伝法川施餓鬼において盂蘭盆会の供え物を河海に流すことは、この記事からも窺い知ることができる。

この水都においてもナガシ・オクリの民俗が粛然と行われていたわけではけっしてない。この地の川への風の神送りは、ずいぶん派手であった。『噺の苗』享和二（一八〇二）年の記事によれば、川々に送った異形の拵え物「鬼形の姿、あるひは狐、和藤内、鬼の念仏、法界坊」は、「鐘や太鼓どら螺貝を吹囃し」て送られたとある。[24] 風の神に見立てられた異形の拵え物は、鳴り物入りで送られている。一見相違するこの風の神送りの騒動と伝法川施餓鬼は、民俗として捉えたならば本質は一致する。伝法川施餓鬼においても、「ドコドコドンの妙法蓮華経の大ジャズバンド」[25]であったり、「太鼓の音に力を得た船団」が「読経しつつ経木を流す」[26]のであったりした。神仏諸霊を送るのに太鼓の音の力を借りているのである。山口昌男の云う神送りの民俗における「『徴あり』としての境界の強調」が行われているのである。[27]海は異界であり、川は神仏諸霊を送り出す通路である。[28]〈経木流し〉は、神送りと本質を同じくする民俗行為なのである。

〈経木流し〉がこの行事の本質に関わる要素とすると、これから派生するものは、船渡御と見物船による遊覧であろう。この川施餓鬼行事の民俗として特徴的なのは、その二点である。見物人・都市生活者の大勢押し寄せる祭礼である点である。〈船渡御〉は、〈経木流し〉とともに、『摂津名所図会大成』においてみえた。〈船渡御〉は重要な要素である。伝法が浪花市中の生活者にとって市中から程遠くない浜であることは、すでに安永七（一七七八）年開板『浪花のながめ』、『摂陽奇観』の文化一〇（一八一三）年の項に南伝法村正蓮寺の松の記事がみえたとおりである。

もとより浪花市中の生活者にとってこの川筋のマチバ・伝法への関心は、『浪花のながめ』以前にも向けられていた。延宝八（一六八〇）年開板の『難波鑑』である。その「難波堀江月見幷難波御祓八月十五日」には、「世の好事の輩ハ。硯懐紙とりもたせ。堀江つたひに。伝法あるひハ一の州のあたりまても。櫓櫂をさせて。あこがれ出」（＊：引用者による傍線）とある。[29]船遊びの場所としての伝法なのである。「難波堀江の月」を賞でる風流人のちょっと遠出のコースである。一行のありさまは、「棚無船に。幕はしらかし。弁当提重を入させ。曲水ならねども。手まづさえぎる盃の波にうかべし遊宴も見所有て。おもしろく。また。琴三味線。笛。太鼓。つゝみ。鼓弓とりとりのはやし物にて。船こぎいつる」とある。鳴り物入りの船遊びの体である。それも曲水の宴に見立てるあたり王朝貴族の趣味的世界を真似るものである。この船遊びを「難波御祓といふ」とある。これには「なにはのみそぎ」のルビがある。その謂れを「源氏月の秋の比。此浦里にくたり給ひしとき。名月の夜にはらひし給ふことあり」としている。光源氏の「みそぎ」に準えているのである。この行動にみられる心意は、浪花町人の風雅の極みというべきか、船遊びは、都市生活者の道楽でもある。「浦里」に美を見出し、屋形船を漕ぎ出すのは都市生活者の贅沢である。近世初期にすでに伝法は、浪花市中の風流人士にとって河海の行楽地となっていたのである。

　そのコースは「堀江つたひに。伝法あるひハ一の州のあたり」とある。この「一の州」の位置は、堺古文書研究会の記事に、〈伝法→大阪中船着場〉間の米六升に対して、〈一《いち》之《の》洲《す》→大阪中船着場〉間が米壱斗壱升とあるから(30)、伝法からの距離の約一・四倍と推察される。もちろん、〈堀江→伝法→一之洲〉と漕ぎ出すのであるから、一之洲は、大阪湾の沖合の中州である。堺・尼崎・兵庫の渡海船も安治川口一の州で上《うわ》荷《に》船《ぶね》・茶《ちゃ》船《ぶね》に荷物を積替えることが原則であるから(31)、近世前期において一之洲は、大阪市中への荷物の中継地である。それが『難波鑑』では、〈堀江→伝法→一の州〉航路が月見の遊覧コースとなっているのである。

　近世において「難波御祓」とは、洒落た古風な呼称である。まんざらの虚言でもあるまい。「難波御祓」という言葉は、すでに『源氏物語』澪標の巻に見られる。都に復帰した光源氏が難波に下り、住吉明神（住吉大社：住吉区住吉）を参拝していた。折から明石姫君もまた住吉の神に向かっているとの情報が入るという場面である。「御社立ちたまて、所どころに逍遥を尽くしたまふ。難波の御祓、七瀬によそほしう仕まつる。堀江のわたりをご覧ず」とある(32)。この記事には、住吉の社を発っての逍遥の折に、「難波の御祓、七瀬によそほしう仕まつる」とあるので、七《なな》瀬《せ》祓《はらえ》に装って行っているのである。この「難波の御祓」が本来、何らかの宗教儀礼であったにちがいない。『源氏物語』の注釈書『河海抄』巻第九に「難波の七瀬祓」の記事がある。「五節前後の斎に皆秡をする也何の秡も河辺海辺にて禊をする本儀也辛崎難波七瀬の随一也」とある(33)。宮中の行事として河辺海辺にて禊をすることが行われていたと見てよい。ただ、『源氏物語』の時代においては、すでに本儀から離れ、洛中において略儀が私的に執行されていたのかも知れない。そうとなれば、『源氏物語』の「難波の御祓」は、住吉詣での後、河辺海辺の逍遥・遊覧した折の一齣と見るのが妥当であろう。それであれば、この河口における伝法川施餓鬼といった民俗の構成要素として、都市生活者による河海の遊覧が重要な意味を持ってくる。

（5）河海の都市祭礼

『難波鑑』の「難波の御祓」は、王朝貴族の船遊びの準《なぞら》えである。浪花町人の行楽なのである。このような民俗の準えは、しばしば近世においては、武家が行うものであり、町人が追随するところである。この町人の準えの心意は、「粋・スイ」というべきか。フランスの地理学者・オギュスタン・ベルクは、王朝貴族の「雅び」＝宮廷の洗練された優雅さ・エレガンスに相応するものとして、江戸や大阪の町人・商人文化においては、「粋」（イキ・スイ）を挙げている。(34)「雅び」を身につけた人々は、「自然を、季節や花や月等々をふさわしいやり方で愛でる」のであり、近世都市生活者の〈粋〉も、理想として指向するところは、明らかに「自然」なのである。海は異界であり、川は神仏諸霊を送り出す通路であった。河海には「自然」を感じ取っていた。都市文化は農村文化よりいっそう「自然」との直接的なふれあいを求めるものである。(35)大阪町人の自然志向は、この河海の遊覧を光源氏の「難波の御祓」に準えていたのである。

平成一〇（一九九八）年、随行の遊覧船では、俳句の会会員が句をしたためていた。「川施餓鬼」は、秋の季語である。川施餓鬼の遊覧に参加していて「暑い暑いは天神祭り、暑い暑いも川施餓鬼」を耳にした。天神祭りの船渡御は、七月二五日に行われる。川施餓鬼は、八月二六日である。水面を渡る風に秋を感じる。「川施餓鬼」は、水都大阪にあって「自然」をコード化した「歳時記の世界」に組み込まれた行事である。「自然」を感じさせることの場所は、水際空間である。

川筋に見られる祭礼の本質を追究しようとする本節では、この祭礼への幅広い参加者の存在に注目し、その心意を探ってみた。寺院による宗教行事としての中心は霊の鎮送にあった。その行事にはその行事を見物する人々が介在していた。都市生活者を遊覧に駆り立てる行動原理とは、いったい何なのであろうか。都市の日々の暮らしが土からの生産、河海からの漁獲を離れたものである以上、都市の祭礼は、そういった「自然」への郷愁をそそるものである。河海の祭礼を遊覧するのは、「自然」を取り戻す機会である。都市生活者にとっての山や峯がそうであるように、河海も「自然」を思い出させる場所である。そのように都市生活者をして郷愁に駆り立てる心意とは、何なのだろう。水際空間は、都市生活者が風雅を賞でる場である以前に、神仏諸霊への祈りの場である。陸地の河海との縁《へり》は神仏諸霊の寄りつく空間であり、鎮送する場所でもある。この川筋における霊を鎮送する祭礼に人々が詰めかけ、経木を流すのは、現代の暮らしの中で忘れかけた霊所・神聖な空間を確認するための行為なのである。

〈初出は、「川施餓鬼の都市民俗」『日本民俗学』（日本民俗学会）一二八号　一九九九年五月。これを一部修正。〉

17　福島天満宮の餓鬼島伝説
―菅原道真潮待ち伝承―

（1）大阪の天神社の縁起

本節では、川筋の天神社に伝承される「餓鬼島」をとりあげる。「餓鬼島」の伝承は、現在の大阪市福島区福島一丁目の福島天満宮（以下「福島天神社」、「福島社」と略記）の縁起に伝わる地名起源であって、「餓鬼島」とは、

「福島」のことである。この神社の祭神は、少彦名命《すくなひこなのみこと》および菅原道真公である。福島天神社は、都会の中の神社である。堂島川右岸の北に楠の緑に包まれて社殿、拝殿がある。大正一一（一九二二）年までは、同社の南を堂島川から分かれた福島川（曾根崎川・蜆川の下流）が流れていた。[1]福島天神社宮司からの聞書に次のような記録がある。それには、「ある日、昼間ロイヤルホテル（北区中之島五丁目。現在「リーガロイヤルホテル」）だか、ホテルプラザ（北区大淀南二丁目。現在閉鎖。）だかの泊まり客のマホメッド教徒が神社にやって来て『礼拝の場所がないのでここでさせてほしい』と言い、南向き拝殿の前の賽銭箱の所から西を向いて礼拝をして帰った」とある。この都会の神社に

⑹⑼ **福島駅から福島天神社**　正面の道路がなにわ筋。左手前のホテル阪神には「徳次郎の湯」がある。道路前方の杜に福島天神社が鎮座する。正面にはリーガロイヤルホテルが見える

異教徒・異人さんがやって来たというのである。現在の福島天神社の地理的環境を語る一つのエピソードである。

この川筋の天神社の縁起伝説には、菅原道真公が来臨した伝説がある。そこに出てくるのが「餓鬼島」である。〈資料17　福島天満宮略記〉に現在のこの神社の略記を示す。

〈資料17　福島天満宮略記〉

○……醍醐天皇の延喜元年二月一日、当時の都―京都を出発せられた道真公は途中、河内道明寺の御姨―覚寿尼のもとに名残つきぬ別れの一夜を惜しまれたあと、淀川より舟路西のかたをめざされることになる。当時の淀川の本流―今の堂島川のほとりなる福島の地は、大阪湾より海路を目指す舟旅の風待ちの所。九州下向の失意の旅路の道真公一行を丁重に迎えた土地の徳次郎なる者の心からのもてなしに、甚く喜ばれた公は、謝するに術なしと、折ふし里人の織り成した布に親からの御姿を描き与えられた。現在も此の御自画像が当社の御神体とされている。又、土地の名を問わせられた処、『鹿飢島（がきじま）』又は『葭原島（あしはらじま）』なる由を答えし処、『鹿飢』は『餓鬼』に『葭』は『悪し』に音が通じ何れも良からず、又徳次郎の徳の字の縁に因りて福島と改むべく、徳次郎には福元の姓を名告らしめられたと。（福元の一族は後、当社の一老・宮座となり、代々伝えて明治維新に至り、今猶存続する。時に、梅の一木有るを御覧になった公は、『行く水の中の小島の梅さかば　さぞ川浪も　香に匂ふらむ』と詠まれ、再び都に帰る事も測り難い故に、此の島に憩いし遺蹟を作ると梅の枝に松の枝を添えて一緒に刺し植えられた処、不思議にも一木となって根を下し、元禄十余年の風害に跡なくなる迄、永く葉を茂らせたと言う。翌朝、別れを惜しむ里人等は、公の舟に従って針間（播磨）の国までお供したが、大宰府に赴かれた公が二年後、延喜二年二月二十五日逝去せられた訃報を風の便りに耳にし、その徳を慕う余り、かの梅松二枝の根を下せし所に、*延喜七年二月二十五日、小祠を設けて公を祀った。（即ち、当神社の創始である。）……

（従って当社の創始は、共に村上天皇の天暦年間の創始とされる京都北野天満宮及び大阪天満天神より、四十余年更に遡る事となる）＊延喜七年：九〇七年。

「福島天満宮略記」では、およそ菅公左遷の途上、「餓鬼島」と称するこの地に立ち寄り「福島」なる佳名を授けたというものである。この福島社のように菅公を祭神とする大阪市内の天満宮および天神社は、実に多い。大阪で「天神《てんじん》さん」と言えばアマツカミ・天つ神ではなく、菅原道真を指すことが多い。そのうちにも菅公が九州下向の砌、その地を訪れたという話は、大阪近辺の天満宮および天神社ではいくらもある話である。

(70) 大阪天満宮

大阪の天神社の縁起にある菅原道真公に因む伝承は、福島の天神社の伝承と類似するものが『摂陽群談』にみえる。例えば「同郡＊長洲村にあり。菅家筑紫下向の時、神碕の津より爰に来臨して、寓居し給ふ時、自影自画を土俗に賜ふ、則叢祠を置て、画像を爰に祭り、氏の神社と成。……＊同郡：川辺郡」と記されている天神社がある。[2] 川辺郡長洲《ながす》村天神社（長洲天満神社：兵庫県尼崎市長洲本通）の来歴である。この件もまた、菅公霊を祭祀する経緯に、菅公が筑紫下向の砌、立ち寄ったというのである。

これらに対し、次の天神社の記事はどうであろう。同じく『摂陽群談』にみえるものである。[3]〈 〉内は割り注である。それには、「西成郡天満にあり。社家説云、天満宮の権輿は、人皇六十二代、村上天皇御宇天暦年中、此地〈往昔天満山と云大なる松原なり〉に於て一夜に生たる松樹あり。其梢霊光赫々たり。人怪之、帝都に告て遂奏聞。即日勅使を下賜に、将然り。其夕神託曰、難波梅を慕て、筑紫より爰に来りと也。驚覚て洛に帰り、其由を奏して終に菅原の神霊を鎮祭るの処なり」と記されている。西成郡天満天神社（大阪天満宮：北区天神橋二丁目。以下「天満天神」、「天満社」と略記）の来歴である。菅公の神霊を祭祀するのに先立って、菅公が松樹に影向《ようごう》しているのである。現在の大阪市内の天神社の菅公に因む伝承は、およそこの二通りの系統に大別される。以下、天満社（北区天神橋）にみられるのを「菅神影向」系統（「A」または「a」と表記）、長洲天満神社（兵庫県尼崎市長洲本通）にみられるのを「菅公来臨」系統（「B」または「b」と表記）と称し、その他の記事（「Z」または「z」と表記）と区別した。

現在の大阪市域の天神社の縁起伝説を菅神影向系統と菅公来臨系統とを中心に時代を追ってまとめてみたのが次の〈表⑩　南摂三郡天神八社の縁起の分類〉である。

表⑩　南摂三郡天神八社の縁起の分類

郡	№.	社名	群談	図会	大成	総覧	略記
住吉	8	奥天神社	×	×	×	／	／
住吉	16	天神社	A	＊Z	／	／	／
東成	55	安居天神社	B	B z	B Z	B	B
西成	74	天満天神社	A	Z ※a	Z ※a	A	z B
西成	78	露天神社	Z	B	Z b	B z	B z
西成	79	北野天神社	A b	B	A b	Z b	Z b
西成	90	天神社	×	／	／	／	／
西成	92	福島天神社	Z	z B	z B	B z	B
A		菅神影自伝説A	3	0	0	1	0

凡例

群談：『摂陽群談』
図会：『摂津名所図会』
大成：『摂津名所図会大成』
総覧：「大阪神社総覧」
略記：各社の現在の「略記」
№にある番号は、『摂陽群談』神社の部の配列の順番。
A：菅神影向の伝説を持つ縁起
B：菅公来臨の伝説を持つ縁起
Z：その他の縁起
×：縁起の記述なし
／：社の記述見当たらず
＊：『和泉名所図会』
a b z：それぞれ一説
※：別項目補足

a	同一説a	0	1	1	0	0
B	菅公来臨伝説B	1	4	2	3	4
b	同一説b	1	0	2	1	1
Z	その他Z	2	2	3	1	1
z	同一説z	0	2	1	2	2
×	縁起の記述なし×	2	1	1	0	0
／	社の記述なし／	0	1	2	3	3
	計	9	11	12	11	11

注1：「南摂三郡」を対象にしたのは、近世摂津国の南の住吉郡、東成郡、西成郡が現在の大阪市域とほぼ重なるからである。

注2：『摂陽群談』は、元禄一五（一七〇二）年刊、『摂津名所図会』は、寛政八（一七九六）年刊、『摂津名所図会大成』は、安政年間頃（一八五五～一八六一年）刊、「大阪神社総覧」は、一九三五年七月発行『上方』第五五号所載による。

注3：大阪天満宮に関しては、高島幸次「大阪天満宮の創祀伝承―天神信仰と松」（『大阪の歴史』第三一号　一九九〇年　一二月）の六六頁に道真の船待ちのある伝承は、現在広く知られたものとし、松に影向する伝承は江戸初期から幕末まで流布していたと述べている。

この表から、『摂津名所図会』においてその他の説から菅公来臨系統に変化した事例がいくつかあることを読み取ることができる。このような傾向に対して、『摂津名所図会大成』において、『摂津名所図会』の菅公来臨の記述は、「後人の作」とする指摘がある。『摂津名所図会大成』露天神祠の割注〈資料18『摂津名所図会大成』露天神祠の割注〉がそれである。

〈資料18　『摂津名所図会大成』露天神祠の割注〉

○……祭神少彦名命にして鎮座の年久遠にして詳ならず。又露の天神と号することハ社前に井ありて年毎の梅雨中にハ水湧出て四面にあふるゝを以て斯ハなづけしを後世栗花と露と同訓なるをもつて露と号せしなり。……先板にハ菅公筑紫へ左遷の砌此邊りを通らせ給ふに露いと深かりりしゆへ露とちる涙に袖ハくちにけり都のことを思ひ出れば斯詠じ給ひしより露の天神の号ありと見えたれども信がたし全く後人の作なるべし(4)

(71) 露天神

露天神社（北区曾根崎）は、『摂陽群談』『摂津名所図会』『摂津名所図会大成』に至る間に、その由来を《Z→B→Zb》と記載事項を変化させている。『摂津名所図会大成』の記述は、Zb型の記述である。すなわち中心にとりあげた説（大文字表記）は、菅公影向でも菅公来臨でもないその他の縁起であり、一説として挙げている説（小文字表記）は、菅公来臨の縁起である。この記事の末尾の記述に注目したい。すなわち「露の天神の号ありと見えたれども信がたし全く後人の作なるべし」とある箇所である。同書北野天神社（綱敷天神社本社：北区神山町）の記事にも同様の『摂津名所図会』記述への批判がみられる。〈資料19『摂津名所図会大成』北野天神社割注〉に示したとおりである。

〈資料19　『摂津名所図会大成』北野天神社割注〉

○一説ニハ菅公左遷の時この地に休らひ給ふよし然れども此伝説ハ世にしバしバあり浪花をはじめ九州までの海邊の菅神廟みな斯のごとし信じかたし(5)

その記事全体は、〈Ａｂ〉型の記述である。そこにも「浪花をはじめ九州までの海邊の菅神廟みな斯のごとし信じかたし」とあるのである。それらの記述は、『摂津名所図会』の菅公来臨記述を批判するもので、いずれも信憑性に欠けるものとしているのである。

このように見てくると菅公来臨伝説は、南摂三郡においては、すでに『摂陽群談』の安居天神社に見られるが、『摂津名所図会』以降、一斉に流布したものと考えられる。このことからすれば、資料1に示した『福島天満宮略記』の菅公来臨伝説もまた、同様に「後人の作」ではないかと考えざるを得ない。事実、『摂陽群談』から今日に至るまでの福島社の由来の記載は〈Ｚ↓ｚＢ↓ｚＢ↓Ｂ ｚ↓Ｂ〉と変化している。Ｚ型・その他型から『摂津名所図会』に至ってＢ型・菅公来臨型へと移行しているのである。菅公来臨伝説が記されるのは、この神社もまた『摂津名所図会』を初出とするのであって、この社にもとから伝承されている伝説ではないのである。次にこれを『摂陽群談』から時系列に沿って詳しくみてみよう。

（2）　福島天神社伝承の形成

元禄一五（一七〇二）年刊、『摂陽群談』福島天神縁起は「西成郡　天神社　同郡福島村にあり。所祭菅神勧請の社なり。此所天満天神祭事、往昔鉾を流したるの川岸なり。福島の地名三箇に分ち、上・中・下の字を頭に置けり。社も亦同之。因て天満御輿、此川を渡御の時、此社に向ひ船中に於て、陣太鼓の鳴を静て、神楽奉幣神拝あり」と記されている(6)。この記述は、Z型である。どこにも、菅神影向も菅公来臨もみられない。ここにあるのは、天満天神社の鉾流しの神事と同社の船渡御の記事ばかりである。

次に寛政八（一七九六）年刊『摂津名所図会』を挙げてみよう。それには、「此地に勧請のはじめは、菅公つくしへさすらへ給ふ御時、此島に船がゝりましまし、里人に所の名を尋ね給へば、餓鬼島なりと申上ぐる。是不祥の名なり、改めて福島と名乗らば、後世繁昌すべしとの仰によりて、福島といふ。異名を葭原島ともいふ」と記されている(7)。まさにB型の記事である。ここにすでに今日の『福島天満宮略記』の原型となる伝説が記されているのである。

福島社については浜松歌国になる『摂陽奇観』にも関連記事がみられる。その記事は、〈資料20「北野福嶋天満宮本縁」〉に示した(8)。

〈資料20　「北野福嶋天満宮本縁」〉

○其本縁は往古菅原神君筑紫大宰府へ左遷の御時淀の川船にめされて御下向有。御船を此嶋にさしよする岸頭に梅樹あり。御船の舟覧を繋て菅原君舟よりおりさせたまひ、梅の樹下に座したまひて四方を眺望し給ふ。／時は秋のはじめなり。梅に対して御詠歌有。／行水の中の小嶋の梅さかばさぞ川浪も香に匂ふらん／爰において京師より御供の御家人等に御対面有て御暇を被遣。各々京都に帰り、洛西大将軍村に住居して野夫と成畢ぬ。（割注省略）／御家来新羅氏某といふ者、菅原君の御先途を見届ケ奉らんが為、頻に配所の御供を願ふ。時の奉行新羅氏が忠誠不浅の志感に堪ずと雖も、天庁の恐れあり、後難遁るに所なしとて、終に御供を免さず。新羅氏がいわく、「進んで配所に行く事あたはず、何ぞ退きて帝都に帰るべけんや」とて、此嶋に留りて野夫となり耕し耘して春秋をおくる。（割注省略）／菅原君穂積氏が茅室に入せたまふ。宇喜多夫婦・息女照子心をあわせ、菅原君を労奉り饗応の志シ浅からずといへども、家貧くして心にまかせざることを嘆き、宇喜多菅原君を奉拝、落涙して中様菅原君宇喜多が志を嘆悦したまひ「この嶋は何と申ぞ」と問せ給ふ。宇喜多畏て申様「旧名は兎鹿野のすへ続きなり。当時、鹿飢が嶋と呼び候」と申す。菅原君被聞召、暫少有て宣ふやう「地名は好字を用ひて宜によるといへり。鹿飢が嶋は地名甚ダよろしからず。」とて富貴嶋（フクシマ）とあらため給ふ。夫より水田種子（タナツモノ）陸田種子（ハタツモノ）快熟する事を得たり。（割注省略）／菅原君宇喜多が亭に十余日御滞留なる。照子御傍近くみやつかへ申御労り奉り申事最念頃なり。菅原君月の明かりし夜あたり近き野辺に出させ給ひて野づらの石に御腰をかけさせ給ひ月を見そなはしく御詠歌あり。／なきくらす袖には如何やどすべき曇ならはぬ秋夜の月／御寝所にいらせ給ひ庭の松風の音を聞せ給ひて御詠歌有。／旅衣木の根のまくら松の風幾夜なれてか夢は見てまし／穂積宇喜多が屋舗跡より東南のかた行程三丁有。（中略）／腰をかけさせ給ふ石今に有。／（中略）／庭の松は明暦年中に枯たりしを再そのもとに松を植ふと也。（中略）／時の奉行明旦此嶋を御出船有て鹽穴荘八十湊まで御下向なし奉り、御迎えの本船に移し奉るべき旨奉祈しかは宇喜多親子、新羅氏某御別を嘆き御名残を奉惜事最切なり。／時に菅原君鏡にむかはせたてまつりてみづから御像を一時に御彫刻有て御形見に残置せたまふ。新羅氏その御像を床上に居置奉り朝暮如在つかへたてまつりしと云々。／（以下の割注省略）

これは、B型の記事である。これについては、次の〈表11　福島社菅公来臨系統の構成〉に詳しく論究する。

幕末の福島社については、安政年間（一八五五～一八六一年）筆写未刊の『摂津名所図会大成』の福島社の記事がある。その割注に『摂陽群談』同様の天満の鉾流し神事の遺風を挙げた上で次のように「此地に勧請のはじめハ菅公つくしへさすらへ給ふ御時この嶋に船がゝりましまし里人に所の名を尋ね給へバ餓鬼嶋なりと申上る是不祥の名なりあらためて福嶋と名のらば後世繁昌すべしとの仰によりて福嶋といふとぞ又此地の異名を葭原嶋ともいふ按ずるにいにしへハ天神祠も一社にてありしを後世農家繁昌して上中下わかつよりして社も三所に営むなるべし」と記されている。(9) これには「按ずるに」以下の箇所に、『摂津名所図会』を補足する記事があるが、菅公来臨の記述として、新たな資料を提供するものではない。

慶応二（一八六六）年序の『大阪繁昌詩後編巻之下』（原漢文）に記事がある。〈資料21　福島上天神の記事『大阪繁昌詩後編巻之下』〉に示した。

〈資料21　福島上天神の記事『大阪繁昌詩後編巻之下』〉（原文の漢文を適宜、送りがなを補って書き下し文にする。）

○伝へ云ふ菅原道真公、藤原時平の譏に遭ひ西謫の命既に降る。船を艤ひ此浜に晩潮の漲るを待つ。福嶋は旧名餓鬼島なり。村中の父老今に至るまで伝へ云ふ。公此地に来り、村名を問ふ。一漁其の名を報ず。公笑ひて曰く、島を餓鬼とは尤も不可なり。宜しく福と村名を改むべし。是れより福島と称す。其の後又葭原島（ヨシワラジマ）と称す。然らば公の改むる所今猶廃せず。漁子三人来り、懇に公を我が家に迎ふ。家媼布を織り、布を断つ。以て公に肖像を画き長く家に奉るを乞ふ。公輒ち筆して以て之に与ふ。後廟を建てて以て之を祭る。是れ上の天神と称す。(10)

この記述もまたB型の記事である。「島を餓鬼とは尤も不可なり。宜しく福と村名を改むべし。是れより福島と称す」とあり、佳名授与であるところも『摂津名所図会』以来の記事である。

これらの「餓鬼島」をめぐる菅公来臨記述の順序を出典ごとに算用数字により示した。構成要素の並べ方は、記述の最も詳しい『摂陽奇観』に従った。これを整理したものが〈表11　福島社菅公来臨系統の構成〉である。

表11　福島社菅公来臨系統の構成

文献	図会	奇観	繁昌詩	略記	
構成要素の総数	3段	9段	5段	8段	記載割合
《1》来臨の経緯	1	1	1	1	4/4
《2》潮待ち	2	2	2	2	4/4
《3》梅樹の御詠歌		3		5	2/4
《4》呪術				6	1/4
《5》御家人との別れ		4			1/4
《6》御家来帰農		5			1/4
《7》佳名授与	3	6	3	4	4/4
《8》月、風の御詠歌		7			1/4
《9》里人供奉		8		7	2/4
《10》自画像下賜		9	4	3	3/4
《11》里人祭祀			5	8	2/4

すなわち、菅公来臨の記述は、初出の『摂津名所図会』が最も単純な構成であり、他の四件の記述は、いずれも『摂津名所図会』にみられた三要素である〈来臨の経緯〉〈潮待ち〉〈佳名授与〉を含むところのものである。以下、菅公来臨の記述の構成上の異同について見てみよう。

『摂津名所図会』に次いで単純な『大阪繁昌詩』は、この三要素に加え、〈自画像下賜〉と〈祭祀〉が後に続くものである。『福島天満宮略記』は、やや複雑で〈自画像下賜〉が〈佳名授与〉に先立ち、〈梅樹の御詠歌〉〈呪術〉が加わり、最後は〈里人供奉〉〈里人祭祀〉で結ばれる。最も詳しい『摂陽奇観』もその基本的な構成は『摂津名所図会』と変わらない。すなわち、〈来臨の経緯〉〈潮待ち〉と続き〈佳名授与〉に至る間に〈梅樹の御詠歌〉〈呪術〉〈御家人との別れ〉〈御家来帰農〉が挿入され、〈佳名授与〉の後に〈月、風の御詠歌〉〈里人供奉〉〈自画像下賜〉が続くだけである。これらの挿入、後続の記事のうち、〈御家人との別れ〉〈御家来帰農〉〈月、風の御詠歌〉は、他の文献に対して単独の記事である。

次にこれらの構成を記された年代順に並べ、以上の異同をもとに書誌的考察を試みよう。すなわち、『摂陽奇観』は『摂津名所図会』を受けて、〈佳名授与〉に至るまでに一連の話を創作して挿入し、〈佳名授与〉以降の一連の話を付け加えたと読むことができる。その結果、菅公来臨系統の話の中では最も分量的にも大きく、内容的には冗長なものとなっている。『福島天満宮略記』は、〈自画像下賜〉が〈佳名授与〉に先立つが、〈佳名授与〉の後に〈梅樹の御詠歌〉〈呪術〉と〈里人供奉〉〈里人祭祀〉が付け加えられたと読むことができる。〈梅樹の御詠歌〉〈里人供奉〉は『摂陽奇観』の伝承に倣ったという可能性がある。現在の福島天満宮の伝承は、『摂津名所図会』の基本構造を有しつつ、一部『摂陽奇観』の「北野福嶋天満宮本縁」を組み入れた記事と考えられる。

（3）潮待ちの伝承

もとより菅公来臨の話の全てが、『摂津名所図会』の編著者・秋里《あきさと》籬島《りとう》による創作であるというのではない。『摂津名所図会』以前の『摂陽群談』の川辺郡長洲村の天神社（長洲天満神社：兵庫県尼崎市長洲本通）の来歴にあったことは、〈（1）大阪の天神社の縁起〉に述べた。また下って明治時代中期成立の『浪華百事談』には、「世俗口碑」として潮待《しおまち》天満宮（天然寺：天王寺区城南寺町）の伝承を載せている。〈資料22　潮待天満宮の記事『浪華百事談』〉を見れば、これも、潮待ちの伝承である。

〈資料22　潮待天満宮の記事『浪華百事談』〉

○潮待天満宮餌さし町の西上塩町の東に、天然寺と号し、世人おちつき寺、或ひは誤りもちつき寺とよぶ寺院ありて、其境内に天満宮を祭り、潮待の天満と称すこと久し。是菅公筑紫に御左遷のとき、浪花の浦に潮まちをし給ひし旧跡にて、後に祭れる社なりしと云ひ、菅公のおちつき給ふ処なるが故に、おち附き寺と云ふと、世俗口碑に伝ふ。余はこれを不審くおもへり。先年菅公の御左遷のとき、ふながかりし給へる地、又やすらひ給ひし地などを、捜しもとめしことあり。之れ何れも書によりて、為すところなるが、此地のことを記すものを見ず。福島の三所天満露の天満などは、確なる証あるなり。(11)

この潮待天満宮にみえる記事の前半部分は、一連の菅公来臨記述の中心をいっそう顕著に示している。すなわち、菅公筑紫に左遷の砌、「浪花の浦に潮待ちをし、…．おちつき給ふ処」とある箇所が菅公来臨記述の中心である。菅公来臨記述に潮待ち伝承がみられるのである。

そもそも「潮待ち」（「船待ち」「潮待ち」）とは、いかなる行為か。それは、手漕ぎに頼っていた時代、潮合が悪く風がない時はほとんど走れず、沿岸の各地に、水や食糧の調達も兼ねて停泊することである。(12) この伝説は、瀬戸内海に多くみられる。例えば、古代から海駅として開かれ、九州へ向かう船が必ず停泊したところの広島県の仙酔島（広島県福山市鞆町後地）、百貫島（愛媛県越智郡上島町）・皇后島（広島県福山市皇后島）・玉津島（広島県福山市玉

津島)・津軽島(広島県福山市津軽島)などの小さい島々に、神功皇后の来臨の伝説が残っている。(13)

潮待ちの記述は、『摂津名所図会』にもみられる「腰掛け石」などの降臨伝承の一つと考えている。(14)すなわち神の降臨の伝承の一形態として、神の影向に先立つ行為としての貴人・高僧などの修行・招魂自体を神の降臨の準えとするものである。貴人・菅公の船待ち・潮待ち・潮待ちの行為が、菅神の影向とも見立てられているのである。

翻って福島社の菅公来臨についての『摂津名所図会』の記事に戻り、「此島に船がゝりましまし」を読み返すと、潮待ちの伝承を有する近世に生成された伝説の一つであることは明らかであろう。(15)それであれば、福島社の菅公来臨の記事は、近世の物書きの全くの創作ではなくて、この川筋において歴史的・地理的に形成されてきた生業に根ざすところの近世の伝説として位置づけることができる。以下、この大阪の川筋のマチバ・福島の地誌的考察を踏まえた上で、餓鬼島伝承の世界について探ってみる。

(4)　廻船人のマチバ・福島

『新修大阪市史』には、中世の大阪湾に流れ込む武庫川《むこがわ》・中津川・淀川などの河口付近について、およそ次のように書き記している。すなわち、この地域は、鎌倉時代末ごろから町場や港津が形成され、これらの港湾小都市では船を持つ住民も増加したとある。(16)中世において、この大阪湾の河口地域が廻船人の群居する港湾小都市であったと述べているのである。

一六世紀末、元亀元(一五七〇)年、「福島」の地名は織田方の石山本願寺攻めの時に出てくる。すなわち、野田(福島区玉川・野田・吉野)・福島に籠城する門徒衆が織田方の攻勢に備える場面の記事にある。「或人衆申けるハ、摂州の中島の内、野田・福島と申所は、先西ハ大海也。淡路・四国へ舟通路自由也。北南東方ハ淀川まきたり。

里のまはりハ沼田也。」とある。(17) 福島は四囲水に囲まれた島であった。

下って近世の福島については、どうであろうか。前に『摂陽群談』の福島天神社の記事を記した。それは天満社（北区天神橋）の神事との関連でこの神社を記述するものであった。『摂陽群談』における両社の関係を傍証するのは、『摂津名所図会』天満社（北区天神橋）の祭礼の記事である。近世水都を代表する祭礼に福島の氏子が参加しているのである。そこには、「鉾流しの神事は六月二十五日なり。朝より御迎船として福島の産子はみやびやかに船を飾りて、一様の浴衣を着し、櫓柏子揃へて難波橋に致り、種々の船印に吹きぬきを飄し、飾人形一様の浴衣帷子に、太鼓を拍つて踊り狂ふ。御輿は難波橋より船に移し奉り、警固の役船前後に列し、音楽を奏して戎島の御旅所へ渡御あり、祭礼の船、行列魏々玲瓏として浪花の美観なり。（中略）大阪第一の賑なり。京師の祇園会・浪花の天満祭は聞くよりも見るが百倍なるべし」と記されている。(18) この『摂津名所図会』の記事には、福島社の記事にみたような伝承的スタイルの装いは、微塵もない。むしろ現況の祭礼の勇壮華麗さをみごとに活写している。それだけに天満社（北区天神橋）による宣伝性を差し引いて考えねばならないが、そこに記述される「福島の産子」は、まさしく廻船人である。船渡御に御迎船を仕立てて踊り狂う人々は、操船の技術に長けた廻船人の姿であって福島の地の生業を窺い知ることができる。

『大阪編年史』元和五（一六一九）年九月の条には、大阪町奉行所が置かれたとき上荷船の所有を許可する七つの地区として川崎・天満三軒家・過所町・船町・福島・野田・伝法を挙げている。(19) そこに「福島」がある。『福島区史』の記事にも福島の廻船人のことが記されている。すなわち、武蔵国砂村（東京都江東区北砂・南砂・東砂各町）の新田開発を行った砂村新左衛門という人物は、上福島村に住んで福井藩、本願寺関係の回船業に携わっていた。その彼は、神仏への信仰が篤かった。(20)

およそ、潮待ちの伝承を本質とする菅公来臨記述の行われた近世の福島がこのような廻船人を多く擁する川筋のマチバであったことが明らかとなる。この福島を「餓鬼島」と称する伝承に仕立て上げるのには、まだ数段、脚色を要する。近世演劇界の「菅公」「潮待ち」「福島」に注目したい。

（5）近世演劇界の菅公・潮待ち・福島

民俗学研究者・竹鼻廣三氏の教示によれば、「このような菅公左遷の伝承が近世に流布するのは、芝居による影響が大きい」とのことである。この菅公左遷の旅程については、正徳四（一七一四）年、道頓堀・竹本座初演の近松門左衛門の筆になる『天神記』がとりあげている(21)。『天神記』には、摂州大物の浦（兵庫県尼崎市大物《だいもつ》町あたり）までは、陸路を籠輿で送られ、そこから「今宵舟出と夕波に。潮待にしてぞゐたりける」と設定している(22)。この作品の菅公潮待ちの大物の浦とは、〈（1）大阪の天神社の縁起〉に挙げた川辺郡長洲村天神社（兵庫県尼崎市長洲本通）の近くで、近世初期には廻船問屋が軒を列ね、安治川開削の行われた貞享元（一六八四）年以前の港町であった所である(23)。

菅公の潮待ちが三都演劇界で好評を博するのは、人形浄瑠璃『菅原伝授手習鑑《すがわらでんじゅてならいかがみ》』の竹本座初演の時であった。それは延享三（一七四六）年八月のことである。この演目において「汐待」の段が観客に大いに受けた。「汐待」の段は、九州へ向かう丞相・菅公が津の国・安井の浜で潮待ちをし、その間伯母覚寿との対面を許されて土師の里・河内道明寺へ行くとする舞台設定である(24)。これは、安居天神（安居神社：天王寺区逢坂）の菅公来臨伝承と重なる。菅公はこの地・津の国においては、船待ちをするのにふさわしい空間として近世の民衆は受け入れたのである。『摂津名所図会』が出板されるのは、これより五〇年後の寛政八（一七九六）年のことである。

いっぽう「福島」は演劇界では、廻船人の住む福島としてとりあげられている。人形浄瑠璃『ひらかな盛衰記』

の角書《つのがき》は「逆櫓松／矢箙梅」である。この「逆櫓松《さかろのまつ》」こそ、福島の場所性を有名にした名所の松である。『ひらかな盛衰記』は、元文四（一七三九）年四月大阪道頓堀・竹本座初演の時代物人形浄瑠璃で、(25)『菅原伝授手習鑑』に七年先立つ。これの方は、『平家物語』「逆櫓」にある源義経と梶原景時《かじわらかげとき》の「逆櫓の評定」を題材とする。すなわち、「松右衛門の段」の床本の冒頭は、「難波潟芦火焚く家の片庇、家居には似ぬ里の名や、福島の地はおしなべて、世をうみ渡る舟長のある云々」である。(26)船頭の棲む福島をその名に似つかわしくない粗末な家居のたたずまいに演出しているのである。大阪の町家周縁に位置する川筋のマチバ・福島は、芝居の世界では、異観を呈す。さらに次の箇所は、いっそうその観を深める。「妻恋ふ鹿の果てならで、難儀硯の海山と、苦労する墨憂きことを数多くお筆が身の行方、いつまではてし難波潟。福島に来てこと問へば、門に印のそんじよそこと、松を目当てに尋ね寄り云々」とある。(27)近世の演劇の世界での「福島」の場所的性格は、賤の家の建ち並ぶ、まこと住み憂き難波潟の片田舎として語られるのである。『摂津名所図会』の編著者・秋里籬島は、当時『都名所図会』以来、一連の五畿内名所図会シリーズで売れっ子となった京師の物書きである。川筋の天神社の来歴を片っ端から菅公来臨に書き換えていった彼がこの演劇の世界を「餓鬼島」の形象の材料に取り入れた可能性は充分にある。

（6）「餓鬼島」をめぐる世界

もし、福島が廻船人が住まう「賤が伏屋」と語られる都心周縁（urban edge）の周縁的（marginal）空間であったとしても、「餓鬼島」といった形象を確立するには、あと一段二段の飛躍を要する。そもそも『摂津名所図会』「餓鬼島」の「餓鬼」とは何か。「つねに飢餓に苦しむという無縁の亡者」である。(28)「餓鬼」は、異類のモノである。天満・渡辺・大江・福島界隈の川筋には、ひもじがる「鬼」の登場する伝承がある。それは、「『大昔はな、天神祭りの晩には、大江山あたりから鬼が仰山大阪へやって来ましてな、あの橋の下あたりで、舌舐めずりしていたもんやそうでっせ』と、（天神祭りの船渡御見物の船に）同席していた九〇歳の芸人さんが教えてくれた。橋の下の鬼たちは、橋から滾れ落ちてくる人間を待ち受けていたのだという」という伝承がある。(29) 口碑のことだから、いつのことだかわからない。ここにあるのは、「舌舐めずりする鬼」である。この鬼はまるで「餓鬼」ではないか。このような鬼の伝承が語られるのは、この川筋のマチバの空間認識として、船着場・橋場の鬼に関連するコスモロジー・宇宙観が控えているにちがいない。

この堂島川川筋の天満・渡辺・大江・福島一帯は、中世の「渡辺津《わたなべのつ》」のあった場所である。港湾管掌の渡辺党と鬼退治の伝承との関連が考えられる。淀川河口の港湾を管掌する渡辺党は、源頼光から数えて五代目の頼政に統率され、彼らの住まう大江御厨《おおえのみくりや》には、供御人《くごにん》・漁撈集団が住み、深く湾入する難波の海が作る入江や池沼の魚介類や米を貢進していたとされる。(30) この源頼光こそ、その従者である渡辺綱と力を合わせて大江山（京都府加佐郡大江町か？）の鬼退治をしたとされる人物である。(31) 平安期の渡辺党が、淀川下流において都のケガレを管理する任務を有していたという説もある。(32) そうとなれば、この淀川河口に近いこの空間一帯は、ケガレを祓う空間ともなる。もちろん、それはミヤコ・平安京を中心に据えた世界観であって、淀川河口に近い一帯は、その外縁の空間である。それは、日本の文芸に見られる〈都―鄙〉を対立軸として捉える伝統的な世界観である。

中世に宮中において行われていた「七瀬祓え」の斎場の一つに「近江」「辛崎（滋賀県大津市唐崎）」などとともに「難波」があることは、前節〈16　伝法正蓮寺の川施餓鬼〉に記した。難波の河海はミソギの場として伝承されているのである。(33) それはミヤコ・京の外縁に位置する空間と認識されていたからに他ならない。この堂島川筋の天満・渡辺・大江・福島は、地理的には近世の大阪三郷の周縁であり、天満の祓えの神鉾の漂着する地でもある。この空間は、都人からすれば、天離《あまさか》る鄙《ひな》の世界なのである。〈（2）　福島天神社伝承の形成〉の諸伝承を総合すれば、景観的に見ると、天満から福島にかけては、川筋のマチバとして商人・廻船人・漁師・水夫・船頭・沖仲仕で賑わう渡海場であったと想像される。この川筋のマチバ周縁の空間は、近世の都の物書きにとっては、かっこうの「餓鬼島」のモチーフたり得た。「餓鬼島」には、鬼が棲むとはいわないまでも、堂島川川筋の渡し場・船着場一帯は、商人・廻船人・漁師といった異界・河海との交流可能な境界人（marginal man）の棲む空間に設定されているのである。商人・廻船人・漁師とは、河海に生業を立てる漁師から商人への業態としての連続性を認めることができる一連の職業集団の人々である。河海に生業を立てる彼らは、海人・海民にも通じる人々であろう。

この説話を〈都と鄙〉〈中心と周縁〉〈貴と賤〉〈ケガレとハラエ〉の範列によって、解釈してみると次のような意味的世界が見えてくる。すなわち、都を追放された〈貴人〉菅公にとって潮待ちをする船着場は、一つの〈異界への入口〉である。(34) その名を「餓鬼島」と称した。貴種流離譚《きしゅりゅうりたん》である。都人・菅公にとって大宰府（大宰府政庁跡：福岡県太宰府市観世音寺）への左遷は、ケガレ・罪・冤罪のハラエ・払拭を意味する。船着場は、その罪・冤罪を負った菅公のケガレを晴らすべき旅立ちの境界に位置する。その「餓鬼島」に棲むのは、廻船人＝商人・漁師・水夫・船頭たちであった。この貴人の〈潮待ち〉に立ち会う人たちは、神仏の加護を受けて日和見をする人々である。彼らはまた、日夜、生業の成否の算用に余念のない人たちでもある。この河海に生業を立てる人々は、貴なる人を歓待し、船で供奉した。彼らは、賤なる〈境界人〉でもある。境界においてハラエを職掌とする者は賤なる人々である。賤なる〈境界人〉の歓待に対して貴なる菅公は佳名授与でもって報いる。一連の菅公来臨の説話は、貴人歓待説話（hospitality）として一つの世界を完結する。この説話は、ことさら近世の物書き個人の想像などではない。一連の〈都と鄙〉の対立軸は、日本の伝統的な世界観である。この潮待ち伝承を支える伝統的な世界観は、日本の津々浦々のムラ・マチを貫くもので通俗的なものであろう。このような貴人歓待説話にみられる〈都と鄙〉を軸とする伝統的で通俗的な世界観のもとに「餓鬼島」が形象され、後世に伝わったのである。

（7）名所図会の伝承性

ここで『摂津名所図会』の執筆態度とその伝承性について論究しておこう。「餓鬼島」記事の素材と創造を伝承性の観点から統一してみたいからである。一連の名所図会シリーズについて記すと、その著者は秋里仁左衛門・号籬島、その絵は竹原信繁・号春朝斎、出板者は、京都寺町五条上ル町（京都市下京区寺町五条上ル）の書肆・吉野屋為八である(35)。

秋里籬島は名所図会本文の作成に際して、大変な労力を要したに相違ない。あるいは、〈現地探訪→現地取材→文献探索→古記録発掘→原図作成→伝説伝承の採集→原稿作成→割付による本文調整など〉といった一連の作業があっただろう(36)。五畿内名所図会の「伝説伝承の採集」について、近世末、大阪生まれの書肆で著述家であった西沢《にしざわ》一鳳《いっぽう》『西沢文庫伝奇作書残編中の巻』には、秋里籬島の執筆の様子について「大地の寺院は坊に宿り大社は社司を宿として縁起宝物は文庫をひらいて取出して見せ寺社のひらけし年号はもとより社務開基の伝来まで残る方なく写すうち色々との饗応にあへり雨中は宿にとどまりて著述にかゝり云々」といった記述がある。はたして『摂津名所図会』福島天神についても「社司を宿として縁起宝物は文庫をひらいて取出して見せ云々」というような作業によって書かれたのだろうか。福島社所蔵の縁起に餓鬼島伝承が記されていたのであろうか。断定はできない(37)。しかし、文献探索の困難なか、〈都―鄙〉を〈中心―外縁〉とするありきたりな世界観による「潮待ち伝承」を仕立て上げた可能性が考えられる。

ちなみに、福島社は、明治四二（一九〇九）年にキタの大火があり(38)、近世以来の文献資料は、灰燼に帰して何も残っていないと神社はいう。

ところで、史実としての菅公左遷の砌の旅程はいかなるものであったのだろうか。北野天神縁起といった天神信仰の絵巻物にも旅程の詳しい記載はない。中世に記された『大鏡』[39]、『太平記』には、旅程の一部の記載があるものの[40]、いずれも近世以降の大阪およびその周辺に当たる場所の地名すら見当たらない。国文学者は、近世の演劇『天神記』の大宰府（大宰府政庁跡：福岡県太宰府市観世音寺）への「舟路流人船」の脚注に「史実では陸路であった」と記している[41]。西国道経由の護送と考えているのである。古代の「難波津《なにわつ》」についていっさい触れていない。

難波津あるいはその付属施設からの菅公出帆はあり得ないのか。

難波津は、三国川開削により舟運は衰えたものの、九世紀段階にあっても大宰府・博多津との間に就航され[42]、官私の船が行き交っていたとされる。延暦二〇（八〇一）年、承和四（八三七）年の遣唐使は、「難波津」「難波海口」「難波三津浜」から出帆していた[43]。「難波江口」を現在の堂島川の玉江橋の北に比定する説もある[44]。玉江橋の北というのは、福島天神社の社前である。『延喜式』（民部式）では、大宰府・山陽道・南海道・西海道の新任官人は海路をとっていたともある[45]。菅公は、大宰府（大宰府政庁跡：福岡県太宰府市観世音寺）赴任にあたって、位からいって本来ならば陸路経由であろうが、罪を得た者として、海路をとってはいないのか。菅公に左遷の命が下るのは延喜元（九〇一）年のことである[46]。遣唐使を難波津から派遣した承和四（八三七）年から六〇年後のことである。史実はなお不明なのではないか。

（8）むすび

もとより近世の名所図会作者が史実を知る方法はないだろう。近世に至るまで古伝承としての「難波津」がこの川筋のマチバに残されていたとは考えられない。なぜなら、難波津が衰退した後、この川筋には中世栄えた渡辺津の伝承が覆いかぶさっているからである。前項に示した境界人たちの伝承の地である。名所図会の福島社の菅公伝説は、近世当時の廻船人を多く擁する川筋の世界を形象としたものにちがいない。近世において餓鬼島の伝承が成立するのは、直接には川筋の場所的性格に基づく伝説が物書きによって創作されたことによると考える。しかし、この福島における菅公来臨の伝説は、通俗的な世界観に基づく「近世の神話」のひとつである。潮待ちをする貴人・菅原道真公に、復古を装ったおしなべての近世の神々の佇まいが見える。この川筋の菅公だけが近世の物書きによって祭り上げられた「神話」の主人公でないことは、〈(1)　大阪の天神社の縁起〉に菅公伝承が創出される過程を示したとおりである。

本節は、〈はじめに「水都」周縁のマチの心象地図〉に記した郷愁の世界を文献の方面から探ることがきっかけであった。子どものころ、天神さんは、学問の神様であるが、ほんとうは怖い方だと親から聞かされてきた記憶がある。この縁起譚は、川筋の天神信仰・御霊信仰の一類型である。祟りを恐れて災厄を流す神送りをモチーフとしたにちがいない。上の天神さん（福島天神社）を南に行けば、公設市場があり、道路を隔てて近代医学の殿堂・阪大病院があった。すぐその下には堂島川が流れていた。そこには玉江橋が架かっていて、お盆に先祖さんを送るのは、いつもこの橋の袂からだった。紙函を船にして蠟燭を点して送るのだった。船には、餓鬼にひもじい思いをさせないようにとお土産も入れていた。大都会の川筋のマチの原風景を探りたかったのである。だから近世の物書きの書斎の穿鑿や史実の掘り起こしなどは、むしろその手段であった。今日、JR大阪環状線・福島駅の高架駅からは、天神さんの一角だけが都会のビル街に水没しそうになりながら、楠の大木に包まれて緑の島のように浮かんで見える。国道2号線が走る交通の要衝であるこのあたり、今ではパーツ屋・自動車部品を商う会社が多い。かつて、廻船業が盛んであったこの地である。川筋のマチの原風景を求め続けることによって、〈水都大阪〉の自然・文化の綯い交ぜられた風土を追究してみた。そこに見出したのは、川筋のマチの生業である。

〈初出は、「『餓鬼島』考」『井手至先生古稀記念論文集国語国文学藻』（和泉書院）一九九九年一二月。これを一部修正。〉

第三章　川筋の生業世界

概　要

川筋のマチを歩いていて、気づくのは、この大都会にあって「水」を利しての生業がわずかながら息づいているいることである。橋の袂の作業小屋には船大工がいて作業にいそしみ、堤防に並ぶ浜納屋には今も商品が納められている。川筋に特徴的な伝承文化が生業には生きている。すでに本編〈第一章　川筋からみえる水都大阪〉の〈11「水都」の歴史〉においては、「水都」がいかに「水」を治め、それを利して発達してきた都会なのかについて、その概観を示した。水を利することの要件の一つに舟運があげられる。たしかに近代社会になっての舟運の衰退は、著しく「水都」の景観を著しく変化させ、川筋の生業を窮地に追いやっている。しかし、大阪の民俗文化の特徴を追究する上で、「川筋の生業」といった項目には、等閑にできないものがある。その生業からは、水都大阪を下支えしてきた人々の暮らしの一端を知ることができる。本章においては、川筋に特徴的な生業をとりあげることによって、河海に暮らしを立てた人たちの民俗文化がこの大都会の川筋の生業においてなお変容されながらも伝承されている実態について記述する。

本章においてとりあげる「川筋」の場所は、地理的には、港区・大正区に属する木津川以西、大阪湾にかけての安治川・尻無川・木津川に挟まれた地域で、歴史的に見れば、近世に大阪湾沿岸に川口新田として造成され、近代に市街地となった地域である。

〈18　廻漕店から船大工まで〉では、対象とした生業の現況を概観する。対象とした生業は、瓦問屋、船具問屋、櫓櫂《ろかい》製造、海中工事業者、鰹節問屋、船大工、廻漕店、造船所、竹屋、渡船場これに砂利船を加えたもので、いずれも船との関連のある生業である。本節では、取り扱い商品・経営組織・技術伝承などの項目を記す。これらの生業のなかには、今日、運輸交通機関の変遷によって技術伝承・心意伝承が危機的状況にあるものも多い。本節は、以下の〈19　フナジョタイにみえる海民《かいみん》的性格〉〈20　コンピラ・フナダマ・エビス信仰にみえる基層文化〉〈21　廻船人のオカアガリ〉における論究の前提となる資料を記述する節である。

〈19　フナジョタイにみえる海民的性格〉では、〈出身地〉〈フナジョタイ〉〈ヤド〉を記す。生業の形態には、瀬戸内における民俗文化と関連するところが多く認められる。とりあげた生業に従事する人たちの出身地が瀬戸内方面からの場合が多い。それは地理的にみて、大阪の川筋のマチが瀬戸内海に一衣帯水の地として繋がっていることからすれば自明のことである。〈出身地〉では、姓名、生業の原形を探ることによって、瀬戸内の島々に点在した「海人《あま》」とされた人たちとの関連において論究する。〈フナジョタイ〉〈ヤド〉では、瀬戸内の海に生業を立てた人々の生活文化との関連で論究する。この川筋においては、陸地に定着する以前、フナジョタイといった形態の暮らしがあり、戦前・戦中・戦後の一時期までは、大阪市内には水上生活者がいた。また川筋の生業の人たちは、身の回りの世話をする遊女もいる港町に停泊したりもした。このような暮らしをする人々の処世観は、廻船人に共通するものであるが、彼らがオカアガリすることによって廃れていった。彼らがオカアガリするようになった事情を近代社会における経済・法制度・倫理観といった一連のパラダイムシフトによって論究する。フナジョタイについては、住居学史研究、商業史研究、近代法制度史研究、家族史研究、慈善事業史など多岐に亘る研究課題を孕む問題なのである。

〈20　コンピラ・フナダマ・エビス信仰にみえる基層文化〉では、川筋に生業を営む人々の信仰を歴史的展開に添って論究する。本節でとりあげる民俗宗教は、住吉信仰、金毘羅信仰、聖天信仰、弁天信仰、フナダマ信仰、エビス信仰などである。この人たちのなかには、今日なお、「板子一枚下は地獄」といった処世観からか、多数の神仏を祀っている人たちがいる。彼らの多くは、住吉神・金毘羅神を船の中に祀っているが、そこには廻船人に共通するフナダマ信仰、エビス信仰も認められる。これらの信仰からは、アニミスティックな基層文化とみられる世界観が窺われる。

〈21　廻船人のオカアガリ〉では、〈転業〉〈輸送方法の変化〉〈営業場所の変化〉〈取扱商品の変化〉〈生業の消長〉をとりあげる。昭和三〇年代以降の陸上への交通輸送機関の転換は、否応なく水上での生業を衰退させた。陸送業に転職し、さらに商人となった事例もある。この節では、川筋の生業がなおも都市において変容されつつ、伝承され続けていることをライフヒストリーをとおして論究する。

大阪という大都市は、かつて港町として栄えたことは本編〈第一章　11「水都」の歴史〉に記した。この章では、実地調査に基づく論究によってこれを裏付ける。「川筋」に息づいている生業に焦点を合わせてこの都市をみると、「水都」をキャッチフレーズとするこの都市の原型のようなものを探ることができるのである。

18　廻漕店から船大工まで

―生業の概観―

（1）対象とする生業

本節において、対象とする川筋における生業は、いずれも木津川以西、大阪湾にかけての安治川・尻無川・木津川に挟まれた地域に現在行われているものである。それらは、尻無川左岸の瓦問屋（港区南市岡）、同じく船具問屋（港区南市岡）、同じく櫓櫂製造（港区南市岡）、三十三間堀川右岸の海中工事業者（港区池島）、安治川左岸の鰹節問屋（港区田中）、天保山運河畔の船大工（港区築港）、木津川左岸の廻漕店（大正区三軒家東）、同じく造船所（大正区三軒家東）、同じく竹屋（大正区千島）、尻無川左岸の渡船場（大正区泉尾）、以上の一〇件である。以上一〇件の生業の所在地を表示したのが(72)〈調査した生業の所在地〉である。

とりあげる項目は、業種によって多少異なるが、取扱商品、販売経路、経営規模、経営暦、伝承技術、禁忌、信仰、経営の履歴などである。これらの生業に、元砂利船船長（此花区桜島）を加えて、川筋の生業の概観を論究する。なお、本節に漁師をとりあげなかったのは、すでに本編〈第二章　13　港区八幡屋の漂着した地蔵〉において論究したからである。

(72) 調査した生業の所在地

(2) 川筋の概要

往時、川口（現在の西区の北端）一帯はヒトとモノが往来する要衝であった。明治の文明開化の時代、「江之子島の政府」と呼ばれた大阪府庁が木津川畔に聳えていた。川口の繁栄は、近世に遡る。『新修大阪市史』には、近世におけるこの界隈のありさまを「この川口は、古来の大阪入津の要路に当たる木津川・古川筋（安治川筋）と堂島川・土佐堀川が交差して諸国廻船積荷の中心地としてにぎわったので、川口に回送される遠国産の蔵物や納屋物の荷請けと荷さばきが中心となる」と記している。[1] また『大阪繁花風土記』には、「渡海場　とさほり湊橋南詰のにし也」とあり、[2] 渡海場《とかいば》は、兵庫船、渡海船、渡船の発着で賑わったとある。[3] 湊橋は、土佐堀川の最下流に架かる橋ですぐ堂島川と合流して、安治川と木津川に分かれるまさに川口に位置する。兵庫船は、京街道筋の延長に当る土佐堀浜通りと西国街道とを直接結んだ。渡海船は、尼崎・明石・高砂を結び、渡船は、伝法・九条・勘助島、三軒家に渡した。[4] その船宿《ふなやど》街は百軒堀浜にまで続いていた。[5]「渡海場」は、この都市の出入り口であった。百軒堀浜は、百軒堀川を挟んで西の江之子島の対岸に位置していて、そこには、魚の取引市場である雑喉場《ざこば》もあった。

川口渡海場付近では、船舶関連の生業が近世から近代にかけて盛んであった。川口を少し下った木津川筋・尻無川筋の江之子島・寺島・戎島には、船大工が集中していた。[6] 木津川を挟んでの対岸の西船場にも、帆布を作り扱う商家、その東方には櫓櫂を作り売る商家の集中する南納屋町《みなみなやまち》もあげられている。南納屋町は、江之子島の対岸で薩摩堀のあたりである。[7]

木津川の川筋は、現在こそ船舶の往来のほとんど途絶え、トラックの行き交う倉庫街になっているが、大正から昭和の初期にかけては、出船・入船で賑わうマチだった。当時、安治川、木津川には大きな機帆船が往き来し、木津川と尻無川に挟まれた三軒家（大正区三軒家東・三軒家西）は、近世以来、回船業が盛んであった。尻無川の口には、船宿があり、賑やかな港町であった。『大正区史』には、中勘助の開発から十数年後の元和五（一六一九）年には、三軒家に町家を見るに至り、回船業の発達に伴って、港町として町家を並べるようになったとも記されている。[8] 近世初頭において、川口の町人請負新田の先端部にはマチバが発生し、後世、舟運による交易が盛んに行われていたのである。木津川右岸の大正区三軒家東に鎮座する下八阪神社では、今日、節分の夕刻より宝船絵巻物を笹につけて参拝者に授与する。この笹付宝船の由来に、往時の賑わいを見ることができる。これには「この宝船の絵巻物は節分の夜枕の下にしいて寝ね吉夢を見た時は今年は吉事があるとして之を秘蔵します之を船をつなぐといいます。凶夢を見た時は河に流します之を流すといひます、当地は昔、大阪の関門でありまして北前船入津して土地のうるほひ多大でありましたから北前船は三軒家の宝船であつた故事を襲ひ宝永年間（一八世紀初頭）以降、笹につけて授与する伝統となった」とある。[9] この地における笹付宝船授与の起源は、〈第一編　第一章　1　近世大阪の都市民俗の展開〉に示したように、おそらく直接的には昭和初期の縁起物ブームに遡るものであろうが、北前船《きたまえぶね》入津に賑わった近世をしのばせる伝承である。近代に至っても三軒家は、機帆船が往き来きする港町風情の漂うマチだったのである。

⑺3 木津川の造船所

　木津川筋は、今日でも群小造船所の見られる地域でもある。『大正区史』によれば、「造船所は木津川、尻無川沿いに集中し、大正七、八（一九一八、一九）年ごろの分布をみると、大小合わせて木津川筋には約五〇社、尻無川筋には二二社、計七〇余社がひしめいていた。このうち大正区の区域では、木津川筋が三二社、尻無川筋が一六社である。木津川筋では、難波島（＊：大正区三軒家東）に群小造船所一五社が集中、その対岸の三軒家川右岸にも七社があり、これらの中では新炭屋町（＊：大正区千島）の藤永田が大きい方であった」と記す。[10] 木津川筋には、藤永田《ふじながた》造船所はじめ元禄時代（一七世紀末）以来、造船の技術が今日に至るまで伝承されている。この川筋は、近世以来、造船業が盛んであったことは、安政年間（一九世紀中頃）筆録の『摂津名所図会大成』にも記されている。それには、「難波嶋」（大正区三軒家東）の船大工がとりあげられている。上流の「寺嶋」（西区千代崎）についての割注に「九條しまの木津川尻無川の間ニあり此地ハすべて舟大工職多く常に海船を造作す時々船おろしの祝ひなど有てすこぶる賑わし」とある。[11] 現在こそ、和船の新造が途絶え、前節に記した木造船の技術伝承も危ういものとなりつつあるが、近世以来の大阪の造船技術の伝統は、今日、木津川の川筋に継承されているのである。

⑺4) 甚兵衛渡

これらの川筋には、大阪市営の渡船場が現在もある。木津川筋だけでも渡船場が三箇所ある。一九九八年現在、大正区千島と西成区北津守の間に落合上渡、大正区小林東・平尾と西成区津守の間に落合下渡、大正区南恩加島《みなみおかじま》と西成区南津守の間に渡す千本松渡《せんぼんまつわたし》とがある。それらの渡船場は、無料で一般市民に利用されている。無料である理由については、『大正区史』に詳しい。『大正区史』によれば、渡船の管理は、もともとは、民営、有料で、世襲の家業とされていたが、明治二四（一八九一）年、大阪府は渡船業営業規則を定め、営業者に渡船場の標識と料金表を掲示させ、料金の統一をはかった。その後、大正八（一九一九）年、道路法の公布で市の管理となり、道路の付属物として公営無償で運航されることになったのである。[12]

尻無川筋には、甚兵衛《じんべえ》渡《わたし》が現在もあるが、この「甚兵衛」というのは、市の管理以前の世襲の船頭の名前である。尻無川は、川筋の人々にとっては、近代以

(75) 瓦屋の浜納屋

降も生業の場でもあった。甚兵衛渡のあたりには、かつては、堀があって、船大工の貯木場になっていた。舟運の利を生かしてこの尻無川筋には船具店も多くあった。尻無川は瓦の輸送に適していた。大正一四（一九二五）年頃の尻無川の浜には、瓦屋は、一四、五軒しかなかった。当時、安治川、木津川には大きな機帆船が行き来していた。時化になると地続きに波が来る。大きな船では危険であった。淡路の瓦の仲買人が買って来て、ここの問屋に卸すようになった。その頃には、このあたりに瓦屋の他、石屋、酒屋、油（石油）屋の倉庫が浜に建ちだしたという。[13] 尻無川は、安治川、木津川に挟まれて、比較的小さな船が往き来していた。高浪をおそれる川筋の風土とともに、舟運の便のよさに集まってきた淡路の瓦問屋が繁栄した往時がしのばれる。尻無川の浜は、荷揚げ場でもあって、そこで商いが行われていた。川縁である浜は商いの場であった。この川筋には、現在も櫓櫂製造職人が生業を営む。この櫓櫂製造職人が現在地の市岡浜通り（港区南市岡）に出てきたのは、大正の初め頃と言う。

安治川の川筋から天保山・大阪港にかけては、往時、大きな機帆船が行き来した。寛政一〇（一七九八）年刊行の『摂津名所図会』には、安治川を往来する帆船が描かれている。[14] その川口には、団平船、達磨船が接岸し、船所《ふなじょ》帯《たい》をする人々もたくさんいて、「水上生活者」は、戦後にまで及び、川筋の岸にたくさんの人々がさまざまな生業を営んでいたのである。

（3）生業の概要

尻無川左岸の瓦問屋（港区南市岡）のおもな商品に粘土瓦の釉薬《ゆうやく》瓦と燻《いぶし》瓦がある。それに新制屋根材であるスレートが加わる。スレートには、波方スレート、厚スレートがある。その他に置物としての干支瓦などがある。燻瓦は高級品である。商品の販売経路は、窯元から当社に入荷し、屋根瓦工事業者へさらに工務店・建設業者を通じてユーザーのもとに届く。窯元は、淡路島の西淡町（兵庫県南あわじ市西淡町）、南淡町（兵庫県南あわじ市南淡町）にある。現在でも浜に倉庫が建ち並ぶが、以前は、どこの店も船で搬入した。現在でも船での搬入を行っている店もある。ある店の組織は、総務部、工事部、営業部に分かれている。昭和二七（一九五二）年一二月三日に法人化した。商品は、オーダーがあれば浜からトラックで配達もする。瓦産地から現場、小売店に直送することもある。一〇月から一一月までは「秋普請《あきふしん》」で目一杯の仕事に対して八〇％ぐらいのもの。一二月は「仕舞仕事」といって「虎刈り」にならないようにする。家を建てるのは「春普請」「秋普請」がよい。してはならないことは、「仕舞仕事」を「虎刈り」のまま終わってしまうことである。「虎刈り」とは、屋根葺きを途中にしている状態である。標語は、「やっぱり屋根材は日本瓦」である。

尻無川左岸の船具問屋（港区南市岡）でのおもな商品には、ワイヤーロープ、ペイントがある。三～四カ月の航海に必要な船舶用消耗品である。注文は船会社からあり、メーカーから仕入れて、船の停泊している港内にまで搬送する。現在ではトラックを使う。会社の組織は経理課、営業課、総務課よりなる。営業課は東京の船会社に注文を取りに行くことから港まで商品を運ぶことまで行う。総勢二〇人程で仕事内容を危険の伴う「３Ｋ」として嫌がられ、若い人手が不足している。販売先の八〇％は外国籍の船である。

尻無川左岸の櫓櫂製造（港区南市岡）は、おもな製品に、櫓・櫂（練り櫂、挿し櫂）・オールがある。櫓・櫂は宮崎県産の樫の原木を原料とし、オールはボルネオ産のアピトンの原木を原料とする。いずれも住ノ江区平林《ひらばやし》の製材所から仕入れる。製品の買い手は、船具店である。天満天神（北区天神橋）の祭礼に漕ぎ出すドンドコ船の櫂の注文が来ている。櫓・櫂は毎月二、三丁程度生産する。現在では殆どがオールの生産である。以前は毎日五、六丁生産していたが、現在では三丁程度である。製造工程は次のとおりである。①住ノ江区平林の製材所で原木を台車に乗せて挽く。②木挽きした木を持ち帰り、乾燥させる。③墨付けして割る。④ノコで挽く。⑤カンナで削る。⑥櫓の場合、腕木と羽根を合わせる。製造の勘どころは製造工程②で三カ月から二、三年の期間、乾燥させることである。また製造工程⑥では腕木と羽根を合わせる時にコツがある。

三十三間堀川右岸の海中工事業者（港区池島）は、おもな工事として神戸ポートアイランド埋立工事、関西国際空港工事、足摺岬魚礁づくり、大飯《おおい》原子力発電所工事がある。工事は、神戸ポートアイランド埋立工事の場合、建設省から大手建設会社・国土総合建設に受注があり、そこから廻ってきた。現在は、個人経営である。海中工事業者の大きさは、五ｔで一二・八ｍ×三・三ｍである。工事の進め方は、まず現場に船で赴く。福井県大飯原子力発電所工事だとここから二日かかった。それから現場で潜水工事に携わる。工事には一カ月かかった。仕事の勘どころは、船を操作しながら測量の目印を付けカットする作業の際、潮に流されないようにするところである。直線に航行している場合だと誤差は一ｍ以内におさまる。

安治川左岸の鰹節問屋（港区田中）の商品は、鰹節と雑節である。雑節というのは、サバ、ウルメなどでうどん屋の業務用のものである。この店は、原料・燻製にした品物を仕入れ、業務用原料として販売する。静岡、鹿児島、宮崎、高知、長崎、熊本、島根、鳥取から仕入れ、大阪府下、東京、全国一円に出荷する。会社の組織は、総勢一〇名で営業四名、事務三名、輸送三名である。資本金一二五〇〇万円、年商一二五億円である。「良心的に誠実に」と心掛けている。これからも粗悪品を売らないように産地に指導していく。

天保山運河畔・静波橋《しずなみばし》西詰の船大工（港区築港）は、木造船（潜り船・ニゴヤの船・漁船）、鋼船、プラスチック船の修理をしている。木造船の修理には、日向ベンコという杉板を材料にする。目が粗く粘り気があるためである。住之江区平林の材木屋から仕入れる。木造船の発注は港区、大正区からあった。修理は漁業関係者、潜水業者からもある。尼崎方面からもある。現在は木造船の注文はなく、鋼船・プラスチック船の修理のみであるが、最盛期は年に三隻ほど造った。木造船を製造する場合は、次の手順で行う。①キールを据える。∴番木を組んでツバノミなどを使ってキールを乗せる。②外板を張る。∴平釘、縫い釘を差す。③防舷材として太い角材を取り付ける。∴丸ボルトで止める。④デッキを張る。製造の勘どころは、外板を張る工程において、板を焼いて水をかけて曲げるところにある。

(76) 廻漕店

木津川左岸の廻漕店（大正区三軒家東）のおもな輸送する商品は、紙類、塗料、塩の化成品である。紙類には、洋紙、板紙（ボール紙）、巻取り紙がある。紙類の場合だと、帰りの便で岡山の製紙会社からボール紙を当店に運び、往きの便で印刷用紙を岡山の印刷会社に運ぶ。会社は、総勢二二名で事務員が三名、倉庫要員が一名、運転要員が一八名である。年間売上は、二億円程度である。営業の心構えは、「儲けようとしないこと」である。

木津川左岸の造船所（大正区三軒家東）のおもな製品は、作業船、交通艇、輸送船である。作業船には、曳船、揚錨船、土運船、消防艇があり、交通艇には、巡視艇（監視艇）、調査艇、警備艇、輸送船には、油配給船、小型タンカー船、毒物運搬船がある。おもな原材料は、木材と鋼材で、木材は内地材の他、外材としてラワンをフィリピンから、アピトンをインドネシアから輸入している。補助材料には釘類、塗料がある。機関は、主機関をアメリカから輸入している。他に補機関（発電機）、電機・電装品、計器・航海計器、備品・船具類、錨、ロープ、溶剤などが製造に必要である。会社の組織は、総勢二一名で、事務六名と工場一五名とからなる。事務は営業・総務三名、技術三名である。工場は工員一五名である。おもな得意先は、海上保安庁、大阪府港湾局、大阪府農林水産部、大阪市建設局、大阪市環境事業局、大阪市港湾局、大阪市消防局、堺市消防組合本部、民間の油タンカー業者、臨海工業関係会社である。現在は修繕がほとんどで、造船は油配給船、曳船ぐらいのものである。現在は工賃の安い瀬戸内海に発注が流れている。洋式木船の場合の製造工程は、次のとおりである。〈①原図→②型取り→③製材→④加工→⑤龍骨据付→⑥肋骨組立→⑦船首材、船尾材取付→⑧梁《はり》取付→⑨内部縦通材張付→⑩外板張付→⑪甲板張付→⑫主機関据付→⑬操舵室製作→⑭居住区製作→⑮塗装→⑯各艤装品取付→⑰進水→⑱公式運転→⑲引渡〉。（＊鋼船の場合は③製材が鋼材切断になる。）航行の安全性とスピードを第一にしている。大阪市の港湾局にモデルシップを展示している。

(77) 泉尾丸

木津川左岸の竹屋（大正区千島）のおもな商品は、棹竹とシラタケである。販売経路は、台湾などの外地から仕入れて来て、原竹を売るといったものである。販売は、現在、トラックで輸送している。以前は、船で大阪市内を配達していた。竹は生物（なまもの）なので、カビが生えたり、濡らしたりしたら黒くなるので、シートをかぶせておく。夏場に、竹に虫が付くのは要注意である。

木津川左岸の渡船場（大正区泉尾）の渡し船は、泉尾丸《いずおまる》と福崎丸である。両方とも五トンの船である。管轄官庁は大阪市建設局で、船長は船舶作業員の肩書きである。輸送路は、大正区泉尾七丁目一三番五〇号と港区福崎一丁目三番三二号との間の尻無川の往復である。所要時間は二、三分。最大輸送人員四六人である。従業員の任務分担は二交替制で、午前六時三〇分から午後二時過ぎまでが四人勤務で、午後一時四五分から午後九時三〇分までが三人勤務である。役割は運転が一人と水先案内が一人に分担されている。『大正区史』の【大正区の渡船一覧（昭和五十五年調査）】の「甚兵衛渡」の項に「船数二／従事者一〇人／運航回数1日当たり・一九四回／渡船人員1日当たり・一七七九人／自転車一日当たり・一六六一台（7）……」とある。(15)

〈初出は、「川筋の生業の世界」『近畿民俗』（近畿民俗学会）一五一・一五二号　一九九八年七月。これの一部分を一部改稿。〉

19　フナジョタイにみえる海民的性格

――家郷――

（1）　出身地

この川筋の生業に従事する人々はどこからやって来たのだろうか。『大阪船用品商組合三〇周年のあゆみ』〈昭和六〇（一九八五）年発行〉に、下船場《しもせんば》（西船場）について、「慶長三（一五九八）年天満堀川、越えて同五年に阿波堀川がつくられ、西横堀川が開さくされて、各地より商人が来住し、下船場には阿波座、土佐座など、その出身地の町人が群生した」と記している。下船場（西船場）・堀江というのは、安治川・木津川・尻無川の川筋の東に位置し、大阪の町家の中心である船場・島之内の西に位置する。宮本常一《みやもとつねいち》は、大阪という都会の中心部には、豊後《ぶんご》町、備後《びんご》町、備前《びぜん》島、周防《すおう》町、薩摩堀、阿波座、土佐堀、伏見町、堺筋などの地名があり、近世、地方の人たちが出てきてつくった町と記述する。(1) それであれば、ここにとりあげる川筋の町はどうであったか。はたして宮本常一の記したように「瀬戸内海沿岸の者が吹き寄せられて、小さな長屋造」の並んだ所だったのだろうか。(2)

尻無川川筋の瓦問屋の先代は、徳島の出身である。彼は、西区千代崎橋のO瓦商店で修業し、大正一二（一九二三）年九月一日の関東大震災の時に、開業した。やがてこの浜に瓦問屋の倉庫が並ぶようになる。それは、淡路の瓦の仲買人が買って来て、ここの問屋に卸すようになってからのことである。西淡町（兵庫県南あわじ市）から尻無川川筋までは、淡路島西方沖・播磨灘を北上し、明石海峡を経て大阪湾に入ればすぐの所である。「西淡町」の近現代は、「江戸期から続く瓦製造では、同（明治）二十四（一八九一）年津井瓦工業組合が設立された。昭和三十六（一九六一）年トンネル窯による陶器瓦（色瓦）の量産が始まり、淡路は西日本におけるいぶし瓦・陶器瓦の一大生産地に発展した」とある。(3) 大阪の川筋へつながる生業の航路には、淡路島西方沖・播磨灘からのも一脈あるのである。

伝法の正蓮寺川に船を係留していた元砂利船船長は、徳島県鳴門の三ツ石（徳島県鳴門市鳴門町三ツ石）の生まれである。彼は、正蓮寺川の川筋には、昔、阿波・讃岐出身の船大工がいたという。三十三間堀川右岸の海中工事業者の船長は、大阪移住第二世代であるが、出身地は、徳島県阿南市沖の伊島（徳島県阿南市伊島町）という。操船能力に長け、造船技術を有する阿波・淡路方面からの人々がこの川筋に集住しているのである。

他に四国方面では、天保山運河畔の船大工（港区築港）が宇和島（愛媛県宇和島市）出身である。彼は、「昭和二一年（一九四六）、愛媛県宇和島で父を継いで一四歳で漁師を始めた。三年ほどして兄に船大工の仕事を手伝わされるようになった」という。この船大工は、瀬戸内海西部からの移住者なのである。

山陽方面では、岡山方面からの移住者がいる。木津川左岸の廻漕店（大正区三軒家東）は西大寺（岡山県西大寺市）出身である。彼は、「創業は、大正の初めに米麦を扱っていた父が岡山の西大寺から帆前船に薪炭を積んで大阪までやって来ていたことに始まった。大阪では、同じ岡山出身の廻漕店『Y』に宿をとり、そこで荷揚げし、大阪市内を売り歩いた後、岡山にはその船で帰った」という。明治の頃には、この川筋の口に近い所に岡山方面出身の船宿・廻漕店も開かれていたのである。

また広島方面から出て来たのは、尻無川左岸の渡船場（大正区泉尾）の船長である。甚兵衛渡・泉尾丸の船長は広島県沼隅郡内海町内浦（広島県福山市内海町内浦）の出身である。彼は「子供の頃、大阪に出てきて港区田中町で空襲に遭った。戦時中に父を亡くし、戦後三年程は郷里で漁師の手伝いをしていた。昭和二六（一九五一）年に再び大阪に出て来た。自分のオジが停年になった後を受けて渡船の船頭になった」という。彼の出身地である広島県沼隈郡内海町内浦とは、どのような地域であったのだろうか。内海町の近現代は、「明治以降の当町域が、江戸期以来の畑作と漁業を中心にしつつも、出稼ぎに活路を求めて新たな変化を余儀なくされていた」とある。(4)この川筋の船長の一家もまた、大都会に出てきた背景には、島での暮らしが逼迫していたのだろう。

この川筋の生業の人々の出身地では、瀬戸内海東部の山陽・四国に多い。それでは瀬戸内海東部は、歴史的にどのような地域であったのだろうか。川筋の人々の父祖はどのような暮らしをする人々であったのだろうか。本節では、海中工事業者の出身地について注目する。

三十三間堀川右岸の海中工事業者（港区池島）船長の出身地・徳島県阿南市沖の伊島は、紀伊水道に浮かぶ島で、明治時代には潜水器漁業に従事するため、四〇〇人以上の出稼ぎ者があり、今でも潜水夫として瀬戸内海・日本海方面に出稼ぎする者が多い島である。(5)海中工事業者の出身地は、潜水漁業の盛んに行われていた島なのであって、都市の川筋のマチを拠点とする海中工事業は、潜水漁業における伝承の今日的形態なのである。

この海中工事業者船長は、「潜水夫はもともと徳島県の伊島出身者が多く、伊勢・神野《かんの》・樵友《そまとも》の姓が多い。父も潜水夫であった」という。ここでは、姓名を糸口にして伊島の潜水漁業の系譜について論究することにする。まず姓名をとりあげる。杣友姓は、徳島県を代表する苗字のうちでも難しい読み方の姓の一つである。(6)神野姓が多いのは、島内婚が多いためともされ、承応三年（一六五四）、この島の最高点にのろし台を設置し、移住してきたのは「神野惣右衛門」であったと伝わる。(7)伊勢の姓については、二説あるが、「磯」や「石」と同じで、アマ族とは異なるイソ族の本拠からの姓ともいう。(8)川添登は「磯部」について「伊勢地方で漁をしていた人びとは、海部ではなく磯部とよばれるものが多い。それゆえ、伊勢が軍港であり、その基地であったとしても、この地に住みついた人びとは、沿岸で魚を釣り、貝をとるものが多かったであろう」と記し、二系統の海民のうちの一つである磯部であることを示し、この二系統の海民の分類からすれば、伊島（徳島県阿南市伊島町）には「イソ族」が居住していたということになる。「沿岸で魚を釣り、貝をとる」という海民が三十三間堀川右岸の海中工事業者（港区池島）の父祖なのであろうか。(9)

三十三間堀川右岸の海中工事業者の出身地については、もう一件、別の潜水海中工事業者からの聞書調査を実施した。その人は、同じく伊島出身の「I」の姓の人で、大阪市港区池島在住の人である。現在、この会社は潜水工事にマレーシア・ケママンやタイ・ラムチャバンでの護岸工事に携わったりもしているが、その人も海産物・魚貝の漁獲を行っていたことがあるという。彼は「先祖は徳島県・伊島の人である。伊島出身者には潜水業をしている人が多い。神野、杣友、岡本という姓も伊島出身の潜水夫である場合が多い。明治二〇年代生まれの父は、伊島で海産物などを採取する漁師をしていた。明治の末に朝鮮に渡った。私は大正一五（一九二六）年に朝鮮の釜山《ふざん》（プサン）で三男として生まれた。父は、潜水夫として釜山大橋の基礎工事などをしていた。昭和一四（一九三九）年に釜山第四小学校を卒業して、鉄道学校に通っていた。一九歳でやめて父の仕事の手伝いをしていた。昭和二〇（一九四五）年三月に父は亡くなった。私は、その年の六月に軍隊に入り、山口県・柳井《やない》で終戦を迎えた」という。やがて、彼は水中引き揚げ、潜水技術を活かしていくつかの作業に携わった。すなわち、福岡県・門司《もじ》のサルベージ会社では解体作業に、福岡県・若松では海没した石炭の引き上げ作業に、大分県の会社では周防灘《すおうなだ》の沈没船を解体して鉄を引き上げる作業に従事したのである。昭和二六（一九五一）年には貝獲りをしていたという。「その年、山口県・宇部で貝獲り・タテガイ獲りに一時、従事した。貝獲りは、いちばん簡単で装備がなくても金儲けになるからである」という。今日、この会社は東南アジアの諸都市にまで手を広げて潜水工事の施行を請け負っているが、戦後の一時期には、海産物・魚貝の漁獲を行ったりもしていたのである。経済的苦境に立って、謂わば先祖帰りをしたこともあるのである。(10)(11)

伊島（徳島県阿南市伊島町）においては、特定の姓名から先祖の生業を考察することは効果的である。最近まで村内婚が行われていたから特定の姓名しかみられないのであるが、村内婚を続ける社会というのは、ムラ・シマ共同体固有の知識の伝承が必要とされる社会である。大林太良《おおばやしたりょう》は、海人系漁村の社会組織の第二の特徴として村内婚的傾向をあげている。すなわちその理由を「あま（潜水）漁民やつき（突）漁民の場合も、漁場の所在についての知識は重要であるから、やはり村内婚的傾向が強かった」としている[12]。伊島の村内婚は、機能からすれば漁場の伝承の維持にあったのである。このような観点から見ると、今日の海中工事業者の系譜は、伊島の潜水漁業者を経て、「沿岸で魚を釣り、貝をとる」という海民であるイソ族にまで遡ることになる。海民の伝承技術が東南アジアの護岸工事にまで応用して活かされていると見てもよいだろう。

宮本常一は、海人の居住地と主業について、「『古事記』や『日本書紀』によると海人は若狭湾・九州・瀬戸内海の東部沿岸に多く住んでいたことがわかり、海にもぐって魚介をとっていた。これら海人は陸に依存することが少なかったと見られる」とし、瀬戸内海の東部沿岸にも有史以来、海にもぐって魚介をとる海民のいたと記している[13]。宮本常一は、海から来た人たちが住んだと思われるところとして海部と呼ばれる地名をとりあげている。「大分県に海部《あまべ》郷、広島湾内には海《あま》郷があり、阿摩荘がある。淡路島南淡町に阿万、摂津に尼崎、徳島に海部郷がある」とし、「これらのうち吉備と淡路はとくに海人が多かったところ」とも記している[14]。宮本常一がこの地を周辺農漁村出身者・とりわけ瀬戸内沿岸出身者の吹き溜まりと見たことは、本節にとりあげた川筋の廻船人たちの出身地がこれらの地域と重なる。そこからは、彼らの現在の生業における技術伝承・民俗宗教などがこういった海人・海民の系譜の上に成り立っている可能性が充分考えられることになる。

（2）フナジョタイ

このような川筋に生業をいとなむ人々にとっての家屋とは、いったい何であろう。どのような家屋に住み、どのような家庭生活を営んでいるのであろうか。また、彼らの就航時の宿泊は、どのようなところに碇泊していたのだろうか。この家と宿の区別には、むつかしいところがある。今日こそ、どの職業の人も陸上（オカ）に家を構えているが、昔はそうでもなかった。以下のフナジョタイについての論究においては、住居学史研究、商業史研究、近代法制度史研究、家族史研究、慈善事業史など多岐に亘る研究課題を提示することにする。

元砂利船船長（此花区桜島）のパンフレットには、「明治になり塩田の造成も一段落したので、祖父京太郎、通称増蔵は一族を引き連れ、上阪し森巣橋の南詰を係船場とし、神崎川の支流藻川の河川敷の壁土の採取権を買い取り、トロッコとホッパーを設置し壁土を船に積み込み市内の建材店に販売していました」とある。(15) 橋詰に繋留する船を住居にしているのである。

元砂利船船長の父祖の生業は、製塩業である。祖父京太郎が係船場とした森巣橋の南詰（此花区四貫島）は、正蓮寺川左岸である。ここで水道水を得て、フナジョタイ（船所帯）をしていたという。船の中央には荷を積み、舳先の方には船頭夫婦が寝起きし、所帯道具もしつらえ、艫の方には船方が寝起きし、就学期の子どもは、陸・オカに置いていたともいう。

安治川・尻無川の岸の船所帯・フナジョタイについては、前掲『港区の昔話　増補版』に「安治川尻無の二つの川の両岸には荷を運ぶ団平船、達磨船がビッシリ着いていました。特に安治川は石炭が多く舟世帯と云って船の中の生活でした。ランプを点け、飲料水を貯え不自由な生活でした。生活がある以上便所が必要ですから、場所がないので船の舷側に一m程の四角の箱が金具によって取りはずしが出来るよう吊されていました。勿論囲がありますが、上は空を望み下は大川が流れ、雨の日は傘をさし、風流な便所でした」とある。(16)元砂利船船長一家の便所についても同様の空を望む青天井の便所であったという。このフナジョタイについては、住居学上の問題でもある。

やがて、大正の末（一九二〇年頃）、元砂利船船長が三、四歳のころ、陸・オカに借家を借りた。現在の港区田中であった。安治川左岸である。元砂利船船長の母は、そこで餅菓子屋を営み、父は船で壁土を運んでいた。このように、この川筋の廻船人のなかには、陸上に一定の住居を持つ以前には船所帯・フナジョタイといった生活様式が見られたのである。

大阪水上隣保館（港区田中）の昭和一八（一九四三）年度事業報告には、大阪築港あたりの水上生活者（船頭）および水上労働者（沖仲仕、水上行商人其の他）の暮らしぶりが記されている。(17)それには、「衛生状態　水上生活者は住居が艀の中なる関係上、洗面及び衣服、食器の洗滌にも主として汚濁せる河水を常用せざるべからざる状態にあり不衛生極まるものである。住居状態　水上生活者は艀の中に生活しつゝある。畳二、三枚位の広さの所で、お産をするのも艀の中である。病気の時に医師を迎へるのも容易なことではない。郵便配達も来ないし、新聞も見られない。子供達を陸の学校に通はす事は実に容易なことではない」とある。およそ「近代都市」を標榜する当時の大阪市にあって、水上生活者の暮らしは、放置できない「不衛生」で「非文化的」な状態としてとらえていたのである。

水上に所帯を構える人たちについて桜田勝徳《さくらだかつのり》は、二種類の水上生活者に分類している。(18)すなわち「その一は、大都市の河川・港湾を稼ぎ場として、運搬船を浮べ、これを住居としているものであり、その二は、海上漂泊を続けてきた漁業者である」とする。行われている生業からの分類である。これに照らせば、砂利船は、前者の大都市の河川を稼ぎ場とする水上生活者ということになる。

野口武徳《のぐちたけのり》は、『漂海民の人類学』に瀬戸内海の通称フナズマイ（船住まい）生活をする人々を「漂海民」として位置づけている。それは、羽原又吉《はばらゆうきち》『漂海民』の示す漂海民の三条件に基づくものである。その漂海民の三条件とは、「（1）土地、建物を陸上に直接有しない。（2）小舟を住居にして一家族が暮らしている。（3）海産物を中心とする各種の採取に従い、それを販売もしくは農産物と物々交換しながら、一カ所に長くとどまらず、一定の海域をたえず移動している」ことである。[19] 野口武徳は、そのうえで、「陸上に家や土地を持たなかったという点において、瀬戸内海の通称フナズマイ（船住まい）と西九州のエフネ（家船）は最も純粋な漂海漁民であったといえよう」と述べている。[20] 大阪の川尻の船所帯・フナジョタイを、これに照らしてみるには、採取する物を「海産物」から「砂利石」に読み替えて、瀬戸内海のフナズマイ（船住まい）の一種としてこの砂利船を位置づけねばならない。

そのかつての生業については、どうだろう。元砂利船船長（此花区桜島）は、大阪の川筋の水上輸送業者の出身のほとんどが漁師であったと言う。羽原又吉『漂海民』は、漂海民の転業について次のように述べている。すなわち「かれらは陸あがりしても漁業に固着し、農業に転じたり、半農半漁になるものはすくなかった。海上漂泊時代の海産物行商から転じて、日用品の行商者として発展した地方がある。また資本主義経済生活への吸収が進むと、漁業の経済生活から次第に遠ざかってくるが、その場合でも、港湾都市での運送・荷役・渡船、あるいは船員などへの転化が多くなり、普通の海上労務に固着するものも多くなる」と述べている。[21] また、野口武徳は、瀬戸内海の船住まいの転業について、「瀬戸内海の船住まいの場合には現在も海上移動の生活を続けているものが僅かながらいるが、行商船に転じたものが多く、逆に資本を貯えて完全に陸上での商業に転じたものも多い」と記している。[22] 船住まい生活者の行商船、商業への転業を述べており、廻船人がオカアガリして商人に転業してゆく事例の一つであり、商業史研究上における問題でもある。

近代において漂海民が転業してゆく段階的進行について、羽原又吉『漂海民』は、「かれらの陸あがりは、急激な変化ではなく、だいたい、いくつかの段階をふんで漸次進行していく。土地・建物を所有する動機はいろいろあるが、たとえば漁具が大型化してきて、船に積みきれなくなった場合とか、土地の支配者との特殊関係が生じたり、商業資本が浸潤した場合、あるいは一家族のなかで働く場所がまちまちになった場合、さらに近代になると、教育の関係で学齢児童を陸上に住居させる必要や、戸籍編成その他の関係があった」としている。(23) 野口武徳『漂海民の人類学』には、瀬戸内海の船住まいの転業・消滅・陸地定着の原因については書き記していない。しかし、瀬戸内海の船住まいを推察するには、同じく漂海民である長崎県の家船《えぶね》についての、次の記事が参考になろう。陸地定着を進めた要因としての五項に「第一はアワビ採取の必要性の減少、第二は義務教育の必要性、第三は心理的圧迫、第四は戦時体制による主食の統制、第五は太平洋戦争後の漁業法改正である」としている。(24) もちろん、陸地に定着をする時代にもよるが、瀬戸内海の船住まいの消滅の原因もこれに通じるところがあるだろう。船住まいの消滅の原因について、近世においては、貨幣経済が発達したことがあげられ、それに加えて、近代においては、義務教育、徴兵、戸籍、納税といった近代国民国家の制度が大きく作用したと考えられる。(25) 船住まいの消滅も、悠久の歴史から見れば「近代」の国家の施策によるところが大いに認められる。この習俗の消滅も「近代化」により生じた一つの民俗事象であって、それには義務教育といった近代国民国家の制度も影響しているのである。この点については、近代における法制度史研究の問題でもある。

川筋の元砂利船船長もまた、両親の生業のために転校を余儀なくされた一人である。それは、昭和の初めのことである。一九七八年、その彼が大阪市市会議員選挙に立候補した時のパンフレットには次の記事がある。それには、「大正十（一九二一）年三月、渦潮で名高い鳴門の三ツ石で生まれました。此花区に移り住んだのは、四、五歳のころ、お父さんが土砂採取業のかたわら、薪炭屋を開くため、四貫島元町（今の商店街の中ほど。此花区四貫島）に居を構えたときのことです。昭和二（一九二五）年四月、桜の花開く四貫島小学校にHさんは入学しました。世の中は不景気で、やがて金融恐慌の勃発となり、不況の波が吹き荒れていました。薪炭屋をはじめたHさん一家にもようしゃなく不況の波がおしよせ間もなく廃業においこまれてしまいました。お母さんも砂船に乗り込んで働かねばならなくなったため、Hさんは、二年生の終わりごろ、鳴門のおじいさんのもとへ、あずけられることになりました」とある。(26)

このように、砂利船稼業の近代を見る限り、陸上と水上との暮らしとが交錯している。近代国民国家は、所定の「国民」としての教育を子供に受けさせることを父母に義務として課す。そのためには「学童期の子供」に対して陸上での居住を求める。その結果、水上輸送に糧を求める廻船人には、学童期の子供を陸・オカに預けて暮らすといった親子別居の家庭生活が強いられたのである。このように廻船人にとっての「近代」とは、教育と家庭生活とが同時には実現されないいちぐはぐなものであった。野口武徳『漂海民の人類学』は、長崎県の沿岸に船を住居としていた人々をとりあげて、陸上に家を持った時期は、老人や子供だけを根拠地の家に残し、夫婦による漂泊漁業が続けられたと記している。(27)元砂利船船長の少年時代も同様に、一家が一所に腰を据えての暮らしではなかったのである。船を住居にする人たちについては、今日考えられている父母と共に暮らす近代家庭モデルとは、異なる形態であった。この点については、「近代家族」の成立過程全般において正当に位置づけねばならない家族史研究の問題でもある。

大阪には、このような水上生活者の子供で就学期にある児童だけを対象とした施設があった。それは、天保山の水上隣保館（大阪水上隣保館：港区田中）である。桜田勝徳は、天保山の水上隣保館についても触れて、都市の水上生活者たちの、就業中は彼らの住居は、絶えず水上を移動するため、子供を通学させるのに、篤志家たちの慈愛に支えられた全学童の寄宿制度による水上学校が設けられたと記している。(28)水上生活者の子供たちの「近代化」は、篤志家たちの慈愛に支えられたものなのであった。篤志家たちの慈愛に支えられた「近代」というのは、オカに定住する論理からのものであった。改善すべきこととして挙げられたのは、彼らの「衛生」「教育」の側面であったことは、前に大阪水上隣保館の昭和一八年（一九四三）度事業報告に挙げたとおりである。「衛生」「教育」を重視するのは、近代社会全般に共通するもので水上生活者にだけ適用されるものではない。近代化の波が伝統的な生活様式の一つである川筋の水上生活にまで及んだまでである。

桜田勝徳は、大阪の水上生活者の稼ぎ場と彼らの出身地についても述べている。彼は、大阪市では昭和五（一九三〇）年に約四七〇〇人を数えたとしたうえで、大阪では瀬戸内海沿岸出身がほとんどであり、この水上生活者の起源は、新淀川を稼ぎ場とした夫婦共稼ぎの例や夫婦船（メオトブネ）の瀬戸内海漂泊漁業者や、海女の夫婦共稼ぎと無関係のものであるとは思われないとしながらも、瀬戸内海の島の中には、古くは淀川三十石船への出稼ぎの盛んであった所も多かったから、水上生活者出身の源は幾通りもあったろうと想像されると記している(29)。瀬戸内海沿岸出身で新淀川を稼ぎ場とした夫婦共稼ぎは、元砂利船船長の父母にもあてはまることである。

水上生活者が港内にいれば、また一つ商売が成立する。彼ら相手の稼業が、大阪港には見られた。ウロウロ船である。元砂利船船長は、ウロウロ船という商いの船について「その頃の船は、沖合のブイに係留していた。係留中の船は、さまざまな物資を店の通船から調達していた。ウロウロ船というのがいて、ウドン・ゼンザイ・酒・焼酎・関東炊き・ラムネ、豆乳などを船まで売りに来ていた」という。もちろん、現在こういった商売はない。このウロウロ船は、港の哀調を帯びた風景でもあった。『港区の昔話　増補版』の「うろうろ舟の話」には、次のように記されている。それには、「舟世帯の船頭達やその家族を相手に、小舟に荷を乗せた八百屋、豆腐屋の舟行商がありました。又、夜おそくまで燈火をつけ『うどん、ぜんざい』と長く売声を延した小舟が通りました。冬の夜おそく寒い風に乗って聞こえてくる売声は淋しいものでした。人の話によると積荷の石炭やインゴットの僅かが、うどんやコップ酒に変るのだと蔭で言われていました」とある(30)。このような通船による販売が成立するのは、係留中の船での暮らしが行われておればこそのことである。ただし、このような稼業の人たちの住居がこの船であるのか、また別に陸・オカの家屋であるのかは、聞いていない。しかし、桜田勝徳は、このウロウロ船をとりあげ、水上生活者とはみなさないとしている。すなわち「昔の港のウロウロ船、すなわち寄港した船に、物を売りに集まってくる港内の行商船の人達は、いかにも水上生活者らしいが、昔のことはしらず、近年においては、みな陸上に住居をもっている者であるから、ここに記す水上生活者からは、除外せねばならない」としている。(31)本節においても、この考えに同意し、ウロウロ船を水上生活者から除外する。顧客を水上に求めているだけのことである。

三浦行雄『船のある風景』には、昭和五二（一九七七）年太宰治賞を受けた宮本輝の文壇デビュー作『泥の河』の土佐堀川の最下流の端建蔵橋《はたてくらばし》のたもとにつながれた「舟の家」をとりあげている。そのなかで、船頭めあてのおでん屋や屋台店が軒をならべる以前の光景を述べている。それには、「荷役の都合か、幾日も滞留している艀もあった。なかには世帯ぐるみ乗り込む艀《はしけ》、『舟の家』もあり、主婦が船から船に渡した板をたくみに乗り移ったり、カンテキをあおぐ風景などもみうけた」と記している。(32)このカンテキ・七輪に火を熾《お》こす主婦こそ、「舟の家」の生活者であり、水上生活者なのである。

このような水上生活の習俗の淵源は、いったいどの時代にまで遡ることができるのであろうか。野口武徳『漂海民の人類学』には、古代アマと漂海漁民との関係について、次のように記している。すなわち「古代の文献に登場する船住まい潜水を業とする人々やアマ（海女、海士、海人など）と、中世から文献に現われる漂海漁民とがいかなる歴史的関連があるのかは、現在のところまだ明らかではないが、おそらく無関係ではあるまい」として、古代アマとの関連を述べているのである。(33)個別の事例の古代に遡っての実証は困難であるが、「海民」といった概念でこれらの生業の人々を捉える場合、示唆に富む見解である。

（3）ヤド

船乗り・廻船人にとっての「家」とは何であろう。住居についての考え方は、陸・オカに定住する者と同じであったのだろうか。それを考える場合、碇泊先のヤド「宿」の存在を考えねばならない。船を稼業の手段とするといっても、夫婦・家族ぐるみで営む場合と、長い期間、家を離れる廻船人・船乗りたちの場合とは、おのずから「家」についての考え方も異なるだろう。船乗りたちは碇泊先ではどのような夜を過ごすのであろうか。船乗りには家とは別にヤド・宿に泊まることがある。

木津川左岸の廻漕店（大正区三軒家東）は、岡山県の西大寺を出港し、一日がかりで途中、兵庫県姫路の坂越《さこし》（兵庫県赤穂市坂越）あるいは室津《むろつ》（兵庫県揖保郡御津町室津）に泊まったという。廻漕店の先代店主の行状はいっさい聞いていないが、その室津には昔から悪所・遊郭があった。宮本常一は、兵庫県の室津など瀬戸内海の船着場を記述する中で「たいてい女郎がいるわけだが、そういう船着場というのは、どうも元は漁村だったところが多い」と記している。そのうえで、そういった漁民が住んでいたところは、「商業的な行動をとる漁民で、そこへ女郎が住みついて男を相手に稼ぐ」とも述べている(34)。元砂利船船長（此花区桜島）からは「室津は潮待ちの港だった。小舟に乗って女郎さんが船にやってきた。飯の支度から洗濯をしてくれセックスもした。ちょうど一夜妻のようなものだった」と聞く。潮待ちの港においては、女郎が船にやって来るのである。

そもそも室津の地の船にまでやってくる「女郎さん」は、いつの時代からあるのだろうか。その歴史は中世にまで遡る。宮本常一の論考に、瀬戸内海地方の小船にのってこぎよせてくる女たちについて記した記事がある。すなわち「『法然上人絵伝』にみえる播磨室津の遊女なども小舟で沖の船へこぎ出しているから、遊女が沖にとまった船人のところへ出かけていくのはあたりまえのこととされていたのであろう。（中略）このような習俗は瀬戸内海地方にながくのこり、大正時代までは山口県上関（＊：山口県上関町）、愛媛県安居島（＊：愛媛県松山市安居島）、広島県御手洗（＊：広島県呉市豊町御手洗）、木之江（＊：広島県豊田郡木之江町）、鮴《めばる》（＊：広島県豊田郡大崎上島町東野鮴崎）、三原（＊：広島県三原市）、糸崎（＊：広島県三原市糸崎町）などに見られ売春禁止法の発令されるまで続いた」とある。(35)岩田準一『志摩のはしりかね』には、こういった港の遊女の語彙を多く集められている。(36)それには、長門の下関（山口県下関市）では〝ヒメ〟、紀州の二木島（三重県熊野市二木島）では〝サンヤレ〟、おなじ紀州の大島（和歌山県西牟婁郡串本町大島）では〝タコ〟、また九鬼《くき》（三重県尾鷲市）では〝ウシ〟と云ったとあり、「お上への云いのがれ」として〝洗濯人〟〝菜売《なうり》〟とも云ったことも記されている。(37)これらの港の遊女たちは、春を鬻ぎ、船の男の性欲を満たしただけではない。小舟に乗って、停泊した船に乗り込み、船員の身の回りの世話をしたりをするのを生業としていた。これは元砂利船船長（此花区桜島）の話すことにも通じる。室津（兵庫県揖保郡御津町室津）は、播磨灘に面する入江に沿って位置し、宝暦年間の家数七九一・人数三二五一、遊女屋四軒・七七人。畑作では麦・大豆・綿などを産し、漁業は手繰網・打瀬網・鯛網・一本釣りなどであり、(38)近世後期に遊女屋のあった港町である。坂越（兵庫県赤穂市坂越）は、近世初期から内海・西国行きの坂越船の基地、諸国廻船の避難港で、寛政年間以降、赤穂塩の江戸廻漕基地として繁栄。廻船問屋も時期により二〜八軒、うち一軒は坂越組大庄屋」で、(39)近世初期から内海・西国行き廻船の避難港として栄える潮の香漂う港町であった。

西山《にしやま》夘三《うぞう》『安治川物語』には、顔のきく船乗りなら「瀬戸内の港のあちこちに潮待ち・荷待ちで滞在することが多かった。自然と馴染みの宿や人ができたらしい」とある。(40)船乗りにとっては、「陸の家など一時の休み場としか考えていなかった。家はどこでもよいので、あっちこっちをうろついた」とも記す。(41)同書には、大阪から坂越までの播磨灘の港町を挙げている。すなわち、「大阪から明石海峡を西に出ると大きく広がる播磨灘、そこには明石、高砂、飾磨、御津、室津などの港」である。(42) この川筋の廻船人たちの世界は、西日本の大動脈・瀬戸内海を股にかけてのものであった時代のことである。瀬戸内の港のいたるところ、このような遊女がいて、廻船人を相手していたのであろう。

もともと廻船人にとっては、定まったひとつの住居をオカ・陸に求めるのは、陸への定住以前の生活形態が永く続いていただけに難しかったのだろうか。船乗りには、定住を前提とする近代家庭とは異なる処世観が控えていたのである。碇泊先のヤドに「一夜妻」を儲けるのは、近代社会において悪弊として消えつつある習俗である。このように川筋に生計を立てる人々の伝承には、陸上に暮らす人々とは、異なる生活形態とそれに基づく価値観が認められるのである。このような廻船人の伝統的な生活形態にも近代社会の法律・規則によって改められた習俗・処世観がかつて存在していたことが確認されるのである。政治・経済・教育にわたる近代のパラダイムシフトの変換は、陸上での生活を促し、ことごとく水上に生業を立てる人々を駆逐したのである。本節においては、水都大阪を下支えしてきた川筋の生業の人たちにおける家郷を考察する過程で、古代から近代社会にいたる多岐に亘る諸問題をフィールドワークによる調査結果を軸に都市民俗学の観点から論究した。

〈初出は、「川筋の生業の世界」『近畿民俗』（近畿民俗学会）一五一・一五二号　一九九八年七月。これの一部分を一部改稿。〉

20　コンピラ・フナダマ・エビス信仰にみえる基層文化
―民俗宗教―

（1）はじめに

川筋の生業の人々が祀る神仏は実に多様である。金比羅、住吉、エビス、聖天、弁天、稲荷などさまざまである。船にはフナダマ（船霊）を祀るともいう。「板子一枚下は地獄」といった不安に駆られての処世観からか、多数の神仏を祀るのである。そればかりか、彼ら廻船人のなかには、かつては一攫千金を狙っての投機的な渡世人もいた。神仏の祭祀の方法も多様なものである。彼らにおける民俗宗教は、有名社寺に参るといったものから、もはや言語伝承だけにとどまるものまである。これらの川筋の生業の人々の神仏には、多くの日本人が忘れかけている民俗宗教が認められることがある。川筋の生業とはあまり関連性の認められない稲荷信仰から始めて順次、論究する。

（2）稲荷信仰

木津川左岸の廻漕店（大正区三軒家東）では、種々の神を祀っているなかに稲荷も含まれる。この廻漕店は「祭祀する神仏は城山大明神で五月八日に初午として稲荷大祭を営む。午前一〇時頃に地元の八坂神社（大正区三軒家東）の宮司に来てもらいオハラエをあげていただく。家内安全を祈る。玉串を奉奠する。折詰を配り、夕方酒を飲む。五月八日に大祭を営むのは、岡山県倉敷市の城山稲荷の祭りの日だからである。城山稲荷は経営者の祖母のサトに祀られていたから祀るようになったのである。昔、倉敷市の城山の倉敷紡績の祠に祀られていた。現在は倉敷アイビースクェアというホテルの所に祀られている」という。出郷し、都会生活者となった人が「祖母のサトの神」である城山稲荷（岡山県倉敷市本町）を祭祀しているのである。ここでの稲荷信仰は、生業である輸送業者の郷里との結びつきとともに出身地との絆を感じさせるものである。

稲荷は、商売人などが祀るが、この川筋の生業の業者においても祀られている。尻無川左岸の船具問屋（港区南市岡）は、「末広稲荷大明神を祀る。四、五月頃に商売繁盛を祈りお祭りをする」という。「末広稲荷」は、京都の伏見稲荷（京都市伏見区深草藪之内町）から勧請したものである。木津川左岸の竹屋（大正区千島）は、「お稲荷さんを祀っており、二月の初午の日には、商売繁盛を祈っている。昔は近所の子供達にアンパンを接待した。大正橋のマルキのパン屋で一個二銭のアンパンを五ツ袋に詰めて配ったものである」という。

これらの二件の稲荷信仰は、商売繁昌を祈願するものである。船場・島之内周辺の商売人もよく祀っている。直接には、水運との関係は認められないものである。船場・島之内周辺の商売人の祀る稲荷については、〈第二編第五章　29　商人と社寺〉で論究する。

（3）　住吉信仰

この地域の川筋に祀られる重要な神の一つに、住吉神（住吉大社：住吉区住吉）が挙げられる。安治川左岸の鰹節問屋（港区田中）においは「祭祀する神は住吉さんである。戦前は、海の神様である住吉大社（住吉区住吉）に灯籠を奉納したりした。今は特にはしない」という。

住吉大社に灯籠を奉納するのは、西区阿波座の西長堀川西岸の瀬戸物問屋でもそうである。[1] そこでは、正月にお祓いを受けたりもする。かつて輸送の手段に船を用いていたことからすれば「海の神様」を祀るのは、当然でもある。また、元砂利船船長は「戦前、初詣には、住吉大社まで船で参った」という。尻無川左岸の瓦問屋（港区南市岡）は、「輸送の船には、フナダマサンとして金毘羅さん、住吉さんを祀っている」という。

ここでの住吉神は、金毘羅神同様、フナダマ（船霊）として船に祀られているのである。廻船人の信仰を集めるのは、近世になってからである。文化年間発行の『神社仏閣願懸重宝記初篇』の六十一番の住吉神宮寺五大力信心の事には、「住吉神宮寺の五大力菩薩の真像ハ忝なくも住吉明神の御筆なれバ信心なし奉らずんバ有べからず廻船渡海の荷物に五大力と三字書たる提札をつけ置に其荷物船ともに凶事ありし事を見聞せず」の記述がある。[2] 川筋の砂利船の住吉大社への参拝もさまざまみられる住吉信仰のうち近世の廻船人の海上安全の系譜上にあるとみてよい。

この他、フナダマさんとして住吉神を祀る事例がいくつかあり、住吉信仰は、フナダマ信仰と習合している事例がいくつか考えられる。これについては、フナダマ信仰の項で詳しく論究することにする。

（4）コンピラ信仰

コンピラ信仰はどうであろう。三十三間堀川右岸の海中工事業者（港区池島）は、「知り合いが受けて来てくれた金毘羅さんのお札も祀っている」という。海を生業の場とする海中工事業者にしてみれば、金比羅神（金刀比羅宮：香川県仲多度郡琴平町）もまた、航海安全の神である。尻無川左岸の渡船場（大正区泉尾）は、「祭祀する神仏は、フナダマさんである。ただし、個人の漁船ではないので、個人の資格で船の名前を言ってお札をいただく。フナダマさんは、造船所が勝手に船に装置していたりする。（管轄官庁である）大阪市（建設局）が戴くのではない。戴いてくるお札は金毘羅さんのお札である」という。ここでも、フナダマとして金比羅神の神札を祀る。金比羅神は、住吉神同様、フナダマとして祀られている。

木津川左岸の廻漕店（大正区三軒家東）では、船おろしの際、金比羅参りをする。「昔、船を持っていた時はフナダマさんを船に祀っていた。岡山県の牛窓（岡山県瀬戸内市牛窓町）で船を造り、親戚・縁者を船に乗せて香川県の金毘羅参りをした。船を丸亀（香川県丸亀市）に着け、琴平まで電車でお参りした」という。この金毘羅参りの民俗について印南敏秀《いんなみとしひで》「金比羅信仰資料から見た瀬戸内文化」は、「対岸の岡山では船を新造したとき、接待船と称し、大漁旗を掲げて、付近の人々を乗せ金刀比羅宮に参ることになっている」と記している。(3) 廻漕店（大正区三軒家東）の行った金毘羅参りは、「接待船」という船おろしの民俗なのである。また印南敏秀の同じ論考には、「瀬戸内海は古来重要な航路であり、そこには塩飽衆《しわく》に代表されるように船をあやつる人々がいた。こうした海人の伝統が金比羅信仰の基盤になっている」として「文化文政期（一八〇四〜一八三〇年頃）には金比羅信仰は海上信仰の神としてひろく船乗りの信仰をうけた」と記している。(4) ちなみに塩飽諸島は香川県坂出市、丸亀市、多度津町、詫間町に属する。この金比羅参りをした廻漕店を「塩飽衆に代表される船をあやつる人々・海人」の系譜に記してよいものだろうか、このことだけでは不充分である。

このようなコンピラ信仰であるが、金比羅神と、住吉神とは、この川筋の船乗りにおいては置き換え可能の神様なのであろうか。この両者の関係については、石井謙治『江戸海運と弁才船』は、歴史的経緯を述べている。すなわち「十九世紀以降、航海安全の霊験あらたかということで、伝統的な住吉信仰に加えて金比羅信仰が急激にたかまった」とある。(5) また、同書には、「金比羅宮に全国から参詣者が集まるようになったのは、十九世紀はじめの文化・文政頃からであったという。また、航海安全の御利益でも住吉神社のお株を奪い、船主や船乗りの信仰の対象となった理由は明らかでないにしても瀬戸内海往来の廻船がわざわざ丸亀や多度津に寄港して金比羅様に安全を祈願し、護符を頂いて船中に祭るのが流行したのも、大体同じ頃からだった」と記している(6)。新興の金比羅宮が航海安全の御利益で同じ住吉神社に追いつき追い越したのは、一九世紀前半の文化・文政頃だとしているのである。金比羅神が住吉神と置き換えられるようになるのもこの時代のことであろうか。

〈第二編　第二章　17　福島天満宮の餓鬼島伝説〉にとりあげた福島区の福島天満宮（福島区福島）の末社に「住吉神社」と「事平神社《ことひらじんじゃ》」がある。「福島天満宮略記」によれば前者を「海上の守護神」とし、後者を「海上航海等の守護神」として祀っている。かつて廻船人の多くいた川筋のマチバの神社では両神が祀られているのである。このように金比羅神、住吉神を境内社として祀る神社は、この川筋にはいくらもある。福島天満宮については、本編〈第二章　17　福島天満宮の餓鬼島伝説〉にみたとおり、神社崇敬者・氏子の生業に航海を伴う廻船人であるとが多かったからである。

印南敏秀前掲論文には、コンピラ信仰とエビス信仰との関係についても述べている。漁師にとっての金比羅とエビスをとりあげ、「金比羅さんを以前からあった漁の神と共にまつるようになった」とし(7)、ここにも後発としての金比羅信仰としてとりあげている。同論文には、「漁の神としては港にエビスがまつられているのである。海上信仰資料から見た金比羅信仰における海上信仰は主に航海安全にあった」として(8)、金比羅とエビスとは、「航海安全の神」と「漁の神」との違いを指摘している。大阪の川筋における住吉・金比羅・エビスの関係も信仰の勢力の歴史的経緯を踏まえ、そのうえに立って廻船人・漁師といった生業の違いを区別してはじめてその共存の意味が解き明かされることになるだろう。このことについては、エビス信仰の項目において詳しく論究する。

（5）聖天信仰

だいたい、廻船人たちは、多数の神仏を信仰しているようである。稲荷信仰に挙げた木津川左岸の廻漕店（大正区三軒家東）では、種々の神を祀っている。木津川左岸の造船所（大正区三軒家東）もまた多くの神仏を祀っている。造船所そこでは、「水」に関係するこのような「水商売」の場合、生駒の聖天《しょうでん》さんを祀ることが多いともいう。造船所（大正区三軒家東）では聖天さんをお祀りしている。祭日は、聖天さんの命日の一月一六日である。この日には住職にお参りしてもらい、一年の工事の安全、社運興隆、従業員の無病息災を願い護摩焚をする。祀られている聖天さんは、奈良県の吉野の桜本坊（奈良県吉野町）の聖天さんの御分霊で、戦前、船は女性で聖天さんは男性なので夫婦和合の意味を持つとされた。吉野の桜本坊は大峯山《おおみねざん》の護持院で、先代の社長はその信徒団体の総長を過去にはしたこともある。また川から上がった弁天さんも祀るが、「神様同士の仲は悪くない」という。先代の社長が信心深い人だったのであろうが、川筋の生業と吉野の山とが結びつくのである。

聖天信仰と廻船人との関係は、〈第二編　第四章　25　福島聖天の高田屋嘉兵衛霊験譚〉にとりあげる福島区の浦江聖天（現在の福島聖天）了徳院（福島区鷺洲）の准胝《じゅんでい》観音についても聞く。了徳院では、回船人・高田屋嘉兵衛が准胝観音を寄進したとも伝わり、その縁で淡路島からお参りがあるという。そこでも、廻船問屋が「水」に関わるからといって聖天信仰を盛んに行っているのである。

(6) 弁天信仰

造船所（大正区三軒家東）では、弁天さんを他の神仏と一緒に祀るという。弁天信仰については、本編〈第二章14 港区・大正区の波除伝承の仏像〉に、かつて存在した新田会所（港区波除）および遊戯施設「市岡パラダイス」（港区磯路）にも祀られていたことを記した。このことと合わせれば、水辺の守護神としての性格が認められるものである。この造船所の立地からして当然である。ちなみに新田会所に祀る「弁天」から命名された「弁天町」は、JR大阪環状線の駅名でもある。この駅の西に隣接する町名は、「弁天」であるが、今日、この地での弁天信仰については聞かない。

(7) フナダマ信仰

川筋の生業にみられるフナダマ信仰とはいったい何なのだろう。すでにみてきたように、フナダマとして住吉神・金比羅神を祀る事例が見られたが、「住吉さん」とも「金比羅さん」とも聞くフナダマさんの神体は、ほんとうは何なのだろう。

文献の上では、『続日本紀』淳仁天皇天平宝字七（七六三）年八月の条にある次の記事が「船霊」の文献初出とされる(9)。その記事は、「壬午、初めに高麗国に遣せし船は名けて能登と曰ひき。帰朝の日、風波暴急にして海中に漂蕩ひき。祈みて曰さく、幸に船霊に頼りて平安に国に到らば、必ず朝庭に請ひて酬ゆるに錦冠を以てせむとまうせり。是に至りて宿禱に縁りて従五位下を授けらる。その冠の製は、表を錦に、裏を絁《あしぎぬ》にして、紫の組を纓とす」

である。遣高麗船が風波に漂流の時、船霊に祈って無事に国に帰ったというのである。この記事に船霊が洋行の官船に祀られ、航海安全を祈願していたことがわかる。また一〇世紀初めの「延喜式」には住吉大社の摂社のうちに「船玉神社」が記されている。(10) フナダマ信仰には、古代より朝廷も関わっていたことは明らかである。住吉信仰とは関連が認められるものの別の神格であることはいうまでもない。「船魂様」は、木津川左岸の大正区三軒家東に鎮座する下の八阪神社の境内地にも祀られている。川筋の神社にフナダマのヤシロが設けられていることの一例である。

フナダマと住吉神・金比羅神とがもはや区別がつかなくなっている事例を前に挙げたが、フナダマの神体と住吉神・金比羅神とをはっきりと区別している事例がある。木津川左岸の廻漕店（大正区三軒家東）の場合、多数の神仏を祀るのであるが、フナダマについては、「昔、船を持っていた時は、別にフナダマさんを船に祀っていた」という。また元砂利船船長（此花区桜島）も「住吉さん、エベッサンなど船でお参りした神さんを祀っている。これらの神さんとは別にフナダマさんも祀っている」という。この地の川筋において現在、フナダマ神は、住吉神・金比羅神・エビス神といった有力な神社を有する神と併せて祀られることが多く、辛うじて信仰の命脈を保っている。

尻無川左岸の渡船場（大正区泉尾）では、「同僚で淡路の沼島《ぬしま》（＊：兵庫県南あわじ市沼島）の漁師の出身の人は家にフナダマさんを祀っている。遠洋漁業に出る船のフナダマさんは女の陰毛のこともある」と言う。フナダマさんの神体は、このように海に関わる有力な神社のお札ばかりか、女の陰毛であったりもする呪物なのである。フナダマさんの神体について牧田茂は、「女の髪の毛、男女一対の人形、十二文銭（いまでは十円玉を十二枚）、二個のサイコロ、五穀など」としている。(11) ご神体を女の髪の毛とすることについては、柳田國男「妹の力」にフナダマの伝承の原形とその変容したものを記している。すなわち、「箱の神が鳴音を立てゝ、船人に船の行くべき方角を示すといふことは、今でも西国の海上生活者に、認められてゐる霊異であるからで、ただ我々の船玉様には、既に櫃を開いて神託を聴くといふ方法は失はれ、単に船大工の棟梁が所謂ゴシンを入れるに先だつて、神実として若い女の髪の毛を綰《わが》ね納めることが、頗る島々のヲナリ神信仰の形と近いだけである」と記している。(12) ここには、フナダマの霊異、託宣を記し、南島のオナリ神信仰との関連を指摘している。南島のオナリ神との関連はともかく、フナダマによる霊異から託宣に至る過程は『続日本紀』記事にも通じるフナダマ伝承の原形であろう。

漁師出身の船長の出身地である淡路の沼島（兵庫県南あわじ市沼島）については、「古代は海人族の根拠地、中世は熊野と瀬戸内を結ぶ水軍の中継地、戦国期は豪族梶原氏の拠点となった。江戸期には藩主蜂須賀氏の参勤交代の際の寄港地となった。（中略）現在、周辺の海域はタイ・ハモなどの好漁場であるが、かつては土佐・阿波・紀伊をはじめ、遠く五島・対馬・石見の海域まで船団を組んで出漁した廻船や海商も出現し、沼島千金の島といわれた」と記されている。(13) 沼島の漁師出身の渡船従事者のフナダマ信仰には、古代の海人族の習俗と関係があるのだろうか。近世遠方にまで船団を組んで出漁した廻船や海商の習俗が引き継がれているというのであろう。この民俗宗教についても、川筋の生業と古代の海民との関連が浮かび上がる。

フナダマの示現の時について、桜田勝徳は、「西海の船方漁師で船玉様のいさむ音を聞かぬものは、殆どあるまいと思うほどその実験者は多い。之が唯の空耳だとはどうしても云えぬわけだ。五島の青方の青年は船玉様がヂンヂン鳴るのをいさむと云い、之は良いか悪いか判らぬが兎に角何かの前兆で、多くは大漁の前触か時化の報せだと云っていた。此青年が之を始めて聞いた時には余程昂奮したらしい。しかし馴れた船頭衆はこのいさむ音を判断して、それがよい兆せか悪いしらせかを予知する事を屢々聞いている」と記している。(14) この川筋においては、港区八幡屋の綱取り船船長〈大正一一（一九二二）年、当時の西区天保町生まれ〉は、フナダマさんについて「フナダマさんは、シケの前、ジャラジャラ鳴って危険を報せると聞くが、実際にその音を聞いたことはない。ジージーとも、ジャージャージャーとも虫が鳴くように聞こえたともいう。フナダマさんが騒ぐらしい」という。このように聞き取り調査ではフナダマさんの音を実際に聞くことがなかった。しかし、この川筋においてもフナダマが「いさむ」、「しげる」ものとするアニミスティックな幻想の記憶が「(虫が)鳴く」、「騒ぐ」として伝承されているのである。都市民俗学研究において、川筋の生業の持つ意義の一つは、共同幻聴といった都市化以前の伝承をたとえ記憶の段階であれ、伝承している点にある。

次にフナダマを祀るのには、どのような方法・手続きがとられているのかについて論究する。尻無川左岸の渡船場（大正区泉尾）では、「フナダマを納めることは『ツチをいれる』という。打出の小槌を打つように新造の時にオショーネ・お性根をいれるという意味である。ただし、これは漁船の場合に用いることばでもある」という。この「ツチをいれる」については、国語学者・井手至氏の教示によれば「『ツツを入れる』が訛ったもので『ツツ』は住吉三神のツツノオであろう」とある。この説によれば、住吉神とフナダマとは、航海の神として通底するものとなる。フナダマさんを船のどの場所に祀り込めるのかについては、元砂利船船長（此花区桜島）は「マスト、船梁・フナバリに刳り抜き祀っている」という。牧田茂は、フナダマ祭祀の方法について「船下しの前夜、船大工の手で、和船の場合は帆柱の下のツツとかモリとよばれるところに穴をほり、納めこんで蓋をするという形が一般に行われている」と記している(15)。渡船場船長・元砂利船船長の話すところは、牧田の記述と一致する。

フナダマがサイコロである場合について、天保山運河畔の船大工（港区築港）は、「フナダマさんの入れ方は、進水式の時、船主が入れる。サイコロ二つを並べて入れる。その時の賽の目は『テンイチチロク・ロカイゴトゴト・ナカニコニコ・オモテミアワセ・トモシアワセ』にする。これは『天一地六・櫓櫂五と五と・中二こ二こ・表三合わせ・艫四あわせ』とおぼえている」という。この伝承者は、船大工である。牧田茂は、フナダマの祀り方の伝播について「造船の技術とともに、船大工が伝播したことは、ほぼまちがいないであろう」と記している(16)。この川筋においてもフナダマの伝承に船大工の関与が認められるのである。また尻無川左岸の渡船場（大正区泉尾）では「祭日は、一月一日で船の社・ヤシロに鏡餅と二合瓶のお神酒《みき》をそなえる。以前はオンマツ、メンマツを飾っていた」という。フナダマの祭日は正月一日なのである。

このように見てみると、今日の都会の川筋においてもフナダマ信仰の伝承に住吉や金比羅といった神社の関与する信仰形態以前の段階があることが明白である。この地域においても、「船の霊」を信仰の対象とするアニミズム的世界観が生き続けているのである。原初的な信仰段階にあるフナダマ信仰は、古来より神社に奉祀され、崇拝者組織を有する住吉信仰・コンピラ信仰などと習合し、混同もされてきた。もはや祭祀の手続きは船大工の手に委ねられ、船大工の秘儀となっている。一方の住吉信仰の方は、古代以来の航海安全の信仰を核とする諸々の信仰の中にフナダマ信仰をも包み込み、神札・ヒトガタといった形態で現代に生き続けている。このような現状からすれば、早晩、「フナダマ」は忘れられ、住吉や金比羅と云った有力な神社の信仰に糊塗され、海民の信仰の基層部分がいっそう見えにくくなっていくことだろう。

（8）　エビス信仰

大阪でエベッさんといえば「商売繁盛で笹持って来い」で有名な今宮エビス（浪速区恵美須西）が挙げられるが、堂島川水系の川筋のマチには、堀川エビス（堀川神社：北区西天満）、野田エビス（恵美須神社：福島区玉川）が鎮座する。もともとの大阪のエビス信仰については、商業神となる以前の市神・漁業神の性格が認められることは、容易に推察される。商業神であれ、漁業神であれ、この神を奉斎する人々の心意には、投機性が認められる。

堂島川右岸の野田恵美須神社は、「恵美須神社略記」に創建年を未詳としながらもこの神社の起源について「野田の地に住みついた漁民の一団が、自分たちの信仰するエビスの大神をお祀りした」と記している。大阪の川筋の神社には、いくらも境内社にエビス神が祀られている。この地域の川筋では、漁撈者がエビス神を信奉しているのである。

川筋においては、西宮神社（兵庫県西宮市社家町）の西宮エビスを本社と仰ぐ場合をいくつか聞く。港区八幡屋の漁師の祀るエビス神の祠では、西宮神社からいただいて来た石が神体であることは、〈本編　第二章　13　港区八幡屋の漂着した地蔵〉に記した。また元砂利船船長（此花区桜島）は、戦前、正月十日の十日戎には、西宮神社まで此花区から船で参ったという。川筋のマチから兵庫県の西宮までは船ですぐのところである。回船人にとっての参拝の道は、今日の交通とは異なり、水上ルートを経て、最短距離で結ばれていた。

しかし、川筋の生業においては、これらの神社や祠に祀られる段階以前のエビスに関する伝承が認められる。それは、「海民」に関わるエビスの伝承である。三十三間堀川右岸の海中工事業者（港区池島）では、水上で溺死者と遭遇した際のしきたりを聞いた。それは、次のとおりである。

①ドザエモン（溺死者）を見付け、船に揚げる時、左舷に取り込み、すぐさま右舷に渡す。こうしないと溺死者は成仏しない。これを「船を跨ぐ」という。そして、毛布などで溺死者の顔を隠し、オカ（陸）に引き渡す。
②船をキヨメルのには酒を撒く。
③航海中、溺死体を見付け揚げる時は唱え事はしないが「すまんなあ」と言う。
④航海中、溺死体を見付けても船に揚げないことが多い。警察による捜査の取り調べなどで二、三日がかかり仕事ができなくなるからである。その場合だと「すまんなあ。ロープだけ掛けさせて下さい」といって、溺死体が破損したり、流れたりしないようにヤンワリとロープを掛け、直ちに水上署に連絡する。
⑤漁師は溺死体を見付けた時、その漁は当たったらよいが、悪かったらとことん悪いと言っている。

このしきたりのうち、漁師の漂流死体による予兆の心意は、漁師のエビス信仰に通じるところがある。⑤にみられる「溺死体を見付けた時、その漁は当たったらよいが、悪かったらとことん悪い」といった験《げん》を担ぐ心意は、この海中工事業者の生業の原形が潜水漁業であったことからの伝承である。漁業という生業にみられる投機的な性格が認められるのである。この伝承においても、この海中工事業者の出身が徳島県阿南市沖の伊島（徳島県阿南市伊島町）であることは、重要である。牧田茂は、「漂流死体をエビスと呼んで、引き上げて祭るというところは壱岐島、五島列島、阿波その他にも例があって、そうすると豊漁に恵まれると信じている」と記す[17]。牧田の挙げた中にある「阿波」は、三十三間堀川右岸の海中工事業者の出身地である。溺死者と遭遇した時の儀礼伝承にみえるのは、海中工事業者の伝承母体としての阿波の海民の存在である。川筋における今日の生業においては、民俗宗教に関してなおもこのような「海民」としての性格がフナダマ信仰・エビスの伝承に断片的には認められるのである。

　この節において論究してきたことにより明らかになったことは、川筋の生業における民俗宗教にみられる世界観が今日のグローバル化社会においてなお前近代的性格を残存していることである。しかし、産業構造の変化と相俟って、漁撈活動の道具である船体およびその装備品が利便性を追求するなかで更新され、民俗宗教にみられる世界観もまた変容し、早晩これらの伝承が川筋の生業の人々の記憶からも忘れ去られることになるだろう。

〈初出は、「川筋の生業の世界」『近畿民俗』（近畿民俗学会）一五一・一五二号　一九九八年七月。これの一部分を一部改稿。〉

21　廻船人のオカアガリ
―生業の変遷―

（1）　転業

川筋に生業を営む人々にあって、彼らはどのような生業から現在に転じたのであろう。彼らの伝承する技術はどこで培われてきたのであろうか。本章〈19　フナジョタイにみえる海民的性格〉において、彼らの出身地について論究したので、本節では、彼らの生業の変容を中心にライフヒストリーに基づいて論究することにする。転業をとりあげることは、変容した生業としての都市民俗を捉えようとするからである。

前節のエビス信仰に挙げた三十三間堀川右岸の海中工事業者（港区池島）は、都会転住第二世代である。彼は、「昭和二三（一九四八）年に港区天保町（現在は海成地）で生まれた。昭和四〇（一九六五）年、一六歳の時、潜水夫になり水中のスクラップを揚げていた。昭和六三年（一九八八）、四〇歳の時、国土総合建設会社から仕事が来て、海中工事業者に転業した」という。潜水夫が今日、川筋においては、海中工事業者に転業しているのである。かつて営んでいた潜水業の時は、五、六台の船、一〇人を雇っていた。工事をした一つに福井県大飯郡の大飯原子力発電所がある。二日がかりで現場まで船で出向き、原子力発電所の工事に携わっている。「船を操作しながら測量の目印を付けカットする作業の際、潮に流されないようにする」「直線に航行している場合だと誤差は一m以内でおさまる」といった技術は、二四年間勤しんだ潜水作業によって培われたものである。阿波の伊島（徳島県阿南市伊島町）の潜水漁業の技術伝承は、現代科学の最先端の危険な領域にまで活かされているのである。

海士→潜水夫→海中工事業者への転業は、操船技術・潜水技術といった伝統が新しい生業に活かされている事例の一つである。このことは、本章〈19　フナジョタイにみえる海民的性格〉に示したように、父祖が伊島出身で、大阪市港区池島在住の潜水業経営者のライフヒストリーに、海産物・魚貝の漁獲が行われていたことが、戦後の窮乏期に一時的に行われていたことからも明らかである。変貌著しい一連の川筋の生業においても伝承され続ける何かに民俗の知恵と技術を読み取ることができるのである。

川筋における生業の調査からは、近代の都会が半農半漁を営む島々から移住してきた人々を受け入れ膨らんでいく過程を読み取ることができる。島の人々にとっての「近代」は、出稼ぎに出た都会で食うに食うため余儀なくされた生業の変更でもあった。天保山運河畔の船大工（港区築港）は、瀬戸内海の漁師出身である。彼は、昭和二一（一九四六）年、宇和島（愛媛県宇和島市）において父を継いで一四歳で漁師を始めた。三年ほどして兄に船大工の仕事を手伝わされるようになった。大阪造船会社などで艀を造ったりして修業を積んだ。昭和三五（一九六〇）年頃、妻方の叔父から船を造ってくれと頼まれて造って以来、独立した。港湾局に掛け合ってもらって作業場を確保したという。漁師が船大工に転じたのである。彼は、技術習得して独立するまでの間、大阪の造船所で修業を積んでいる。近代の都会は職業能力を養成するための施設でもある。もちろん低賃金の労働と引き替えである。都会においては、手に「職」をつけないままの地方出身の工場労働者が「一人前」になった人たちの何倍もいることだろう。

尻無川左岸の渡船場（大正区泉尾）の船長も、瀬戸内の漁師の出身であった。広島県沼隈（ぬまくま）郡内海町内浦（広島県福山市内海町内浦）の出身である。広島県沼隈郡内海町においては、明治以降、近世以来の畑作と漁業を中心にしつつも、出稼ぎに活路を求めて新たな変化を余儀なくされていた。(1) 渡船場（大正区泉尾）の船長は「子供の頃、大阪に出てきて港区田中町で空襲に遭った。戦時中に父を亡くし、戦後三年程は郷里で漁師の手伝いをしていた。昭和二六（一九五一）年に再び大阪に出て来た。同じ村の人には市電の運転手と渡船の船頭が多かった。自分のオジが停年になった後を受けて渡船の船頭になった」という。大阪に出てきて親類の縁故で川筋の渡船の船長になったのである。この事例もまた、漁村で身につけた操船の技術を都会で活かして転業した事例の一つである。漁師が船頭に転業することは他にも挙げられる。西山夘三『安治川物語』に渡しの船頭をとりあげている。『安治川物語』には、「一軒おいて隣の伝さんはむかしは漁師をしていたらしい。荒い仕事ができなくなったといって、今は一丁目の渡しの船頭をしている。節くれ立った腕で上手に船を操る」とある。(2) その人は漁師あがりの渡しの老船頭なのである。

渡船場の船長のことばに、「同じ村の人には市電の運転手となる人が多い」とあった。その場合は、どの程度操船技術がオカの交通機関の操縦に活かされていたのであろう。この事例も海からオカへの転業の一般的傾向の一端と見ることができる。運輸交通機関の近代化は、水運から陸運への変換を促し、川筋における生業もまたこの大きなうねりに呑み込まれては翻弄され、転業を余儀なくされたのである。

（2）輸送方法の変化

尻無川左岸の渡船場（大正区泉尾）の船長は、昭和二六（一九五一）年に渡船の船頭になった。振り出しは甚兵衛渡であった。渡船場の船長は、「初めの頃は手漕船であったが、現在では全て機械船になってしまった」という。機械化が進展したのは当然である。同じ年の昭和二六（一九五一）年に、木津川左岸の廻漕店（大正区三軒家東）は、南堀江四丁目二九番地の浜に移った。その頃は、まだ船にも期待が持てたのだろう。廻漕店は、「人から岡山からの米麦を運ばないかと勧められ、『トラックと競争出来る船』ということで五〇トンの船に八〇馬力のエンジンを付けた船を造ったところ見事に当たった」という。しかし、船の時代は一〇年とは続かなかった。続けて彼は「昭和三四（一九五九）年に市内配達のため八台のトラック免許を取った。やがて船では荷揚げ、荷下ろしに時間が四、五時間もかかること、スピードがのろいこと、潮の干満の影響が業務に支障を来すことから、昭和五二（一九七七）年には船をやめてトラックに切り替え現在に至った」という。

船がトラックに取って換わられるのは、これらの生業に物流システムの変化の波が押し寄せたことによる必然である。尻無川左岸の船具問屋（港区南市岡）も「昔、大阪港に停泊の船には店の前の尻無川をモーターボートを使って商品を運んだ。現在ではトラックを使う」という。かつては、大阪市中に張り巡らされた堀川のネットワークによって繋がっていた。砂利船が市中の河川で見られなくなったのも、建築材料の変化と舟運の衰退・トラック輸送の隆盛による。

木津川右岸の竹屋において、往時の輸送方法を聞いた。大正五（一九一六）年、『Y』といった屋号の時代には、木津川の艀から買い手がついたら馬力に積んで売りさばいていたという。大正の初め頃、木津川は商品を運ぶ水路であって、陸路は馬力に頼っていた。戦前は、道頓堀、東横堀、大川を遡って城東の鴫野（城東区鴫野西・鴫野東）、放出《はなてん》（城東区放出西・鶴見区放出東）の小売の竹屋まで船で運んだりもしていた。市中の搬入コースは毛馬閘門→大川→東横堀川→長堀川→西横堀川といった川筋であったという。水都大阪が市中に張り巡らされた堀川のネットワークによって繋がっていた時代のことである。これも建築材料の変化と舟運の衰退・トラック輸送の隆盛によって消えて行った川筋の生業の一つである。鴫野、放出といえば、もうすぐ河内である。そこには、当時、田畑が広がっていた。この通路は、商品を輸送するだけの通路ではなく、下肥の汲み取りの通路でもあった(3)。堀川は、戦前まで大阪の東西を結ぶ重要な通路であった。物資や糞尿までもやりとりするネットワークは、このような堀川であった。その堀川の多くは、戦後埋め立てられてトラックが行き交っている。

船場・島之内を取り囲む堀川は、かつては、水上交通の通路として重要であった。船場（中央区北西部）は、近世以来、諸国の商品の上げ下ろしの盛んな場所であって大いに廻船人の活躍した繁華な地だった。『新修大阪市史』には、近世において、下船場（西船場）・堀江は「遠国問屋」が多く集まっているのに対し、船場は「近国問屋」、島之内（中央区の南西部）はそれに加えて小売商や職人の同業者町が集まっていたと記している(4)。しかし、現在の川筋の生業においては、船場に積み卸しする商品など全くない。かつては、船場・島之内周辺の東横堀・道頓堀・西横堀・大川などの堀川は、物資を運搬する水路として川筋の生業にとっては重要で物資輸送の生命線で、大阪のマチは海に向いて東西に短冊のように連なっていた。川筋の生業は、船場・島之内の周囲を巡っていた。しかし、今や市中の多くの堀川が埋め立てられ、川筋の生業は船をトラックに切り換え、船場・島之内に商品を届けることは全く途絶えた。

大正末の河川の航行と陸上の交通について三田純市《みたじゅんいち》は、「大正十四年三月の大阪市土木部河川課の調査によると、当時の大阪の、河川および公用水路の総延長は八三・〇四二キロ、同じ時期の市電の営業キロ数が、八五・二六四キロだからほぼ市電に匹敵する。そして、これはなにも長さの問題だけではなく、当時の市民の利用度からいっても、河川の航行と、陸上の交通とは、ほぼ同等だったと見ても差し支えがない」と述べている(5)。川筋の生業において輸送の方法が舟運から陸送に変化していったのは、近代の時間と労力の経済性からしてみれば当然の成り行きであった。近代経営の合理性追求は、潮の干満など自然条件による影響を嫌い、人力を要する作業を避け、機械化を強力に推進するのである。

前に挙げた木津川左岸の竹屋（大正区千島）は、かつて陸路の輸送には馬力を使っていた。それがトラックに取って変わった。小説「泥の河」にある馬力屋の悲劇は、馬力がトラックに変化するさまを文学的世界として表現している。(6) 場所は、堂島川が安治川に名を変える船津橋《ふなつばし》であった。馬が橋の勾配を渡りきれずに荷物ごと転覆し、馬力屋を圧し殺したのである。時代設定となった昭和三〇（一九五五）年頃は、小型三輪車が街角に出回り出した時代である。時代の波を乗り切れなかった生業の悲劇でもあった。川筋の生業が大きく変貌するのは、高度経済成長を間近に控え、戦後社会が繁栄期にさしかかるこの時代のことであろう。これらの変化は、川筋の生業の近代化によるものであって、その後、今日に至るまで長い間「水都大阪」ということばからは、文化財の建つ中之島界隈の景観などしか想起できなくなり、そこに息づく生業など忘れ去られることになる。

（3）営業場所の変化

生業の営業場所にも変化が認められる。木津川左岸の造船所（大正区三軒家東）の移動は、堂島にあった「船大工町」という地名の消滅にも見られる造船産業の都心部からの撤退である。船大工町（北区堂島）は、業界記念誌に「晩年秀吉は朝鮮出兵を企て諸候に命じて、軍船を造らせた。大阪でも各地から船大工を集め中ノ島、堂島で造らせＮ造船も当地で活躍したと伝えられる」と記されている。(7) この軍船築造の記事の背景には、『太閤記』といった軍記物があるのかも知れない。『太閤記』にある「朝鮮陣御用意と為て大船仰せ付け被る覚」の件の各大名の造船義務、摂州播州泉州之浦々への軍船着岸の件が下敷きにあるのではないだろうか。ただ『太閤記』にも「船大工を集め中ノ島、堂島で造らせ云々」の記事はない。さらにこの項は「他の文献に見えず」と注釈が施されている。(8)「軍船」は、どこで造られたにせよ、昭和五二（一九七七）年一月末まであった北区堂島船大工町という地名を秀吉時代にまで遡ることには疑問が残る。(9)

また、同書には、「加賀百万石前田候の徴用を請け昭和五二年一月末まで町名のあった北区堂島船大工町に各大名毎の飯場で起居し中之島で軍船を建造し、以後大阪に土着した。当時の西区川口町は海であり、その付近に数多くの三角州があった。以後塩吉は都市発展（架橋）に伴い事業場をねづみ島、河童島（カッポジマ：福島区福島）と変遷し、明治の中期現浪速区木津川一丁目を経て大正六年第十二代目池田為吉氏が現在地大阪市大正区三軒家東三丁目に移転し云々」ともある。かつての「ねづみ島」は、現在の福島区大開あたりで中津川が六軒家川と伝法川・正蓮寺川に分流する口に当たる付近にあった。「河童島」というのは、『大阪繁花風土記』に「堂島西端の合羽島」のことで、堂島の西のはて船大工町の異名でもあったと記す(10)。市街地化の進行とともに船大工もまた、海の方へ海の方へと追いやられていったのである。北区堂島といった町地周縁（urban edge）の川筋から下流の河童島・ねづみ島に下り、さらに現在地の木津川にまで川を下ったのである。この西への移動は、川筋の生業の全般に通じる。それは、近代大阪の市街地化がマチの周縁部を海の方へ押しやって進展していったことと呼応するものである。

堀江（西区）から南市岡（港区）に移ったのは、尻無川左岸の櫓櫂製造である。櫓櫂製造職人である彼は、「江戸時代は堺で開業していたが、後に堀江に移る。大正の始めごろ、市岡浜通り（港区南市岡）に来た」という。堀江は、安治川・木津川・尻無川の川筋の東に位置し、大阪の町地の中心である船場・島之内の西に位置する。堀江は、川筋と商都の中心を結ぶ水路に当たっていた。現在、木津川左岸の廻漕店（大正区三軒家東）は、大正三（一九一四）年に市中船場に近い所がよいということで西横堀に移った。大阪に進出した商売人は、商いの中心の船場をめざし、少しでも近い所ということで西横堀に店を持とうとした。下船場（西船場）は、その手掛かりとなる場所である。それが、戦後、再開した時は、現在地の、木津川左岸の大正区三軒家東に移動している。堀江・下船場から河口に近い川筋に移ったのである。都市の広域化に伴う生業の海への移動は船舶関連の業界全般に見られるものである。

船を輸送の手段とする問屋業界においても、都心部からの撤退が認められる。安治川左岸の鰹節問屋（港区田中）は、靭《うつぼ》中通り（西区靭本町）から現在地に移った。彼は戦後昭和二二（一九四七）年に、西区靭の地に再興した。現在地に移ったのは平成元（一九八九）年一一月であるが、靭の地は場所がよすぎて、かえって交通の便が悪くなったためであるというが、海部堀川の埋め立て完了が昭和二六（一九五一）年のことだから、靭にいてもとうに舟運の恵みに浴せなくなっていた。だいたい、東の靭には「堅物」、西の雑喉場には「生物（ナマモノ）」を商う店が多かった。靭中通り一丁目には「北海物」といわれる昆布などを商う店が多かった。『大阪繁花風土記』諸市場に「干鰯市〈海部堀永代浜〉／塩魚市〈新うつぼ町新天満町の辺〉」とあるのは、東の靭、西の雑喉場のことである。[11]『新修大阪市史』によれば、靭永代浜（西区靭本町）は、川口の果たした流通拠点機能と深くかかわっているとある。[12]そうであれば、船場に向けての堀川が戦後次々と埋め立てられ道路になり、川口も港の機能を喪失した今日、靭も雑喉場も存在理由は夙になくなっているのである。鰹節問屋（港区田中）の移転の理由は、この地域の地理的条件の変化にある。これも川筋の生業の下船場（西船場）からの撤退の余波の一つである。これらの川筋の生業は、都市の発展に伴ってのマチの端に追いやられたものばかりである。水都大阪のマチの片方の先端には、いつの時代にも背後に「水」が控えていた。

（4）取扱商品の変化

川筋の生業は、全般的に往時の活気はない。そういったなかで、それぞれの企業努力が図られていることは、取扱商品の変遷にも窺われる。秀吉の時代に「軍船」を造ったと伝える木津川左岸の造船所（大正区三軒家東）は、現在、「軍船」ならぬ「交通艇」などを造っている。〈18　廻漕店から船大工まで〉に記したように、戦後の最盛期である昭和三二、三（一九五七、八）年には、交通艇、作業船、曳船、揚錨船、土運船、輸送船、油配給船を造船していた。それが現在では、修繕が殆どで造船は油配給船・曳船ぐらいになっている。取扱商品の変化というより衰退というべきか。造船不況の波・産業構造の変化は、この川筋の老舗の造船所にも押し寄せているのである。天保山運河畔の船大工（港区築港）は、昭和五五（一九八〇）年ごろまでは、木造船の新造船をしたが、最近では注文がないのでやめて修理を専門にするようになったという。川筋の生業においても経営規模が小さくては企業として成り立たないのである。

木津川左岸の廻漕店（大正区三軒家東）の故郷・岡山との取扱商品の変遷について「大正三（一九一四）年頃の大阪―岡山間の荷物は、大阪へはボール紙を運び、岡山へは化粧品、薬品、酒を運んだのであった。昭和四（一九二九）年頃の荷物には、軍需品が増え、荷物が大きくなった。やがて敗戦を迎える。ふたたび都会に乗り出すのは昭和二四（一九四九）年であった。昭和二六（一九五一）年頃、人から岡山からの米麦を運ばないかと勧められ、最新式の船を造ったところ見事に当たった。現在のおもな取り扱い商品は、紙類、塗料、塩の化成品である。紙類には、洋紙、板紙（ボール紙）、巻取り紙がある」という。大正初期において、大阪へは、印刷物半製品であるボール紙を搬入し、岡山へは日用雑貨をもたらすのであった。この時代、地方都市・岡山は、半製品を生産し、日用雑貨を消費する場所であった。戦前戦中の軍需品の輸送の時代を経て、戦後の一時期では、地方都市・岡山と大都市・大阪は、農産物・食糧の供給地と消費地との関係で結ばれていたのである。このように廻漕店の取扱商品の変遷から、都会と地方都市との経済面での結びつきを読むことができる。

木津川左岸の竹屋（大正区千島）のおもな商品は、棹竹のようなものとシラタケである。シラタケは、昔、壁の下地竹に使ったり、テントの芯に使った。現在は、建築用材の変化であまり売れないという。尻無川左岸の瓦問屋（港区南市岡）は、新制屋根材であるスレートとか置物としての干支瓦などを売り出したりして、伝統的な技術に新しい建築様式・生活様式に見合った商品である工芸品に販路を求めている。尻無川左岸の船具問屋（港区南市岡）

は、小売に手を広げている。港区にある水族館「海遊館」に隣接するマーケットプレースに世界各地の船の骨董品を販売する店舗を出している。これなどは、大阪湾一帯のウォーターフロントの再開発の時流に乗った営業の展開である。

商品の変遷は、世相史的関心からだけではなく、伝統の変容としての側面から読み取ることができる。新たに取り扱うようになった商品であっても、そこに職人・商人の生きて行くために元の技術・情報を活かしての工夫がみられる。変更された生業は、生活様式の変化に伴う変容した民俗なのである。

（5）生業の消長

尻無川左岸の瓦問屋（港区南市岡）について、淡路の瓦の仲買人が大正の末頃から現在地にやって来たことは本章〈19　フナジョタイにみえる海民的性格〉に記した。その後のことは、「終戦後の闇市の時代は、疎開のために潰した家の持ち主のない古い瓦をひっぱって来て新円に替えたりもした。戦後復興の時は、忙しかった。淡路からは瓦問屋になるために一四、五軒、渡って来た。最盛期は四四、五軒になった。土地は長屋の地主から分けて戴いた。隣の土地はジェーン台風の時、昭和二五（一九五〇）年に買った。台風があったりすると瓦屋は忙しくなる。現在は、往時からは七、八社が転業、廃業して三八社になった。現在は若年の人手が不足している。瓦葺高等職業訓練校で後継者を育成している」という。

こういった建築に関わる生業は、戦災や水害といった人が家をなくして困っている時に成長するものである。現在、若年の人手が不足しているのは、屋根葺きといった技術を要する危険な作業、たいへんな重量のある瓦の運搬が避けられているからであるという。屋根大工職人の伝統的技術は、今や「高等職業訓練校」で育成されている。

近代は、徒弟制度といった伝統的な人間関係を崩した上に、学校という教育機関で伝統技術を習得させているのである。この変化は、技術伝承を支える伝承母体の変化であり、おのずから伝承が技術的側面に限定されることになる。前近代的な技術を有する「職人」などこのような教育により、生み出されるものではない。尻無川左岸の船具問屋（港区南市岡）でも、「仕事内容を『3K』として見られ、若い人手が不足している」という。作業の近代化・省力化は、伝統的な技術を変容させ、若者の就労意識をも変化させている。川筋の職人が今や消え去ろうとしている。尻無川左岸の櫓櫂製造（港区南市岡）職人もそうである。彼は「昔、忙しい時は応援の職人がいた。昭和の始め頃は、同業組合に一五、六軒は加入していたが、現在では大阪で一軒だけになってしまった。息子が亡くなったので跡継ぎはいない。現在では繁忙期、閑散期はない。以前、木の漁船の多かった昭和三〇（一九五五）年頃は春と秋の前が忙しかった」という。跡継ぎのいないこの職人は、大阪商工会議所中小企業相談所発行『大阪ぶらりある区』平成二（一九九〇）年三月号にインタビュー記事が掲載された。今や「伝統」は、文化財保護行政の対象ともなっている。川筋の職人は、高齢化・後継者難により、他の職人と同様、近代化の中で消えつつある。そういった状況の下に技術伝承およびそれに伴うさまざまな心意伝承が行われている。二〇〇二年の年の暮れ、一〇年ぶりにこの川筋のマチを歩いた。その時、「櫓櫂オール」の看板がなくなっていた。気懸かりなことである。

民俗の変容と継承の問題は、このような川筋のマチの生業においても深刻なものとなっている。長く続いた不況下、グローバル化が進展し産業構造が急速に変化した。このような今日的状況にあっては、零細な企業が多い川筋のマチにかすかに息づいている伝統的な地場産業がその波に飲み込まれ、職人・諸職が有するさまざまな生業にともなう伝承が消滅するおそれがある。最後に本章に関連する地名を生業ごとに地図に分布を示す。

〈初出は、「川筋の生業の世界」『近畿民俗』（近畿民俗学会）一五一・一五二号　一九九八年七月。これの一部分を一部改稿。〉

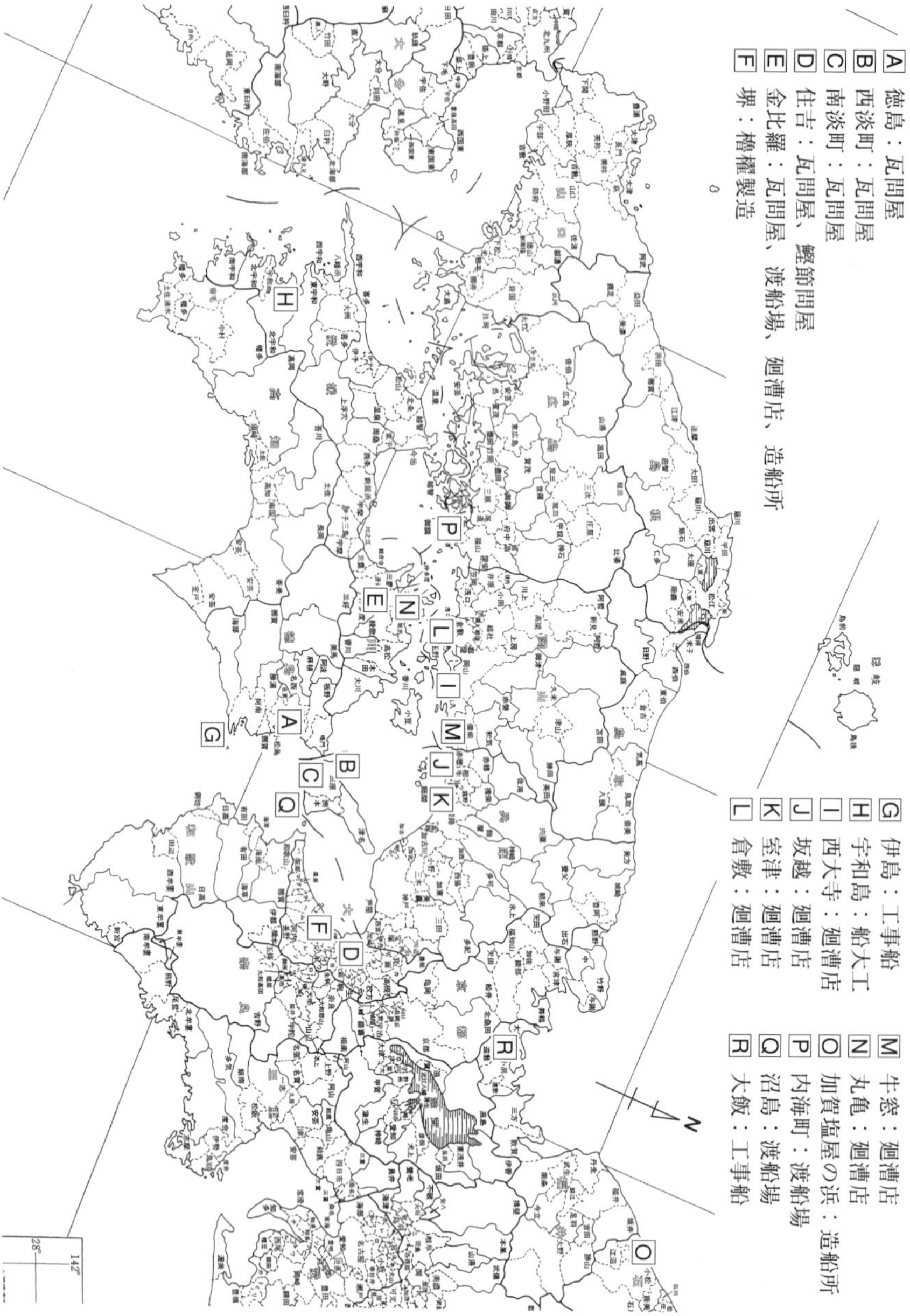
A 徳島：瓦問屋
B 西淡町：瓦問屋
C 南淡町：瓦問屋
D 住吉：瓦問屋、鰹節問屋
E 金比羅：瓦問屋、渡船場、廻漕店、造船所
F 堺：櫓櫂製造
G 伊島：工事船
H 宇和島：船大工
I 西大寺：廻漕店
J 坂越：廻漕店
K 室津：廻漕店
L 倉敷：廻漕店
M 牛窓：廻漕店
N 丸亀：廻漕店
O 加賀塩屋の浜：造船所
P 内海町：渡船場
Q 沼島：渡船場
R 大飯：工事船
N
142°
28°

(78) 川筋の生業関連地図

第四章　「水都」周辺のマチの民俗

概　要

〈第二編　水都大阪の民俗誌〉における「水都大阪」を展開するにあたって、自分が生まれ育った「場所」をとりあげる。〈はじめに「水都」周縁のマチの心象地図〉に記したように、私は昭和二五（一九五〇）年、大阪市福島区鷺洲の長屋で生まれ、そこで育った。その場所は、「水都」大阪の周辺のマチに位置する。大正一四（一九二五）年に「大大阪」が成立する際に大阪市に新たに編入された地域であり、現在の大阪市域の大部分を占める「大大阪」の一部である。近世において、その場所は、井路川が流れ、いくつかの池がある農村であり、その景観は、水辺の里・水郷であった。「水都」大阪の周辺のマチの大大阪には、かつてこのような「水郷」が広がっていた。

この地域は、昭和一八（一九四三）年までは「浦江」と言っていた。近世、この地は、浦江の地名が語るように、町場周辺のマチにあって水辺の農村であった。本章は、そのような場所の民俗を水都大阪との関連で位置づけることによって、都市大阪をめぐるかつての農村部と都心部との間の民俗の連関を論究する。

平成一〇（一九九八）年頃までは、生家の長屋を北に二、三〇ｍも行けば聖天市場《しょうてんいちば》という大阪市公認の市場に突き当たった。そこから北方二〇〇ｍも行かないところにお寺があり、「浦江の聖天さん」といって、今も地元の人たちから親しまれている真言宗・了徳院がある。この寺は、小学校時代の遊び場所の一つで、亀の池の畔に何だか黒い石が建っていた。それは、松尾芭蕉の「かきつばた語るも旅の一つかな」の句碑だった。檀那寺は、その北西隣の曹洞宗・妙壽寺である。この寺には墓場があり、春秋の彼岸や盆の施餓鬼会に祖母に連れられて参った記憶がある。東向きの大きな本堂があった。妙壽寺の東隣には、冨竹《とみたけ》という蓮料理が十八番の料亭があった。洒落た庭園はまるで郊外にでもいるような風情があったと地元の人はいう。浦江は、近世後期、粋人墨客の杖を曳く水郷であった。この地域に民家が建ち始めたのは、ようやく明治も半ば過ぎになってからのことである。最近まで、空襲を免れた長屋一帯は、家が整然と二、三〇軒隙間なく建ち並んでいた。そこの住民どうしには、今もざっくばらんなつきあいがある。

〈22　見え隠れする「ムラ」〉では、かつての水郷における現代の伝承をとりあげ、伝承の置かれている今日的状況を概観する。この節では、この地域においてさまざまな角度から見え隠れする「ムラ」を追究する過程にみられるさまざまな伝承をとりあげる。このマチは、かつては「ムラ」であり、都鄙が接続する空間である。この都心部周辺のマチ部において現代の「景観」にムラは見出せないものだろうか。通時性を追究すれば容易にムラは見出せる。現代の「伝承」にムラは見出せないのだろうか。都市民俗研究の課題の一つとして、近代に至って急激に都市化した都心部周辺（urban fringe）のマチのマチにおける伝承を追究することの困難さと、それを克服して「伝承」を追究することの意義を論究する。

〈23　都市化に消えた蓮池〉〈24　都市化に発生した松尾芭蕉伝説〉では、「水都」周辺のマチに位置する寺院に現存する石造物を手がかりとして、地域の水辺の伝承を論究する。民間伝承を論述するのに、ややもすれば伝承者への聞き書き、文献だけに頼ってしまう。それらの方法にはおのずから限界がある。石造物は、移動もするが、永く語り続けるものである。忘れ去られた伝承を埋蔵文化財に譬えるならば、都市化によって「埋没した伝承」を発掘するには、それまで省みられることのなかったモノを地道に調査するほかない。石造物は、「埋没した伝承」を発掘するのに恰好の対象となる。対象とする石造物は、寺院境内の鳥居・常夜燈・香炉・手水・花立て・石塔・石柱・石碑などである。〈23　都市化に消えた蓮池〉では、妙壽寺に現存する石造物を手がかりに「浦江」の原風景となる水郷の伝承を中心に、寺院の伝承を検証する。〈24　都市化に発生した松尾芭蕉伝説〉では、了徳院に現存する石造物には、堂島米相場師の奉納した石碑をはじめ、松尾芭蕉の句碑が現存する。それら石造物を手がかりとして、文献と照合する作業を通じて芭蕉来訪伝説を中心に寺院の伝承を検証する。〈25　福島聖天の高田屋嘉兵衛霊験譚〉では、福島聖天（浦江聖天）に伝承される淡路島出身の廻船人・高田屋嘉兵衛の霊験譚を近世勧化本《かんげぼん》記事の本文批判をふまえてその伝承性を検証する。水郷浦江は、淡路船が繋留する川口にも程近い。無名の廻船人が起業の成功を聖天に祈願することも考えられる場所なのである。〈26　堂島浜周辺の民俗空間〉では、浦江が近世において、全国の米の相場を左右した堂島米市場がすぐ近くに控えていた。浦江は水都に直結したムラだったのである。これらの論究は、〈22　見え隠れする「ムラ」〉に挙げた現代の伝承を検証すると同時に忘却された地域の歴史を顕彰しようとするものである。

22　見え隠れする「ムラ」

―「水都」周辺のマチの伝承―

(1)　都市民俗研究における伝承

今日、民俗研究の一つの領域としての市街地は、確固たる位置を占めている。その研究成果は、現代伝承研究会機関雑誌『都市民俗研究』をはじめ、多くの研究誌、いくつもの著作に示されている。市街地が民俗研究の対象となったのは、従来、日本民俗学のフィールドがムラに偏していただけで、当然のことではあるが、そこにとりあげられる市街地はけっして一律なものではない。この問題は、都市民俗学が提唱された一九八〇年代にまで遡及される問題であり、行政単位としてのムラを対象とする場合であっても心性としてのマチの民俗が認められるだろうし、行政単位としてのマチあるいは都市を対象とする場合であっても心性としてのムラの民俗が認められることもあろう(1)。本節は、都心部周辺のマチの伝承を後者の観点から論考する。

都市化された空間における民俗を論考する場合、それの成立過程を通時的にみる必要がある。共時的にみての都心と都心部周辺のマチとは、景観上も相違するものであるが、その相違は通時的にみることによって明白となる。ところが、今日、都市・マチの周辺部は、たいていマチ以前は農業をいとなむムラであるが、一見するとムラとしての伝承を遺していないばかりか、マチとしても顕著な史料を得ることが困難に思えることが多い。大阪の場合、都市の構造は、通時的には容易に知ることができる。現在の都心部は、近世の大阪三郷に属し、商家を中心とする町家が軒を列ねていた。都心部周辺は、当時、農村であって、近世においては、集落の周囲は田畑であった。いったい、このような都心部周辺の現代における伝承とは、どのようなものであろうか。本節ではムラとしての性格を通時的に追究することにより、民俗における都鄙連続論の検証を試みたい。

事例の対象とするのは、大阪市福島区鷺洲である。鷺洲の属する現在の福島区は、広さは二㎞四方で、人口は五四〇〇〇〇人程度である。大阪の都心部の北西に位置し、地勢的には南に堂島川、北に新淀川に挟まれている。東は梅田を中心とするキタの繁華街、堂島を中心とするオフィス街に接し、南は堂島川を隔てた中之島に外資系高級ホテル・国際会議場などの高層ビルが林立する。このような都心部周辺のマチに位置する福島区にもさまざまな伝承がみられ、注意してみると、ムラとマチとが反転し、ムラが見え隠れするのである。次の項には、福島区内におけるさまざまな形でムラとマチとが反転する伝承をとりあげる。

（2）福島区におけるさまざまな伝承

始めに(79)関連地図1を示す。

福島区海老江《えびえ》には、現在も宮座による饗《きょう》神事が継承されている。この神事は、一二月一五日夜、この地の旧家であるヂゲの人の家で調製された神饌を深夜にウジガミである海老江八坂神社（福島区海老江：関連地図A）に奉納される神事であって、一九七二年に大阪府の無形文化財の指定を受けている[2]。この行事は、市街地となった今日なお、ムラであった時代の伝承を継承しているのである。この神社に伝承される白龍伝説は、この神事の龍頭籠《りゅうずかご》にまつわるものである。都心部周辺のマチにあっても海老江地区にはムラであった時代の伝承が継承されているのである。

(79) 地図１：「水都」周辺のマチのムラの伝承関連地図

(80) 下福島公園内再現「藤庵」

区内の公園で最大の面積を擁する下福島公園（福島区福島：関連地図B）の一角には、旧跡「藤庵」を移設再現した庭園がある。旧跡「藤庵」は、今日「福島区の花」にも選定されているこの地の名花「野田藤《のだふじ》」の植わった庭園であった。案内板に足利将軍義詮《よしあきら》はじめ、太閤秀吉も訪れ、茶会を開いたとも記されている。この庭園は、そのような事績を伝承するために昭和四六（一九七一）年に藤庵（春日神社：福島区野田：関連地図C）が公園内に移設再現されたものである。この事例は、野田の地がマチバにほど近い景勝地であったことを顕彰するために「再現」された施設である。

　福島区福島にもいくつかの伝説がさまざまな形態で伝承されている。福島八丁目の和菓子屋（二葉屋：関連地図D）では、源義経にまつわる「逆櫓の松」伝説を銘菓に仕立てている。それは、源氏の紋所である笹竜胆《ささりんどう》の焼き印をおした餡のはいった饅頭である。この饅頭は、「遺蹟の湮滅に瀕せるを惜しみ郷土の有志相図り茲に遺域を整え以て後世に之れを顕彰せられしを記念として精選調製苦心の結果こゝに會心の好菓を創製するを得てその名も逆櫓の松と名づけ茶道愛好の諸賢は勿論廣く雅人の味覚に應えんとす」と店主が記すように、伝説を顕彰するために昭和三二（一九五七）年、「創製」されたものである。この伝説は、堂島川の枝川であった蜆川埋立地傍らの歩道（福島二丁目）に植わっている松（史跡逆櫓の松：福島区福島：関連地図E）にまつわるものである。源義経が平家追討の際、その松の下で梶原景時は船に逆櫓を取り付けることを諫言し、義経との間で進退の論争をしたとされる。この伝説は、近世の芝居の上演もあって広まったものであるが、それの背景には近世福島の生業としての廻船業が控えるマチバの伝承がある。[3]

　福島五丁目のホテル阪神（関連地図：F）の天然温泉は「徳次郎の湯」と命名されている。「徳次郎の湯」という

(81) 福島天満宮前よりホテル阪神

のは、この地を訪れたと伝わる傷心の菅原道真を温かくもてなした里人の名にあやかったもので、もとの伝説に基づいて新しく創作したものである。近くの福島天満宮（福島二丁目：関連地図：G）には、菅公が祀られている。この神社には、〈第二編　第二章　17　福島天満宮の餓鬼島伝説〉に論究した福島の地名伝説が伝わる。菅公が大宰府（福岡県太宰府市）に下向するおり、この地に潮待ちをする。その際、里人に島の名を尋ねたところ、「餓鬼島」と答える。それなら「福島」に変えるがよいと告げ、名を改めたと伝わる。この伝説にも、川筋の廻船人の関与が認められ、福島のマチバとしての性格を示す伝承である。まさに水都大阪の中心からみれば北西の縁に位置し、まざまな伝承にムラとマチとが反転して見えるのが福島区なのである。以下、対象とする福島区鷺洲について詳しくみてみる。

（3）地域の景観

この地区は、福島区の北東部に位置し、東を同区福島に接し、西を同区海老江に接する。北はＪＲ神戸線の高架とそれに平行する阪神高速道路の高架により北区大淀南と隔てられている。南は阪神電鉄本線の高架により同区野田と隔てられ、この高架に平行して国道二号線が走っている。

街区は、地区のほぼ中央を南北に走る道路により、およそ西側は住宅公団の高層住宅（公団鷺洲第二団地：関連地図Ｈ）、東側は戦前からある長屋住宅が建ち並ぶ地区に分けられる。商店街はやや北側を東西に聖天通《しょうてんどお》り商店街が貫く。「庶民の街」を自負するところのマチであるが、一九七〇年後半から急速に工場跡地に高層住宅が建ち出し、今日、そこに住む若い住民と長屋住宅に住む高齢者とに分極化が進行している。高層住宅が建つ以前は、工場と長屋住宅とが混在する地域であった。長屋住宅は、湾曲した道路に沿って幾筋も連なっていた。その点、市街地とはいえ都心部にみられるような画然とした十字路からなる都市的景観とは趣を異にする、独特の下町風情を醸し出している。

旧跡としては、北部に近世の村明細などにみえる寺院が二ヶ寺ある。了徳院（関連地図J）と妙壽寺（関連地図J）である。了徳院（福島聖天）は真言宗の寺院で、かつては「浦江の聖天さん」といわれ、大阪北郊にあって庶民信仰で賑わった。現在も春の節分、護摩法要、盂蘭盆の精霊送り、地蔵盆、大晦日の除夜などには大いに賑わう。この寺院には小さな池があり、初夏には藤・「杜若」が咲く。妙壽寺は曹洞宗の寺院で、阪神高速道路の福島出口の前である。檀信徒による春秋の彼岸会、盂蘭盆の施餓鬼会に賑わう。大相撲春場所の時には伊勢の海部屋が宿舎とし、このマチの春の風物詩となっている。なお、鷺洲のウジガミさんは、素戔嗚尊神社（関連地図K）で、この神社は現在の北区大淀南に鎮座し、鷺洲地区には、ウジガミさんの社はない。

この地区における「行政上のムラ」は、明治四四（一九一一）年まで存在した。行政上のムラの最後は、「鷺洲村浦江」であった。それ以降、「鷺洲町浦江」となり、「村」から「町」となる。行政上のムラが消滅して百年近くなる。もとより、この地区は、近世以来、明治二二（一八八九）年までは、「浦江村」であった。はたして、この地区における「民俗としてのムラ」はどのようなものだったのだろうか。以下、この地区を通時的に観ることによって「民俗としてのムラ」を探ってみよう。

（4）通時性からみた地域

(1) 近世のムラ

近世にあっては、鷺洲は浦江村の一部であった。【地図2：近世絵地図にみえる浦江村】には、右上に位置する。地図2　近世絵地図にみられるように浦江村は、大阪北郊のムラであった。近郷農村である。寛政五（一七九四年）年七月村明細にその子細な記事があり、その一部を抄出すると「家数合七十七軒内〈割注：四拾八軒　高持百姓／貳拾九軒　無高百姓・借家とも〉／一、牛数十六疋　馬は無二御座一候／一、村中男女の者作間の稼、銭さし縄・仕事等仕候」とある。[4] 生業の中心は農業で田畑を耕作し、牛馬のうち牛を使役する農村であった。その地の農夫たちは、〈第一編　第一章　3　梅田道牛の藪入りの都市民俗〉に論究した梅田堤に牛を遊ばせた人たちである。その田畑は、「地低の村に御座候故、洪水の砌悪水野間へ相湛、水損度々仕候」とあるように、浦江は、その名のごとく、洪水が田畑を見舞う低湿地で、用水は中津川から引くところであった。水利施設としては、「用水井路長凡二千五百間程、横平均九尺」などと記され、村内を井路がめぐる水辺の里・水郷であった。

寺社の記事としては、氏神牛頭天王（現在の素戔嗚尊神社：北区大淀南）の他、禅宗宇治黄檗山万福寺末・勝楽寺（北区大淀中）、浄土真宗西本願寺末・安楽寺（北区大淀南）、真言宗無本寺・了徳院（福島区鷺洲）、真言宗無本寺・妙壽寺（福島区鷺洲）があげられている。このうち、現在の鷺洲（かつての浦江村の南部。以下「南浦江」と表記することもある。）に位置し、所在するのは了徳院と妙壽寺の二箇寺である。諸職として、煮売商いの市郎兵衛、道心者観量尼自圓があげられるのみで、この他の諸職・商人の記事はみられず、「諸用は大阪にて相達申候」とある近郊農村であった。近世のムラのありさまを『鷺洲町史』には、「之を要するに当年にありては三村（＊：大仁村・浦江

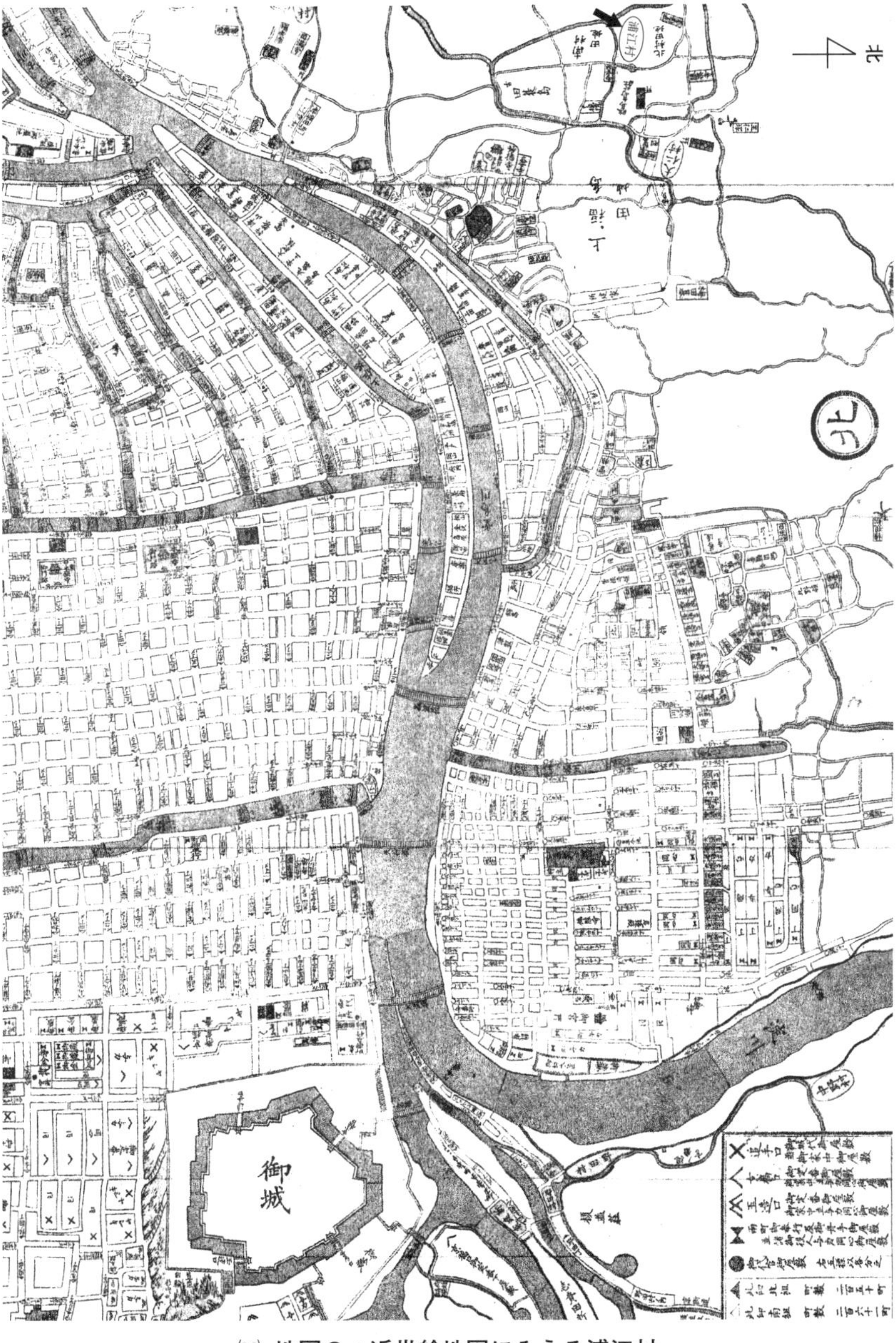

(82) 地図２：近世絵地図にみえる浦江村

村・海老江村）共に寥々たる農村にして戸数合して四百内外を上下せしに過ぎざりき。故に旱天には冷露点々たる牧を背にせし妙齢の婦女は晩靄の中に没し、或は帰耕の農人、犂を柴門の傍に捨て、桔皐上下して炊烟紫色を呈し、暮色蒼然たるに至れば、牧童牛背に跨り、田間帰路に就く等真に一幅図中の光景たらずんばあらざりしなり」と詩的に表現している。(5)牧草を背負う妙齢の婦女といい、帰耕の農人といい、牛背に跨る牧童の記事は、町史筆者が描出した理想の農村風景である。近世浦江村は、はたして「一幅図中の光景」と謳歌される牧歌的なムラで表現し尽くしているのであろうか。

『葦の若葉』には、後に江戸の文人となる蜀山人《しょくさんじん》こと大田南畝《おおたなんぽ》が大阪に在職のおり、野田・福島から浦江村了徳院を訪れ、杜若池・藤棚を記している。(6)了徳院の杜若・藤は、野田の藤ほどではないにしても、一九世紀初頭の享和年間には、大阪市中の町人・文人に知れわたっていた。浦江は、マチの端にあたる曾根崎新地にもほど近い場所で、徒歩でも二〇分ほどの距離である。降って安政年間の『摂津名所図会大成』、『浪華の賑ひ』には、了徳院とならんで北隣の妙壽寺の記事がみえ、『浪華の賑ひ』には、「境内の林泉美景なり」とある。(8)近世末、浦江村は、大阪北郊の花の名所となり、浦江村とりわけ了徳院・妙壽寺の位置する小字「里中」の一角にはマチバの兆候が認められる。

(2) 近代のマチ

この浦江村に近代社会が到来するのは、大阪の町地と比べて後れる。

【地図3：明治二〇年頃の浦江】には、「図像上のムラ」をいまだ読み取ることができる。当時、浦江村の集落は鉄道線を挟んで北と南とに読みとられる。この地図からは、この地区の中央部を井路川が囲繞していたことがわかる。その井路川は今日の湾曲した道路と重なる。南に位置する上福嶋村（福島区福島）などこの時代すでに蜆川沿

⑻ 地図３：明治20年頃の浦江

いに街区が形成され、市中町地と接続しマチの端となっている。これに対し、鷺洲にあたる浦江村の南半分は、井路川に囲繞された小さな集落をなしているにすぎない。いまだ水郷の景観を保っていたと想像される。

マチバへの変貌は、その後三〇年を経た【地図4：明治四〇年頃の浦江】に顕著となる。行政上では鷺洲村末期にあたる。井路川に沿いにモスリン友禅の工場などが建ち、地域内には、役所・学校・郵便局が設置されている。もはや、田地は海老江村に至る西部と西成線沿いの南部を残すだけとなり、市街地によって埋め尽くされている。『西成郡史』は、鷺洲村の発達を一九〇四（明治三七）年の日露戦争期に求めている。新淀川の開削、道路の新設などの交通の整備に伴い、急激に家屋が増加し、巡査派出所・郵便局・寄席・料理屋・飲食店・小売諸商店・会社・工場の設置が進行した。これにより、職工・労働者の居住をみるに至ったのである（注：一九二五年『西成郡史』名著出版、一九七二年覆刻、二九二頁）。長屋は井路川・田圃の畦道に沿って造成された。今日に残る長屋はその時代の所産である。鷺洲の中心を貫く聖天通り商店街ができるのもこの時代で、「浦江聖天」と親しまれた了徳院は、梅田・曾根崎新地からの参拝客で賑わった。

【地図5：大正時代終わり頃の浦江】は、大阪市に編入されることとなった鷺洲町についての歴史を編纂した『鷺洲町史』から採ったものである。この地図を読むと、現代の町並みの原型が完成していることがわかる。役所・学校・郵便局の他に工場が見られる。この時代の鷺洲は、友禅工場・ゴム会社・メリヤス会社・ノート会社・ボタン会社・運動用品工場などが見られる工場街であった。それに伴い、近世以来の田園風景が大きく変化する。浦江を巡っていた井路川が廃液にまみれ埋め立てられ暗渠化するのは、昭和一〇（一九三五）年前後のことである。[11]鷺洲と福島の境界となる井路川跡地沿いに、明治四四（一九一一）年施行の煉瓦建ての上福島抽水所が建っていた。[12]そこには、都市化により原風景を喪失してゆく近代の相貌を読みとることができる。井路川の暗渠化は、潰えた「水郷」の近代化であり、景観としての「ムラ」の消滅を意味する。

⑻4) 地図４：明治40年頃の浦江

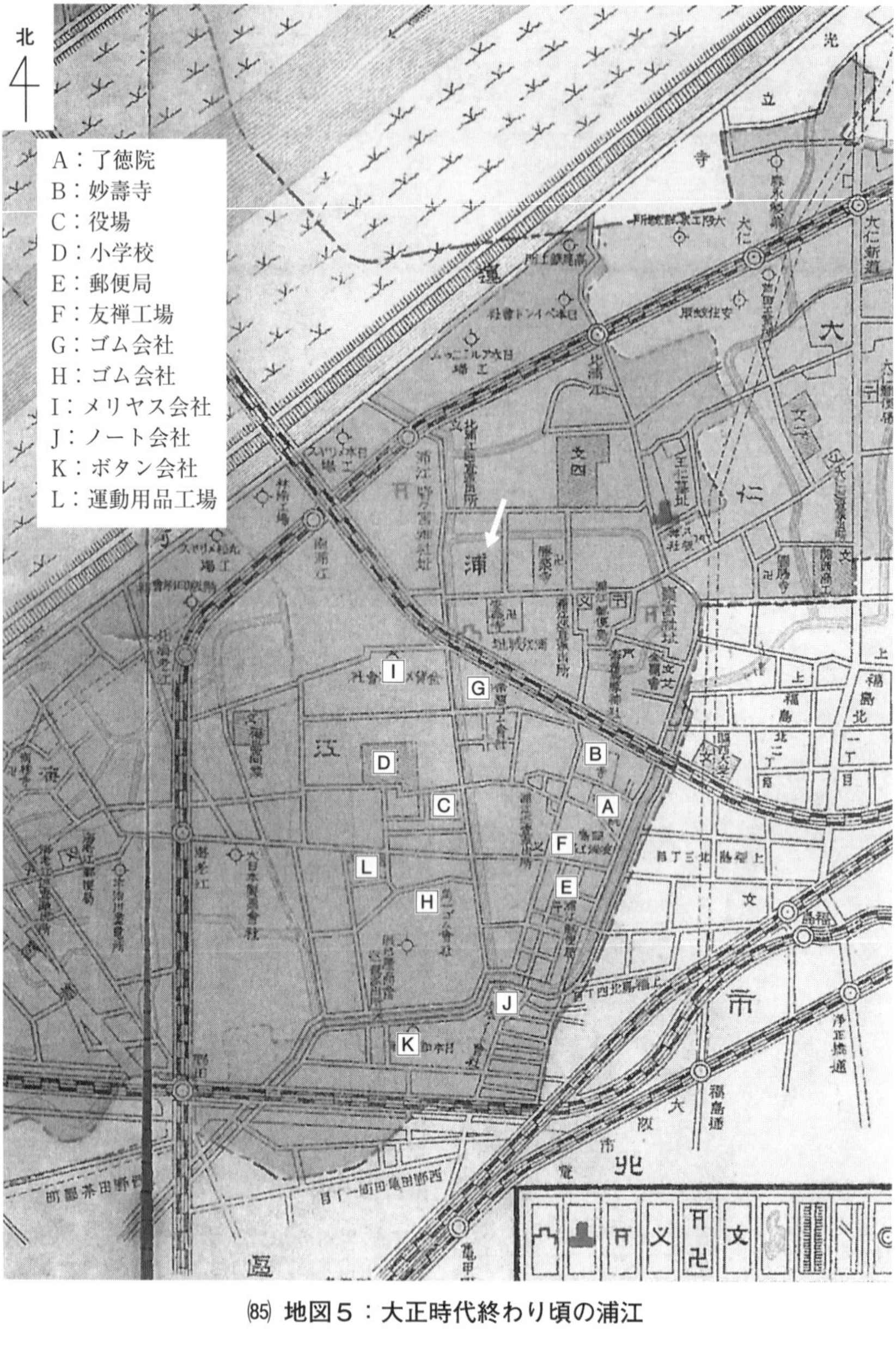

⑻⑸ 地図５：大正時代終わり頃の浦江

(3) 戦後のマチ

大阪は、昭和二〇（一九四五）年の戦災によって町並みを変えた。了徳院から妙壽寺にかけても被害を被った。しかし、長屋一帯は焼け残った。昭和初期まで了徳院の東の井路川に沿って立ち並んでいた店屋が昭和二五（一九五〇）年には、市公認聖天市場としてかつての井路川に沿って西の場所に建てられた。特価日があって、チンドン屋が町内を練り歩いた。工場も忙しく操業しており、近所のメリヤス屋からはミシンを踏む音が朝早くから晩遅くまで聞こえてきた。キリギリスかクツワ虫が鳴くような音が年中、町内じゅうに響きわたっていた。埋め立てられた井路川跡の道路には「九」のつく日に夜店が出た。それが昭和三〇年代（一九五五～一九六四年）のこのマチの情景である。団塊の世代の子ども時代で、町内に子どもたちがたくさんいる活気にみちたマチであった。

このあたりの子供たちのうち何人かは、了徳院境内の東にある算盤学校に通った。時間待ちには、山門傍らの境内で相撲をとったり、冬にはドーウマといって、股座に首を突っ込んで馬乗りをして遊んでいた。妙壽寺には、春と秋の彼岸に檀家の子供たちは爺婆に連れられて本堂に参った。帰りに戴いたオコワ（強飯）は、家で炊く赤飯にない餅米の艶があった。この寺には習字を習いに通った子供もいて、寺院は子供たちの勉強の場でもあった。

昭和四〇年代（一九六五～一九七四年）は公害問題が噴出した時代であった。このマチの工場があいついで立ち退き、その跡地にスケート場・プール・バッティングセンター・ボウリング場などの民間のスポーツ施設が建った。リバープールといって流れる水で若者たちがたくさんやって来た。結婚式場も建った。団塊の世代がはたちぐらいのことである。これらの施設の撤退は早かった。中高層マンションの建造ラッシュがこのマチにうち寄せるのは昭和四九（一九七四）年以降のことである。[13] 工場がスポーツ施設になり、それが高層マンションとなった。この地域で変わらないのは長屋ぐらいだと思っていたら、ここ数年老朽化した長屋の中層マンションへの建て替えが進行している。このような地域における伝承とはいかなるものであろうか。

（5）現代における寺社の伝承

この項では、寺社が発行する由緒書きを中心に、今日の伝承を挙げてみる。素戔嗚尊神社《すさのおじんじゃ》（北区大淀南）における宮座について『素戔嗚尊神社略記』は「近代迄、九戸の宮座の人達によって守られて来ました。（中略）戦前は、宮座の人達によって一月十日の夜半に、御節会《ごせちえ》という神事が行われていました。女人禁制、熟饌という特筆すべき行事でしたが、中止されたままになっています」と記す。鷺洲地区には、海老江に継承されているような宮座による神事がもともとなかったのだろうか。『素戔嗚尊神社略記』に記す宮座には南浦江・鷺洲の人たちが加わっていたのであるのだろうか。素戔嗚尊神社における宮座の伝承については、境内王仁神社《わにじんじゃ》の常夜燈に「東宮座」「昭和十年七月建之」とあり、九名の名前が刻字されている。王仁神社は、『素戔嗚尊神社略記』によれば、明治四五（一九一二）年に字東神殿《ひがしこうどの》から現在地に遷宮してきたものである。「東宮座」を営む集落は、鷺洲を指す南浦江ではない。宮司は、「宮座は鷺洲にはなく、北浦江の人たちが終戦の翌年まで行っていた」という。鷺洲には、宮座を支えられるような庄屋筋がいなかったのである。その点において、同じく都市周辺のマチに位置する海老江とは事情が異なり、神事に「ムラ」は見えないのである。

前項の近世の村明細にみる限り、浦江の地は低湿地であった。水際の伝承はないものだろうか。「八十島《やそしま》伝承」を『素戔嗚尊神社略記』は、次のように記す。「この辺は、太古より形成された多くの島々の中の一つである田蓑《たみの》島《じま》であったろうと考証されています。鎌倉時代の末まで行われていた八十島祭りはこの島でも行われました」これに「田蓑島」の記事がみえる。「田蓑島」は、前掲の近世絵地図に井路川に囲繞された南浦江の田地の「古田蓑島」

と符合する。少なくとも近世に遡ることのできる水際の伝承である。また、『素戔嗚尊神社略記』には「伊勢の斎宮女御の御祓の地でありました」ともある。この伝承は、「七瀬祓」のひとつである「難波」を受けてのものであろうが(14)、この浦江が平安京からして淀川の下流にあった中州に位置したことによる伝承である。

了徳院には、仏像が海中から出現したとの伝承がある。『了徳院のしおり』には、「『浦江』の地名が示すように、本尊である聖天尊（十一面観音菩薩尊）は、この海の中から漁師の網にかかり、上がってこられました」と記す。このような神仏の海中出現伝承は、此花区・港区・大正区といった新田埋立地における波除けの地に聞くが、そういった地にかぎらず、かつて海辺であった地域の津々浦々にあるものである。

了徳院の水際伝承には、加えて俳人松尾芭蕉の来訪の伝承がある。『了徳院のしおり』には、「浦江は淀川下流の低湿地帯であったことから、かきつばたの名所として、（中略）高名な俳人・松尾芭蕉も俳諧の旅で訪れ、その感慨を『かきつばた　語るも旅のひとつ哉』の句に残しています」と記す。この伝承については、本章〈24　都市化に発生した松尾芭蕉伝説〉に詳しく論究するが、この杜若句碑が近世全国に蕉門俳人によって、建立された芭蕉塚の一つである「杜若塚」であることは、確かなことである。妙壽寺にも水際伝承はある。寺伝には、「延宝三（一六七五）年曹洞禅宗の高僧存甫和尚が近江湖東より来錫し、僧堂を設け、境内周辺の池沼に蓮華杜若を移植されました。それが後に浦江の蓮、杜若として浪華名所となった」とある。この池沼伝承も了徳院同様、名花にまつわる伝承である。存甫《そんぽ》和尚は、一六三一年に若狭国小浜藩主酒井氏の菩提寺・空印寺《くういんじ》を創建した高僧である(15)。妙壽寺の伝承における来錫はその約四〇年後のことである。

ここに挙げた了徳院・妙壽寺ともに村明細には「真言宗」となっていて、近世後期、この地にあっては、民俗宗教が盛んであったことがうかがわれる。毘沙門天《びしゃもんてん》信仰については、妙壽寺の栞に「山内の守護尊『毘沙門天』は商売の神さまとして浪花商人の信仰を集め、香煙絶えることなく、『浦江毘沙門さん』としてにぎわっていました。

現在本堂横に仮奉安してあります」と記す。了徳院における聖天信仰について『了徳院のしおり』は、「聖天尊を仰ぎ慕い信心に勤めたことにより、あらたかな霊験を授かった人たちのなかに次のような人がいます。まず、江戸時代寛政から天保時期の易相学者であり、『食は命なり』の名言でも有名な水野南北です。少年時代は暴れん坊でしたが、罪を犯す人間の人相はどこか違うと気づいて自分の人相を易者に見てもらうと、寿命は三年との宣告。助かる道は信心と諭され、すっかり心を入れ換えて浦江聖天にお参りして熱心な信者となり、後に易相学者として大成しました」と記す。二〇〇二年夏以来、福島聖天通り商店街に「売れても占い商店街」と不思議な文句の幟が立てられた。易学者・水野南北にあやかったイベントを実施して易者が勢揃いしているのである。了徳院には、淡路出身の廻船人・高田屋嘉兵衛が日参し、事業に成功したとの伝承もある。

これらの現代における寺社の伝承がどのような過程を経て伝えられたかの問題を実証的に論究することは、都心部周辺のマチのムラがマチとなる過程を探る上で大変重要なことなのである。

（6）都市民俗研究の課題

都市民俗研究の領域については、都心部に加えて都心周辺のマチを設定してみると、まだまだ豊かな沃野が広がっていることに気づかせられる。前項においては、そのようなフィールドにおける現代における伝承をとりあげた。

このような都心周辺のマチの現況は、ムラの伝承を探求するのにたやすくはない。近代における居住者の入れ替わりによって、伝承者を探り当てるのは困難を極める。大正末期（一九二五年）に刊行された『鷺洲町史』の序文には、人口の都市集中による景観の変化を「田園の老幼競うて都門に蝟集し、（中略）、農耕地は変して商工の巷と化し、旧態を全く見る可からす」と記し、「急速に発展したる接続市街地に住居するもの多くは其の地に生れず、其の郷の由来を知るもの蓋し稀なり」とも記すように[16]、都市化は、ムラの伝承の喪失をもたらす。急激な都市化によって、生粋の伝承者は稀少なものとなる。都心部周辺のマチにおいて、ムラの生業は、「大大阪」に合併される時代に壊滅的打撃を受けた。この時代、ムラの伝承の多くが湮滅したに相違ない。田地が工場に、労働者のための長屋住宅に変化した。そこでは、新たなマチの伝承が生成され、継承されていったにちがいない。

この地域の戦災被害は、都心部と比べて比較的小さく、多くの戦前からの長屋は焼け残った。その長屋住民は、マチの伝承者たり得た。しかし、今や、マチの伝承者の次世代の老齢化が進行している。元の工場跡地には、高層住宅が建ち、老朽化により建て替えられた住宅には新住民が転入してきている。現代もまた、人口の入れ替わりの激しい時代となり、聞き書き調査は、いっそう困難さを増している。

そもそも、都心部周辺のマチにおける伝承研究の今日的意味とは何であるのだろうか。ひとつには、都市化とその後の変貌により埋没し、息絶えた伝承の発掘にある。大阪のような近世以来の都市の場合、文献に膨大な蓄積がある。しかし、その膨大な蓄積は、大阪三郷といった旧市街地に限られ、旧市街地を取り巻く広大な新市街地は、寺社・庄屋筋の家に遺されている地方文書を除いては、名所案内などにみられる都市生活者の眼差しによる記述しかない。大阪三郷の内と外では、地方史の記述に粗密の差が歴然としている。かつてのムラの記述は、近世以来の買い物案内記などの記事に見られる町家と比べてなかなか得られない。

近世においては、商人・文人墨客といった都市生活者は、このような都心周辺（urban fringe）をしばしば訪ねた。彼らは、このような近場の近郷のムラに願掛けに物見遊山に、あるいは鄙びた情趣を求めに杖を曳いた。寺社の門前には料亭があって、酒食を提供する場でもあった。このようなムラの寺社の民俗には、近世以来、都市生活者の関与がみられる。その意味においては、都心周辺にある寺社門前はムラの中のマチである。いっぽう、このようなムラは、マチの延長上の場所でもあった。かつて柳田國男は、都市を農民のための施設であるべきだと唱えたが[17]、このようなムラは都市生活者にとっての修養行楽のための施設でもある。このような都心部周辺は、都鄙の民俗が反転するエリアだったのである[18]。

〈初出は、「見え隠れする「ムラ」」『現代都市伝承論』（岩田書院）二〇〇五年一〇月。これを一部修正。〉

23　都市化に消えた蓮池
――水郷の伝承――

（1）解題

本節は、南浦江の寺院の石造物をとりあげ、汎称地名「浦江」地域の伝承を水郷の伝承として位置づけ論究する。とりあげる曹洞宗・稱號山《しょうごうざん》妙壽寺は、大阪市福島区鷺洲二丁目一五番一〇号に位置する。本書に記す「南浦江」というのは正式な地名ではない。「浦江」は、近世から近代にかけての村名である。そのうち、JR神戸線以南が現在の「鷺洲」であるが、以下の記述に「浦江村」を用いることもあり、「南浦江」とする。

今日、この地域は、住宅街と商店街とからなる。商店街は聖天通りと称されるもので、明治末期以降、浦江聖天・了徳院（福島区鷺洲）の門前町として発展したものである。住宅は、高齢者の住む長屋地域と若年所帯の住むマンション地域とが併存している。

（2）石造物の目録

明治時代以降の人名は、原則としてイニシャルとする。

1　とげぬき稲荷堂周辺：五基

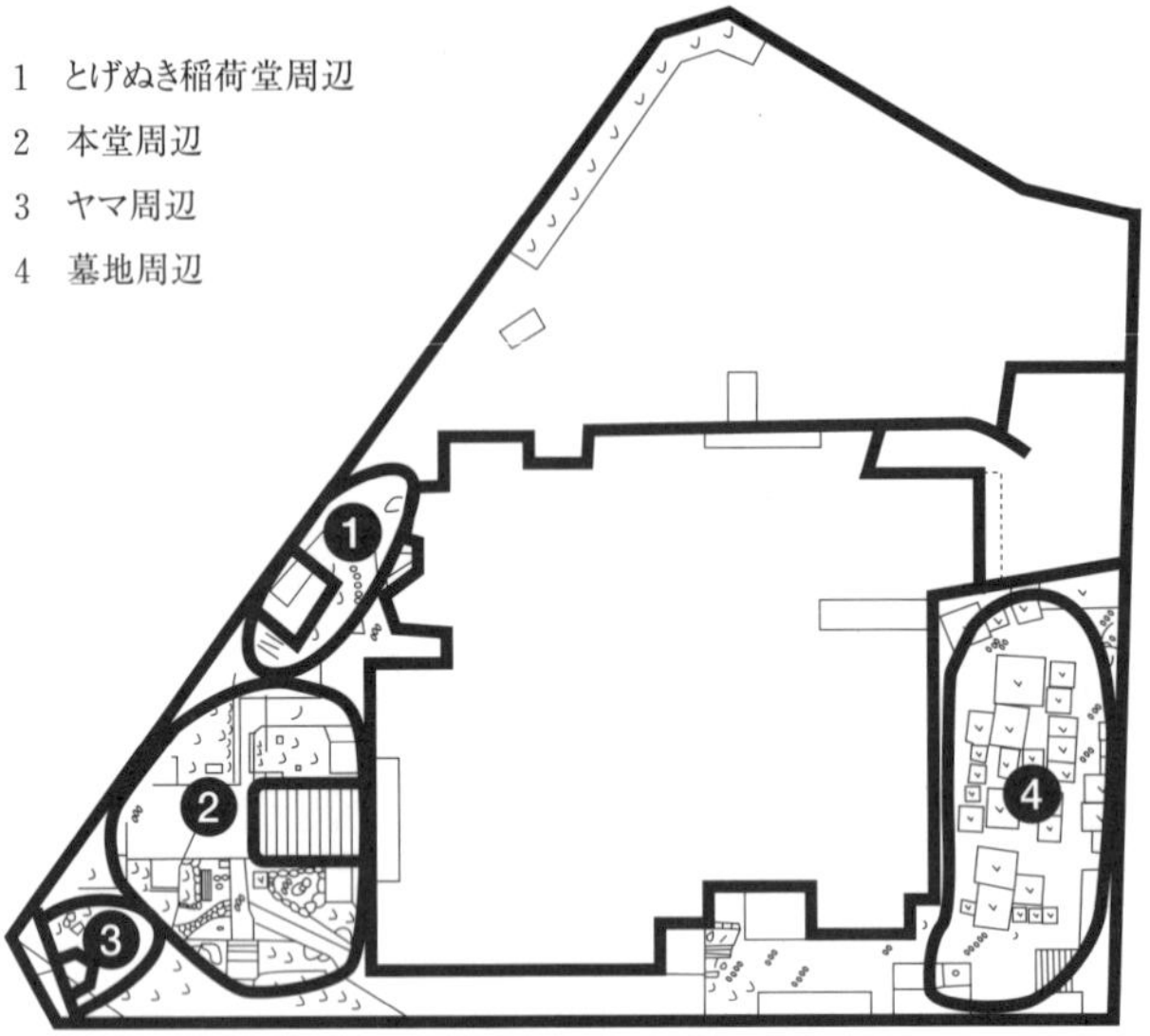

(86) 妙壽寺　石造物配置図

2　本堂周辺：一二基
3　ヤマ周辺：三基
4　墓地周辺：九基
都合二九基

石造物の配置は、【妙壽寺石造物配置図】に示す。

1　とげぬき稲荷堂周辺：五基

1①石柱：「とげぬき稲荷尊「昭和六十一年六月吉日／奉納　ＴＭ」

1②とげぬき稲荷眷属狐（一対）：「奉納「昭和六十一年六月吉日／奉納　ＴＭ「妙壽八世隆道代」

1③橋柱：「稱號橋」

1④燈籠竿：「常夜燈「弘化四丁未年二月吉日／施主　福島・・・・／土□・・・・」

1⑤石柱：「金銀真鍮工業仲間

2　本堂周辺：一二基

2①門柱：「妙壽寺／勅賜禅師／管長瓏仙」

2②毘沙門天常夜燈（一対）：「奉納「伊賀守堀利堅「天保九年戊戌二月初午」

(87) 妙壽寺　毘沙門鳥居

2③毘沙門天王石柱：「毘沙門天王　妙壽寺「弘化三籠舍丙午年八月吉晨　現住真應記「寶榮講」

2④毘沙門天王鳥居：「奉納「世話人　近江屋徳兵衛／近江屋重兵衛／大和屋徳兵衛／立売堀三丁目石工／なんはや／伏見屋市兵衛「弘化四年丁未三月吉日」　＊鳥居：銅製扁額「毘沙門天王」

2⑤毘沙門天堂手水：「妙壽寺：「文政五壬午歳四月吉晨「施主　安藝氏」

2⑥毘沙門天堂狛犬（一対）：「奉献「近江屋市兵衛／伊勢屋喜八／福島屋佐兵衛／福島屋治兵衛／讃岐屋元次郎「嘉永元年戊申八月吉日」

2⑦毘沙門天堂百度石：「嘉永元戊申　願主　難波屋嘉□」

2⑧寶榮講常夜燈：「常夜燈「寶榮講「寶榮講中「伊勢屋□二郎／北堀江榮心講中／加嶋屋太□／河内屋弥兵衛／山城屋吉兵衛／門□前鳥□／大和屋吉兵衛／讃岐屋庄□助／讃岐屋長兵衛／讃岐屋治兵衛／讃岐屋又□…／交野屋宗□…／和泉屋長七「和泉屋源兵衛／嶋屋孫兵衛／阿波屋吉兵衛／元南組講中／二本松町講中／越後屋定七／平野屋□…／西村屋□…／伊丹屋□良…／平野屋嘉□助／海部屋安兵衛／助松屋利兵衛／山城屋喜兵衛／桜井屋太兵衛／丸屋清□／播磨屋半兵衛／備前屋九郎兵衛／近江屋万助／田中屋□右衛門「嘉永二己酉年九月吉日」

2⑨本堂狛犬（一対）：「奉納「福島　ＹＴ「昭和六十三年十月吉日」

2⑩仏足石

2⑪石碑：「記念樹／総代　ＴＭ」

2⑫石碑：「妙壽寺再建落慶式「当山七世　俊道代　総代世話人／ＯＧ　ＳＫ／ＫＳ　ＨＭ／ＫＫ／昭和四十二

年三月」

3　ヤマ周辺：三基

3①手形碑：「安政六己未辰　諦道代立」

3②石碑：「不生仏心　おかあちゃん「昭和二十四年一月十四日没／HH行年四十八歳／同年六月十三日／夫T建之」

3③西鶴句碑：「西鶴／入会のひゝき／松の風淋しさも／今そかし／ちるや桜／爰らに茶屋か／あつた物／「所蔵の西鶴真蹟をここに□・・・・／昭和五十三年九月十日／KS」

4　墓地周辺：9基

4①橋柱：「しやうがうばし」

(88) 国学者・萩原廣道の墓

4②檀信徒合同墓石柱：「檀信徒合同墓壇「平成元年春彼岸当山八世隆道」

4③板碑：「般若講の碑」

4④手水鉢：「蓮泉」

4⑤香炉：「講中」

4⑥河野翁遺徳碑：「□翁徳碑／春□河野翁明治十九□・・・・／□人故旧胥謀建碑妙壽□・・・・／□淡路人考杏邨君以儒□・・・・／掌学務無幾遷権大属転□・・・・／□授提耳諄諄弟子／大進為□・・・・其遺徳之不可□也銘曰／誨而不倦才贍学殖／餘技及碁前無勁敵／□・・・・明治二十四年四月　帝国大□・・・・」

4⑦招魂碑：「大阪友禅職工人招魂碑：「明治三十四年十一月建之」

4⑧石碑：「富竹塚「濁江に花を咲かせし夢さめて蓮の臺ぞともに嬉しき／今

までは桜の花と楽しみてひと夜の風に散るぞ悲しき「天保十年十二月廿三日生／明治四十一年四月十日亡／行年六十九歳　富／弘化二年正月十六日生／明治三十三年六月十一日亡／行年五十八歳竹「明治三十六年六月十一日／勲八等　北村栄助建之」

4⑨墓碑：「萩原廣道之墓「文化十二年乙亥二月十九日生／文久三年癸亥十二月三日卒」

その他、墓地内には、寺院の歴代住職の卵頭墓および小島家・北村家など浦江村の人の墓が多数祀られている。

（3）石造物による伝承の検証

(1) 浦江の蓮池伝承

古来「浦江」は低湿地であり、この地の原風景は井路川に囲まれた村里に小さな池沼が散在するといった長閑な水郷だった。現在、妙壽寺に池はない。しかし、明治時代、般若講が寄進した手水鉢に「蓮泉」の文字が刻まれている。町史には、蓮池の伝承について「延宝三年曹洞宗の名僧存甫和尚、近江の湖東より来り、茲に錫を止めて草庵を結び、園内池塘に蓮華杜若を移植し、四隣の客を迎へて接化せしかば、参禅の徒踵を接て至り、次第に雅人墨客も歩を運ぶに至る。これより浦江の蓮、杜若は名所の一つとなりぬ」と記されている[1]。安政年間版の『浪華の賑ひ』には、「寺を妙寿寺と号す。境内の林泉美景なり。別て桜・萩等数株ありて春秋ともに賑はし」とある[2]。そこには、「林泉美景」とある。この寺は、かつて、池塘に春秋の花が咲く大阪北郊の一名所だったのである。

(89) 妙壽寺「蓮泉」

隣接する了徳院にかけての浦江字里中には、小さな池がいくつかあった(3)。平成四（一九九二）年、店を閉じ高層マンションとなった料亭・冨竹は、妙壽寺の東に隣接していた。妙壽寺の墓地に幾多ある北村家の墓碑の中に「冨竹塚」がある。この料亭は、蓮料理で有名であった。蓮池のあった回遊式庭園は、訪れた人をして、つかのま、郊外にいる気分にさせたと地元の人は語る。冨竹は、慶応四（一八六八）年二月、北村冨造が摂津国浦江村に妻の竹とともにあずま屋風の茶店を開き、夫婦の名前をとって創業したのが始まりである(4)。その場所は、開業以来、移転していない。創業者は、庭内蓮池にある蓮の葉を混ぜた蓮めしを考えついたとあるので、創業時の蓮池は、妙壽寺の伝承とも通じる。妙壽寺の山号は、「稱號山」である。かつて、冨竹との間を流れる井路に架かる橋の名は、稱號橋であった(5)。今回の石造物にある石柱「稱號橋」「しやうがうばし」はその橋柱である。

明治一〇（一八七七）年出版の『大阪繁昌雑記』巻二には、このあたりの蓮池が記されている(6)。「浦江蓮花　付胡枝花」の冒頭は、「北郊浦江邨、了徳院の後、妙壽寺の前に小池有り。池の周囲花木芳草繞り植ゆ。池に沿いて亭を設く。葦壁板床竹欄幕廂日を障るに足るのみ。池中燕子花（ルビ：カキツバタ）君子花（ルビ：ハス）多し」である。この文章には、冨竹の蓮飯の記述もみられる。「亭荷飯を供す。喜ぶべし。余一絶有り。古人椎葉（ルビ：シイノハ）餱（意味：ほしいい）粮を裹む。桂玉今人方丈の饗。粒玉盛り来たる荷葉飯。古今一啐歯牙香し」とあり、蓮飯を椎の葉でくるんでいたのであろう。また、妙壽寺の蓮池のことは、近世後期の国学者・萩原廣道《はぎわらひろみち》の墓の探訪記録によっても知ることができる。明治二〇年代、森鷗外主宰の文芸評論雑誌『しがらみ草紙』に「墓は、（中略）摂津西成郡浦江村妙壽寺の杜若池の傍にあり」とある(7)。大正末期には、「西成郡鷺洲町浦江妙壽寺に在り。蓮池の側、中央の列、南より第四基東面す」とあって(8)、蓮池には、杜若もまた咲いていたのであろう。蓮池伝承は、近世後期以降、確証を得るに至る。

(2) 近世後期の信仰

近世後期、妙壽寺は、弁天堂・毘沙門堂に参詣者が集った。弁財天は、かつては蓮池の小島に祀られていた。毘沙門天は、現在、本堂の右の室中に仮奉安されているが、往時、盛んに信仰されていた。毘沙門天は、軍神であって、福徳の神でもあるが、近世後期の妙壽寺にあっては、この両面が認められる。毘沙門天常夜燈一対には、「奉納　伊賀守堀利堅　天保九年戊戌二月初午」と刻まれている。伊賀守堀利堅《ほりとしかた》とは、当時の西町奉行である。在任期間は、天保七（一八三六）年十一月八日から天保十二（一八四二）年六月二十日までである。(9) 補職してまもなく、大塩事件に遭遇している。大塩平八郎が蜂起したのは天保八（一八三七）年二月十九日のことで、この時、堀利堅は、鎮圧に当たり、大塩方はその日の夕刻に壊滅し、大塩父子はその後、三月二七日、自刃して騒動は終わる。(10) 毘沙門天の常夜燈奉納は、大塩事件のちょうど、一年後のことである。その心意は、大阪北郊の固めとして、この浦江の地の毘沙門天に祈願したと考えられる。

また、毘沙門天には商人の信仰も篤かった。「寶榮講《ほうえいこう》」は、毘沙門天の護持会である。その寶榮講による嘉永二（一八四九）年九月寄進の常夜燈に刻まれている寄進者名を近世後期の文献と照合した。その結果、七件の店舗の所在地と取扱商品が割り出された。(11)

①阿波屋吉兵衛：藍玉捌処・南堀江四丁目：大阪五四〇頁
②和泉屋源兵衛：荒物染草布苔諸国積下し・立売堀壱丁目：大阪五四四頁
③嶋屋孫兵衛：萬船道具所・橘通八丁目：大阪五二八頁
④助松屋利兵衛：諸国仕入諸薬種細末所・瓦町なにはばし西入：大阪五一四頁
⑤伏見屋市兵衛：薬種商・道修町二丁目堺筋西入北がは：大阪五一二頁

⑥大和屋吉兵衛：天保九（一八三八）年轆轤挽物仲間：浪叢⑨一一三頁
⑦大和屋徳兵衛：安政五（一八五八）年轆轤挽物仲間：浪叢⑨一〇七頁

さらに「大和屋徳兵衛」は、「わた類卸・備後町せんだん木筋南入」（大阪四七五頁）、「わた類卸・梶木町淀屋ばし西入る」（大阪四八六頁）ともあって、いずれであれ、綿の卸商でもある。店舗の所在地は、①から⑦に示したほかに「北堀江榮心講」の刻字もみられ、南北堀江に集中がみられるが、西横堀より東の商家にも及ぶ。判明した商家は、藍玉・薬種・綿などの商品を諸国への製造卸店であった。このように、浦江の毘沙門天は、大阪北郊という地の利にも恵まれ、大阪商人にとって福徳の神のひとつであった。

この時代、いまひとつ見逃してはならないことは、文人たちの来訪である。墓碑のある萩原廣道は、著書に『源氏物語評釈』を遺した国学者であるが、暮らし向きは決して楽でなかったうえに、中年過ぎて持病にくるしんだ。彼の居住地を追ってみると、大阪の北の縁を転々としていたことがわかる。ときには、北野村太融寺（北区太融寺町）あたりに住み、終焉の地は白子町（西区土佐堀あたり）の寓居であった。(12)白子町は土佐堀南側である。墓を建てたのは、「廣道没後程経て門人知音なんど相謀りて」であろうが、(13)門人知音がこの地を選んだ理由に、彼ら文人たちが浦江のこの寺に遊んだことが考えられる。廣道の号に「葭沼」がある。まさに、町の喧噪からのがれ、ひなびた趣を感じさせる水郷の地が、この北郊の蓮池のある浦江でもあった。往時の妙壽寺は、文人墨客が杖を曳く格好の散策地であった。漢文の教師であった河野春颿遺徳碑が明治半ばに建立されたのも、そのような伝統からであろう。

(3) 浦江の近代

墓地内に「大阪友禅職工人招魂碑」と刻字された石柱がある。それには、「明治三十四年十一月建之」ともある。

この石柱の前では、物故者となった大阪友禅職工人の慰霊祭が営まれたであろう。この石柱の語る浦江の近代とは、いかなるものであったのだろうか。

浦江四五五番地（福島区鷺洲）に株式会社岡島商店友仙染工場が創業するのは、明治三〇（一八九七）年一月のことである[14]。浦江の近代化に岡島染工場のはたした役割は大きい。『染のあゆみ』には、中津運河沿いの豊崎（北区豊崎）、中津（北区中津）、鷺洲（福島区鷺洲）、上福島（福島区福島）、伝法（此花区伝法）付近に染工場二二工場が創業または新工場を建てたと記されているが[15]、中津運河沿いに集中するというのは、井路川に沿った染工場が、その水を利用していたからである。

岡島の創出した岡島式モスリン友禅は一世を風靡し、海外に輸出されるまでになる。モスリン友禅の創業は、明治一二（一八七九）年一月、奥村源次郎による北区北同心町二丁目（北区同心）における三八名を嚆矢として、その後二〇年近くを経て、明治三〇（一八九七）年の岡島友仙へと続く[16]。妙壽寺建碑の明治三四（一九〇一）年までにはたして何人の物故者を出したであろうか。当時の手作業中心の労働は過酷であったにちがいない。

妙壽寺の染職工招魂碑は、浦江における近代の輝くべきモニュメントである。染工場は、井路川に囲まれた浦江を近代都市の一角に仕立てあげた。明治二七、八（一八九四、九五）年の日清戦争後の大阪市の発展が影響し、浦江では岡島友仙創業に続き、同三二（一八九九）年鉄道用達合資会社、九月日本刷子木管株式会社と連なる。それに伴って、労働者向けの家屋が建ち、道路が新設され、巡査派出所、郵便局の設置、寄席・料理屋・飲食店・小売諸商店の開店、会社・工場のあいつぐ創業へと急激な都市化が進行する[17]。浦江の近代化に岡島千代造の果たした功績は大きい。しかし、井路川を汚染したのも彼ら近代の経営者たちであった。この急激な都市化によって水郷・浦江は消滅した。

浦江の原風景の喪失は、昭和七（一九三二）年のルポルタージュ『近代大阪』に如実に表現されている[18]。当時、工場からの煤煙、汚水により杜若は色を失い、「この辺一帯咲き乱れてゐた蓮の花の名残りが、今ではわづかに毘沙門堂付近に影をとどめ、蓮飯などを宣伝してゐる料亭が、昔の俤を語つてゐるが、それも全く問題にならない風景である」とある。了徳院の東を南に流れていた井路川・聖天川が汚濁にまみれ埋め立てられたのもこの直後のことである。

その後の戦災によって、伽藍を焼失した妙壽寺が本堂復興をなしとげるのは、昭和四二（一九六七）年のことで、今日、春秋の彼岸、盆の施餓鬼などの法要に檀信徒が広い本堂いっぱいに参集する。そればかりか、坐禅道場としても世に知られ、仏法参究会が毎週開かれている。

〈初出は、「南浦江の寺院の石造物（前）」『大阪春秋』（大阪春秋社）一一〇号　二〇〇三年三月。これを一部修正。〉

24　都市化に発生した松尾芭蕉伝説
—浦江の杜若塚—

（1）解題

本節にとりあげる「杜若塚《かきつばたづか》」のある如意山了徳院（福島聖天）は、「浦江の聖天さん」の名で親しまれた名刹である。JR大阪環状線福島駅をおりると駅の名所案内に「芭蕉句碑　西四〇〇m（浦江聖天）」とある。二m近くもある自然石に、「文化十一年甲戌九月　月夜社中建之　松井三津人」と刻まれた句碑がそれで、小さな池の畔に立つ。この句碑は、芭蕉塚の一つで、かつて「杜若塚」と称されていた。

(90) 占い商店街

今、インターネットで「福島聖天」を検索すると商店街からの情報が多くヒットする。たとえば「福島聖天の熱心な信者だった江戸時代の易相学者、水野南北にちなんだ活性化策『売れても占い商店街』が話題。毎週金曜の『売れても占い商店街』といったものである。今日、了徳院は、その名も「聖天通商店街」の町おこしの中心的スポットとなっているのである。聖天通商店街は、浦江の聖天さんの門前町として、明治四二（一九〇九）年のキタの大火以後、急激に発展した[1]。この了徳院は、寺伝に、創建は不詳であるが、元文元（一七三六）年、高野山善集院より来られた宥意上人が中興されたと伝わり、今日、東寺真言宗に属し、檀家を持たない寺院である。それだけに熱心な崇敬者による相次ぐ寄進により繁栄を極めた歴史がある。

了徳院は、近世幾多の参詣人があったことでもよく知られている。寺伝には、易相学者・水野南北、廻船人・高田屋嘉兵衛の信心が伝わる。水野南北についてはともかく、高田屋嘉兵衛については、安政二（一八五五）年版、『大聖歓喜天霊験経和訓図会』に、大阪川口に滞船の折「浦江村の天尊へ日参して云々」の記事が見られる。[2]歓喜天には、今も昔も庶民とりわけ商売人の信仰が篤い。了徳院における「杜若塚」の伝承を論じるにあたって、境内の石造物をとおして了徳院における信仰の概要を捉えてみることにする。以下、主な石造物の目録を記す。明治以降の人名の多くは、イニシャルにより記す。

（2）石造物の目録

1　参道周辺：一七基
2　本堂前：一三基
3　放生池周辺：一七基
4　白髭稲荷周辺：一二基
5　不動明王堂周辺：一六基

石造物の配置は、【了徳院石造物配置図】に示す。

1　参道周辺：一七基

1①常夜燈：「献燈「大正十四年十二月／了徳院第十三世　義禅「施主／大阪市此花区上福島南□‥‥／ＯＨ」

(91) 了徳院　石造物配置図

1②屏風「奉献」
1③狛犬（一対）「奉納「大阪北濱／施主　吉見美登／入江性「天神小橋／石匠　平清「大正元年九月廿八日建之」
1④鳥居「寄進奉賛会一同／弘法大師御遠忌一一五〇年記念／昭和五十八年癸亥五月吉日建之／了徳院第十五世義全代」
1⑤石柱「歓喜天「慶応三年卯三月吉日「世話人　天満屋三平」
1⑥常夜燈「御神燈「三宅氏」
1⑦常夜燈（一対）：「奉納「明治四十二年十一月「土岐氏」
1⑧常夜燈（一対）「常夜燈「天明五歳乙巳六月吉日／大和屋」
1⑨夜燈「献燈「明治四十三年十一月吉祥日「北堀江上通二丁目／施主　ＯＴ」
1⑩常夜燈（二対）「奉納「明治四十四年二月吉日　平野氏」
1⑪常夜燈「奉納御神燈「野中町「文化四卯年「四月吉日」
1⑫常夜燈（一対）「奉献「願主　江川氏「天明五年乙巳五月吉日」
1⑬自然石「堂島濱「尾張太之助　□‥‥「明治三十四年孟春／了徳院第十世　義諦代」
1⑭常夜燈（一対）「奉納「昭和二年三月吉日／製麺商／ＮＴ」
1⑮石柱「不許葷肉入山門「明治三十四年／了徳院第十世／義諦」
1⑯自然石「聖天尊「温光院真誉諦念篤保居士　小森卂翁／寂後の遺言に従って之れを建立す之字は／弘法大師御真筆　国宝／聾瞽指帰中よりの拡大写字也／南無大師遍照金剛／願以此功徳　聖霊成仏道／昭和五十一年三月十一日／願主　妻　小森かずえ　合掌」

1⑰碑「奉納／門前石玉垣／鉄筋コンクリート高塀／土砂　北区中之島四丁目　岡島千代造「昭和二年七月　奉納／仝／西淀川区大仁町／黒田長三郎／奉納／仝／西淀川区浦江町／北村徳松／奉納／仝／此花区玉川三丁目／宮本富蔵

2　本堂前：一三基

2①石碑「歓喜天「萬延元年庚申閏三月建之「施主　播磨屋伊右衛門／妹　鶴「了徳院　第七世　観光代」

2②平成七年冨竹寄贈常夜燈：不詳

2③百度石「百度石「明治十年丑四月建之／世話人　OR／AK／石工　IT」

2④国旗掲揚石柱（一対）「昭和九年十一月吉日　HT」

2⑤石碑「奉納「浦江町／K事／KM／六十七歳／昭和三年六月吉日」

2⑥石碑「奉納「運搬業／浦江町／二代目Kコト／KH／四十一歳／昭和三年六月吉日」

2⑦石碑「此花区玉川町　KS

2⑧本堂前鳥居：「昭和三十年十二月吉日建之」

2⑨燈籠（一対）「港区九條南通一丁目　SK「大正区恩加島町　TJ／TS／世代　義禅

2⑩心経石塔線香立花立「線香立花立寄贈「H興産株式会社／代表取締役／HK

2⑪心経石塔：「奉納者御芳名／般若心経壹巻写経奉納者一同／丸大食品（株）社長　小森敏之／K工業（株）KK／大阪福島聖天講一同／大阪福島聖天講相談役　KM／大阪福島聖天講講元　IH／松竹梅千年香　孔官堂／ハイエース　I塗料／Y産業（株）会長MK／H発條工業株式会社　YH／福島三丁目七ー三一　KH／西宮市小松南町　YY／昭和五十六年八月盆　了徳院第十四世義海代」

2⑫辞世石碑「夢の世を夢としりせば夢さめて／いまそねはんに□…／□…「俗称UI嘉永紀元戊申十月／

十日没享年五十有六才法号／釈□蓮／明治十一年戊寅秋／九月上浣建之」
2⑬地蔵尊像他「くりんさま「よなおし地蔵「まおさま」
3　放生池周辺：一七基
3①踏み台石「願主／堂嶋　嶋屋□‥‥「天明七□‥‥／仲春□‥‥」
3②延命地蔵手水鉢：「宝暦六丙子歳／三月／了徳院「施主　河内屋弥右衛門」
3③花立（一対）「了徳婦人会」
3④石柱「水かけ地蔵尊」
3⑤狛犬：不詳
3⑥弁天堂池鳥居「奉納「慶応四年戊辰六月吉日「願主　城多三郎平重勝謹建之」
3⑦常夜燈（一対）「施主　松下」
3⑧香炉：「奉納「ＮＥ「昭和五年七月廿八日」
3⑨石柱「ＴＮ「ＨＴ」
3⑩手水鉢「奉納「世話人「北新地□‥‥」
3⑪杜若碑：自然石「語るも／旅の／杜若／ひとつ／哉／はせを「文化十一年甲戌九月、月夜庵社中建之／松井三津人／親かともおもふ夜もあり山の月」
3⑫平成杜若句碑「芭蕉杜若句碑／杜若語るも／旅のひとつ哉／はせを／浦江の杜若は、江戸時代から有名で／芭蕉もこの地を訪ねこの句を詠みました。／この句碑は、文化十一年　俳人三津人／主宰する月夜庵社が建立したものです。／親かとも／思う夜もあり山の月／三津人「奉納　田中正治／平成十一年五月吉日」
3⑬子安地蔵尊像「子安地蔵菩薩「奉納　ＧＴ（以下21名）／昭和五十六年十月吉日」

3⑭聖観音菩薩像「奉納／昭和五十五年吉月吉日／大阪市福島区吉野一丁目二〇ノ三五／GT」
3⑮香炉「奉納／箕面市瀬川二丁目二ノ三／MH「奉納／吹田市高野台四丁目―B六六―一〇三／MK
3⑯阿弥陀如来尊「奉納／大阪市福島区吉野一丁目二〇―三十五／GT
3⑰石柱「浦江かきつばたの里「大正十四年四月　大阪了徳院義禅代　寄附　北濱四　吉見性
3⑱石碑　自然石「歌墳「……／……古坊……古門人……社中…弘化三□…」
3⑲常夜燈「奉納　堺屋定□　萬屋権□　大阪屋久□　嘉永六癸年八月建之

4　白髭稲荷周辺：一二基

4①常夜燈「歓喜天「すぐ　あまがさき　にしのみや「すぐ　大阪みち「嘉永二己酉年三月建之／大阪某／如意山　了徳院」
4②大聖歓喜天屛風「大聖歓喜天「大阪江戸堀開運山　YM（以下省略）「大正十三年十二月建之」
4③常夜燈（一対）「献燈
4④石碑「大日大聖不動明王碑「江戸堀開運山不動会／昭和十年十月廿八日之健《ママ》」
4⑤手水「奉納「明治三十三年十月北新地　堺安」
4⑥香炉「奉納「YE」
4⑦花立「奉納「昭和十五年十月九日／SS」
4⑧おもかる地蔵宝塔「経曰／若有々情能於此塔／一香一華礼拝供養／八十億刧生死重罪／一時消滅生免災殃／死生仏家「播州上三草村／西山利左衛門孫／摂州大阪堂嶋住／心月清厳大姉／俗名播磨屋ツヤ建之／時　明和二乙酉十月立／宿坊　了徳院「若有応随阿鼻地獄／若於此塔或一礼拝／或一右繞塞地獄門／開菩提路」
4⑨常夜燈「奉献「願主　浪花京町堀□…：／潮見伝蔵」

4⑩白髭稲荷鳥居「宝暦十三未歳十一月吉日「願主　飯田金六／井筒屋藤兵衛／富田彦九郎」

4⑪常夜燈（一対）「永代奉神燈「宝暦丁丑歳「霜月吉祥日「安田屋店」

4⑫狛犬（一対）「文政四／巳八月日／木村茂兵衛作之「奉献「文政十丁亥五月吉晨「当山第□世／□…．代」

5

不動明王堂周辺：一六基

5①役の行者像石柱（一対）「本覚大日応化神変尊「KT／OY「結縁衆生当世一浄土「KT／HU
5②役の行者花立（一対）「山さ、組
5③常夜燈：「奉燈／大阪三郷山さ、組「奉納　KH／KT「賛助　大峰山寺役講／大阪三郷有志「維持　昭和四十三年一月吉日／了徳院　第十四　世高岡義海代／藤井寺市石留石材店　TT建之「みのりとて／夢ときこえつ／大峯の／嶺の嵐も／たにのひ、きも」
5④錫杖立：「大峰登山百三十三度供養／大峰山寺役講／大阪三郷前総長／峰中出世大先達／KH「金峰山修行／念々釈迦出世／歩々弥勒下生（人名省略）「維持昭和四十五年十一月吉日／了徳院第十四世高岡義海／発願人　KH／設計施工　大阪市西区千代崎町　Y制作所　社長　YM／巧匠　HT／台石施行　I石材店／社長TT」
5⑤役の行者像「奉納／大峯山上三十三度「山篠組「浦江小嶋忠兵衛／福島京屋源兵衛／浦江中島屋茂吉「慶応三年丁卯四月建之」
5⑥役の行者像台石「昭和九年四月吉日「創講壹百拾年記念トシテ再建／発起人　KI（以下省略）／副講元TY／講元　HU／副講元　KE」
5⑦不動明王像「月光大明神「明治四十五年三月廿一日」
5⑧不動明王像燈籠（一対）「UY「昭和四十五年十一月」

5⑨花立（一対）「玉葉「錦花」
5⑩地蔵堂香炉（一対）：「小森ヰ　妻　かずえ／大阪市福島区上福島北三丁目
5⑪百度石「不動明王百度□……「寛政十一□……「願主□……」
5⑫道標：「……□宮「……□さき「……□みや」
5⑬道標地蔵「六親眷属菩薩／右ハ了徳院／左ハざい道「宝暦八年寅卯月八日「□光童子／知證信女／□澄信女／一夢童女／川口田代／同伊代」
5⑭修行大師像常夜燈「献燈「ＳＫ」
5⑮石柱（一対）：「真言は不思議である一心にお唱えすれば光明の世界が開ける／一字に千理を含み此の身このまゝに宇宙の実相をうつす鏡となる「奉刻　弘法大師御言葉／昭和三十六年十一月吉日／願主　小森ヰ　小森かずえ「此の世は旅のかりの宿である一心こそは真実の故郷である／行々至圓寂去々入原初三界如客舎一心是本居「為先祖代々各精霊三界万霊／法徳院松風貞道大姉／温光院真誉諦念篤保居士／諦念院成誉篤性妙寿大姉菩提「その行うところは圓満無礙となりその考えるところは真理の秘奥を極める」
5⑯大師像香炉花立供物台「昭和三十六年八月吉日／大阪市福島区上福島北三丁目／　小森ヰ　かずえ」
以上七七基

（3）　石造物による伝承の検証

(1)　地元の崇敬者

了徳院と地元周辺地域との結びつきは深い。一例を挙げれば、山門傍らの1―⑰碑に「奉納／門前石玉垣／鉄筋コンクリート高塀／土砂　北区中之島四丁目　岡島千代造「昭和二年七月　奉納／仝／西淀川区大仁町／黒田長三郎／奉納／仝／西淀川区浦江町／北村徳松／奉納／仝／此花区玉川三丁目・宮本富蔵」と刻字されている。昭和二（一九二七）年の普請への奉納者に名を連ねる人たちは地元の錚々たる顔ぶれである。「岡島千代造」は、前節〈(23)　都市化に消えた蓮池〉にもとりあげたが、「縞モスリン友仙製造業」とある地元屈指の実業家である。[3]「黒田長三郎」は、地元の名士で、大正七（一九一八）年に在郷軍人模範会員表彰を受け、[4]大正九（一九二〇）年には国勢調査委員、[5]大正一二（一九二三）年に勤勉貯蓄奨励委員を歴任している。[6]「北村徳松」は、仲介業を営み、[7]大正六（一九一七）年四月には鷺洲町の一級町会議員にも選ばれている。[8]「宮本富蔵」は、大字浦江西三ノ坪（現在の鷺洲一丁目）に田地を有してもいた資産家である。[9]

戦後、了徳院の復興に寄与した崇敬者に小森親子がいる。父・小森卂、母かずえは、昭和三六（一九六一）年建立の、5―⑮石柱（一対）に「奉刻　弘法大師御言葉」を刻み、同年には、5―⑯大師像香炉花立供物台を奉納し、他に5―⑩地蔵堂香炉（一対）をも奉納している。小森家の住所は、大阪市福島区上福島北三丁目（福島区福島七丁目）で、聖天通商店街にある。昭和五一（一九七六）年三月十一日に、小森かずえは、1―⑯自然石に亡夫の遺言に従って「南無大師遍照金剛／願以此功徳　聖霊成仏道」を刻み奉納している。子息は、小森敏之で昭和三四年に青銅製狛犬（一対）を奉納し、昭和五六（一九八一）年建立の2―⑪心経石塔の奉納者御芳名には、「丸大食品（株）社長　小森敏之」とある。丸大食品（株）は、昭和四〇年代、テレビコマーシャル「わんぱくでもいい、たくましく育ってほしい」をヒットさせた企業である。小森敏之は、すでに戦前、証券会社・不破福蔵商店において経営的手腕の片鱗を見せていた。昭和二一（一九四六）年二月、復員当時、家族は鷺洲一丁目の借家に住み、後にその借家を工場にして鯨油を販売していたこともある。[12]その彼は親譲りの信仰心が篤く、夢のお告げに観音像が立ち「魚肉でハム、ソーセージをつくれということだ」と悟り、[13]上福島北三丁目に丸大食品工場として創業した。他に地元企業で了徳院の崇敬者には線香の孔官堂があり、この会社も昭和五六（一九八一）年の2―⑪心経石塔の「般若心経壹巻写経奉納者」に名を連ねている。孔官堂は、テレビ番組「まんが日本昔ばなし」のスポンサーで、本社は福島区海老江五ー六ー一八にある。

(2)　相場師・水商売の人たちの信仰

近世以来、了徳院門前には街道が通っていた。宝暦八（一七五八）年の銘のある5―⑬道標地蔵には「右ハ了徳院／左ハざい道」とある。嘉永二（一八四九）年の銘のある4―①常夜燈には「すぐ　あまがさき　にしのみや「すぐ　大阪みち「如意山　了徳院」とある。近世中期には、既に商人の参詣が盛んに行われていた。宝暦六（一七五六）年銘の3―②延命地蔵手水鉢の施主は、「河内屋弥右衛門」であり、天明五（一七八五）年銘の1―⑧常夜燈（一対）は、「大和屋」である。

白髭稲荷祠の前の4―⑪常夜燈（一対）には、「永代奉神燈「宝暦丁丑歳「霜月吉祥日「安田屋店」とある。宝暦丁丑歳は一七五七年である。4―⑩同祠の鳥居には「宝暦十三未歳十一月吉日「願主　飯田金六／井筒屋藤兵衛／富田彦九郎」とある。「霜月」「十一月」とあるところから、この稲荷社において、往時火焚き祭が修行されていたと考えられる。了徳院の稲荷社については、文献では夙に明和九（一七七二）年版「大阪稲荷大明神百社めぐり」（大阪府立中之島図書館所蔵）の「百社めぐりの外」に記されている「うらえ了徳院」と年代がほぼ一致する。このことから了徳院に対する大阪商人による稲荷信仰は宝暦・明和年間に遡ることができる。

(92) 了徳院おもかる地蔵

石造物の施主に「堂嶋」「堂島」の地名が読み取られる。その中で、4—⑧おもかる地蔵宝塔には「明和二乙酉」の銘があり、一七六五年の建立と見られる。この宝塔には「播州上三草村／西山利左衛門孫／摂州大阪堂嶋住」とある。また3—①踏み台石には「天明七□・・・・／仲春□・・・・「願主／堂嶋　嶋屋□・・・・」と読み取られる。天明七年は一七八七年である。文献面では降るが、長谷川貞信筆「浪花百景之内　浦江の聖天」に「米穀売買の人は殊に信心をこらし昼夜仰合の声絶る間なし」とある。[12]石造物にみえる「堂嶋」の地名は、米穀売買の所在地である。3—⑥弁天堂池鳥居「奉納「慶応四年戊辰六月吉日「願主　城多三郎平重勝謹建之」の「城多三郎」は、インターネットホームページ「古写真舘」にある「慶応四年戊辰撮影日 明治初期／撮影者 鏡心亭／形状 101㎜×66㎜／〈城多三郎〉」と年代が一致する。安政年間頃（一八五〇年）の大阪の名所風景集である『浪花百景』（497頁）の芳雪による「うらゑ杜若」に見える板橋を渡る一行の先頭を行く二本差しの武士は堂島蔵侍であろう。「城多三郎」も堂島蔵侍である可能性がある。「明治三十四年孟春」と刻された1—⑬自然石に「堂島濱「尾張夽之助」とある。明治三一（一八九八）年発行の『大阪繁昌誌下巻』の「堂島米穀取引所と仲買人」に「濱通り渡邊橋以東北側」に「尾張」が記されている。[13]この仲買人「尾張」は石造物の「尾張夽之助」であろう。了徳院歓喜天に対して、近世から近代に亘って堂島米相場に携わる人たちによる信仰が篤かったことが確かめられる。

⑼3) 堂島浜　米相場跡

1—③狛犬（一対）に「大阪北濱／施主　吉見美登／入江性「大正元年九月廿八日建之」が刻されている。北浜の「吉見」は3—⑰石柱「浦江かきつばたの里「大正十四年四月「寄附　北濱四　吉見性」と同一人物であろう。明治四四（一九一一）年『大阪地籍地図』東区に「町名：北濱四丁目　地番：三七ノ甲　等級：九四　地目：市宅　反別又坪：二五五八六　地価：四六一三五八〇　住所：（空欄）　姓名：吉見みと」がみえる[14]。この「吉見みと」にちがいない。彼女は、大正時代、この寺院の近代化に貢献した資産家であったことは確かである。今日、了徳院をめぐって、易学者・水野南北が脚光を浴びているが、元来、了徳院は株屋など投機的な生業の人たちから崇敬されていたのである。『大聖歓喜天霊験経和訓図会《だいしょうかんきてんれいげんきょうわくんずえ》』に記される廻船人「高田屋嘉兵衛」もその一人である。

この寺院は、水商売の人たちによる信仰も篤かった。3―⑩手水鉢「奉納「世話人「北新地□・・・」とあり、4―⑤手水には「奉納「明治三十三年十月北新地　堺安」と刻されている。「北新地　堺安」は、『大阪繁昌誌』下巻「曾根崎新地貸座敷」の「裏町」に「堺安」がみえ[15]、これとは年代が一致する。また池周辺の玉垣に「千野たね」が刻されているが、『大阪繁昌誌下巻』に「曾根崎新地北側　斎藤　貸座敷」の芸妓に「たね」がみえる[16]。これらの点からは、北新地の水商売に関わる人たちからの崇敬も篤かったことが確かめられる。了徳院の稲荷・歓喜天には、近世中期以降、商売人とりわけ相場師・水商売稼業からの信仰が盛んに行われていたのである。

(94) 蕉門霊地　杜若塚

(3)　蕉門の霊地「杜若塚」

二〇〇三年も五月半ば、了徳院の境内池の畔に「杜若」が二群れみごとに咲き誇った。池の畔には、松尾芭蕉の句碑が立つ。3―⑪杜若碑は自然石に「杜若／語るも旅の／ひとつ哉／はせを「文化十一年甲戌九月、月夜庵社中建之／松井三津人／親かともおもふ夜もあり山の月」がそれである。また、3―⑫平成杜若句碑には「浦江の杜若は、江戸時代から有名で／芭蕉もこの地を訪ねこの句を詠みました」も最近、建てられた。この平成杜若句碑によれば、芭蕉がこの地を訪ねて詠んだとあるが、はたして芭蕉はこの地を訪れたのであろうか。

安政年間頃記された『摂津名所図会大成』の「浦江観音堂」には、「聖天堂の西ニ隣る本尊準胝《じゅんてい》観世音を安す幷ニ毘沙門天弘法大師等を安す又池の向に弁財天祠あり／境内の池に燕子花多く繁茂し花の頃ハ紫白相交りて咲つらなり頗る美観なるがゆへ都下の老若こゝにつどひて光景を愛す浦江のかきつばたとて世に名高し又池中に蓮もありて季夏の頃ハ花さきて佳景なり」とあるが、(17)芭蕉句碑、芭蕉杜若句のいずれも記していない。

大阪の地誌・名所案内記に、芭蕉がこの地を訪れたと記述するのは、大正一四（一九二五）年発行の『鷺洲町史』が最初であり、これには「曾て芭蕉翁この地に来りし時、『燕子花語るも旅の一人かな』の句あり今尚石に刻して境内にあり」とある。(18)芭蕉来訪の記述は、芭蕉句碑「文化十一（一八一四）年」に先んじるものはない。そればかりか、近世から近代にかけて、芭蕉の杜若句をとりあげているのは、新聞記者・宇田川文海編集になる明治三一（一八九八）年出版『大阪繁昌誌』が最初であり、これには句碑の存在は記されていない。(19)『大阪繁昌誌』刊行以降も大阪名所案内書のほとんどは、浦江聖天の杜若をとりあげている。そのうち、明治三六（一九〇三）年『大阪府誌』、大正一一（一九二二）年『大阪府全志』にのみ、芭蕉杜若句を記述している。しかし、いずれも来訪はもちろん、句碑の存在をも記していない。

もとより、了徳院は杜若・藤の名所として、近世から明治以降の大阪の名所案内の大抵に見られる。江戸の狂歌師・蜀山人こと大田南畝の了徳院来訪の記事が『葦の若葉』にみえる。「小流の橋をわたりて了徳院にいたる。池に杜若さかりなり。紫の藤棚あり。白き藤も有り。白きはふさみじかく、花大なり。めづらしき藤也」とある。(20)彼の来訪は享和元（一八〇一）年のことであるが、夙に天明五（一七八五）年版『大阪市中買物手引草』には、浦江了徳院は「ふぢ」の記事とともに「かきつばた　住よし浅さは／同　うら江了徳院」とある。(21)

(95)『浪花百景』浦江杜若

そもそも芭蕉杜若句と芭蕉がこの地の杜若を愛でるために来訪したとする言説とは、直接は結びつかない。「杜若」に「旅」を付ける句は、常套句である。明治二五（一八九二）年発行の『名勝漫遊大阪新繁昌記』に「杜若　唐衣きつ、馴にしと詠じて旅寝をかこちたるハ三河の国八ツ橋の里になん浪花に名ある杜若ハ／浦江村○住吉社内○茨住吉○赤川」とある。[22] 夙に、文久二（一八六二）年、田中楽美『大阪繁昌詩』は浦江歓喜天の水際景観を『伊勢物語』在原業平の歌になぞらえたものと観ている。『大阪繁昌詩』は浦江歓喜祠を「五月燕子花《かきつばた》。碧水と相映発す。八板橋《やつはし》上を徘徊すれば、則満池の紫気掬ふべし」と記述した上で、「此れは是れ近来実に之を鑿ち之を栽え、故に在中郎の遺愛〔参河鳳来寺に在り〕。浅沢池の余興〔摂津住吉祠に在り〕。蓋し同年の談に非ず」と記している。[23] 確かに中村浩『句碑のある風景』のように芭蕉翁来訪の説はある。それには、「（大阪）六日間の逗留中のひと日を、八軒屋からは半日で往復できる浦江へ、カキツバタ見物に出かけた…」と推量しているが、[24] これには確証が得られない。この杜若句の詠句事情については三善貞司『大阪の芭蕉俳蹟』（松籟社一九九一年　一二頁）に「八軒屋（＊：中央区北浜東あたり）に滞在していた芭蕉が一笑宅を訪れ、万菊と三名で歌仙を巻き、二十四句で打止めにした折の発句である」と記すとおりであろう。その発句を詠むに先だって浦江を訪れたかどうかは定かでない。上五の「杜若」は、一笑宅庭園に咲いていたもの、床の間に挿されたものとの説まである。[25] 浦江と芭蕉杜若句とを結びつける確かなものは、了徳院の芭蕉句碑だけなのである。

しかし、芭蕉句碑は、文化年間には、この寺院に確かに存在した。宝暦一一（一七六一）年初版の芭蕉墳墓・句碑を詳細に記録した書物に『諸国翁墳記』（兵庫県伊丹市の柿衛文庫所蔵）がある。その化政期（一八〇四～一八二九年）に増補された箇所の「杜若塚」に、「摂北浦江邑了徳院境内　月夜庵三津人社中建之／かきつはた語るも旅のひとつかな　うらに　親かともおもふ夜もあり山の月　三津人」と記されている。(26)この記事によって、句碑は「杜若塚」として境内に建立されていたことが確かめられる。月夜庵句集である文化一三（一八一六）年刊行『和麗東《われと》倭礼《われ》』（奈良県天理市の天理大学内天理図書館所蔵）秋の部「山の月」には、この塚を建立した時の事情を「親かともおもふ…」句の前書に記している。それには、田蓑島より百歩ほど北にある浦江邑の了徳院境内の池に杜若をたくさん植えられていてその国に名高いので、「翁の句碑を爰に営む」とあり、開眼の日は秋であったとも記し、(27)句碑の「九月」建碑と一致する。しかし、芭蕉来訪のことは記されていない。建碑の年は、芭蕉の百二十回忌の翌年に当たる年である。三津人《みつんど》は、芭蕉を祖翁と仰ぐ大阪に住む蕉門俳人である。『和麗東倭礼』冬の部「翁忌」には、「蓑にして菴に祀らん枯尾花」の句を献じている。(28)了徳院の杜若句碑は、芭蕉を祀る「芭蕉塚」として築かれたものであった。そこには、芭蕉を祖翁と渇仰する宗教的な雰囲気が認められる。全国津々浦々に築かれた芭蕉塚は、芭蕉翁の遺徳を偲ぶことに端を発し、やがては義仲寺（滋賀県大津市馬場）を中心に全国を蕉風化するための地方拠点となってゆく。(29)芭蕉塚は、芭蕉が行脚したはずもない地方にまでも建立されてゆくのである。蕉門俳人が地元に芭蕉塚を建立するのに相応しい場所を求めて、景色の優れた「幽地」を巡訪したりもしている。(30)芭蕉塚を地元に築くことは、俳聖と仰がれた芭蕉の墓所である義仲寺を「祖廟」と仰ぐネットワークに登録してもらうためのものであった。(31)『諸国翁墳記』は、その台帳のようなものである。したがって、建立に際しては「爰に粟津の魂むかへ」をする儀式もおこなわれた。(32)了徳院の杜若塚もまた開眼法要など芭蕉翁の霊を招魂する儀式が営まれていたことは、『和麗東倭礼』秋の部の引用箇所に記したとおりである。

『諸国翁墳記』は、宝暦一一（一七六一）年初版以来、増補を重ねたが、安政年間（一八五四～一八五九）あたりで途絶える。芭蕉句碑は、この時代以降も盛んに建立されている。そのことからすれば、義仲寺をネットの要とする芭蕉に対する信仰に破綻が生じていたと考えられる。了徳院の芭蕉句碑については、その存在さえ、幕末から明治・大正にかけての各種の地誌・案内書に記録されていない。この時代、この地の芭蕉塚は、義仲寺にリンクされた祭祀が途絶してしまい、ただ芭蕉ゆかりの古塚として伝承されていただけとなっていたのだろう。

芭蕉来訪が記述され始めたのは、ようやく、『鷺洲町史』刊行の時であった。大正一四（一九二五）年四月である。3―⑰石柱「浦江かきつばたの里」にも「大正十四年四月」が刻まれている。「大正十四年四月」は、浦江が大阪市域に編入された時でもある(33)。この時代、芭蕉来訪伝説が生まれたと考える。もはや蕉門俳人の杜若塚での宗教儀式が行われなくなって久しいこの時代、彼らによる塚建立の事情はもとより忘れ去られている。そんな状況下、池塘の芭蕉句碑は、翁の足跡の証拠品としてとらえられ、芭蕉自身がやって来たとの言説が自ずから生じたのではないだろうか。俳聖芭蕉の来訪を神仏の影向のごとくとらえ、「浦江かきつばたの里」に語られ出したのである。往時、真摯な宗教儀式が行われた遺跡が名所を語る伝説の証拠品となったのである。芭蕉来訪を記した『鷺洲町史』に「今尚石に刻して」とある文言は、謂われ知れぬ古塚と化していた宗教遺跡としての「芭蕉塚」の結末であり、「芭蕉伝説」の始まりである。芭蕉来訪伝説は、『諸国翁墳記』に記録された芭蕉塚「杜若塚」の新しい解釈である。

『鷺洲町史』刊行当時、水郷・浦江が工場街に急速に変貌していたことは、前節に記した。ジャーナリスト・北尾鐐之助による浦江聖天堂の記事に「工場から吐き出される汚水や、煤煙のためにすつかり枯れ果てゝしまひ、杜若のゆかりの色もすつかり跡を絶つて云々」とあった(34)。この記事は、『鷺洲町史』刊行、市域編入から七年後のことである。句碑・町史が「語り」を始める時代、浦江杜若は褪色し、俳聖芭蕉を渇仰する信仰もとうに途絶していた。

浦江了徳院は、杜若塚建立の「文化十一年」には、蕉門俳人により霊地として選ばれた地であった。それを遡ること三〇年、天明年間に夙に大阪町人の杖を曳くところの名勝地となっていたのだった。復興をみた今日、了徳院池塘に咲く「杜若」（実際は花菖蒲か）が近世中期以来、浦江に伝承される名花であることにいささかも変わらない。

〈初出は、「南浦江の寺院の石造物（前）」『大阪春秋』（大阪春秋社）一一二号　二〇〇三年九月。これを一部修正。〉

25　福島聖天の高田屋嘉兵衛霊験譚
―「水都」周辺寺院への廻船人の信仰―

（1）解　題

福島聖天（大阪市福島区鷺洲）には、高田屋嘉兵衛の霊験譚が伝承されている。その伝承は、近世勧化本『大聖歓喜天霊験経和訓図会』にある「北国に冨嶽の夢見て兄弟高運之事」に基づくものであり、本節では、その記事を翻刻し、注解する。

福島聖天については、前節〈(24) 都市化に発生した松尾芭蕉伝説〉にとりあげた。福島聖天とは、東寺真言宗・如意山了徳院のことで、「浦江聖天」として近世以来、大阪北郊の寺院としてその名が知られている（以下、「浦江聖天」とも記す）。殊に境内の芭蕉句碑が有名で、この句碑をめぐる芭蕉来訪の伝承については、松尾芭蕉を葬る義仲寺発行『翁墳記』にある「杜若塚」に由来するものであった。

この寺院の参拝の栞には、幾多の著名な人物の来訪・信仰が記されている。今日、地元商店街である福島聖天通商店街は、近世後期の易学者・水野南北の信仰にあやかって「売れても占い商店街」と銘打って毎週金曜日、沿道に占い市を開いている。

福島聖天の沿革については、前節に石造物の刻字を手がかりとして、その概略を記したが、本節においては、近世末、蝦夷地に乗り出した淡路の廻船人・高田屋嘉兵衛の伝承をとりあげる。了徳院の観音堂に安置する準胝《じゅんてい》観音は高田屋嘉兵衛が寄進したものと記す案内書もあるが、(1)高田屋嘉兵衛の浦江聖天への信仰の伝承に関しては、無名時代の高田屋嘉兵衛が実際に日参したかどうか不明なところが多い。明らかなことは、先代住職・高岡義海師による『大聖歓喜天霊験経和訓図会』の写本に高田屋嘉兵衛の浦江聖天への日参のことが記されていることである。昭和二〇（一九四五）年の戦災により、了徳院は山門などの一部の建造物を除いてすっかり堂宇を焼失した。昭和三〇（一九五五）年に至り、漸く寺院の建造物の再興が始まる。その当時、副住職であった高岡義海師はかつて所蔵していた文物を焼失したなかで、浦江聖天由来のよりどころとなる文献『大聖歓喜天霊験経和訓図会』の大部分を筆写した。原本は不詳である。

本節は、京都府立総合資料館所蔵の板本『大聖歓喜天霊験経和訓図会』中巻を底本とし、巻中の偈言「我使国王召」解説の水野南北記事に続く高田屋嘉兵衛に関する箇所を翻刻するものである。

底本の表紙には、［安政二乙卯歳新鐫／○洛東　春屋繊月斎著／○大聖歓喜天霊験経和訓《たいせいくわんきてんれいげんきやうわくん》図会《づゑ》　全部三巻／○浪速　松川半山安信画○岡田群鳳堂発兊］とあり、挿絵があって、右下に「仏法僧写」と記されている。「大聖歓喜天」は角書であり、以下、本稿において『霊験経和訓図会』と表記することもある。次に記す本文は、上巻にある緒目の中巻第二項目［一　北国《ほくこく》に冨嶽《ふじさん》の夢《ゆめ》見《み》て兄弟高運《けうだいこううん》之事《こと》］である。

（2）本文

○我使国王召《がしこくわうせう》／仮令《たとへ》下賤《げせん》の者《もの》たりとも国王《こくわう》の其者《そのもの》の徳《とく》を聞《き》したふて召《めさ》しめたまふやうになさしめんとなり（水野南北記事省略）○茲《ここ》にまた百五十石積《こくづみ》の淡路船《あわぢぶね》の炊《た》きを努《つと》め居《ゐ》たりし高田屋嘉兵衛嘉蔵《たかだやかへうゑかざう》の兄弟《けうだい》素来《もとより》家《いへ》貧《まづしく》に

して一時《あるとき》は漁《すなどり》網曳《あみひき》に雇《やとは》れまたは大坂其外諸国《おほざかそのほかしよこく》へ通船《つうせん》の水主《かこ》炊《た》き船中《せんちゅう》の飯《めし》たきを云に雇《やと》はれて年月《としつき》を送《おく》り居《ゐ》たりけるが伏乞立身青雲《なにとぞりつしんしゆつせ》して責《せめ》て祖考《せんど》父母等《ちちははなど》の弔《とむら》ひも快《こころ》よくなさばと兄弟《けうだい》身《み》を砕《くだ》（5ウ）き骨《ほね》を粉《こ》にして挊《かせ》ぎゐたりしが一時大坂川口《あるときおほさかかはぐち》に滞船《とまりぶね》の後纔《のちわづか》の寸暇《いとま》を得《ゑ》て兄弟《けうだい》ともに急《いそ》ぎ走《はし》りて浦江村《うらへむら》の天尊《てんそん》へ日参《につさん》して尊前《そんぜん》に於《おゐ》て亡父母《なきふぼ》に逢《あふ》がごとくおもほへて信心堅固《しんじんけんご》に渇仰《かつがう》に及《およ》ぶもし国《くに》に帰《かへ》れば其方隅《そのはうがく》を的《めあて》にして信拝《しんはい》する事怠《ことおこた》りなかりし一時大坂《あるときおほさか》に来《きた》り川口《かはぐち》に滞船《たいせん》の砌《みぎり》北国《ほつこく》に当《あた》つて芙蓉峯《ふじさん》あり登山《とうざん》して旭《あさひ》を拝《はい》せし始末《しまつ》を兄弟相同《けうだいあいおな》じく三《さん》夜続《やつづ》けて夢見《ゆめみ》たり奇異《きゐ》の事《こと》なりとて平日親《つねづねした》しく出入《でいり》ける大坂《おほざか》の商家《せうか》に来《きた》りて始終《しじう》を噺《はな》しけるに主人《しゆじん》の曰《いは》く伝《つた》え聞《き》く此頃西蝦夷《このころにしえびす》の地追々《ちおいおい》公《おほやけ》より御《ご》（6オ）開地《かいち》のよしなれば米酒《こめさけ》を積込彼地《つみこみかのち》へ趣《おもむ》きなば過分《くはぶん》の利徳《りとく》あらん而《しか》ふして又彼地《またかのち》より名産《めいさん》の昆布《こんぶ》鯡亍鱈《にしんほうだら》などを積帰《つみかへ》らば船《ふね》の往通度毎《ゆきかへりたびごと》に一廉《いつかど》の商利《りぶん》あらん又米酒我等《またこめさけわれら》かたより送《おく》り積込《つみこむ》べしとの約定熟話《やくでうじゆくだん》にて即《すな》はち七八百石積《こくつみ》の船《ふね》に酒米《さけこめ》を積込彼地《つみこみかのち》へ趣《おもむ》くに折《をり》よく風波《ふうは》の難《なん》もなく彼島《かのしま》へ着船《ちやくせん》し米酒《こめさけ》ともに大《おほ》きに払底《ふつてい》の時《とき》なりとて忽《たちま》ち売捌《うりさば》き価《あたへ》も高《たか》く過分《くわぶん》の利徳《りとく》を得《ゑ》たりければ嘉兵衛兄弟《かへうゑけうだい》大《おほひ》きに歓《よろこ》び海路無難《かいぢぶなん》に帰坂《きはん》の節《せつ》また引《ひき》つづき米酒《こめさけ》はじめ彼地《かのち》に於《おゐ》て要用《ようやう》の品《しな》をば積込下《つみこみくだ》り大《おほ》きに利潤《りじゆん》を得《ゑ》て追々都合《おいおいつがう》よく船往通《ふねゆきかへり》（6ウ）とも商《あきな》ひの利徳《りとく》に因《よつ》て遂《つゐ》に自分《じぶん》に千石以上積《せんごくいじやうつみ》の大船《たいせん》を二三艘《にさんぞう》または五六艘後《ごろくそうのち》には十七八艘《そう》も造《つく》つて彼地《かのち》へ往返自由自在《わうへんじゆうじさい》に商徳利潤《あきないのりじゆん》を得《ゑ》る事過分《ことくわぶん》にして忽《たちま》ち大商人《おほあきんど》となり兵庫《へうご》の津《みなと》と大坂《おほさか》とに自宅《じたく》を設《もふ》けて家業繁栄《かげうはんゑい》におよぶ上公《うへおゝやけ》より蝦夷地御用《えぞちごよう》を蒙《かふむ》り青雲《りつしん》に及《およ》ぶも全《まつた》く天尊《てんそん》を崇《あが》め信《しん》ずるの利益《りやく》応験《おうげん》による処《ところ》なり予春《はる》の屋此嘉蔵《やこのかざう》と親《した》しく交《まじ》はり此人兄弟《このひとけうだい》の一代記《いちだいき》の著述《ちよじゆつ》を託《たく》せられて書《かき》しことあり尤《もつとも》さまざま艱難苦労《かんなんくろう》の話《はな》しもあれどまた珍説奇談《ちんせつきだん》も多《おほ》く高田屋兄弟《たかだやけうだい》の洋中《おゝうみ》に於《おゐ》てあやしき船《ふね》に出合《いであい》なんぎに及《およ》ぶ噺《はな》し

なりしが嘉兵衛《かへうゑ》（7オ）兄弟《けうだい》没《し》後《ご》文政年中《ぶんせいねんぢう》いかが敷話《しきはな》しもあれど是《これ》は息男《そくなん》嘉市郎《かいちらう》天尊《てんそん》信心《しんじん》の怠《おこた》り疎畧《そりやく》なりしゆへかくのごとく家滅亡《いへめつぼう》におよぶものか慎《つゝし》むべし怕《おそ》るべし（以下省略）

（3）解説

(1) 書誌分類

この書物が近世に流布した仏教説話集の一本であることは、まちがいない。本書の書誌的位置を確かめるため、『大聖歓喜天霊験経和訓図会』についての書名から考察する。以下の書名については、「増訂　近世勧化本刊行略年表」によって検索する。[2]

「大聖歓喜天霊験経」なる経典は『国書総目録』はもとより『大正新修大蔵経』にも記されていなくて『大正新修大蔵経』に本文冒頭の偈言「我使国王召」がみられるのは、歓喜天信仰の重要な経典の一つである『使呪法経』である。[3]「霊験経」というのも他には挙げられていないが、「霊験」に類する語彙を書名に含む勧化本は、夥しくある。「霊応」「霊蹤」「霊瑞」など、「新験」「応験」「得験」「利験」など、他にも、「感通」「感応」「感応」「感得」「利生」「利益」「利現」「瑞応」「報応」「功徳」などある。これらの書物は、宗教的心意の不思議を実体験あるいは見聞の体裁を採って記録したものである。『霊験経和訓図会』についても、近世の仏教説話が民衆を勧化するに際して、現世利益を物語る書物の一つであることは明らかである。

「霊験記」については、夙に貞享元年（一六八四）、実睿・良観による「地蔵菩薩霊験記」がある。地蔵に関しては、「昆陽池地蔵菩薩霊験記」もあり、菩薩に関する「霊験記」が多い。そのなかでも特に「観音」が多く、「七観音」「準提菩薩」の他、「魚籃観音」「金龍山観世音」といった特定の観音、あるいは地域的な「秩父三十四所観音」「板東観音」「洛陽観音」のような巡拝を目論むものもある。菩薩に関しては、これらの他に「文殊霊験記」もある。諸天については、文化九（一八一二）年に「毘沙門天王霊験記」があり、対象とする安政二（一八五五）年「大聖歓喜天霊験経和訓図会」は、年代的にはこれに後れるものである。その他、霊験記には、「彦山権現霊験記」「愛宕権現霊験記」といった権現に関する書名が先行し、寺号を冠する書物もあり、近世においては、観音をはじめ、諸仏に対する霊験を期することが多くあるなかで、歓喜天に対してもその一環として見られる。

「和訓」を書名に含む勧化本も数多くあり、「阿弥陀経和訓図会」「般若心経和訓図会」などが見られる。「和訓」と類似する語彙に「訓読」「和談」「和釈」「和解」「講釈」「話談」「談義」「和字解」「訓談」の他、「訓蒙」「啓朦」もあって、挿絵とともに在家の人たちを「啓蒙」するための趣向が凝らされた書物が当時、出回っていたのである。

「図会」に関連する勧化本は、書名に図会と類似する「図記」「図絵」「図説」「図鈔」「図解」「略図詞」「絵鈔」「ゑ入り」「絵入」「絵解」「御絵伝」「絵抄」「絵史」「絵伝」「絵詞」などがあり、近世においては、版本の流布するなか、さまざまな挿絵入りの書物が出回り、「図会」もその一つである。「図会」を書名とする勧化本は、享和三（一八〇三）年、了貞による『三十四輩順拝図会』が一九世紀初頭にあるが、経典に関しての書名が天保期あたりから多くみられる。天保四（一八三三）年、平田止水による「観音経和談鈔図会」を嚆矢として、「阿弥陀経和訓図会」「浄土宗廻向文和訓図会」「般若心経和訓図会」「延命地蔵経和訓図会」「正信偈訓読図会」「浄土和讃図会」「不動経訓読図会」があり、これには記載されていないが、『大聖歓喜天霊験経和訓図会』と同じ春屋繊月は嘉永三（一八五〇）年には『北辰妙見経和訓図会』を出しており、『大聖歓喜天霊験経和訓図会』もこれに分類され、難解な経典を一般の民衆に解読する手だてとして挿絵を施したものである。この他、「図会」を書名とする勧化本のなかには、高僧・聖人の遺徳を挿絵入りで示す「聖徳太子図会」「二人比丘尼物語図会」「役行者御伝記図会」「三国七高僧伝図会」「親鸞聖人御一代記図会」もあり、安政二（一八五五）年の「蓮如上人御遺跡図会」のように霊場遺跡巡りを趣旨とするものがある。それには「二十四輩順拝図会」の他、「観音霊場記図会」「西国巡礼歌諺注図会」がある。もっとも、名所旧跡に関する「図会」の嚆矢は、安永九（一七八〇）年刊行の『都名所図会』である。一連の名所図会がそうであるように、これらの霊場遺跡巡りの体裁を採る書物が実際に巡拝するための目的で刊行されたかどうかは分からないが、当時、霊場遺跡を挿絵として載せる版本が出回った。『大聖歓喜天霊験経和訓図会』の場合、当代大阪きっての挿絵画家である松川半山による正確な浦江村天尊の挿絵が載せられている。「大聖歓喜天」を書名に含む勧化本は、この書物の他には、弘化四（一八四七）年、慶義の序になる「奇瑞大聖歓喜天感応記」があるが、その他にはない。歓喜天に関する書物が少ないのは、この信仰に特有の奥義・秘法があることとも関係するのかも知れない。

仏教説話と説法勧化の活動については、西田耕三が「仏教説話は、説法勧化の活動にともなって生まれ、運ばれ、集約された」として、「多くの仏教説話集は、これは実際にあった話、身近に見聞した話ということを強調した」と記しているとおりであろう。(4) 本書端書の末尾には、「和訓して童蒙幼稚たりともおの丶信心堅固なら（3オ）しめんが為画図を加へ偏に拝読し易からしめん」とある。本書の記事にも「予春の屋此嘉蔵と親しく交はり此人兄弟の一代記の著述を託せられて書しことあり」とあって、実際の見聞としての体裁をとっているが、その記事内容が実体験に基づくものであるかどうかは、検証されねばならない事柄である。

(2) 著者

著者である春屋繊月斎は、『国書総目録』によれば、本書の他、嘉永元（一八四八）年『人心百物語』、嘉永二

（一八四九）年『三界一心記図会』、同年刊『浪花十二月画譜』、嘉永二・三（一八四九・五〇）年『東海道五十三次柳樽』、嘉永三（一八五〇）年『神呪陀羅尼経和訓図会』を刊行していて、[5]仏教関係の書物の他に雑俳・咄本・絵画絵解きをも手がけている。

この春屋繊月斎とは、別に「近松春屋軒繊月」なる署名の書物も見られる。法月敏彦《のりづきとしひこ》による「近松狂言堂」についての研究によれば、「近松狂言堂」は、一五の異なる署名を挙げている。[6]そのなかには「近松春屋軒繊月」「春屋繊月斎楳翁」なる筆名も含まれる。春屋繊月斎が「近松狂言堂」「近松春屋軒繊月」と同一人物であることはまちがいない。本書の附録「十一面大士随願即陀羅尼経和訓」に「当年八九才」とあり、この年七二歳である。当年を刊行のあった安政二（一八五五）年に比定すれば、天明四（一七八四）年に生まれたことになり、「近松狂言堂」研究による生年を天明四年あるいは五年とする説と一致する。[7]さらに「近松春屋軒繊月」となれば、その彼は文政六（一八二三）年「浄瑠璃作中祖近松門左衛門略伝」を記し、近松門左衛門を長門の出身とし、自らをその末裔と名乗りもしている。[8]しかし、この記事は今日における近松研究からは逸脱する妄説である。

著者である春屋繊月斎は、寺社縁起・雑俳・咄本・絵画絵解きを手がけていたばかりか、さまざまな引札（広告）の文案、願書・手紙代筆の下書き、序（跋）文の下書き等まで遺しており、[9]当時、在俗の仏教信奉者であると同時に売文にいそしむ人物でもあった。このような勧化本作者の人物像については、当時の一般庶民をも購買層に巻き込んだ出版事情、現世利益に傾斜した仏教界の動向をふまえて考察を要する事柄であって、ひとり「春屋繊月斎」を「売文業者」と断じることはできないであろう。

(3) 本文の典拠

本文の展開は、〈貧窮時代→天尊への日参→霊夢→夢解き→家業繁栄→家滅亡〉からなる。これには、高田屋兄弟が天尊への日参により霊験を蒙ったが、没後には子孫の天尊への信心疎略により家滅亡に至るといった因果応報が記されているが、嘉兵衛に関しては、概ね「我使国王召」の和訓に適う立身出世譚となっている。

本文の典拠とする文献はなかったのか。本文中に「予春の屋此嘉蔵と親しく交はり此人兄弟の一代記の著述を託せられて書しことあり」を正しいとするならば、春屋繊月斎による高田屋兄弟一代記との関連が問われねばならないが、そのような書物は確認されていない。さらにテキスト刊行の安政二（一八五五）年以前に高田屋嘉兵衛に関してのまとまった人物史・伝記は、嘉兵衛没後一九年、「霊験経和訓図会」に九年先だつ弘化三（一八四六）年、藤沢東畡《ふじさわとうがい》「題高田嘉兵衛翁真」があるが、本文が中心にとりあげる霊験譚など微塵もない。

嘉兵衛の行状については、末裔である高田家による記録である明治一六（一八八三）年、高田篤太郎による自筆稿本『高田屋嘉兵衛履歴書』と昭和八（一九三三）年、高田敬一著高田権平編集兼発行『高田屋嘉兵衛翁伝』があり、これらは重要な資料である。したがって、本節における注解としては、末裔である高田家による記録である『高田屋嘉兵衛履歴書』（以下『履歴書』とも表記する。）と『高田屋嘉兵衛翁伝』（以下『翁伝』とも表記する。）の両書を主に用い、高田屋嘉兵衛一族の墓がある函館・称名寺の住職による平成元（一九八九）年発行の須藤隆仙『高田屋嘉兵衛』を加えたうえで、自らの実地調査に基づき記すことにする。

以下、本文の展開に沿って、〈貧窮時代→天尊への日参→霊夢→夢解き→家業繁栄→家滅亡〉の順に注解をほどこす。

（4）　本文注解

(1)　貧窮時代

◎茲にまた百五十石積の淡路船の炊きを努め居たりし高田屋嘉兵衛嘉蔵の兄弟素来家貧にして一時は漁網曳に雇れまたは大坂其外諸国へ通船の水主炊きに雇はれて年月を送り居たりけるが…

注解：本文【兄弟素来家貧にして】について、高田篤太郎による自筆稿本『高田屋嘉兵衛履歴書』には、「高田喜四郎男六人」として「長男　高田嘉兵衛」をはじめ「二男　高田嘉蔵」「三男　高田善兵衛」「四男　高田金兵衛」「五男　高田嘉四郎」「六男　高田嘉十郎」と記す[10]。この件につき、『高田屋嘉兵衛翁伝』（以下『翁伝』と表記する）には、この事情を「祖父喜四郎の時代は多少の田畑を所有せしが、父弥吉の代に至り家族多くして、活計不如意の為、追々売却して嘉兵衛が幼年の頃には、赤貧洗ふが如く」と記し[11]、故あっての貧窮時代を記述する。高田屋嘉兵衛兄弟が子沢山で貧しい家に育ったことは、嘉兵衛についての最初の伝記である藤沢東畡「題高田嘉兵衛翁真」にこそ見られないものの、後世の嘉兵衛に関する伝記の全てに記されている。本文【兄弟素来家貧にして】は後世の記録と一致する伝承とみてよい。

本文【漁網曳に雇れ】については、『翁伝』に「其後天明中十二歳の頃、腰切襦袢一枚にて都志浦新在家なる親戚弥右衛門方に至り漁業に従事し、その傍、和田喜十郎方にて商売の手伝をなし、最初数年間は商業兼習の姿にて、兎に角只労働是れ事とせり」とある[12]。嘉兵衛は一介の漁師から海上行く商人・廻船人へと転身するのである。

本文【通船の水主炊き】については、『履歴書』に「寛政二年摂津国兵庫港に出張船稼を業とす」とあり[13]、『翁伝』に「最初、嘉兵衛は灘酒積廻し（江戸表へ）の船夫となり、所謂樽船に乗込みたり」とある[14]。本文では、大阪への通船乗り組みが人生を成功に導いた契機となる。

(2) 天尊への日参

◎…伏乞立身青雲して責て祖考父母等の弔ひも快よくなさばと兄弟身を砕（5ウ）き骨を粉にして挊ぎゐたりしが一時大坂川口に滞船の後纔の寸暇を得て兄弟ともに急ぎ走りて浦江村の天尊へ日参して尊前に於て亡父母に逢がごとくおもほへて信心堅固に渇仰に及ぶ…

注解：本文【大坂川口に滞船】については、『大阪繁花風土記』に「渡海場　とさほり湊橋南詰のにし也」とあり、[15] 近世の渡海場は、兵庫船・渡海船・渡船の発着で賑わった。[16] 湊橋は、土佐堀川の最下流に架かる橋ですぐ堂島川と合流して、安治川と木津川に分かれるまさに川口に位置する。兵庫船の水夫であった嘉兵衛が川口に繋留したとすれば、この渡海場であろう。

本文【浦江村】についての記述は、嘉兵衛に関する伝記には全く見られない。しかし、浦江村の南西に隣接する「野田村」については、『履歴書』に二箇所みえる。野田村は、川口渡海場からすれば中之島、堂島川を挟んで北に位置する。「野田村」についての『履歴書』における記述の一つは、享和年中から文化五年の記事に「山々には林木苗植付淡路国併大阪野田村より百姓数人雇来年々耕作に従事せしむ」であり、[17] もう一箇所は、文政五年二月の記事にある「高田屋嘉兵衛大阪在野田村に普請家建住す」である。[18] 前者は後年、蝦夷地開拓に野田村の農民を雇い入れた記事であって、後者は晩年、嘉兵衛が野田村に別荘を造営した記事である。嘉兵衛が野田村まで足を運んでいたことは確かである。大阪川口渡海場から野田村を経て浦江村歓喜天までは、徒歩で三〇分もあれば到着する距離である。

本文【天尊】について、船に関わる生業の人たちは、今日においても多数の神仏を信仰している。木津川左岸の造船所（大正区三軒家東）もまた多くの神仏を祀っている。そこでは、「水」に関係するこのような「水商売」の場合、「生駒の聖天さんを祀ることが多い」ともいう。また、そこで祀られている聖天さんは、「奈良県の吉野の桜本坊（奈良県吉野町）の聖天さんの御分霊で、船は女性で聖天さんは男性なので夫婦和合の意味を持つ」ともいう。高田屋嘉兵衛に関して浦江はもとより歓喜天を信仰していたとされる確かな記事はないが、歓喜天を信仰していた可能性は充分にある。

　高田屋嘉兵衛一族が廻船人に多く見られるようにさまざまな神仏に対しての信仰心が篤かったことは確かである。『履歴書』には、嘉兵衛がロシヤ抑留中、弟嘉蔵金兵衛嘉十郎の三人が無事帰国祈願をしていたことへの返礼として、無事帰国を果たした文化一二（一八一五）年、郷里の淡路国都志《つし》宮村八幡宮に大神門建立をはじめ、全国の社寺に寄進をした記事がある。その件には「伊勢《ママ》大神宮仙台金花山讃州金比羅能州妙見宮大阪生駒山及函館八幡社飛田村八幡社」などが挙げられている。その中に「大阪生駒山」がある。金華山（宮城県石巻市牡鹿《おが》町）の「エビス」、讃岐の「コンピラ」、能勢の「妙見」に続き「大阪生駒山」とあれば「聖天」であろう。これは生駒宝山寺の聖天を指すものであろうか。しかし、生駒宝山寺の聖天であれば、正しくは「大阪」ではなくて「和州」であり、「大阪聖天」となれば「浪花百景」に「浪花天尊の第一」とされ、川口渡海場に近い「浦江」が考えられる。[19]

　嘉兵衛が歓喜天を信仰していた可能性は、『履歴書』の「寛政十一年より天保三年迄エトロフ島開場所名」にある「フウレベツ」の記事に「八幡社弁天社十一面観音堂〆三ヶ所」にも認められる。[20]十一面観音と歓喜天の関係については、該書「附録十一面大士随願即陀羅尼経和訓」に「天尊の呪を唱ふるに夜中に十一面菩薩の尊容を眼前に拝して」とあるように密接な関係にある。そもそも歓喜天は印度神話では大自在天の子供として生まれた毘那夜迦であって毘那夜迦は十一面観世音菩薩の化身とされている。[21]また十一面観音を祀る寺院に歓喜天をも祀る場合が多く見られる。高田屋嘉兵衛の菩提寺である淡路の都志万才（兵庫県洲本市五色町都志万才）にある長林寺の本尊は十一面観音である。この寺には今日、歓喜天をも祀っているが、嘉兵衛の時代も歓喜天をも祀っていたという。『履歴書』の「寛政年中より天保四年迄高田屋嘉兵衛金兵衛二代所持手船」には多くの神仏名に因む船の名前が挙げられている。なかには「和合丸」「歓久丸」といったものもあり、[22]これも歓喜天信仰との関連が考えられる。

本文【亡父母】については、菩提寺である淡路都志万才の長林寺を実地調査した結果、嘉兵衛が蝦夷地に乗り出す以前においては、両親が健在であることが判明した。長林寺に安置されている嘉兵衛・嘉蔵による父母の位牌には、「慈父亮心居士俗称喜四郎」の命日を「寛政十戊午年五月廿二日」と刻み、「悲母暉光大姉幼名久利」の命日を「享和三癸亥年四月廿二日」と刻む。この位牌を作り金十両を施入した「文化十一甲戌初夏丁」は、「慈父十七周期忌悲母十三回忌」に当たるとある。これによれば父の卒年は一七九八年であり、母の卒年は一八〇三年となる。位牌を安置したのは、一八一四年のことである。須藤隆仙『高田屋嘉兵衛』の関係年譜には、寛政九（一七九七）年元朝に「兵庫の家で太陽が北海から昇る夢を見、北海雄飛の決意を新たにする」とある。[23]この元朝の夢告については後に論究するとしても、この年に北海雄飛の決意を固めたとするのは揺るがない。『履歴書』にも「寛政八年手船辰悦丸千五百石に乗組（中略）高田屋嘉兵衛函館港ニ始メテ入津」とある。[24]

函館入津の寛政九年は、父の卒年の前年に当たり、母の死去は、父の死去の四年後のことである。「北海雄飛の決意」の時、父母は健在なのである。本文の「浦江村天尊へ日参して尊前に於て亡父母に逢がごとく…」の記事は、事実に反するものである。

本文【信心堅固に渇仰に及ぶ】に関しては、瀬川亀・岡久穀三郎による一九四二年『高田屋嘉兵衛』に「彼は既成宗教への信仰についてはやゝもすれば迷信の程度にまで陥りやすい海上生活者に似ず、殆ど関心をもつていなかつた様である」と記す。[25]いっぽう、須藤隆仙『高田屋嘉兵衛』は、「菩提寺以外の僧とも幅広く交際していた。そこには、仏教に篤い彼の姿を見ることが可能である。彼は持ち漁場にも神仏をまつった」と記しているが、[26]歓喜天への信仰については何も記していない。しかし、多数の神仏を信仰する廻船人の習俗として歓喜天への信仰を否定するものではない。

(3)　霊夢

◎…もし国に帰れば其方隅を的にして信拝する事怠りなかりし一時大坂に来り川口に滞船の砌北国に当つて芙蓉峯あり登山して旭を拝せし始末を兄弟相同じく三夜続けて夢見たり…

注解：本文【信拝する事】に関して、『翁伝』には、「朝は東天に向うて日輪を拝すると同時に、京都御所なる大君に感謝し、（中略）樽船乗込み時代より蝦夷地廻航の後に至るまで、船の大阪又は兵庫に入港するときは、一年一度以上（間あらば幾度にても）必ず京都に上り御所を遥拝することを怠らざりし由…」とある(27)。はたして「御所を遥拝すること」までしていたのだろうか。近世後期の一廻船人に『翁伝』に説く皇室崇拝の念があったかどうかについては大いに疑問を感じる。

本文の夢に見た【芙蓉峯あり登山して】に関して、柳田國男は、行者に見られるところの「心のみ自由に富士の峯に往来する幻覚」を記している(28)。本文の霊夢もまた修行による霊験である。この霊夢について、『翁伝』は詳しい。

本文【旭を拝せし始末】に関して『翁伝』には、「寛政九巳年正月兄弟六人兵庫表に寄り集ひ、例により屠蘇酒雑煮餅といふ元日の祝膳の上にて、兄嘉兵衛先づ曰く、おれは今暁太陽が北海より躍り出でたる初夢を見たり。太陽は常に東海より出づるものなるに今北海より出づるとは、なんと奇ならずやと。言いまだ終らざるに弟嘉蔵曰く、余も亦今朝兄貴と同様北海日の出の奇夢を見たり豈妙ならずやと。言下に次弟金兵衛亦同じく紅暾の北海より輝き出でしを夢みしよし語り出ければ、一座忽ち其奇に驚き、是れ何かの吉兆ならんと互に祝杯を交へ、本年は更に航路を拡張して北海即ち蝦夷が島に乗り出すことゝなせり」と記す。さらに「後年翁が家宝として子孫に伝へし一幅の旭軸（狩野幸信筆）はかの霊夢と成功とを記念せんが為めに作られしものなり」と記している(29)。今日の嘉兵衛伝記にこの『翁伝』の霊夢を引いているものがある(30)。この霊夢については、先行する嘉兵衛の伝記である藤沢東畡

「題高田嘉兵衛翁真」には記述されていない。霊夢の記述に関する高田家からの文献での初出が昭和八（一九三三）年の『翁伝』であることは、何らかの形で『霊験経和訓図会』と共通する伝承が存在し、それを改変した形として『翁伝』の屠蘇酒雑煮餅を祝う元日の祝膳の場が想定された可能性を示す。『翁伝』の霊夢体験の根拠とする嘉兵衛晩年に作られたという「旭軸」の存在自体、『霊験記』の記述と共通の伝承から創出されたとも考えられる。嘉兵衛の立身出世を語る場合、霊夢の体験の記述の初出が『霊験記』であることはまちがいない。因みに司馬遼太郎『菜の花の沖』は、正月二日、嘉蔵の家を借りての兄弟集っての酒盛りの場において嘉兵衛が辰悦丸の名を披露するというストーリーに仕立てている。(31)

本文【兄弟相同じく】については、柳田國男の記述する「一家一門の同じ悩みを抱いた人々が、時と処を異にして同じ夢を見、それを語り合つて愈々其信仰を固めるといふ場合で」あって、「共同幻覚」なのである。(32) さらにこの時は、「神仏に願を掛けて、進んで夢を待ち、それが応験の有つた場合」なのである。(33) だから両方の霊夢についての記述のいずれが真実であるのかは分からないが、民俗学的観点からは、『翁伝』より『霊験経和訓図会』の兄弟が尊前に日参した応験とする方が民俗宗教に基づく古層を窺わせる伝承形態と見ることができる。

(4) **夢解き**

◎…奇異の事なりとて平日親しく出入ける大坂の商家に来りて始終を噺しけるに主人の曰く伝え聞く此頃西蝦夷の地追々公より御（6オ）開地のよしなれば米酒を積込彼地へ趣きなば過分の利徳あらん而ふして又彼地より名産の昆布鰊丁鱈などを積帰らば船の往通度毎に一廉の商利あらん又米酒我等かたより送り積込べしとの約定熟話にて…

注解：本文【大坂の商家】については、了徳院の参拝の栞では「堂島の米市場」と記している。この解釈は、前節に記した石造物調査からも首肯される。了徳院境内の石造物の施主に、「堂嶋」「堂島」の地名が読み取れる。その中で、おもかる地蔵宝塔には「明和二乙酉」の銘があり、一七六五年の建立と見られる。この宝塔には「播州上三草村／西山利左衛門孫／摂州大坂堂嶋住」とある。また踏み台石には「天明七□・・・／仲春□・・・「願主／堂嶋　嶋屋□・・・」とある。天明七年は一七八七年である。文献面では降るが、長谷川貞信画筆「浪花百景之内　浦江の聖天」に「米穀売買の人は殊に信心をこらし昼夜仰合の声絶る間なし」とある。(34) 石造物にみえる「堂嶋」の地名は、米穀売買市場の所在地である。了徳院歓喜天に対して、堂島米相場に携わる人たちによる信仰が篤かったことは確かである。今日、了徳院をめぐって、易学者・水野南北が脚光を浴びているが、元来、了徳院は株屋など投機的な生業の人たちから崇敬されていたことだけは確かである。本文にある廻船人「高田屋嘉兵衛」もその一人なのである。

大坂商家の主人の言葉は、本文では夢解きと解釈される。その夢解きにある【米酒を積込】、【名産の昆布鰊丁鱈】に関しては『履歴書』の事績の記事とほぼ付合する。米酒の記事は、「寛政八年手船辰悦丸千五百石に乗組酒塩木綿を積米等秋田辺にて買積」とみえ、(35)「蝦夷地名産の昆布鰊丁鱈」については出産品に「鱒　紅鱒　鯡　鱈　鰯　鯨布海苔　鷲羽　鰤　イブリユ　ラッコ皮　熊皮　狐皮　島鼠皮　トド」、また「鯡　鰯　昆布　コマイ　雑魚　鮊　鱈　布海苔　椎茸類」ともみえる。今日、大阪の名産品の一つである塩昆布の原料である「昆布」が含まれていることは注目される。(36) 米は「秋田辺にて買積」とあるのは、本文の「米酒我等かたより送り積込べし」と齟齬を来すが、ほぼ嘉兵衛の事績と一致する。本文に沿って史実を読み解けば、大坂商家の主人の夢解きの言葉どおりに嘉兵衛は事を運んだことになる。まさに後に、「船の往通度毎に一廉の商利あらん」という言葉が的中したことになる。

(5) 家業繁栄

◎…即はち七八百石積の船に酒米を積込彼地へ趣くに折よく風波の難もなく彼島へ着船し米酒ともに大きに払底の時なりとて忽ち売捌き価も高く過分の利徳を得たりければ嘉兵衛兄弟大きに歓び海路無難に帰坂の節また引つづき米酒はじめ彼地に於て要用の品をば積込下り大きに利潤を得て追々都合よく船往通（6ウ）とも商ひの利徳に因て遂に自分に千石以上積の大船を二三艘または五六艘後には十七八艘も造つて彼地へ往返自由自在に商徳利潤を得る事過分にして忽ち大商人となり兵庫の津と大坂とに自宅を設けて家業繁栄におよぶ上公より蝦夷地御用を蒙り青雲に及ぶも全く天尊を崇め信ずるの利益應験による処なり…

注解：本文【米酒ともに大きに払底の時なりとて忽ち売捌き価も高く過分の利徳を得たりければ】に関して、この家業繁栄の件の記述は、後に示される「予春の屋此嘉蔵と親しく交はり此人兄弟の一代記の著述を託せられて書しこと」に基づくものであったとしても、正鵠を射るものである。「米酒ともに大きに払底の時なりとて忽ち売捌き価も高く過分の利徳を得たり」、あるいは「帰坂の節また引つづき米酒はじめ彼地に於て要用の品をば積込下り大きに利潤を得て」など理に適ったものである。

本文【兵庫の津と大坂とに自宅を設けて】に関して『履歴書』には、「文政五年二月高田屋嘉兵衛大坂在野田村に普請家建住す（中略）同七年生国淡路都志本村に移隠居す兵庫本宅を函館に移し本宅と改め兵庫大阪江戸は支店となる」とあるが、[37] 詳しい所在地については、「本支店／兵庫西出町　元本店文政五年支店となる／箱館大町　元支店文政五年本店と改む／大阪助右衛門東詰《ママ》西笹町　支店／江戸八町堀　支店／淡路国都志本村の居所／〆」と記している。[38] 本文の「兵庫の津」の「自宅」が「兵庫本宅」を指すのであろう。「大坂」の「自宅」については晩年建てた「大阪在野田村」の「普請家」を指すのだろうか。

本文【蝦夷地御用】に関しては、『履歴書』に「文政五年蝦夷地一円幕府より松前家に御引渡と相成る／申渡蝦夷地定御雇船頭／兵庫西出町　高田屋嘉兵衛」とある。(39) 一人の漁夫出身の男が「蝦夷地御用」を仰せつかるとは、まさに「天尊を崇め信ずるの利益応験による処」なのである。ところが本文には一転して悲劇的結末が控えている。

(6) 家滅亡

◎…予春の屋此嘉蔵と親しく交はり此人兄弟の一代記の著述を託せられて書しことあり尤さまざま艱難苦労の話しもあれどもまた珍説奇談も多く高田屋兄弟の洋中に於てあやしき船に出合なんぎに及ぶ噺しなりしが嘉兵衛（7オ）兄弟没後文政年中いかが敷話しもあれど是は息男嘉市郎 天尊信心の怠り疎畧なりしゆへかくのごとく家滅亡におよぶものか慎むべし怕るべし

注解：本文【あやしき船に出合】に関して、『履歴書』に「文化十年に高田屋嘉兵衛クナシリ島沖合に於て魯西亜船に被捕に付…」とある。(40) この事件の発端については、脇田修「高田屋嘉兵衛とその活躍」に「文化八年六月、南千島測量のためクナシリへロシア船ディアナ号が渡来したが、幕府は艦長ゴローニンらを捕らえて松前へ幽閉した。翌年、ゴローニンの安否を確かめに来たリコルドは、ちょうど観世丸に乗船し航行していた嘉兵衛らを報復的に拿捕し、カムチャッカのペトロパヴロフスクに連行した」と記すとおりであろう。(41) この事件を本文では「さまざま艱難苦労の話しもあれどもまた珍説奇談」と述べ、主題の中心から逸らせている。その上で、結末にある家滅亡は、相続者の天尊への不信心に帰している。

本文【息男嘉市郎】に関しては、『履歴書』に「金兵衛義弘化三年十二月病死跡相続の義嘉市事源左衛門函館第三代」とある。(42) この文書の「嘉市」はテキストの「嘉市郎」であろう。

本文【天尊信心の怠り疎畧】に関しては、須藤隆仙『高田屋嘉兵衛』に「高田屋家では箱館で二代目を継いだ金兵衛のもとに、大阪にいた嘉市を養子に出しているが、そのとき嘉蔵の檀那寺たる大阪生玉の真言宗地蔵院から、箱館浄土宗称名寺に次のような『宗旨送手形』というものが発行されている」と記し、文政十一年七月付の「宗旨送手形之事」といった文書を載せている。[43] 真言宗から浄土宗に宗旨替えをしたことを指すものである。嘉兵衛死後一年余り後のことである。本文著者からすれば、この書状が「兄弟没後文政年中いかが敷話し」であって、「息男嘉市郎天尊信心の怠り疎畧」の所為にしていると考える。

本文【家滅亡におよぶ】に関しては、脇田修「高田屋嘉兵衛とその活躍」に「没後、高田屋の傭船栄徳丸がロシア船との密貿易の疑いをかけられ、江戸で勘定奉行の審問を受け、密貿易の疑いは晴れたが、ロシア船と船標の小旗をかかげて交歓したこと、金兵衛の養子嘉市の手船順通丸が異国船に米・酒を与えたことが発覚して、天保四年、金兵衛は追放され都志以外の他出禁止などの刑をうけた。そして箱館などの本支店や請負場所の施設・所有船三八艘などを失った。嘉市も船稼業差留・所払いとなり、箱館から松前に移っている」と記しているとおりであろう。[44]

（5）まとめ

『霊験経和訓図会』本文の「浦江村天尊へ日参して尊前に於て亡父母に逢がごとく…」の記事は、位牌調査により事実に反するものであることは、明らかになった。しかし、このことによって『霊験経和訓図会』本文の記事を全面的に否定することにはならない。

明治一六（一八八六）年『履歴書』にある創業期における寺島（大阪市西区本田）での造船の記事、晩年における野田村（同福島区野田あるいは玉川）別荘の記事からすれば、大阪川口滞船の可能性が充分に考えられる。大阪川口に滞船したのであれば、若き日の嘉兵衛の立ち寄り先に『履歴書』にある「大阪生駒山」が「浦江聖天」とも考えられ、[45] 浦江村歓喜天への日参の可能性も考えられる。

従来の高田屋嘉兵衛の人物史研究の大成というべき『高田屋嘉兵衛』の著者・須藤隆仙氏は、近世勧化本『霊験経和訓図会』の記事の存在に気づかれていなかった(46)。ここに、歓喜天信仰というあまり着手されていない民俗宗教に関する研究、あるいは人物史研究、近世勧化本研究の新たな資料として、福島聖天における高田屋嘉兵衛霊験譚を提出する。

〈初出は、「福島聖天における高田屋嘉兵衛霊験譚」『近畿民俗』（近畿民俗学会）一七一・一七二号　二〇〇五年五月。これを一部修正。〉

26　堂島浜周辺の民俗空間
―「水都」をめぐる「水郷」―

(1)　忘れ去られつつある川筋のマチ

本著〈水都大阪の民俗誌〉は、古来、「難波」「浪花」と称される大阪における「水」との関わりを観点とする都市民俗を論究するものである。

研究の端緒は、大阪市港区・西区・大正区における民俗宗教の調査にあった。その地域は、歴史的には近世になって大阪湾沿岸に開発された町人請負新田であり、地勢的には安治川・尻無川・木津川に挟まれた「川筋」のマチである。本編〈第一章　11「水都」の歴史〉に論究したように、「川筋」のマチにおいては、「水」にまつわる禍福両面に亘る伝承が見られる。川筋のマチは、今日、高い防潮堤に囲まれて安全なマチとなっているが、「水」による災禍から身を守るための波除伝承が見られた。この波除伝承は、風水害時の仏像の漂着など、川筋のマチが水害被災地でもあることを物語っている。

そのいっぽうで、この地区では、「水」による舟運を利しての特徴的な生業が変容されつつ伝承されてもいる。川筋における生業は、水都大阪を下支えしてきた都市民俗でもある。土佐堀川が堂島川と合流するところには渡海場があった。廻船人・高田屋嘉兵衛の淡路船が繫留したとされる場所である。小説「泥の河」は、昭和三〇年代に始まる高度経済成長期を控え、戦後社会が繁栄期にさしかかる時代の堂島川が安治川となる川筋の街を舞台としたものだった。川筋の生業が大きく変貌するのは、その時代のことである。その変貌は、川筋の生業の近代化によるものであって、輸送手段の陸送化の急激な変化は、相次ぐ市内の堀川の埋立と相俟って、川筋のマチの生業においても、船よりも利便性の高いオート三輪車などの自動車を選択することになる。「水都大阪」ということばからは、川筋に息づく生業など忘れ去られることになる。

（2）「水都」の原風景

通時的にみて「商都大阪」が「水都大阪」であったことは、本編〈第一章　11「水都」の歴史〉に論究したとおり自明のことである。近世における水都の賑わいは、むしろ本編にとりあげた川筋のマチを上流に遡る地域に認められる。井原西鶴の『日本永代蔵』巻一「波風静かに神通丸」には、北浜の米市の活況が如実に表現されている。「惣じて北浜の米市は、その日本第一の津なればこそ、一刻の間に五万貫目のたてり商ひも有る事なり。その米は蔵々に山をかさね、夕の嵐朝の雨、日和を見合せ、雲の立所をかんがへ、夜のうちの思ひ入れにて売る人有り買ふ人有り(1)」とある。そこには、水運を利しての米の商いに賭ける投機的な商人のありさまを活写している。さらに「難波橋より西見渡しの百景…」からは、商都の景観を読み取ることができる。

難波橋より西見渡しの百景、数千軒の問丸、甍をならべ、白土雪の曙をうばふ。杉ばえの俵物山もさながら動きて、人馬に付けおくれば、大道轟き地雷のごとし。上荷・茶船かぎりもなく川浪に浮びしは、秋の柳にことならず(2)。

西鶴の描写した水都の活況は、大阪都市協会「浪花の繁栄」によっても確かめられる。「浪花の繁栄」は、文化三（一八〇六）年「増修改正摂州大阪地図」における大阪三郷の諸施設を現代の地図にプロットしたものである。

難波橋より数えて、堂島川下流の安治川に至るまでに架かる橋は、上流から難波橋《なにわばし》（現在の「難波橋」より五〇m下流）、大江橋、渡辺橋、田蓑橋、玉江橋、舟津橋（現在の上船津橋、船津橋の中間）の六橋が数えられる。堂島川右岸には、米市公認市場を中心に蔵屋敷が軒を連ね、三郷町地が川筋に沿って帯状に伸びていた。難波橋と大江橋の間には、上流から〈対馬府中藩→尼崎藩→佐伯藩→弘前藩→佐賀藩→小城藩の蔵屋敷〉が連なっていた。大江橋と渡辺橋の間には、〈三郷有力町人屋敷九軒→米市公認市場→三郷有力町人屋敷二軒〉が連なり、渡辺橋から田蓑橋の間には、〈三郷有力町人屋敷三軒→岡山藩→熊本藩→小田原藩→大村藩→唐津藩〉が連なり、田蓑橋から玉江橋の間には、〈秋田藩→延岡藩→中津藩〉が連なり、玉江橋下流には、〈人吉藩→臼杵藩→鹿島藩〉が連なっていた。大江橋と渡辺橋の間の堂島の米市公認市場の周囲には、三郷有力町人屋敷が一四軒、さらにその外側に蔵屋敷が一七軒が記されている。この堂島川筋のマチの中心は、米市公認市場だったのである。

今日、この堂島川川筋の活況はどのように引き継がれているのだろうか。現在の難波橋から堂島川右岸に架かる橋を安治川となる船津橋まで上流から順にあげてみた。架けられている橋は、難波橋、鉾流橋、水晶橋、大江橋、中之島ガーデンブリッジ、渡辺橋、田蓑橋、玉江橋、堂島大橋、上船津橋、船津橋の一一橋であり、架け替えによる若干の移動はあるが、近世に見られる難波橋、大江橋、渡辺橋、田蓑橋、玉江橋、船津橋の橋名は現存する。

堂島川右岸のビル街の主な施設を整理してみた。

①難波橋北詰西角：オリックスビル：北区西天満一丁目
②難波橋と鉾流橋の中間：味の素大阪支店：北区西天満一丁目
③鉾流橋北詰東角：天満警察署：北区西天満一丁目
④水晶橋北詰東角：大阪裁判所：北区西天満二丁目

⑤水晶橋北詰西角：堂島関電ビル：北区西天満二丁目
⑥大江橋北詰西角：大阪三菱ビル：北区堂島浜一丁目
⑦中之島ガーデンブリッジ北詰：堂島米市公認市場跡碑：北区堂島浜一丁目
⑧中之島ガーデンブリッジ北詰西角：大阪全日空ホテル：北区堂島浜一丁目
⑨渡辺橋北詰東角アクア堂島東館：住友大阪セメント：北区堂島浜一丁目
⑩渡辺橋北詰西角：サントリービル：北区堂島浜二丁目
⑪サントリービル西隣：古河大阪ビル：北区堂島浜二丁目
⑫渡辺橋と田蓑橋の中間：東洋紡本社：北区堂島浜二丁目
⑬田蓑橋北詰東角：NTT大阪北支店・NTTデータ堂島ビル：北区堂島三丁目
⑭田蓑橋北詰西角：大阪中之島合同庁舎：福島区福島一丁目
⑮玉江橋北詰西角：関電病院付属看護学院・関西電力病院：福島区福島二丁目
⑯堂島大橋北詰西角：キングマンション堂島川：福島区玉川一丁目
⑰船津橋北詰西角：大阪中央卸売市場：福島区野田一丁目

これらの施設のうちから、本社・支社ビルを抽出すると、〈①難波橋北詰西角：オリックスビル：北区西天満一丁目、②難波橋と鉾流橋の中間：味の素大阪支店：北区西天満一丁目、⑤水晶橋北詰西角：堂島関電ビル：北区西天満二丁目、⑥大江橋北詰西角：大阪三菱ビル：北区堂島浜一丁目、⑨渡辺橋北詰東角アクア堂島東館：住友大阪セメント：北区堂島浜一丁目、⑩渡辺橋北詰西角：サントリービル：北区堂島浜二丁目、⑪サントリービル西隣：古河大阪ビル：北区堂島浜二丁目、⑫渡辺橋と田蓑橋の中間：東洋紡本社：北区堂島浜二丁目、⑬田蓑橋北詰東角・NTT大阪北支店・NTTデータ堂島ビル・北区堂島三丁目〉となる。九点あるが、そのうち大江橋から田蓑橋までの堂島浜一丁目、同二丁目、堂島三丁目に六点もの集中が見られる。いずれも北区であって、福島区ではない。

これを近世「浪花の繁栄」の大江橋から田蓑橋までの川筋に重ねると、次のようになる。大江橋から渡辺橋の間には、〈三郷有力町人屋敷九軒→米市公認市場→三郷有力町人屋敷二軒〉、渡辺橋から田蓑橋の間には、〈三郷有力町人屋敷三軒→岡山藩→熊本藩→小田原藩→大村藩→唐津藩〉があった。今日、高層の本社・支社ビルが林立する大江橋から田蓑橋までの地域は、近世における米市公認市場を挟んでの三郷有力町人屋敷、諸藩蔵屋敷の分布とがほぼ一致する。難波橋から西方に位置する堂島川右岸の堂島浜は、大手企業のビルが林立するオフィス街となっているのである。かつて、「商都」は、「水都」であった。舟運の途絶したこの界隈は、今日においても「商都」の経済中枢の一画に変わりはないのである。

今日の水都を代表する景観は、堂島川と土佐堀川に挟まれた中之島の水面に映える近現代的建造物群に求められる。それらの建造物群は、大阪市立東洋陶磁美術館・大阪市中央公会堂・大阪府立中之島図書館・大阪市役所・日本銀行大阪支店・ニチメンビル・関西電力本店・日本生命中之島ビル・リーガロイヤルホテル・大阪国際会議場など中之島公園から南西にかけての建造物群である。今日、「水都」は、対岸の中之島に脚光が当てられることが多い。

（3）「水都」から「水郷」へ

私にとっての「水都」の懐かしい情景は、田蓑橋北詰東角のかつての電信電話公社・現在のNTTのビルの東に架かっていた出入橋である。電電公社に勤めていた母と小学校入学の時、記念写真を一緒に撮った橋である。今では堀川は埋め立てられ石の橋脚だけが残る。また、私にとっての、もう一つの「水都」の懐かしい情景は、北詰に洋館建ての阪大病院のあった玉江橋であった。そこでの精霊流しについては、本著に再々とりあげた。しかし阪大病院は移転され、跡地にはまだ何も建っていないが、西半分には朝日放送が移転してくる。

　私の生まれ育った浦江から「水都」は、間近の所である。堂島三丁目にあるＮＴＴのビルまでは、徒歩で南東一五分ほどの至近距離である。浦江妙壽寺には、元岡山藩士で国学者の萩原廣道の墓がある。浦江は、都下の喧噪をよそに散策に恰好の地であった。浦江了徳院の松尾芭蕉の句碑は、蕉門の霊地として建立された「杜若塚」であった。この地の近世後期は、文人墨客の杖を曳く名勝の地であった。了徳院に寄進された石造物に「堂島浜」が刻まれている。「浪花百景」浦江の図に杜若見物の両差しの侍は堂島蔵屋敷の侍と推定され、了徳院には北浜・堂島の相場師からの信仰も篤かった。

　今日、南浦江（福島区鷺洲）に湾曲する道路は、井路川の跡地である。その井路川に囲まれた田地は近世絵地図に「古田蓑島」と記されている。「浦江」は、寛政五（一七九四）年七月村明細に「家数合七十七軒内〈割注：四拾八軒　高持百姓／貳拾九軒　無高百姓・借家とも〉人数合三百七十五人内〈男　弐百拾参人　女百六拾弐人〉／一、牛数十六疋　馬は無㆓御座㆒候」[3]とある。家数七七軒に牛十六匹を飼う水辺の里・水郷であった。今日においても西に隣接する海老江では、一二月一五日宵から一六日未明にかけて行われる御饗神事は、宮座の人たちが八坂神社に神饌を供える神事である。海老江は明治から大正にかけて、俳人松《まつ》瀬《せ》青々《せいせい》が住み「菜の花のはしめや北に雲の山」を句にしたため地でもある。「浦江の杜若」に対し「海老江の菜の花」であった。近世から近代初期にかけては浦江も海老江も長閑な「水郷」であった。「水都」の周縁は至る所、「浦江」「海老江」の名にも示されるような「水郷」が囲繞しており、都鄙が人々の交流によって繋がっていた。

本著〈第一編　第一章　3　梅田道牛の藪入りの都市民俗〉に論究した梅田の牛の藪入りにおける牛を遊ばせる農夫の暮らす長閑なムラである。「水都」の周縁は至る所、「浦江」の名にも示されるような「水郷」が囲繞しており、都鄙が人々の交流によって繋がっていたのだった。

本著〈第二編　第四章　「水都」周辺のマチの民俗〉は、福島から浦江にかけての地域を都心部周縁として位置づけることにより、大正末年成立の「大大阪」の都市民俗研究に向けての視角を得ようとしたものである。日本の大都会の周縁には、ここに示した「大大阪」のみならず、これと同じような事情があって都鄙が連続しているところがあるものと考える。

本著における「水都」をめぐる都市民俗研究は、川筋のマチを端緒に始め、周縁のマチがかつて近郊の水郷であったことを認知し、都心部についての論究を経ることにより完結する。本著の都市民俗論としての視角は、中心からの偏りに身を置くことによって得られたものである。多様な相貌を呈する都市において、民俗学的思考による「伝承の発掘」が肝要である。それは、その土地に「正当な場所性を検証すること」にある。一見、何の変哲もないような地域を対象とする民俗研究を丹念に貼り合わせ実証的に論証し得た時、はじめて都市民俗の全貌が見えてくるにちがいない。

〈本書初出〉

第五章　現代大阪の都市民俗誌

概　要

民俗研究者においては、「都市としての大阪の民俗文化」に対する関心は低い。〈第三編　第二章　大阪の都市民俗研究史〉に記すように民俗研究者がシリーズの一冊として「大阪」（大阪府）を記述する場合、大阪市内を除いた「大阪」であった。このことは、研究対象が都市部を抜きにしたものであることを如実に示している。都市における特徴的な民俗事象をとりあげることなく、府下の農漁山村の事例をとりあげ、この地域（大阪府）は、早くから市街地化が進行し、古来からの民俗文化が残されていないと報告されることもあった(1)。そのシリーズ本「大阪」以降も、大阪を都市として研究対象とする体系づけられた民俗学研究に顕著なものはない。

現代都市・大阪にも民俗文化は、存在する。それでありながら都市大阪を対象とする民俗研究が振るわないのは、民俗文化の存在に気づいていてもあまりに雑多なものに見えて端緒を見出せずに着手できないでいるのか、あるいは、「都市空間としての大阪における民俗文化」に民俗学の研究対象としての価値が見出せないでいるかである。後者に対しては疑問を呈したい。はたして大阪という都市を対象とすることにより、都市民俗研究に一つの視角を得ることはできないものだろうか。都市民俗研究の方法には、その都市的性格を演繹的に追究する方法もあれば、個別の都市を対象とする民俗文化の解明による帰納的な方法もある。本著は後者を選ぶ。

民俗文化を帰納的に解明する方法の一つに、地域研究法があるが、それは、特定の地域社会における民俗事象をその地に即して総合的に追究しようとする方法である。(2)本著〈水都大阪の民俗誌〉は、一つの地域民俗学研究であって、それによって都市を場とする民俗研究に参与しようとするものである。現代都市・大阪における民俗文化は、多方面からの調査に基づく実証的な方法によって、正当に位置づけねばならないと考える。

本編は、本著〈水都大阪の民俗誌〉において、大都会全般の民俗研究に向けての全体的視野を得るためのものである。本著において、大阪という地域社会における民俗事象の研究の際に視角としたのは、「川筋」であり、本編〈第一章　川筋からみえる水都大阪〉〈第二章　川筋の伝承世界〉〈第三章　川筋の生業世界〉は、限定された地理的条件としての「川筋」からの都市における特殊な領域の研究であった。それは、本編〈第四章「水都」周辺のマチの民俗〉において記述したように大都会には、さまざまな場所にさまざまな人たちが暮らし、さまざまな伝承を有している。とりわけ都市大阪は、「商都」を標榜するのであるから、商人の展開する民俗についての論究を欠かすことができない。本章において、商人の都市民俗を論究するのは、このことによって、大阪における都市民俗全般に亘る研究を試みようとするからである。都市生活者は、商人が介在することによってはじめて暮らしを成り立たせている。とりわけ、大都会・大阪には、さまざまな場所にさまざまな人たちが暮らしているが、「商都」を謳うように商人の存在と役割は大きい。本章は、五節からなり、〈27　老舗の問屋から露天商まで〉〈28　現代商人気質〉〈29　商人と社寺〉〈30　現代都市の歳時習俗〉〈31　道頓堀かに料理店の都市民俗誌〉からなる。

本章〈現代大阪の都市民俗誌〉における論究の対象とした会社・店舗は、地域的にみると、大阪市内中央部から周辺のマチの北西部に亘る大阪市中央区、同西区、同福島区、同港区にまたがるものである。調査の対象とした生業の所在地は、上町・船場・島之内・西船場・堀江といった、近世の大阪三郷町地だけでなく、その周辺部である周辺のマチバやかつての近郊農村も含まれる。大阪三郷時代以来の問屋街、目抜きの商店街の老舗の店もあれば、大正末期に成立した「大大阪」以降に開けた周辺地域に位置する市井の小売店もある。本章において、現代大阪の都市民俗の全体像を追究するためには、卸売業者と小売業者の両者を対象としての調査に基づかねばならないと考える。まず「商都」の商業活動にみられる民俗を論じるには、卸売り問屋を対象とする調査が不可欠である。卸売業者が集団立地して問屋街を形成するのは、卸売機能である集荷・分荷・保管・輸送・金融・情報収集が従来から集積されており、単独立地より卸売活動が行いやすいからとされる。[3]いっぽうで「都市」に生活する人たちの消費生活にみられる民俗を論じるには、小売業者における商業活動の動態を調査することも不可欠な事柄である。両者が相俟って本章の目的が達せられるのである。

さまざまな民俗事象に対する調査が「根無し草の採取」としてなされ、都合のよいものだけを摘み食いする論究であってはならない。「現存する民俗」の確かな全体性に基づく論究は、一見無関係に見えるさまざまな事象であっても有機的に結合されるものであろう。〈27　老舗の問屋から露天商まで〉は、以下の〈28　現代商人気質〉〈29　商人と社寺〉〈30　現代都市の歳時習俗〉といった各論を論究するに当たり、前提となる資料を提示するためのもので、各論にとりあげる個々の会社・店舗における取り扱い商品および商品の流通経路を中心に商業活動の概況を記すものである。

民俗研究において「気質」を論究することは重要で興味がそそられることの一つである。本章においては、「商人気質」をとりあげる。「気質」を論じる場合、世上目につく言説などをタネにしての「〇〇県人気質」といった類の「寄せ集め的評論集」であってはならない。〈28　現代商人気質〉においては、聞書調査時に得た書付を軸に据えて聞書調査資料を重ねる方法によって、実証的に「気質」といった抽象的概念を演繹する。論究の軸に据えたのは、ある漢方薬店で見せてもらった「店員心得」と記された書付であって、資料とするのは、聞書調査における

「モットー・大事にしている心構え」といった項目への回答である。「店員心得」は、昭和三〇（一九五五）年頃、現在の店主の父が大学ノート一頁に記した書付で、それには、仕事への心構え、品質管理、商品知識、接客態度、人間としての修養といった内容のものが特段の順序はないものの几帳面に書き連ねられていた。この節の冒頭には、〈商人社会〉〈商家の家訓〉を記し、今日の「商人気質」を論じる前提としての文献資料を提示する。聞書調査における「モットー・大事にしている心構え」といった具体的項目を丹念に整理してみると、現代の都市社会における商人の規範・商人気質が解明されると考える。

〈29　商人と社寺〉においては、商人による神仏への信仰のさまざまな形態を論じる。この節では、商人と社寺との深い関係についての聞書資料・業界記念誌などによって論究する。商人は、生業の形態からして、投機性の強いもので経営にリスクが常に伴うものである。それゆえ、現代の都市社会においてなお神仏の加護を期待し、祈願する心意がみられる。そのような商人の気質もまた都市民俗研究において重要な問題であると考える。そこに明らかにされる神仏の加護を期待する心意はまた、一般の都市生活者の気質と通底するところが少なからず認められることであろう。

都市生活者は、商品を介して商人と授受の関係で繋がっていて、商人とは表裏一体の関係にある。本章後半においては、商人がいかに都市生活者の衣食住に関わり、民俗文化を豊かに演出しているのかといった問題を論究する。一見したところ華やかに目に映る都市文化もそれを下支えする人たちがあってのことである。盛り場の賑わいを演出するのも経営者たちの意匠にもとづく。都市生活がいかに演出されているのかといった問題は、それに関わる商人たちの民俗の共時性に着目することにより解明されるだろう。

〈30　現代都市の歳時習俗〉では、都市生活全般にかかわる商人の民俗をとりあげる。とりわけ、都市民俗に商人がいかに関わり、それを演出しているのかといった観点から生業にみる都市の歳時習俗についてとりあげる。都市において、ともすれば見失いがちな歳時の感覚を商業活動などの生業を通して論究する。そこに展開するのは、あるがままの「自然」ではなく、何らかの人手の加わった商品・人工によるものばかりである。〈2〉商品に見る歳時〉では、〈花々の四季〉〈装いの四季〉〈四季の味覚〉を記し、いかに都市生活における四季が商品により演出されたものであるかを論じる。そこに析出される都市の歳時習俗は、商人・商業資本による経営によるものである。そのいっぽうで、その経営戦略は、都市生活者の嗜好・価値観を踏まえたもので、需要があっての供給でもある。〈人生儀礼の季節商品〉では、春秋の結婚シーズンを当て込んで繰り広げられるブライダルフェアといった商人による経営戦略を論じる。〈キワモノ商品〉では、節句・年中行事・祝日・記念日といった特定の日にだけ売り出される商品を挙げる。都市生活者は、暦に沿った商品により季節の到来を知り、歳時の習俗を行っているのである。その意味でも商人の経営は、都市生活者の歳時意識から生じる要請を受けたものでもある。〈3〉商業の歳時〉では、〈商人による民俗行事〉〈商業と結びついた祭礼〉〈商人の販売促進の企画〉〈商店街のイベント〉といった商人・商業資本が主体となって繰り広げられる年中行事をとりあげる。このように都市においては、商人による販売を軸としての催し物なども絡んで豊かな歳時習俗が展開しているのである。

〈31　道頓堀かに料理店の都市民俗誌〉では、商都大阪の目抜き通りである道頓堀界隈（中央区道頓堀）に巨大カニの立体看板・千石船を模した店舗などを構える、かに料理店チェーンをとりあげる。そのユニークな看板・店構えなどの形象をとりあげ、その企業展開における都市民俗に特徴的な側面を論究する。〈店舗の場所性〉においては、道頓堀界隈の歴史に遡り、その見世物・芝居小屋の林立する風景を原風景として、その場所性を考察する。〈店舗の探訪〉においては、千石船を模した店舗の店構え・店内の調度品・料理などをとりあげる。〈企業の創出した形象の分析〉においては、同一系列の店舗名・料理の由来から、この企業の経営上の形象を探る。この節に記述する「形象」とは、看板・店造りなどの形として具体的に表現されたものである。その形象の第一はカニの形象であり、第二は船の形象であって、第三は水辺の形象である。〈（4）「郷愁」を企業化した経営者像の追究〉においては、それらの形象が形成されてくる過程を探る。その過程からは、いかにして山陰地方の漁師出身者が大阪の芝居町において料理店を創業し、経営的に成功したのかといった問題が明らかにされてくる。そのポイントとなるのは、「郷愁」をテーマにして郷里の産品を売り出したことである。〈（5）むすび〉において、演出者の視点からの都市民俗の形成を論究する。そこでは、生涯にわたって郷里と結びついた商人の経営者像が析出されてくる。都会において郷愁を企業化したのは、ここに挙げる一人の人物であるが、そこからは、地方出身の商人のライフヒストリーの一典型を読み取ることができる。

27　老舗の問屋から露天商まで
―商業活動の概況―

本節は、都市生活全般にかかわる商人の民俗を解明するため、商業活動に関する資料の概況を提示するものである。以下にとりあげる二二軒は、平成二（一九九〇）年度に行った大阪市教育委員会依嘱の民俗調査およびその後独自に行った生業の聞書調査によるものである。

調査を行った会社商店は、大阪市内の造花問屋（中央区松屋町住吉）、玩具問屋（中央区瓦屋町）、人形屋（中央区瓦屋町）、動物薬問屋（中央区道修町）、うどん屋（中央区南船場）、輸入生地問屋（中央区安土町）、婦人服店（中央区心斎橋筋）、呉服店（中央区心斎橋筋）、タンス屋（西区南堀江）、瀬戸物問屋（西区阿波座）、粟おこし屋（西区北堀江）、商店街（西区九条）、漢方薬店（福島区福島）、和菓子屋（福島区福島）、オハギ屋（福島区福島）、市公認市場（福島区鷺洲）、露天商（福島区鷺洲）、魚屋（港区南市岡）、八百屋（港区南市岡）、花屋（港区南市岡）、果物屋（港区南市岡）、酒屋（港区磯路）の都合二二軒である。卸売りを専門とする企業・商店もあれば、小売を専門とする企業・商店もある。卸売りを専門にするのは、玩具問屋、動物薬問屋、輸入生地問屋、瀬戸物問屋の四軒、卸売りに加えて小売をするのは、造花問屋、漢方薬店の二件、その他小売を専らにするのは、人形屋、うどん屋、婦人服店、呉服店、タンス屋、和菓子屋、オハギ屋、市公認市場、露天商、粟おこし屋、商店街、魚屋、八百屋、花屋、果物屋、酒屋の一六軒である。

(96) 松屋町筋界隈

造花問屋（中央区松屋町住吉）は、松屋町筋（マッチャマチスジ）に店を開いている。そのおもな商品は、店内装飾と季節物である。店内装飾は、造形物で、季節物は、団扇、提灯、クリスマスツリーのようなものである。団扇は香川県・丸亀の方面から仕入れてイベントの関係者とか、盆踊りの役員、商店会役員、ＰＴＡ役員、文化祭・体育祭関係の高校生などにも販売する。

玩具問屋（中央区瓦屋町）は、松屋町筋の玩具問屋街に店を開いている。そのおもな商品は、玩具大物である。ちなみに小物というのは、花火、景品などである。流通経路は、メーカーからメーカー系列会社へ、そこから当店へ、さらに小売屋にまわり消費者に届くというものである。大手メーカーは、バンダイ、トミー、タカラである。

人形屋（中央区瓦屋町）は、「人形とおもちゃ」で知られる松屋町筋に店を開いている。そのおもな商品は、正月飾り、雛人形、五月人形、日本人形、西洋人形、博多人形である。正月飾りは男なら破魔弓《はまゆみ》で女なら羽子板である。

⑼⑺ 道修町界隈

日本人形・西洋人形は、ほとんどが人生の通過儀礼としての贈答品である。出産祝いとか、入学祝い、結婚式、還暦祝い、金婚式の祝いの贈答品である。女の子の入学祝いの場合は、西洋人形が贈られる。還暦祝い、金婚式の祝いには、能人形が贈られる。最近の売れ筋商品としては、人形を飾る場所がないので豪華さよりも材質のよい小さくても高額の物があげられる。五月人形に添えられる鯉のぼりもマゴイの大きさが昔は六ｍもあったが、最近は二ｍ程の物が売れるようになってきた。該店には、常勤の店員が六人いるが、一一月から五月までは六人に加えて、親戚などからのアルバイトの四人が加わる。

動物薬問屋（中央区道修町）は、薬種・製薬会社の集中する道修町の老舗である。昭和三〇（一九五五）年頃までは、草木根皮の煎じ薬を扱う人体医薬を商っていた。戦前は徒弟制度がしかれていて四、五人から一〇人も店に出ていた。現在、該店のおもな商品は、獣医用医薬品で犬猫ペット用である。流通経路は、大阪・東京の製造元から該店に入荷し、ペットの病院に卸すというものである。

うどん屋（中央区南船場）は、昭和二六（一八九三）年創業の老舗で、心斎橋筋の一つ西の筋に位置する。店主の才覚によって夏でも客の絶えないうどんの老舗である。その流通経路は、生産者から原料を仕入れ、この店で製造販売する。生産者は、小麦粉なら九州・熊本、鰹節なら屋久島である。鰹節は、四回カビツケをしてもらって半年後に送ってもらう。この店に着いてからは天日に干してから削る。醬油はこの店の特製である。

輸入生地問屋（中央区安土町）は、船場の繊維街の近くに位置する。その流通経路は、生地生産地である英国・リーズのハターズフィールドから港町・リバプールに運ばれ船荷として、横浜に入荷し、そこから輸入商社の倉庫に入る。そこでこの社と契約し、神戸などの高級テーラーや有名デパートに卸される。高級テーラー六〇％に対して有名デパート四〇％ぐらいの割合である。会社の組織は、総勢一〇〇人で管理本部、商品本部、営業本部に分かれる。管理本部は、さらに総務、商品管理、財務管理に分かれる。商品本部は仕入業務をする。営業本部は、東京、九州の支店をつかさどる。

(98) 心斎橋筋界隈

婦人服店（中央区心斎橋筋）は、大阪最大の目抜き通りである心斎橋筋（ハシスジ）商店街に位置する。その流通経路は、生地問屋から織屋へ、さらにアパレルメーカー・製縫業者にわたり、小売店・百貨店・スーパーを経て消費者の手にわたるというものである。

呉服店（中央区心斎橋筋）は、心斎橋筋の着物の老舗である。そのおもな商品は、冠婚葬祭用、お稽古用、街着とに分かれる。商品は、

(99) 堀江立花通

生産者である京都の呉服問屋から当店に入荷し得意先に販売される。店の組織は、総勢四〇人程で販売、事務、商品課よりなり、事務は経理を兼ねている。販売場所は、本店のほか、梅田の阪神百貨店、名古屋の名鉄百貨店、東京の赤坂の各店である。

タンス屋（西区南堀江）は、家具と仏壇の店の集中する堀江立花通りに店を開いている。その流通経路は、仕入先から入荷した商品を岡山、徳島、広島、愛媛、静岡、鳥取など西日本各地に販売するというものである。桐タンスの場合は注文を受けると岸和田の専属工場で製造する。製造には二十日から一カ月かかる。鏡台は静岡、徳島、大阪の技術水準が高いという。戦前は、立花通で色付けや金物付けといった最後の仕上げをしていたが、今ではしない。

瀬戸物問屋（西区阿波座）は、近世以来、かつての西横堀川畔の瀬戸物町《せともんちょう》の老舗である。そのおもな商品は、割烹用食器、花瓶、進物品である。最高は浜田庄司制作の千万円の皿で、小皿まで取り扱っている。流通経路は、産地である有田・京都・瀬戸・多治見・九谷から該店を経て得意先である温泉旅館・割烹屋・結婚式場に出回るというものである。店は、営業が卸しから小売までを五人でし、事務を三人でしている。販売実績は、営業一人当たり年商四千万円で合わせて二億円である。

漢方薬店（福島区福島）は、かつての大阪北郊である福島の浄正橋筋を西に入った所に店を構えている。そのおもな商品は、漢方薬（輸入生薬）、医薬品、ハーブ、健康食品である。販売経路は、漢方薬の場合だと、中国、韓国、東南アジアから本社へ、そして薬局にて調剤販売されることになる。会社の組織は、本社の下に製造部門と、営業部門とからなる。製造部門には、製造部・工場、配送センター、試験部門がある。営業部門には、貿易部、医薬部、薬専部、薬局がある。従業員数は、一三〇名である。総売上は、年間四五億円である。

和菓子屋（福島区福島）は、JR大阪環状線福島駅の西を東西に伸びる聖天通商店街に店を開いている。その商品は、和菓子だけでなく洋菓子も置いている。原料を仕入れて、製造し小売販売する。おもな原料は、米・砂糖・粉・果物で、卸業者・中央卸売市場から仕入れる。得意先は福島区内の会社、学校である。現在は職人二人を雇っているだけである。昭和三〇（一九五五）年頃の最盛期には一五人ほど職人がいた。需要の減少と機械化により現在のようになった。

オハギ屋（福島区福島）は、あみだ池筋が聖天通商店街に交叉する所に位置する。そのおもな商品は、オハギ、オカキ、柏餅、団子である。原料仕入れ先から原料加工したのが該店に届き、加工販売する。オハギの場合だと小豆は、北海道十勝の工場で原料加工したのが該店に届き、小豆を炊いて餡にし、それにご飯を炊いて加工する。会社の組織は、本社、事務所、工場があり、事務所の下に各店舗がある。本社は茨木市にある。販売場所は、現在一三〇店舗余りで大阪市内、高槻、藤井寺、河内長野など大阪府一円のほか、神戸月見山、奈良法隆寺などである。近々、京都伏見にも開店する。

市場（福島区鷺洲）は、浦江聖天（福島聖天）を流れていた元のイジ（井路）川の西に位置する。そのおもな商品は、食料品、日用品・雑貨・衣料などである。だいたいの販売経路は、問屋から市場に入り、消費者の手に渡る。食料品の場合だと中央卸売市場（福島区野田）から、衣料品の場合だと中央区本町の問屋から、生花の場合だと北区梅田の問屋から仕入れる。

露天商（福島区鷺洲）は、浦江聖天の近くに住む。そのおもな商品は、綿菓子、射的、花火、鰻釣り、りんご飴、いか焼き、カステラ、輪投げ、ヨーヨー釣り、金魚掬い、キビ、福飴、カルメラ、飴細工、風船、面、おもちゃ、栗、堅焼きなどである。寺社の縁日・夜店などに売る食品・玩具などである。販売経路は、面、玩具の場合だと東京、八尾《やお》市《し》久宝寺《きゅうほうじ》の玩具卸しから仕入れている。以前は松屋町筋（中央区）から仕入れていた。りんご飴のりんごの場合だと中央卸売市場（福島区野田）から直送している。栗の場合だと中国から直接輸入している。以前は韓国からも輸入していた。経営組織は、「神農さん」と称される親分とアネ（姉）サンと称される親分の妻がいて、その傘下に多数の舎弟がいるというものである。

栗おこし屋（西区北堀江）は、かつての西長堀河畔・阿弥陀池和光寺近くに店を構える老舗である。そのおもな製品としては、ウルチ米のおこし、モチ米のおこし、ウルチ米、モチ米を混ぜたおこしがある。栗で製造するものはない。主原料は、ウルチ米、モチ米で、それらに飴、砂糖、胡麻、ピーナッツ、青海苔、ショウガ、黒砂糖、シソ、アーモンド、チョコレートなどを加える。会社は、総勢一二〇人で工場、総務（事務）、営業、販売（大阪府下の全百貨店）からなる。

⑽ 南市岡の商店街

商店街（西区九条）は、戦前は「西の心斎橋筋」と云われた九条新道に位置する。そのおもな商品は、食料品、書籍、洋服、呉服、日用雑貨、履物などである。協同仕入れはしない。ここの九条新道商店街連合会は、一〇の商店会の連合会で五〇〇店舗からなる。そのうち、西連合というのは「九条新道西商店街連合」で四つの商店会、ナインモールというのは「ナインモール九条」で三つの商店会、市場は「九条公設市場」「親栄会」「祝生会」で三つの商店会からなる。場所は、東はみなと通から西は安治川通までの一〇〇〇ｍにわたる。

魚屋（港区南市岡）は、尻無川右岸とみなと大通りの中筋の繁栄商店街に店を開いている。その商品は、鮮魚である。中央卸売市場（福島区野田）から仕入れて消費者に売る。

八百屋（港区南市岡）も繁栄商店街に店を開いている。そのおもな商品には、「土物《つちもの》」と「軟弱物《なんじゃくもの》」がある。「土物」とは、バレイショ、タマネギなどで、「軟弱物」とは、ネギ、キクナ、ナッパ、シロナ、ホウレンソウなどである。販売経路は、中央卸売市場（福島区野田）で仕入れて消費者に売る。

花屋（港区南市岡）も繁栄商店街に店を開いている。そのおもな商品は、用途別には、お見舞い用花、お祝い用花、稽古用花、お供え用花、ギフト用花がある。このうち、お祝い用花には誕生祝い、開店祝い、催し物などがある。お供え用花には、仏花と神花があり、仏花は槙・樒・ヒバ・百合・菊で、神花は榊である。品種別には、菊、カーネーション、薔薇などがある。菊は全体の七割、カーネーションは一割、薔薇も一割、その他何十種類もの花は一割程度の売上である。生産者から生花市場（北区茶屋町）・問屋を経て該店に入荷し消費者にわたるというものである。

果物屋（港区南市岡）も繁栄商店街に店を開いている。そのおもな商品は、輸入物と季節物に分かれる。中央卸売市場（福島区野田）から該店に入り消費者の手にわたる。

酒屋（港区磯路）は、市岡新田開発の神を祀る三社神社のある通りに店を開く。そのおもな商品の売上高の割合は、清酒が一五から二〇％、ビールが七五％、ワインが五％、ウィスキーも五％である。

〈本書初出〉

28　現代商人気質
―漢方薬店の店員心得を軸に―

(1)　商人社会

商都大阪においては、かつての大阪商人における本家と分家、役職による上下の間の秩序は整然たるものであった。今日と違って、その秩序は全人格的に貫徹されていたと云える。明治時代の月刊商業雑誌『商業資料』に「大阪商家の秩序」という記事がある。それには、「丁稚の上に手代あり、手代の上に番頭あり、番頭の上に主人あるが如く、分家の上に本家あり、本家の上に大本家あり、而して此本末、上下の間秩序整然たるは独り此大阪の商人に於て之れを見るなり、云々」とある。(1)この記事の後に、大阪近代の書林王と云われた岡島真七の葬儀の際の焼香の順が記されている。嗣子・未亡人〈ママ〉が最初でなく、同業者の大本家、本家と続き、家人は最後に焼香を行うことが記されている。続いて「蓋し商業の慣習、商人の秩序を重んずるなり」と記されている。昭和初期において商人の秩序が整然たるものであったことは、船場（中央区北西部）の商家の食事の献立にも読み取ることができる。

丼池筋《どぶいけすじ》に店を構える老舗のうどん屋（中央区南船場）の主人は、船場の商家の一日・十五日の「普段よりちょっと御馳走を食べる習わし」があったことを記している。(2)それには、「ぼんさん（丁稚のこと）はすうどん。番頭はんになるときつねうどんが食べられ、御家さんはきつねうどんをはじめ、冬にはうどんの茶わん蒸しみたいな小田巻き、夏にはあんかけやけいらん、のっぺ（すり身を型に入れて蒸したもの）、しっぽくなどを取ってくれました。＊

御家さん‥「おえさん」。船場では女主人や姑を〝御家さん〟、嫁を〝御寮人（ごりょん）さん〟と呼んでいた」とある。このように食べ物においても厳しく上下分け隔てがあったのが、商人社会である。

伊勢戸《いせど》佐一郎《さいちろう》は、昭和三〇（一九五五）年頃まで使われていた船場言葉における親族呼称、使用人の呼び名を書き綴っている(3)。まず商家の親族呼称が挙げられている。主人を指すダンサン、若主人を指すワカダンサン＝ボン＝ボンボン、商家の既婚の妻女を指すオエ（家）サン・ゴリョン（御寮人）サン、娘を指すトウ（嬢）チャン・コイチャンなど。使用人に対する「〇キットン」「〇ヤン」、「オ松ドン」は上女中（かみじょちゅう）、「オ梅ドン」は中女中、「オ竹ドン」は下女中と「呼び名が分担する仕事の役名であった場合が多い」とも指摘している。

今日、船場言葉は、歴史民俗に属することがらである。今日の商人社会において、船場言葉に表されたような秩序が維持されていることはないが、「商人気質」を論究するに当たって、その前提として失われた身分秩序がかつてあったことだけは記しておく。

（2）商家の家訓

郷土誌『上方』の口絵写真に「気は長く／心は広く／色薄く／勤は賢く（かたく）／身は下にいよ」と読み取られるのが載っている(4)。

⑽ 郷土誌『上方』の幕末の刷り物

説明に「幕末頃大阪の特志家が配った刷りもの」とだけある。これは、使用人心得ではないかと考えている。家訓・家憲で有名なものに「住友家の家憲」がある。これは六箇条からなるもので「寛永以後二百六七十年の今日に至るまで住友家歴代に伝ふる家憲なるもの」とされている。(5) 近世商家の家訓に見える商人心得というべき記事として興味深い。資料23として載せておく。

〈資料23　住友家の家憲〉

寛永以後二百六七十年の今日に至るまで住友家歴代に伝ふる家憲なるものありこれ則ち住友家の中興富士屋政友臨西と号して退隠するに当り老家人勘十郎に与へたる左の心得書にぞある

一　商事は不及云候へども万事慎み可被入候
一　何にても常の相場より安きもの持来り候とも根本を知らぬものに候へば少しも買ひ申間敷候左様の物は盗み物と可心得候
一　何たるものにも一夜のやどかし申間敷編笠にても預かる間敷候
一　人の口あいせらるまじく候
一　かけあきないせらるまじく候
一　人何ほど事申候とも気短かく言葉あらく申間敷候何様重て具さに可申候

孟春十日　臨西　花押

宮本又次は、「住友家の家憲」などを踏まえての論考である「大阪町人の家訓と気質」においては、「家訓や店則を通じて窺われる大阪町人の意識はいわば分限・体面・奉公の方面にあったといえる。しかし日々の取引はむしろ算用や才覚をことゝする方面であり、始末をして口銭をつんでいく必要がある。そこでこの間の分裂があったのである」と記している。(6) 宮本のこの指摘は、家訓と実際を知るうえで重要である。近世大阪町人の「算用」「才覚」

「始末」が「分限」「体面」「奉公」の蔭に隠れてしまっていることの指摘である。宮本又次は、近世商人における商人の心得を考えるに際して、日々の取引における「算用」「才覚」「始末」の重要性を述べているのである。「住友家の家憲」を読む場合にも注意を払うべきである。

「長吉の立身出世歌」は、明治時代の『商業資料』に掲載されているものである。本節中においては、この「長吉の立身出世歌」をしばしば引用する。その「長吉」とは、「長吉の文字は末永く辛抱すれば吉事身につむと云ふ縁起よりして斯る代名詞（かへな）を用ゆるとぞ」とある丁稚を指す。「茲に日常心得ともなるべき古人がものせしいろは歌を記して参考に供せん」とあって、近代の丁稚の日常心得を知る手掛かりとなる。資料24として載せる。

〈資料24　長吉の立身出世歌〉

○大阪商家の習慣にて丁稚には多く長吉と云ふ一定の名を附けて呼ぶの傾きありけるが、其の分は長吉の文字は末永く辛抱すれば吉事身につむと云ふ縁起よりして斯る代名詞（かへな）を用ゆるとぞ、実にや丁稚はいまだ浮世の事は何に白糸の身にしあれば朱に染るも、紫に染るも一に此者の心の持前如何にあり、されば茲に日常心得ともなるべき古人がものせしいろは歌を記して参考に供せん

い　いつ迄も目みへの心忘れずと御主人大切奉公をせよ

ろ　ろくろくに読書十露盤いけぬ癖利口ぶるのはみんな阿呆よ

は　鼻歌や芝居浄瑠璃声色にはやり言葉は覚ゑぬがよし

に　にこにこと柔和律義に勤なば立身出世は目の前にあり

ほ　傍輩は中睦じく我よりも下なるものはあはれみてやれ

へ　返事能くすなをにすれば御主人は素より皆が可愛がるなり
と　とにかくに辛抱剛くおとなしく堪忍するが立身のもと
ち　ちからこそ腕達などはいらぬ事兎角商売とくと覚えよ
り　利口ぶり言葉多きを堅意地と短気ふりまき要《（ママ）》ひ事すな
ぬ　ぬかるなよつひ追こされ我よりも跡から来たりさきへ元服
る　るひをもつて集るものぞ能人に附合わるき友達にすな
を　おふ口と女子をたてとませた事見覚へいふな野郎の始まり
わ　我親のかどをとふろと用なくば寄らぬがよるにまさる孝行
か　勝負や争ふわざと川遊び小銭あつかひかひ食をすな(7)

本節において縦糸とするのは、漢方薬店（福島区福島）の大学ノートに記された書付である。この書付は、平成二（一九九〇）年度の漢方薬店への調査時に見せていただいたものである。それは、当代の社長から「販売の戒めは、現在は特に示されていないが、昔は店員心得があった」というもので、先代社長が晩年、記したものであった。それは、一五項目に亘る。昭和三〇（一九五五）年頃に書かれたものである。店員・社員の指南書というべきものである。漢方薬店のおもな商品は、漢方薬（輸入生薬）、医薬品、ハーブ、健康食品である。販売経路は、漢方薬の場合だと、中国、韓国、東南アジアから本社へ、そして薬局にて調剤販売されることになる。会社の組織は、本社の下に製造部門と、営業部門とからなる。製造部門には、製造部・工場、配送センター、試験部門がある。営業部門には、貿易部、医薬部、薬専部、薬局がある。従業員数は、一三〇名である。現在の社訓は「一、安定品質　一、安定供給　一、安定価格」である。

創業当時、この漢方薬店が店を構えていた場所は、キタの盛り場に隣接する浄正橋筋《じょうしょうばしすじ》商店街（福島区福島）であった。近世は、大阪の町家の北郊に位置した。それだけにさまざまな願掛けの行われる寺社があった。浄正橋筋の真向かいの角には、光智院《こうちいん》（もとは天台宗。現在は単立）があった。そこは、浜松歌国『神社仏閣願懸重宝記初篇』（文化一三年）に「元三大師堂の内に安置したまふ子の権現へ五痔淋病消渇を患ふる人立願すれバ忽地平癒なすすべて帯下の病を治し給ふ」とある寺である。[8] 堂島川に架かる玉江橋の方に向いて行くと、上福島天神社（現在の福島天満宮：福島区福島）があり、ここの内榎大明神に「(千日火屋の傍らの榎の大樹と同じく) 詣人平日に絶ず身うちの痛ある人立願するにその痛む所を図のごとく画に書て持ゆき榎に張置て信心をこらし日参すれバ日ならず平癒なす事疑なし」ともある。[9] 当時、光智院の東隣にあった岡松寺《こうしょうじ》には、「秋山自雲霊神の石碑あり五痔にて難渋の人此石碑へ立願すれバすみやかに平癒なさしめたまふ」ともある。[10] 今日、浄正橋筋商店街を北に、さらに聖天通商店街を西に行けば浦江の聖天（福島区鷺洲）があり、当時、「歓喜天巡」の札所でもあった。[11] 浄正橋筋は、近世以来、町端に位置して民俗宗教が盛んに行われた界隈である。近辺には、曾根崎新地（北区曾根崎新地）を控え、特に水商売に携わる女性たち、下《しも》の病《やまい》を患う常連客にも信仰の篤い寺社が控えていた。

以下に資料25として、「店員心得」の全文をそのまま記す。但し、《　》内は、筆者による書き換えである。

〈資料25　漢方薬店「店員心得」〉

一、得意先で生意気な態度をしてはいけません。得意先では礼を低くして若し先方で色々訳があっても間違ってゐても反バクしない事。先方の訳をきく事。

一、人にほめられる様な人柄になる事。自分もほめられるし社長もほめられる。若し先方でご馳走になる様な事があっても節度をよく守る事。

一、商売はサービスを徹底的にせねばならん。情熱をこめてやる。安くするだけがサービスでない。安くなく共、得心して買ってもらふ事。
一、何をするにも創意工夫が第一。外交にも荷造・整理にも。
一、悪い品は扱はぬ事。出来るだけキレイにする事。扱ってゐるものが人の飲む薬である事を忘れない様。
一、《人名》は外交するために度々道修町へ行く。能率的に早く帰る事。
一、ケガには充分注意。倹約。時々、故郷へ手紙を出す事。
一、パチンコ禁止。時間があれば本・ソロバン・習字。
一、夜遅くまで外へ居るな。
一、どんな事があっても不良等相手になるな。
一、薬の整理にたへず注意する事。
一、同業者の噂など、いらないことをシャベルな。いらぬ噂を立てるな。
一、よい得意先は拡張に心掛ける事。
一、《人名》もジョウダンでも教育的によくない事は言はない事。
一、薬や資材を整理して毎日仕事をする事。

ここにあげられた一五箇条の徳目は、漢方薬店の店員への戒めにとどまるものではない。この「店員心得」によって、商人としてのあるべき人格の全体が謳われているとみてよい。接客態度・商品への注意・外交の態度・個人の修養・日常の研鑽・商品管理への姿勢など、戦後の昭和に生きる商売人の手本というべきものであったのだろう。以下、ここに載せた漢方薬店のメモ「店員心得」を狂言廻しにして、商人気質について論究する。とりあげる項目の順番は、「店員心得」のとおりではない。本節の趣旨が逐一漢方薬店の「店員心得」を解説するのではないので、これに基づきつつも商人としてのあるべき人格の全体の構想に沿った順番とした。

（3）仕事への心構え

「店員心得」の第四項目には、「何をするにも創意工夫が第一。外交にも荷造・整理にも」とある。ここに挙げられている創意工夫は、どのような職業についても云えることである。顧客・得意先相手の営業においても、荷造整理といった作業においても経験を活かして、工夫することを説いている。創意工夫は、商売人の才覚の一つである。創意工夫の大切さは、「住友家の家憲」にも「長吉の立身出世歌」にも記されていない徳目である。かつて、創意工夫は、表立って使用人に強調される事柄ではなかったのであろうが、宮本又次が指摘した蔭に隠れた「才覚」のひとつでもある。

輸入生地問屋（中央区安土町）は、「ファッション・クリエイターになれる店」をめざしている。ここにも創意工夫を謳っている。「ファッションはデザイナーが作るのではなく、われわれがクリエイトするものであると考えている」という。販売サイドからの創造を目標としているのである。顧客からのニーズをいかに読みとり、流通に活かすかは、問屋にとって重要な心構えである。婦人服店（中央区心斎橋筋）の聞き書きには、「"CREATIVE BOUTIQUE"をめざしている」と記述している。消費者・顧客とアパレルメーカーの間に立つ小売における創意を掲げている。マニュアル化された口上で売りつけるのではないのである。この店は、一年を三六旬間に分けて、折々の販売を展開している。顧客の装いの願望をいかに引き出し、それを満足させるかは小売の腕でもあろう。

オハギ屋（福島区福島）は、独自の経営理念によって、新たに消費者の購買意欲を開拓した商売である。そこにも創意工夫が見られる。「甘さをおさえて味がいいこと」「インスタント、冷凍食品にない手作りの味を出すこと」「いつでも好きな物を食べられるようにすること」がそのモットーである。「手作りの味」が、この店・企業のセールスポイントである。いかにして、家庭において拵えられてきた年中行事のハレ食を商品化するかが、この店・企業の工夫であった。都会・マチにおいては、早くから商品化されたハレ食が出回っていたことは、本章〈30　現代都市の歳時習俗〉のキワモノ商売に詳しく記す。セールスポイントである「手作りの味」には、「ふるさと」を志向する都市生活者の心意をくすぐるものである。都市生活・都会風の生活様式によって失われて来た「手作りの味」を工夫して大量に製造しているのである。「甘さ」が控えめであるのは、購買欲をそそる工夫である。オハギ・ボタ餅の味付けは、家庭独自のものである。万人の口に合わせるならば、あっさりめ・控えめにして、しつこさを避けるのである。むしろ、甘さの物足りなさは、量を増やすことで稼ぐのである。都市化された生活様式・核家族化の進む今日、家庭で拵えることのなくなったハレ食を商品化したのは、一つの創意工夫である。

まさにこの企業は、ハレを日常化したといえる。オハギを売り出す白地の幟は、毎日、店先に立っている。毎日、幟を立てているのが商人である。今や、オハギは、春秋の彼岸に食する食べ物でなくなっている。この店には、「創業寛永○○年」といった和菓子屋に見られる老舗意識はない。店舗も「雅び」を装うことなどまるでない。どの店先にも粗末な白地の幟が立てられているだけで、むしろ田舎風「鄙び」を売りにしているとも見える。それだからこそ、どこにでもいる「お婆ちゃん」の味が演出されるのである。その気安さが男性客を臆面もなく店に立ち寄らせるのである。だから、ハレの食もふだんに間食として平気に買い求めてしまうのである。気取らないのが、和菓子屋に勝る商法なのである。ここでは、ハレとケといった暮らしの折り目・けじめがつかなくなっている。これを享受するのは、境目のない、ファジイな現代の都市生活が控えているからである。オハギは、彼岸に食するハレ食ではなく、代用食・間食なのである。この商売もまた、現代の都会の生んだ知恵である。この種の商売に売り手と買い手が成立すること自体、変容しつつある都市民俗の興味ある事象なのである。ハレ食を商品化し、さらに日常化したのは、商売人の創意工夫である。

うどん屋（中央区南船場）の店主は、「料理とは、ものをはかる、米を一斗、二斗と計る理が料理の第一歩で、自然体で臨むのがよい」という。「料」という漢字についての独自の字解である。この手の民間における解字は、いくらもあり、それぞれにメッセージが込められている。(12) この店の商品である「うどん」が、いかに創意工夫に満ちたものであるかは、〈30　現代都市の歳時習俗〉の「四季の味覚」に記す。それを裏付けるのがこの経営哲学である。味付け・塩加減がそれまでの経験・伝承を活かしつつ、計算され尽くされたものであった。自然の素材を活かしきった風味は、創意工夫によって生み出されたものである。その結果が「自然体」なのである。店主は、「料理は大きな宇宙のひとつ。自然の理なんです」と述べている。(13) むしろ、自然に逆らうのではなく、食材に自ずから具わる本来の味を引き出す工夫こそ、大事としているのである。店主には求道者の風格が具わっている。これなどは、もはや「店員心得」からは逸脱する。「職人の哲学」である。

（4）品質管理

「店員心得」の第五項目には、「悪い品は扱はぬ事。出来るだけキレイにする事。扱ってゐるものが人の飲む薬である事を忘れない様」とある。また第一一項目に「薬の整理にたへず注意する事」とも第一五項目に「薬や資材を整理して毎日仕事をする」ともある。品質管理の大切さを説いているのである。万一、整理整頓が行き届かずに蔵の中を鼠が走り回って糞でもすれば、大変なことである。今日なら「異物混入」で忽ち信用をなくすことにもなる。

品質管理の重要性は、どの業界も同じである。輸入生地問屋（中央区安土町）は、「シワ、破ける、色が落ちるといったことは絶対ないように心がけている」という。瀬戸物問屋（西区阿波座）の取扱商品は、割れ物である。瀬戸物問屋は、「品物を扱う時には底を持て。品物のケツを見ろ。品物を触って撫でてみろ」という。商品の見定めに細心の注意が払われている。

人が口にする商品を扱う場合、殊に品質管理は大事である。粟おこし屋（西区北堀江）の商品は、空港・ターミナル駅などで「大阪土産」として販売されている。粟おこし屋は、「商品を目の行き届くところに置きたい」という。市公認市場の塩干店（福島区鷺洲）は、「痛んだモノを売るな」という。魚屋（港区南市岡）では、「新鮮さが第一」という。生鮮食料品の場合、商品価値は、いかにして人手の加わらない「自然」を消費者の口に届けるかにかかっている。八百屋（港区南市岡）でも、「鮮度が第一」「日にちの経ったものは売るな」という。果物店（港区）でも同じく「鮮度が第一」という。花屋（港区南市岡）の場合も、「鮮度」が問題である。「安くて良い品物、長持ちする品物をモットーにしている」という。鮮度のよい商品を提供するのが信用なのである。新世界通天閣の南・ジャンジャン横丁（浪速区恵美須東）に小型トラックでやってきて行商をしている人のおもな商品は、野菜・果物・魚・塩乾物である。販売のモットーは、「安くてええのンを売る」であった。「良い品物」を売ることに関しては店構えをする果物屋などにまさるといった口吻である。

オハギ屋（福島区福島）の小豆は、原産地である北海道十勝の工場で原料加工したのがこの店に届き、そこで小豆を炊いて餡にし、それにご飯を炊いて加工するといった体である。小売店が原産地に工場を持っているのである。うどん屋（中央区南船場）の流通経路は、生産者から原料を仕入れ、この店で製造販売する。生産者は、小麦粉なら九州・熊本、鰹節なら屋久島である。鰹節は、四回カビツケをしてもらって半年後に送ってもらう。店に着いてからは天日に干してから削る。醬油はこの店の特製である。「産地直送」がセールスポイントになるのは、生産地と消費地である都会の距離が離れていることによる。時間的距離は、高速の長距離輸送が発達して、縮まっているものの、流通機構の複雑さは「鮮度」を落としかねない問題をはらんでいる。だから流通機構を整備して品質管理の行き届いた商品を消費者に届けることに商人たちは懸命になっているのである。

(5) 商品知識

「店員心得」の第三項目には、「商売はサービスを徹底的にせねばならん。情熱をこめてやる。安くするだけがサービスでない。安くなく共、得心して買ってもらふ」とある。本当のサービスは、顧客の商品への格別の信頼によって、高価であっても、得心づくで買ってもらうことにあるというのである。近世の「住友家の家憲」に「何にても常の相場より安きもの持来り候とも根本を知らぬものに候へば少しも買ひ申間敷候左様の物は盗み物と可心得候」とある。安物への警戒心を怠らぬことを説いている。大事なことは、商品の「根本」である。どこから出回っているのかを確かめない限り販売できないというのである。それこそ、商人が大事とする信用なのである。

生鮮食料品の場合の商品知識は、明瞭に商売に発揮される。果物屋（港区南市岡）では「いいものは産地で決まる」という。「リンゴなら信州の山の上。ミカンなら九州・紀州。メロンなら静岡」といった具合である。ハウス栽培・冷凍技術の向上・遠距離輸送の迅速化が進む今日においても産地による「銘柄」が生きている。あるいは、産地自体が、「銘柄」となって商品価値に付加しているのである。「新鮮さが第一」という魚屋（港区南市岡）は、「素人の目」をよく見抜いている。若い消費者は、「見てくれだけで買う」と。いっぽう、年輩の消費者は、「安いものには値段で抵抗が多い」ともいう。「素人は光っている魚は新鮮だと思うが、アブラがないだけのことである」という。アブラがのっていたらドロンとなるが、鮮度とは何の関係もないらしい。「素人は魚の目を見て買うことがあるが、水浸けだから関係ない」のである。生活様式の都市化は、「自然」を見る目を失っている。それだけに

「自然志向」「自然食品」流行の時世、消費者は「自然」に乗せられやすい。そこでは、商人の経験・勘にもとづく、したたかなまでの商品知識がモノを言うのである。

高価な商品の場合、その商品にまつわる作法・しきたりなどを顧客に理解してもらうことが財布の紐を緩ませる第一歩である。高級品に関する商品知識は、並大抵のものではない。高価な商品を扱う場合には、さまざまな作法・しきたりを弁えなければならないからである。心斎橋筋の老舗の呉服店（中央区心斎橋筋）では、さまざまな慶弔事における着物の作法を記述する。図柄に関しては、「亀甲、青海波の図柄は喪・中喪（法事）には使わない」という。喪・中喪に使ってもよい図柄は、「夢の字・蓮・菩提樹である」という。慶弔両方に通用する図柄は、「雲・霞」であるという。人・人形といった生き物の図柄を嫌がる人もいるともいう。色に関するしきたりもある。「宮中では黒を着てはいけない」という。商売人は、作法を押しつけたりはしないというが、「一枚の網で鯨からチリメンジャコまでは獲れない」というに至っては、開き直りかともとれることばである。老舗の呉服店は作法・しきたりを弁えない昨今の客に手を焼いているのである。

松屋町筋の人形屋（中央区瓦屋町）のパンフレットには、「明治から人形専門の信用の店」とある。専門を自負するだけに人形への審美眼とともに習俗についての知識が要求される。店内には、豪華絢爛たる雛壇が並ぶ。昭和六〇（一九八五）年以前の松屋町筋界隈の人形屋は、店内いっぱいに赤い毛氈を敷きつめ、有職・京雛・市松・博多・三月・五月人形など、あらゆる種類の人形を陳列していた(14)。店内を覗くだけで「目の保養」ができた。これを大阪人は「目の正月」とも云った(15)。「有職故実雛人形」を謳うように、この業界では「有職故実」を尊ぶ。「朝廷・武家の礼式」は、消費者の憧れである。人形屋は、「雛人形の道具七点は『たんす・長持ち、鏡台・針さし、火鉢、茶道具、御所車、お駕籠』で加賀藩の嫁入り道具にならったものである」という。ここでは、加賀百万石・大名に倣うのである。雛人形セットそのものが公家・武家における婚礼の見立てである。かつて「大名」のいない幕府直轄都市であった大阪において、今日「加賀百万石」に倣うと謳うのも、大衆の「上流」指向をくすぐるものである。人形屋（中央区瓦屋町）は、さらに「雛人形を贈るのは、関西の風習ではヨメのサトがする」という。雛人形は、ヨメのサトから孫娘の初節句に贈られるものという。たいへん高価な贈答である。孫が男の場合だと、五月人形・鯉幟を贈る。人形屋は、「五月人形に添えられる鯉のぼりは、マゴイの大きさが昔は六ｍもあったが、最近は二ｍ程の物が売れるようになってきた」という。手狭な住居に暮らす都会生活者に大きな鯉幟を贈られても場所がない。店員は、そのような事情も按配して商品を薦める。

雛人形には、いくつかのしきたりがある。人形屋は、さらに「人形はもともとは魔除けである」といい、「雛人形を時期はずれまで出しておくと嫁入りが遅れる」ともいう。これは雛人形を時期はずれまで片付けないでいることを戒めるのだという。引き合いに出されるのがいつも女性の「婚期」であるが、もともとは、人形がケガレを移し流すヒトガタであって、邪気を払うという意味で、「魔除け」であったことによると考えられる。市松人形（イチマさん）にも作法がある。人形屋は、「市松人形はもともとは雛人形の脇飾りであるが、アイダでも飾り物として飾ってもよい」ともいう。これも婚礼と関わりがある。市松人形は、かつて嫁入りの荷にしのばせたものである。[16] 人形屋は、「市松人形は女の子の人形だけ贈ってもよいが、嫁入りが遅れるので二年目の雛の節句の時には男の子の人形を合わせて贈る」という。これらのしきたりは、「女性の婚期」にこだわる風がある。そこに見える倫理観は、女性を縛るイエ中心の考え方である。このような考え方が雛の節句にあるのは、人形屋が言い伝えているだけではなく、消費者である人形を贈る人たちの側にも「女性の婚期」を気にする向きがあるのであろう。斎藤良輔は、「雛人形の贈答が盛んになり、上流階級では雛の使いといって、吊り台に雛人形や行器（ほかい）、樽などをのせて贈り物をすることも流行した。さらに、娘が他家に嫁ぐ際にも雛を持参し、嫁入り後の初節供に雛祭を行う風習も生まれた」と記している。[17] 雛人形セットの誕生は、それほど古くはない。大量に商品化され、庶民の家に出回ったのは、近代を遡ることはない。宮廷や幕府で三月節句に雛人形にかかわる行事があった記録は、近世初頭（一六三〇年ころ）であり、寛文年間（一六六一～七三年）以降にようやく雛祭の形が定着したとみられる。[18]精巧な土焼きの衣装人形の出現で華麗になり、重ね壇に内裏雛以下、官女、大臣、五人囃子、仕丁、雛道具を並べるという形式が固定していったのは、明治以降の商店の雛人形売り出しにより推し進められたものである。[19]今日見られる雛祭は、その時代以降のことである。とはいえ、雛飾りの淵源は、王朝の風流造り物に求められよう。王朝の風流造り物は、精巧な細工の偽物であり、ミニチュアであって、その本来の意味や価値の転倒した物である。[20]王朝の風流造り物は、中世の座敷飾りや祭礼の山笠・山鉾・山車、あるいは祝宴の吉祥飾り・蓬萊飾り・島台へと受けつがれ変容していく。[21]そのような習俗を背景に座敷飾りとしての雛壇が成立したのである。公家・武家のしきたりに準えることは、生活様式の都市化が進み、「中流家庭意識」の強い今日、「雅び」を求める心意をくすぐる。これらの言い伝え・しきたりを弁えたうえで商品を販売しているのである。

タンス屋（西区南堀江）では、「現在は『婚礼と暮らしの家具』と銘打っている。以前は『御婚礼調度品・室内装飾』と銘打っていた」という。婚礼にまつわるしきたりは、この店でもたくさん聞いた。この店で聞いたしきたりは、商品販売にまつわる知識というよりは、むしろ縁起をかつぐ顧客の意識である。タンス屋は、「八月も、以前は『お盆の時はホトケの日だから』といって客が来なかったが、現在はそうでもない」という。客の縁起かつぎが減ってきたのだろう。「六月は、以前は結婚が避けられていて暇だったが、最近は『ジューン・ブライド』ということでそれほど暇でなくなった」ともいう。それでも日取りに関しては、なおも縁起をかつぐ客が多いらしい。「納める当方は『お天気は、何より大安だ』と思っている」という。ところが、客の方は、仏滅の日を厭がるらしい。業者の立場からは「桐タンスにシミが付くから水気はいけない。だから雨が降ったら桐タンスは納めたくない」のである。顧客からは、たいてい「納めるのは午前中」と時間の指定がある。順序にも客の要望がある。「荷を降ろす時は鏡台からである。これは鏡こそ女のタマシイだからである」という。また「納める時にトラックはバックしてはいけない」という禁忌もいう。このように婚礼にまつわる俗信を弁えたうえで、商売は成り立っているのである。

ここでは、商品知識としていくつかの言い伝え・俗信・しきたりをとりあげた。現代の都市において、とりわけ婚礼の際、特に女性に纏わる言い伝え・俗信が多いことに気づかせられる。その一方、それらの呪縛から解放されつつある意識をも認めることができる。これらの事柄は、業者が「専門家」で、一般消費者である客は、聞かされてみてはじめてなるほどと得心するものもある。しかし、なかには、六曜《ろくよう》のように業者を困らせる俗信もある。このような事柄は、客の需要を商人がいかに按配して提供するかにかかわる問題でもあると同時に、商人は、迷信や俗信を信じない場合であっても客に対して抗うわけにもゆかず、それに沿って商いをしてしまうことにもなる。だから迷信や俗信が根絶されることがないのである。

瀬戸物問屋（西区阿波座）の店主は、「この頃は、私どものような専門店が流行らず、雑貨店ばかりが増えてきている。『無人』で商売をしているのですよ」という。瀬戸物の場合、消費者は大型量販店などで高級な品物を買い求めることをしない。焼き物への審美眼など問題にならない。大量に複製品・安物が出回っている時代であるだけに伝統的工芸品を取り扱う老舗が窮地に立たされているという。今日、都市生活の衣食住において、花鳥風月の風情を理解するのは、もはや一部の好事家に限られてきているのを嘆いているのである。商人が、安くなくとも得心づくで良い品物を買ってもらおうとしても、通用しない時代になりつつあるのである。

（6）接客態度

「店員心得」の第一項目には、「得意先で生意気な態度をしてはいけません。得意先では礼を低くして若し先方で色々訳があっても間違ってゐても反バクしない事。先方の訳をきく事」とある。また第一三項目に「よい得意先は拡張に心掛ける事」ともある。得意先・顧客に対する接客態度を述べている。「住友家の家憲」に「人何ほど事申候とも気短かく言葉あらく申間敷候何様《なにさまかさね》重て具さに可申候」とある。客が何を言おうとも取り乱さず丁寧な物言いをすることを教えている。幕末頃大阪の特志家が配った刷りものには、「気は長く／心は広く／色薄く／勤は賢く（かたく）／身は下にいよ」とあった。(22)「身は下にいよ」とは、奉公人に対して謙虚さを教える言葉であろう。「長吉の立身出世歌」の「に」は「にこにこと柔和律義に勤なば立身出世は目の前にあり」であって、「と」は「とにかくに辛抱剛くおとなしく堪忍するが立身のもと」である。これらの倫理観は、封建社会における商売人の道徳である。はたして、このような客・目上への忍従道徳が今日の商売においてどれほど見られるのだろうか。

婦人服店（中央区心斎橋筋）の社是は、「『笑顔・スピード・誠意』でいかにお客さんに満足を与えるかに気を配っている」という。顧客の気持ちを読み取り、素早く対応することの大切さを説いている。輸入生地問屋（中央区安土町）は、「社会的ステータスの高い人が相手なので、よりいっそう『信用』を大事にしている」という。また、「五〇歳以上の方には『若くみえますよ』と薦め、一八、九歳の方には『年いって落ち着いて見えますよ』と薦める」ともいう。誰しもそう言われると悪い気がしない。前に老舗の呉服店（中央区心斎橋筋）における作法・しきたりの伝承を記したが、そこでは、また「喧嘩に勝っても商売にならん」ともいう。客によっては、老舗の云う作法を理解しない人もいるのだろう。商売人の愛想の良い接客態度の内心には、このような客を見る鋭い目が働いているのである。

食べ物屋の場合は、気さくなところがある。果物屋（港区南市岡）では、固定客・顧客を相手とするとなれば、「信用第一」に接することと決めている。オハギ屋（福島区福島）では、「男の客が来れる気安さを大事にしている」という。世間話でもしながら商うのであろう。ざっくばらんな社風がうかがえる。

商店街（西区九条）では、「『地域のお客さんとのふれあい』を大事にしている」という。顧客を大事にするというのである。大店法の規制緩和に伴って大型店の出店が相次ぐなか、中心市街地に立地する商店街の固定客離れが深刻な問題となっている。(23) そんな中、固定客・顧客を大事にして「ふれあい」をモットーにしている。「ふれあい」は、セルフサービスの大型店舗にはできないことである。そこには、売り手と買い手との間の日常的な社交が見られるのである。

商人の相手は、仕入先でもある。造花問屋（中央区松屋町住吉）が大事にしていることばに、「弾があるから鉄砲も打てる」がある。これは、商品があるから売ることができるという意味で消費者よりもメーカーを大事にし、正札《しょうふだ》でしか売らないということである。この店では、最小ロットは一〇本でそれ以下は売らないと決めているという。問屋では、今日においてもメーカーとの関係を重視する風潮が残っているのである。玩具問屋・人形屋の業界においては、値崩れを懸念している。生産者の直販、小売店に直に卸す現象が顕著になっている。業界大手の座談会では、(24)「いままでの景気のいい時は、製販三層の立場がキチット守られ、そのルートを通って商いされていたのが、この三年来の不況で、生産者は各地で直販に乗り出したり、また小売店へ直に卸すようになってきた」という意見が記されている。「製販三層」とは、製造・問屋・小売りの三層のことであり、「この三年来の不況」とは、昭和五三（一九八八）年当時のことである。消費者の立場からすれば、流通機構の複雑さに悩まされるところではあるが、問屋・仲買にとっては、メーカー・仕入先との信用も死活問題である。瀬戸物問屋（西区阿波座）は、「仕入れ先には現金決済をして安く良い品物を売るようにこころがけている」という。商人は、仕入先に対する店の信用が大切なのである。商人は客にアイソ（愛想）よくするだけではすまされない。仕入先との間に立って上手に立ち振る舞い、消費者に対して、商品知識に基づくさまざまな付加価値をつけて販売しているのである。

（7）商人としての修養

「店員心得」の第八項目には、「パチンコ禁止。時間があれば本・ソロバン・習字」とある。昭和三〇（一九五五）年頃にも、漢方薬店のある福島駅界隈・浄正橋筋にもパチンコ屋があった。明治時代の丁稚の日常心得「長吉の立身出世歌」の「か」は、「勝負や争ふわざと川遊び小銭あつかひかひ食をすな」である。勝負事・賭事の御法度は明治の頃も戦後も変わらない。「読み書き珠算」の大事は、「商人の倅」を自負した宮本又次の少年時代にも実践されていた。彼は、珠算は競算会に通い[25]、さらに漢文の素読をも習っている。丁稚の日常心得「長吉の立身出世歌」の「ろ」は「ろくろくに読書十露盤いけぬ癖利口ぶるのはみんな阿呆よ」であり、「は」は「鼻歌や芝居浄瑠璃声色にはやり言葉は覚ゑぬがよし」である。芝居町・寄席街でうつつをぬかしていては、一人前の商人になれないのである。

また「店員心得」第二項目には、「人にほめられる様な人柄になる事。自分もほめられるし社長もほめられる。若し先方でご馳走になる様な事があっても節度をよく守る事」ともある。店員として、人間としての心得を説いている。「店員心得」の第七項目には、「ケガには充分注意。倹約。時々、故郷へ手紙を出す事」とある。社長は、都会の店に働く店員の親代わりであったのだろう。「夜遅くまで外へ居るな」「どんな事があっても不良等相手になるな」ともある。この福島界隈は、キタの盛り場に近く、夏祭りのダンジリ巡幸の時には入れ墨をしたクリカラモンモンが徘徊する巷でもあった(26)。

人形屋（中央区瓦屋町）では、「あせるな／いばるな／おこるな／くさるな／おこたるな」を販売の心構えとしているという。さぞかし、いろいろな難題を持ちかけてくる客もいるのだろう。「ジャコを相手にするな」と述べた心斎橋老舗の呉服店（中央区心斎橋筋）は、「邪道でない正統な道を歩んで行こう」「売れるからいうて安物を売るな」と高価であっても良い品を売るといった老舗意識を大事にしている。道修町の宝暦年間創業で現在、動物薬問屋（中央区道修町）を営む店では「誠意をもって続けていく」ことを大事にしている。「暖簾」「老舗」は、船場・島之内の商人・ひいては大阪商人においては、制度が変わり、組織替えになろうとも心の支えになっているのである。その人たちにとっては、「商いの道」といった生き方が現在もなお規範として存在するのである。

これらの項目において、商人としての生きるには、日頃から「読み書き算盤」の修養を積み、店のために誠意を尽くすことを説いているのである。

（8）むすび

かつて「水都大阪」は「商都大阪」でもあった。そこには、商いに纏わるさまざまな習慣・習俗が存在した。冒頭に断ったように、本節には、番頭はんも丁稚どんも出て来ない。たまに問屋で聞く「昔からの番頭だった人」は、正式な肩書きはその会社の「常務取締役」である。ある問屋の常務取締役は、いきなりの訪問にボンサン（丁稚）だった頃を懐かしく話された。茶屋の女郎さんにかわいがってもらったことなど客を気にしながらも話された。そんな時、不意に現在使用している帳簿を見せられた。カタカナで符牒が記されているのである。つい先ほど符牒のことを店先で尋ねた時、顔をしかめられた矢先のことである。まだまだ、大阪には、商人の習俗が生きているのだとドキッとした。業界の符牒なんぞではない。店の符牒なのである。

商店街は、年を追うごとに元気がなくなっており、とりわけ大店法の規制緩和に伴って大型店の出店が原則自由（売場面積一〇〇〇平方m以下のものに限る）になったことが大きく影響している(27)。これは小売全般についても同じである。一九九〇年に、調査した大阪市公認市場は、閉鎖されてしまっている。調査の時、後継者難を嘆いていた。商業に纏わる伝統的な習俗は、「経済のグローバル化」の進展する今日、さまざまな方面から改変を迫られている。

近世以来、物資の集散地である大阪においては、口銭を取ることはけっして悪いことではなく、生業の基本であった。正札による取引の以前は、掛け値であって双方折り合いのついたところで商いが成立していたのである。買い手の方も値切ることは店先でいくらでもあった。百貨店でもない限り、常識であった。子供の頃、商店街で値切る際の大人たちの掛け合いは、漫才でも聞いているようでおもしろかった。少々、商品のアラ（粗）を見つけた末、「負けられへんかったらもう要らんわ」と開き直れば、独り言のように「ほな負けとこか。しゃーないなぁ」でケリがついた。商売人の方が根負けをして仕方なく値を下げる。商売人の方も売りたければ折り合いをつけてきたものだった。コンビニエンスストア・大型店舗ではこの手が通じない。今では、売り手が掛け値をつけ、口銭を取ることも、買い手が値切ることも悪いことのようになってしまった。今では、「ええ買い物《かいもん》した」という喜びがあまりなくなったが、「商都」は、買い手からすれば値打ちある品物をいかに安く買うのかが自慢の土地柄なのである。

最後に、社長の残した「店員心得」に書かれていないが、かつて大事とされた徳目が一つある。「長吉の立身出世歌」の「い」である。「い　いつ迄も目《ま》みへの心忘れずと御主人大切奉公をせよ」である。さまざまな面から改変を迫られることによって失われた主人と使用人との絆である。この徳目は、身分社会を支える心得であった。商人の倫理は、社会の変化に応じて変わってゆくものなのである。商業をめぐるパラダイムの変換は、商人気質をも変えつつある。

今日では、商店街が主体となって地域活性化のための街おこしのイベントが行われていたりする。近世の大阪を「杭倒れ」と云うたりもした。公儀《こうぎ》橋の少なかった大阪に商人自らが橋杭を立てて橋を架け、客を引いた土地柄ではある。商業活動が地域と密接に結びついて、地域の繁栄を生み出すことは大切なことである。今日、商人の意識自体、地域社会に対して向けられつつある。こういった地域活性化を促す意識もまた今日の商人気質には見られるのである。商人気質には、商人自身の修養が店舗に利益をもたらせ、地域の繁栄に寄与するといった、商人・店舗・地域のつながりも認められるのである。

〈初出は、「商人の心得（前）」『大阪春秋』（大阪春秋社）一〇一号　二〇〇〇年一二月、「商人の心得（後）」『大阪春秋』（大阪春秋社）一〇二号　二〇〇一年三月。これを一部修正。〉

29　商人と社寺
――商人の投機的性格――

（1）「三菱」寄進による神社

商人による社寺への信仰の形態は、さまざま見られる。商人一個人による参拝から、一企業による奉斎・神社の創始、業界全体による大型建造物の奉納などいくつもの形態が認められる。現在に至るまで商人による社寺への寄進が盛んに行われており、安居（井）神社（安居天神）（天王寺区逢坂）が大丸呉服店（現在の大丸百貨店：中央区心斎橋筋）・下村家による寄進による隆盛などもよく知られている（1）。社寺に対して商人・企業が寄進・奉納を盛んに行っていることは、枚挙に暇がない。

大阪市西区には、土佐稲荷神社（西区北堀江）が鎮座する。この神社は、「三菱」の寄進による神社である。宇野正人は、「企業が祀る神社」において「この神社こそ三菱グループが祀る神社で、グループ各社の事業所、工場に分霊が祀られている本家本元の神社、すなわち三菱稲荷の本社である」と感動を以て述べている（2）。平成二（一九九〇）年当時、普請が「三菱」の手によって行われつつあった。現在、修復も完成し、朱塗りの本殿をはじめ、実に荘厳な社殿が連なっている。賽銭箱には、金箔を打った社紋が陽刻されている。それは、稲穂に囲まれて、その中央に「三菱」が配されたものである。正月には、三菱商事のトップクラスが参拝するという。

土佐稲荷神社の創始は、近世大阪に富をもたらした藩の蔵屋敷にまで遡る。神社の裏には、現在、長堀通が通る。

この通りは、近世においては長堀川であった。そこに架かる鰹座橋の畔には、かつて土佐藩の蔵屋敷が建っていた。略記によれば、現在の土佐稲荷神社は、享保年間（一七一六〜一七三六年）土佐藩主、山内豊隆が崇敬した藩蔵屋敷の鎮守神であった。山内家は参勤交代の途次には必ず立ち寄り敬意を表し、その後の造営修復は何れも藩費を以て奉納した。この地が三菱発祥の地となるのは、明治初年、土佐開成社（現在の西区役所の場所）及び大阪蔵屋敷の総支配人として赴任した土佐藩少参事、岩崎彌太郎による。維新後、まもなく、この地を所有した彌太郎は、稲荷社を尊崇し、この地において事業を営み三菱発祥の地となったとある。略記は続けて「その後、資を投じ社殿の造替をするに及んで神社の荘厳を加え郷社に列し、広く『土佐稲荷』の呼称にて社頭は賑った」とも記す。昭和二〇（一九四五）年三月戦災により全ての社殿が焼失したが、平成になっての大改修により、現在では、社殿をはじめ、境内には八代目土佐藩主・山内豊敷《とよのぶ》の石燈籠一対、岩崎彌之助（初代三菱社長彌太郎の弟・二代目社長）寄進による青銅狛犬一対、日本郵船・東京倉庫奉納の石燈籠、三菱汽船問屋仲とある奥院燈籠などを配し、往時の壮観をすっかり取り戻している(3)。前身は、土佐藩蔵屋敷の鎮守社であったものが、今日「企業の祀る神社」の冠たるものとして挙げられる神社となったのである。

この神社は、荘厳を極めるだけではない。境内と隣接する公園は、桜の名所として市民に親しまれている。四月上旬・桜の開花期には、例祭である春祭（初午祭）が執行される。この時期には、大勢の夜桜見物で境内は賑わう。タンス屋（西区南堀江）は、この春祭りに献燈をしている。地元の商店・企業からの提灯も吊るされ、春を告げる行事としてすっかり定着している。大企業の祀る神社は、街の名所でもある。

（2）業界が祀る神社

業界によって創設された神社がある。瀬戸物問屋（西区阿波座）による火《ひ》防《ぶせ》陶《とう》器《き》神社《じんじゃ》と薬種問屋（中央区）による少彦名神社である。「火防陶器神社の栞」（火防陶器神社奉賛会発行）にあるとおり、火防陶器神社は、坐摩神社（中央区久太郎町渡辺）の境内に鎮座する。西横堀瀬戸物町筋高速道路東側に当たる。拝殿・祝詞殿は、鉄筋コンクリート建てで四三平方米の広さである。瀟洒た社殿は、陶芸作家による奉納物によって実に荘厳である。殿舎の天井・壁画・欄間・手水舎・門柱・燈籠・狛犬など陶磁器によるものばかりである。神社の一奇観と云うべきである。祭神は、大陶祇神（おおすえつちのかみ）・迦具突智神（かぐつちのかみ）である。

⑽ 陶器神社

⑾ 瀬戸物市

祭礼は、平成一二（二〇〇〇）年までは、例年、七月二二日から二五日にかけて行なわれた。沿道におけるこの「せともの祭」は、人出不足、道路事情などにより、平成一二（二〇〇〇）年を最後に幕を閉じ、現在は火防陶器神社のある坐摩神社の境内において「大阪せともの祭」が行われている。かつて、大阪府陶磁器商業協同組合主催の「せともの祭」が開かれていた期間中は、沿道に当たる阪神高速道路西側筋・西区阿波座一丁目から立売堀一丁目にかけては、全国より業者が集まり、茶わんの祭典とも云うべき廉売市が催された。陶器造り人形が人目を引き、まさに「浪速の夏の風物詩」として近郊より多数の人が集まったものである。

この「せともの祭」の淵源は、近世の瀬戸物町地蔵会にある。安政年間（一九世紀中頃）末刊の『摂津名所図会大成』にとりあげられている。それによれば、この地蔵は、京都・愛宕山《あたごやま》権現（愛宕神社：京都市右京区嵯峨愛宕町）の本地将軍地蔵の霊像と同体であって、昔より火災の難を除く利生があった。その尊像は、平日は「町内の在家に秘蔵」するものであって、七月地蔵会の両日のみ「浜辺の明地に仮堂を修理仏前の荘厳美を尽し張抜の鳥居紙細工の石燈籠を建提燈ハ街に充満し其上瀬戸物一式の造物等許多ありて賑しきこと言語に絶す」ありさまであった(4)。瀬戸物市の濫觴は、火除地蔵の祭りにあった。この間の経緯について、三宅吉之助「瀬戸物町の造り物」によれば、この火除地蔵を祀っていたのは、陶器商ではなく、町内の石灰商であったと述べ、陶器商は、この地蔵祭に参詣客を当て込んで蔵ざらえの大売り出しを始めたと記している(5)。燃える品物でもない陶器を扱う商人が「火除け」を祈願するのは、陶器を保護するために大量に使っていた藁にある。これに火がつけば火災となるからである(6)。さらにこの時の「瀬戸物一式の造物」について、瀬戸物町の造り物が「俳優の似顔や美人の顔を用い、所作事や芝居ものを美術的に製作するようになったのは、弘化頃（一八四四～四八年）から」とも推定している(7)。陶器商がこの地蔵会に深く関わり、客寄せの造り物を作り、瀬戸物市を開いていたのである。地蔵祭りを商人たちは、見世物的な趣向を凝らし、商品販売の催事としたのである。

陶器商が陶器神社（現在の鎮座地：中央区久太郎町渡辺）を創始するのは、明治維新後である。田中天涯編『大阪瀬戸物町の沿革』には、「世は明治の維新となりて百般の事物は殆んど改竄せらるゝと共に地蔵会を祀ると云ふ事は一般に厳禁すると云ふ指令が下つた、茲に年々祭祀を執行せられた地蔵尊は世に再び出ることが出来なく成つて之と同時に陶器市も造り物も廃止するの止むなき事となつた」と記されている(8)。陶器商は、陶器市・造り物を続けるためにも、火除け地蔵に替わり得る神仏を必要とした。業界の祀る「火防陶器神社」が創建されるのは、明治六（一八七三）年、大阪府知事渡辺昇の勧告があってのことである。すなわち、「大阪の繁栄策として維新の為に廃絶したる旧記を尋ぬるに当り、大阪にて有名なる陶器祭りの廃絶せる事を嘆き田中安兵衛、菅勝太郎の両氏を招き、種々事歴を取調べ其結果斯かる名ある年中行事の一を此儘廃絶せしむるは遺憾の事であるとし、陶器神社を創起して祭典を行ひ陶器市を再興すべしと勧告された」のである。(9)『なにわの陶業史』は、この間の事情を「この勧告に力を得た陶器業者は、西横堀の菅勝太郎、本間五兵衛、海部堀の三宅吉助らの各氏を中心に、早速再三にわたる協議の結果坐摩神社神官に頼んで種々古典を調べてもらい、ついに陶器の神様として最もふさわしい香具津知命・埴山姫命・美津条茅姫命の水と火と土の三神を勧請し、元靭《うつぼ》南通一丁目（今の信濃橋交叉点）に神殿を築いて奉祀し、かたわら火防地蔵尊と縁の深い愛宕神社を合祀することとなった」と記している。(10)ここに記された神の名を『古事記』に照らすと「香具津知命」は、「火之迦具土神《ひのかぐつちのかみ》」に、「美津条茅姫命」は、「弥都波能売神《みつはのめのかみ》」にそれぞれ対応する。イザナミによる神生みの件にある神々である。イザナミは、火の神・火之迦具土神を生んだ時、陰部を焼かれたことがもとで死んでしまうという件である。(11)社名については、町内との間に物議が生じ、結局「火防陶器神社」という名で円満に話が纏まった。(12)陶器神社の創始は、業界による神話に登場する神々の勧請によるものであって、洛西愛宕山の火除地蔵の火防の神への垂迹なのである。

その後も「火防陶器神社」は、幾たびかの興廃を繰り返す。陶器商人の絡んでの火除地蔵の変遷は、市街地の歴史でもある。陶器商と神社との関係を時系列に沿って【陶器商と神社の関連年表】としてまとめた。［　］内に出典を記す。

【陶器商と神社の関連年表】

延宝八（一六八〇）年
○北富田町、南富田町が瀬戸物町と呼ばれるようになる。∴『大阪瀬戸物町の沿革』
弘化頃（一八四四～四八年）
○地蔵会に所作事や芝居ものの造り物を製作し、見せる。∴「瀬戸物町の造り物」
嘉永頃（一八四八～五四）
○嘉永の頃、愛宕山将軍地蔵を祀ると伝えられ、火除の神として崇敬厚く、特に陶器商人は守護神と仰ぐ。∴
『火防陶器神社の栞』
安政年間（一八五四～六〇年）
○瀬戸物町愛宕山将軍地蔵会（火除地蔵）に瀬戸物一式の造り物があり、賑わう。∴『摂津名所図会大成』
明治維新後（一八六八年以後）
○地蔵会・陶器市・造り物が廃止される。∴『大阪瀬戸物町の沿革』
○瀬栄講を結成し伊勢参宮・住吉参詣とかの敬神方面の事を組織する。∴『大阪瀬戸物町の沿革』
明治六（一八七三）年
○「火防陶器神社」が大阪府知事の勧告があり、信濃橋西北角地に創建される。∴『大阪瀬戸物町の沿革』
明治一〇（一八七七）年
○同業者有志組織である盟信社を組織する。∴『大阪瀬戸物町の沿革』
○住吉神社境内に燈籠を献納する。∴『大阪瀬戸物町の沿革』
明治四〇（一九〇七）年
○京都の北野天満宮へ燈籠を献納する。∴『大阪瀬戸物町の沿革』

○市内電車敷設のため、坐摩神社に移転合祀される。‥［『火防陶器神社の栞』］
大正一二（一九二三）年
○組合再興により陶器神社の維持・住吉神社献納の燈籠の保護などを決める。‥［『大阪瀬戸物町の沿革』］
昭和二〇（一九四五）年
○三月・六月に大阪大空襲に遭い、陶器神社が焼失する。‥［『なにわの陶業史』］
昭和二六（一九五一）年
○六月、西横堀浜筋に再建、せともの祭と共に復興する。‥［『火防陶器神社の栞』］
昭和四六（一九七一）年
○十一月、阪神高速道路の敷設により再度立退きになり、当地に遷宮鎮座する。‥［『火防陶器神社の栞』］

明治四〇（一九〇七）年には、市内電車敷設のため、坐摩神社に移転合祀をする。昭和二〇（一九四五）年三月・六月に大阪大空襲に遭い、陶器神社が焼失する。昭和二六（一九五一）年六月、西横堀浜筋に再建、せともの祭と共に復興する。昭和四六（一九七一）年十一月、阪神高速道路の敷設により再度立退きになり、現在地である坐摩神社境内地（中央区久太郎町渡辺）に遷宮鎮座することとなった。陶器商人が関係しての火除地蔵の変遷は、市街地の歴史でもある。

業界が職能神として奉祭しているのは、薬種商における神農でもある。薬種商の祀る「神農」は、「少彦名神」でもある。漢方薬店（福島区福島）では、「業界では神農さんとしてスクナヒコナを祀っている」という。神農を神社として祀っているのは、北船場・道修町（中央区）の薬種商の少彦名神社である。動物薬問屋（中央区道修町）において祭祀する神は、スクナヒコナで、一一月二二日二三日に「神農さんの虎のお祭り」をするという。少彦名神社の社前には、金色に輝く実物大の虎が据えられている。スクナヒコナは、『日本書紀』ではオオナムチと一対で登場し、二神協力して農耕や医療を始める神である。[13]

その経緯は、神農信仰にスクナヒコナが加わり、両柱を合祀したのが少彦名神社となったものである。すなわち、近世、薬種商の家々では、唐薬種（漢薬）を扱っていたことから、中国の薬祖神である神農氏の掛け軸を床の間にかけて祀っていた。享保一八（一七三三）年には、仲間内の有志が集まって「伊勢講」を結成し、伊勢神宮に毎年参拝するようになる。当時、唐薬種だけではなく、国産和薬種も道修町の流通網に乗って全国に供給されていたため、安永九（一七八〇）年、わが国の医薬の神である少彦名の分霊を京都・五條天満宮（五條天神社：京都市下京区松原通西洞院西）からお迎えし、薬種中買仲間の寄合所（現在の少彦名神社の位置）にお祀りするようになる。この経緯を「少彦名神勧請式」の袋の表書きに「この度、仲間繁栄のため祈り奉るべく、／少彦名神勧請申し奉る。その時の伊勢講の当番は申すに及ばず是を司る者は、毎月神社へ燈明、神酒、供物を差し上げ申すべきこと。」と書かれている。[14]

動物薬問屋は、薬問屋の集中する道修町の一角にある。この「神農さんのお祭り」の時には、笹に吊された虎の縁起物が社務所で頒布される。この虎の縁起物の起源は、「文政五（一八二二）年の秋、虎列刺いわゆるコレラが流行し、人々がたいへん苦しんだ。そのとき道修町の薬種屋が寄って、『虎頭殺鬼雄黄圓』という丸薬を作って施した。そして『張り子の虎』を作って神前に供え、虎列刺平癒を祈願し、それに笹をつけて疫病のお守りとして一般に授与した。それ以来、丸薬と虎の授与を乞うものが年々増加し、薬種といえば神農さん、神農さんといえば張り子の虎が名物となった」という。[15]

秋たけなわの十一月二三日に、業界大手の製薬会社の建ち並ぶビル街である道修町界隈は、製薬会社の薬の函が笹に吊され、それが神社に至る参道に連なる観は、これまた現代における都市祭礼の一奇観というべきである。

（3）商人の守護神

業界によっては、神社を創始しないまでも特定の神を守護神として崇敬する場合がある。井池筋の老舗のうどん屋（中央区南船場）において祭祀する神は、白玉宮（しらたまみや）である。祭日は、二月一一日である。「白玉」とは「うどん」のことだという。初午さんに近いこの日に毎年、伏見稲荷大社（京都市伏見区深草藪之内町）にお参りするという。昭和一〇（一九三五）年以前の初午の時は、「正一位稲荷」の幟を立てて太鼓を車に乗せて太鼓を叩いて「ここの家に福入れ」と振れて廻ったという。

酒屋（港区磯路）は、一月五日に京都・松尾大社（京都市西京区嵐山宮町）に初詣をし、一月六日に初売りをする。年の暮れにその神社からお札を送ってくる。松尾大社は、境内に醸造家の献灯と奉納された酒樽が目につく。松尾の神は、古来酒造りの神とされてきた(16)。

花屋（港区南市岡）で祭祀する神は、三宝荒神（清澄寺：兵庫県宝塚市米谷清シ）であるという。毎月二八日が縁日で商売・水の神様だからと云って自宅で祀っている。三宝荒神は、「摂津国の竈の神様」である。阪神地方では、各家のヘッツイサン・竈の上に神棚を吊って祀る家の守護神でもある。大阪ウチナーンチュ（在阪の沖縄びと）は、出身地のフィヌカンサン（火の神様）に当てて家の守護神として祀っている事例もある(17)。商売人に限らず、どこの家庭の台所にも祀られている神なのである。ガイドブックには「特に火と水を使う商売にはご利益がある」と記されている(18)。カマドがどの家庭においても大切な什具であった時代があるので、この花屋と三宝荒神さんとの結びつきは、花屋という業界の守護神というよりも、一家で祀る信仰の延長線上にあるものであろう。

和菓子屋（福島区福島）は、奈良の橿原神宮に和菓子を奉納する。また同業者の中には、京都の吉田山に参る人もいるとのことである。吉田神社（京都市左京区吉田神楽岡町）は、「日本中の神々を祀る」とも云われる[19]。橿原神宮（奈良県橿原市久米町）は、明治二三（一八九〇）年に神武天皇即位伝承地に創建された神武天皇を祀る神社である[20]。伝統を商品価値とする業界が奈良・京都「古都」の寺社に祀る神仏を戴いているのであろう。商人の奉納に対して橿原神宮は、菓子商に賞状を授けている。

業界で神農を祀るのは、薬種商だけではない。露天商も同じである。しかし、露天商の場合は、祭祀の方法、祭祀の日取りが薬種商と異なる。露天商（福島区鷺洲）の護持する神農の巻物は、大事な盃事（ヅキサカ）である「神農さん」と呼ばれる親分の襲名の時などにも家の床の間に掛ける。そもそも露天商における神農は、「薬師如来・スサノオ・牛頭天王と同格である」という。祭日は、十二月十三日の事始めである。この日は、神農の掛け軸を掛け、三段の祭壇をしつらえる。酒・塩・洗米・榊・鏡餅を供え、他に海山のもの・果物・卵・スルメなども供える。神農は、歳神《としがみ》でもある。露天商も近世は、ヤシ・香具師と云われた時代、薬種商も同じく、薬の神様・神農を祀っていた。両者は全く異なる祀り方をする。それは、ふたつの業界の扱う商品が隔たるようになり、商法をも異にするようになった結果である。異なった祭祀の「神農さん」には、それぞれの生業の歴史が関係している。露店商人の主力商品が生薬や香の類であり[21]、それは「行商人である以上、商品が要る。そうした場合の商品は、当然かぎられてくる。かさばらず重すぎず、保存がきいて、どこでも平均して売れる必需品であることが条件となる」からである[22]。

薬種商・製薬会社と露天商は、いずれも香具師《やし》から派生した生業なのである。同じ神を職能神と仰ぎながら、薬種商が早く店上がりしたのに対し、露天商は、高市（タカマチ）を打つ渡世に終始した。そこに社殿を構え、都市の祭礼のごとき活況を呈す薬種商による祭祀と、親分の家の祭壇に内輪だけで祀る秘儀的な露天商による祭祀とが分立したものである。露天商による祭祀は、種々の「講」による祭祀と共通するところがある。臨時の祭壇を設け、神仏を斎き祀る方法は、常設の施設である社に祀り籠めておいて、参拝する方法よりも古くは一般的であったと考える。露天商による祭祀は、各業界による守護神・職能神祭祀の方法の原初的形態を知る上で貴重な伝承である。

（4）業界の講による燈籠奉納

一九七〇年代以降、西心斎橋界隈（中央区）は、若者向けの衣料品を販売する「アメリカ村」ができ、すっかり、若者に占拠された観がある。その八幡筋《はちまんすじ》の一角には、御津《みつ》八幡宮《はちまんぐう》（大阪市中央区西心斎橋）が鎮座する。この神社の氏子地は、島之内十五か町に及ぶ。ここには、商人や名優寄進の燈籠や鳥居が残っている。茶屋町を控えた地に鎮座する神社だけに商人・役者の信仰が篤かったことを物語る。一商人・一企業に限らず、業界の講組織による社寺への寄進・奉納はしばしば行われるところである。

(104) 御津八幡宮

社寺に寄附することは、信仰の証しであって、自己の営業の保障と内部規制を強化することなのである。[23] 業界の神社に寄進するもののうちでは、石燈籠が多い。近江晴子は、住吉大社（住吉区住吉）に現存する石燈籠を一覧表にまとめ、その表によって住吉大社に対して各種の同業者集団がこぞって寄進活動を行っていたことを通時的に明らかにしている。[24]

火防陶器神社（大阪市中央区久太郎町渡辺）を奉斎する瀬戸物問屋（西区阿波座）は、「昔、住吉大社や京都の北野天満宮（京都市上京区馬喰町）にも燈籠を寄進したりもした」という。この両社に奉納された燈籠は、肥前の伊万里《いまり》（佐賀県伊万里市）へ註文して製作させ、同じ明治一四（一八八一）年に出来上がったもので、「住吉大社の石燈籠」に記されている「陶器製燈籠　明治十四年　大阪陶器商有志一八三名」がそれである。(25)(26)この石燈籠は、第一本宮右手（南）の屋形・須屋に納められている。屋形の格子越しに伺うに、反りのある円形の笠・六角柱の火袋《ほぶくろ》・中節のある円柱の棹などは、白磁に朱・青の色彩の絵が画かれ、瀟洒でありつつ実に華麗である。この燈籠一対は、総高さ五尺で、桐に鳳凰の絵は祖雪の筆になり、書は村田海石の揮毫になるとある。また、火袋の透し彫にある日月は純金と純銀の延べ板を装嵌したものである。(27)

この石燈籠の住吉神社への輸送のありさまを『大阪瀬戸物町の沿革』は「当時の話に拠ると此燈籠は横堀の川筋を船にて艤装美々数艘出たもので、大阪全市の同業者は一定揃の服装にて数千人水陸二手に分れ何れも華美を競ひ奢侈の限りを尽し贅沢を極めた献納ぶりであつたと言ふ事である」と記している。(28)

瀬戸物問屋（西区阿波座）では、荷を勘定することを「水揚げ」という。これは、昔、荷を浜から揚げたことからという。『なにわの陶業史』には、「陶磁器は江戸時代から、すべて海上輸送にたより、九州・尾張などから運ばれてきている。荷船は大阪港までの長い航海を続け、更に阿波堀川などを経て西横堀川の河岸瀬戸物町に荷揚げされていた」と記されている。(29)この商人においても、水運が重要であったのである。「水揚げ」ということばからも住吉信仰に篤かった理由が推察される。

近世、住吉信仰は大阪商人において盛んであった。文化一三（一八一六）年刊行の浜松歌国『神社仏閣願懸重宝記初篇』には、住吉神社の「五大力信心の事」の記事を「住吉神宮寺の五大力菩薩の真像ハ忝なくも住吉明神の御筆なれバ信心なし奉らずんバ有べからず廻船渡海の荷物に五大力と三字書たる提札をつけ置に其荷物船ともに凶事ありし事を見聞せず」と記している。(30)当時、航海中、海難などで商品が破損したり、沈没したりしたときは、その損害はすべて荷主（買主）の負担となり、産地の売主は一切責任を負うことがなかった。(31)海難除けを大阪の問屋が祈願する理由はそこにある。海上輸送の荷物の安全を願っての守り札が流行ったのである。

⒂住吉大社常夜石燈籠

住吉大社への石燈籠の奉納は、大阪の各業界が盛んに行った。その数六〇〇余基、願主《がんぬし》は、船関係である海運・川船・雑喉場《ざこば》などばかりでなく、材木・砂糖・米・干鰯・昆布・綿・紅花などの業種にも及んでいる(32)。海運を必要とする生業を中心に、広く住吉の神の加護を願っていたことが伺われる。「商都」が「水都」の舟運を利することによって成立したことの証左の一つでもある。

玩具問屋（中央区瓦屋町）、人形屋（中央区瓦屋町）の業界記念誌『五十年のあゆみ』の年表には、今日、玩具人形商による住吉大社の常夜石燈籠の修復・改修の記事がみえる(33)。

○昭和三六（一九六一年）年一一月　住吉大社の大燈籠が修復され、保存会（省略　現住吉講）により除幕式挙行。

○平成三（一九九一）年五月住吉大社の常夜石燈籠改修竣工式を挙行。玩具人形住吉講（省略）と改称。．．連合会

玩具問屋、人形屋の前身である「翫物商」による住吉神社の常夜石燈籠の寄進は、宝暦一二（一七六二）年に行われている。すなわち反橋《そりばし》（一名太鼓橋）を渡り切った一等場所に建立された常夜石燈籠がそれである(34)。火袋には格子がはめられ、四角柱の棹には「常夜燈」と刻まれている。修理を重ねてか、基礎と基壇が六段に及び、その度に銘が刻まれている。総高さは、二四・五五尺に及ぶ(35)。これは一覧表中では、五番目の高さである。実に堂々たる燈籠である。

『五十年のあゆみ』は、「松屋町はともかく、当時の大阪の翫物商が集まり、住吉講を結成し、商売の繁栄と航海

の安全を祈願して常夜石燈籠を建立したことだけは確かな事実である」と常夜燈建立の理由を推察している。[36] この燈籠の修復は、昭和三六（一九六一）年以前に、文化五（一八〇八）年、明治一五（一八八二）年にも行われている。[37] いかに石造物とはいえ、永代保存するのに末代にわたる多額の費用を要するものかが想像される。平成三（一九九一）年の改修は、式年遷宮《しきねんせんぐう》に合わせての事業であり、「現代の少子化現象に大同団結して事に当たろうとするエネルギーを象徴している事業でもある」とも自負している。[38] 本来、住吉神社への寄進は、生業における海上輸送の大事を確認するものでもあろうが、今日業界の社寺への寄進には、逆境・不況の荒波のただ中に船を漕ぎ出す業界全体の意気軒昂を示すものでもある。

平成元（一九八九）年に西区靭の永代浜跡（西区靭本町）から、現在地・安治川左岸に移転した鰹節問屋（港区田中）は、「戦前は、海の神様である住吉大社に燈籠を奉納したりした」という。この燈籠は、現在も反り橋に通じる大鳥居の左にある。四角柱の棹には「献燈　明治二三年」と銘があり、基壇二段目には「干鰯仲間」、三段目には「うつぼ」と銘が刻まれている。総高さ三四・九尺にも及ぶ。[39] これは一覧表を読む限り、二番目の高さである。仰ぎ見るのばかりの壮観である。住吉信仰が魚介類を扱う乾物商においても盛んに行われてきたことの証左の一つである。

（5）商人による祭礼時の奉納

業界・商店が社寺に自らの商品を奉納するのは、どこにでもあることである。酒屋（港区磯路）の店主は、地元の三社神社（港区磯路）の歳旦祭に「奉献酒」を供える。また七月二〇日から二一日にかけての夏祭にも「奉献酒」を供える。この件は、商店主と地元の神社・ウジガミとのつながりの一端を示す。三社神社は、元禄一一（一六九八）年一一月市岡与左衛門が市岡新田を開発するに際し、その成功を祈り、その地の守護神として現御旅所の所在（港区弁天）に社殿を造営、勧請奉斎したのが草創の起源である。創祀に当り、天照大神・豊受大神・住吉大神の三柱を本座としたのが社名となった(40)。かつて波除の堤防が取り囲んだこの辺りの新田開発にも住吉の神は勧請されているのである。

和菓子屋（福島区福島）は、地元の福島聖天（福島区鷺洲）に毎年、年賀の餅を奉納する。この店は、聖天通商店街に店を構えている。福島聖天は、かつて浦江聖天と称した。「福島了徳院由緒書」によれば、元文元（一六三六）年再建中興の寺院で、本尊は海中から漁師の網にかかって出現したとされている。境内には、「かきつばた／語るも／旅のひとつ哉」の句碑が立つ。「浦江」の名が示すようにこの地もまた、水辺の近郷農村であった。浄正橋筋と聖天通の商店街は、明治四二（一九〇九）年のキタの大火以後、急激に膨張発展したものである。当時、この商店街は、浦江の聖天さんの門前町として栄えた(41)。浦江聖天の門前町であったことから、「聖天通」という商店街の名称がつけられた。大阪北郊という場所性もあって、水商売の人々の参拝が多かったという。ここに祀られる准胝観音《じゅんていかんのん》は女性で水を司るということで、水商売の繁昌を祈るキタの新地、松島の新地の女性からの信仰が厚かったともいう。「大大阪」が成立する時代、神仏が商人を呼んだものである。現在も南向きの山門に石の鳥居が立つ。かつての町場を向いて鳥居は立っているのである。福島聖天通商店街は、浦江聖天の参道であったのである。

（6）「商売繁昌」の祈願方法

商人は、さまざまな神に「商売繁昌」を祈る。タンス屋（西区南堀江）は、今宮戎神社（浪速区恵美須西）に「商売繁昌」を祈る。この神社の初春の祭礼は、十日戎である。以下に、この祭礼への参加のようすを記す。「立花通家具秀選会」というのは、「立花通の家具のPRの会」であって、この店は、その会に所属している。

①「本戎」の一月一〇日には、「立花通家具秀選会」で合同参拝をする。
②境内には、「立花通家具秀選会」全店が「商売繁昌」の提灯を吊している。
③十日戎を前にした一月七日に福娘約二〇人が観光バスに乗って難波の高島屋百貨店（浪速区難波）などを経由して巡回して来る。この店で福娘のトップが挨拶をし、今年も商売繁昌を祈願するということで手締めをし、升酒を振る舞い、福俵を置いて行く。「立花通家具秀選会」が呼んで開かれているもので一九八〇年頃から始まった行事である。

①における合同参拝、②における献燈は、いずれも地域の同業者の会である「立花通家具秀選会」が講となって呼びかけている。③は、福娘が福俵を置いて行くというのが行事の中心である。今宮戎神社による商店会への巡幸である。これには、さまざまな要素が認められる。福娘による福笹授与という今宮戎神社の伝統的作法から創出された行事であろうか。さまざまな企業・団体を経由して巡回して来るというのであれば、例祭の時のウジガミによるウジチへの巡幸を思わせる。それにしても、本祭りの前触れに観光バスを仕立てて、福娘たちがサチを授けに廻るとはなんともエネルギッシュな一団である。

今宮戎神社の神官に尋ねたところ、この行事は、「福娘回礼行事」とのことである。今宮戎神社は、ウジチを持たない「崇敬神社」である。「福笹を授けるのに若い方が良かろう」ということで、「福娘」は、昭和二五（一九五〇）年から始まったという。リーフレットには、「毎年、約六〇〇〇名の応募者の中から選ばれた五〇名の福娘が、美しく着飾って「十日戎」のお手伝いをします。また、恒例の宝恵駕籠行列にも参加、華を添えます」とある。(42)

社が出向く形の行事が創出されたものである。

「福娘回礼行事」は、昭和三五（一九六〇）年から始まった新しい行事である。立花通りの他、心斎橋筋商店街・道頓堀商店街・戎橋筋商店街などを回礼する。福娘は、神社の代表として挨拶し、それを受けて商人たちは、笹を受けに参拝する。神社からの挨拶まわりの意味があるとのことである。「崇敬神社」であることからこのような神社が出向く形の行事が創出されたものである。

「福娘回礼行事」とは別に、「宝恵駕籠（ホエカゴ）行列」がある。これは、二〇〇年以上前から行われている。ミナミの芸者が檀那衆の代参として派手に駕籠を繰り出して参詣したことに由来する。着飾って芸者衆が元々は先を競って参詣するのは、檀那衆のミエ（見栄）でもあった。行きは、南地大和屋（中央区宗右衛門町《そえもんちょう》）を出発し、芸者衆を「引き連れて」神社に参る。帰りは、神社で受けた福笹を授けて廻る。最近の宝恵駕籠行列は由緒ある芸者衆の駕籠に加えて、文楽人形・松竹新喜劇・松竹芸能・吉本興業のスターやタレントの人たち、在阪球団の選手ら、大阪の芸能とスポーツを代表する人たちと、さらに今宮戎神社の福娘の参加で、いよいよ花やかなパレードをくりひろげている(43)。この「宝恵駕籠行列」があった上に「福娘回礼行事」が創出された。「福娘」たちは、参拝PRに神社参拝に大忙しである。

今宮戎は他の社寺同様、同業者集団による信仰組織である講により支えられて来た。明治時代に入って講を結成したのは、天満の青物市公認市場、雑喉場の魚市公認市場、材木商組合、麻苧《おがら》商組合、蠟商組合、漆商組合、金物商組合、薪炭商組合などであった(44)。

八百屋（港区南市岡）では、一月一〇日の十日戎に福笹を受けて来て家内安全・商売繁盛を祈願する。十日戎は、商家の子供にとっては、初春の楽しみの一つでもあった。宮本又次は「『エベッサン』では竹の梯子や鳶口をかってもらった。お多福（おたやん）の飴や金太さんの飴、ねじあめもかった。宝恵かごの出るのを追っかけて見たりもした」と記す(45)。宮本又次は「大阪の民間信仰」に笹をかたげて歩いている参拝者の記事を載せている。この論考には、神社からは名物小賣〈小寶か?〉(吉兆)を売り出し、人々はこれを小笹につけて帰ると記す。[46]今宮戎は、近世初期から商人個人による信仰の対象ともなっている。その縁起物は、「小宝」の結わえられた「福笹」である。リーフレットには、「十日戎の福笹に付ける『吉兆』は、『きっちょう』または『きっきょう』とも呼ばれていますが、神社では古くから『子宝』といい、あわびのし、銭叺、銭袋、末広、小判、丁銀、大福帳、烏帽子、打出の小槌、米俵、鯛などを一まとめにしたもので、『野の幸』『山の幸』『海の幸』を象徴しています」と記されている。[47]

肥田《ひだ》皓三《こうぞう》「図説　今宮戎神社と十日戎行事」は、時代を追って十日戎行事の風景をとりあげている。その図を読み取ると「福笹」「小宝」の成立起源が推察できる。現存する最古の大阪案内の書物で、延宝三(一六七五)年に刊行されたのは、『葦分舟』である。今宮戎神社の古雅な社前のありさまが写されている。その図には、拝殿・鳥居・松があり、三人の人物が描かれている。拝殿に手を合わせて額づく人。鳥居から拝殿を振り返る二人の人が描かれている。参拝を済ませたのであろうが、この二人は笹を持っていない。[48]大阪の年中行事を解説した書物で、延宝八(一六八〇)年に刊行された『難波鑑《なにわかがみ》』にも「小宝」の結わえられた「福笹」は見えない。境内の屋社では、大福帳を授与する場景が画かれている。軒に「大福帳」と書かれたものがある。それが掛けられているのは、笹である。[49]享保一五(一七三〇)年刊行の『絵本御伽品鏡』には、戎橋のたもとに舞台を設けて神像を祀っている挿絵が画かれている。この挿絵において戎橋を渡る男・幼女の笹には鯛・小判・枡・打ち出の小槌などが掛かっている。[50]享保二〇(一七三五)年刊行の『住吉名所志』の挿絵は、戎神社境内の賑わいをうつしている。ここでは、笹を担げる人々が見える。[51]寛延三(一七五〇)年刊の『絵本十日戎』は、十日戎の参道の賑わいを画いた図を掲げる。「ゑびす橋」を渡る人々の中に担げた笹に小宝と思われる米俵の模造・打ち出の小槌などが見える。[52]宝暦九(一七五九)年刊行の月岡丹下による『女千載和訓文』の挿絵には、戎まいりの父子姿をうつす。戎まいりの父子姿の担げる笹に米俵・小判が見える。[53]宝暦時代(一七六〇年頃)刊行の北尾雪坑斎による『商売往来』の挿絵に戎まいりの参拝客が画かれている。その戎まいりの参拝客の笹に小判・打ち出の小槌・米俵・大福帳が見える。傍らの男が結わえようとしているのは烏帽子の模造か[54]。寛政一〇（一七九八）年刊行の竹原春朝斎、丹羽桃渓画による『摂津名所図会』の今宮戎神社と十日戎の参道の図がある。担げられた笹には、米俵の模造・打ち出の小槌が見える[55]。

以上、時代を追って八点をとりあげた。延宝三（一六七五）年に刊行の『葦分舟』には、笹の描かれていない参拝風景が画かれていた。ところが享保一五（一七三〇）年刊行の「絵本御伽品鏡」には、参道である戎橋（中央区道頓堀から同区宗右衛門町）を渡る男・幼女の笹には鯛・小判・桝・打ち出の小槌などが掛かっていた。延宝八（一六八〇）年に刊行された『難波鑑』では、境内の屋社で大福帳を授与する状景に軒に「大福帳」と書かれたものが掛けられている。それが掛けられているのは、笹であった。これら三点から、福笹の原形は、笹に授与した大福帳を結わえる形であったと考えられる。今宮戎神社は、「古くからあった神戸、西宮、大阪、堺、泉大津、泉佐野等大阪湾の港には必ず戎さんを祭った神社がある。この今宮も平安時代には同様に漁村で、浜辺でとれた鯛を朝役と言って毎日京都の御所に届けていたので、当時には神社の存在も、信仰も確かめることが出来る」と記している[56]。今宮の地は、往古漁村であった。『難波鑑』に「今宮恵比須祭　同十日／西宮を勧請しけるゆへに。当日を。まつりとす。殊あき人の家にとしの始に。若恵比須といひて。とりわきいはゐ奉れは。けふの参詣大かたならず」とある[57]。この記事からも、今宮戎が商業の神となったのは、一七世紀末の元禄時代頃までは遡ることができる。今宮戎神社社務所発行『平成庚辰十二年今宮暦』によれば、平安末期に四天王寺西門（天王寺区四天王寺）に「浜の市」と呼ぶ市が立っていて、市には必ず市神を祭り、その市神に戎神を奉斎していた。浜の市も当然市公認市場鎮護の戎神を奉斎していたであろうと推察している。

十日戎の三日間、境内のスピーカーからは、レゲエ風の伴奏に乗って福娘が「商売繁盛で笹持って来いソレ。商売繁盛で笹持って来いソレ。……」と囃し立てる。笹・笹・笹……のトンネルを抜けるのは至難の業である。喧噪と熱気で笹を担げた商売人たちは殺気立っている。いやが上にも繰り返される「商売繁盛で笹持って来いソレ」の挑発的な囃子言葉が、その景気を煽るのである。その逸る気分は、魚市公認市場のセリでもやっているノリ・調子を想像すればよい。商売人は、縁起担ぎである。商売人と漁師は、投機性において共通する。天満天神のダンジリ囃子を聞く時とこの時とが、最も躍動感をおぼえる時である。

商人による商売繁昌の祈願は、今宮戎神社（浪速区恵美須西）の他、住吉大社（住吉区住吉）・伏見稲荷大社（京都市伏見区深草藪之内町）への参拝が多い。松屋町筋の玩具問屋（中央区瓦町）においては、伏見稲荷に毎月一日一五日今宮戎に参って商売繁昌を祈願する。八百屋（港区南市岡）では、一月一〇日の十日戎に家内安全・商売繁盛を祈願する。この今宮戎神社参拝は、福笹を授けて貰うというものである。南船場丼池筋のうどん屋（中央区南船場）は、正月には住吉大社の初辰さん、伏見稲荷大社に参る。心斎橋筋の婦人服店（中央区心斎橋筋）は、一二月三一日除夜の鐘の時から一月一日の昼前までに初詣でをする。京都伏見稲荷大社、京都石清水八幡宮（京都府八幡市高坊）、大阪に戻って住吉大社、今宮戎神社、三津八幡宮（中央区西心斎橋）を順拝して来る。

南船場のうどん屋（中央区南船場）の参る住吉大社の初辰《はったつ》さんは、大阪の商売人・とりわけ水商売の人たちに広く行われている信仰である。住吉大社の一社である楠珺社《なんくんしゃ》は、楠の木霊を祀る神であるが、「月初めの辰の日に参詣し、土製の招き猫を受けて帰り縁起棚に上げる。四年間続けると『四十八』個になり、『始終発達』に繋がる」と云うのである。(58) 明治以降、縁起を担ぐ商売人の「四十八辰」を「始終発達」と読み替える語呂合わせから生まれた信仰なのである。近世盛んに行われた月参りの信仰に、縁起物である招き猫を買い求め蒐集するといった商業的色彩の加わった都会らしい信仰である。

伏見稲荷もまた、大阪の商人の信仰が篤い。明治の『商業資料』によれば、大阪の商家においては、「一般に稲荷を鎮守神として庭園の片隅へ祠を建てて」祀られていたとある。[59] また相場で暮らす「北浜人」の家族連れでの参拝は、春の信貴山《しぎさん》とともに、秋の伏見稲荷をとりあげられている。[60] 今日でも商家・会社のみならず一般の家にも玄関先の神棚に伏見稲荷大明神の提灯が吊されている。伏見稲荷信仰は、商人による商売繁昌のみならず、一般の家庭においても、さまざまな現世利益を祈る信仰となっている。ここに見る商家による商売繁昌を祈願する伏見稲荷信仰は、もはやそれら一般の家庭における信仰と区別をつけがたいものである。

心斎橋筋に店を構える婦人服店（中央区心斎橋筋）の初詣は、一二月三一日除夜の鐘の時から一月一日の昼前までに、「京都伏見稲荷大社、京都石清水八幡宮、大阪に戻って住吉大社、今宮戎神社、三津八幡宮を順拝して来る」というものである。この初詣は、五社巡拝・七社巡拝といった巡りの信仰の一端であろう。大晦日から元旦にかけては、どこの鉄道会社も終夜運転をしている。夜を徹して眠らずに京都と大阪の神社を巡拝することは可能である。苦行はともかく、少しでも多くの神社からの神徳を授かろうとしているのである。

(106) 粟おこし屋

商家に限らず、一般の民家の神棚にも戎・大黒が祀られていることがあるが、粟おこし屋（西区北堀江）は、大黒天を祀る。祭日は、二月三日ないし四日の節分である。現在でも約一五〇〇体の尊像を土蔵に祀っている。それというのは、創業以来二代目のＫＲ氏が商売を拡売させる一方、家号の『大黒』に因み大黒様の収集を始めたことに端を発する。これなどは、イエの信仰が会社の信仰となったものである。現在の商標は「打出の小槌」に会社名の文字が白く染め抜かれている。この会社は、四代目は二代目以来収集が続けられていた大黒様に注目、これを公開し市内観光バスの名所巡りの一つにまで発展させた。さらには商いの閑散な二月の節分を大黒祭りと称して、ピーナッツ入り新製品『福おこし』（福を呼び起こす意）のキャンペーンを展開した。その日には福を打ち出す『打出の小槌』を進呈したり、抽選で純金、純銀の大黒様を差しあげたりした。この試みは大成功し、浪花恒例の名物行事として戦争が激しくなる昭和一四（一九三九）年まで続けられた[61]。

この節分の祭を「創立記念日」として大々的に販売キャンペーンを張ったのである。今日よく目にする「創業祭」を戦前から繰り広げていたのである。まさに創業者一家・K家の祭が「浪花恒例の名物行事」にまで仕立て上げられたのである。このあたり、信仰を商売に抜け目なく取り込むのは、商売人の才覚というものであろう。もちろん永く信仰を続けるのに困難も生じる。次のようなエピソードもある。「大黒天を安置する土蔵は以前は西向きであった。それを昭和六二（一九八七）年、現在の南向きにする時に、ワイヤーロープが切れた。その時、工事人が『大黒さんは南向きやけど、壁の方を向いている。大黒さんは怒ってはんねん』と言った」という。

このエピソードは、企業展開に際しての示現の心意伝承である。こういったことばによって、縁起を担ぐ商売人の信仰心がいっそう高められていくのである。

（7）むすび

商人における社寺への信仰の形態は、さまざま見られる。「商人」を中心に据えて、その社寺への信仰について論究しようとすれば、自ずから一市井の小売店の店主から、業界組合・巨大企業といった大組織にまで及ぶ。「商人と信仰」に関連する都市民俗学における論考に「企業の祀る神社」がある[62]。とりあげられている企業四九社は、「三菱」をはじめ、大企業ばかりで、零細企業はない。しかし、大企業も零細企業も商家もみな同じ論理で神祭りをしていると考える。

「企業の祀る神社」は、すでに大正一四（一九二五）年に初版が出版された『女工哀史』に記事がある。『女工哀史』の具体的に調査した工場七箇所のうちには、大阪市内の東洋紡績会社四貫島工場・大阪織物会社の二工場も含まれ、それぞれ熊高稲荷大明神・織姫稲荷大明神が祀られている。(63)同書によれば、「いずれの工場へ行っても守護神として稲荷その他の神を勧請しておらぬ処はない」とある。(64)『女工哀史』の「第十五　娯楽の問題」に会社・工場を鎮座地とする神の「社」（神社）をとりあげている。これを整理すると次のようになる。鎮座地は、「工場敷地内もしくは寄宿舎構内」である。広さは二、三坪もあれば、四、五〇坪もある。社殿は、「数本の樹木を植えて小やかな祠」もあれば、「庭園風な大境内に田舎の村社を凌駕するような堂々たる社殿」もある。付属施設として、「石燈籠狛犬各一対、石の鳥居二基、手水鉢まで備えている処」もある。さらに「この御社の境内に個人または団体で朱鳥居、植木などが奉納されているのを見るが、そのあげ主は無論そこの男女工である」とも記している。(65)「企業の祀る神社」であっても大小さまざまであることが分かる。このような「社」なら、今日においても、町工場街を歩けばいくらでも出くわす。実は、この光景は、すでに明治の大阪の商家にもあった。明治時代の月刊誌『商業資料』における大阪の商家において、「一般に稲荷を鎮守神として庭園の片隅へ祠を建てて」祀られていたとする記事がある。(66)

神仏に祈願することは、市井の商人の「家内安全」「商売繁昌」から始まり、「会社繁栄」「企業安泰」へとしぜんに発展したように見える。しかし、内実は変わらない。それは、利潤を追求すべきゲゼルシャフトである企業の多くが日本においては、一族経営が行われていたり、血縁集団あるいは擬制家族共同体が幅を利かせていることと無関係に論じられない。宇野正人が記述するところの「日本社会における、個人と集団、所属集団へのアイデンティティなどの問題」があるのである。(67)それは、前近代的遺制を残す商人社会の論理と言ってもよい意識である。特有の労使の関係でもある。それに早く気づいていたのが『女工哀史』を記した細井和喜蔵である。大企業が祀る壮大な稲荷神社と云っても、会社が屋上の祠に幟を立てて祀る「〇〇稲荷大明神」と云っても、商家が神棚に祀る「お稲荷さん」との違いはない。経営者が民俗宗教の側面にまでも共同体意識を企業・会社に持ち込んでいるのである。

業界の「講」は、住吉大社（住吉区住吉）に立派な常夜石燈籠を奉納した。同業者集団による講組織は、組合・有志を基盤とする。問屋制度を残す業界の場合、問屋組合に所属せず、単独に価格設定をして仕入先と取引をすれば「アウトサイダー」として白眼視される風潮がある。業界の守護神に誓って、こぞって事を処さねばならないのである。十日戎に見たように、本来、商人一人一人は、投機的で競争心が旺盛である。「商人」「商家」に焦点を当てて信仰について見れば、機能集団であるはずの「企業」についても一連の共同体における論理が貫かれていることが明白になるのである。

〈初出は、「商人と社寺」『都市民俗研究』（都市民俗学研究会）七号　二〇〇一年三月。これを一部修正。〉

30　現代都市の歳時習俗
―暮らしを演出する商人たち―

（1）　都市の歳時習俗

都市は、人工の空間である。それだけに、都市においては、周辺の農漁山村に比べて自然の変化を知るのが困難である。人間としての活動の大部分を占める労働そのものが自然から隔離された空間で行われている。自然の摂理に沿って営まれる労働とは異なり、オフィスに引きこもり、絶えず対人的なやりとりに終始することが多い。それだけに都市生活者における歳時の意識は、「人工的」なものに影響を受けざるを得ない。あるいは、「人工的」なものに「自然」を見出し、それを歳時とし、そこに都市らしい華やいだ演出が見られたりする。

宮田登は、かつて『江戸歳時記』において江戸における歳時習俗をとりあげた(1)。それは、歴史民俗をとりあげながら、都市民俗研究としてもめざましいものであった。この著作は、生産活動を中心に据えて事象を見る従来の民俗学に対し、消費的であって享楽的な事象をとりあげたものであった。都市生活に見出される歳時習俗を農漁山村に暮らす人々の習俗と比較して、都鄙において連続するものとそうでないものとを腑分けできる。柳田國男以来の帰去来情緒《ききょらいじょうちょ》が確認されるのは前者にあたる。いっぽう、後者に当たるものは、自然暦とは異なる論理によって展開するもので、近世都市に生活する人々に特有な暦であった。社寺の年中行事に季節の到来を知り、神仏への祈願にことよせて物見遊山に出かけたりもした。そこに展開する歳時習俗は、農漁山村における生産活動を中心とするものとは異なるものであった。

都市の歳時習俗は、今日、都市だけのものではない。生活様式の都市化は、日本列島の隅々にまで及ぶ。あまりにも卑近な事象においても都市的生活様式が行き渡り、都市と農漁山村との区別がつかなくなっているのが現代である。それだけに大阪における都市の歳時習俗の追究は、他ならぬ現代社会における歳時習俗の確認となるだろう。

（2）商品に見る歳時

(1) 花々の四季

倉石忠彦は、「都市生活のリズム」において、江戸の町に春の訪れを告げるものの一つとして、正月迎えの市の立つ頃、梅・福寿草の鉢植えや室咲きの八重桜・藤の類が売り出されることをとりあげている。自然の推移を先取りするところにムラとの相違を指摘している(2)。街角の花屋（港区南市岡）は、都市生活者に季節の変化を感じさせる生業である。

四季も季節を先取りしている。春は、一月から三月までで、夏は、四月から八月まで、秋は、九月から一一月まで、冬は、一二月というふうに分けられる。月ごとの品種別売上は、一月はフリージア・ストックが売れる。二月は、桜・チューリップが売れる。三月は、桃が売れる。四月は、カーネーションが売れる。五月もカーネーションが売れる。特に母の日は、よく売れる。六月は、薔薇が売れる。特に父の日は、よく売れる。七月がトルコキキョウが売れる。八月は、百合・リンドウが売れる。盆には、蓮・ホオズキがよく売れる。九月は、菊が売れる。月見には薄がよく売れる。一〇月も菊が売れる。一一月は、蘭が売れる。一二月は、松竹梅の束・盆栽が売れる。

これらの花々の商品性は、単純に自然条件によるものではなく、四季を彩る文化的条件によるものであろう。花を愛でる心意は、都市生活者においては、古くからのものである。高橋和夫は、古今和歌集の「花ざかりに京を見やりてよめる／見わたせば柳桜をこきまぜて都ぞ春の錦なりける」をとりあげ(3)、「この新しい都市美の発見は、いかにも古典の都にふさわしく、自然の美が都市を彩るという、国風文化意志の現実化であった」と述べている(4)。桜花爛漫の光景は、平安朝以来の都市の春の景観であった。

盆栽の花は、商店の陳列台を飾るものである。明治の半ばの大阪において発刊された商業雑誌『商業資料』にすでに店飾りのポイントが述べられている。すなわち、中央に中心となる商品を「まねき」として据え、「清雅の趣味ある盆栽花卉の類」を配置することを述べている(5)。飾り物は、商品の傍らにあって商品の価値を引き出させるいわば脇役である。その重要な役割を担うのが清雅の趣味ある「自然」としての盆栽であり、花・枝葉なのである。

造花もまた、都市におけるさまざまな催し物・イベントを演出する。昭和の初期における、カフェーとかの遊興施設には、造花が設えられている。このことについては、大西造花装飾株式会社の記念誌に詳しい。洋服姿の紳士の相手をする「女給」は和服姿であった。その傍らには桜が見え、ボンボリ提灯が吊されている。この桜の木は、紙製の装飾・造花である(6)。窓には、夜景が映っている。都市の室内にあってなぞらえの「自然」による演出のもと、紳士たちはくつろいでいるのである。巻末年表の昭和五（一九三〇）年の項目には「硫酸紙の桜、楓の造花全盛」とある(7)。昭和六（一九三一）年の項目には「大阪は紙製、東京は布帛の枝花時代」とある(8)。「赤い灯青い灯」の歌詞で知られる「道頓堀行進曲」が流行ったのは、昭和四（一九二九）年のことである(9)。昭和初期ののモダン都市を彩った花々は、紙や布でできた造花だったのである。

同記念誌には、「造花は庶民の花とも言える。造花に使う紙を巻いた針金は、日本橋五丁目を横にはいった南日東町の路地裏で求めた」ともある(10)。都市の四季を彩る造花の製造が零細な企業・内職に委ねられているのである。都市の光り輝く華やかな光景を演出するのには、路地裏に住み、その日の生活に喘ぐ人々の暮らしが控えているのである。

造花問屋（中央区松屋町住吉）における販売暦は次のとおりである。一月一五日以降に桜物販売が始まる。「桜物」とは、春物のことで桜の造花、ボンボリ、ピンクの物などを指す。二月から四月の桜の開花時までは、桜物販売が続く。それ以降は、水色物販売となる。「水色物」とは、夏物のことで夏祭り関係の物を指す。提灯なども涼しそうな青が主体である。五月から七月にかけても夏物販売が続く。八月も夏物販売で後半になると紅葉物販売が始まる。「紅葉物」とは、秋物のことで秋祭り関係の物を指す。提灯なども赤・オレンジ色が主体である。九月から一〇月も紅葉物販売である。一一月も初旬まで紅葉物販売で、それ以降クリスマス、年末商戦物販売が始まる。この季節には、金銀物・光物が売り出される。「金銀物」「光物」とは、クリスマス・年末商戦物の装飾物・モールなどを指す。一二月はクリスマス・年末商戦物販売が中心である。これらの商品販売の繁忙期は、一一月後半から一二月二〇日頃までである。一月一五日以降販売される桜物の繁忙期は、二月後半から桜の咲く三月ぎりぎりまで続く。造花問屋は、「盆（八月半ば）を過ぎれば秋物が店頭に出廻る。最初に秋物が出るのは、キタの百貨店で特にファッション関係のショーウィンドーである」という。向日葵が朝顔に変わり、次には桔梗が飾られるともいう。松崎憲三は、「四季という循環的時間そのものが都市の中では見られにくくなっている」と述べたうえで、「ショーウィンドーは逸速く季節の変化を知らせるシグナルの役を果たしている」と論じている(11)。都市生活者の歳時感覚は、ウィンドーショッピングによっても目覚めもする。商業資本が都市文化を創出し、それが旧来の民俗の変容を促しているのである。

(107) 造花問屋

造花問屋（中央区松屋町住吉）の扱う飾り物は、都市の商店街に色彩を添えている。春は桃色、夏は寒色系統、秋は暖色系統、年末年始は、金銀の色といった具合にコード化された季節の色が認められる。商品を「桜物」「水色物」「紅葉物」「金銀物」といった業界用語に分節されるように、そこには、現代都市における花鳥風月を読み取ることができる。イミテーションの花木・水に表徴された色彩には、四季折々の意味が込められている。「桜物」の春は、来るべき百花繚乱を兆す季節である。「水物」の夏は、酷暑の都会に瑞々しさを求める季節である。「紅葉物」の秋は、豊饒を湛える季節である。「金銀物」の冬は、神々しさによる予祝の季節である。[12] 倉石忠彦は、現代都市生活のリズムについての記事に「商業的な活動などにより季節を先取りし、「春」が肥大化したリズムがある」と論じている。[13] 商店街には、二月後半から桜の花が飾られている。春は、ことのほか待ちこがれる季節なのである。

(2) 装いの四季

都市には、自然を超えた色彩の世界が控えている。季節のテーマのコード化は、早く宮廷貴族の生活の諸相に現れている。オギュスタン・ベルク『風土の日本』は、歌合わせ・衣服・庭園にその図式化を読み取っている。[14] 装いの色彩には、コード化された四季を読み取ることができる。宮田登は、江戸の遊郭吉原（＊：東京都台東区千束）における八朔《はっさく》をとりあげている。これを「秋の雪」「八朔の雪」「里の雪」と称したと述べ、「本物の雪ではなく、遊女の白衣を秋の雪になぞらえている」と論じる。[15] 八朔における遊女の白衣は、「秋の雪」の見立てであり、なぞらえであって季節の先取りでもある。

いっぽう、コード化された四季の色合いは、古代中国の思想である五行説にもよる。近世末の大阪町方通用の式を記した書物に『新増《しんぞう》女《おんな》諸礼《しょれい》綾錦《あやにしき》』がある。その一節に四季に応じての衣桁《いこう》に掛ける小袖の色を記している。すなわち「衣桁餝りの事／（中略）いづれも四季に応じ其時節のいろの小袖を始めにかけるべし。春ハ青　夏ハ紅

秋ハ白　冬ハ黒に　土用黄なり」とある。(16) これは中国伝来の五行説《ごぎょうせつ》による「五色《ごしき》」である。すなわち「春―夏―秋―冬―土用」は「青―赤―白―黒―黄」に対応するのである。近世末の都市において、室内空間の設えにまで古代中国からの舶来思想である「五色」が及んでいるのである。

呉服店（中央区心斎橋筋）で、和装における四季の色のイメージを聞いた。それによれば、春が薄いグレー、草色、薄いピンクである。夏は、ブルー系・グレー系である。秋は、茶・モスグリーンである。冬は、紫・濃いネズである。明暗・濃淡・寒暖の色合いによって四季を表現しているのである。今日の呉服における色彩感からは、独自の趣向がうかがわれる。春の色は薄く、冬の色は濃い。淡い順から四季を並べれば、〈春→夏→秋→冬→春→…〉となる。冬から春は、暗い色彩がいきなり明るい色彩にパッと変わる。晴れ立つのである。嗜好として「春」に明るさを求めているのである。

輸入生地問屋（中央区安土町）における季節物は、「春物」「夏物」「冬物」の三種からなる。「春物」は、「梅春物（うめはるもの）」ともいい、二月、三月向けで素材にはウールと一部モヘア（山羊）を用い、白っぽくて浅い色を用いる。「夏物」は、四月から八月向けで初夏と盛夏に分けられ、素材にモヘアを用い、「春物」よりも濃く、「冬物」より薄い色を用いる。「冬物」は、九月から一月向けでウール地で濃い色を用いる。色の基調は紺である。グレーも多い。最近、茶色とグリーンのミックスも出るようになった。紳士服の生地の色合いについても、濃淡の順は、呉服と変わりがない。和洋を問わず、依然として「春」には、明るい色合いが出回るのである。皮膚感覚による寒暑の実感と異なる明暗・濃淡のセンスが働いているのである。

寒暑の皮膚感覚には、時代による変化が認められる。それは、生活様式の変化に伴う。大正から昭和の初めにかけては「冬物」の時期が長く四月の末までで、「夏物」は七月、八月の二カ月だった。戦後、「夏物」が長くなったのは、冷房を利かせることにより、長い期間スーツを着るようになったためである。生活様式の都市化は、視覚によるファッショナブルな嗜好を優先するのを促しているのである。

婦人服店（中央区心斎橋筋）の店頭にでまわる「春物」は、一二月後半から四月前半まで、「夏物」は四月後半から八月前半まで、「秋物」は八月後半から一〇月前半まで、「冬物」は一〇月後半から一二月前半までである。さらに春であっても「梅春」と「春」とに分かれ、「梅春」は一二月から二月上旬までで、「春」は二月から四月までである。「夏」は、「初夏」、「盛夏」、「晩夏」に分かれ、「初夏」は四月下旬から五月上旬まで、「盛夏」は六月上旬から七月下旬までで、八月は「晩夏」であるが「初秋」でもある。一、二月は「冬物」のバーゲン期でクリアランスセールが行われる。七、八月は「夏物」のバーゲン期でこの時期もクリアランスセールが行われる。このようにファッション業界は、四季をさらに細分している。これも季節感の喪失に拍車をかけている。そのいっぽうで冷暖房がデパートにいても、自動車に乗っていても利いているので、夏以外に素材に差がない。「冬物」は、コート、ジャケットなど羽織る物で調節する。ここでも冷暖房効果による寒暑の季節感が失われてきている。

和装の季節感は、洋装とは異なるものがある。ここには、伝統的な花鳥風月に通じる趣を踏まえた嗜みがある。『守貞謾稿』は、近世三都における少年稚女の帷子に「草木の花葉禽蟲の形等を織る」ことを挙げている(17)。また、成人の着物の裾模様について、「立浪、渦、漁網、轡、輪違、桜花、楓葉等の類を専とす。又、水車の模様甚だ多し」と記している(18)。波・花の造型からは、自然指向を読み取ることができる。

近代化を標榜する明治時代においても、和装の伝統美は重んじられている。あるいは、いっそう伝統美を大事にし定番化・規範化が進展する。先にも挙げた『商業資料』に記された嫁入りの衣服・襠の模様は、「几帳に檜扇、玉簾に楠玉、荒磯に千鳥、松に鶴、遠山に桜」であり(19)、三枚衣裳の模様は、「瑞祥模様にては／新趣向の鶴亀、松竹梅、若しくは四君子／元禄ものにては／其時代の風俗、人物／花鳥にては／籬に秋草、霞に桜、水辺に鴛鴦、桐に鳳凰、紅葉に鹿、芦に雁、波に千鳥、南天に雀、／風景にては／吉野、龍田、三保、富士、舞子、近江八景、都名所」とある。(20) これらの衣裳は、心斎橋筋十合呉服店（現在のそごう百貨店：中央区心斎橋筋）において当時調査した「新流行の婚姻式衣服」である。まさに近代都市の目抜き通りの最新流行がこれである。荒磯《ありそ》・遠山・水辺を背景に松・桜・松竹梅・秋草・桐・紅葉・芦・南天が配され、千鳥・鶴・鴛鴦《おしどり》・鳳凰《ほうおう》・雁《かり》・雀が飛び交っているのである。それには、歌枕・名所八景・都名所が添えられている。そこにとりあげられる景物に田圃や野原といった景観はない。農村の日常ありふれた景観は、観賞の対象とはならないのである。むしろ漁村・海辺の方には、興味がそそられている。王朝の美意識としての「海士の賤が屋」への好奇な眼差しが生きているのである。

心斎橋筋老舗の呉服店（中央区心斎橋筋）における着物、地伴（「ジュバン・襦袢」のこと）、コート、衿、図柄について**【呉服店の月ごとの装い】**を表12にまとめた。

表12　呉服店の月ごとの装い

	着物	地伴（襦袢）	コート	衿	図柄
1月	袷	袷	袷	汐ゼ（塩瀬）	梅
2月	袷	袷	袷	汐ゼ	水仙
3月	袷	袷	袷	汐ゼ	桜・橘
4月	袷	単	単	汐ゼ	連翹
5月	袷	単	薄物	汐ゼ	藤・菖蒲・青楓
6月	単	絽	薄物	絽　汐ゼ	鉄仙・紫陽花・芥子
7月	薄物　麻	絽	薄物	絽　汐ゼ	百合・月
8月	薄物　麻	絽	薄物	絽　汐ゼ	桔梗・秋草・露芝

一月の着物は袷《あわせ》、地伴も袷、コートも袷、衿は汐ゼ（「塩瀬」のこと）、図柄は梅である。二月の着物は袷、地伴も袷、コートも袷、衿は汐ゼ、図柄は水仙である。三月の着物は袷、地伴も袷、コートも袷、衿は汐ゼ、図柄は桜・橘である。四月の着物は袷、地伴は単地《ひとえじ》伴《ばん》、コートは単コート、衿は汐ゼ、図柄は連《れん》翹《ぎょう》である。五月の着物は袷、地伴は単地伴、コートはうすコート、衿は汐ゼ、図柄は藤・菖蒲・青楓である。六月の着物は単で、地伴は絽地伴《ろじばん》、コートはうすコート、衿は絽衿・

9月	単	絽	薄物	絽　汐ぜ	萩
10月	袷	単	単	汐ぜ	葡萄・唐草・紅葉
11月	袷	袷	袷	汐ぜ	紅葉
12月	袷	袷	袷	汐ぜ	雪花

汐ぜで、図柄は鉄仙・紫陽花・芥子である。七月の着物はうすもの・麻で、地伴は絽地伴、コートはうすコート、衿は絽衿・汐ぜで図柄は百合・月である。八月の着物はうすもの・麻、地伴は絽地伴、コートはうすコート、衿は絽衿・汐ぜ、図柄は桔梗・秋草・露芝である。九月は、着物は単、地伴は絽地伴で、コートはうすコート、衿は絽衿・汐ぜで図柄は萩である。一〇月の着物は袷、地伴は単地伴で、コートは単コートで、衿は汐ぜで、図柄は葡萄・唐草・紅葉である。一一月は、着物は袷、地伴も袷で、コートも袷で、衿は汐ぜで、図柄は紅葉である。一二月の着物は袷、地伴も袷で、コートも袷で、衿は汐ぜで、図柄は雪花である。年中通用する図柄は、菊、薔薇、蘭である。図柄には、年間を通して、四季のコード化された雪月花があしらわれている。女性は、身に纏う晴着に四季折々の図柄の「自然風物」を裾模様にあしらう。「みやび」の伝統的美意識は、今日の和装・とりわけ女性の晴着において生き続けている。「みやび」の伝統的美意識こそ、呉服の商品価値なのである。

(3)　四季の味覚

祭礼や縁日に店を出す露天商（福島区鷺洲）の場合、売れ筋に夏冬の違いがある。冬は大福餅、栗。夏は花火。夏以外ならヤチャ（茶店）のサザエ、お好み焼き、オデン、花売りなどである。季節・天候による影響を受けやすいことは、言うまでもない。露天商は、一月一〇日の十日戎の時、堀川戎（堀川神社：北区西天満）においてタカマチ・高市を打ち、福飴などを売る。その時の口上は、「福の本家はこちらです。オタヤン（お多福）こけても（転げても）鼻打たん。切っても割っても顔が出る。エベッサンの福飴どうですか。験（ゲン）のモン、験のモン」といった調子である。親分衆は、ヤチャや射的を開く。テキヤの親分は、「神農さん」と呼ばれている。親分衆の開く店を「神農ネタ」という。露天商は、その他さまざまなジクモノ（籤引き）を展開して、射倖心を煽っている。それがまた祭りの景気を煽り、都市の風物詩となっているのである。

自然生鮮品を扱う生業である魚屋、八百屋、果物屋は、月により、季節により取扱品が異なる。味覚の四季がある。「目には青葉山ほと、ぎす初鰹　素堂」の句にある「初鰹」を愛でる風は、江戸っ子に見られるものである。大阪は、その季節が鯛の「シュン（旬）」で「ウオジマ（魚島）」という。魚屋もまた、季節の到来を都市生活者に告げる生業である。魚屋（港区南市岡）では、一月はアンコウ、フグが店頭を飾るが、二月には、春サバ、サゴシが加わり、店頭は一挙に春めく。一月の魚が「冬魚」というのに対し、二月は「春魚」という。五月から八月までを「夏魚」、九月から一一月までを「秋魚」、一二月から一月までを「冬魚」という。イシダイは、五月六月がシュンで、チヌダイも五月六月がシュンというふうに品物には、「旬」というものがある。「ウオジマ」とは、五、六月頃、タイが押し寄せて来て「ヤマほど取れるさま」といったもので、五、六月頃のおいしいタイのことを「マツリダイ」という[21]。そのようなことに季節感を感じるのは、消費者の食生活の嗜好であって食文化である。「ウオジマ」は、魚・動物の移動によりもたらされるものであるが、それを捕獲し、食卓に上らせるのは民俗文化である。

八百屋（港区南市岡）における「冬野菜」は、一一月から二月まで、「春野菜」は三月から五月まで、「夏野菜」は六月から八月まで、「秋野菜」は九月から一〇月までをいう。魚屋の四季とは微妙に異なる。店頭に出回る商品の期間は次のとおりである。タケノコは、四月から五月までである。エンドウマメは、三月から四月までである。トマトは、六月から九月までである。ウメ（梅干し用）は、四月から五月までである。新ジャガ（イモ）は、四月である。新タマ（ネギ）は、三月である。ナスは、八月から九月までである。キュウリは、六月から八月までが旬である。レタスは一〇月から二月までである。エダマメは、五月から八月までである。サツマイモは、九月から一〇月までである。ネギは、一一月から二月までであと年中出回っている。ハクサイは、一一月から三月までである。「新ジャガ」「新タマ」と云われるのは、ジャガイモ・タマネギが三月から始まって年中出回っているからである。ハウスのキュウリ、ナガイモ、シイタケも年中出回っている。ここでも生活様式の都市化が悉くオールシーズンの商品を出回らせることとなり、それだけに、ことさら「旬」と「初生り《はつな》」を愛でる風を助長している。農耕・漁撈から離れた都市生活者は、季節の到来を店頭に並ぶ商品である獲物・生り物に確認するのである。

都市生活者は、加工食品に季節の到来を知る。和菓子がそれである。和菓子屋（福島区福島）の商品も店頭に出回る時期が決まっている。一月には、新年菓、「鶴」、「松竹梅」、干支、勅題（風）を売る。二月には、桜餅、鶯餅を売る。三月には、桜餅、鶯餅を売る。四月には、花見の団子を売る。鮎の解禁の日である六月一日には、銘菓「鮎」を売り出す。六月は、「水無月」を売る。七月八月には、葛饅頭、水羊羹を売る。四季それぞれの風物は、桜餅、鶯餅と云った和菓子で見立てているのである。(22) 銘菓は、茶道の稽古事に出される茶菓子である。

オハギ屋（福島区福島）の店頭に商品の出回る期間も決められている。大福餅・あべ川餅・桜餅だと秋の彼岸から始まり翌年の六月までである。田舎饅頭は、秋の彼岸から始まり翌年の五月までである。酒饅頭・オカキは、秋の彼岸から始まり翌年の四月までである。わらび餅・水羊羹・白玉団子・ちぎり餅は、五月から始まり秋の彼岸までである。オハギと柏餅は一年中、店頭にある。これの方の季節感は、水気の多い夏場の物を除いて緩んでいる。和菓子屋と比べて、歳時の意識に規範性は乏しく、くだけている。

四季折々に味の変わるのは、酒である。じじつ、酒屋（港区磯路）では、酒をめぐることばに、「梅雨を越したら酒は熟成してうまくなる」「灘酒は燗晴れ。燗したら酒が晴れてくる」「翌年の梅雨を越したら飲めなくなる」ともいう。このような品質面での天候・気候の影響もさることながら、酒の味は、気分によって決まるものでもある。酒はそれによってもたらされる、情緒自体が商品の価値なのである。酒屋のパンフレットには、一月に「正月酒」、二月に「梅見酒」「雪見酒」、三月に「花見酒」、九月に「月見酒」という具合に四季の移ろいにそっての酒が記されている。まさに酒は、雪月花を友とするものである。都市生活により失われつつある自然の営みに感じ入らせるのも酒の効用である。

酒の効用には、数々ある。小林忠雄「都市と酒」では、二つの傾向を指摘する。その一つは、都市生活者に潜む帰去来情緒である。その根源にある「根生いでない社会的不安」を紛らわす傾向である。あとの一つは、情報化社会にとり残されぬよう、酒を通した交際に意識を見出している傾向である。(23)雪月花を友とするものであっても、一人、酒の力を借りて隠者を気どるものであれば、前者であろうが、これにはなかなか、詩仙の境には達しない。友と語らい雪月花を愛でるのは、後者であろうが、これにはなかなか環境にめぐまれない。都会にある酒楼・料亭の趣は、本来、これであった。小料理屋の庭先に坪前栽があり、わずかに「いささ群ら竹」の風情が設えられている。酒の味を愛でるなどは、呑助だけの楽しみといってはそれまでだが、もとはシュンを求める心意に通じる趣向からのもので、上戸《じょうご》の嗜みでもある。しかし、これもビールさらに最近では発泡酒が一年中出回り、四季の情緒に変化が見られる。年じゅう常春《とこはる》気分に浸り、盃を措いて家庭用の小さなジョッキを傾ける傾向にある。もっとも、ビール・発泡酒の入ったアルミ缶には、「秋味」だとか「冬物語」とかのネーミングのもとに季節感を煽る趣向を凝らした絵柄がプリントされている。日頃季節感の乏しい暮らしに「秋」を感じた時、錦秋の図柄につい目を惹かれる。商品の喉ごしの違いについては、あまりわからないが、これらの季節限定商品も商品化された歳時である。これらの商品も後で論じるキワモノ商品とみることができる。

丼池筋にある老舗のうどん屋（中央区南船場）は、一二月後半が一番忙しい。この店は、明治二六（一八九三）年に先代が始めた「きつねうどん」の発祥の店とされる。(24)うどんは冬の食べ物と思われているが、ここにも四季がある。この店の販売暦の四季は、二月から四月までが「春」、五月から七月までが「夏」、八月から一〇月までが

「秋」、一一月から一月までが「冬」である。現在は冷房が利いていて、夏でも温かいものが売れ、商品の季節的変動はあまりないので味加減で調節している。春は、ウワオキに木の芽・新菜をのせ、タマの塩加減を一〇の比率（基準値は一〇）、ダシの塩加減を四五gに、薬味に胡麻《ごま》、味加減をまったりにする。夏はウワオキに青柚《あおゆず》、うどんの太さを細目三㎝／一二本当たり、タマの塩加減を一二の比率、ダシの塩加減を四〇gに、薬味を青海苔山椒、味加減をあっさりめにする。秋はウワオキに黄色い柚、タマの塩加減を九の比率に、ダシの塩加減を四五gに、薬味に胡麻を、味加減をこってりにする。冬は、ウワオキに黄色い柚を、うどんの太さを太めにして三㎝／七本当たり、タマの塩加減を七の比率に、ダシの塩加減を五〇g、薬味に一味を、味加減をこいめにする。(25)「こいめ」とは、「まったり」、「あっさり」、「こってり」の三つが合うた味をいう。味加減は、春は「まったり」、夏は「あっさり」、秋は「こってり」、冬は「こいめ」なのである。経験から割り出された調和のとれた四季の味覚を追求しているのである。

ウワオキは、黄色い柚子を基本に春の木の芽・新菜、夏の青柚をあしらっている。うどんの太さは、冬から春にかけての太さを基本に夏から秋は、細目になる。タマの塩加減の基本は、冬だが、これが一番低く、春になるといきなり辛くなる。ダシの塩加減の基本は、冬だが、春から夏にかけては、徐々に辛さ控えめになり、秋から冬にかけては、辛くなる。その分、タマの塩加減を控えめにして、ダシとタマの塩味を引き立たせている。薬味は、冬の一味に対して夏は青海苔山椒を配し、春・秋は胡麻を挟む。夏の青海苔山椒に清涼感を与えるのである。この店屋物（テンヤモン）のオールシーズン化は、夏の工夫にある。麺の太さを細くし、塩加減はタマを辛くしてダシの辛さを抑える。ウワオキに青柚をあしらい、薬味には青海苔山椒を配す。味覚はダシの辛さを控えめにし山椒のピリッとした辛みを活かし、視覚は青い物をあしらい、嗅覚は酸味を引き立たせ、麺の喉越しを楽にしている。夏の食欲不足にも堪えられる食品としての工夫が見られる。味覚の四季は、嗅覚・視角・触覚と相俟って演出されているのである。今日、冷暖房のもと、新たな四季の味覚が老舗の伝承から創出されていることがわかる。伝承を活かしつつ現代風に変容させてゆくのは、商人の才覚にある。

(4) 人生儀礼の季節商品

人生の儀礼にはシーズンがある。三月から四月にかけては、卒業・入学のシーズンである。三月の卒業式、四月の入学式・入社式、一〇月の結婚式、一一月の七五三などだいたいの時期が決まっている。和菓子屋（福島区福島）では、三月、卒業式頃に紅白饅頭・赤飯を売る。四月には、入学式の頃の赤飯を売る。一〇月の結婚式の頃の紅白饅頭、一一月の七五三の頃の赤飯といった具合である。

人生の儀礼に合わせて毎年同じ時期に、販売キャンペーン・イベントが企画され、販売が促進される。婦人服店（中央区心斎橋筋）においては、入学・卒業・就職用の販売は、二月から三月である。フォーマルパーティ用の販売は、一一月下旬から一二月である。リクルートルックなど就職のための会社訪問用の販売は六月から九月である。学生服を脱ぎ捨てた現代学生の「礼服」である。サラリーマンに生まれ変わるための衣裳改めである。

人生の儀礼において最も華やかなものは、華燭の典である。さまざまな商店等においてブライダルフェアが行われている。婦人服店におけるブライダルマーケットは、三月中旬から四月上旬にかけてと九月下旬から一〇月上旬にかけてである。タンス屋（西区南堀江）においては、九月から一一月にかけては婚礼のシーズンで忙しい。しかし、最近は、年間を通しての季節による商品の売れ行きの変動は小さくなっている。六月は、以前は結婚が避けられていて暇だったが、最近は「ジューン・ブライド」ということでそれほど暇でなくなった。このことからは、欧米のしきたりが流入してくる中で、伝統的行事が変容しつつある側面を見てとることができる。瀬戸物問屋（西区阿波座）では二月にブライダルフェア展示がある。九月もブライダルフェアに展示をする。一〇月には結婚用器販売をする。春と秋の結婚シーズンにより潤う商人は、いくらもいる。人生儀礼のシーズンは、「季節商品」の販売戦略に組み込まれているのである。

(5) キワモノ商品

『現代家庭の年中行事』では、月見のススキを花屋で買うようになったことを都市化の影響としてとりあげている。ススキは、少し前までは畑の脇にあって切り取ってくれば間にあったという。それが最近では花屋で買わなければ手に入らなくなり、花屋にでかけると、立派に売り物として並んでいたことを挙げている。(26) 農村出身者にとっては、年中行事に用いる雑草のようなものを大阪では、高い値段を出して買うことにバカバカしくもなったと述べているのである。

ただ、月見のススキに限らず、どこの店先にも、年中行事あるいは、特定の日・期間に限定して売り出される商品がいくらもみられる。特定の日とは、節句・春秋の彼岸・盆・正月といった暦に沿った伝統的行事の行われる物日《ものび》である。例えば、土用の丑の日（七月一九日から二四日ごろ）に魚屋（港区南市岡）では、ウナギを食べる日と言ってウナギを売り出す。花屋（港区南市岡）では、盆に蓮、ホオズキがよく売れ、九月の仲秋の名月には、ススキがよく売れる。冬至には、八百屋（港区南市岡）で「ナンキンを食べ、ユズ湯に浸かると中風にならない」と言ってナンキン・ユズを売り出す。果物屋（港区南市岡）は、年の暮れともなれば、店頭に干し柿、ダイダイを並べ立てる。どこにでも見る「歳の市」の光景である。このような商品の中には、神仏に関わる縁起物と云えない商品も交じっている。

三都においては、近世以来、年中行事に商人が関わっていた。『守貞漫稿』に「際物師」の記事がある。(27) それには、「際物師　きはものしと訓ず。一時限りの物を売る生業と云へども、ただ江戸のみこれを唱ふ。京阪もまたその買あれども、この名目これなきなり。春時の凧、正月二日の初夢宝船図、七日薺、十五日削掛、三月雛祭りに係る諸物、五月節句物、七月乞巧奠、同魂祭物、蠟月注連縄、飾松、その他正月祝物を始め四時とも一時限りの物枚挙に暇あらず。皆惣じてきはものと云ふ。これまた一種の小賈なり」とある。ここには、正月・節句・盆祭りといった行事に欠かせない祝物を挙げつつ「四時とも一時限りの物枚挙に暇あらず」としてこの他にもキワモノが販売されていたことが分かる。ただ、『守貞漫稿』が「きはもの」として挙げていない「一時限りの物」のなかに商人が考え出した「風習」もある。土用の丑のウナギがそうである。有名な話だが、夏の土用の丑の日に鰻その他脂肪に富んだ食物を食べると夏負けしないという「土用鰻」である。その起源は「平賀源内が鰻屋に看板を書くように頼まれて、「今日は丑」と書いたのが、大評判になったことが嚆矢であるという。[28] また『現代家庭の年中行事』には、最近行われるようになった変わった風習をとりあげている。節分に巻き寿司を恵方（歳徳神の所在する方向）を向いて、まるかぶりするとその一年いいことがあるといった風習は、業界の努力の賜物か、雑誌や新聞などでとりあげられた影響なのかは不明であるが、現在も各地にひろがりつつあるようだと記している。東京の主婦によれば、大阪の空堀通《からほりどおり》（＊：天王寺区空堀町）で行われているのを見て始めたとも記している。[29] 冬至に「ン」の付く食品である蓮根・蜜柑などを七種食すると幸運になるともいったことも挙げられているが、[30] この伝でいけば、これも農民の習俗でなく、都会の商人が広めた習俗であろう。

今日の年中行事の多くは、商人絡みのキワモノが関係してくることになる。和菓子屋（福島区福島）もキワモノを年に何回か売り出す。そこでは、三月三日の桃の節句には、草餅を売る。五月五日の端午の節句・子供の日には、柏餅、チマキを売る。九月の仲秋の名月には、月見団子を売る。秋の彼岸には、オハギを売る。一二月のクリスマスケーキもキワモノ商品である。和菓子屋に向こうを張るのは、オハギ屋である。

オハギ屋（福島区福島）では、春の彼岸の中日・春分の日に、オハギを売る。五月五日の端午の節句・子供の日には、柏餅・チマキを売る。子供たちが食することによって疫病除け・子どもの成長を祈願するといった、いちだんと古い観念が潜んでいることになる。五月五日の端午の節句が昭和二四（一九四九）年に「こどもの日」に制定されて以来、全国でおもちゃの祭典が繰りひろげられることになり、大阪でも大阪府玩具問屋商業協同組合が対外的なPRを兼ねて、大阪府や大阪市の福祉施設にオモチャや人形を寄贈することになった(31)。なお、同組合は、「こどもの日」同様に昭和四一（一九六六）年以降毎年、一二月には正月物を、二月中旬には雛人形を、三月中旬には五月人形を恵まれない子供の施設に寄贈している(32)。

夏の土用には、オハギ屋が土用餅を売り出し、秋の彼岸でも和菓子屋とオハギ屋は競い合うようにしてオハギを売り出す。仲秋の名月には、オハギ屋も月見団子を売り出し、一二月二八日以降、鏡餅、小餅を売り出す。和菓子屋とオハギ屋とどちらがキワモノ商売の本筋かとなれば、その点はオハギ屋であろう。オハギ屋には、和菓子屋に見られる老舗意識・高級品志向はない。そこでは、節句などの紋日に店員の人数を増やして対応している。ハレの日をなし崩しにしたもののオハギ屋は、節目の日・物日の商いに命運を賭けているのである。

キワモノ商売の極めつけは、節句の人形売りであろう。近世、三都では、雛人形も幟兜も市が立って売買されていた。大阪では御堂前に市が立った(33)。この伝統は、松屋町の玩具・人形屋街に引き継がれている。人形屋（中央区瓦屋町）における三月三日の桃の節句、五月五日の端午の節句の雛人形・武者人形は、豪華な「キワモノ」である。ところが今日、「キワモノ」とは云っても、直前に市が立つのではない。今ではキワモノ的性格を失っている。何ヶ月も以前から売り出されている。人形屋（中央区瓦屋町）における歳時は、正月、三月・五月の節句の繁忙期と五月から一〇月までの閑散期とに二分される。繁忙期には、店員六人に親戚などからのアルバイト四人が加わる。その年間の販売暦は次のとおりである。一月は雛人形展示販売をする。二月も引き続き雛人形展示販売をする。三月は三日までが雛人形展示販売で、三日以降は、五月人形展示販売を始める。四月も引き続き、五月人形展示販売をする。五月は五日までが五月人形展示販売で、五日以降は閑散期となる。六月も閑散期で、日本人形・西洋人形展示販売をする。七月も閑散期で日本人形・西洋人形展示販売をする。この時期に来年用の展示見本が出る。八月も閑散期で、引き続き日本人形・西洋人形展示販売をする。九月は日本人形・西洋人形展示販売をする。一〇月も日本人形・西洋人形展示販売をする。一一月は月初めから正月飾り展示販売が始まる。一二月も正月飾り展示販売をする。この月の初旬から雛人形展示販売が始まる。この時期からの雛人形展示販売は、一九八〇年頃から始まったものである。

雛人形商戦が盛んになるのは、業界記念誌『五十年のあゆみ』によれば、テレビによる共同宣伝を開始した昭和三七（一九六二）年の正月からであると述べている。七段飾りの親王さんの顔のアップからぐっとカメラを引いて全体を見せる表現は、消費者にアピールした。それが昭和四〇年代（一九六五〜一九七五年）になると、過剰なまでに雛人形のコマーシャルが氾濫するようになる。雛祭りが盛んになったのも高度経済成長の時代の象徴の一つであった。[34]一一月頃から派手な新聞広告を打ったのは、地方から大阪にやってきた業者であった。これには、座談会の席で「同じように宣伝すると、季節感が失われ、段々とひな人形のイメージがなくなってきます」とも述べられ、懸念が示されている。[35]人形屋の商いは、元来、節句を狙ったキワモノ商売であった。その販売は、高額の商品であるから三カ月前から立ち上げている。季節的には、冬から春にかけてが繁忙期となるのである。購買者の懐具合がよくなる年末のボーナスを当て込むこととなったのであろう。この業界では、夏から秋にかけての閑散期には、プレゼント用の日本人形・西洋人形の販売に賭けている。松屋町筋の人形屋のなかには、この閑散期を花火の販売で凌いでいるところもあるぐらい、繁閑の差が激しい。雛人形売りがキワモノ商売の典型である所以である。

節句ではないが、母の日・父の日・敬老の日といった家族の記念日もある。これらの記念日は、商人の側から見れば、戦後広まったキワモノ商売である。五月の母の日は、花屋（港区南市岡）ではカーネーションが、六月の父の日には、バラの花が売れる。敬老の日には、和菓子屋（福島区福島）で赤飯・紅白饅頭を売る。

（3）商業の歳時

(1) 商人による民俗行事

人形屋（中央区瓦屋町）において祭祀する神仏は特にない。人形組合が「人形供養」を行っている。毎年一一月、四天王寺（天王寺区四天王寺）において人形組合が行う。現在も行われていて、三〇年に及ぶ。『五十年のあゆみ』によれば、昭和四四（一九六九）年一一月一一日、第一回人形供養が組合の主催で四天王寺本堂で挙行された。その時は、先着の一〇〇〇人に限り、当日四天王寺へ古い人形を持ってくれれば、新しい人形と交換しようということで用意した博多人形に二〇〇〇人も集まり、たちまちなくなるといったありさまであった[36]。第三回目からは、古い人形を受け付けると共に護摩木に署名してもらい、供養料として一〇〇〇円をいただくことにし、最近では供養料を二〇〇〇円にして、新聞広告も中止しているが、それでも参拝者は減ることもなく盛会であると記されている。人形の処理に困った人が続々とつめかける状態なのである[37]。人形組合による毎年一一月一一日に四天王寺本堂で行われる「人形供養」も三〇年を超えては歳時習俗に数えることができる。商人への要請があって継続している歳時習俗なのである。

商人が始めたが、大阪に根づかなかった年中行事に羽子板市と流し雛がある。いずれも人形屋（中央区瓦屋町）の行った伝統的な民俗を志向する行事である。羽子板市は、昭和五四（一九七九）年一一月中旬、一五日を中心に一週間ほどの間、大阪天満宮（北区天神橋）で第一回の羽子板市が開催された。七五三のお参りに来る客が相手である。前日には天満宮の塀にずらりと大きな羽子板が並べられて雰囲気を出すとともに、新聞広告によって羽子板市が宣伝された[38]。ところが、二回目以後は東京と規模が違いすぎるなどのせいで、客足が伸びず、あまり売上げが上がらないなどの理由で中止された[39]。近世以来、三都の間では、さまざまな行事の伝播や模倣が見られる。今日においては、三都のみならず、どこの町においても、行事・祭礼の模倣が見られる。しかし、「大江戸」の羽子板市の伝統を現代の大阪に根付かせることはできなかったのである。大阪において羽子板の購買は、雛人形・五月人形の贈答ほどではない。民俗に向けての温度差・地域差があるのである。

以下の記述は、大阪府玩具・人形問屋協同組合連合会創立五〇周年記念誌編纂委員会　一九九八年『五十年のあゆみ』による。「流し雛」は、昭和六二（一九八七）年三月一日の日曜日に中之島公園を使って、土佐堀川で流し雛の行事を行い、ひいては雛祭りを隆盛にすることと、雛人形をPRしようという発想であった[40]。これも、昭和五九（一九八四）年から行われた「江戸流し雛」に倣うものであった。東京で始められた契機は、水溶性樹脂（ポリビニールアルコール）による人形が開発されたことによるものであった[41]。流し雛の行事は昔から全国的に行われている。鳥取市周辺の「流し雛」は、「紙雛」を祭ったすえ、三月三日夕方、それを桟俵にのせて供物とともに川に流し去る。つまり「祓」の人形送りである。現代どこでも行う「雛祭」とは別趣の古俗である[42]。また淡島神社（和歌山市加太）においては、三月三日に雛人形を船に乗せて海に流すことが神事として行われている。しかし、近年は河川の汚濁が問題になって、これらの風習もだんだんすたれ気味になってきていた。そうした流し雛の習慣を復活し、ひいてはひな祭りの隆盛にしようとして考えられたのが、この「水に溶ける流し雛」であった[43]。ところが、バブル経済の崩壊による不景気と、多忙な時に組合員が動員される時期的な問題、その他いろいろな問題が噴出して、この流し雛は、平成四（一九九二）年三月一日、六回で幕を閉じることになった[44]。かくして、「流し雛」といった伝統行事を大阪において再現することは、途絶えた。「水都大阪」を標榜する地にあっても、水辺の民俗行事の模倣は、困難なものであった。傍目からさまざまな歳時習俗に対して抱くノスタルジックな感情が起こるものであるが、その現実の一端はこのようなものである。伝統的とみなされる民俗行事であっても、改廃が著しく、さまざまな風俗を取り入れつつ民俗として根づくものもある一方、商人が「民俗」を始めても模倣に終始し、「民俗」として根づくことなく消えてゆくものもあるのである。民俗行事の模倣が定着しなかったのを偏に商人による試みのせいにはできない。大阪における社寺により執行され続けている水辺の祭礼の変容についても同じ事情が控えているのである。

(2) 商業と結びついた祭礼

動物薬問屋（中央区道修町）の祭礼は、道修町の少彦名神社（中央区道修町）において毎年、一一月二二日・二三日行われる「神農《しんのう》さん」である。この日は、参道に製薬会社の商品である薬箱が笹に結わえられ、たくさんの露店も立ち並び大勢の参拝客で賑わう。参拝客には、笹に縁起物の張り子の虎を結わえた笹が有料頒布される。笹には「祈願　家内安全　無病息災」と書かれた赤い札が付いている。「病除け」のお守りである。「神農さん」は、製薬業界こぞっての祭礼である。大阪船場のオフィス街に冬の近きを告げる風物詩でもある。

粟おこし屋（西区北堀江）の祭祀する神仏は、大黒天である。祭日は、二月三日ないし四日の節分であった。パンフレットによると「二代目KRは商売を拡売させる一方、家号の『大黒』に因み大黒様の収集を始めた。これが今日まで引き継がれて、現在では約千五百体にも達し、大黒様を祭る土蔵と共に戦災を免れ現存している」とある。昔はこの日を創立記念日にし、金銀の小さな大黒天像の入った商品を売っていた。戦後もオミクジを入れた打出の小槌を配っていた。パンフレットには、四代目は二代目以来収集が続けられていた大黒様に注目、これを公開し市内観光バスの名所巡りの一つにまで発展させた。更には商いの閑散な二月の節分を大黒祭りと称して、ピーナッツ入り新製品『福おこし』（福を呼び起こす意）のキャンペーンを展開した。その日には福を打ち出す『打出の小槌』

を進呈したり、抽選で純金、純銀の大黒様を差しあげたりした。この試みは大成功し、浪花恒例の名物行事として戦争が激しくなる昭和一四（一九三九）年まで続けられたとある。企業商店の祭日が販売促進に組み込まれているのである。これは、自ら祀る神の祭礼にことよせて、販売キャンペーンを展開している点からすれば、閑散期である節分の「大黒祭り」とは商業活動と結びついて創出された祭礼と云える。神仏の祭礼の日に大々的に商業活動を展開した事例は、すでに近世からある。

瀬戸物祭りは、業界の不振と期間中の人出不足のため、平成一二（二〇〇〇）年を最後に幕を閉じた。それまで瀬戸物問屋（西区阿波座）では、瀬戸物祭りを七月二二日から二六日まで行っていた。七月二三日の陶器神社本宮には、陶器神社に陶業組合八〇名が奉斎する。この期間中は、旧西横堀川に沿った西の通りには、瀬戸物商が出店した。これには、出し物として、

⑽⑻ 瀬戸物祭り

たくさんの瀬戸物で衣装を拵えた瀬戸物人形が陳列された。人形のモデルには、NHKの大河ドラマの主人公などが当てられた。信仰と生業の綯い交ぜられた都市における年中行事であった。もとは商人の蔵ざらえのための地蔵祭りであった。幕末に記された『摂津名所図会大成』の瀬戸物町地蔵会に端を発する。[45] 三宅吉之助「瀬戸物町の造り物」によれば、灰喜と云う石灰屋の山田喜六の家に火除地蔵の尊像を祭祀していて、同家では毎年七月二四日地蔵盆の日に同家南手浜側に小屋掛をして安置し盛んにお祭りをしていたという。この地蔵祭に参詣の人々を当て込んで蔵ざらえの売出しを瀬戸物屋がやり出したのが瀬戸物市の起こりであった。蔵ざらえの余興として陶器の造り物が陳列され、町人たちの人目を引き、多くの客足を誘った。陶器の造り物の最初は、「寛政頃（一七八九～一八〇一年）に阿弥陀池（＊：和光寺：西区北堀江）や天満天神（＊：大阪天満宮：北区天神橋）や

坐摩（＊：坐摩神社：中央区久太郎町渡辺）や稲荷（＊：博労稲荷：中央区博労町）やらで流行したおどけ開帳の類」であり、「奇想天外のもの」であった。俳優の似顔や美人の顔を用い、所作事や芝居ものを美術的に製作するようになったのは、弘化の頃（一八四四〜四八年）からとされる。費用は嵩み、初め瀬戸物町の業者であったのが、やがては町内持ちとなった[46]。いわば町家共同体のイベントとなり、中止改変を経て、平成一二（二〇〇〇）年までの陶器神社の祭礼に至ったのである。この瀬戸物祭りの余興の瀬戸物を飾りつけた人形の最初が「おどけ開帳」であることに注目したい。これは、「見立て」によるなぞらえである。「見立て」「おどけ」は、俳諧・浮世絵・歌舞伎・俄・茶番に通じるものである[47]。都市生活者により育まれた民俗文化である。このような趣向が地蔵尊の祭礼に催され、それを当て込んで商人たちは大売り出しを展開したのである。今日、日本中どこにでも盛んに行われている商店街イベントが近世の大阪には、瀬戸物祭りとして展開していたのである。

(3) 商人の販売促進の企画

呉服店（中央区心斎橋筋）は、季節に応じて催しを開いて販売を促進している。だいたい以下のとおりである。一月は、五日に「初絹」という初荷がある。二月は、初旬に「迎春の会」がある。三月には、赤札セールがある。四月には、大阪呉服専門店合同の売り出しがある。五月には、「青楓展」という展示会がある。六月には、前期決算市がある。七月には、「秋衣展」という喪服の展示会がある。九月には、「雅裳展」というロイヤルホテル（現在のリーガロイヤルホテル：北区中之島）での会がある。一〇月には「誓文払い」がある。一一月には料亭での展示会がある。一二月には、「顔見世の会」がある。催しの名称に「迎春」「青楓」「秋衣」など見られるのは、四季の移ろいをテーマに商品販売を促進するものである。

一〇月の「誓文払い」は、戦中までは行われていた。今日、商人の催事となった「誓文払い」についての変容・

衰退を考察することは、商人の展開する年間催事を見る上で興味深い。平山敏治郎『歳時習俗考』によれば、「十月二十日に江戸では恵比須講、上方では誓文払いと云う。呉服店などで小ギレを売った。五種七種と合わせて売る。商家では夷神を祭り、親類、得意先を招いて酒宴をした」とある。[48]その趣旨は、平生客に向かって駆け引きをしたり、嘘をついたりする罪滅ぼしを一度にしようというもので、店ざらし品などの一掃を目的としたものであった。[49]誓文払いは、京都に興った。誓文払いの風習は大阪にも伝わり、明治の初年頃には、すたすた坊主と云う裸で鉢巻をしめ注連縄を腰に纏ひ手に扇と錫杖とを持つ異形の者が平素虚偽の多い商法によって物を売り、銭を得る町人に代って罪滅ぼしに垢離《こり》をとり、罪業を消す身代わりを引受けたこともあった。[50]昭和一五（一九四〇）年頃まで、誓文払いは、心斎橋筋（中央区）・浄正橋筋（福島区）・天神橋筋（北区）・御霊筋（中央区）などの呉服店の並ぶ町々で盛んに行われていた。[51]九条新道（西区）でもそうであったときく。中村浩は、一九八五年当時、その誓文払いが「誓文拂大売り出し」として一〇月一七日に、呉服店・洋服店の並ぶ商店街で復活の流行が見られるとも述べているが、[52]はたして民俗の「復活」といえるかどうかは、甚だ疑問である。

呉服店（中央区心斎橋筋）では、習俗としての「誓文払い」は、戦時中に廃れてしまったという。今日では、戎講を行わず、一〇月に展開する特売セールの名称にあやかりとして用いられる販売促進の期間になっているのである。

(4)　商店街のイベント

「神なき祭り」は、どこの業界においても行われている。その度に提灯が出回る。大西造花装飾株式会社の記念誌において、「神様のおわしまさぬ商品まつり」を記している。「神様のおわしまさぬ商品まつりが戦後の大流行で、蒲ぼこ祭、菓子まつり、レコード祭、めんるい祭、帽子まつりから靴まつり、頭の先から足の先まで終わりかと思ったら、まだまだこの種は尽きず、この祭には提灯は必ず登場して店頭に吊り下げられる」とある。[53] これらの「まつり」は、商品ＰＲのためで、玩具問屋（中央区瓦屋町）においても、昭和二六（一九五一）年、四月二六日から五月二日までの間、「おもちゃ祭り」大売り出しを行い、銀輪部隊などを編成して、ＰＲすると共に一等に三万円の賞品をつけるなど大いに力を入れたとある。[54] また人形屋（中央区瓦屋町）においても、昭和二八（一九五三）年の一二月一〇日から一一日にかけて、大阪初の「羽子板祭り」を催して、三〇〇〇個の羽子板を恵まれない施設の子供たちに贈ると同時に、キャラバンを組んで羽子板の宣伝啓蒙を行った。[55]「おもちゃ祭り」は「子供の日」を、「羽子板祭り」は、正月を前にしてのもので、商品販売の前景気を煽るための行事である。

商店街（西区九条）は、年間に何度かの、イベント性の強い行事を組んでいる。四月半ばから末にかけて「花まつり」を東西商店街別々の日取りで実施する。この期間は特別価格で販売する。六月から七月にかけてナインモールだけ「植木市」を実施する。七月二〇日前後に「中元売り出し」を実施する。八月一〇日一一日には「九条踊り」を実施する。盆休みの後にはナインモールだけ「植木市」を実施する。九月にはナインモールだけ「ワゴンセール」を実施する。この期間は特価品を販売する。一一月末には、「歳末大売り出し」を実施する。一二月には、ナインモールだけ「ワゴンセール」を実施する。この期間は特価品を販売する。一二月二四日二五日には、「クリスマスセール」を実施する。「九条踊り」は、高度経済成長期ごろ商店街再興をめざして始められた町おこしのイベントの一つであった。

今日、イベントを主催する組織体は、都道府県から市町村でさらには町内会や商店街まで多種多様である。『全国街づくり催事年鑑'95　FESTA』には、今日、地域の行政機関や地縁的な公益的諸団体である商工会議所・商工会・商店街等が実施しているイベントの役割の重要性が述べられている。[56]

商都大阪においては、戦前に商工会によるイベントとして太閤パレードが行われたことがある。それは、昭和八

(109) 九条まつり

（一九三三）年十一月二日から三日間の予定であった。そのために、大阪府、大阪市、大阪商工会議所、大阪実業組合連合会、大阪工業会、大阪商工協会、大阪実業協会等の団体が一丸となり新たに大阪商工祭協会を作った。「大阪商工祭」と云う行事は、「商工都としての大阪の繁栄の基石となった物故先覚者の功績を顕彰し併せて将来一層の発展を招来するの目的」で実施され、「大阪の年中行事の一つとしやうといふ計画」が持ち上がったりもした。[57] 具体的内容は、豊公入城式の壮観を模した武者行列と、徳川初期時代の風を偲ぶ大名行列、および徳川時代の町家風俗行列からなるものだった。[58]「大阪で始まつて以来の催事」であったという。[59] 結果は、一一月三日当日の朝、皇族薨去の報が入り、昔の行商行動や大道芸の趣向を解消し、「ただ静粛に列を整へて大阪城へと行進させ」ただけで「本当の効果は揚がらなかつた」[60]と記録されている。結果はともかく、昭和一桁代に「物故先覚者の功績を顕彰し併せて将来一層の発展を招来するの目的」で企画されたものである。口絵写真に丁髷姿の出で立ちの動員された市民が弁当を頬張っている姿が載せられている。これと大差ないイベントが今日、全国各地で繰り広げられている。

商店街（西区九条）の行う「九条踊り」は、現在「九条まつり」と改称されて、引き続き実施されている。『全国街づくり催事年鑑'95　FESTA』の「九条まつり」の項目には、[61]「大阪市西区／会期：平成六年度　八月一〇日、一一日／実施団体：西区商店会連盟／総事業費：九三二万円／九条地区に古くから伝わる九条おどりを継承、地域全体の祭りとして盛大に実施し、地域に密着した商店街づくりと地域全体の活性化を図る。伝統九条少女おどり、少年未来太鼓、ブラジルサンバ・韓国舞踊・沖縄民謡等のカーニバルチームの参加、音楽隊のパレード等」と記されている。『全国街づくり催事年鑑'95　FESTA』にはイベントの分類と具体例の記述がある。それをまとめてみると次のようになる。

【イベントの性格・型と具体例】「　」内、イベントの名称。

郷土性：地域行事型：「ふるさと祭り」「縁日」
　お祭り型：「花まつり」「七夕まつり」「盆踊り」
　市場型：「朝市」「夕市」「夜店」
社会性：ボランティア型：「チャリティショー」「交通遺児基金募集」
　コンテスト型：「各種コンクール・コンテスト」
文化性：スポーツ型：「ミニマラソン」「ママさんバレー」
　文化活動型：「児童作品展」「趣味講座」
娯楽性：ショー・アトラクション型：「歌謡ショー」「ミニ動物園」
　参加型：「カラオケ大会」
季節性：観光協賛型：「地方物産展」「駅弁大会」
　行事型：「成人式」「子供の日」
販売促進性：「商店街創立記念セール」「歳末売出し」

これにあてはめて考えてみると「九条まつり」は、〈郷土性→お祭り型→「盆踊り」〉を中心に展開するイベントである。〈郷土性〉というのは、主催者が地元の商店会連盟であるが、このイベントの契機について主催者は、「この行事は、昭和三八（一九六三）年に、戦前「西の心斎橋」といわれた当地がすっかり場末の一地域になってしまったのを活気ある街にとの願いから始められた。八月一〇日に実施することになったのは、まず何より子供たちの参加のできる時を考え、七月は地元の茨住吉神社（西区九条）の祭りがあり、八月の半ばには盆で帰省するとい

(110) エイサー祭り

うことで八月のかかりから半ばまでの間にした」という。「活気ある街にとの願い」とあるように、地元商店街の復興が出発点である。さらに地元の子供たちの参加を前提としているからである。殊に都会であるだけに遠い地方の出身者である人たちがたくさんいる。その人たちの帰省の時期を外して第二の郷土である、この地にいる期間に日程を設定しているのである。

第三八回二〇〇〇年度の調査において目を見張った踊りの一つが「沖縄琉球エイサ太鼓流響伝」といった大阪ウチナーンチュ（沖縄人《おきなわびと》）を中心とした若者集団の勇壮なエイサーであった。一九九〇年の調査の時にも「沖縄舞踏」は、沖縄県人会会員によって舞われていた。当時と比べて一層、潑剌としていた。「西区に隣接する大正区には、沖縄の人たちがたくさん住む」と見物に隣り合わせた愛媛県出身の五〇代半ばの男性が言っていた。大正区平尾公園を中心として行われている秋のエイサー祭りが年々、盛大になっている。〈郷土性〉というのが港区や大正区をも範囲とするものとなり、観客もわがマチの「ふるさと行事」として認知するようにもなるのである。

〈お祭り型〉に分類したのは、イベントの名称が「九条まつり」であるように、練り物に祭礼をなぞらえるものがいくつかあるからである。第三八回二〇〇〇年の行事においても、「九条少年未来太鼓」といった創作太鼓が通りを練る。フロートは、小型トラックを飾り付けた俄作りの粗末なものであるが、多くの若者たちが綱を引き、打ち鳴らされる太鼓の音は、布団太鼓といった伝統的なダシを模したものである。これがパレードのほぼ中心に据えられている。

〈お祭り型〉のうち〈盆踊り〉に分類したのは、イベントの名称が三〇年間「九条踊り」を通してきたように、

「少女九条おどり」が一つの目玉となる催しであったからである。踊り子の衣装・着物・持ち物は、揃えである。浴衣は白地に紺で「九条踊り」「浪花名物」と染め抜かれている。襷は、薄い桃色。帯は、真っ赤。編み笠を被り、団扇を持つ。白足袋、白草履を履く。なお毎年、踊りの師匠が振り付けをする。一九八九年の調査において、小学校上級生から中学生までの女子五〇名が行うと聞いたが、低年齢化が進み、今は若者中心の舞踊集団のパワーに圧倒されてしまっている。

このイベントには、一九八九年の調査の時にもカラオケ大会が実施されていた。当時、〈娯楽性→参加型〉に位置づけられる「カラオケ大会」は、別会場である商店街の北の外れの銭湯の前で行われていた。二〇〇〇年にも行われている。しかし、何よりもの大きな変化は、一九九九年から採用された〈社会性→コンテスト型→「各種コンクール」〉の導入と日程の短縮である。そして素人カメラマンが練り物を追っかける。写真コンクールが行われるようになったからである。プログラムに「商品多数あり」とだけしかないが、射倖心は煽られている。サンバチームにフラッシュが瞬くのは、カーニバル気分に浮かれてだけではない。このイベントの活性化の方策の一つは、日程の短縮であった。確かに参加団体数は、一九八九年は一四で、二〇〇〇年は一六と若干増えもしているが、盛り上がりの方もなかなかのものだった。コンクール制の導入が奏功しているようである。優勝チームには五〇万円が与えられる。傍目からは、この商店街主催のイベントはコンクール制の導入によって活性化が図られたことが窺える。

一九九九年度の優勝チームは、韓国伝統舞踊チームであったと聞く。「今年もプサンからやって来た」と紹介されていた。早速、追っかけて幟を持った人に尋ねたら、「半分は地元の韓国の人ですよ」と言っていた。その迫力は、凄かった。それに汗だくの若者の笑顔は自信に満ちていた。韓国伝統舞踊チームに在日コリアンが混じってマチを練り歩くようになったのも、今日の大阪の一つの場景でもある。ウチナーンチュによるエイサーチームの活躍ともに多文化共生社会が根付きつつある今日の都市における新たな民俗事象である。

（4）むすび

本節においては、商品を通して都市における暮らしに息づく民俗のあり方を商人への聞書に基づき、年中行事・歳時習俗といった祭礼・イベントを中心軸に据えて都市民俗について論じてきた。都市民俗を論じるのに、商人による商業活動を無視することはできない。都市生活者の衣食住は、商品を買い求めることによって成立している。もちろん、それは、今日、都市生活者に限ったものでもない。

商人たちは、都市生活者を相手にさまざまな方法で販売キャンペーンを繰り広げている。商人たちの催しは、都市における年中行事の重要な部分を占めている。そのような行事を民俗学の対象とすることには、「どうせ商売人が金儲けのために始めたもので、そんなに昔からのものではない」といった向きもあり、「商売人のすることは、奇を衒い、新しいことばかり追求するもので『民俗』としての価値など大してない」とまで思われたりもしている。はたしてそうだろうか。商売人の始めることに根拠はないのだろうか。民俗を静態として見るのではなく、動態として見ると、商人の行う活動には、民俗の生成において重要な役割を果たしていることは、「神農祭」「瀬戸物祭」を引くだけで充分である。商人が企画するものは、買い手があるから発生するのであり、そこに「お祭り気分」を買い購う人々が存在するのである。商人が「お祭り気分」を演出し、それを都市生活者が享受する心意に都市民俗が生成する端緒を認めることができる。民俗は不易であって、風俗は流行であるといった考え方は、なおも民俗学研究者にはある。民俗もまた、変貌するものである。

都市は、人工の空間である。このような都市の歳時習俗に見られる商品としての「自然」には、偽物・加工品がたくさん紛れ込んでいる。あるいは、一部を刈り取られ、陳列された「自然」もある。あるいは、促成栽培・養殖された「自然」もある。大都市のショーウィンドーに見られる季節感は、イミテーションの造り物によって華やかに演出されている。都市社会におけるさまざまな歳時習俗は、商人の介入によって民俗の「再生」が行われているのである。商品の中には、従来考えられなかったような季節商品も混じっている。季節感自体が変化してきているのである。次節でとりあげる道頓堀戎橋南詰のかに料理屋では、「夏のかに会席」のようなのも、幟を立てて客を呼んでいる。今や冷房の利いた席でオールシーズンの「自然の味」をめでるのである。そこには、さまざまな風俗が取り入れられ、それらが民俗全体の一部をも構成している。

本節は、都市の歳時習俗を商人との関係によって論じ、歳時習俗といった「自然」を強く意識する領域においても、いかに商人が関与し、都市生活を華やいだものとして、演出しているかを論究した。都市的生活様式以前においては、人々自らが自然物を栽培・採取して、歳時習俗を行っていた。それが、今日では「商品」を介在させることによってしか、歳時習俗を行えなくなっている。都市化の進んだ現代社会にあっては、フォークロリスムスとして、創出される民俗の動きに注目すべきである。民俗事象を動態として捉えるならば、このような都市社会に生じた社会事象をも対象に組み入れて民俗原理を再構築することが可能であろう。

〈初出は、「都市の生業に見る歳時習俗」『近畿民俗』（近畿民俗学会）一六二・一六三号　二〇〇〇年一二月。これを一部修正。〉

31　道頓堀かに料理店の都市民俗誌
―創業者のライフヒストリー―

（1）店舗の場所性

大阪の代表的な盛り場には、キタ・ミナミ・新世界界隈などが挙げられる。ミナミの道頓堀（中央区道頓堀）の大衆食堂街を歩いていて人目を惹くのは、派手で即物的なポップ看板である。そこでは、巨大オブジェが競合しあっている。ハサミの動く巨大蟹・電動式のチンドン屋人形・宙づりにされた巨大河豚・湯気を立てる巨大蛸・千石船の船尾・白い帆を張った北前船など……妙にリアルでもある。これら巨大蟹・巨大蛸・チンドン屋人形などは、電気仕掛けで動くカラクリ人形である。この界隈の演劇的空間と相俟って遊園地に来たような気分になる。建築学者・陣内秀信は、道頓堀の盛り場を「情緒的かつ祝祭的雰囲気に包まれた江戸時代の劇場街のあり方を受け継いでいる」とも述べている(1)。動くポップ看板は、いやが上にもこの大衆食堂街の景気を煽っているのである。考現学的に見ても道頓堀界隈はおもしろい空間であるにちがいない。

(111) 道頓堀かに道楽

街を行く人々は、巨大な造り物や電動式人形の前に立ち止まり、記念写真を撮ったりもしている。この界隈の独特の雰囲気は、近世以来の都市観光の名所であるという場所性に由来する。近世の見世物小屋の風景は、今日の道頓堀の原風景であろう。近世に至って、庶民の旅が盛んに行われるようになった。それに伴い、都市の名所を巡る旅も行われるようになる。大阪は近世以来、芝居・見世物と買い物で賑わう都市である。一七世紀後半、寛文一二（一六七二）年の春、大阪道頓堀では、異形の人「べらぼう」が見世物になっていたりした。「其貌みにくき事たとふべきものなし、頭するどに尖り眼まん丸に赤く頤《おとがい》猿の如し」とある。この興行は大いに当たり、京・江戸にまで及んだ。(2)人間の身体の奇形的特徴・フリークスをインチキ口上に乗せて見せるといった人権無視の見世物が行われていて、今日にあっては批判されることであるが、一七世紀末には、オランダ人ケンペルは、江戸参府の途次立ち寄り、大阪を「歓楽に事欠かない都市」と評した。「贅沢をしたり、官能的な娯楽をするのに必要なものは何でもある。それゆえ日本人は、大阪をあらゆる歓楽に事欠かない都市だという」とも記述する。そこでは、香具師が大声で客を引き、芝居は毎日見ることができるとある。見世物小屋が掛けられ、地方からやってきた興行主がまだ子供の異形（フリークス）・異国の動物・芸を仕込んだ動物など「珍しいもの」なら何でも見せては金を取っていたことが記されている。(3)近世大阪は、全国各地の人々が持ち寄った見世物で賑わう興行の街であった。この道頓堀界隈には、いかがわしさがつきまとう場所性がいつの時代にも認められる。ちなみに、川を挟んだ島之内界隈に生まれ育った建築学者・橋爪紳也は、『化物屋敷　遊戯化される恐怖』を上梓している。(4)

さほど名所旧跡を有しない大阪は、今も昔も都市観光地である。浦達雄によれば、都市観光地は、盛り場を基盤として成立・発展したとされ、都市観光は、都市的な街そのものや雰囲気などに魅力を求める形態とされている。(5)また都市観光地における活動に、街歩き・ウィンドーショッピング・買物（ショッピング）・グルメ・アートが挙げられている。(6)都市民俗学においても、盛り場を対象とした研究は行われている。神崎宣武《かんざきのりたけ》は、一九八七年に『盛り場のフォークロア』を上梓し、都市化された空間において最も特徴的である盛り場・飲み屋街をとりあげ、そこに生きる都市生活者のライフヒストリーを通じて都市民俗を論究した(7)。また一九八九年、松崎憲三も、盛り場に居住生活する人たちへの調査に基づいて論じた(8)。いっぽう、大都市の景観に着目したドイツの民俗学者ハンス・モーザーは、「大都市民俗学」の研究テーマに「営利上の看板としてのフォークロリスムス」をとりあげることの重要性を説いている(9)。本節においては、都市を演出する店舗の意匠を通じて、店舗所在地の場所性を生かし、「郷愁」をコンセプトとして創業し、展開する企業グループをとりあげる。その創業者の心象を探るために、都市民俗学の観点から、企業経営に見られる看板等の形象がどのように形成されたかを論究するものである。

(2) 店舗の探訪

(112) 西道頓堀北海丸

巨大蟹を看板とする店舗における形象の意味を知るために、同じ企業グループの経営する店を探訪した。かに料理店「北海丸」は、道頓堀にひときわ偉容を誇る。ライトアップされた帆かけ船・北前船の模型の帆には船印を模して山形に「日」の商号「ヤマヒ」が記されている。舳先に「か」「に」「道」「楽」の四張りの丸提灯がかかげられ、「海鮮炭火焼」の紅白の幟が立つ。店頭の生け簀には、マツバガニ・毛ガニが蠢いている。ショーウィンドウには、紋別のホッキ貝造り・積丹のつぶ貝焼き……のイミテーションが飾られている。地階に通じる入口には、櫓が立てかけられている。洞窟を思わせる地階への通路を下れば「舟小屋」という部屋席がある。床面は、黒石を散らしたコンクリートである。室内にはアンティークなアナログの柱時計が架かっている。天井には、本物の漁網が飾られている。

木彫りの鮭が額に架かっている。他には木彫りの熊の置物がある。船縁を模したカウンター席がある。小上がり席で掘り込み式の座席がある。隣のボックスとは格子状の低い間仕切りがあり、枡席風である。草津節・八木節・串本節・北海盆唄といった各地の民謡が有線放送から流れてくる。店員のユニフォームは、男性が法被で、女性は和服である。

「石狩コース」は、〈旬の前菜→海鮮炭火焼（たらばがに炭火焼、海鮮炭火焼三種）→石狩鍋→雑炊→香の物〉であった。海鮮炭火焼三種は、ホタテ貝・貝柱・カニであった。貝殻に載せて煮ている。カニを基本とする水生動物を食材として一通りの調理法が行われている。企業グループ創始者は、この店を開くに当たって東京を視察し、それまでのメニューにかに・えび・貝類の焼き物を本格的に付け加えたと述べている(10)。都市観光地では、温泉浴はサウナで代用でき、各地の名物料理も近くのレストランで食することが可能である(11)。大阪道頓堀で人の度肝を抜く看板に客がたかって、「異郷の味」に舌鼓を打つのも、そのような観光レジャーの一つである。以下、この企業グループの経営戦略を企業の創出した形象から探ってみる。

（3）企業の創出した形象の分析

(1)　形象の摘出

企業の創出した形象を摘出するにあたって、店舗名・部屋席名の意味するものを考えてみたい。このような名前自体は、表象であっても形象でない。しかし、店舗や部屋席の名には、「気取り」があって、「見立て」の働く空間が生み出される(12)。このような表象の分析から形象を摘出したい。以下の店舗名には現在閉店したものも含む。

〈資料26　店舗名の分類〉

店舗名

1　漢字表記：

（1）「海」の関連語彙：千石船　北海丸　漁火　浜小屋

（2）「道楽」が下接：呑道楽

（2）その他：中国料理・新潟錦城閣

2　〈ひらかな＋漢字〉表記

（1）「道楽」が下接：かに道楽　えび道楽　ふぐ道楽　いけす道楽

（2）「かに」が上接：かに道楽　かに網元　かに籠

3　ひらかな表記

（1）「（どう）らく」が下接：花どうらく　ゆめどうらく　しゃぶらく

（2）その他：スナック・さいはて　いかさまや

4　カタカナおよびアルファベット表記

（1）「ジョイロード」＝「ＪＲ」＝「どうらく」が含まれる語
　：パーティラウンジ・ジョイロード　ジョイロード倶楽部　味市ＪＲ

（2）その他：アサヒ・ビア＆クラブ

グループ企業の店舗名の語の構成を見るとキーワードが和語「かに」と漢語「道楽」の二語であることが分かる。「道楽」への執心は、「道楽」を下接する「かに道楽」（一九六二年開業）を皮切りに、「えび道楽」「呑道楽」「ふぐ道楽」「いけす道楽」へと展開する。「道楽」から派生した店名には、「どうらく」「ジョイロード」「ＪＲ」がある。「花どうらく」「ゆめどうらく」「パーティラウンジ・ジョイロード」「ジョイロード倶楽部」「味市公認市場ＪＲ」が挙げられる。「ジョイロード」は、「道楽」からの英語による造語で、「ＪＲ」はその頭文字である。「しゃぶらく」という名前がある。これは、献立シャブシャブに道楽の「楽」をつけた名前である。こういった「道楽」系統の店名は、「かに道楽」から派生したものである。この「かに道楽」の命名は、「浪速のど真中でかにで勝負」「かにで道楽をする」という意味からとも、[13]「余生の道楽をかにで」からとも述べられている。[14]創業者の経営へのスタンスを語り、それをそのまま「売り」にすることばである。

キーワード「かに」は、言うまでもなく看板商品「かにすき」を初めとする蟹料理からのものである。この企業グループの名前には「海」にまつわるものが多い。「かに」を筆頭とする海産物、船、屋形、漁具に分類される。海産物には、「かに」を冠する「かに道楽」「かに網元」「小料理蟹っ子」「かに籠」がある。この他、「アサヒ・ビア＆クラブ」の「クラブ」は、英語「Crab＝カニ」の英語訳カタカナ表記である。「花どうらく」の「花」は、ズワイガニを氷水につけた時パッと広がるのを「カニの花」というから、[15]それからの命名であろう。その他の海産物では、「えび道楽」のエビ、「ふぐ道楽」のフグがあるが、現在蒐集したパンフレットに見る限り、それらの店名はない。

船にまつわるのは、「千石船」「北海丸」と「漁火《いさりび》」である。「漁火」など普通名詞で、どこにでもある店名で月並みではあるが、ロマンチックである。これらの「船」にまつわる意匠は建物・調度に活かしている。このグループは、建物に凝り、郷里の船大工に「船」の模造を建造させたと関係者はいう。漁師の屋形を思わせるものには、「かに網元」「浜小屋」がある。「かに網元」の「網元」は、多数の漁夫を雇用する「網主」、あるいは、その家・屋敷を指すことばである。「浜小屋」は、それに対して浦の苫屋《とまや》の風情を漂わせることばである。「千石船」「北海丸」の地階に「舟小屋」といった部屋席がある。これも同じ趣旨であろう。漁具からの名前は、「いけす道楽」「かに籠」がある。いかにも料理する蟹・魚介類の新鮮さを形容するのに相応しい名前である。ここに示した店舗名の分析からして、この企業グループに共通するいくつかの見立てが読み取られる。カニを主力商品とする新鮮な魚介類を提供するのを趣旨とするだけに、「海」への郷愁をそそるものばかりである。

宣伝文句「かにすきの由来」には、次に示すストーリーがある。「北の海の荒波と闘う漁師たちが、漁の合間に獲れたてのかにや魚を海水程度の塩味で煮ながら豪快に味わう船上の食事『沖煮』。かにすきはその味をヒントに、白醤油、昆布、鰹などでつくった特製だしでお召し上がり頂く、かにのもつ繊細な旨さを充分に生かした当店の看板料理でございます」とある。[16] 海は、「荒波」の立つ「北の海」である。同社CMソング歌詞に「日本海の海にもまれた……」とあるが、[17] これと対応し、冬の日本海の荒れた海が想像される。それは、カニの名産地であり、創業者の故郷の「海」をモチーフとするものである。それは、店舗の地・大阪からすれば「異郷」である。その舞台に登場するのは、「荒波と闘う漁師」である。食材は「獲れたてのかにや魚」である。CMソング歌詞にある「ピンとハサミを打ち振り上げて生きのいい」のであり、「とれとれぴちぴち」のものである。昔の冷凍物ではなく、荒くれ漁師たちがその場で料理する新鮮な食材を謳うのである。その漁師たちが「豪快に味わう」のは、「船上の食事『沖煮』」である。看板商品「かにすき」はその味をヒントに、「かにのもつ繊細な旨さを充分に生かした」ものと謳う。この「かにすき」という料理創出の真実は、うどんすき、魚すきにヒントを得て開発されたものであろう。[18] しかし、この宣伝文句とよく似た経緯が想像される。すなわち、山口県の瀬戸内海岸、豊浦郡一帯の浜辺の郷土料理に「ずんべ飯」がそうである。その由来について、戸塚は「おそらく、元は漁師が、舟の上か浜辺かで、即席に試みたのが、始まりであろう。小島か大きな岩の上かで、この炊きこみめしを作り、小休止をかねて、腹一ぱい食べ、再び仕事についたかもしれない」と記している。[19] このような「郷土料理」と称される料理とも共通する宣伝文句である。

これらの作業を経て、店舗の店造り・装置を見ると、次の三つの形象が摘出されてくる。それは、カニ・船・水辺である。これらの形象は、共同体としての企業グループの経営戦略の一環として、「モノ」として具現されたものであり、それらが商品としての特化性の「カタリ」を始めるのである。これらの三つの形象の基調をなすのは、「海」であろう。これら「海」にまつわる形象は、創業者個人の心象に基づくものであるにちがいない。以下、これら三つの形象の深層に潜む創業者の心象の考察を試みる。

(2) カニの形象

この企業グループの形象の第一はカニである。あの動く巨大蟹看板を生み出した心意は何であろう。創業者のカニとの関わりは、少年時代に遡る。大八車でオマンガニの行商に出た経験がある。少年時代を回想して「四ダース入りのビール箱一杯のせこかにが五～六十銭、大漁の深夜市になると十五銭でも買い手がつきかねる浜値、昭和三～四（一九二八～二九）年頃の話ですが、当時の兄は松葉かにを自転車で売り捌きに廻るし、私は大八車にオマンガニを満載して『オマンガニ要りませんかー』。空腹をオマンガニの味噌で押さえながら、山坂を引っ張り廻したものです」と記している。[20]

尋常高等小学校出たての少年が海産物の行商に出ていた。このこと自体、どこの漁村でも行われていたことである。創業者にとってのカニは、何よりも生業の商品であった。創業者にとっての大阪でのカニの販売は、郷里の観光旅館の大阪案内所において、客から「山陰のカニの味を送って欲しい」と所望されたことによる。一九六〇年のことである。[21] 戸塚は、鯛の浜焼きを記述する中で「旅行者の激増と、地方のうまいものへの関心の高まりが、名物の生産圏を、拡大したり、飛地をつくったりしている」と指摘している。[22] 一九六〇年代は、日本が高度経済成長に入る時代でもある。創業者は、一号店の余勢を駆って道頓堀の戎橋の南詰に店を開いた。戎橋は、二〇〇三年秋、阪神タイガースの優勝に歓喜する人たちがダイブするといった度の過ぎたイチビリ（ふざけまわること）で有名になった橋である。開店当時の看板が冒頭示した巨大蟹の立体看板なのである。「通りに面した壁が真っ白だったことから、白い砂浜に真っ赤なカニを想定して、それが発展して動く看板が誕生した」という。この動く立体看板は、この界隈において最初のことではない。「電動式のチンドン屋人形」は、すでに一九四九年から設置されている。そのヒントは、文楽人形であった。(23) かに料理店の営業の地・道頓堀は、人形浄瑠璃発祥の地でもある。カニの立体的造形物は、この地の伝統文化という場所性があって形成されていったものである。

この立体看板を「招き猫」ならぬ「招き蟹」と見る向きがある。(24) この動きにメッセージを読み取るならば、「おいでおいで」のパフォーマンスである。「ピンとハサミを打ち振り上げて」客を手（ハサミ?）招きしているのである。客の来店を誘っている愛想（オアイソ）である。一九九六年五月二八日に三代目の巨大蟹が取り付けられたとき、店の人が「お客さんを招く力もアップしてほしい」と云ったとも報じられている。(25) この道頓堀界隈の看板は、すまして突っ立っていたり、大人しく鎮座ましますものではない。あまり上品とはいえない向きもあるが、チンドン屋人形はじめ、みな、太鼓を叩いたり、湯気を吐いたりして愛想を振りまき、客寄せをしている。それが芝居街に端を発するこの界隈の場所性なのである。

この企業グループの以前の社章は、カニをあしらったものであった。今でも船の座敷に懸けられている幕・暖簾・ネオンサイン・座布団の紋にカニのデザインがあしらわれている。またキーホールダーに、携帯電話用のストラップにもカニをデザインしたグッズを売り出している。これは看板にあるカニのあやかりの商品である。ハサミと脚を動かせて、おいでおいでする巨大蟹看板は、この企業グループ・一族に幸運・利益をもたらした「呪具」である。カニの形象は、創業者の行商時代の商品が発端となり、出世譚の重要アイテム・品目になっている。

(3) 船の形象

かに料理第一号店は、「千石船」であった。その店舗の造りは、「船の舳先を、道頓堀に突きだし、カーフェリーのように、船の後方の開き口に模した入口のある」ものだった。[26] そこでは、客は乗船料一〇〇円の「乗船券」を買い、乗船し食事をするという方式を取った。[27] 船の形象は、宴席に「旅」を演出するための装置である。

船形象の原点は、創業者の幼時体験に登場する「船」に遡ることができる。漁師にとっての「船」は何よりも生業のための道具である。漁師から魚屋に転進した親を持つ創業者は、幼時、カンコ舟の手伝いをしていた。[28] そのカンコ舟というのは、漁舟の中に生簀である「カンコ」を持つ船である。[29] 創業者は、幼くして荒海に獲物を漁る男たちの世界を知っていた。「板子一枚下は地獄」であることも弁えていた。

その一族の「宿縁」について「日和山沖（長太夫瀬）で難破死亡した漁師を先祖に持つ、今津族の宿縁が日和山開発の一素因を醸成し、引き続き山陰の幸を浪速の国に運ぶ、千石船の発想に展開した企業のルーツ、『朝凪に吾れ誤てり今日の船出は』……、再度難破を覚悟したものの、計《ママ》らずもかに浸漬冷凍の成功から一転、積荷満載の連日盛況。正に枯木に花の幸運、ヨシ、かにの儲けをぶっつけて大阪のヘソで道楽をしてやろう……と名付けて、『かに道楽』の誕生。」と記す。[30] この一族は、先祖に「長太夫瀬で難破死亡した漁師」を持つとある。幼児体験にある「長太夫瀬の寝物語」は、創業者の「血」に関わる悲劇であった。この家筋の「宿縁」は、〈日和山開発の一素因を醸成→千石船の発想に展開→かに道楽の誕生〉であった。一族の命運を「船」に託しているのである。

創業者の心象世界においては、「千石船」が故郷「山陰」と都会「浪速」を結ぶものなのである。かつての廻船人に思いを馳せているのである。創業の時代には、「千石船」が日本海を通ってはいない。しかし、現実に創業者は、「千石船の発想」を得て、但馬の漁獲物を大消費地の大阪において商うことに成功したと記述する。創業者は、さほど昔でもないであろう「先祖」からの記憶を受け継ぎ、起業の智恵とした。彼は、幼時、北前船の伝承を聞かされていた。創業者の心象世界における重要な「船」は、「廻船」なのである。廻船の往き着く先は、「浪速」であった。創業者の智恵は、廻船の伝承から大消費地・大阪の存在を知っていたことである。

第一号店の名が「千石船」であったのは、富・財貨を運ぶ願いが込められていたからであろう。「山陰の幸を浪速の国に運ぶ、千石船の発想」を現実化したのである。もちろん、トラック輸送の盛んな昭和三〇年代、「船」であった訳がない。じじつ、雪の但馬路を走るのは、「かに直送車」であった(31)。カニの輸送は、当初から自動車ばかりか、輸入物には航空機も用いられていたという。パンフレットに北前船は、「北の海鮮」を運搬したと書いてある。北前船とは、「江戸時代、北陸地方の廻船に対する上方での呼称」である(32)。近世大阪において「蝦夷地」（北海道）から北前船で運ばれた海産物には、鰊・鮭・鱒・昆布が挙げられるが(33)、生のカニはない。大事なことは、この企業グループにおいては、船の形象が幸をもたらすものとなったことである。

いっぽうで、創業者の句「朝凪に吾れ誤てり今日の船出は」は、苦渋を嘗めた時の句である。日和を見るのを常とした漁師を先祖とする廻船人の記憶をこの親族を核とする企業共同体の一人一人に喚起する警句である。この企業グループにとっての「船」は、禍と福といった両義性をもつ「呪具」である。船形象は、この企業グループにとっては命運を賭ける重要なアイテムなのである。

(4)　水辺の形象

店舗の地階への通路は洞窟になっている。地階には「舟小屋」という部屋席がある。この企業グループにとっては、水辺の形象にも重要な意味が込められている。本格的な水辺形象が実現されたのは、一九八二年、三津寺筋《みってらすじ》（中央区西心斎橋）の店においてである。「一歩、館内に足を運ばれた方には潮騒の香りを日本海に満喫して、見る、遊ぶ、食べる、可憐な磯女の立ち振舞いに更にのご満足が、『また来る』の結果を招来するであろうこと。憧れに終わらせないよう店長を中心に各位の熱演を祈らずにはおられない」と記されている。[34] 創業者のこの熱の入れように並々ならぬものがあった。一階に岩造りの生け簀を設け、鯵釣りを行い、二階で釣った鯵を料理して食べるという趣向だった。その席には、日和山の写真を飾り、釣り舟の舟端を再現した。「舟辺席」では、しばらく海女の服装の女性が接待していたという。ところが、海水の管理などが難しい上、料理目当ての客には、そのような鯵釣りが今一つ受けなかったという。およそ、このアトラクションの趣向は、「磯女が舟端（浜辺）の炉でカニの焼きものをする」といったものである。戸塚は、実際、日本海に面する山口県須佐（山口県阿武郡須佐町）の海では、海女が海底から取ってきたサザエ、アワビなどを舟の上で直火で焼いて食べるといったことが行われていることを記している。[35] この「磯女」によるアトラクションを創出するには、どこかにモチーフとなる水辺の形象の原形があるにちがいない。『遺稿抄』に記述されている海女は、郷里の日和山遊園（現在の「城崎マリンワールド」：兵庫県豊岡市瀬戸）での実演する海女であった。「城崎マリンワールド」は、岩礁地帯を利用した海洋公園として観光ガイドブックに紹介されている。現在、ここには、実演する海女の記事はない。[36] 本社は「海女の実演は、現在行わないが、昭和二六（一九五一）年～六二（一九八七）年まで行っていた。三重県相差（＊おうさつ：三重県鳥羽市相差町）からの海女がやって来ていたが、後継者難で取りやめた」という。あるにはあったが、根生いの民俗からのものではなかった。郷里の津居山港漁業協同組合（兵庫県豊岡市瀬戸）では、潜水漁業は昔から行われていなかったという。郷里の磯に海女の伝承はないのである。苫の浦屋に立ち振る舞う「磯女」なんぞ幻影なのであろうか。

創業者の水辺の原風景とはいかなるものであったのだろう。創業者は、一九七〇年の晩秋、帰郷した折、その「裏西風景」に感慨を覚えている。それは、「東の海上、灰色の雲の切れ切れから、銀色の聚光が覗かれるかと思うまもなく、お待ち山にかゝったどす黒い雲が、日和山を覆うように流れかぶさると、海の色は一変して、濃紺の曼陀羅を画き出してくる。竜宮城や水族館の岩礁にかみついていた白いしぶきが、一段と背丈を増した様に見えると、大粒の気違い雨が降り出す。急に日暮れを想わせる朝まだき、私は事務所の一隅で、馴染の深いこの『裏西風景』を、静かに眺めいったことです」と記している。[37] 創業者の水辺の原風景とは、日和山海岸の「岩礁にかみついていた白いしぶき」が増すとともに急変する「裏西風景」なのである。「荒磯」である。自らも手がけた人工施設である竜宮城や水族館を除けば何が残るのだろうか。この晩秋の早朝に見た荒涼たる風景こそ創業者にとっての水辺形象の原点であるにちがいない。

料理店の地階部屋席に至る通路は、洞窟のような設えである。磯のイミテーションである。この洞窟のような造りは、この企業グループで「岩造り」と称する様式である。この岩造りと蟹池を設けることは、すでに一九七二年頃、この企業グループに流行したものである。[38] この地階の部屋席の「舟小屋」は、どうか。この部屋は、かつての「下屋」である。本来、「下屋」は、道頓堀では舟を着ける場所である。[39] 丹後半島東端の漁村・伊根町（京都府与謝郡伊根町）には、「舟屋」と称して一階に船・船具を納めている民家がある。[40] 地階の「舟小屋」にある、船縁を模したカウンター席は、舟の準えである。舟辺の雰囲気を演出している。店舗のチラシには、「道頓堀から船旅気分での宴会はいかがですか」「浜の風味いっぱいのお席で焼きませんか」との宣伝文句がある。異郷への誘いである。しかし、ここでは、出船の「再演」が行われたとは聞かない。水辺形象は、宴席を「異郷」に仕立てる装置で、「故郷」の原風景をデフォルメしたものである。

（4）「郷愁」を企業化した経営者像の追究

このように故郷産品のカニを軸に企業経営を展開した創業者の生涯とは、いかなるものであったのだろうか。遺稿抄の「序文にかえて」の「追憶」には「大正四年、八人兄弟の末っ子として生まれ、尋常高等小学校卒業と同時に、長兄（文治郎）の指導の下、鮮魚の行商を始める。以後、終生人生の師、商売の師と長兄を崇め、貝細工の製造、日和山観光の開発営業に従事、更に日和山『金波楼』大阪案内所開設を機に、『千石船食堂』を経て『かに道楽』へと事業を展開」と記されている。(41) 鮮魚の行商から始まり、郷里の観光事業に携わり、それが大阪での事業展開の契機となった。創業者は、終始、郷里の観光に関わっている。彼の執心したことは、「自慢の出来る郷土風味に『親切』を添えてご賞味願う」ことであった。(42) 三津寺筋（中央区西心斎橋）の店舗をリニューアルし、水辺の再現を図った。その時、創業者は、「幸にも郷愁が企業化するとしたら道楽でお金儲けの類い。身に余る老後の有難い余恵……、ひょっとそうなるかも知れない」と述べている。(43) そのような創業者にとっての水辺の風景は、営業の地である大阪にも認めることができるものであった。

道頓堀の繁華街の少し下流左岸に大阪本部の分室（社員寮：浪速区幸町）がある。「望郷の部屋」というべき一室をそのビルの最上階に設けている。「私の故郷は兵庫県の日本海に面した日和山で、その風景と雰囲気を十分に味わえる部屋を大阪の本部の分室として儲けた《ママ》。七階建てのビルの最上階の分室から、丸太を浮かべた道頓堀が真下に見下ろせる」と記している。(44) この社員寮の一室には、故郷の西刀神社（兵庫県豊岡市瀬戸）の白黒写真の額を掛けている。それは、「若いころ、行商をやめて、その神社の前で土産物屋を開いた初心を忘れないようにする為」であった。そこには故郷の海岸を描いた小さな油絵を飾り、バルコニーには故郷の神社にあったような木を植えている。この一室を「故郷と共に、ここが私の原点である」とも述べている。道頓堀に面するこの一室は、創業者にとって「望郷の部屋」であった。営業の地での水辺は、創業者の眼下の場末の川筋である。なぜこの一室が「望郷の部屋」となったのだろう。海に面した故郷の風景と雰囲気が味わえるからとある。その風景とは、「丸太を浮かべた道頓堀が真下に見下ろせる」だけのものである。そこには、荒磯の海が広がっているからではない。「丸太を浮かべた道頓堀」を故郷の海に見立てて、故郷に属するあらゆるものを備えている。創業者にとって、道頓堀の発見は、千石船に積まれた財貨をおろす船着場といった心象の完結で終始しない。現実の「水辺」の発見でもあったのである。創業者は、水辺の形象をも経営戦略のコンセプトとして、「山陰の味覚」を演出するのに成功した。道頓堀では、「本物のカニ」の味覚を演出するために水辺の形象を創出して客を呼んだ。創業者にとっての「郷愁」は、経営の一つのモチーフたり得た。形象は、モノとして「異郷」を偲ばせるカタリを創出した。客の求めは、創業者自身の郷里の忠実な「再現」などでは毛頭ない。骨董的趣味の民具を散りばめ、それらをリメークしたフェークロア（贋物民俗）の世界に束の間の「異郷」を感じさせることが、この都会において「故郷」を企業化するポイントであった。そこに展開する創業者の「故郷」は、万人向けに調理され商品化されたものである。

（5）むすび

道頓堀界隈は、識者から「低俗だ」「非文化的だ」と云われてきた。昭和初期のこの界隈は、飲食店が雑然と並ぶ「インチキの街」だとまで云われた(45)。この界隈は近世以来の観光地であった。川筋の芝居町であった。この川筋には、櫓が組まれ、幟が立ち、都市生活者にとっての異空間・異郷を演出していた。その華やいだ雰囲気・祝祭的気分は、この界隈を独特の歓楽街に仕立て上げた。盛り場は変遷するものである。近世、芝居茶屋のある芝居町は、〈演芸場＋映画館＋食堂〉街へと変貌した。今日、この界隈には食堂が軒を連ね「大衆食堂街」というに相応しくなっている。その大衆食堂街の人目を惹く派手な看板の林立は、人間の欲情をさらけ出すようでいて、人懐っこくもある。この人懐っこさが大衆食堂街となった現在の道頓堀界隈の場所性を形成している。

そこで故郷の特産品であるカニを商う料理店の創業者は、味覚はもちろんのこと売るためのさまざまな趣向を凝らした。派手な「見立て」で客を引き、商品を引き立てた。そのモチーフは、故郷の海であり、その形象は、カニ・船・水辺であった。形象は、それ自体、装飾・看板・装置として商品の意味性をアッピールするものである。そこには、フォークロリスムス・再生された民俗が認められる。再生された民俗は、デパートのショーウィンドウにだけ見られるものではなく、このような料理店・酒場にも見られるものである。

再生された民俗の装置として、形あるものに関しては、模造品・複製品・レプリカが拵えられる。「巨大な造り物のカニ」「岩造り」がそうであった。行為に関しては、再現・実演が行われる。「海女のアトラクションの実演」がそうであった。再民俗の宣伝文句には、空間としては、大自然・山・川・海・田舎・故郷といった「自然」、いっぽう都・京・江戸といった「自然」と対極に位置する「ミヤコ」も謳われる。ここにとりあげた料理店における宣伝文句は、「蝦夷」や「日本海」の「荒海」であり、「磯」であった。これは、都市生活者にあっては、異郷である。時間としては、昔・江戸時代・古代などである。これらの店舗では、「江戸時代の千石船」であった。再生された民俗の趣向・意匠には、みやび・王朝風・武家風・ひなぶりといった文化的・美的価値を凝らすものである。これらの店舗では、「海女の立ち振る舞い」である。観光の本質が非日常的な時間・空間に旅することであるならば、この企業グループの追究した心象は、客にとっての「異郷」である。その「異郷」というのは、創業者の「故郷」をモチーフとし、大胆にデフォルメされた「故郷」であった。そこでは、「故郷」が「異郷」に反転するのである。

その彼は、半生を都会に暮らしながらも、その心はなおも故郷に向けられていた。関係者によれば、創業者は、終生「大阪商人」と称されることを潔しとしなかったという。彼は「郷愁の経営者」なのである。都会は、出郷者たちの演出するキャンバスでもある。故郷の「磯」をデフォルメして演出した彼の場合、選んだ場所は、「水都」大阪のかつての芝居町であった。このことは、けっして偶然のことではなく、その場所性をわきまえた経営戦略であった。

〈初出は、「「郷愁」の企業化に関する形象の考察」『日本民俗学』（日本民俗学会）二二五号　二〇〇一年二月。これを一部修正。〉

第三編　「大阪」をめぐる都市民俗研究史

第一章　都市民俗学研究史概観

概　要

一九九八年の日本民俗学会の開催地は京都であった。シンポジウムのテーマは、「落日の中の民俗学」であった。「民俗学」が終焉を迎えているというのである。そんなに華麗な落日ではなさそうである。日本民俗学が研究対象としてきた日本の社会自体、よほど遠くを見据えていないかぎり、揺らいでいて先が見えない今日である。会場である佛教大学（京都市北区紫野北花ノ坊町）を後にして、暮れなずむ京都の町家を眺める。高度経済成長期を迎える昭和三〇年代（一九六〇年前後）に大阪の場末の町で少年時代を過ごしたせいか、その家並みの風情に何かしら懐かしさをおぼえた。それは単なる個人的なノスタルジアであろうか。一九七〇年代後半、変貌著しい農村社会のもと、民俗学の延命策と陰口をたたかれながら登場してきた「都市民俗学」も影が薄い。翻って考え出す。「都市民俗」は、虚妄ではないのだと。都市に特有の民俗も確かに存在したし、今も存在するのだと。ただし「都市民俗」の領域を再設定したうえで、理論は再構築されなければならない研究領域であるとも。

都市民俗研究の第一人者である倉石忠彦は、一九九七年の『都市民俗研究』の編集後記に「都市民俗学」はその地位を「現代民俗学」に譲ったかのように見えると記している。その論に「都市的生活様式、時代や社会の変化のなかで生成・消滅・変容する文化事象は日本民俗学という学問全体のあり方の一つとして敷衍された」とも記している。(1) 都市的生活様式の敷衍により都市民俗学は、未完のまま、使命を果たしたと見てよいのだろうか。同年（一九九七年）刊行の民俗学叢書『講座　日本の民俗学』(2) における都市民俗学への評価は実に明快である。「都市の民俗研究は存在しても、都市民俗学は存在しない」と。また「「都市民俗学」の語は「現代民俗学」の一部を構成する分野の単なる別称である」とまで述べている。(3) はたして「都市民俗学」は「現代民俗学」の一部となるだけのものであろうか。

本章においては、わが国における都市民俗に関する幾多の研究成果を時系列に沿って論究する。その経緯を柳田國男の都市観にまで遡り、「都市民俗」の研究対象となる事象について概観する。もとより「都市民俗」といった術語が頻繁に用いられるようになったのは、一九七〇年代以前に遡ることができない。実質的な都市民俗研究は一九七〇年の倉石忠彦による団地の民俗に関する論考を嚆矢とするものである。(4) それ以前については、マチ・漁師町および商業に関する論考など、もっぱら非農村部を中心とした記述を丹念に読むほかない。そもそも「都市民俗」は、民俗学研究者が主体となって着手したというより、高度経済成長期における都市社会の急速な蔓延によって促されて立ち上げられたとも推察される。民俗研究者による「都市民俗」に関する研究の機が熟したのは、一九七〇年代後半になってからである。そのような経緯によって立ち上げられた都市民俗研究も対象が「都市化」なのか、「都市化された空間」なのか軸足の定まらないままに、一九九〇年頃をピークを迎えることになり、それ以降、「現代民俗学」に徐々に取って代わられてしまうことになる。一九八九年『都市民俗学へのいざない』の二巻が出版され、その前後、相次いで「都市民俗学」を冠する書物が世に出たものである。それが今日、このように都市民俗学への批判が行われるのは、なぜだろう。現代都市に特有な民俗事象に目を奪われていて、都市の民俗の全貌が解明されていないからではないだろうか。今日の学界の趨勢は、「都市民俗学」を主唱する研究者が躊躇いを覚え、「現代民俗学」へと雪崩を打っている観がある。このような今日の情況だからこそ、膨大な民俗研究の中から都市民俗に関係する研究を拾い上げ、都市民俗研究史を綴ってみたい。

本編は〈第一編　大阪の都市民俗誌研究の領域〉〈第二編　水都大阪の民俗誌〉に引用した文献を含むさまざまな論文・論考の都市民俗研究史としての位置づけをするものである。〈第一章　都市民俗学研究史概観〉は、大阪における都市民俗研究の前提として、日本民俗学における都市民俗研究史を略述し、日本民俗学研究全般から都市民俗研究史を俯瞰しようとするものである。〈第二章　大阪の都市民俗研究史〉においては、大阪における都市民俗研究史を記述する。〈第三章　郷土研究誌『上方』にみえる大阪研究〉は、大阪研究において多大な業績を残した『上方』を特にとりあげ、その詳細な記録を都市民俗研究史のうえで明らかにするものである。

32　日本民俗学における都市への眼差し

―都市民俗研究前史―

(1)　柳田國男の都市観

都市の民俗研究についても柳田國男の業績から挙げるのが定石であろう。柳田國男による『明治大正史世相篇』には、近代人的観察眼・都市生活者的な感性が随所に認められる。しかし、柳田民俗学は、都市化された空間・都市生活者そのものを対象としようとするものではなかった。柳田國男が都市の民俗について論究している記述の一つに、一九二九年発表の「都市と農村」がある。(1)この一連の論考は、農政学者である柳田による都市と農村のあり方を論じたものである。

柳田は、医者をやめて漢学者となった父のもと、明治八（一八七五）年、播州（兵庫県南西部）の街道の交叉する辻に位置する家に生まれた。(2)長じて、東京に住むこの知識人の心ざしは、いつも故郷・農村に向けられていた。「都市はもと農村の従兄弟によって作られた」とは、(3)しばしば引用されることばである。〈第5章　農民離村の歴史〉には、都市の労働者は農民の兄弟であるとも述べている。(4)これは、近代日本に見られる向都離村といった都市化現象の中での事実である。

この時代、柳田は、農民の「心指し」（心ざし）を抱き続けていた。〈第十章　予言よりも計画〉に農民による都市の理想を述べている。すなわち「都市を我々の育成所、又修養所研究所たらしめんとする希望、都市を新たなる文化の情報所、又案内所相談所たらしめんとする希望」を述べている。[5] その柳田は町場・都市の住民の「交易の利を求める者」に対して「軽蔑」の念を抱いていた。[6]「無用の商業、不必要の消費、無益なる輸送」を不経済とし、[7]「放縦なる都市の消費風俗」を非難している。[8] それゆえ、都市に住む農民出身者の心意には、「土の生産から離れたといふ心細さ」がつきまとい、[9] 絶えず「帰去来情緒」を抱き続けていたと記述するのである。[10] 都市生活者となっても、農村習俗を色濃く残し、農村趣味は捨て難いとする。柳田の都市と農村の関係は、都鄙連続体論で説明される。それは、農村出身者から都市に向けられた心指しなのである。

（2）都市民俗研究の草分け

柳田國男の心ざしは、近代国民国家・日本における多数の離村者・出郷者の場合も皆同じようなものではなかったか。彼らにとって都市の民俗は、ミヤコ・伝統都市の「雅び」を除いては、語るに足る「歴史」も何もないもので、農村の民俗が変型、あるいは農村の民俗が変容した末期的形態なもので取るに足りないものであった。しかし、近代のマチ・都市への興味を抱いた民俗研究者が決して皆無であったわけではない。

戦前、都市における民俗研究には、一九三三年、井上頼寿『京都民俗志』がある。[11] これは、調査した昭和初期の時点における古都・京都の現況を丹念に記している。今日、民俗学研究者の関心事の一つでもある「民俗の変容」にも刮目していたと云える。ところが、せっかくの古都・京都の現況の記述であっても、都市民俗論へと発展はしなかった。ミヤコの「雅び」を変容させ、近代都市・京都に脱皮してゆくダイナミズムへの正当な評価は、この時代にはいまだ与えられていなかったからである。

井上頼寿とほぼ同時代に近代都市・大阪の民俗に強い関心を示し、都市民俗論の展開を試みた研究者がいる。大阪市出身で大阪民俗談話会（近畿民俗学会の前身）の会員の小島勝治である。統計学からスタートした彼は、近郊農村の都市化を統計で計るだけでなく、生活習俗にまで研究領域を広げた。(12)小島勝治の都市民俗論は、一九三六年に「職人の町と農業」において、(13)〈都市→職人の町→農村〉といった都市の周縁部に位置する地域社会の都市化現象に伴う生業の変遷を明らかにしている。その彼は、また「仲仕」といった都市労働者の「船仲間」との関連をとりあげて、近世から近代にかけての社会組織の継承と変容についても論じている。(14)「仲仕」は「水都」を下支えした人たちであり、興味深い論である。彼の関心は、都市に発生した特徴的な人生儀礼にも及んでいる。郷土研究誌『上方』に「商都大阪の葬式」を掲載し、当時の大阪市内において行われていた葬式をとりあげている。その論考においては、葬式の沿革を記した上で、葬列・行列の組織などを記し、大名行列を取り入れたこの葬式を「商都大阪の町ぶり」を示していたとして、これを「大阪を第二の故郷とする民俗」と述べている。(15)このことからすれば、大阪における葬式を都市的生活様式の上に成立した「都市民俗」としてすでに認識していたと考えられる。これらの論考は、地域研究に基づくものであって戦前としては卓越した都市民俗研究である。

小島勝治の着眼とその研究成果は特に秀でたものである。しかし、それを可能にしたのは、近代都市・大阪の市民にそれへの問題意識があったからである。一九四〇年前後の大阪は、さまざまな都市問題の発生を見た都市であった。今日云うところの公害問題をはじめ、労働者問題・在阪外国人問題・貧困者問題など、当時の大阪はさまざまな人たちが住んでいただけに、都市の抱える問題の先進地であった。それだけに、住民の中にこのような事象への危惧とともに都市生活者としてのアイデンティティを追究する機運も醸されていていた。小島勝治の研究は、このような機運のもとに行われたと見ることができる。

いっぽう、一九四〇年代にマチバの民俗を追究したのは、森口多里《もりぐちたり》である。(16)森口は、一九四四年『町の民俗』において、岩手県水沢町といったマチバでの見聞を、それまで調査報告されてきた東北地方の農家とは違った観点によってとりあげている。『町の民俗』の構成は、〈第一章　自然・歴史・伝説〉、〈第二章　衣・食・住〉、〈第三章　年中行事〉、〈第四章　出生・葬俗・祝儀〉、〈第五章　余録〉からなり、民俗学の研究対象とする項目を網羅するものである。たとえば「水沢人」の気質（同書二一一～二一二頁）、都会的服装（同書一五八～一五九頁）、町の盂蘭盆会（同書二一七～二二三頁）、都会風の葬儀（同書二三九～二五四頁）などでは、「『家』の生活の豊かさを回顧する楽しみ」を以て記述し、町の民俗を都会の流行をも取り入れて変貌してゆくものとして捉え、「農村の自然に溶け込んだ町の田園的趣向」（同書一四二頁）を自負するところが見られる。マチの民俗をムラの民俗との関係で捉えている点は、一九七〇年代以降、都市民俗を論じられる場合の視座として連続するものである。

（3）戦後の都市民俗研究

戦後も日本民俗学において、散発的には、町・都市の民俗についての調査・研究が行われている。ムラとマチの民俗の関係について論じたものがいくつかある。たとえば一九四九年、桜田勝徳による『民俗学の話』（民俗学研究所編）は、その優れた成果の一つである[17]。宮本常一は、一九六四年「現代における住意識」に大都市における長屋住まいを記している[18]。また、同年の『民俗のふるさと』に、東京・大阪など都会の住民のうちに田舎出身者をとりあげその意識を書き記している[19]。

マチバの生業についてとりあげたものもいくつかある。一九五九年発行の『日本民俗学大系5』には、生業と民俗が集められている。その中には小寺廉吉「商業―交易・行商・市・商習慣」も所載され、商業の初期形態から「変遷進化」が述べられている[20]。この論考は、生業から見たマチバの生活者の民俗である。先にあげた桜田勝徳『民俗学の話』は、町の生活を中心として特別な展開をしたバクチ打ちや香具師などの仲間に認められる親分子分関係に注目している。(21) これらの桜田勝徳の論考について、一九八一年、福田《ふくた》アジオは、都市と農村の伝承をその源の連続性とは異なる「伝承の維持管理のあり方」の相違と指摘している。(22)

一九六六年、千葉徳爾《ちばとくじ》は、商業民俗への関心を記述するくだりで都市の民俗を「民俗の末期形態として軽視され」、「これまでの原型溯及を旨とする研究目的からは利用しがたいものであった」と記し、その研究の必要性を強調している。(23) この千葉の記事によっても民俗学による都市の調査への立ち後れの事情を端的に知ることができる。こういった都市における生業の調査は、当時の民俗学の趨勢からすれば数少ないものであった。

〈本書初出〉

33　百花繚乱の「都市民俗学」

——高度経済成長期以後の都市民俗研究——

（1）都市民俗学の登場

都会・大都市をフィールドとする都市民俗を明らかにしようとする目的意識に基づく「都市研究」は、民俗学に隣接する学問分野に比べて立ち遅れた。高度経済成長期を経た一九七〇年頃から徐々に「都市民俗」が俎上に載せられる。伝統的大都市の祭礼である京都の祇園祭は、一九七三年、文化人類学者である米山俊直《よねやまとしなお》がフィールドワークに基づいて調査研究を行った(1)。この研究以前に「大都市」の祭礼の現況を本格的な調査に基づいて明らかにしようとする「民俗学研究」が行われたことを寡聞にして知らない。都市の民俗は、むしろ民俗学を取り巻く社会からの要請であった(2)。民俗学界における概念規定が定まらない時点で民俗学以外の分野の研究者から「都市民俗」という術語が用いられていることは、都市民俗研究が当初から学際的な性質を強く帯びる領域として決定づけられていると窺える。

民俗学研究者による本格的な都市民俗学研究は、大都市の地域研究からではなくて、むしろ都市的生活様式の調査研究、あるいは都市生活者の行動の様式・生活実態への関心から始められた。一九七三年、倉石忠彦「団地アパートの民俗」は、長野県上田市の団地の調査の分析に基づく論文である(3)。これは、地道なフィールドワークに基づく調査研究であった。この調査が倉石忠彦における都市民俗学を構築する契機となった。この論文では団地社会における組織・衣食住・年中行事を丹念に分析したものである。しかし、この論文のフィールドは、けっして都会・大都市ではなかった。

民俗研究者による都市民俗研究の機が熟したのは、一九七〇年代後半であった。それもこの時代「民俗の変貌」「フィールドの縮小」といった学問的危機から出発したものであった。(4) その時代は、戦後日本が高度経済成長を遂げた時代でもある。それまでフィールドとして未開拓であった「都市」に「民俗学者」が着手したともいえる。自ずから「都市民俗学」は、それまでの日本民俗学会に寄り集う研究者による研究の「死角」を補う性格を担った。そのような研究者の思惑の交錯したものだけに、「都市民俗」という研究分野が種々な理論の綯い交ぜられたものとなる宿命を背負った。

事情は、そのようなものであれ、一九七九年には、日本民俗学会機関誌『日本民俗学』の研究動向に「都市民俗学」が初めてとりあげられた。高桑守史は、その論考に「都市民俗学は、都市人としての現代日本人の日常行動の様式あるいは生活実態を、伝承の創造過程、構造、領域といった考察を通して明らかにしていく領域のものである」として、「都市人としての現代日本人」の研究を課題とするものとして提起している。(5) 翌一九八〇年、日本民俗学会第三二回年会シンポジウムにおいては、「都市の民俗―城下町を中心に―」について活発な議論が行われた。このシンポジウムによって日本民俗学の研究者が都市民俗学への関心を示すこととなる。そこでは、小林忠雄が伝統都市・金沢を、(6) 岩本通弥《いわもとみちや》が城下町・古河について論じ、(7) 伝統的都市の民俗調査に基づく研究成果を発表した。これに対し、倉石忠彦は、生活様式としての都市民俗学の可能性を論じた。(8) この二つの潮流が日本民俗学における都市民俗研究の主だったものとなった。これらに関わって歴史的都市の民俗社会を論究する歴史民俗的な都市民俗学研究がある。宮田登の研究がそれである。

（2）宮田登の都市民俗学

宮田登の民俗学研究は、終生、学際的で就中、歴史学と重なる領域を論究したものであった。[9] この視点は、都市民俗学の研究においても遺憾なく発揮された。一九八一年出版の『江戸歳時記』において近世の都市生活者の生活感覚を民俗学的に論究した。この著述では、柳田の指摘した都市生活者の「土の生産から離れた不安」を除去する心意を江戸の町人の年中行事・民俗宗教を軸に展開した。これは、江戸町人の行動文化を近世に暮らした都市生活者の心意として裏付けたものである。その方法の特徴の一つは、近世の歳時記といった歴史文献を民俗研究の資料としてとりあげた点で、このことからしても歴史民俗学的研究であった。近世都市生活者の心意を現代に通底する心意から析出したもので、今日の都市生活者における民俗文化の、ある部分が近世に遡るものであることが示された。この著作は、都市民俗研究の一分野に「歴史民俗」と重なる領域があることを示したもので、都市民俗の通時的研究の端緒を開いたものといえる。

「歴史民俗」としての都市民俗研究の集成には、一九八五年、宮田登が中心となって編集した『都市と田舎―マチの生活文化―』（日本民俗文化大系一一）がある。[10] この書の構成は、〈第一章　都市と民俗文化　第二章　生活の母体としての都市　第三章　祝祭都市の成立と変容　第三章　都市民の生活文化　第四章　公家・武家文化と民俗　第五章　都市祭礼と風流　第六章　江戸歌舞伎と庶民の美意識　第七章　都市の世相と遊楽〉である。都市の民俗の淵源を遡って、流行・風俗をも都市民俗の射程に入れた論考が連なる。都市民俗は、連綿たる都市文化と重なり合うものであって、都市民俗の通時的研究の対象に祭礼・遊楽といった生業・生産でない面をとりあげた点は注目すべきである。しかし、近世の都市民俗研究に焦点を据える傾向が強く、現代の都市を扱った論考にまで及んでいない憾みがある。

ただ、宮田登が提起した都市民俗学の方法論は、歴史的関心に限られるものではない。例えば、一九八二年発表の『都市民俗論の課題』がある。そこでは、都市民俗学研究の二つの指向性を示した。それの一点は、歴史的アプローチであり[11]、もう一点は、共時的なアプローチである[12]。この著書において、近世の三都である京・大阪・江戸をはじめ城下町・門前町などの地方都市に誕生した「根生いの都市民の原型」の存在と心意に関わる属性を把握することが「民俗の通時的性格を考える上で重要なことなのである」と述べている[13]。これは、「歴史民俗」を「都市民俗」に取り込む考え方である。いっぽうで共時的なアプローチについては、昭和初期に開花した今和次郎による考現学の方法に学ぶべきであるとし、団地や高層ビルに適用することを考えている[14]。また、「都市民俗」の型を二つに分類もしている。すなわち、「都市独自に発生した民俗」と「都市周辺の民俗の移行・変容による民俗」である[15]。そこでは、都市周辺の民俗の移行・変容による民俗は「都市化の民俗」として多くの研究成果があると述べた上で、都市独自に発生した民俗としてかつての宿場町・田無市の生業を挙げている[16]。

また、宮田登の都市民俗学の特徴は、近世から現代にかけて都市における闇・怪異現象への好奇な眼差しが随所に見られることである。『都市民俗論の課題』では、現代の東京の民俗宗教について述べた上で、都市のオカルト・占い・奇跡を信じる若者の世代をとりあげている。彼ら若者も「都市民俗」の形成に関わり、伝承させていく担い手になり得る可能性を示唆し[17]、「現代民俗」としての性格を有する都市民俗研究の課題を示した。宮田登の都市民俗学は、柳田以来の都鄙連続論に依拠しつつも、都市独自の民俗の可能性を追究してやまぬものであった[18]。一九八八年発行の小松和彦たちとの共著『異界が覗く市街図』に「現代の逢魔ケ時・東京の魔所」を載せている[19]。同年刊行の『霊魂の民俗学』にも現代都市・東京の民俗宗教・怪異現象について触れている[19]。その八年後の一九九六年には、『民俗学への招待』を著し、その第5章には「都市のフォークロア」がある。これには、これまでの研究対象となった都市をあげた上で、大都市の中枢などの高層建築物の林立する空間においても新しい民俗が生み出されていることに研究者としての興味を示している。[20] 宮田登においては、都市独自の民俗の追究が終生続けられていたのである。

（3）百花繚乱の都市民俗学

都市民俗学研究が隣接する諸科学から多くの理論を獲得し、自家薬籠中の物としてゆくのは、当然の趨勢である。そういった学際的研究への展開に向けての方法論的な危惧を呈する考え方もある。アメリカの人類学者・レッドフィールドは『文明の文化人類学』において、農村が都市化する事象をとりあげている。[21] 野口武徳は、一九八四年、『日本民俗学』の「比較民俗学・都市民俗学」において、都市民俗学研究の問題点として、都市の古い習俗を都市民俗と勘違いした研究があることを指摘して、この『文明の文化人類学』を都市民俗学という分野に適用することに対して方法論の検討が必要であると記している。[22] この指摘は、一九九四年、荒木博之が「レッドフィールドはフォークとアーバンはひとつの連続体の正反対の端にあるという類型論のモデルを提出した」とした上で「こういった図式のなかでは都市民俗学（urban folklore）などという言い方はおかしなものになってくる」という考え方にも認められる。[23]

そういった都市民俗学研究の方法論が模索されていたさなか、一九八五年に大月隆寛《おおつきたかひろ》は、「『都市民俗学』論の本質的性格」を発表し、「都市民俗」の定義をめぐって混乱している状況を指摘した。「問題意識として社会文化変化への対応を問題とするのか、それとも従来の農山漁村と異なった社会としての『都市』に焦点を合わせるのか」によって「都市民俗学」論の論点は、「変化」か「都市」かの問題に帰着することができるとした。[24] この指摘は、一九八〇年のシンポジウムにおける議論の対象となった「伝統的都市」と「団地」とに遡る問題でもある。

都市において最も特徴的な空間は、盛り場・飲み屋街でもある。その研究に特筆すべきは、一九八七年に刊行された神崎宣武『盛り場のフォークロア』である。(25) この著書の構成は、〈I　かつぎ屋フクの商売—都市と農村のつながり　II　芸者桃太郎の転業—盛り場の享楽性　III　ホステス由美の当惑—盛り場の地縁と社縁〉からなる。これは、都市生活者のライフヒストリーを通じて都市民俗の世界を具体的に追究したものである。この『盛り場のフォークロア』の出版された一九八〇年後半から一九九〇年にかけては、都市民俗学にとってまさに百花繚乱の時代を迎える。一九八九年から一九九〇年にかけては、都市民俗に関する著作が相次いだ。一九八九年、岩本通弥・倉石忠彦・小林忠雄編著『都市民俗学へのいざないI混沌と生成』、『都市民俗学へのいざないII情念と宇宙』が出版された。この二巻の見出しは「1　語りの生成、2　家と生活、3　地域社会と企業共同体、4　盛り場と娯楽、5　遊びと大衆文化、6　伝統と変容、7　不安と救い、8　現代民俗の形成」と実に多岐に亘る論考が集められた。まさに都市民俗学に関して各自愛蔵のおもちゃ箱をひっくり返したような論考集である。百花繚乱・百家争鳴といえばよいが、この論考集における論述の対象は、空間としての「都市」と時間としての「現代」が混在したものであった。「歴史」は、その下支えにまわり、ほとんど表には出てこない。序文の冒頭にあるとおり「現代日本の都市」がとりあげられたものであり、序文に「歴史」という語は一度も見られない。(26)「歴史民俗」としての「都市」を外しているのは、都市民俗学が現代民俗学に収斂されてゆくことを予感し得るものでもあった。翌一九九〇年には、小林忠雄が『都市民俗学—都市のフォークソサエティー』を、倉石忠彦が『都市民俗論序説』（雄山閣出版）を、森栗茂一が『河原町の民俗地理論』（弘文堂）をそれぞれ上梓した。

小林忠雄『都市民俗学—都市のフォークソサエティー』は、伝統的都市・金沢をモデルに都市の民俗を追究したものである。これは六章からなる。すなわち〈1　都市の民俗社会　2　都市のコスモロジー　3　都市のフォークソサエティー　4　都市のフォークカルチャー　5　都市民俗の諸相　6　都市民俗学の方法論〉である。そこでは、都市独自の常民性を有した基層文化を追究している。(27) また「都鄙連続体論の中からは、都市独自の民俗を区別し浮かび上がらせることはきわめて難しい」と述べ、(28) むしろ都市社会と漁村社会の類似を指摘した。(29) その上で、都市的メカニズムのなかでは異なった価値観をもった常民性を析出している。(30) それは、近代の町家住民の芸事を通じての交際などの民俗社会の存在を踏まえたものである。(31) これは、金沢における地域研究に基づく都市民俗学研究である。「伝統的都市」の通時的研究をも踏まえた優れた成果の一つである。これに牛島史彦による熊本市内の民俗空間の研究などを合わせて、(32)「城下町都市民俗学」と称されたりもしている。(33) いずれも地域民俗研究による都市民俗学の成果として位置づけられる論考である。

〈本書初出〉

34　現代民俗学への傾斜
──都市社会と現代民俗──

（1）文化概念としての都市民俗

一九九〇年、倉石忠彦は『都市民俗論序説』を刊行した。この著書は、一九七〇年の「団地と民俗」以来の研究成果を都市民俗論として発展させたものである。すなわち〈第一編　都市と民俗学　第二編　団地の生活　第三編　都市の時間と空間〉からなる。殊に第三編における都市生活のリズムは、示唆に富む。年中行事を生活暦の中に位置づけ、現代における歳事習俗を析出している。倉石忠彦は、新たな方法論にもとづき、民俗の残存・変遷・創造の状態が理解されてこそ都市民俗学の誕生ということができるとした(1)。これらの一連の研究は、都鄙《とひ》連続論《れんぞくろん》を基盤に都市民俗学を現代の民俗学として捉える理論を構築したといえる。その理論の特徴は、現代的生活様式の中から生まれた民俗も都市的な民俗事象も農村・村落の民俗との関連で一元化しようとしている点にある。すなわち、倉石忠彦の都市民俗学の対象は、「心性としての都市」にある(2)。したがって空間的には都市とはいえないムラにおいても、都市化の中に「心性としての都市」は存在するし、都市においてもムラ的な民俗も心情も存在するとして、いずれも都市民俗学の対象となり得ると論じる(3)。共時的に捉える点において「現代民俗」といってよいものの中に「都市民俗」を認めようとするのである。倉石忠彦の析出した「都市民俗」は生活様式・心意に基づくものであるので、都市的生活様式は自ずから近代化されたもので「現代民俗」と重なる。「都市」「現代」を一連のパラダイムシフトによって同一範疇によって観る見方である。これは、「村落」「前近代」とも対応する論理として受けとめられる。

倉石忠彦は、一九九七年、『民俗都市の人びと』をも刊行した。その構成は、〈都市と民俗学／都市への視線／都市の空間／民俗都市の時間／離郷者の群れ／都市民俗誌の作成に向けて〉である。ここでの「民俗都市」というのは、抽象的概念であり、空間に制約されない「都市」である。(4)この書においては、「都市」を感性によって捉える視点が読み取られる。そこには、多くの都市生活者がそうであるように離郷者の心ざしが見られる。そこには「都市社会」と「村落社会・ムラ社会」にまたがる民俗の空間的な広がりを認めることができる。倉石忠彦の都市民俗学は、「都市」を双眼で見つめているだけに立体的なものに見えてくる。それには、「都市」に対して距離を置いて観るもので、倉石の捉える都市民俗には常に奥行きが感じられる。彼の都市民俗学における「都市」は、単なる空間概念ではなく、文化概念としての「都市」であり、「都市社会」を射程に入れた概念なのである。倉石忠彦の都市民俗学は、出郷してきた都市生活者から捉えた都市民俗学である限り、それは、柳田以来の都鄙連続論を根底に据えた理論である。柳田に認められる都鄙連続論は、都市民俗学を構築する上で有力な理論である。倉石忠彦の解明した「心性としての都市」は、何代か前に離村した先祖を持つ都市生活者においても、共感をもって理解される文化概念である。その一方で都市化された空間における民俗事象について通時的論及に及んでいない憾みがある。

(2)　現代民俗学への傾斜

一九九〇年に出版された森栗茂一の『河原町の民俗地理論』（弘文堂出版）は、七章からなる。すなわち〈1　都市形成と現代民俗　2　川とムラ・川とマチ　3　河川史と河原のマチ　4　河原町一覧　5　民俗原理の形成史

6　河原マチの諸相　7　墓場と盛り場〉である。都市形成に河原町空間のアジール性を認め、そこに展開する民俗を追究したものである。これは、都市民俗を河川といった切り口で解明しようとした点で興味深い。ただ、事例としてあげた「河原町」が全国各地に及ぶだけに、概念性が強く、地理的な発想にそれ相応の民俗事象を重ね合わせてみたものといえよう。この著作の中心は、独自のハレ・ケ・ケガレ理論による「民俗原理の形成史」にある。さらにこの著作は、「民俗地理」としてはともかくも「都市民俗」に関する研究としては倉石忠彦、小林忠雄のような画期的な論文とはなり得ていない。森栗茂一は、むしろ一九九三年編著の『都市人の発見』（木耳社）によって「現代民俗」を追究する手掛かりを摑んだといえる。これには、農村出郷者としてみた都市生活者における民俗・心意を人類学者たちと協同して探り得た成果を遺憾なく発揮している。

一九九〇年代前半になると著作物のタイトルに「都市民俗」ということばは、ほとんど使われなくなり、空間としての都市地域の民俗もことさら「都市民俗」と銘打つことが減ってくる。一九九一年、松崎憲三『現代社会と民俗』には、都市と農山漁村を交錯的にとらえる必要を唱え、民俗の変貌する過程の検証を試みた。それは、「都市民俗」を謳った論考でないが、都市における民俗をも納めている。学界の関心が都市民俗から現代民俗へ傾斜し始めているのである。

一九九三年、井上忠司『現代家庭の年中行事』は、アンケート調査などを踏まえて現代の年中行事を論じた。(5) これをみると、現代においては、伝統的な行事の衰退とともに外国から移入されてきた行事が盛んになっており、この両者との絡みでその全貌を捉える必要を感じさせる。

（3）動態としての都市民俗学

森栗茂一は、二〇〇三年に『河原町の歴史と都市民俗学』（明石書店）を上梓した。彼は、理論面では『河原町の民俗地理論』に論じた網野善彦による河原町空間のアジール性についての言及に加えて、「折口信夫の河原論・都市論」を自身の都市民俗学構築に向けて再検討した(6)。そのいっぽうで、神戸の震災後の「まちづくり」への参画により得られた知見をふまえて、現代都市における民俗の生成を論じた。この著書には、都市たる河原は無主の地で都市の活気、創造性、ハレを演出したが、やがて近世から近代にかけての弱い者の低価格の「河原」への集住が始まり、都市のハレは創造性を失い、ケガレの身分は、さらにその下にケガレの人々を求めると論じる。そこでは、「現代の『河原』の活性化」を「少子化による小学校の空教室や市場の空店舗、市街地の空ビル空長屋は、かつての『河原』のように魂の集まる場となり得る」と論じ、「現代社会に、すこしばかりの『公界《くがい》』のロジック・制度を導入すれば、現代の『河原』はいっきに活性化されてハレの場となる(7)」と主唱する。森栗にとっての「河原町」は、通時性を有する概念であって、場所としての河原のマチではなく、そこに「都市」を観ている。それに立脚して、彼は、都市的な事象の生起と消長を独自のハレ・ケ・ケガレ論によって論じている。都市的性格が認められる「河原町」に基づく概念を敷衍することの是非についてはともかくも、森栗は都市化された空間を通時性から捉えている。しかし、森栗の河原町・都市論の通時性は、概念性が強く精彩に欠け、民俗宗教などにみられる個々の伝承に関する実証的把握が不充分なものである。

都市の構造を都市化の問題と絡めて論じたのは、一九九五年刊行の八木橋伸浩『都心周縁の考現学』（言叢社）である。この著書には、東京都内のかつて、映画撮影所のあった周縁農村を対象に、その地における年中行事・伝承などをとりあげ、都市と周縁農村との相互補完的な関係を的確に論じている。都市における個別の民俗事象を動態として見事に捉えたのは和崎春日《わさきはるか》である。和崎は、都市の民俗原理を人類学の視点から論究した。一九九六年、『大文字の都市人類学的研究』（刀水書房）がそれである。彼は、この著書において京都の伝統行事の大文字の現代を対象として「脱フォーク性としての都市」と「再フォーク性としての都市」を論じる。(8) 大文字といった「伝統行事」もまた、通時的に観れば変化し続けているのである。それを和崎は丹念に証明してみせた。このとき、都市の民俗は絶えず風俗を取り込み変化するいっぽう、民俗自体自分らしさを取り戻そうともするとし、そのダイナミズムを看破している。この視点は、民俗と風俗の綯い交ぜられた都市的な民俗事象を解読するうえで示唆に富む見解である。和崎春日の理論を承けて、中野紀和《なかのきわ》は、二〇〇七年『小倉祇園太鼓の都市人類学』を発表した。この論文において、都市祭礼を動態としてとらえ、地域伝統の生成にボランタリー・アソシェーションの出現を見出し、従来の伝承母体を論じることへの再考を促している。この論文は「都市」における民俗事象を取りあげながら、「現代」を的確に把えたものである。

このように都市民俗研究の動向をたどってみると、「現代民俗」に包含され得ない「都市民俗」の領域が存在することを主唱する研究は限定的なものとなる。「城下町都市民俗論」以後、さまざまに歴史的形成過程の異なる都市・マチであった宿場町・港町・門前町・鉱山町・漁師町……といった地域における都市民俗研究の成果は、けっして多くない。そういったなかで、金子毅は、二〇〇三年『八幡製鉄所・職工たちの社会誌』（草風館）を上梓した。この著作は、八幡製鉄所の近代を職工への聞き書きを軸に展開し、近代の地方都市・八幡（福岡県北九州市）を歴史的変遷を踏まえたうえで、「鉄都」を冠する都市の消長を論究している。(9) この論考は、フィールドの場所性によって「近代」に限定されるものの、とりあげられた種々の伝承からは時代のパラダイムシフトが読み取られる民俗誌でもある。

民俗研究の一分野としての都市民俗学は、未完成である。都市民俗研究が未完成のまま、さまざまな機能形態を持つ「都市」が「現代社会」に埋没し始めている。それが今日の都市民俗学をめぐる状況である。地域によっては、画一的な都市化とグローバル化の波とに呑まれ、地域によっては伝統的な生業を放棄して、往時の栄華を偲ぶだけの「観光地」となっている。今日、都市における調査によって得られる資料が再民俗化したもの・フェークロア（fakelore）ばかり蔓延することにもなりかねない。その今日的情況は、農山漁村とて同じである。都市の変貌は地方の都市において殊に著しい。近世以来連綿として続いてきた都市・マチにおける都市民俗が過去のものとなり、「歴史民俗」の対象となっている地域はいくらもあろう。

大都市・大阪の場合、近世から近代にかけての文献資料が豊富であるだけに、このように個々の民俗事象を動態として観る視点での都市民俗誌の記述が可能と考える。次章〈大阪の都市民俗研究史〉において文献資料の概要を示すことにする。

〈本書初出〉

第二章　大阪の都市民俗研究史

概　要

最近の地域史に民俗篇が組み入れられることが多い。これは、現代社会において民俗記事を記述することの重要性が認識されてきたからである。政治史・経済史・文化史といった分野での歴史のみならず、伝承文化の展開を要請する社会が到来しているのである。転変著しい現代社会において、市民・住民自身が自らにとっての身近な生活文化の存在に気づき、自らのアイデンティティを求める気持ちがそうさせるのである。今日の民俗学研究には、それに応えることが求められているのである。

かつて柳田國男をはじめとする日本民俗学は、国民民俗学の確立に傾いていた。日本民俗学における取り組みは、わが国における生活文化研究への大きく寄与した。それは、近代国家において国民民俗学を構築することを目指したものであって、「常民」といった同質の民族集団を想定していた。実体概念としての「常民」は、水田稲作農耕民であった(1)。しかし、演繹された「常民」には、「国民民俗学」に収斂されるところの概念性が感じられるものである。はたして、非農民である都市生活者をこの概念によってどこまで説明できるのであろうか。今日、地域からの帰納による民俗学の再構築が求められている。学界においては、民俗全般を見据えた上でその地域の民俗を記述することが重要課題となっている。そこでは、それぞれの地域における民俗の展開を民俗誌として実証的に記述することが求められるのである。民俗における展開を論じる場合、民俗を不易なものとする考え方は、ひとまず、措いておかなければならない。民俗を動態としてとらえる視点に立つ時、民俗は風俗をも取り込み、そのいっぽうで民俗が新たな風俗をも生み出す契機となるといった弁証法的な関係で捉えることが有効である。(2) 本章は、前章〈第一章　都市民俗学研究史概観〉における日本民俗学研究全般から都市民俗研究史の記述を受けて、都市大阪に的を絞り〈大阪の都市民俗研究史〉を記述するものである。(3)

近世大阪は人口四〇万人前後の大都市であった。そこは、夙に元禄期（一六九〇年頃）において井原西鶴・近松門左衛門に代表される上方文学の舞台でもあり、市中には、「坂俗」と称される京・江戸とは異なる特有の都市民俗が見られたことは、〈第一編　第一章　2　『道中膝栗毛』浪花見物の都市民俗〉に既述した。それにもかかわらず、一九八八年から刊行された『新修大阪市史』には、民俗篇がない。それには、さまざまな事情があるにせよ、今日なお市史編纂関係者に大阪市内の「民俗」に対する関心が薄いことによるといってよい。

近世大阪市中には、堀川が張り巡らされ、「難波の津は海内秀異の大都会」であった。(4) 水都の景観を呈していたに相違ない。地域民俗研究による都市民俗誌を試みる場合、都市大阪は重要である。現代都市・大阪は成熟した都会である。大阪における都市民俗研究の「空間的な領域」を近世大阪三郷町地を核として大正末期に成立した「大大阪」（ほぼ現在の大阪市域）、さらにその周辺の近郊都市とする。「時間的な領域」については、現代から遡ること約四〇〇年、大阪城築城の近世初頭あたりとするのが適当であろう。(5) この地においては近世以来、都市民俗としても興味深い事象が多く認められる。実証的な地域民俗研究を都市民俗学確立のための方法の一つとするならば、大阪は、文献資料の蓄積が膨大である。

大阪における都市民俗研究は、近世以来のふんだんな歴史的文献、近代における近世文学研究論文・地方研究論考に発表された成果が充分に活用されてはいないのが現状である。それだけに通時的でしかも体系的な民俗研究の課題が残されている。ところが大阪においては、近代はもちろん、現代に至るまで、「都市民俗研究史」と認識して記されたものは、皆無に等しいのである。

本章では、大阪について記されたさまざまな文献から民俗関連記事を含むものを挙げる。近世の都市民俗については、〈35　近世の文献資料にみえる都市民俗〉に〈(1)編年体で記述した資料、(2)『浪速叢書』により翻刻された文献資料、(3)地誌と暁鐘成の著述、(4)浜松歌国の著述、(5)『近世風俗志』と風俗の記述、(6)紀行文・事典の類の記事〉の六項に分類したうえで、およそ時系列に沿って記述する。近代以降現代までの都市民俗研究については、〈36　大阪研究の蘊蓄〉に〈(1)地方研究書にみえる都市民俗記事、(2)地方雑誌にみえる都市民俗記事〉に分類して記述する。なお本著にしばしば引用した郷土研究誌『上方』については、内容も豊かであるので次章〈第三章　郷土研究誌『上方』にみえる大阪研究〉に詳述する。

35　近世の文献資料にみえる都市民俗
―『浪速叢書』を軸に―

（1）編年体で記述した資料

大阪の都市民俗の形成は、近世より遡ることはない。これらの民俗および風俗を対象として考証するようになるのは、近世後期・天保年間（一八三〇年頃）あたりのことである。しかし、それらの民俗を書きとめた史資料はけっして少なくない。以下、主な文献を整理することから始める。

まず、近世大阪を編年体で記述した資料をあげる。近世において記述された書物には、『御時世見聞記摂陽年鑑』と『近来年代記』がある。『御時世見聞記摂陽年鑑』は、『摂陽奇観』に含まれている。その記述範囲は元和元（一六一五）年から天保四（一八三三）年までである。『近来年代記』（大阪市史編纂所刊行　一九八〇年　大阪市史史料第一輯）は、これに続くものである。『近来年代記』（大阪市史編纂所刊行　一九八〇年　大阪市史史料第一輯）は、著者が未詳であるが、天保八（一八三七）年に始まり明治一〇（一八七七）年に終わっていて途中、天保年間の三年間は欠けるものの、この二点により、ほぼ近世から近代の初期にわたる大阪での出来事が網羅される。これら近世に書き記された資料二点の他、編年体の資料としては、大阪市立中央図書館市史編集室が編集発行した『大阪編年史』全二六巻（一九六七～一九七九年発行）がある。これは、当時の口達・触書といった文書から庶民生活の実態を知ることができる資料である。例えば、岩永之房「鍾奇斎日々雑記」には、風の神送りの騒動が活写されていて興味深い。これなどの歴史資料を丹念に読めば、いくらも民俗研究の材料は見当たることだろう。

これらの文献を縦糸として、横糸に種々の文献による民俗資料をとりあげることができるが、本節では、原則として浄瑠璃台本・浮世草紙といった文学作品の類、及び町方古文書といった地方の史資料は文学研究・史学研究に委ねることとし、民俗および風俗に焦点を当てて記述する。今日、近世大阪の民俗および風俗を調査研究するに当たって、手近な近現代の集成資料としては、昭和二（一九二七）年から同四（一九二九）年にかけて翻刻された浪速叢書刊行会による『浪速叢書』全一四巻がある。

（2）『浪速叢書』により翻刻された文献資料

『浪速叢書』には、第一から第六にかけて『摂陽奇観』が載せられている。第一には、『南水雑志』の巻之一から巻之三が含まれている。第二から第六の『摂陽奇観』には、浜松歌国たちによる『御時世見聞記摂陽年鑑』が収録されている。第七・第八には、『摂津名所図会大成』が収録されている。第十一には、『晴翁漫筆』、第十二には、『蘆分船』『難波鑑』『難波十二景』『難波十観』『浪花のながめ』『浪花の梅』が収録されている。第十三には、『住吉名勝図会』『天保山名勝図会』が収録されている。第十四には、『街能噂《まちのうわさ》』『虚実柳巷方言』『狂歌夜光珠』『浪花色八卦』『浪花今八卦』『今今八卦』『煙華漫筆』『月華余情』『浪花青楼志』『みをつくし』『浪花十二月画譜』が収録されている。この『浪速叢書』には、別巻として「鶏肋」が編纂されており、それには、浜松歌国『神社仏閣願懸重宝記初篇』〈文化一三（一八一六）年刊行〉が収録されている。

以下、『浪速叢書』にとりあげた文献を軸に、およそ年代を追って民俗資料を紹介する。

（3）　地誌と暁鐘成の著述

延宝三（一六七五）年刊の地誌に一無軒道治による『蘆分船』がある。これには、近世初期の大阪の主だった社寺の神事・仏事・祭礼などが記されている。一無軒道治には、他に延宝八（一六八〇）年序・跋『難波鑑』があり、これは、大阪の社寺を中心とする年中行事が絵入りで解説されている。その他に地誌としては、延宝四（一六七六）年刊の山本洞雲になる『難波十二景』がある。山本洞雲には、延宝八（一六八〇）年刊の『難波十観』がある。これらは、この地の寺社巡りの嚆矢となるものである。『懐中難波すずめ』は、延宝七（一六七九）年、水雲子編になる地誌で実用性を重んじ、商都に相応しく商品名がいろは順に配列されている。同年刊行『難波鶴』も、大阪の実況を記すもので、内容を更に訂正増補したものである。[1]

元禄一一（一六九八）年自序、元禄一四（一七〇一）年刊の岡田徯志になる『摂陽群談』がある。この書が近世大阪の本格的な地誌の最初とされ、「もっとも古く詳細をきわめた私撰地誌研究」とされる。[2] 延享五（一七四八）年版の志田垣与助編の『難波丸綱目増補』がある。これも商売のための実用書であるが、これにも大阪近辺の寺社を中心とした年中行事が記され、近世中期に大阪の町人の社寺詣でが盛んに行われていたさまが窺われる。『難波丸綱目』には、安永六（一七七七）年板『改正増補　難波丸綱目』があり、これがとりあげている年中行事は、延享五年版と比べて大阪近郊のものが増補されている。

近世半ば以降流行した名所図会の大阪版は、秋里籬島たちによる寛政六（一七九四）年の『住吉名勝図会』、寛政六（一七九四）年序、寛政八～一〇（一七九六～一七九八）年刊行の『摂津名所図会』がある。『摂津名所図会』には、一八世紀末の大阪の実況とともに、社寺の伝説などが絵入りで紹介されている。

一九世紀初頭は、狂歌に名所を詠み込むことが流行した。寛政一二（一八〇〇）年刊の陰山白縁斎梅好による『狂歌絵本浪花のむめ』、文化一二（一八一五）年刊の如棗亭栗洞亭による『狂歌夜光珠』がある。これは船場順慶町（中央区南船場）の夜店風景を狂歌で綴っている。享和二（一八〇二）年刊の筵破居士による地誌『浪花なまり下』がある。これらは当地の生業である商業を特徴的に捉えている。

天保時代の地誌としては、天保六（一八三五）年刊の小倉敬典《おぐらたかのり》編の『浪花奇談《なにわきだん》』が興味深い。これには、『摂津名所図会』の記事に対する批判なども行われている。この時代は名所めぐりが盛んに行われたようで、天保一二（一八四一）年とも天保八（一八三七）年刊ともされる春樹の著になる『年中遊覧難波めぐり』（別名『難波巡覧記』）、さらに弘化二（一八四五）年刊の山田野亭《やまだやてい》撰による『大阪名所廻』が刊行されている。

これらの名所案内の中で特筆すべきは暁鐘成《あかつきかねなる》である。暁鐘成は、文化一一（一八一四）年序文の雑記『噺の苗』の著者でもあるが、天保六（一八三五）年刊行の『天保山名所図会』の編者であり、安政年間（一八五四～一八五九年）には大阪市中名所図会の大成と評価できる『摂津名所図会大成』を記録している。他に暁鐘成が出板に関与したであろうとされるものに一連の『浪花みやげ』もある。

維新直前の慶応三（一八六七）年に出た『増補浪花買物独案内』は、別名を『商人買物独案内』と称す。幕末から明治にかけての時期には、文芸・美術の方面の書物に地誌的価値の高いものが何点か出版されている。『浪花十二月画譜』は春のや繊月の著で嘉永二（一八四九）年に刊行された。近世大阪の庶民の歳事が挿し絵とともに紹介されている。『浪華四時雑詞』は、嘉永二（一八四九）年刊の漢学者・藤沢東甫の筆になる漢詩集で大阪の寺社の年中行事が表現されている。『なには五百題上』（浪華五百題集）は、安政二（一八五五）年版の花屋庵鼎左編になる俳諧集であり、大阪の寺社等の名所を詠んでいる。安政三（一八五六）年起筆の久須美祐雋『浪華の風』には、見聞したこの地の人情・風俗・物産・食物などについての記事がある。[4] この記事の中には、景観としての「水都」が如実に表現されている。

『浪華採旧考難波賦』は、成立年は不明であるが、松寿庵義道になる漢詩文である。田中右馬三郎による『大阪繁昌詩』および田中内記による明治四（一八七一）年出板『大阪繁昌詩後編』も漢詩に解説を加えたものである。これらは、幕末の大阪の年中行事・生業を知ることができる貴重な資料である。

（4）浜松歌国の著述

文化年間では、歌舞伎狂言作家の浜松歌国による著述が貴重である。文化五（一八〇八）年自序の随筆『摂陽落《せつようおち》穂集《ほしゅう》』、文化一三（一八一六）年には、『神社仏閣願懸重宝記』を出板している。何よりも浜松歌国の功績は、冒頭にも記した『御時世見聞記摂陽年鑑』の撰録に認められる。これは、元和元（一六一五）年から天保四（一八三三）年まで及ぶもので原本「十五」である文政九（一八二六）年以降の記事について、船越政一郎は、別人の記述としている(3)。大阪市中・摂津国の地勢・風土から始まり近世の大阪の歴史の詳細を記すものである。

浜松歌国には、他に『摂陽見聞筆拍子』もあり、『摂陽奇観』を補完するところもあるが、内容面での重複が多くみられる。『神社仏閣願懸重宝記』は、当時の民俗宗教の実況を知る上で貴重である。この書はよく売れたようで、これと全く同じ体裁のものを版元を変えて『神仏霊験記図会』の外題で売り出している。この類の願掛重宝記は、すでに『江戸神仏願懸重宝記』が文化一一（一八一四）年、万寿亭正二の筆になるものがあり、『神社仏閣願懸重宝記』はこれに倣ったものである。

（5）『近世風俗志』と風俗の記述

一八世紀前半には、洒落本が多く出板され、遊里のしきたりが多く記されている。すなわち、延享三（一七四六）年、献笑閣主人になる『月華余情』、宝暦年間（一七五一～一七六四年）刊の外山翁になる『浪花色八卦』がある。一八世紀後半に及んでも洒落本の出板は行われ、宝暦九（一七五九）年刊の墨江閣主人になる『浪花青楼志』、宝暦年間（一七五一～一七六三年）に張葛居辰の筆になる『煙華漫筆』、安永二（一七七三）年刊の備四軒による『浪花今八卦』、天明四（一七八四）年成立の放蕩軒による『今今八卦』、寛政六（一七九四）年刊の香具屋主人による『虚実柳巷方言』が挙げられる。他に寛政一〇（一七九八）年版の浪華散人による評判記『澪標・みをつくし』もある。大阪の都市的民俗の追究にこのような遊郭・青楼の風俗は、貴重な資料を提供する。また明和頃（一七六四～一七七一年）出板の著者不祥『絵本手まり唄』も近世大阪の風俗を知る手がかりとなる。

天保の頃には、天保六（一八三五）年刊の平亭銀鶏作になる『街能噂』といった滑稽本があり、風俗面での記述がみられる。天保一二（一八四一）年刊、木村繁雄編による往来物『新増女諸礼綾錦』下には、この時代の大阪の婚礼の衣裳・作法が詳しく記されている。

この時代の大阪の民俗の記述に資料的価値の認められるのは、『守貞謾稿』である。これは『近世風俗志』とも称され、天保八（一八三八）年から嘉永六（一八五三）年に成立した喜田川季荘守貞の筆になる書である。この書は江戸・京・大阪の三都の風俗および民俗を対照して克明に記したものである。そこにとりあげられている民俗は、当時実際に行われている民俗である。殊に生業についての記述は詳しい。三都の見立番付の流行った当時において、興味本位に流されず、風説に頼らず自らの見聞に基づく記事であるだけに近世の都市民俗を研究するための資料的価値は高い。

（6）紀行文・事典の類の記事

これらの近世大阪を対象とした書物の他にも、近世大阪の都市的風俗・習慣について触れている紀行文・事典の類の書物がいくつもある。本節においては、二、三を挙げるにとどめる。紀行文の類にも大阪の記述が見られる。元禄四（一六九一）年、オランダ商館の医師・ケンペルは江戸への往路・復路に大阪に立ち寄り、記録を残している。それは、東洋文庫『江戸参府旅行日記』にある。(5)安永五（一七七六）年、オランダの旅行家・ツュンベリーは、江戸への往路・復路に大阪に立ち寄っている。その記録は、東洋文庫『江戸参府随行記』に記されている。(6)享和二（一八〇二）年、江戸の戯作者・曲亭馬琴による『羇旅漫録』に大阪市中の見聞と風説を記している。(7)

文化六（一八〇九）年自序の江戸の戯作者・十返舎一九による『道中膝栗毛八編』がある。これは、滑稽本で虚構の記事ではあるが、文献批判を丹念に行えば近世大阪の民俗資料としての価値を持つ。近世の旅行者の目を通して、京・江戸とひと味違った都市としての大阪の習俗を読み取ることができる。

文政九（一八二六）年、オランダの医師・ジーボルト（シーボルトとも表記される）は、江戸への往路・復路に大阪に立ち寄っている。その記録は、東洋文庫『江戸参府紀行』に記されている。(8)事典の類にも大阪の記述が見られる。これらについても二、三の例を挙げるにとどめる。元禄三（一六九〇）年開板の東洋文庫『人倫訓蒙図彙』には、京・江戸とともに大阪の生業が記されている。(9)正徳二（一七一二）年自序、同五（一七一五）年跋のある寺島良安による東洋文庫『和漢三才図会』（一七一二年自序）といった事典にも大阪の記述がみられる。(10)

〈本書初出〉

36　大阪研究の蘊蓄
――宮本又次による町人学的視点――

（1）　地方研究書にみえる都市民俗記事

本節では、近代以降現代に至るまでの「大阪」に関する研究書から都市民俗誌を記述するのに有効な書物を挙げる。主にとりあげるのは、「大阪」「浪花」などを冠する単行本の類で、これらによって、その動向を概観するものである。

「大阪」に関する研究書として圧倒的に多いのは、経済学者・宮本又次の著作であり、宮本又次には、近世大阪の経済史から現代大阪の地誌にまで及ぶ。それは、ディテールにまで目をやる町人学的視点によって貫かれている。彼の膨大な業績の中に大阪町人の暮らしなど生業・芸能にわたるものもある。『日本歴史新書　大阪』（一九五七年至文堂）等がそれである。これらについては、後述するが、都市の民俗を近世にまで遡って研究している。宮本又次については、本著〈第一編　第二章　6　堀江の子供の民俗空間〉に小学生時代の体験をとりあげたが、もし世上に「大阪学」なる学問が成立するならば、宮本又次の業績を措いてはない。彼による大阪研究の詳細については、本節の以下に追々記述する。

その他、舞台芸術に関わる人たちの著作もある。例えば長谷川幸延の『大阪歳時記』（読売新聞社　一九七一年）は、大阪の年中行事を三六項目あげており、これは近代大阪の風俗を知ることができる書籍である。しかし、記述の一部に雑誌『上方』の引き写しが見られたりもする点、資料性については注意を要する。その他、画家による絵入りの風俗資料として、三世長谷川貞信『浪花風俗図絵』（杉本書店　一九六八年）がある。これには、明治・大正・昭和初期の生業など一三〇項目があげられている。また、藤原せいけん『続浪花風俗図絵』（杉本書店　一九七二年）にも、明治・大正・昭和初期の生業など一三二項目があげられている。これらは、都市生活者の日常生活を知る貴重な資料である。建築学者による著述に鳴海邦碩・橋爪紳也『商都のコスモロジー』（TBSブリタニカ　一九九〇年）がある。これは、現代大阪の都市空間を近世にまで遡り、商業空間・行楽空間・居住空間を景観の側面からとらえるだけではなく、都市の機能面にまで言及している。その他、近世の町人の民俗については、原田伴彦『浪花のなりわい』（町人文化百科論集第四巻　柏書房　一九八一年）、脇田修『近世大阪の町と人』（人文書院　一九八六年）がある。両人は歴史学者である。これらの著述からは、「歴史民俗」としての大阪の都市民俗をすくい上げることができる。

いっぽう、民俗学者による著述はいかがなものかというと、皆無に等しい。戦前の大阪については、宮本常一、赤松啓介（本名「栗山一夫」）に記述がある。『宮本常一著作集』（未来社　一九六九年〜）を丹念に読むと大阪市内についての記述がみられて成果が得られるが、『赤松啓介民俗学選集』（明石書店　一九九七年〜）には大阪市内の地名に不正確なところが見られるなど、資料性には問題がある。高谷重夫に『日本の民俗　大阪』（第一法規出版　一九七二年）がある。これは、年中行事・民俗宗教など民俗全般にわたるが、大阪周辺の農村の事例が中心である。大阪の都市的な民俗事象について民俗学者は、戦前の小島勝治を除いて考察の対象としていない。前節に述べたように都市部に民俗を認めていなかったのであろう。

以下、分野別に挙げる。年中行事については、前掲の長谷川幸延『大阪歳時記』の他にも浅田柳一『なにわ歳時記—忘れかけてる庶民史』（清文堂出版　一九八一年）をはじめいくつもの文献に触れられている。これには、行事だけでなく風俗・習慣も記され、近代大阪庶民の日常生活を知ることができ、都市民俗誌を記述する資料たり得る。

人生儀礼については、宮本又次『大阪の風俗』（毎日放送文化双書八　一九七三年）がある。これは、近世を中心に服装・食物・居住・方言・年中行事と祭礼・遊里・民俗風習の諸相を記し、日常生活における都市の「常民」の種々相を知ることができる。また、香村菊雄『定本船場ものがたり』（創元社　一九八六年）には、商家の人生儀礼が載せられていて、船場といった都心部における伝承を知ることができる。

生業については、前掲の宮本又次『日本歴史新書　大阪』、三世長谷川貞信『浪花風俗図絵』、藤原せいけん『続浪花風俗図絵』の他に、佐藤耕三・編者『船場を語る』（中尾松泉堂書店　一九八七年）がある。これは、大正末期から昭和初期の中船場を随想で綴っており、船場商人の祭礼・行事・遊びなどを知ることができる。また山本尚生他『わが町船場―いま・むかし―』（桜プリント　一九九四年）は、船場の老舗・暮らし・文化を地元小学校の教員が文献をもとに記し、これからも都心部における伝承を知ることができる。前掲『商都のコスモロジー』は、商業空間として心斎橋筋商店街をとりあげている。三浦行雄『船のある風景』（大阪春秋社　一九九六年）の「大正・昭和時代の水都」には、かつての水都の生業についても言及している。この著書にとりあげる生業のいくつかは、本著〈第二編　第三章　川筋の生業世界〉にもとりあげた。大谷晃一『大阪学』（経営書院　一九九四年）には、スーパーマーケットの開業に大阪商法が活かされているとも述べているが、このような事柄を証明するのは難しく、評論的記述である。

民俗宗教については、宮本又次『大阪の研究』第五巻（清文堂出版　一九七〇年）、前掲高谷重夫『日本の民俗大阪』に記載がある以外には記述されていない。民俗宗教・神仏の名を冠する大阪に関する文献は意外に少なく、成果に乏しい。田野登『大阪のお地蔵さん』（渓水社　一九九四年）は、実地調査に基づいて記述したものである。

口承文芸・伝説は、二反長半編『大阪の民話』（未来社　一九五九年）がある。これには、五〇編あげられ、そのうち、第一四話は大阪市内の民話であるが、『摂陽奇観』などの文献からの再話も含まれている。庄野英二・中村浩『大阪の伝説』（日本の伝説八　角川書店　一九七六年）は、大阪市内四六ケ所の史跡をめぐる伝説を歴史散歩の道に沿って紹介している。前掲『船場を語る』には、船場での子供の遊びについても述べられている。

芸能については、前掲の宮本又次『日本歴史新書　大阪』、宮本又次『大阪の研究』第五巻にも触れられている。前掲の大谷晃一『大阪学』には、大衆娯楽の沿革に沿って吉本興業の芸能を述べている。

衣食住について、宮本又次『大阪の風俗』（毎日放送文化双書八　一九七三年）には、近世を中心に服装・食物・居住・方言・年中行事と祭礼・遊里・民俗風習の諸相を記し、日常生活における都市の「常民」の種々相を知ることができる。上島幸子他『聞き書　大阪の食事』（日本の食生活全集二七　農山漁村文化協会　一九九一年）は、船場を中心に大阪町場の食・天満雑貨商の食・月給とりの食を聞き書きにより記している。前掲の大谷晃一『大阪学』は、きつねうどん・カップ麺の出現を大阪の食生活の中で説いている。大谷晃一に共通するモノ始め・事始め起源説である。前掲の『商都のコスモロジー』には、近代の住宅開発、路地裏の住居などの「住」についても述べている。

都市空間の民俗については、宮本又次『てんま—風土記大阪』（大阪天満宮　一九七七年）がある。これは、経済史家による地誌である。前掲の香村菊雄『定本船場ものがたり』（創元社　一九八六年）も船場という都市空間について述べている。永滝五郎『市岡パラダイス』（講談社　一九八四年）は、昭和初期の西大阪の風俗を知ることができる。これは、大阪といえば「船場」と云われる中で貴重な資料であり、民俗誌としての価値がある。前掲の鳴海邦碩・橋爪伸也『商都のコスモロジー』は、「浪花百景」に見える空間構造について述べている。前掲の山本尚生他『わが町船場—いま・むかし—』（桜プリント　一九九四年）は、船場の老舗・暮らし・文化を文献をもとに記している。前掲の大谷晃一『大阪学』は、現代都市・大阪の都市空間を古代から遡って記述する。これは、一九九〇年代半ば、関西国際空港開港開港前後に起きた「大阪本ブーム」の火付けとなった本で、現象面から見た見た東西文化論である。東西文化論といえば、福田アジオ『番と衆』（吉川弘文館　一九九七年）がある。これは、村落構造から述べたもので、終章に東京と大阪の比較が行われている。民俗学者による比較文化論として興味深い。

（2）地方雑誌にみえる都市民俗記事

前項でとりあげた著作物の他、郷土研究誌・地方雑誌にも大阪市中の民俗がとりあげられている。就中、近代の大阪市中における民俗の資料蒐集は、郷土研究誌『上方』において盛んに行われた。このことについては、本編〈第三章　郷土研究誌『上方』にみえる大阪研究〉に詳述するとして、地方雑誌『大阪春秋』の記事にも大阪の都市民俗的研究を読むことができる。『大阪春秋』の創刊号は、一九七三年一一月である。その創刊編集発行人である堀内宏昭の大阪文化への情熱には計り知れないものがある。

掲載記事は、まさに大阪の歴史・文化・産業の多方面にわたり蘊蓄を傾けたものであり、民俗学関連のテーマの特集が組まれることもある。第七号「大阪のまつり」、第一五号「大阪の寺院」、第二二号「年中行事」、第二九号「おおさかの神社」、第四一号「大阪の伝統産業」、第四二号「大阪の歳時記」、第四九号「大阪天満宮と天神信仰」、第六〇号「大阪の民俗信仰」、第九一号「伝統の技・人」、第九四号「おおさかの伝説」などみなそうである。都市の民俗を顧みることの必要性が唱えられるようになった今日、『大阪春秋』所載記事の資料的価値は、評価されるべきである。

『大阪春秋』の主な執筆者と一連の調査・研究内容を民俗関連に限ってめぼしいものをアイウエオ順に紹介する。

赤松文による都市型祭礼についての調査。伊勢戸佐一郎による材木浜の生業。岩井宏實による神事・祭礼・民俗宗教についての論考。近江晴子による天満天神社の古文書の研究。加藤政一による庚申信仰など民俗宗教の論考。小《こ》谷方明《たにまさあき》による伝統的行事から新しい行事までの論考。酒井亮介による大阪湾の漁業史と食文化についての記述。竹島昌威知による寺社の神仏への願掛けの論考。津江孝夫による今宮戎神社についての論考。中村浩による神事祭礼の調査。藤原秀憲による大阪商家の符牒の紹介。三浦行雄による川と橋の考証論考。宮本又次による「暖簾」の研究・豪商の信仰など商家の習俗の論考などがあげられる。

補足になるが大阪地方以外の雑誌では、名著出版『歴史手帖』一九八五年六月号（一三巻六号）に大阪の都市民俗特集がある。その掲載記事は、岩井宏實「都市の民俗」、伊勢戸佐一郎「商いの習俗」、福原敏男「寛政元年玉造稲荷砂持一件」、野堀正雄「『神社仏閣願懸重宝記初編』にみる小祠と治病」、伊藤廣之「小島勝治の都市民俗論」、田野登・河野憲一「大阪市港区の地蔵信仰」、土佐昌樹「都市と地下街」である。田野登は、一九八八年「都会の地蔵さんのフォークロア」をこの『歴史手帖』に一年間連載した。『都市文化研究』（大阪都市文化研究会）は、一九八七年創刊以来、発行し続け、二〇〇五年八月現在、二八号に達するが、そこには、大阪に関する都市民俗もまた掲載している。『都市問題研究』一九九五年三月号（第四七巻第三号　通巻五三一号）の大阪論特集にも興味深い論考が連なっている。この他、大阪都市協会発行の機関誌に、『大阪人』（前身は戦前の『大大阪』）がある。大阪市史編纂所の機関誌に『大阪の歴史』がある。大阪の都市民俗を研究するためには、これらの雑誌の記事もまた、多くの資料を提供するものである。

このように書き連ねると、大阪における都市民俗は、大阪地方在住者を中心に膨大な資料を有することがわかる。これらの資料は「大阪研究の蘊蓄」として評価すべきである。ただ民俗学研究者による記述が乏しく、民俗を総合的に論究するものがない。都市大阪には民俗が存在していても、それを正当に位置づけられることがあまりなかったのである。それはおそらく個々の民俗事象の価値を認識しつつも、この膨大な資料の集積を前にして民俗を論じる視座を据えかねていると考えられる。本著〈水都大阪の民俗誌〉は、地域民俗研究の一つの試みとして、「水都」を主題として論究しようとしたものである。

〈本書初出〉

第三章　郷土研究誌『上方』にみえる大阪研究

概要

本章〈郷土研究誌『上方』にみえる大阪研究〉においては、〈第一編　第一章　1　近世大阪の都市民俗の展開〉〈第一編　第二章　5　近代大阪の都市民俗の展開〉における論証の資料としてとりあげた郷土研究誌『上方』に関する研究史的位置を論究する。

今日、民俗学研究に課せられた課題のひとつに、各地の市史編纂に「民俗篇」が行われるように、それぞれの地域における民俗の展開を論じることが挙げられる。『上方』は、この課題に対して好材料を提供する雑誌である。『上方』が創刊された昭和初期、大阪では、こぞって「近代都市大阪」を標榜していた。そのような風潮のもと、『上方』には、明治時代、さらに近世に遡っての通時的論考が多く寄せられている。それらの記事からは、近代化の波に呑まれて、廃れゆく地方文化を記録・保存することへの並々ならぬ情熱を感じ取ることができる。『上方』の研究史的価値はそればかりではない。当時の「同時代」を刻銘に記録し、共時的観察に基づいた優れた記事が多く見られる。それらの記事からは、俗物趣味に陥らない程度において、当時の民俗宗教・縁起物などの流行への一廉ならぬ関心がうかがえる。動態としての視点から大阪における民俗事象を実証的に論じる場合、『上方』の記事を丹念に読み解くならば、有効な資料を得ることができる。そのような価値が認められるので、本編〈「大阪」をめぐる都市民俗研究史〉の掉尾に、雑誌『上方』の研究史的位置を論究したうえで、今日の都市における民俗研究に向けての視点を確認することにする。

37　上方文化の縮図

—『上方』のもくろみ—

（1）『上方』の魅力

昭和初期に発行された郷土研究誌『上方』は、京阪地方を中心とする近畿地方の歴史・文化についての記事を多く載せている。とりわけ大阪に関しての記事が多い(1)。これらの記事を丹念に読み解くならば、通時的でしかも体系的な大阪の歴史・文化に関する研究の可能性が残されていると考える。

大阪のマチがそうであるように、昭和初期に創刊された『上方』の価値は、雑然とした中での得体の知れない秩序が認められることである。『上方』は、けっして、アカデミックな研究論考を連ねているのでなく、かといって巷間の俗説におもねる風もない。記録は詳細かつ具体的である。『上方』の全巻を通しての秩序とは何なのだろう。辛口の評言をすれば、その秩序は主唱者である南木芳太郎（萍水）はじめ同人にも発見しえなかった何かではないか。その解らない「秩序」こそ、追究してやまない魅力であり、研究者に挫折感を味わわせるものでもある。「江戸学」「京都学」ならいざ知らず、大阪研究全般にわたる実体のともなった「大阪学」のテキストなど宮本又次の膨大な著作集から抽出する以外にない。『上方』は、テキストではなくて、カタログであって全体を貫く論理がなかなか見えてこない。このカタログは凝り性の者向けのものであって、これでもか、これでもかと畳みかけるものである。それであって、この都会は、いっこうにその全体像を見せてくれない。

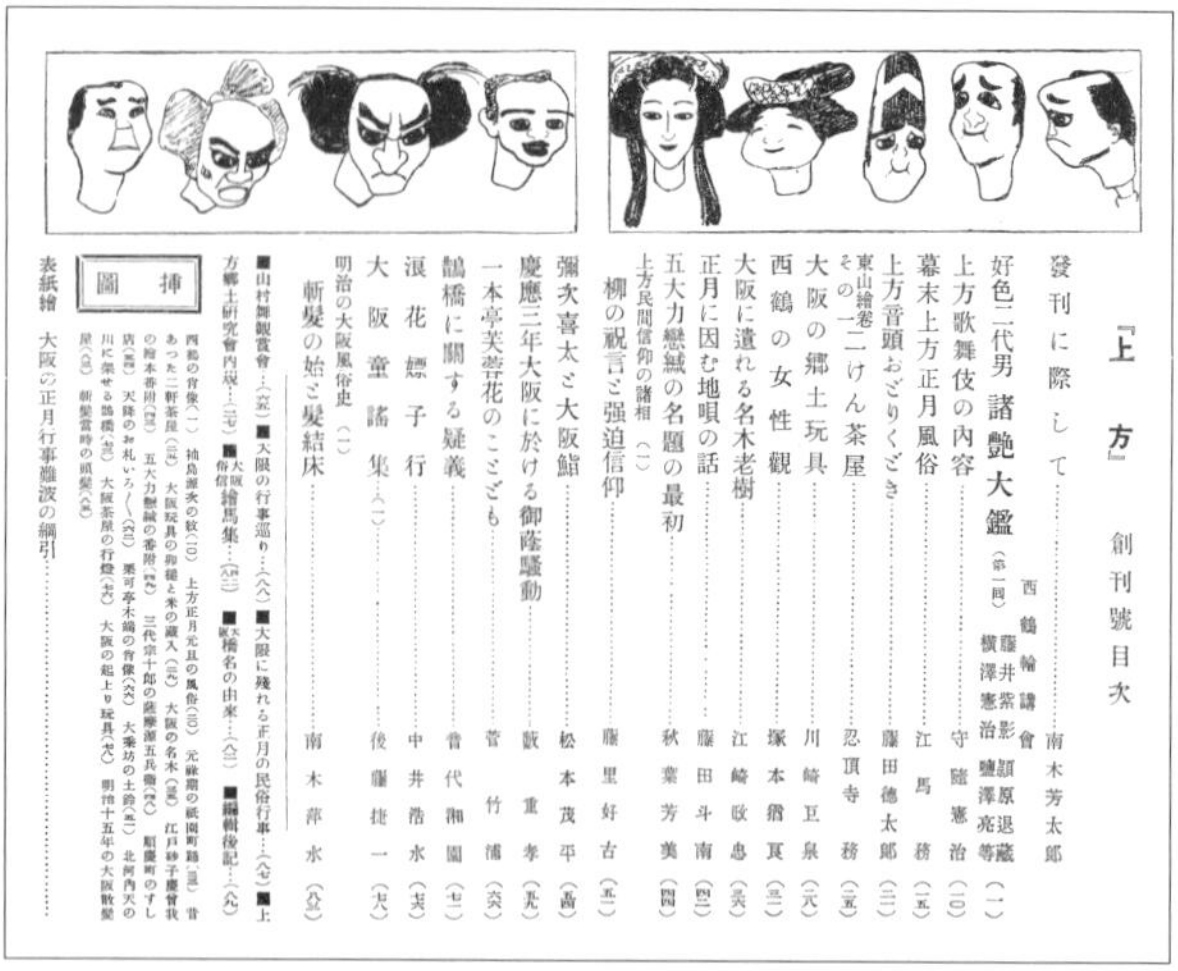
『上方』創刊號目次

(113) 雑誌『上方』創刊号目次

『上方』は、はたして南木芳太郎《なんきよしたろう》（南木萍水《ひょうすい》）が昭和六（一九三一）年発刊当時に目論んだ「上方文化の小縮図」を達成したのであろうか。彼の目論見とは、彼自身誇りとする、郷土文化における文学・美術・風俗・行事・演芸・地蹟・信仰・伝説・娯楽・俚謡の宣揚であった。これらのうち、いくつかは、本節の対象とする都市民俗の研究分野と重なる。このように限定した条件に見る限り、「上方文化の小縮図」はほぼ達成し得ているのではないか。ただ、この小縮図の解読がいまだできていないのではないか。

『上方』創刊当時である昭和初期、大阪はこぞって「近代大阪」を標榜していた。そのさなか、南木芳太郎をはじめ、『上方』の執筆者には、並々ならぬ通時的側面への関心を示し、同人たちと一緒になって明治の初期、当時からすれば半世紀ほど以前の事象をとりあげ、さらに文献によって、近世にまで遡って考証をしている。消滅した門付け芸に至っては再演の催しまで開いている。しかし、『上方』の都市民俗研究における真骨頂は、通時的記録にとどまらないところにある。歴史民俗ばかりか、同時代民俗をも丹念に記録として残している点にある。この雑誌には、実地調査に基づく記事を多く載せている。南木自身、旺盛に大阪文化探究の意欲を示し、一三年間に一三〇回もの現地見学会を開催し続けた。見学先は、有名な社寺から新設なった中央市場（大阪中央卸売市場：福島区野田）にまで及ぶ。『上方』には、かなりの数の実地調査報告などを載せ、そこには同時代への関心が強く感じられるのである。

『上方』は、昭和六（一九三一）年一月に創刊し、昭和一九（一九四四）年四月まで一五一号が発行された。創刊から昭和一七（一九四二）年一一月の一四三号までは欠かすことなく月刊で発行され、同年一二月号が休刊となり、以後は昭和一八（一九四三）年一月の一四四号から同年四月の一四七号までは毎月発行されたものの、同年六月の一四八号から同年一〇月の一五〇号までは隔月となり、翌年四月の一五一号でもって廃刊となった。上方郷土研究会の活動は、郷土史家・南木芳太郎が私財を擲って始めた事業である。その大阪研究に対する寄与は、昭和二（一九二七）年から同四（一九二九）年にかけて翻刻された船越政一郎編纂校訂『浪速叢書』と相俟って多大である。それには、今日、都市民俗を研究するうえでの資料性の高い記事が多く見られる。『上方』に所載する民俗記事としては、衣食住・人生儀礼・年中行事・民具・生業・諸芸芸能・民俗宗教・神事祭礼・伝説俚謡・行楽・趣味娯楽といった広範な項目を拾い上げることができる。もちろん歴史研究・文学研究・演芸研究なども掲載されているが、それらを除き、民俗研究に関連する『上方』の主な執筆者と研究のあらましを挙げれば以下のとおりである。ここでは、その記事の多彩さを示し、都市民俗研究の資料たりうることを確かめるにとどめる。（執筆者名アイウエオ順に記す。）

上田長太郎による都市の祭礼と花街の関係。梅原忠治郎による住吉神社の通時的研究。江馬務による幕末から明治にかけての大阪の風俗の考証。川崎巨泉による郷土玩具・縁起物の蒐集紹介。小島勝治による葬式についての論考。高原護郎による新興地西大阪における習俗の現況報告。南木芳太郎による祭礼・習俗の通時的考察。林春隆による食文化を通しての年中行事の紹介。日垣明貫による年中行事・生業の紹介。船本茂兵衛による高津界隈（中央区高津）の地蔵信仰の詳細な調査。宮本又次による大阪の商業・交通の論考などである。大阪における都市民俗研究の背後には、几帳面に書き記された資料がふんだんに控えているのである。

（2）『上方』の時代

『上方』創刊当時の「大阪」を確認しておきたい。『上方』が創刊されたのは、昭和六（一九三一）年一月のことである。この時代の大阪は、さまざまな社会問題を抱えつつも、メトロポリスとして膨張しつつあった。大正一四（一九二五）年四月一日、大阪は中心都市である大阪市が周縁の地域（urban edge）に加えて周辺（urban fringe）農村をも市域に加え、「大大阪」が成立する。同年一〇月一日の第二回国勢調査では大阪市の人口は二一一万四八〇四人で日本第一位となっている。(2)『上方』創刊の六年前のことである。地下鉄が梅田―心斎橋間に開業したのが昭和八（一九三三）年五月二〇日のことで、阪神タイガースの前身である大阪タイガースが設立されたのは昭和一〇（一九三五）年一二月である。メインストリートである御堂筋が竣工したのは、その二年後の昭和一二（一九三七）年五月一一日のことである。(3)『上方』が発行されていた時代、大阪は、まさに近代都市を標榜していた。そのいっぽうで、この都市においては、大気汚染・河川の汚濁などの居住環境をめぐる問題がすでに噴出していた。昭和三（一九二八）年九月二〇日に煤煙防止調査委員会が、空中浄化運動週間を実施し、(4)昭和七（一九三二）年六月三〇日には大阪府令として、日本最初の煤煙防止規則公布されもしている。(5)

郷土研究誌『上方』発行を中心とする上方郷土研究会の活動が立ち上げられた時代背景には、このように都市が近代化し、伝統文化が著しく変貌を遂げつつあるといった危機的状況が控えている。上方郷土研究会の活動は、大阪を中心とする地域の文化を再考・再評価しようとする一般市民による文化活動である。その面では昭和初期当時の市民社会に根ざして成立した活動であって、研究機関や官庁主導の研究活動ではない。この雑誌の執筆者の特徴は、主唱者である南木芳太郎がそうであるように、大学教員等の研究者だけでない点にある。会社重役、郵便局長、新聞記者、画家、作家、医者、役所職員、府会議員、質商などなどさまざまな職業を持つ人たちであり、そのメンバーには実学と実証を重んじる「大阪町人学者」の系譜に位置づけられる人たちも含まれている。大阪における地域研究がこのように幅広い層の人々によってなされていた。ところが大阪市中の民俗事象の記述と考察は、後の近畿民俗学会に結集した研究者には関心が薄かった。沢田四郎作・宮本常一・高谷重夫・岸田定雄・小谷方明といった「大阪民俗談話会」（現在の「近畿民俗学会」の前身）の錚々たる顔ぶれも寄稿しているが、宮本常一を含めて、大阪市中の民俗については何も書き残していない。今日も変わらないが、当時において民俗学研究者は、大阪という大都市をフィールドとする民俗事象に対して、興味を示していなかったのである。

この雑誌を発行した上方郷土研究会の活動は、大都市としての発展を精神生活の面で寄与したに相違ない。しかし、今日の民俗学の研究水準に照らして、『上方』には限界もあった。『上方』が刊行された時代は、戦争に突入して行った激動期でもある。以下、このような限界を弁えた上で、『上方』において成し遂げられた成果をたどり、大阪市中を中心とした民俗研究の概略を示したい。

〈初出は、「大阪における都市民俗の展開」『近畿民俗』（近畿民俗学会）一六八・一六九号　二〇〇三年九月。これの一部分を大幅に改稿。〉

38　庶民の暮らしの記録

―『上方』の成果―

（1）『上方』における通時的論考

『上方』の記事が通時性に富むことは、第一編〈第一章　1　近世大阪の都市民俗の展開〉および〈第二章　5　近代大阪の都市民俗の展開〉に記したが、近世に関しての記述のスタイルは、自らの見聞、地方文書、著者を明記する文献・作品などが綯い交ぜられている。自らの見聞にのみ記述しているなかにも、三宅貞次郎「大阪の蔵侍と町人の廻礼風俗」（六一号）[1]、中村松花「晩秋を賑はせた大阪の番船」（七〇号）のような資料性が高いものがある。殊に「晩秋を賑はせた大阪の番船」は、享保年間（一七一六～一七三六年）以来、明治九（一八七六）年まで営まれた江戸積雑貨問屋の年中行事を自身の父から取材したものであり、当時にあっては「近世」が見聞によってかろうじて窺い知ることが可能であった。この論考は、近世における「水都」の生業を知るうえでも貴重なものである。

地方文書をとりあげている論考には、江馬努「幕末上方正月風俗」（創刊号）、佐古慶三「天王寺牛町の由来記」（三号）、茨木屋四郎三郎「傾城遊女の足洗ひ井戸」（五三号）、南木萍水「鴻池家正月行事献立表」（六一号）、園克己「御霊宮御輿講組合法式帳」（五五号）、同「大阪伏見町と恵美寿講の回顧」（三八号）、船本茂兵衛「高津の地車と差入書」（五五号）、島道素石「道修町薬祖神祭」（二三号）がある。このなかには、資料紹介にとどまるものもあるが、とりわけ、「天王寺牛町の由来記」は、「元和二（一六一六）年地方文書」「明和八（一七七一）年古文書」によって、『摂津名所図会』『摂津名所図会大成』『大阪府全志』の記述の誤りを指摘している。著者を明記する文献・作品にもとづくものには、松本茂平「弥次喜太と大阪鮨」(創刊号)、奇太楼主人「ぴんしよ舟に就て」(二八号)、小野圭史「棉の番船」(一四号)、野間光辰「近世文学に現れた七墓参りについて」(五六号)、乾献平「浮瀬と文献」(三号)などがある。「棉の番船」は、近世における「水都」の生業を知るうえでも貴重なものである。「弥次喜太と大阪鮨」は、たかが虚構の人物の食った物についての論究であるが、大阪鮨のルーツに迫る論考である。「近世文学に現れた七墓参りについて」にとりあげられた七墓参りは、近松門左衛門・井原西鶴といった近世文学者による作品を研究するなかで見いだされた民俗である。都市民俗研究にとっていかに文献資料が広範な分野に及ぶものかを知らされる論考であり、上方同人たちはこれと呼応して、探墓特集を組んで現地調査を行い、綿密な調査報告を残している。

このような『上方』における近世の民俗記事に引用・参照された文献・作品をジャンル別に分類すると、地誌・随筆・風俗・滑稽本・浄瑠璃・法制・辞書など広汎な分野に亘る(2)。

地誌では『摂津名所図会』『摂津名所図会大成』『摂陽群談』『難波鶴』『難波雀』などが挙げられ、随筆では『摂陽奇観』『摂陽落穂集』『浪華百事談』『羇旅漫録』『嬉遊笑覧』『皇都午睡』などが挙げられる。『摂陽群談』『摂陽奇観』『浪華百事談』は、近世大阪に関する民俗研究のための必須の先行文献である。『摂津名所図会』『摂津名所図会大成』は、民間に流布した通俗地誌であるので、引用する際、一定の注意を要する文献であるが、今日なお必見の文献資料である。風俗では、『守貞漫稿』(『近世風俗志』)『大阪繁昌詩』が挙げられる。三都を比較分析した『守貞漫稿』は、当時既に資料性が高く評価されていたのか、傍証に用いられている。滑稽本では、『東海道中膝栗毛』『街迺噂』が挙げられる。『東海道中膝栗毛』は資料批判をしっかり行えば、充分資料たり得る。このことは「弥次喜太と大阪鮨」により証明済みである。浄瑠璃については「近世文学に現れた七墓参りについて」に偏るので省略する。その他文学のジャンルでは、浮世草子・仮名草子・漢詩・歌謡・俳文・日記などの作品も引用されている。これら文学作品にも近世都市における民俗事象がいくらも見出される。この他、黒羽兵治郎「大阪地方の船仲間」（一四〇号）に紹介した美啓編になる天保一一（一八四〇）年版『日本船路細見記』は、「航海」に分類されるもので、特殊なようであるが、「水都」大阪における水上での民俗を知る上で貴重な資料である。近世都市に関しては、資料が多彩でかつ膨大である。そこでの民俗を追究するのは、大変な労力を要する作業であることを『上方』掲載の記事から窺い知ることができる。これらの文献のうち、何点かは、『浪速叢書』に翻刻されているものがあり、『上方』の記事にもそこから引用されもしている。『浪速叢書』による翻刻事業の他、大正から昭和初期にかけての時代は、大阪における郷土文化研究が開始された時代であって、同人による研究誌などが盛んに刊行されている。当時、近代化のなかで見失われつつあった伝統文化を顕彰する機運がそうさせたのである。『浪速叢書』は昭和二（一九二七）年から同四（一九二九）年にかけて浪速叢書刊行会により翻刻されたものである。これは、船越政一郎の編纂校訂になるもので全一六巻と別冊一巻からなり、大阪の文献資料が網羅された叢書である。まさにこの時代は、大阪の文化の価値に目覚めた時代でもある。そういった時代であるが、『上方』にとりあげられた近世の都市民俗の事象には、今日の関心からして必ずしも十全なものとはいえない。今日の研究水準からすれば、まだまだ民俗事象が見つかりそうなのである。一例を挙げれば『浪速叢書』所載の一連の文献記事が充分に活用されていないことである。本著においては、すでに〈第一編　第一章　1　近世大阪の都市民俗の展開〉に、『浪速叢書』の記事を一部、引用したが、近世大阪の歴史を書きつづった『摂陽奇観』は圧巻である。『浪速叢書』の第二から第六を占める『摂陽奇観』の記事には、近世の都市民俗研究の資料となるものが多く認められる。『摂陽奇観』にとりあげていて、『上方』記事に見られなかった近世の都市民俗のなかには、『上方』の時代以降、注目され出した民俗事象が何点かある。以下に気のついた二、三を挙げてみる。

町人たちの行動文化としては、開帳・砂持ち神事がある。開帳に関しては、鴻池義一「大阪の開帳」に歴史的展開の分析がある(3)。砂持ち神事に関しては、『浪速叢書』刊行におくれること約五〇年の『近来年代記』（大阪市史編纂所刊行　一九八〇年　大阪市史史料第一～二輯）に頻出する重要項目である(4)。晩年の高谷重夫は、この砂持ち神事について『近畿民俗』に「砂持ち考」を発表している。砂持ち神事は、正遷宮などの神事にかこつけて町人たちが市中を仮装行列をするもので、高谷の指摘する「日常的規範から脱却した開放感」「自由」が認められる(5)。本著においては、すでに〈第一編　第一章　1　近世大阪の都市民俗の展開〉において「市中の風雅」の天保山の箇所に少し触れた。このほか、風邪や疫病の流行った時の風の神送りは、すでに『摂陽奇観』に頻出する。風の神送り自体は都市民俗ではないが、近世大阪においてはユニークな形態をとった民俗事象として、『上方』における遺漏項目として挙げておきたい(6)。『上方』における近世の民俗宗教についての記事の物足りなさは、『浪速叢書』鶏肋に所載する『神仏霊験記図会』に全く手が着けられていない点にもある。『神仏霊験記図会』は〈第一編　第一章　1　近世大阪の都市民俗の展開〉の「物見遊山」において少し触れたとおり、近世の都市生活者の神仏に現世利益を求める心意がまるで判じ物のような形で、ユーモラスなまでに多彩な様相を呈している。ここに二、三挙げた項目への目配りが充分でなかったのは、近世における都市民俗研究といった分野が昭和初期にあってはいまだ熟していなかったことに起因するものであろう(7)。

そのいっぽうで、『上方』には、「近代」とりわけ「明治」の民俗記事を多く載せている。『上方』では「明治」を「近代」から分節している。『上方』にとりあげられた記事は、「明治」の都市民俗研究にとって貴重な資料を提供するものである。その記事の「明治」についての記述はけっして一様なものではない。論考の中には、回顧の情に傾いた随筆もあれば、回想による記録もあるし、伝聞による記録もある。また、明治時代当時の新聞ネタの解析もある。『上方』における「明治」の民俗に関する記事は、前代と異なり、個人の記憶に基づくものから、報道機関による記述に基づくものまで一挙に幅を増す。以下、記述方法の違いにより分類整理しておく。

蒲田利郎「堀江を環る川や橋の情味と巷話」(六号)、鷺谷樗風「明治の子供の世界」(一〇〇号)には、明治時代に至っても伝承されていた材木の挽唄・木挽き唄・仲仕の唄などの仕事唄が回想によって記されている。黒崎貞江「明治初期の大道芸人」(五八号)、日垣明貫「明治中期の珍奇行商人」(三五号)には、大道芸人などの生業が執筆者自らの見聞にもとづき記されている。南木萍水「五十年前の千日前」(一〇号)は、三篇よりなり、前篇は「歓楽郷以前」、中篇は「歌舞伎と千日前」、後篇は「歓楽地草創時代」である。前篇には、文献を引用することによって明治時代の「隠坊」の暮らしなどを記録している。船本茂兵衛「明治巷談切抜帖より」(二五号)、「明治巷談切抜帖より(中)」(二六号)、「明治巷談切抜帖より(三)」(二七号)などは、新聞記事を検索することによって得られた情報・知見を駆使して、都市における巷談を論じている。船本茂兵衛における明治時代の市井の人々への眼差しには、開化期の心意に対する好奇の域を超えたものがある。

今日、民俗学の「近代」への眼差しは、政治・経済・制度・思想など一連の「近代」の事象として民俗を読むことに向けられつつある。個々の民俗事象の位置づけは、その時代の相貌を察知した上で、その変化を動態として捉えなければならない。「明治」という時代は、近代社会に大きく変化した時代である。民俗事象においても、近世から現代に至る過渡的形態といった位置づけから、積極的に「明治」の枠組みの中で再検討されなければならない項目となっている。昭和初期の『上方』の視点と方法は、「明治」に対して一連の枠組み・パラダイムシフトとしての認識はともかく、対象としては截然と区別して捉えている。それは、第二五号に「明治文化号」、第二六号に「続明治文化号」を組んだことをはじめ、幾多の論考に「明治」を冠した論考があることより明らかである。

個々の「民俗事象」は新たに発生するものであっても、「民俗」は変容しつつも継承されるものである。『上方』における明治の記事には、昭和初期当時において、すっかり見られなくなってしまった生業などを明治の「珍奇」

な生業としてとりあげている。当時、明治の「珍奇な生業」として書きとめられたものを『近世風俗志』などと照らせば、存外、近世以来の行商人の文明開化版であることが明らかになるものもあるだろう。商品の文明化と生業伝承の文明化とは区別されなければならない。品物に変化があり、装いに変化があろうと商う行為に変わりはないことがある。記述されている「モノ」におのおのの時代のスケールを当て一般化して読み解けば、「コト」に変わりがないことが多い。「明治」の政治・経済・制度・思想など一連の事象の一側面としてそれらの新たな事象を民俗として位置づけることが大事なのである。そのような視点こそ、今日のさまざまな社会事象を現代民俗としてとらえる端緒となるものである。

(2)『上方』における共時的記述

雑誌『上方』創刊の時代は、大阪が近代都市として爛熟期を迎えていた時代でもある。この時代、巷ではエロ・グロ・ナンセンスが風靡していた(8)。昭和三(一九二八)年のヒット曲「道頓堀行進曲」の作詞者・日比繁次郎は、第二号に「道頓堀昭和風景」を寄せている。そこには、劇場において煽情的なジャズの伴奏に合わせて娘たちが乱舞するハダカゲキなどの風俗を記している。佐古慶三「上町の盆踊」(二〇号)に、昭和七(一九三二)年、生玉・高津・天王寺にかけての路地空地の地蔵堂の前で年々歳々、長屋の老若男女が踊り狂っているさまを記している。この歓楽街での裸劇も路地裏の地蔵堂での踊り狂っているありさまも、近代都市を標榜した昭和初期大阪の「現代」である。『上方』の都市民俗的側面から見ての資料的価値の高く評価される点は、その記述のいくつかに、共時的観察が見られることである。この雑誌の真骨頂は、歴史研究などではなく、同時代の民俗研究なのではないか、「現代学」なのではないかとさえ考える。

⒁ 道頓堀夜景（2003年秋阪神タイガースセリーグ優勝の時）

『上方』同人の同時代への眼差しは、共時的関心が強く働き、そこに同人たちの気づき得なかった価値が見出されるのではないか。いささか穿った見方をすれば、都市における民俗原理に通じる何かを探り当てているのではないか。その点こそ、現代民俗研究に向けての視点として再評価したいのである。

この雑誌には、実地調査に基づく記事を多く載せられている。『上方』の民俗宗教に関する記録からは、昭和初期当時の現況がつぶさに読み取られる。人魚洞「頭痛のお呪禁三十八銭也」（五号）に、昭和六（一九三一）年、合邦《がっぽう》の辻の閻魔さん（天王寺区逢阪）の祈禱の体験をルポルタージュ風に記している。楳渓山人「天王寺俗信巡り」（三号）に、昭和六（一九三一）年、乳の布袋・神衣堂など当時の願掛け作法を記録している。この地の民俗宗教においては、地蔵信仰が殊に盛んであった。「上町の盆踊」の光景は、市中どこの路地にも見られたものである。後藤捷一「上方地蔵巡礼」（九号）に、大正一一（一九二二）年夏から冬にかけての実地踏査に基づき、地蔵の異名・所在地・尊容・願掛作法・利生・伝説を五九件記録している。圧巻は、船本茂兵衛による市井の地蔵尊の調査である。船本は、「地蔵祭と地蔵尊の由来」（三二号）に、昭和八（一九三三）年の実地調査に基づき、高津《こうづ》界隈（中央区高津）の地蔵の所在地・向き・尊容・霊験・由来などを丹念に記録している。また、「地蔵祭と地蔵尊の由来」（三四号）、「地蔵祭と地蔵尊の由来（続）」（三六号）に、同年の調査結果と論末に地蔵の名前・霊験を整理している。これら合わせて九四件の地蔵信仰に関する調査記録は、昭和初期における市井に暮らす人々の都市民俗の現況をうかがい知る貴重な資料を提供している。

新聞記者である上田長太郎は、当時の民俗事象の記録を書き残し、それには共時的側面への関心が殊に強く感じ取られる。彼は花街の盆踊りを社会背景から捉えている。「大阪花街の盆踊」（二〇号）に、堀江遊郭の阿弥陀池和光寺（西区北堀江）での盆踊りを昭和五（一九三〇）年、不況打開策として始められたと指摘し、「続大阪花街の盆踊」（二一号）には、今里新地（生野区新今里）・湊新地（港区夕凪）・住吉新地（住吉区住吉公園周辺）といった新地に流行した盆踊りとしてとりあげている。「住吉の神巫子さん」（一一二号）には、神社専属の神巫子の月給制度、養成、衣裳、化粧のしかたなどの実態を記している。当時の神事を「神事」の項目として仕舞い込まないで、俗事として報告している。神事の近代を知るひとつの手がかりとなる、実に今日的な発想というべきである。『上方』における共時的視点からの記述は、今日においてもなおも新しい興味をそそるものなのである。

（3）今日の民俗研究に向けての視点

『上方』における神事・祭礼の記事に対し、民俗事象を動態としてとらえる視点から読み解けばいかがなものであろうか。古来より由緒正しく厳修されていたと思われる神事・祭礼が昭和前後に再興されたとされる事例をいくつか挙げることができる。一柳安次郎「住吉神社おん田神事（下）」（七号）、藤里好古「天神祭の諸相」（七号）、南木萍水「今宮神社奉鯛行列について」（八六号）、編集部「天満宮秋思祭と歌替祭」（五八号）、梅原忠治郎「住吉神社年中行事」（一二二号）には、「再興」「復興」の言葉が多く見られる。また高原慶三「夏祭と氷室」（七号）に、博労町難波神社（中央区博労町）の氷室神事の奉納品の変化を記述する件に、模造の氷が白むしを経て綿に変化し、昭和六（一九三一）年当時、実物の氷を献供されるようになっていたと記されている。神事・祭礼の近代化は、「復興」「再興」と称して再生を図るものである。「復興」「再興」の際、当時の流行をも「さも古風なもの」としての装いのもとに取り込んで、民俗として再生を遂げるのである。前述の上田長太郎は、当時の遊郭がカフェーなどに変化する花街の現象を「花街の混迷期」（二八号）に記してもいる。彼には、祭礼についての流行をも「大阪夏祭の新粧」（三二号）にとりあげ、論末に「百貨祭」「ゆかたまつり」「王冠祭」といった宣伝的行事にもふれている。

昭和初期大阪における祭りの復興・再興・再復といった事象は、都市においてしばしば民俗の再生が行われることの証左となる。日本民俗学においては、そのような事象を「現代民俗学」がとりあげているが、「現代」に始まったものではない。むしろ民俗の学界が「現代」になって気付いたのである。それまでが動いているものに目もくれずに、「風俗」「流行」として押しやっていただけなのである。民俗事象を動態としてとらえる視点からすれば、民俗の再生によって生じる新たな民俗事象は自明の原理に則るものとして捉えられる。

民俗における伝承の問題は、須く発生の時点に立ち返って考えなければならない問題である。今日にあって「伝統的」と見なされる民俗であっても、発生当初はいささかの創意が働いてもいるものである。社寺の神事祭礼であってもそうである。『上方』が記録している民俗には、比較的新しく創生した民俗が多くて伝説化が十全に進展していない事例が多く見られ、かえって創成の真実を知ることができる恰好の資料を提供するものが多い。今日、「古式ゆかしく厳修」されているように見える事例であっても必ずしも古来より踏襲しているものばかりではない。「伝統的」とされる民俗は、その神仏などの独自の縁起が語られ、その発生起源が伝説化していることが多い。（その真実はどこもかしこも縁起譚など同じような展開なのだが……。）ところが、新開地の祭礼など、神社が「再興」などと銘打ったところで、どこかの神社が行っていた祭礼を真似て始めたものに相違ない。民俗の伝播は、古来、行われてきたことである。発生した時代が新しいからといって意味がないと断じるのは正しくない。民俗研究にあっては、新しい設えのなかに古くからの伝承を見つけ、そのいっぽうで、古式蒼然たる装いをした伝承のなかに新しいものを見つけることが肝要であると考える。『上方』の記事には、その両方の事例が揃っているのである。

(115) 今宮戎縁起物

当時の縁起物ブームについて『上方』は多く載せている。縁起物と郷土玩具が「創製」「復活」「模作」され、なかには、考案者が願掛けの指南までしている。今日、どこの社寺にも見かける縁起物は、当時、執筆者である川崎巨泉たちがブームの仕掛け人の一人であった。それだけに当事者による真実の言説が記録されていて興味深い。縁起物の創作には、モチーフがあった。そのモチーフは、天地から降ったり沸いたりしたものではない。近世の願掛重宝記の記事に多く見られたように、必ず神仏の御利益に与ろうとする人々の心意に根ざしたものであった。いつの時代であっても呪物信仰が見られたと窺える。霊験譚が神仏の縁起物を拵え、縁起物が霊験譚を語り、縁起物は社寺の過去に遡って縁起を語るモノであっても、新たに霊験譚を創出する端緒となる呪物でもあった。出来事があって、記念品が生まれ、記念品によって出来事が語られるのである。縁起物と霊験譚との関係は、モノがコトを語り、コトがモノを作るといった弁証法的な関係にある。このことは、地元の名木や銘菓といったモノを探れば明らかである[9]。都市化された空間は、そのような民俗の再生を繰り返していることを目の当たりに観る恰好の場である。都市社会にあっては、社寺ばかりか商売人や地元のクラブの関与が知られ、伝説の底が見え透いているのである。彼らのつくるモノが伝承を語っているのである。

　昭和初期の大阪においては、今日の現代民俗学がとりあげる研究項目のいくつかがすでにみられた。個々の民俗事象は新たに発生するものである。しかし、その発生原理には時代の枠組みを超えて共通するものがある。本著〈第一編　第二章　5　近代大阪の都市民俗の展開〉では、都市における民俗の展開をとらえるため、大雑把に近世から近代までを二節に分け、近代を明治と昭和初期に分節して記述したが、さらに民俗事象を輪切りにして分析してみると、動態としての民俗事象がよりつぶさに見えてくるにちがいない。その際、その時代の政治・経済・制度・思想など一連の事象の共通項を解読するがよい。「民俗事象」においては、常に新たな発生を見るが、モノの変換を読み解けば、「民俗」は存外、変わらないものである。民俗研究にとっては、時代の共通項を解読し、その時代に新たに堆積し付加した伝承を区別したならば、静態としての民俗の基層を見ることができるだろう。この「事象の動態」から「基層の静態」を読み取る一連の過程を踏まえて、民俗を追究する姿勢こそ、現代民俗研究に向けての一視点となると考える。

本節の最後に『上方』の時代の顚末を記しておきたい。創刊の年である昭和六（一九三一）年の九月、日中戦争が始まっている。(10)雑誌の体裁は、号を追う毎に薄っぺらくなり、内容も軍事色に偏っていった。紙の質も落ちる。殊に三桁代の雑誌には見るべき記事が少なくなる。一〇〇号記念号が発行されたのが昭和一三（一九三八）年四月である。この月に国家総動員法が公布されている。(11)『上方』の最終号となる一五一号は、昭和一九（一九四四）年四月発行である。主唱者・南木芳太郎が死去するのは、敗戦の年である昭和二〇（一九四五）年一〇月二一日のことである。(12)

本節は、このような近代史を背景にした民間人による雑誌の研究史としての位置について論究した。郷土研究誌『上方』は、戦火によって終焉を迎える都市における庶民の暮らしの記録でもある。創刊者・南木芳太郎の「上方文化の小縮図」のもくろみは志半ばであったかも知れない。しかし、このもくろみは、今日の都市民俗研究に向けて示唆に富む資料集として、一定の評価が下されるべき事績であると考える。

〈初出は、「大阪における都市民俗の展開」（近畿民俗学会）一六八・一六九号　二〇〇三年九月。これの一部分を大幅に改稿。〉

結語

本著を結ぶにあたり、都市民俗研究に関して、明らかにしたかったことと今後の研究課題を示したい。今日、都市社会が敷衍し、「都市民俗」が「現代民俗」に併呑された観がする。それは、当初より都市民俗研究が、「都市化」か「都市空間」かの問題に結着をつけないまま「都市化された現在」の方向に舵を切ったからである。

夙に「都市化された空間」においても、文献記事を丹念に追えば、各々の民俗事象から「時代性」をよみとることができる。大阪の場合、近世以降文人・物書きなどの第三者による記録が名所図会・見聞録・随筆その他文芸作品などにふんだんに残され検証を行えば、資料たり得る。近世大阪における「棉の番船」からは、水都であり商都であった時代性をよみとることができる。一方で、「梅田牛駆け粽」は、都市が農村と近接する時代の民俗事象である。明治期に至っては、市中に「珍奇行商人」が簇出される中で、すたすた坊主による代参、節分の厄払いなどの前近代的な稼業が街頭から閉め出され、「貧民窟」に住む娘が歓楽街の小屋で新内節を語る時代でもあった。昭和初期には、「近代都市」を標榜する一方、社寺の神事祭礼の「再興」が相次ぎ、土鈴ブームによって新たに社寺の縁起がモノにより語られ出す。戦後は、途絶えた誓文払いなどの商人による習俗は名ばかりの販売セールに変化する。九条おどりは戦前の活況を取り戻すべく商店街が町おこしに創成したイベントである。平成になって相次いで川筋の櫓櫂職人、船大工が廃業した。舟運の衰退に加え、グローバル化の波が近世以来の技術伝承を消滅させたのである。

これらの事象を連続性をもった動態〈創成→再興・変容→消滅〉として捉えてみると、文人・物書きから好奇の眼差しでみられてきた事象に既存の民俗を対象化するフォークロリスムス的傾向が読みとられる。二〇〇〇年に行われなくなった陶器神社参道での瀬戸物まつりは、NHKの大河ドラマの主人公の瀬戸物人形が人目を惹く夏の風物詩であった。この造り物は、寛政の頃、商人たちが町内の火除地蔵会におどけ開帳の出し物を出したのが創成の契機であった。この祭礼は、商人にとって神仏に名を借りた在庫一掃の機会でもあって、民俗宗教を取り込んだ商人が創成した年中行事であった。明治になってからの廃仏毀釈、市電開通による移転、戦災による被害に遭いながらも再興を繰り返した。「都市化された空間」における神事祭礼においては、「再興」「復興」が重要である。それまでの伝承が衰微してきた時点で祀り替えが行われ、祭祀が新たな活力を得るのである。難波神社の氷室神事の奉納品は、一八八五年頃には、氷から白むしに、さらに綿に変化していた。それが一九三一年、実物の氷を献供されるようになり、古式が再興されたとされている。神事が「古式」に則ったものであっても、「奇祭」をあさる文人・物書きが探訪し、その言説により新たな伝説が生じる場合がある。野里住吉神社の一夜官女祭は、旧農村部における神饌神供の神事であった。戦後、神事をめぐる周辺の環境が変化した一九五〇年、宮座が解散した。その後、この神事は岩見重太郎狒々退治伝説で語られるようになり、一九八五年、地元の和菓子屋では銘菓「一夜官女絵巻」を謹製し、今日では、当地ゆかりの土産物となっている。宮座神事といった民俗事象の改変は、新たな縁起物＝モノを創成し、新たなカタリを発生させたのである。

都市における民俗事象の動態を追究することは、場所性を希薄なものとする現代社会にあって、民俗事象の共時性を示すことにもなる。そのいっぽう、人の多く集まる都市においては、近代社会以前に商人・好事家といった第三者の関与によって、「なぞらえ」「あやかり」などの趣向によるフォークロリスムス的傾向の民俗事象が既に認められるのである。今日、都市民俗研究においては、通時性をふまえたうえで、民俗事象の動態から窺える都市性を追究することが重要な課題となると考える。

【補注】

（注）本文の注を、本文論文名と共にここに一括して掲げるが、本文に注のない論文においては、その論文名を省略した。

第一編　大阪の都市民俗誌研究の領域

第一章　近世大阪の都市民俗誌

概要　PP.19—22

（1）十返舎一九『東海道中膝栗毛八編』（中村幸彦校注、一九七五年『日本古典文学全集　東海道中膝栗毛』四五三～五二六頁）。

（2）補注第三編第二章概要（6）参照。

1　近世大阪の都市民俗の展開　PP.23—32

（1）この書物については、書名など不明な点が多い。このことについては、喜田川守貞著・宇佐見英機校訂、一九九六年『岩波文庫　近世風俗志（守貞謾稿）一』「解説」三九九～四二九頁に詳しい。同書四〇〇頁に、書名を『近世風俗志（守貞謾稿）』とすることにしたとある。

（2）補注第一章3注（9）参照。

（3）滝沢馬琴『羇旅漫録』（一九二七年『日本随筆大成一』吉川弘文館、二二二頁）。

（4）渡邊忠司、一九九三年『中公新書　町人の町大阪物語』「はじめに」ii頁。

（5）船越政一郎編纂校訂、一九三〇年『浪速叢書一四』浪速叢書刊行会、二六～二八頁。

（6）十返舎一九『東海道中膝栗毛八編』（中村幸彦校注、一九七五年『日本古典文学全集　東海道中膝栗毛』四五九頁）。

（7）前掲注（1）、同書一、一七八頁。

（8）前掲注（1）、同書一、二四九頁。

（9）前掲注（1）、一九九九年、同書三、三〇〇頁。

（10）前掲注（1）、同書三、二七七頁。

（11）前掲注（5）、同叢書一四、一二五～二二二頁。

（12）前掲注（6）、同書、五〇八頁。

（13）前掲注（3）、同大成一、二二一頁。

（14）大阪府史編集室編、一九七一年『大阪府布令集一』大阪府発行、六六二頁

（15）前掲注（1）二〇〇一年、同書四、二四九頁。

（16）今日でも露天商は、社寺の祭礼を「高市（タカイチ）」と称し、祭礼と商業が不分離の状態である。拙稿一九九七年九月「生業の聞書（三）」（『大阪春秋』八八　一二〇～一二一頁）に露天商をとりあげている。

（17）本文中、島道素石、一九三二年一一月「道修町薬祖神祭」（『上方』二三、上方郷土文化研究会、六二頁）に明治初期に製剤の法規により、魔除けの虎だけになったと記されている。

（18）前掲注（1）、一九二七年、同書二、三一四頁。

（19）前掲注（1）、同書三、二四頁。

（20）前掲注（1）、同書三、四九六頁。

（21）前掲注（1）一九二七年、同書四、五二頁。

（22）前掲注（1）一九二八年、同書五、二九三頁。

（23）前掲注（1）、同書五、三一七頁。

（24）前掲注（1）、同書五、五五〇頁。

（25）前掲注（1）、同書五、五五二頁。

（26）前掲注（5）、一九三〇年、同叢書鶏肋、二〇頁。

（27）前掲注（5）、同叢書鶏肋、二一頁。

（28）前掲注（1）、一九二八年、同書一三、五〇〇～五〇一頁、四

九六頁。

2『道中膝栗毛』浪花見物の都市民俗 PP.33―50

(1)新城常三、一九七一年『NHKブックス　庶民と旅の歴史』六七頁。
(2)十返舎一九『東海道中膝栗毛八編』(中村幸彦校注、一九七五年『日本古典文学全集　東海道中膝栗毛』四五九頁)。
(3)前掲注(2)、同書、四五九頁。
(4)暁鐘成『摂津名所図会大成』(一九七六年『摂津名所図会大成』柳原書店、一一六頁)。
(5)前掲注(2)、同書、四六一～四六六頁。
(6)前掲注(2)、同書、四六七頁。
(7)前掲注(2)、同書、四六八頁。
(8)前掲注(2)、同書、四八三頁。
(9)前掲注(1)、同書、八一頁。
(10)前掲注(2)、同書、四八五頁。
(11)滝沢馬琴『羇旅漫録』(一九二七年『日本随筆大成一』吉川弘文館、二六一頁)。
(12)脇田修、一九九四年『近世大阪の経済と文化』人文書院、二九～三〇頁に近世大阪における武士の人口を一五〇〇名を超えないとして、人口比率にして〇・五%以下と推定している。
(13)前掲注(2)、同書、五〇一頁。
(14)前掲注(2)、同書、五〇二頁の「ぼうつき」の頭注に「棒突。棒を突いて、警備にあたる男」とある。
(15)前掲注(2)、同書、四六八頁。
(16)喜田川守貞『守貞謾稿』(朝倉治彦・柏川修一校訂、一九九二年『守貞謾稿五』東京堂出版、一五頁)に「貞享簟中、雪踏　穢多製レ之。表真竹簟、裡ハ馬皮ナリ。下品之簟履ニ裡革ヲ付タルモアリ」とある「表真竹タク(竹の皮)に裡は馬皮」なる代物を「雪踏」と記しているが、これを「雪駄」と見てよい。続けて「此、江戸製ヲ下品トシ、又上方〈割注：五畿等ヲ指ス〉製ヲ上品トス」とある。
また、宇佐見英機校訂、二〇〇二年『岩波文庫　近世風俗志五』索引四二頁に「雪駄(雪踏)」と記している。
(17)前掲注(16)、同書五、一五頁。
(18)前掲注(16)、同書五、一四頁。
(19)前掲注(2)、同書、五〇七頁。
(20)前掲注(16)、一九九二年、同書二、二八一頁。
(21)前掲注(16)、一九九二年、同書一、一四一頁。
(22)前掲注(11)、同大成一、二二二頁。
(23)前掲注(2)、同書、四七〇頁。
(24)前掲注(16)、一九九二年、同書一、一九五頁。
(25)前掲注(2)、同書、四八六頁。
(26)前掲注(16)、一九九二年、同書一、一九五頁。
(27)前掲注(2)、同書、四八六頁。
(28)松本茂平、一九三一年一月「弥次喜多と大阪鮨」『上方』創刊号、上方郷土研究会、五六頁。
(29)前掲注(16)、同書五、五八頁。
(30)前掲注(16)、一九九二年、同書一、一九九頁。
(31)前掲注(2)、同書、四七〇頁。
(32)前掲注(2)、同書、四七二頁。
(33)前掲注(16)、一九九二年、同書一、六三頁。
(34)前掲注(2)、同書、四七四頁。
(35)前掲注(16)、一九九二年、同書一、一七四頁。
(36)前掲注(16)、一九九二年、同書一、一八七頁。
(37)前掲注(11)、同書、二二一頁。
(38)前掲注(11)、同書、二二二頁。
(39)前掲注(11)、同書、二三四頁。
(40)前掲注(11)、同書、二二五頁。

3　梅田道牛の藪入りの都市民俗　PP.51—77

(1)船越政一郎編纂校訂、一九三〇年『浪速叢書鶏肋』浪速叢書刊行会、二四頁。
(2)大島建彦編、一九八七年『江戸神仏願懸重宝記』国書刊行会、「はじめに」。
(3)船越政一郎編纂校訂、一九二四年「浜松歌国伝」『浪速叢書一』浪速叢書刊行会、一～二頁。
(4)前掲注(1)、同叢書鶏肋、二〇頁。「第一番　北辰妙見菩薩立願の事」。
(5)宮本又次、一九七〇年『大阪の研究五』清文堂出版、二三二頁によれば、「大阪の各藩の蔵屋敷の神社にも一般町人に知られたものがあった。西長堀土佐藩邸の土佐稲荷、常安橋北詰西柳川藩邸の隣高松藩屋敷には金比羅宮を奉安し、西信町の明石藩邸の柿本人麿神社、常安町の広島藩邸の厳島神社、久保島町の宇和島藩邸の和霊神社などが有名であったと述べている。
(6)井之口章次、一九七五年『日本の俗信』弘文堂、八頁。
(7)一九三三（昭和八）年五月五日、上方郷土研究会主催によって西淀川区海老江町（現在は福島区海老江）の八阪神社にて復興行事・牛の藪入りが行われた。この時は八阪神社の神前に集合した三〇幾頭の牛に「祭典後清祓をなし、粽を一般参詣客に撒いた」と『上方』編集部、一九三三年六月、『上方』三〇の口絵写真説明に記されている。しかし、テキストの件について、神社・祠は記されていない。他の文献の梅田牛の藪入りの記事の何れにも神社・祠の記述はない。
(8)平山敏治郎、一九八四年『歳時習俗考』法政大学出版局、一二六頁。
(9)鈴木棠三、一九八二年『日本俗信辞典』角川書店、七四頁。
(10)岡市正人、一九三一年五月「池田川村の牛駈と小山田の馬駈」『上方』一九、上方郷土研究会、一〇四頁。
(11)高谷重夫、一九七二年『日本の民俗　大阪』第一法規出版、一二二頁。
(12)松本芳郎、一九九〇年一一月「上之郷・日根野を中心とする牛神祭りと役牛飼育」『近畿民俗』一二三。
(13)奈良県文化財調査委員会編、一九八六年「下三橋のノガミ」『大和の野神行事（下）』奈良県文化財調査報告集第四九集、四〇頁。
(14)宮田登、一九八一年『江戸歳時記』吉川弘文館、一一九頁。
(15)前掲注(9)、同書、七三頁。
(16)前掲注(9)、同書、七六頁。
(17)前掲注(1)、同叢書鶏肋、二六～二七頁。「第二十一番　五牛大明神瘡立願の事」
(18)川崎巨泉、一九三七年一月「牛の玩具」『上方』七三、上方郷土研究会、七二頁。
(19)前掲注(1)、同叢書鶏肋、三四頁。「第五十二番　同（四天王寺）境内九頭龍権現の事」には、龍神に子供の瘡毒平癒の祈願するのに道々摘んだ七種の草を奉納するというのである。
(20)浜松歌国『摂陽落穂集二』（国書刊行会、一九一三年『新燕石十種五』三五五頁）。
(21)暁鐘成『摂津名所図会大成』（船越政一郎編纂校訂、一九二八年『浪速叢書八』浪速叢書刊行会、三二四頁）。
(22)前掲注(14)、同書、一〇一頁。
(23)柳田國男、一九六二年『定本柳田國男集一〇』筑摩書房、一七八頁。
(24)米山俊直、一九八六年『都市の祭りの人類学』河出書房新社、一三三頁。
(25)八木康幸、一九九四年一二月「ふるさとの太鼓—長崎県における郷土芸能の創出と地域文化のゆくえ—」『人文地理』四六—六、人文地理学会、二五頁。
(26)前掲注(21)、三二三頁。

(27)鷺洲町史編纂委員会、一九二五年『鷺洲町史』一七八九～一七九〇頁。

4 難波浦の神仏諸霊 PP.78—84

(1)浅井泰山、一九三四年二月「大阪に於ける節分の想ひ出」『上方』三八、上方郷土研究会、一八頁。
(2)一九七九年『日本庶民生活史料集成二二』三一書房、一四九頁。
(3)高島幸次、一九九六年『天満宮御神事御迎船人形図会』東方出版、一一五頁。
(4)暁鐘成『噺の苗』刊行年不明（『日本随筆大成三―六』吉川弘文館、一〇九～一一〇頁）。
(5)西山夘三、一九九七年『安治川物語―鉄工職人夘之助と明治の大阪』日本経済評論社、二二四頁。
(6)発行年不明「正蓮寺略縁起」正蓮寺発行。
(7)発行年不明「厄除観世音菩薩縁起略」呑海寺発行。
(8)秋里籬島『摂津名所図会』（森修編集、一九八〇年『日本名所風俗図会一〇』角川書店、一六〇頁）。
(9)由井喜太郎、一九三七年一月「阿弥陀池和光寺梗概」『上方』八三、上方郷土研究会、二五～二九頁。
(10)一無軒道治『蘆分船』（船越政一郎編纂校訂、一九二七年『浪速叢書一二』浪速叢書刊行会、一七四頁）。
(11)暁鐘成『摂津名所図会大成』（船越政一郎編纂校訂、一九二八年『浪速叢書八』浪速叢書刊行会、四六四頁）。
(12)岡田徯志『摂陽群談』（蘆田伊人編、一九七六年『大日本地誌大系三八』雄山閣出版、二三四頁）。
(13)近松門左衛門『天神記』（松崎仁ほか校注、一九九三年『新日本古典文学大系　近松浄瑠璃集上』四二六頁）。
(14)前掲注(8)、同書、一〇五頁。

第二章　近代大阪の都市民俗誌

概要 PP.85—90

(1)思想史の方面では、川村邦光、一九九六年『民俗空間の近代』（情況社）、川村邦光、一九九七年『幻視する近代空間』（青弓社）などがあるが、岩田重則による一九九六年『ムラの若者・くにの若者―民俗と国民統合』（未来社）は、近代国家とムラの若者の民俗の変貌の関係を論じている。たとえば、同書の一五四～一五五頁にムラの娘が紡績女工として出郷して行くことが、ムラ内部、あるいは近隣のムラに行われていたヨバイの変貌の基本的原因となって行ったと述べている。
(2)松崎憲三編著、一九九八年『近代庶民生活の展開』三一書房、「はじめに」二頁。
(3)池田市史編纂委員会、一九七一年『新版池田市史概説篇』池田市、六二一頁。
(4)前掲注(3)、同書、六二二頁。
(5)柳田國男、一九一〇年「時代ト農政」（一九六二年『定本柳田國男集一六』筑摩書房、四五頁）。柳田國男は、明治四三年（一九一〇）初版発行の「時代ト農政」聚精堂において、欧米諸国における都市生活者の「田園の趣味」について記している。彼は、都会の「健全にして且つ高尚なる快楽」と田舎の「清くして活々とした趣味」を合体させた理想の「郊外生活」を考えていた。
(6)柳田國男、一九六二年『定本柳田國男集一六』筑摩書房、二八八頁。

5 近代大阪の都市民俗の展開 PP.91—124

(1)一九七一年『大阪府布令集』大阪府史編集室編一～三。
(2)大阪市、新修大阪市史編纂委員会編、一九九一年『新修大阪

市史五』、五頁に、慶応四年一月九日、長州藩兵士が大阪城に入った記事が記されている。
(3)大阪市史編纂所・大阪市史調査会編、一九九六年『新修大阪市史一〇』大阪市、一三一頁の明治一〇（一八七七）年二月五日に、京都―大阪―神戸鉄道開業式が記されている。
(4)前掲注(1)、同集二、三三頁。
(5)前掲注(2)、一九九六年、同市史一〇、一二七頁。
(6)前掲注(1)、同集一、三二六頁。
(7)前掲注(1)、同集一、六一八頁
(8)喜多川守貞著・宇佐見英機校訂、一九九六年『岩波文庫　近世風俗志二』二七八頁。
(9)前掲注(8)、二〇〇一年、同書四、一五九頁。
(10)前掲注(1)、同集一、四六二～四六三頁。
(11)前掲注(8)、二〇〇四年、同書四、三三八頁。
(12)前掲注(8)、二〇〇四年、同書四、二四九頁。
(13)前掲注(1)、同集一、五九四頁。
(14)前掲注(1)、同集一、六五六頁。
(15)笑福亭松鶴、一九八七年『上方落語』講談社、三九三頁。
(16)前掲注(1)、同集二、四四頁。
(17)前掲注(2)、一九九六年、同市史一〇、一三四頁。
(18)秋里籬島『摂津名所図会』（森修編集、一九八〇年『日本名所風俗図会一〇』角川書店　一一二頁）。
(19)前掲注(8)、同書一、一三八頁。
(20)前掲注(8)、一九九七年、同書二、六一頁。
(21)前掲注(8)、二〇〇四年、同書四、一八二頁。
(22)牧村史陽、一九八四年『講談社学術文庫　大阪ことば事典』五一頁。
(23)前掲注(1)、同集一、六三一頁。
(24)前掲注(8)、二〇〇二年、同書五、二〇九頁。
(25)前掲注(8)、同書一、三四五頁。
(26)前掲注(1)、同集一、一六頁。
(27)前掲注(1)、同集一、三二三頁。
(28)前掲注(8)、二〇〇四年、同書四、二六四頁。
(29)前掲注(8)、同書一、三四九頁。
(30)前掲注(1)、同集一、六六二頁。
(31)前掲注(1)、同集一、六五七頁。
(32)前掲注(1)、同集一、六八一頁。
(33)前掲注(1)、同集一、四一〇頁。
(34)前掲注(1)、同集一、五一五頁。
(35)前掲注(1)、同集二、二四三頁。
(36)木下光生、二〇〇一年四月「近世葬具業者の基礎的研究」『大阪の歴史』五七、大阪市史料調査会、六一～八七頁。
(37)前掲注(8)、同書一、一〇〇頁。
(38)前掲注(8)、一九九九年、同書三、四三一頁。
(39)横山源之助、一九四九年『岩波文庫　日本の下層社会』、三〇～三三頁に明治三〇年頃の名護町の「貧街」について記している。名護町は現在の日本橋筋の東側で歓楽街のある千日前からは東に歩いて一〇分ほどのところである。
(40)「甘酒売り」は前掲注(8)、同書一、二七七頁に、「枇杷葉湯（びわようとう）売り」は同書一、二七九頁に、「輪替へ」は同書一、二七三頁に記されている。
(41)前掲注(2)、一九九六年、同市史一〇、一六四頁の大正一四（一九二五）年四月一日の第二次市域拡張。また同年一〇月一日に第二回国勢調査では大阪市の人口が二一一万四八〇四人で日本第一位とある。
(42)前掲注(2)、一九九六年、同市史一〇、一六八頁の昭和三（一九二八）年九月二〇日に「煤煙防止調査委員会、空中浄化運動週間実施」とある。また同市史一〇、一七三頁の昭和七（一九三二）年六月三〇日に大阪府令として、日本最初の煤煙防止規則公布（一〇月施行）とある。

(43)暁鐘成『摂津名所図会大成』（一九七六年『摂津名所図会大成二』柳原書店、三四〇～三四一頁）。
(44)細井和喜蔵『女工哀史』（一九五四年『岩波文庫　女工哀史』、二三九頁）。
(45)鳴海邦碩・橋爪伸也、一九九〇年『商都のコスモロジー』TBSブリタニカ、一五八頁。
(46)前掲注(2)、一九九六年、同市史一〇、一五〇頁の明治四三（一九一〇）年六月に「箕面有馬電気軌道（現阪急電鉄）、池田室町住宅を売り出す」とある。
(47)池田市史編纂委員会、一九九八年『新修池田市史五』池田市、七五八頁、七六五～七六八頁。
(48)前掲注(18)、同書、八八頁。
(49)町田嘉章・浅野建二、一九六〇年『岩波文庫　日本民謡集』、四二一～四二二頁によれば、安来節・佐渡おけさ・秋田音頭・越中おわら節などが東京浅草の劇場に進出し、ラジオの放送番組に「地方俚謡」が編成されていたのが、大正末年のことである。
(50)大阪商工祭協会、一九三六年『大阪商工祭協会記念誌』、六～八頁。
(51)前掲注(8)、二〇〇四年、同書四、一七三頁。
(52)前掲注(18)、同書、八六頁。
(53)前掲注(2)、一九九六年、同市史一〇、一八二頁。
(54a)『蘆分船』（船越政一郎編纂校訂、一九二七年『浪速叢書一二』浪速叢書刊行会、一八頁の挿絵）。(54b)『難波鑑』（同叢書一二、三一四頁の挿絵）。
(55)前掲注(8)、二〇〇四年、同書四、一七〇頁。

6　堀江の子供の民俗空間　PP.125―148

(1)宮本又次、一九七二年『上方の研究二』、清文堂出版、三六三頁。
(2)前掲注(1)、同書、三七九頁。
(3)前掲注(1)、同書、三七六頁、三七七頁。
(4)前掲注(1)、同書、三七七頁。
(5)前掲注(1)、同書、三八〇頁。
(6)前掲注(1)、同書、三七六頁。
(7)『平凡社大百科事典五』、一九八四年、平凡社、三七五頁。岡本彰執筆。
(8)前掲注(1)、同書、四〇六頁。
(9)前掲注(1)、同書、三七八頁。
(10)前掲注(1)、同書、三七八頁。
(11)前掲注(1)、同書、三九一頁。
(12)前掲注(1)、同書、四〇〇頁。
(13)前掲注(1)、同書、三七九頁。
(14)平成二（一九九〇）年度実施の大阪市の民俗調査による。
(15)前掲注(1)、同書、三七九頁。
(16)前掲注(1)、同書、三八〇頁。
(17)前掲注(1)、同書、三九四頁。
(18)前掲注(1)、同書、四〇一頁。
(19)前掲注(1)、同書、三六五頁。
(20)「競算会」という塾は、蒲田利郎、一九二九年『南北堀江誌』南北堀江誌刊行会、三五九頁によれば「御池通一丁目二一番地」に所在する。
(21)前掲注(1)、同書、三八四頁。
(22)「若林という私塾」については、前掲注(20)、同書、三五九頁によれば「松葉会教授科目絵画　北堀江通三丁目七番地塾主氏名若林松渓」とある。
(23)前掲注(1)、同書、三八四頁
(24)三善貞司、一九八六年『大阪史蹟辞典』清文堂出版、一一六頁。
(25)前掲注(1)、同書、三八四頁。

(26)前掲注(1)、同書、三八三頁。
(27)前掲注(1)、同書、三八一頁。
(28)前掲注(1)、同書、三九五頁。
(29)前掲注(1)、同書、三八一頁。
(30)前掲注(1)、同書、三八三頁。
(31)前掲注(1)、同書、三九一頁。
(32)前掲注(1)、同書、三八二頁。
(33)前掲注(1)、同書、三八三頁。
(34)前掲注(1)、同書、三八八頁。
(35)宮本又次、一九三四年二月「大阪の民間信仰」『上方』三八、上方郷土研究会、四一～四五頁。
(36)前掲注(35)、同書、四二頁。
(37)前掲注(35)、同書、四二頁。
(38)前掲注(1)、同書、三八九頁。
(39)前掲注(35)、同書、四二頁。
(40)前掲注(1)、同書、三九〇頁。
(41)前掲注(35)、同書、四三頁。
(42)長谷川幸延、一九七一年『大阪歳時記』読売新聞社、七九頁。
(43)浅田柳一、一九八一年『なにわ歳時記』清文堂出版、六七頁。
(44)前掲注(1)、同書、三九〇頁。
(45)前掲注(1)、同書、三九〇～三九一頁。
(46)前掲注(35)、同書、四四頁。
(47)前掲注(35)、同書、四四頁。
(48)前掲注(35)、同書、四四頁。
(49)前掲注(1)、同書、三九〇頁。
(50)大阪都市協会発行、一九八九年「浪花の繁栄—大阪三郷の商工」の読図による。
(51)こんまき屋とは、昆布巻き屋。鰊を昆布で巻いたものを売る商人。
(52)前掲注(1)、同書、三九五頁。
(53)前掲注(1)、同書、三八一頁。
(54)前掲注(1)、同書、四〇〇頁。
(55)前掲注(1)、同書、四〇二頁。
(56)秋里籬島『摂津名所図会』(一九七四年『摂津名所図会上』臨川書店、五四六頁)。
(57)前掲注(1)、同書、三八〇頁。
(58)前掲注(1)、同書、三八八頁。
(59)前掲注(1)、同書、三八八頁。
(60)前掲注(1)、同書、三九〇頁。
(61)前掲注(42)、同書、七九頁。
(62)前掲注(1)、同書、三九四頁。
(63)前掲注(1)、同書、三八五頁。
(64)前掲注(1)、同書、三七三頁。
(65)前掲注(1)、同書、三六五頁。
(66)前掲注(1)、同書、三六九頁。
(67)前掲注(1)、同書、三八五頁。
(68)前掲注(1)、同書、三八五頁。
(69)前掲注(1)、同書、三八三頁。
(70)一柳安次郎、一九三一年三月「天王寺詣の思出」『上方』三、上方郷土研究会、一四三～一四六頁に、船場の小学校では遠足を「山行」と云って、天王寺逢坂まで連れていった時のことが記されている。

7 此花「奴隷島」の近代女工の都市生活 PP.149—163

(1)酒井義雄、一九三二年一〇月「探訪記的に描いた千鳥橋・四貫島」『大大阪』八—一一、大阪都市協会、九七頁。
(2)川田稔、一九九七年『柳田國男—その生涯と思想』吉川弘文館、四〇～四一頁。
(3)今村仁司、一九九八年『近代の思想構造』人文書院、一六五頁。

(4)今村仁司、一九九八年『近代の労働観』岩波書店、三五頁。
(5)村島帰之、一九三〇年五月「温情施設と労働組合運動」『大大阪』六―五、大阪都市協会、四九～五〇頁。
(6)細井和喜蔵『女工哀史』(一九五四年『岩波文庫　女工哀史』、七一頁)。
(7)前掲注(6)、同書、二三九頁。
(8)犬丸義一校訂、一九九八年『岩波文庫　職工事情(中)』、二〇七～二〇八頁。
(9)前掲注(6)、同書、四〇四～四〇七頁。
(10)前掲注(6)、同書、三一三頁。
(11)前掲注(6)、同書、三一五～三一六頁。
(12)前掲注(6)、同書、三一五頁。
(13)牧村史陽、一九八四年『講談社学術文庫　大阪ことば事典』八六頁。
(14)前掲注(6)、同書、三一八頁。
(15)前掲注(6)、同書、三二〇頁。
(16)前掲注(8)、一九九八年、同書(上)、二一二頁。
(17)西山夘三、一九九七年『安治川物語―鉄工職人夘之助と明治の大阪』日本経済評論社、三六〇頁。
(18)前掲注(8)、同書(上)、二一三頁。
(19)前掲注(13)、同書、六五七頁。
(20)前掲注(8)、一九九八年、同書(下)、二二五頁。
(21)前掲注(6)、同書、三四八頁
(22)前掲注(6)、同書、三四九～三五〇頁。
(23)永岡正己・永井良和編集協力、一九九六年『大阪市社会部調査報告書〔昭和二年～昭和十七年〕別冊解説』日本近代都市調査資料集成三、近現代資料刊行会、一五頁、三四頁。
(24)一九二七年『大阪市ニ於ケル労働者余暇生活ノ実際』「営利的施設」の「(a)娯楽施設」の項。同書は大阪市立中央図書館所蔵の冊子で、謄写版刷りで頁数の表記はない。
(25)酒井利男、一九二八年二月「大阪市に於ける工場労働者余暇時間の実際(承前)」『大大阪』四―二、大阪都市協会、四三頁には、この記述が「斯業経営者の経験に徴すれば」とあり、統計的に明らかにしたものでないことが分かる。
(26)前掲注(24)、同書、「(五)貸本業(大正十五年末現在)」の「備考」。
(27)柳田國男、一九六三年、『定本柳田國男集二四』、筑摩書房、三五頁に、大衆小説には英雄と佳人を多くとりあげていることを記している。同論文の初出は、一九三五年「国史と民俗学」『国史回顧会紀要』二七、である。また西村勝彦、一九五八年『大衆社会論』誠信書房、一八一頁に大衆文化を受け容れる心意を述べている。
(28)杉原達、一九九八年『越境する民』新幹社、一九九頁。
(29)前掲注(25)、同書、四一頁。
(30)前掲注(25)、同書、四四頁。
(31)明治末から昭和初期頃、女給が接待して主として洋酒類を供した飲食店であるカフェーは、必ずしも労働者にとって安上がりとも思えない。大西造花装飾株式会社編集、発行、一九七〇年『花のあしあと―大西造花四十五年史―』、九頁には、昭和初期のカフェーの店内の写真が載せられており、和服姿の洋服姿の「女給」が紳士の相手をしている。
(32)前掲注(28)、同書、二〇〇頁。また同書、二〇四頁に「近代都市住民にふさわしい資質―労働能力と生活文化の向上―の涵養を、民族・出自を問わず要求し、大阪市行政は、そのための環境づくりに尽力すべきである、という基本姿勢をくりかえし強調したのであった」とある。
(33)前掲注(25)、同書、四八頁。
(34)杉原薫・玉井金五、一九九六年『大正／大阪／スラム　増補版』新評論、四〇～四一頁。
(35)オルテガ著／樺俊雄訳、一九五三年『大衆社会の出現』東京創元社、二五六頁にスペインの哲学者オルテガを引用して「自己を一層完全なものにしようと意欲せぬ人間を大衆と名付ける」とある。

8 阪急池田室町住宅の都市民俗 PP.164—201

(1)イーフー・トゥアン著／小野有五・阿部一訳、一九九二年『トポフィリア―人間と環境』せりか書房、三七一頁。
(2)一九五八年『室町のあゆみ』社団法人室町会、一頁。
(3)一九五九年『京阪神急行電鉄五〇年史』京阪神急行電鉄株式会社、一二〇頁。
(4)一九三四年『阪神急行電鉄二十五年史』阪神急行電鉄株式会社、五頁。
(5)前掲注(3)、同書、一一八頁。
(6)前掲注(2)、同書、二七頁。
(7)前掲注(3)、同書、一二〇頁。
(8)小林一三、一九七九年『逸翁自叙伝―青春そして阪急を語る』阪急電鉄株式会社、一八〇頁。
(9)前掲注(3)、同書、一二〇頁。
(10)阪急電鉄株式会社、一九八二年『七五年のあゆみ〈記述編〉』阪急電鉄株式会社、二三〇頁。
(11)西山夘三、一九八九年『住まい考現学』彰国社、二〇〇頁。
(12)安田孝、一九九二年『郊外住宅の形成／大阪―田園都市の夢と現実』ＩＮＡＸ、一六頁。
(13)小林一三、一九一三年七月『山容水態』創刊号、箕面有馬電気軌道　四頁。
(14)前掲注(4)同書、四頁。
(15)内務省地方局有志、一九〇七年『田園都市』博文館、三六一頁。
(16)一九九六年『室町並びに室町幼稚園の沿革』社団法人室町会、一九頁。
(17)前掲注(16)、同書、一五頁。
(18)前掲注(2)、同書、六四頁。
(19)前身は室町倶楽部。前掲注(16)、同書、五一頁によれば、「室町会館」と改称されるのは一九三六年である。
(20)前掲注(2)、同書、二六頁。
(21)前掲注(2)、同書、二六頁。
(22)前掲注(2)、同書、二六頁。
(23)前掲注(2)、同書、二六頁。
(24)前掲注(2)、同書、二七頁。
(25)前掲注(2)、同書、二七頁。
(26)前掲注(2)、同書、六四頁。
(27)前掲注(16)、同書、五四頁によれば、「阪急」は、一九一八年以前は「箕面有馬電軌」であった。
(28)前掲注(16)、同書、五一頁。
(29)前掲注(2)、同書、一八頁。
(30)前掲注(2)、同書、一九頁。
(31)前掲注(16)、同書、五二頁。前身は「家なき幼稚園」であって、一九四〇年に改称したとある。
(32)前掲注(16)、同書、五五頁。
(33)前掲注(16)、同書、一九頁。
(34)前掲注(16)、同書、五五頁。
(35)前掲注(2)、同書、二〇頁。
(36)前掲注(2)、同書、二〇頁。
(37)前掲注(2)、同書、二〇頁。
(38)前掲注(16)、同書、五四頁。
(39)前掲注(16)、同書、一三頁。
(40)前掲注(16)、同書、五一頁。
(41)前掲注(2)、同書、六四頁。
(42)前掲注(3)、同書、一二〇頁。
(43)室町における聞き書き調査によれば、奥さんたちの遊びといえば道頓堀に芝居、文楽、映画を見に行ったりすることだったという。

(44)一九九六年『室町並びに室町幼稚園の沿革』「室町の四季」社団法人室町会、二一頁。

(45)一九二七年『住吉村誌』財団法人住吉常磐会、三〇七頁。

(46)前掲注(2)、同書、二〇頁。

9 池田チンチン坂から見た都会 PP. 202—215

(1)池田市史編纂委員会、一九九六年『新修池田市史一』池田市、二一五頁。

(2)岡田徯志『摂陽群談』(一九七七年『大日本地誌大系』雄山閣出版、一四頁)。

(3)発行年不明「釈迦院略縁起」釈迦院。

(4)前掲注(1)、同書、二一五頁。

(5)池田市市民生活部『池田市市民生活部市民課資料』一九九〇年一二月三一日現在による。

(6)一九八二年、「土地利用図「伊丹」」国土地理院による。

(7)「大正十二年(一九二三)測量昭和四年修正測図」(「伊丹」)二万五千分の一の地形図による。

(8)川島令三、一九九二年『全国鉄道事情大研究　神戸篇』二〇八頁。

(9)角川日本地名大辞典編纂委員会、一九八三年『角川日本地名大辞典二七』八二八頁によれば、池田市および箕面市にある轟木・トドロキだとか止々呂美・トドロミの地名は、川のほとりの集落である。

(10)聞き書きでは、けっして「幼年講」ではないという。

(11)建石町での調査では、細原茂三郎氏の「茂」をとってめん茂坂といったという。

第二編　水都大阪の民俗誌

第一章　川筋からみえる水都大阪

概要 PP. 219—221

(注)北見俊夫、一九八一年『川の文化』日本書籍。

10 川筋の民俗研究の視角 PP. 222—228

(1)徐朝龍、一九九八年『長江文明の発見—中国古代の謎に迫る—』角川書店、四九〜五〇頁。

(2)樺山紘一、一九八六年『都市へのまなざし』講談社、七一〜七二頁。

(3)イーフー・トゥアン著/山本浩訳、一九九三年『ちくま学芸文庫　空間の経験』七四頁。

(4)福岡義隆編著、一九九五年「都市の発生と風土論」『都市の風水土』朝倉書店、三〜四頁。

(5)藤巻正己、一九九三年「『都市の村人』考」森栗茂一編『都市人の発見』木耳社、五三頁。

(6)陣内秀信、一九九二年『ちくま学芸文庫　東京の空間人類学』一一二頁。

(7)前掲注(6)、同書、一〇六頁。

(8)前掲注(6)、同書、二六〇頁。

(9)前田愛、一九八二年『都市空間のなかの文学』筑摩書房、二四頁。

(10)北見俊夫、一九七八年五月「川と民俗文化」『日本民俗学』一一六、日本民俗学会、二頁。

(11)野本寛一、一九九九年『人と自然と四万十川民俗誌』雄山閣出版、八頁。

(12)前掲注(11)、同書、一一頁。

(13)菅豊、一九九六年「川・沼・池の民俗」『講座日本の民俗学四』雄山閣出版、九七〜九八頁。
(14)森栗茂一、二〇〇三年『河原町の歴史と都市民俗学』明石書店、一九三〜一九四頁。この四四一〜四四三頁には、河岸・浜を「河原というよりも堤上およびその後背地」として、推論の参考として除外して展開している。河岸・浜を中心から外す点において、本著とは、論点が異なる。
(15)田中栄治、一九八六年『東京の川―川から都市をつくる』「本書刊行にあたって」地域交流出版。
(16)前掲注(15)、同書、一四七頁。
(17)前掲注(15)、同書、「本書刊行にあたって」。
(18)前掲注(4)、同書、成田健一「都市の親水・治水・利水」、五六頁。
(19)前掲注(4)、同書、六七頁。
(20)前掲注(15)、同書、一四六頁。
(21)前掲注(6)、同書、一五七頁。
(22)前掲注(11)、同書、四頁、六頁。

11「水都」の歴史 PP. 229―259

(1)新修大阪市史編纂委員会、一九九四年『新修大阪市史七』大阪市、六三八頁。
(2)大阪市発行、一九九八年一〇月「大阪市政だより」五八五。
(3)大阪市建設局監修、一九九五年『大阪の川―都市河川の変遷』七頁。
(4)前掲注(1)、一九九六年、同市史一〇、八〇頁に「天正八(一五八〇)年八月二日　教如、大阪を退去。翌三日にかけて石山本願寺焼亡」とある。
(5)久須美祐雋『浪華の風』(一九七七年『日本随筆大成新装版』第三期五、吉川弘文館、三八九頁)。
(6)前掲注(5)、同書、「解題」、五頁。
(7)前掲注(1)、一九八九年、同市史三、四二三頁。
(8)一無軒道治『蘆分船』船越政一郎編纂校訂、一九二七年『浪速叢書一二』浪速叢書刊行会、九六頁。
(9)前掲注(1)、一九九六年、同市史一〇、「Ⅱ年表」、九七頁。
(10)西区コミュニティ協会編集発行、一九七九年『西区の史跡』、二〜三頁。
(11)大阪市立西中学校編、一九六一年『九条のすがた大阪市立西中学校』「川口新田開発年表」。
(12)前掲注(1)、一九八九年、同市史三、四一五頁。
(13)前掲注(11)、同書、三四頁。
(14)前掲注(1)、一九九一年、同市史五、一〇頁。
(15)『西成郡史』(一九七二年『西成郡史』、名著出版、二二九頁)。
(16)『小学国語読本』第四期国定国語教科書(海後宗臣、一九六三年『日本教科書大系　近代編七、国語(五)』講談社、三九八〜三九九頁)。同読本は、昭和八(一九三三)年より昭和一三(一九三八)年までの間、発行された。
(17)前掲注(11)、同書、二三頁。
(18)前掲注(11)、同書、四〇頁。
(19)前掲注(11)、同書、四〇頁、四一頁。
(20)前掲注(1)、一九八九年、同市史三、四一五頁。
(21)前掲注(1)、一九八九年、同市史三、四一六頁。
(22)『摂津名所図会』、(森修編集、一九八〇年『日本名所風俗図会一〇』角川書店、一一二頁)。
(23)前掲注(11)、同書、五〇頁。
(24)前掲注(11)、同書、五一頁。
(25)西山夘三、一九九七年『安治川物語―鉄工職人夘之助と明治の大阪』日本経済評論社、一〇二頁。
(26)牧英正、一九九四年「大阪水の都顛末」『アカデミア』一六六、全国日本学士会、五頁。
(27)一九〇八年『児童叢書おほさか地理の巻　おほさか』友松会、

一二〜一三頁。
(28)第五回内国勧業博覧会協賛会、一九〇二年『大阪と博覧会』第五回内国勧業博覧会協賛会、一三頁。
(29)日本電報通信社大阪支局、一九〇九年『大阪案内』二三九頁
(30)大久保透、一九一一年『最近之大阪市及其付近』。
(31)井上俊夫編集、一九九四年『ふるさと文学館三三　大阪Ⅱ「水の都」』、ぎょうせい、三一六頁。
(32)一九五九年『京阪神急行電鉄五十年史』京阪神急行電鉄、一一八頁。
(33)前掲注(29)、同書、二〜三頁。
(34)前掲注(27)、同書、一二〜一三頁。
(35)『小学中等読本』二、（海後宗臣、一九六四年『日本教科書大系　近代編四、国語（一）』講談社、三〇六頁。）
(36)前掲注(1)、一九九一年、同市史五、二五七頁。
(37)前掲（注25)、同書、八〇頁。
(38)前掲注(1)、一九九一年、同市史五、三八四頁。
(39)芝村篤樹、一九九八年『日本近代都市の成立―一九二〇・三〇年代の大阪―』松籟社、一七六頁。
(40)杉原薫・玉井金五、一九九六年『大正／大阪／スラム　増補版』新評論、九〜一〇頁。
(41 a)前掲注(39)、同書、一七七頁。(41 b)前掲注(1)、一九九四年、同市史六、八三頁。
(42)前掲注(1)、二〇頁。
(43)前掲注(2)に同じ。
(44)海後宗臣、一九六五年『日本教科書大系　近代編一六』講談社、五一〇〜五一一頁。
(45)前掲注(44)、一九七八年同大系近代編七、五五八頁。
(46)前掲注(44)、一九七八年、同大系近代編八、一八〜二一頁。
(47)大阪市立鷺洲小学校副読本作成委員会、一九九八年『わたしたちの鷺洲』大阪市立鷺洲小学校創立一〇〇周年記念事業委員会、「校歌」。
(48)富岡多恵子、一九八七年「都会のヘキ地」『日本随筆紀行大阪／和歌山』作品社、六一頁。
(49)参考文献：伊勢戸佐一郎、一九九〇年『埋もれた西区の川と橋』大阪中央ライオンズクラブ発行。角川日本地名大辞典編纂委員会、一九八三年『角川日本地名大辞典二七』を参考に作成した。
(50)前掲注(11)、同書、二三頁。
(51)前掲注(2)に同じ。
(52)大阪市港区役所編集、一九五六年『港区誌』大阪市港区創設三十周年記念事業委員会、一五四頁。
(53)前掲注(52)、同書、一五四頁。
(54)前掲注(52)、同書、一五四頁。
(55)宮本輝、『泥の河』一九八〇年『角川文庫　螢川』所載。
(56 a)井上謙、一九九三年「宮本輝の原風景―川三部作を中心に―」『淀川文化考』近畿大学淀川（大阪）総合研究プロジェクト編、一五八頁。(56 b)「産経新聞」一九七八年一月二三日。
(57)三浦行雄、一九九六年『船のある風景』大阪春秋社、一五九〜一六〇頁。
(58)観光艇「水都」のホームページ：http://www.sankei.co.jp/advertising/osakasea/wan/wan6-2.html'、二〇〇三年一一月現在、観光艇「水都」は、舞洲への就航を取り止めている。
(59)水上バスのホームページ：http://www.keihan.co.jp/suijobus/osaka-aqua-bus.html
(60)大阪日日新聞社水都祭花火大会実行委員会発行、一九九六年『花火を一〇〇倍楽しむために……第五二回水都祭花火大会ガイドブック』宣伝広告。
(61)前掲注(2)、一九九九年一月、同紙五八八。

(62)エドワード・レルフ著／高野岳彦他訳、一九九九年『ちくま学芸文庫　場所の現象学』二一七頁。
(63)森田啓介、一九九一年「水の都・大阪と天保山ハーバービレッジの開発」日本都市問題会議関西会議編集『都市の未来』都市文化社、一二九頁。
(64)前掲注(63)、同書、一三一～一三四頁。
(65)前掲注(63)、同書、一三四頁。
(66)一九九七年七月二三日「大阪読売新聞朝刊」。
(67)大阪市計画調整局企画調整部政策調査課、一九九九年『大阪市まちづくりレポート'九九』九～一〇頁。

第二章　川筋の伝承世界

概要 PP.261―265

(1)滝沢馬琴『羇旅漫録』(一九二七年『日本随筆大成一』吉川弘文館、二三二～二三三頁)。
(2)田野登、一九九四年『大阪のお地蔵さん』渓水社、八〇～九四頁。
(3)柳田國男、一九六三年『定本柳田國男集一』筑摩書房、四四八頁。
(4)川嵜一郎、二〇〇〇年一月「住吉大社の年中行事(二四)」『すみのえ』住吉大社社務所、二三五、一一九頁には、「(長峡濱における)御輿洗神事は、渡御に先立ち神輿をお清めする行事であった」と記されていて、明治二八年より石舞台にて執行されるようになったとも記されている。

12 川筋の地蔵の由来 PP.266―275

(1)上田長太郎、一九三二年八月「大阪花街の盆踊」『上方』二〇、上方郷土研究会、八五頁。
(2)平成二年度大阪市民俗資料調査の時の聞き書きによる。
(3)秋里籬島『摂津名所図会』(森修編集、一九八〇年『日本名所風俗図会一〇』角川書店、一六〇頁)。
(4)由井喜太郎、一九三七年一月「阿弥陀池和光寺梗概」『上方』八三、上方郷土研究会、二六頁。
(5)桜田勝徳、一九七〇年『海の宗教』淡交社、一七八頁。
(6)大阪市立西中学校編、一九五六年『九条のすがた』大阪市立西中学校、四六頁。
(7)野村豊、一九五八年『漁村の研究―近世大阪の漁村』三省堂、八頁。
(8)佐古慶三、一九二九年「大阪地名語彙」『虎屋時報』虎屋発行、四七の五頁には、「衢壌の謂は海水の逆流に依って、始終民家が壊れるに在るらしい」ともある。
(9)井上正雄、一九二二年『大阪府全志』(一九八五年『大阪府全志』清文堂出版、八七六頁)には、「九条村は往時南浦と呼び、後の衢壌島なり。島名は林道春の命名なりといふ。後延宝年間に至り洪水に際し、一木笏漂着しけるに京都九条家のものなりしかば、是れより文字を改めて九条島と称するに至りしとなん」と記す。
(10)『新編相模国風土記稿』(蘆田伊人編集校訂、一八八八年『大日本地誌大系二〇』雄山閣出版、一六〇～一六一頁)。
(11)真鍋廣済、一九六九年『地蔵尊の研究』再版、冨山房、七五頁。
(12)黒川道祐、一六八四(貞享元)年『雍州府志一』京都鳥部山の阿弥陀仏の記事の末尾。
(13)松本秀雲、一七五二年(宝暦二年)『張州府志三〇』の知多郡矢梨村の法花寺の項。
(14)『三国地誌』(蘆田伊人編集校訂、一九一六年、『大日本地誌大系八』雄山閣出版、一二五頁)。
(15)柳田國男、一九六四年『定本柳田國男集二七』筑摩書房、四四三～四四四頁。
(16)藤井乙男、一九一〇年『諺語大辞典』友朋堂書店、七六四頁

に豊前の俗説として「盗ンダ猫デナケレバ鼠捕ラヌ」ともある

(17)小林忠雄、一九九〇年『都市民俗学—都市のフォークソサエティー』名著出版、二〇七頁。

(18)平瀬麦雨（胡桃沢勘内）、一九一六年六月「道陸神盗み」『郷土研究』四—三、郷土研究会、一八一頁。

(19)前掲注(18)、一九一七年二月同誌四—一一、「道祖神の御柱」、六六六頁。

(20)田野登・河野憲一、一九八五年六月「大阪市港区の地蔵信仰—『拾い地蔵』とその風土」『月刊歴史手帖』一三—六、名著出版、四五頁。

(21)高桑守史、一九九四年『日本漁民社会論考—民俗学的研究—』未来社、三四一～三四六頁に、能登の漁村のエビスの神体盗みの事例をとりあげ、各地の田の神・道祖神の神体盗みを踏まえて、それらの神の境界的性格を論じている。

13 港区八幡屋の漂着した地蔵　PP.276-296

(1)佐藤米司、一九八四年「現代の地蔵霊験譚（西日本篇）」『地蔵入門』大法輪閣、一六三頁。

(2)斎藤幸雄『江戸名所図会』（鈴木棠三・朝倉治彦校注、一九七五年『新版江戸名所図会下』角川書店、二五五～二五六頁）。

(3)黒沢長尚撰『雲陽誌』（蘆田伊人編集校訂、一九七一年『大日本地誌大系四二』雄山閣出版、二七八頁）。

(4)堀田吉雄、一九七八年『海の神信仰の研究上』光書房、一九八～二〇〇頁。

(5)桜田勝徳、一九七〇年『海の宗教』淡交社、一七六頁。

(6)本木元一、一九八四年『安治川物語上』山一印刷所、二六～二七頁。

(7)大阪市港区役所編集、一九五六年『港区誌』大阪市港区創設三十周年記念事業委員会、四八～四九頁。

(8)野村豊、一九五八年『漁村の研究—近世大阪の漁村』三省堂、八七頁。

(9)牧村史陽、一九八四年『講談社学術文庫　大阪ことば事典』五三九頁。

(10)大阪市総合計画局、一九八一年「昭和五五年国勢調査による大阪市町丁目別人口」一〇頁

14 港区・大正区の波除伝承の仏像　PP.297—326

(1)柳田國男、一九八九年「島の人生」『ちくま学芸文庫　柳田國男全集二』六一五頁。初出は、一九五一年『島の人生』創元選書二一四である。

(2)田野登、一九八六年二月「大阪市港区の地蔵信仰に関する調査報告」『近畿民俗』一〇六、近畿民俗学会、二七頁。

(3)角川日本地名大辞典編纂委員会、一九八三年『角川日本地名大辞典二七』一四五頁、八九五頁。

(4)大阪市港区役所、一九五六年『港区誌』大阪市港区創設三十周年記念事業委員会、「年表」などにより作成。

(5)船越政一郎編纂校訂、一九二七年『浪速叢書二』浪速叢書刊行会、三〇六頁。

(6)田野登、一九八六年八月「浪除地蔵のある風土その一」『府商連新聞』大阪府商店街連合会、二三二、五頁。

(7)岩本通弥、一九七八年三月「都市民俗学の予備的考察」『民俗学評論』一六、大塚民俗学会、四七頁。

(8)田野登、一九八九年六月「仏像由来の文献伝承の構成—『摂陽群談』の寺院の部に関して」『都市文化研究』五、大阪都市文化研究会、四頁。

(9)秋里籬島『摂津名所図会』（原田幹校訂、一九二〇年『摂津名所図会上』大日本名所図会刊行会、三六三頁）。

(10)桜田勝徳、一九七〇年『海の宗教』淡交社、一七六頁。

(11)田野登、一九八七年五月「漂着した地蔵とその町内の人々―都市の民俗の発生と継承の一事例」『近畿民俗』一一一、近畿民俗学会、五五頁。
(12)一九八三年『大正区史』大阪都市協会、大正区制施行五十周年記念事業委員会、二六八頁。
(13)柳田國男、一九九一年『ちくま学芸文庫 柳田國男全集二九』二四三頁。初出は一九三一年『日本農民史』刀江書院より刊行されている。
(14)木村荘八、一九九三年『岩波文庫 新編東京繁昌記』、一三六頁。初版は、木村荘八遺作、一九五八年『東京繁昌記』演劇出版社である。
(15)本山桂川原著・奥村寛純補訂、一九八九年『新編日本地蔵辞典』村田書店、二九九頁。
(16)発行年不明「波除稲荷神社参拝栞」波除稲荷神社（東京都中央区築地六丁目）。
(17)伊藤作一、一九五五年九月「潮止めの神について」『山口県地方史研究』二、山口県地方史研究会、一六頁。
(18)井上正雄、一九二二年『大阪府全志』（一九八五年『大阪府全志』清文堂出版、八九一頁）。
(19)新作晃忠、一九八四年『港区の昔話 増補版』唯称寺発行、二三頁～二四頁。
(20)前掲注(19)、同書、二八頁。
(21)前掲注(8)、同誌、六頁。
(22)前掲注(17)、同誌、一七頁。

15 野里の岩見重太郎伝説 PP.327―358

(1)志田垣与助撰、一七七七年『改正増補 難波丸綱目』大阪府立中之島図書館所蔵、又九六頁。
(2)秋里籬島『摂津名所図会』（森修編集、一九八〇年『日本名所風俗図会一〇』角川書店、一一一頁）。
(3)沢田四郎作・高谷重夫、一九六三年『大阪府の民俗1 大阪府文化財調査報告書一三』大阪府教育委員会、六三～七二頁。
(4)上井久義、一九六九年『宮座儀礼と司祭者』清文堂出版、一四九頁。
(5)大阪府神道青年会編集出版、一九八〇年『大阪の祭り』六三～七二頁。
(6)岩井宏實、一九八一年『神饌―神と人との饗宴』同朋社出版、七一頁に「この曲物の仕様は非常に古い形式を伝えている」と記す。
(7)池永悦治、一九八九年『野里誌』山治弥生会、九七～一〇二頁。
(8)高橋秀雄・森成元編、一九九一年『祭礼行事・大阪府』桜楓社、六二～六三頁。
(9)澤井浩一、一九九八年三月「一夜官女祭とその周辺」『大阪春秋』九〇、大阪春秋社、三七～四一頁。
(10)六車由実、二〇〇〇年三月「「人身御供」祭祀論序説―「食」と「性」、そして「暴力」―」『日本学報』一九、大阪大学大学院文学研究科日本学研究室、八五～一一〇頁。
(11)大阪府小学校国語科教育研究会編集委員会編著、一九八〇年『大阪の伝説』日本標準、一一一～一一五頁。
(12)発行年不明『小松周辺の昔ばなし』岡太神社社務所、二～三頁。
(13)吉田証、一九九六年『ふるさと口丹波風土記』復刻版、丹波文化研究所、一九～二〇頁。
(14)永藤凱緒、一九八三年『下伊那の民話』信濃教育会出版部、二二～二六頁。
(15)伊藤曙覧、一九五九年「岩見重太郎の伝承」『日本民俗学会報』七、日本民俗学会、二九～三〇頁。
(16)伊藤曙覧、一九八九年『黒河夜高祭を考える』小杉町黒河夜高保存会、二～三頁。

(17)水原玉藻、一八四四年『岩見英雄録』阪急学園池田文庫所蔵、二二〜二六丁。
(18)旭堂小南陵、二〇〇〇年『続・明治期大阪の演芸速記本基礎研究』たる出版、二九三〜二九四頁。
(19)加藤玉秀、一九一一年『豪傑岩見重太郎』立川文明堂、一三七〜一四六頁。
(20)伊藤陵潮、一九二九年「岩見重太郎」『講談全集八』七三七〜七六三頁。
(21)直木三十五「岩見重太郎」一九九一年、『直木三十五全集 一二』示人社、七八〜八一頁。『直木三十五全集別巻』三七五頁によれば初版は、一九二五年、直木三十五「岩見重太郎」『苦楽』三月号である。
(22)高木義賢編集発行、一九三六年、『絵本岩見重太郎』大日本雄弁会講談社、三四〜四二頁。
(23)前掲注(22)、同書「附録」七頁。
(24)尾崎秀樹、一九九五年『少年小説大系別巻二　少年講談集』三一書房、六三七頁。
(25)前掲注(24)、同書、六三七頁。
(26)佐野孝、一九四三年『講談五百年』鶴書房、三〇四〜三〇八頁。
(27)竹島茂、二〇〇四年『速記曼荼羅鉛筆供養（下）─大河内翠山と同時代の速記者たち』株式会社ＳＴＥＰ、三三四頁。
(28)絵本巻末にある「読物」をめぐる文芸講談と講談師の口演との関係については、口承文芸と書承文芸をめぐっての文学史的位置づけもさることながら、近代都市社会における書承を対象とする民俗研究においても、記録本との校合作業を通して実証的に論究されねばならない課題が控えていると考える。
(29)馬淵和夫他校注・訳、二〇〇一年『新編日本古典文学全集 今昔物語集三』「美作国神依猟師謀止生贄語第七」四九一〜四九八頁には、人身御供の身代わりの者が棺に潜む話が記されているが、近世から近代にかけて講談・講談本に「剣豪」として名を馳せた「岩見重太郎」の話には取り入れられていない。
(30)[野口義晃・木村和成、online:kimkaz_labo/54-iwami.html]によれば、戦後は一九五四年、嵐寛寿郎による「岩見重太郎決戦天の橋立」（宝塚映画）があるだけで、以降は見られない。
(31)前掲注(3)、同書、六三〜六四頁。
(32)今日の神事では、「トウヤ」を「当矢」と表記している。これは岩見重太郎伝説〈白羽の矢〉に引かれての潤色であることにまちがいないが、一九六三年の「沢田・高谷報告書」では一般的な用字の一つの「当屋」を当てていて、その時点では不明である。
(33)鵜野漆磧、一九二七年二月「野里一夜官女」『あのな』四─二、掬水庵渓楓一、一一頁。
(34)前掲注(9)、同論文、三八頁。
(35)前掲注(10)、同論文、九〇頁。
(36)前掲注(10)、同論文、九八頁。
(37)上方編集部、一九三一年三月「野里『一夜官女』拝観記」『上方』三、宣伝記事。
(38)暁鐘成『摂津名所図会大成』（一九七六年『摂津名所図会大成二』柳原書店、三四二〜三四三頁）。
(39)新修大阪市史編纂委員会編、一九八八年『新修大阪市史一』大阪市、六二六頁に、柏済の位置は難波御津の付近と推定し、野里渡とする説は記紀の所伝に適合しないと記している。
(40)浜松歌国『摂陽落穂集』（『新燕石十種五』、一九一三年、国書刊行会、一三七頁）に「祭神にいけにへを備へる事、古雅なる事にして見るべき事也」とある。
(41)柳田國男、一九六九年『定本柳田國男集一一』筑摩書房、四七七頁。初出は、一九四七年一一月「氏神と氏子」『新國学談三』小山書店である。

(42)前掲注(3)、七一頁に、吹田市岸部の吉志部神社の祭、高槻市安満の安満神社の五月五日の祭、三島郡島本町尺代の一月六日の行事を挙げて「神供献進」と結論付けている。

(43)上井久義は、前掲注(4)、一四九頁に、近世における吹田市岸部のドンジ、西宮市鳴尾の一時上臈、名張市下比奈知名居神社の祭祀も例に挙げている。

(44)前掲注(5)、同書、一一七頁。

(45)『大阪府全志』一九八五年、清文堂出版、五二七頁。同書の初版は、井上正雄、一九二二年『大阪府全志』である。

(46)前掲注(38)に同じ。

(47)速見春暁斎『諸国図会年中行事大成』（一九七九年『日本庶民生活史料集成』三一書房、四〇～四一頁）。

(48)前掲注(40)、同書、一三七頁。

(49)吉川雅章は、二〇〇六年一月「上三谷の頭上運搬」『名張市史だより』一、名張市史編纂室に、三重県名張市上三谷の白山神社の秋祭りにおける二人の神饌台の担ぎ手が各々頭上に乗せて神饌を運搬する所作を挙げている。そのうえで、奈良県桜井市の八坂神社における飯切に神饌を調製した台を両手でかかえながら渡御する所作を、頭上運搬から変化したものと推察している。野里においては、文化年間にすでに下男による夏越桶運搬が介添えとして行われていたのである。

(50)前掲注(40)、同書、一三七頁。

(51)前掲注(47)、同書、四〇～四一頁には、「神供四品。……四に鯰魚を二つに切、血の付たる儘に盛……」とあり、神饌の川魚は当時から今日まで血のついた血生臭いものであった。

(52)大阪府西成郡役所編纂発行、一九一五年『西成郡史』一五九頁。

(53)前掲注(38)、同書、三四二頁。

(54)前掲注(40)、同書、一三七頁。

(55)野村豊、一九五八年『漁村の研究』三省堂、六七頁。

(56)前掲注(47)、同書、四〇頁。

(57)前掲注(33)、同書、一一頁。

(58)前掲注(52)、同書、一五八～一五九頁。

(59)前掲注(40)、同書、四〇頁。

(60)肥後和男、一九七〇年『宮座の研究』弘文堂、三九四頁。

(61)前掲注(11)、同書、一一頁。

(62)前掲注(11)、同書、一五頁。

(63)前掲注(7)、同書、三〇頁。

(64)大阪都市協会編集、一九九六年『西淀川区史』西淀川区制七〇周年記念事業実行委員会、四五二頁。

(65)前掲注(64)、同書、三〇七頁。

(66)前掲注(64)、同書、四五二頁。

(67)神事の創始についての具体的経緯は分からない。夏越桶七台に墨書されている「元禄十五年」（一七〇二年）と関連づけるならば、この年、田畑の水害除けを祈念する神供に神器七台を村人が神社に献上した考えられる。それ以前に行われていた神供の方法はなお不明である。

16　伝法正蓮寺の川施餓鬼　PP.359—373

(1)三善貞司、一九八六年『大阪史蹟辞典』清文堂出版、四二三頁。

(2)正蓮寺発行、一九六七年以後一九七六年以前「正蓮寺略縁起」。

(3)桜田勝徳、一九八〇年『桜田勝徳著作集二』名著出版、一六二頁に、漁業集団に見られる浮石伝説や網掛り伝説をあげている。

(4)前掲注(2)同略縁起に「享保六年（一七二一年）、当山第七世、寂行院日解上人は、日蓮大聖人が海中にて衆生済度せられた功徳を継承せんとて、川供養の行事をはじめられたのが、いまの伝法の川施餓鬼であります。創始以来、正蓮寺川に棚を作り色々な供物をして、有無両縁の萬霊を供養して参りました。摂津名所絵図《〈ママ〉》に記されている様に、数百曳の船団で参拝者が群集いたしました。地元の伝法・高見・四貫島の各家では、遠近より親類縁者を招いて精霊をお祀りし、法要の後は各船団は棚を片付けて舟遊びに興じてお祭り騒ぎになるのが常でした。陸では数百の露店が賑わい、名物の枝豆・竹ごま・焼鳥屋などが繁昌し、全く天神祭をしのぐ程の盛大な大阪の夏を締めくくる行事でした。夕刻、船団も引き揚げ露店も終る頃には涼風も吹く時期でもあり、〝暑い暑いは天神祭、あついあついも施餓鬼まで〟と、今日まで夏の風物詩として語り継がれ親しまれて参りました。…」と記されている。

(5)奥郁正寛、一九七六年「私の寺のおせがき会」『教化の友』八、日蓮宗広報誌。
(6)前掲注(5)、同記事。
(7)結社・諷詠に所属する辰田昭子氏からの聞き取りによる。
(8)大阪伝法川施餓鬼参拝会世話人会、一九九六年「大阪伝法川施餓鬼参拝会世話人会会則」
(9)前掲注(5)、同記事。
(10)陰山梅好『浪花のながめ』(船越政一郎編纂校訂、一九二六年『浪速叢書一二』浪速叢書刊行会　四八五頁)。
(11)浜松歌国『摂陽奇観』(船越政一郎編纂校訂、一九二七年『浪速叢書四』浪速叢書刊行会、五一三頁)。
(12)浜松歌国『神仏霊験記図会』(船越政一郎編纂校訂、一九三〇年『浪速叢書』鶏肋、浪速叢書刊行会　一七頁)。
(13)春樹、一八四一年『年中遊覧　難波めぐり』(別名『難波巡覧記』)所載、天保八(一八三七)年の「年中参詣記　花見持参」。
(14)暁鐘成『摂津名所図会大成』(一九七六年『摂津名所図会大成二』柳原書店、三四〇～三四一頁)。
(15)田中顕美、一八六六年序『大阪繁昌詩後編下』一二三頁。
(16)宇田川文海・長谷川金次郎、『大阪繁昌誌下』(一九七五年『大阪繁昌誌下』新和出版社、三〇二頁)。
(17)花月亭九里丸、一九三四年八月「伝法の施餓鬼」『上方』四四、上方郷土研究会、二七頁。
(18)前掲注(17)、同誌、二七頁。
(19)永滝五郎、一九八四年『市岡パラダイス』講談社、八一頁。
(20)和崎春日、一九八九年「都市の民俗生成―京の大文字」(岩本通弥・倉石忠彦・小林忠雄編著『都市民俗学へのいざないⅡ情念と宇宙』雄山閣出版、一三六頁)に「確立された民俗が民俗として伝承されたもの＝民俗継承」、「かつての風俗が民俗を形成し定着してきたもの＝過去の民俗生成」、「現在の風俗が未来への民俗化の芽と方向性をもち、時間蓄積の厚みをましていく民俗生成の動態＝現在の民俗生成」が挙げられている。
(21)前掲注(2)、同略縁起。
(22)ハンス・モーザー著、河野眞訳・解説、一九九〇年六月「民俗学の研究課題としてのフォークロリスムス(上)」原題Hans Moser:Der Folklorismus als Forschungsproblem der Volkskunde. (1964)『愛知大学国際問題研究所紀要』九一、二四八頁。
(23)大阪市史編纂所、一九七二年『大阪編年史一三』三七一頁。
(24)暁鐘成『噺の苗』(一九九五年『日本随筆大成新装版』三―六、吉川弘文館、一〇九～一一〇頁)。
(25)前掲注(17)、同誌、二七頁。
(26)前掲注(2)、同略縁起。
(27)山口昌男、一九七五年『文化と両義性』岩波書店、七三頁。
(28)国語学者・井手至先生からの私信(一九九八年六月三日付)に「川は海＝(浄土～神霊界)に通じるところと意識され神迎え＝(船渡御、みこし洗い)や施餓鬼が行われるもの」とある。また、同先生は、二〇〇一年五月、「聖なる時空―三貴神分治の世界」『萬葉』一七七号、六頁に先祖の霊を海上に送り出す精霊流しの習俗を海の彼方に西方浄土、先祖の霊魂の住まう聖なる世界を信じた人々の考え方に合致したからであろうと記している。

(29)一無軒道治『難波鑑』(船越政一郎編纂校訂、一九二七年『浪速叢書一二』浪速叢書刊行会、二九六頁)に「難波堀江月見幷難波御祓　＊同十五日」に「月の名所ハ。須磨。あかしより。はじめて。更級。姨捨。田子。都は。広沢。ちかきハ。若吹上。諸国に。名を得しことなれバ。世々の歌人。今宵の月に。あこがれて。いろいろの歌をとり出して。のこしをかれたり。こゝも名にしあふたる。難波堀江の月こそ余所にてミるにハまされと。棚無船に。幕はしらかし。弁当提重を入させ。曲水ならねとも。手まづさえぎる盃の波にうかべし遊宴も見所有て。おもしろく。また。琴三味線。笛。太鼓。つゝみ。鼓弓とりとりのはやし物にて。船こぎいつる。物の音に。水底の魚鱗も。おどりあかるかとおもハる。かゝる遊興またまたあるへきや。また世の好事の輩ハ。硯懐紙とりもたせ。堀江つたひに。伝法あるひハ一の州のあたりまても。櫓櫂をさせて。あこがれ出。水の面に。てる月なミもしづかにて。二千里の外までも。曲なき月の面影ハ。つねにまさりて。一きハいさぎよく。心もうき立物ハ。今夜の船遊びなりと。いひけんもおかしく。されバ。彼法師か。月花ハ。さのミ目にて。見る物かハといへれど。もしまた。今夜雨のふらばいかばかり。残多からめと。つぶやきけるも。実もといひて。酒のミ連歌して。ゐるまに。月西海にしづめハ。難波寺のかねもあけぬと。つけわたる。いざいざ家路にかへむなんいざと。をのをの船をはやめて。こぎかへるありさまハ。また興ありて。おもしろくそ侍る。されバ＊難波御祓といふことハ。源氏月の秋の比。此浦里にくたり給ひしとき。名月の夜にはらひし給ふことあり是をいまに難波の御祓と申伝へり」とある。

(30)堺古文書研究会編、一九九六年『大阪市中の上荷船・茶船』二〇頁。

(31)前掲注(30)、同書、九六頁。

(32)紫式部『源氏物語』(阿部秋生・秋山虔・今井源衛校注、一九七二年『日本古典文学全集　源氏物語二』二九六頁)。

(33)四辻善成『河海抄』(一九〇八年『国文註釈全書二』國學院大學出版部)に「あふみのはからさきのはらへつのくにはなにはにといとなみて五節前後の斎に皆秡をする也何の秡も河辺海辺にて禊をする本儀也辛崎難波七瀬の随一也仍近江摂津国司たてまつる舞姫此所禊尤有便宜乎舞姫は五節はて、暁天退出之時秡をする也上古はからさきなにはまても下向しける也近代は内野にて陰陽寮まいりまうけて勤仕之／七瀬所々難波　曩太　河俣摂津　大島／橘小島　山城　佐久那谷　辛崎　近江　又洛中七瀬者川合　一条　土御門　近衛中　御門大炊御門二条也　応和三年七月廿一日御記曰蔵人式部　丞藤原雅材供御秡物以明日令天文博士保憲赴難波湖及七瀬三　元河臨禊(以下省略)」とある。

(34)オギュスタン・ベルク著、篠田勝英訳、一九八八年『風土の日本』筑摩書房、二〇九頁。

(35)オギュスタン・ベルク著、篠田勝英訳、一九九三年『講談社現代新書　都市のコスモロジー』一四八～一四九頁。

17　福島天満宮の餓鬼島伝説 PP.374—396

(1)大阪都市協会発行、一九八九年「近代都市の構築」の読図による。

(2)岡田徯志『摂陽群談』(一九七七年『大日本地誌大系三八』雄山閣出版、二三四頁)。

(3)前掲注(2)、同書、二一六～二一七頁。

(4)暁鐘成『摂津名所図会大成』(一九七六年『摂津名所図会大成二』柳原書店、三七六頁)。
(5)前掲注(4)、同書、三九三頁。
(6)前掲注(2)、同書、二一九頁。
(7)秋里籬島『摂津名所図会』(一九一九年『摂津名所図会上』大日本名所図会刊行会、三四五頁)。
(8)浜松歌国『摂陽奇観』(船越政一郎編纂校訂、一九二六年『浪速叢書一』六九～七二頁)。
(9)前掲注(4)、同書、三三五頁。
(10)田中顕美、一八六六年序『大阪繁昌詩後編下』「福島上天神」の項。
(11)『浪華百事談』(一八九五年頃『浪華百事談』〈『日本随筆大成三―二』〉、吉川弘文館　二三二頁)。
(12)沖浦和光、一九九八年『岩波新書　瀬戸内の民俗誌―海民史の深層をたずねて―』一八頁。
(13)前掲注(12)、同書、一七頁。
(14)田野登、一九九一年一一月「降臨石系統の伝説」『日本民俗学』一八八、日本民俗学会、一一九頁。
(15)前掲注(12)、同書、二〇九頁。
(16)大阪市刊行、一九八八年『新修大阪市史二』大阪市、五五七頁。
(17)大阪市立図書館市史編集室、一九七七年『大阪編年史一』三九九頁～四〇〇頁。
(18)前掲注(7)、同書、四四〇～四四一頁。
(19)前掲注(16)、一九六八年、同編年史四、四三一頁。
(20)大阪都市協会、一九九三年『福島区史』福島区制施行五〇周年記念事業実行委員会、四二八頁に、廻船人出身の砂村新左衛門は、万治三(一六六〇)年、相模国三浦(現在の横須賀市久里浜)に新田開発をする際、その地に福島天満宮を勧請し久里浜天神社を創祀したことが記されている。
(21)近松門左衛門『天神記』(松崎仁・原道生・井口洋・大橋正叔校注、一九九三年『新日本古典文学大系　近松浄瑠璃集上』四〇〇頁)
(22)前掲注(21)、同書、四二一頁、四二六頁。
(23)前掲注(21)、同書、四二一頁。
(24)鳥越文蔵、一九八三年「菅原伝授手習鑑」『歌舞伎事典』平凡社、二三六頁。
(25)佐藤彰、一九八三年「ひらかな盛衰記」前掲注(24)、同書、三四三頁。
(26)国立劇場芸能調査室編集、一九九五年『国立文楽劇場第五九回床本集』三〇頁。
(27)前掲注(26)、同書、三四頁。
(28)岩本裕、一九八八年「餓鬼」『日本仏教語辞典』平凡社、一三三頁。
(29)藤本義一、一九八七年「わが天神祭り」『日本随筆紀行一七』作品社、三三頁。
(30)高橋昌明、一九九二年『酒呑童子の誕生』中央公論社、一九六頁。
(31)林和利、一九八六年「源頼光②」『日本伝奇伝説大事典』角川書店、八六〇頁。
(32)前掲注(30)、同書、二〇一～二〇二頁。
(33)四辻善成『河海抄』(一九〇八年『国文註釈全書二』國學院大學出版部)
(34)宗政五十緒編、一九九七年『都名所図会を読む』「『都名所図会』案内」東京堂出版。
(35)高田衛、一九九七年九月「板本文化の意味」『国文学―解釈と教材の研究―』一九九七年九月号、学燈社、九～一〇頁。
(36)西沢一鳳、一八三〇年～一八五一年成立『西沢文庫伝奇作書残編中』(大阪市立中央図書館所蔵)、一七丁「秋里籬島翁の話」。

(37)天保六（一八三五）年成立、小倉敬典著『浪花奇談上』（大阪府立中之島図書館所蔵）。〈下福島の碑〉には、秋里籬島『摂津名所図会』の記事の批判が行われている。すなわち「京師秋里のゑらまれし名所図会は総して見事なれ所謂の如きは杜撰はなはだし」とある。それには、地図の使用の不備をはじめ、「八軒家」「座摩の社」「たいゆうじ」の記述の誤を指摘している。「和泉名所などもしかり」とした上で「そこつ千万といふべきなり」と酷評している。

(38)三善貞司、一九八六年『大阪史蹟辞典』清文堂、三六三頁「曾根崎」の項。

(39)『大鏡』（橘健二校注、一九七四年『日本古典文学全集　大鏡』九二頁）

(40)『太平記一』（後藤丹治・釜田喜三郎校注、一九六〇年『日本古典文学大系　太平記一』四〇四頁～四〇五頁）。

(41)前掲注(40)、同書、四二一頁。

(42)前掲(16)、一九八八年、同市史一、九六七頁。

(43)前掲(16)、同市史一、九七〇頁。

(44)千田稔、一九七四年『埋もれた港』学生社、三四頁。

(45)前掲注(44)、同書、二四頁。

(46)前掲注(40)、同書、四二〇頁脚注。

第三章　川筋の生業世界

18 廻漕店から船大工まで PP.400―410

(1)新修大阪市史編纂委員会、一九八九年『新修大阪市史三』大阪市、八〇九頁。

(2)だるま屋書店発行、一九二三年『大阪繁花風土記』市中の異名・上一五。

(3)前掲注(1)、一九九〇年、同市史四、五六五頁。

(4)前掲注(1)、同市史四、五六五頁。

(5)前掲注(1)、同市史四、五六七頁。

(6)前掲注(1)、同市史四、五六七頁。

(7)大阪都市協会発行、一九八九年「浪花の繁栄―大阪三郷の商工」の読図による。

(8)大阪都市協会、一九八三年『大正区史』八頁。

(9)下八阪神社発行の由来書の「節分特殊神事、笹付宝船の由来」。

(10)前掲注(8)、同書、三五〇頁。

(11)暁鐘成『摂津名所図会大成』（船越政一郎編纂校訂、一九二八年『浪速叢書八』浪速叢書刊行会、三六頁）。

(12)前掲注(8)、同書、一五八頁。

(13)田野登、一九九七年六月「生業の聞書（一）―川筋の篇」『大阪春秋』八七、大阪春秋社、九一頁。

(14)秋里籬島『摂津名所図会』（一九七四年『摂津名所図会上』臨川書店、五八三頁）には、安治川を往来する帆船が描かれている。それには「三万里波にゆられて船玉の神酒いたゝくも味いあち川　菱丸」の句が添えられている。

(15)前掲注(8)、同書、一六一頁「大正区の渡船一覧（昭和五五年調査）」。

19 フナジョタイにみえる海民的性格 PP.411-425

(1)宮本常一、一九八四年「都会の中の田舎」『宮本常一著作集三〇』未来社、三二頁。

(2)前掲注(1)、一九六七年、同集二、二二三頁。

(3)角川日本地名大辞典編纂委員会、一九八八年『角川日本地名大辞典二八』一二一五頁。

(4)前掲注(3)、同辞典三四、一二四二頁。

(5)大高利夫発行、一九九一年『島嶼大事典』日外アソシエーツ四〇頁。

(6)丹羽基二、一九八一年『姓氏の語源』角川書店、五三五頁。

(7)前掲注(5)、同書、四〇頁。

(8)前掲注(6)、同書、一八五頁。
(9)川添登、一九七四年「古代日本人と海」宮本常一・川添登編『日本の海洋民』未来社、六七頁。
(10)田野登、一九九八年六月「アジアに活躍する徳島・伊島の潜水技術」『大阪春秋』九一、大阪春秋社、七〇～七二頁。
(11)前掲注(10)、同誌、七二頁。
(12)大林太良、一九九〇年『東と西　海と山』小学館、一一二頁。
(13)宮本常一、一九七四年「海から来た人々」宮本常一・川添登編『日本の海洋民』未来社、一二頁。
(14)前掲注(13)、同書、同頁。
(15)浜浦重治、一九九七年、講演草稿「正蓮寺川物語」四頁。
(16)新作晃忠、一九八四年『港区の昔話　増補版』唯称寺、二六頁。
(17)中村遙編輯、一九四三年『水上の友　大阪水上隣保館事業報告』大阪水上隣保館、九頁。
(18)桜田勝徳、一九八〇年『桜田勝徳著作集二』名著出版、四五四頁。
(19)羽原又吉、一九六三年『岩波新書　漂海民』二頁。
(20)野口武徳、一九八七年『漂海民の人類学』弘文堂、二六一～二六二頁。
(21)前掲注(19)、同書、一〇頁。
(22)前掲注(20)、同書、二六二頁。
(23)前掲注(19)、同書、一〇頁。
(24)前掲注(20)、同書、二七三頁。
(25)野口武徳、一九七四年「家船と糸満漁民—水上生活者の移動と定着」宮本常一・川添登編『日本の海洋民』未来社、一三三頁。
(26)はまうら・せき川後援会編集パンフレット、一九七八年『市会議員はまうら重治その活動と人柄』四頁。
(27)前掲注(20)、同書、二七六頁。
(28)前掲注(18)、同書、四五六頁。
(29)前掲注(18)、同書、四五五頁。
(30)前掲注(16)、同書、二五頁。
(31)前掲注(18)、同書、四五五頁。
(32)三浦行雄、一九九六年『船のある風景』一五九頁。
(33)前掲注(20)、同書、二六一頁。
(34)宮本常一・河野通博「漁村と港町」(宮本常一・川添登編、一九七四年『日本の海洋民』未来社、九三頁)。
(35)前掲注(1)、同書、八九頁。
(36)岩田準一、一九七二年『志摩のはしりかね』一～二頁。初出は、中村幸昭発行、一九四〇年「伊勢新聞」である。
(37)前掲注(36)、同書、二～三頁。
(38)前掲注(3)、同書、一四七一頁。
(39)前掲注(18)、同書、六六七頁。
(40)西山夘三、一九九七年『安治川物語—鉄工職人夘之助と明治の大阪』日本経済評論社、一一三頁。
(41)前掲注(40)、同書、一〇九頁。
(42)前掲注(40)、同書、一一〇～一一一頁。

20　コンピラ・フナダマ・エビス信仰にみえる基層文化　PP. 426—438

(1)近江晴子、一九八〇年九月「住吉大社の石燈籠」『大阪春秋』二五、大阪春秋社、一五三頁。
(2)浜松歌国『神仏霊験記図会』(船越政一郎編纂校訂、一九三〇年『浪速叢書鶏肋』、浪速叢書刊行会　三二六頁)。
(3)印南敏秀、一九九三年「コンピラ信仰資料から見た瀬戸内文化」(網野善彦他編『海・川・山の生産と信仰』日本歴史民俗論集七、吉川弘文館、三二三頁)。
(4)前掲注(3)、同書、三三二頁。
(5)石井謙治、一九八七年『江戸海運と弁才船』日本海事広報協会、三七頁。

(6)前掲注(5)、同書、三〇八頁。
(7)前掲注(3)、同書、三二二頁。
(8)前掲注(3)、同書、三二三頁。
(9)青木和夫他校注、一九九二年『新日本古典文学大系　続日本紀三』四三五頁。
(10)黒板勝美校注、一九七七年『増補改訂国史大系　交替式・弘仁式・延喜式前編』吉川弘文館、二〇三頁の「延喜式」記事には住吉郡廿二社のうちに「船玉神社」が記されている。
(11)牧田茂、一九七四年「海の信仰と日本人」(宮本常一・川添登編『日本の海洋民』未来社、一五九～一六〇頁)。
(12)柳田國男、一九六九年『定本柳田國男集九』筑摩書房、二七頁。初出は、一九二五年一〇月「妹の力」『婦人公論』一〇―一一である。
(13)角川日本地名大辞典編纂委員会、一九八八年『角川日本地名大辞典二八』一一五五頁。
(14)桜田勝徳、一九八〇年『桜田勝徳著作集一』名著出版、一七〇頁。
(15)前掲注(11)、同書、一六〇頁。
(16)前掲注(11)、同書、一六〇頁。
(17)前掲注(11)、同書、一五九頁。

21　廻船人のオカアガリ　PP.439—450

(1)角川日本地名大辞典編纂委員会、一九九一年『角川日本地名大辞典三四』一二四二頁。
(2)西山夘三、一九九七年『安治川物語―鉄工職人夘之助と明治の大阪』日本経済評論社、一一〇～一一一頁。
(3)三田純市、一九七五年『道頓堀川―川・橋・芝居』白川書院、一二頁に、町家で出た糞尿は北河内の農家にとっては下肥としてありがたがった。それを請け負う肥料業者は、「大小便をはっきり区別し、それぞれ別の業者が扱ったということである。その名も、ズバリ〈ばば屋〉と〈しょんべん屋〉といっていた」と書かれてある。
(4)新修大阪市史編纂委員会編、一九八八年『新修大阪市史一』大阪市、一五八頁。
(5)前掲注(3)、同書、二六頁。
(6)宮本輝『泥の河』(一九八〇年『角川文庫　螢川』一二頁)に馬力屋の爺さんの悲劇が語られている。すなわち、炎天下、橋を渡り損ねた馬が後戻りして荷車の下敷きになり死んでゆく馬力屋の爺さんの惨事が記されている。馬力屋稼業の「最期」を文学作品として表徴的に表現している。これもクルマ社会への変遷の一コマである。なお『泥の河』初版は、一九七七年七月『文芸展望』一八に発表された。
(7)大阪船用品商組合発行、一九八五年『大阪船用品商組合三十周年のあゆみ』「商都大阪の発展」の項目。
(8)檜谷昭彦・江本裕校注、一九九六年『新日本古典文学大系　太閤記』三五五頁。
(9)大阪城天守閣学芸員の宮本裕次氏から次の指摘を葉書でいただいた。すなわち「造船業の創業の由来を秀吉に求めているのは、徳川時代以来の伝承としたらひじょうに興味深いと思っております(少なくとも幕府に対しては特権の根拠にならないと思いますので)」とのことである
(10)だるま屋書店発行、一九二三年『大阪繁花風土記』市中の異名上一六。
(11)前掲注(10)、同書、諸市場上一九。
(12)前掲注(4)、同書、五六七頁。

第四章　「水都」周辺のマチの民俗

22　見え隠れする「ムラ」　PP.454—472

(1)倉石忠彦、一九九〇年『都市民俗論序説』二五五頁。
(2)大阪府教育委員会、一九六三年「海老江の八坂神社の『オ

キョウ」神事」『大阪府の民俗一』三六～五七頁。

(3)田野登、一九九七年「『餓鬼島』考」『井手至先生古稀記念論文集国語国文学藻』和泉書院、五八五頁。

(4)鷺洲町史編纂委員会、一九二五年『鷺洲町史』大阪府西成郡鷺洲町役場、七一七～七二四頁。

(5)前掲注(3)、同書、六〇八頁。

(6)『葦の若葉』(一九七〇年『蜀山人全集一』吉川弘文館、五六頁)。底本は、蜀山人、一八〇一年『葦の若葉』である。

(7)暁鐘成『摂津名所図会大成』(一九七六年『摂津名所図会大成二』柳原書店、三三四頁)。

(8)秋里籬島『摂津名所図会』(森修編集、一九八〇年『日本名所風俗図会一〇』角川書店、四〇六頁)。

(9)『西成郡史』(一九七二年『西成郡史』名著出版、二九二頁)。初版は一九一五年、西成郡役所刊行である。

(10)北尾鐐之助、二〇〇〇年『複刻版　近代大阪』創元社、一一六頁。

(11)大阪都市協会、一九九五年『福島区史』福島区制施行五〇周年記念事業実行委員会、一三九頁。

(12)財団法人大阪市下水道技術協会、一九八三年『大阪市下水道事業誌』一一六頁。

(13)井形正寿、一九九八年「我が郷土『鷺洲』」『鷺洲―創立百周年記念誌』大阪市立鷺洲小学校創立百周年記念事業委員会、一〇五頁。

(14)四辻善成『河海抄九』(一九〇八年『国文註釈全書二』國學院大學出版部)に「七瀬所々　難波　嚢太　河俣摂津　大島／橘小島山城　佐久那谷　辛崎近江(以下省略)」とある。

(15)駒澤大学内禪学大辞典編纂所編、一九七八年『禪学大辞典上』大修館書店、二四一頁。

(16)前掲注(4)、「『鷺洲町史』序」。

(17)柳田國男、一九六二年『定本柳田國男集一〇』筑摩書房、三九一頁。初出は、一九二九年「都市と農村」朝日常識講座六、朝日新聞社である。

(18)マチかムラかを論じる場合、マチを中心にみる際、「周縁」と「周辺」とを区別する必要があるが、本章では、「周縁」に統一した。「周縁」はもとのマチの先端にあって、接続したマチ・市街地接続地である。「周辺」は、もとのマチから離れた「まわり」「ふち」にあるムラである。したがって、マチを中心に民俗空間の共時的構造をみると〈都心→周縁→周辺〉となる。この構造を近世大阪北郊の絵地図に落とすと、〈大阪三郷→曾根崎・福島・野田→浦江〉となる。これを通時的にみれば、〈町地→町端→近郷〉となる。マチかムラかとなれば、町地・町端までがマチであり、近郷はムラである。これを近世大阪の南郊に当てはめると、〈大阪三郷→千日前・難波→今宮〉となり、近代大阪においては、周縁である道頓堀川の南のハマが盛り場となっている。近世大阪北郊については、梅田における「牛の藪入り」といった農耕行事を見物する都市生活者の年中行事があった。本書第一編第1章3　梅田の牛の藪入りの都市民俗　参照。また、福島天満宮に伝わる、菅原道真公の来臨伝説は、廻船人の伝承である(注：前掲(注2)五八四頁)。梅田も福島も周縁に位置するマチである。それに対して、本章にとりあげた都心周辺に位置する浦江のようなマチの伝承には、ムラとしての性格が認められる。このような両義的な性格を持つマチを通時性に基づいて論究することにより都鄙連続体論が補綴されるのである。

23　都市化に消えた蓮池　PP. 473—482

(1)鷺洲町史編纂委員会編、一九二五年『鷺洲町史』大阪府西成郡鷺洲町役場、一七六七頁。

(2)暁晴翁『浪華の賑ひ』(森修編集、一九八〇年『日本名所風俗図会一〇』角川書店、四〇六頁）。

(3)現存する池は了徳院にあるが、大小いくつかの池があったであろうことを示すものが三点ある。一点目は、鷺洲四丁目五番に位置する辻本理髪店の北西角にある石柱に「大池橋」と刻まれていることである。二点目は、鷺洲四丁目と同五丁目の間の道路が北区大淀南三丁目に通じる箇所に架かるJR東海道本線の高架橋の銘に「西池高架橋」と刻まれていることである。三つ目は、鷺洲二丁目と福島八丁目の間の道路が北区大淀南二丁目に通じる箇所に架かるJR東海道本線の高架橋の銘に「東池高架橋」と刻まれていることである。「大池橋」については、大正七（一九一八）年、通信協会大阪支部発行になる地籍図「海老江」に「字北大池橋」「字南大池橋」と記された字名が読み取られる。これらの「大池」「西池」「東池」という名称の池の場所については、未詳である。

(4)鈴木照世、一九八五年一〇月「蓮料理の冨竹」『大阪春秋』八〇、大阪春秋社、七一頁。

(5)中村浩、一九七六年『句碑のある風景』現代創造社、三五頁に、冨竹の近くに「称号橋」があったことが記されている。

(6)奥沢信行編集、一八七七年「浦江蓮花　付胡枝花」『大阪繁昌雑記二』一五～一八頁。

(7)磯野秋渚、一八九〇年三月「萩原廣道の墓」『文学評論しがらみ草紙』六、脇田茂一郎発行、一一頁

(8)鎌田春雄、一九二二年『近畿墓石考』三五五頁。

(9)国史大辞典編集委員会編、一九八〇年『国史大辞典二』吉川弘文館、五九九頁。

(10)前掲注(8)、同書、六〇六頁。

(11)本文中の凡例：大阪：『大阪商工銘家集』弘化三（一八四六）年頃初版：大阪経済史料集成刊行委員会編、一九七七年『大阪経済史料集成一』大阪商工会議所発行／浪叢⑨：浪速叢書刊行会、一九二九年『浪速叢書九』「大阪商業史資料」。

(12)一日会編集、二〇〇〇年『萩原廣道の書翰』中尾松泉堂発行、「年譜」。

(13)前掲注(6)、同書、一五頁。

(14)前掲注(1)、同書、一六八三頁。

(15)吉田清春、一九七一年『染のあゆみ』大阪府織維染色協同組合発行、九八～一〇〇頁。

(16)前掲注(14)、同書、七四頁。

(17)『西成郡史』（一九七二年『西成郡史』名著出版、二九一～二九二頁）。初版は一九一五年、西成郡役所刊行。

(18)北尾鐐之助、二〇〇〇年『複刻版　近代大阪』創元社、一一六頁。

24　都市化に発生した松尾芭蕉伝説　PP.483—500

(1)井形正寿、一九九五年一〇月「浄正橋筋と浦江聖天さん」『大阪春秋』八〇、大阪春秋社、一七頁。

(2)春屋繊月斎著・松川半山画、安政二（一八五五）年版『大聖歓喜天霊験経和訓図会』巻中五丁裏。

(3)大阪中央電話局発行、一九二六年版『大阪電話番号簿』一一四頁。

(4)鷺洲町史編纂委員会編、一九二五年『鷺洲町史』大阪府西成郡鷺洲町役場、一五七五頁。

(5)前掲注(4)、同書、一一四三頁。

(6)前掲注(4)、同書、一二一三頁。

(7)前掲注(3)、同書、一七〇頁。

(8)前掲注(4)、同書、一一〇四頁・一二四六頁。

(9)吉江集画堂地籍地図編輯部編纂、一九一一年『大阪地籍地図』土地台帳之部「北区」二〇八頁。

(10)丸大食品（株）発行、一九八三年『疾風有情』五七頁、七九頁。

(11)前掲注(10)、同書、九六頁。

(12)長谷川貞信筆、一八六八年頃『浪花土産』上巻「浪花百景之内　浦江の聖天」（大阪府立中之島図書館所蔵）。
(13)宇田川文海著・長谷川金次郎『大阪繁昌誌下』（新和出版、一九七五年復刻『大阪繁昌誌　大阪営業案内』二三一頁）。
(14)前掲注(9)、同書、「東区」四頁。
(15)前掲注(13)、同書、二三七頁。
(16)前掲注(13)、同書、二三五頁、二四二頁。
(17)暁鐘成『摂津名所図会大成』（一九七六年『摂津名所図会大成二』柳原書店、三三四頁）。
(18)前掲注(4)、同書、一七六五頁。なお「浦江燕子花に関する故人の詠草として一二をあぐれば」には「燕子花語るも旅のひとり哉　芭蕉」とある。
(19)前掲注(13)、同書、二五六～二五七頁には題句四句題詩二篇が挙げられている。題句の二句目に「かきつばた語るも旅のひとり哉　はせを」とある。
(20)濱田義一郎他編集、一九八六年『大田南畝全集八』岩波書店、一四七頁。
(21)陰山白縁斎、天明五（一七八五）年『大阪市中買物手引草』（大阪府立中之島図書館所蔵）四三丁裏、四四丁裏。
(22)岡本竹二郎『名勝漫遊大阪新繁昌記』一八九二年、六八頁。
(23)田中楽美『大阪繁昌詩中』廿一。原漢文を読み下す。ルビ二カ所は原文による。
(24)中村浩、一九七六年『句碑のある風景』現代創造社、三四～三五頁に「大阪滞在中、近郊の名勝の話も種々出たことであろうし、次の行程の途次に当る浦江であれば大阪人として浦江のカキツバタを自慢して聞かせたことでもあろう。またさらに想像をたくましうすれば、『宿がせばくやかましく』て、『気づまり候て方々見物に出』たとも、その書簡に記しているから、六日間の逗留中のひと日を、八軒屋からは半日で往復できる浦江へ、カキツバタ見物に出かけたと考えても、さして無謀な推量にはなるまい」とある。
(25)阿部正美、一九九五年『芭蕉発句全講Ⅱ』明治書院、二五〇頁。
(26)義仲寺編、化政期『諸国翁墳記』（柿衛文庫所蔵）三九丁裏。
(27)松井三津人、文化一三（一八一六）年『和麗東倭礼』（天理大学図書館綿屋文庫所蔵）秋の部。
(28)前掲注(27)、同書、冬の部。
(29)田中道雄、一九七六年三月「信仰・祭られた芭蕉」『国文学解釈と鑑賞』（一九七六年三月、六一頁）に「芭蕉翁」とだけ刻む塚と発句のみを記す塚を挙げ、前者を直門の遺弟やそれに近い人々による建立とし、田中道雄　一九九三年「時雨会と『しぐれ会』」（義仲寺編集『時雨会集成』、六九三頁）には、義仲寺を中に包む全国俳諧ネットワークを論じている。
(30)田中道雄、一九九三年「時雨会と『しぐれ会』」（義仲寺編集『時雨会集成』、六九三頁）。
(31)前掲注(30)、同書、六九三頁。
(32)前掲注(30)、同書、六九六頁。
(33)前掲(4)、同書、一八三六頁。
(34)北尾鐐之助、二〇〇〇年『複刻版　近代大阪』創元社、一一六頁。初版は北尾鐐之助、一九三二年『近代大阪』創元社である。

25 福島聖天の高田屋嘉兵衛霊験譚 PP.501―519

(1)摂津国八十八所霊場会編、一九八七年『摂津国八十八所巡礼』朱鷺書房、二三頁。
(2)後小路薫、二〇〇四年四月「増訂　近世勧化本刊行略年表」『国文学―解釈と教材の研究―』四九―五、学燈社、一一〇～一二九頁。
(3)高楠順次郎編、一九二八年『大正新修大蔵経二一』二九七頁。
(4)西田耕三、一九九〇年『仏教説話集成一』国書刊行会、五二二頁。
(5)一九九一年『増補版国書総目録　著者別索引』岩波書店、七五七頁。
(6)法月敏彦、一九八九年「竹本筆太夫と近松狂言堂」『浄瑠璃大系図』国立文楽劇場芸能調査室編集、演芸資料選書三、二二九頁。
(7)前掲注(5)、同書、二三〇頁。
(8)浜松歌国『摂陽奇観』(船越政一郎編纂校訂、一九二九年『浪速叢書六』浪速叢書刊行会、二五一〜二五二頁)。
(9)前掲注(4)、同書、二二九頁。
(10)高田篤太郎編、一八八三年『高田屋嘉兵衛履歴書』(函館市立函館図書館所蔵)、三丁。
(11)高田敬一著、一九三三年『高田屋嘉兵衛翁伝』寶文館、一〜二頁。
(12)前掲注(11)、同書、二頁。
(13)前掲注(10)、同書、三丁。
(14)前掲注(11)、同書、二頁。
(15)大村助次郎、一九二三年『大阪繁花風土記上』だるまや「市中の異名」一五丁。
(16)新修大阪市史編纂委員会、一九九〇年『新修大阪市史四』大阪市、五六五頁。
(17)前掲注(10)、同書、四八丁。
(18)前掲注(10)、同書、三六丁。
(19)長谷川貞信画筆、幕末から明治初期「浪花百景之内　浦江の聖天」(大阪府立中之島図書館所蔵)
(20)前掲注(10)、同書、八丁。
(21)逸見梅栄、一九七七年「聖天さまと十一面観音さまのお姿(お像)」(藤本真靖編集発行『聖天信仰の手引き』第四版大井聖天堂)二三六〜二三七頁。
(22)前掲注(9)、同書、四七丁。
(23)須藤隆仙、一九八九年『高田屋嘉兵衛』国書刊行会、二七四頁。
(24)前掲注(10)、同書、三丁。
(25)瀬川亀・岡久穀三郎、一九四二年『高田屋嘉兵衛』堀書店、二九九〜三〇〇頁。
(26)前掲注(21)、同書、二三二頁。
(27)前掲注(11)、同書、一一一〜一一二頁。
(28)柳田國男、一九六八年『定本柳田國男集六』筑摩書房、一五八〜一五九頁。初出は、一九三四年一月「竹取翁」『国語国文』四—一である。
(29)前掲注(11)、同書、四頁。
(30)黒部亨、二〇〇〇年『高田屋嘉兵衛』神戸新聞総合出版センター、五八頁。
(31)司馬遼太郎、一九八二年『文春文庫　菜の花の沖三』一三頁。
(32)前掲注(28)、同集、一三一頁。
(33)前掲注(28)、同集、一三〇〜一三一頁。
(34)前掲注(19)、同図。
(35)前掲注(10)同書、三丁。
(36)前掲注(10)同書、九丁、一五丁。また、同書五二丁に「安政元年蝦夷地出産昆布函館に於て始めて刻昆布製造する事……」と記されていて、今日の大阪の名産品の塩昆布の製造・販売に高田屋嘉兵衛の一統が関わっていたことはまちがいない。
(37)前掲注(10)同書、三六丁。
(38)前掲注(10)同書、四九丁・引用文「助右衛門」とあるのは、「助右衛門橋」が正しく『履歴書』は「橋」の脱字である。
(39)前掲注(10)、同書、三七丁。
(40)前掲注(10)、同書、二九丁。
(41)脇田修、二〇〇〇年「高田屋嘉兵衛とその活躍」『特別展豪商高田屋嘉兵衛』高田屋嘉兵衛展実行委員会、九頁。

(42)前掲注(10)、同書、四六丁。
(43)前掲注(23)、同書、二二一頁。
(44)前掲注(41)、同書、一〇頁。
(45)山茶十《さざんくろす》、二〇〇二年一月一日「文献説話、言い伝えに登場する聖天信仰一一」「生駒聖天」一三四。大本山生駒山宝山寺発行に福島聖天に伝わる高田屋嘉兵衛のことを紹介している。この記事は大本山生駒山宝山寺の発行する機関紙に掲載されているものである。このことからすれば、生駒聖天が福島聖天の高田屋伝承を認めていることになる。
(46)著者・須藤隆仙氏への問い合わせによる。

26 堂島浜周辺の民俗空間 PP.520—526
(1)井原西鶴『日本永代蔵』(暉峻康隆訳注、一九六七年『日本永代蔵』角川書店、二一～二二頁)。
(2)前掲注(1)、同書、二二頁。
(3)鷺洲町史編纂委員会編、一九二五年『鷺洲町史』大阪府西成郡鷺洲町役場、七一九頁。

第五章　現代大阪の都市民俗誌

概要 PP.527—532
(1)高谷重夫、一九七二年『日本の民俗　大阪』第一法規出版は、年中行事・民間信仰など民俗全般にわたるが、大阪周辺の農村の事例が中心である。原泰根、一九七六年「大阪府の歳時習俗」『近畿の歳時習俗』明玄書房、二〇五～二五四頁も同様の傾向が見られる。
(2)福田アジオ、一九八三年『日本民俗学概論』吉川弘文館、二六五～二六六頁。
(3)大阪市東区史刊行委員会編、一九八一年『続東区史二』大阪市東区史刊行委員会、二二〇頁。

28 現代商人気質 PP.540—561
(1)『商業資料』(一九七三年『商業資料(複刻版)』新和出版社、二六七頁)。初版は、永江為政編著、一八九四年二月十日発行「商業資料」である。
(2)宇佐見辰一・三好広一郎・三好つや子、一九九一年『きつねうどん口伝』筑摩書房、一六二頁。
(3)伊勢戸佐一郎、一九八五年六月「商いの習俗―特に木材商の場合について―」『月刊歴史手帖』一三―六、名著出版、一一～一三頁。
(4)『上方』編集部編、一九三六年二月「口絵写真」『上方』六二、上方郷土研究会、一三八頁。
(5)前掲注(1)、同書、三四頁。
(6)宮本又次、一九六九年「大阪町人の家訓と気質」『大阪の研究三』清文堂出版、四九頁。
(7)前掲注(1)、同書、一八一頁。
(8)浜松歌国『神社仏閣願懸重宝記初篇』(船越政一郎編纂校訂、一九三〇年『浪速叢書鶏肋』二五頁)。底本は、一八二四年「神社仏閣願懸重宝記初篇」である。
(9)前掲注(8)、同叢書鶏肋、三一頁。
(10)前掲注(8)、同叢書鶏肋、二四～二五頁。
(11)前掲注(8)、同叢書鶏肋、二〇頁。
(12)例えば、京橋駅のかつての土手下に蒲生墓地があるが、その墓標に「金」という漢字が刻まれている。建立したのは高利貸しである。どう読むかと尋ねたところ「人には辛抱が一番」と教えられた。なるほど「金」という漢字は、「人」に「二」を書き縦一(芯棒)を引いて「ハ」を書いて底に横一を引けばできあがる。
(13)前掲注(2)、同書、一九六頁。
(14)大阪都市協会編集、一九八二年『続南区史』南区制一〇〇周年記念事業実行委員会発行、四八七頁。

(15)牧村史陽、一九八四年『講談社学術文庫 大阪ことば事典』六九六頁。底本は、牧村史陽、一九七九年『大阪ことば事典』講談社である。
(16)山岸摩耶、一九九八年六月「小町人形三世元賀章介さん」『大阪春秋』九一、大阪春秋社、六四～六六頁。
(17)竹内利美、一九八八年『日本大百科全書一九』小学館、六二四頁。
(18)前掲注(17)、同全書、六二五頁。
(19)前掲注(17)、同全書、六二五頁。
(20)佐野みどり、一九九八年「風流造り物―王朝のかざり」辻惟雄編『「かざり」の日本文化』角川書店、一一五頁。
(21)前掲注(20)、同書、一二一頁。
(22)『上方』編集部、一九三六年『上方』六二、上方郷土研究会、一三八頁囲い込み記事。
(23)鈴木禎吾、一九九四年「助成制度の活用のしかた」全国中小企業情報化促進センター監修『全国街づくり催事年鑑95' FESTA』三七頁。
(24)大阪府玩具・人形屋協同組合連合会創立五〇周年記念誌編纂委員会、一九九八年『五十年のあゆみ』一〇二頁。
(25)宮本又次、一九七二年「生いたちの記」『上方の研究一』清文堂出版、三八四頁。「競算会」は、蒲田利郎、一九二九年『南北堀江誌』南北堀江誌刊行会、三五九頁によれば、西区御池通一丁目二一番地に所在した。
(26)平成二（一九九〇）年度調査時の福島天満宮聞き書き。
(27)前掲注(23)、同書、三七頁。

29 商人と社寺 PP.562―585

(1)森田道三、一九八一年「安居（井）神社」『大阪春秋』二九、大阪春秋社、五八頁。
(2)宇野正人、一九八九年「企業が祀る神社」岩本通弥・倉石忠彦・小林忠雄編著『都市民俗学へのいざない Ⅱ情念と宇宙』雄山閣出版、二一五頁。
(3)土佐稲荷神社発行、発行年不明『土佐稲荷神社略記』。
(4)暁鐘成『摂津名所図会大成』（一九七六年『摂津名所図会大成二』柳原書店、二七三頁。同二七五頁）。
(5)三宅吉之助、一九三一年七月「瀬戸物町の造り物」『上方』七、上方郷土研究会、六八頁。
(6)竹田政廣、一九八二年『なにわの陶業史』大阪府陶磁器商業協同組合、一九三頁。
(7)前掲注(6)、同書、六八頁。
(8)田中天涯編、一九三〇年『大阪瀬戸物町の沿革』泉林藤七発行、四九～五〇頁。
(9)前掲注(8)、同書、五〇頁。
(10)前掲注(7)、同書、一九七頁。
(11)荻原浅男・鴻巣隼雄校注、一九七三年『日本古典文学全集 古事記・上代歌謡』五九頁。
(12)前掲注(8)、五〇頁。
(13)「少彦名神の勧請 古文書資料解説その3」道修町資料保存会http://www.kusuri-doshomachi.gr.jp/komonjo/komonjo3.html
(14)國學院大學日本文化研究所編、一九九四年『神道事典』弘文堂、六四頁。
(15)岩井宏實、一九八〇年『暮らしの中の神さん仏さん』文化出版局、七五頁。
(16)岡田米夫、一九九三年『日本史小百科 神社』東京堂出版、一一〇頁。
(17)田野登、一九九九年一一月「沖縄出身者の年中行事―異文化受容の諸相―」『都市文化研究』二二、大阪都市文化研究会、二頁。
(18)中村清、一九九八年『大阪・神戸のお寺・神社謎解き散歩』

廣済堂出版、二四三頁。
(19)川口謙二、一九八六年『東京美術選書四五　神社―そのご利益と祭神―』一六六頁。
(20)前掲注(14)、同書、六二一頁。
(21)神崎宣武、一九九三年『岩波新書　盛り場のフォークロア』三六頁。
(22)前掲注(21)、同書、三七頁。
(23)伊勢戸佐一郎、一九八五年六月「商いの習俗―特に木材商の場合について―」『月刊歴史手帖』一三―六、名著出版、一七～一八頁。
(24)近江晴子、一九八〇年九月「住吉大社の石燈籠」『大阪春秋』二五、大阪春秋社、一四七～一五三頁。
(25)前掲注(8)、同書、三四頁。
(26)前掲注(24)、同誌、一五三頁。
(27)前掲注(8)、同書、三四頁。
(28)前掲注(8)、同書、三四頁。
(29)前掲注(6)、同書、二一九頁。
(30)浜松歌国、「神社仏閣願懸重宝記初篇」(船越政一郎編纂校訂、一九三〇年『浪速叢書鶏肋』浪速叢書刊行会、三六頁)。
(31)前掲注(6)、同書、二一九頁。
(32)前掲注(24)、同誌、一四七～一五三頁。
(33)大阪府玩具・人形屋協同組合連合会創立五〇周年記念誌編纂委員会、一九九八年『五十年のあゆみ』大阪府玩具・人形屋協同組合連合会、一五〇～一五九頁。
(34)前掲注(33)、同書、四頁。
(35)前掲注(33)、同書、一五一頁。
(36)前掲注(33)、同書、五頁。
(37)前掲注(24)、同論文、一五一頁に「常夜燈　宝暦一二年　翫物商」にこの修復の記事がみえる。
(38)前掲注(33)、同書、一三二頁。
(39)前掲注(24)、同論文、一四九頁。
(40)大阪市港区役所、一九五六年『港区誌』大阪市港区創設三〇周年記念事業委員会、二九九頁。
(41)井形正寿、一九九五年七月「浄正橋筋と浦江聖天さん」『大阪春秋』八〇、大阪春秋社、一七頁。
(42)今宮戎神社発行リーフレットの「福娘」。
(43)今宮戎神社発行リーフレットの「宝恵駕籠行列の由来」。
(44)今宮戎神社社務所発行「平成庚辰十二年今宮暦」。
(45)宮本又次、一九七二年「生いたちの記」『上方の研究一』清文堂出版、三八八頁。
(46)宮本又次、一九三四年「大阪の民間信仰」『上方』三八、上方郷土研究会、四二頁。
(47)今宮戎神社発行リーフレットの「子宝」。
(48)肥田皓三、一九八九年「図説　今宮戎神社と十日戎行事」『いまみや』今宮戎神社発行、三二頁　図3「蘆分船」。
(49)前掲注(48)、同書、三三頁。
(50)前掲注(48)、同書、三三頁。
(51)前掲注(48)、同書、三四頁。
(52)前掲注(48)、同書、三四頁。
(53)前掲注(48)、同書、三四頁。
(54)前掲注(48)、同書、三四頁。
(55)前掲注(48)、同書、三四頁。
(56)津江孝夫、一九七五年七月「十日戎」『大阪春秋』七、大阪春秋社、五八頁。
(57)一無軒道治『難波鑑』(船越政一郎編纂校訂、一九二七年『浪速叢書一二』浪速叢書刊行会、二二一頁)。
(58)竹島昌威知、一九九九年「初辰さん・鴉塚の二話」『大阪春秋』九四、大阪春秋社、四〇頁。
(59)『商業資料』(一九七三年『商業資料(複刻版)』新和出版社、三巻一九五頁)。初出は、永江為政編著、一八九六年九月一〇日「商業資料」である。
(60)中村光行、一九七九年一二月「北浜の年中行事「株栄講」」『大阪春秋』二二、大阪春秋社、三九～四二頁。
(61)(株)あみだ池大黒パンフレット。
(62)前掲注(2)、同書、二〇五～二二二頁。
(63)一九五四年『岩波文庫　女工哀史』三一五～三一六頁。同書の初版本は細井和喜蔵によって、一九二五年に刊行されている。
(64)前掲注(63)、同書、三一五頁。
(65)前掲注(63)、同書、三一六頁。
(66)前掲注(59)、同書、一九五頁。
(67)前掲注(2)、同書、二一一頁。

30　現代都市の歳時習俗　PP.586—616

(1)宮田登、一九八一年『江戸歳時記』吉川弘文館。
(2)倉石忠彦、一九八九年「都市生活のリズム」岩本通弥・倉石忠彦・小林忠雄『都市民俗学へのいざないI混沌と生成』雄山閣出版、一二六頁。
(3)『古今和歌集』(一九七七年、小沢正夫校注・訳者『日本古典文学全集　古今和歌集』八〇頁)。『古今和歌集』巻第一　春歌上　国歌大観番号五六番。
(4)高橋和夫、一九七八年『日本文学と気象』中央公論社、八四～八五頁。
(5)『商業資料』(一九七三年『商業資料(複刻版)』新和出版社、九三頁)。初版は、永江為政編著、一八九四年二月一〇日「商業資料」である。
(6)大西造花装飾株式会社編集発行、一九七〇年『花のあしあと—大西造花四十五年史—』九頁。
(7)前掲注(6)、同書、四七二頁。
(8)前掲注(6)、同書、四七二頁。
(9)昭和四年「道頓堀行進曲」(古茂田信男他編、一九九四年『新版　日本流行歌史上』社会思想社、二六二頁)。
(10)前掲注(6)、同書、七八頁。
(11)松崎憲三、一九八九年「銀座の時間と空間」前掲注(2)、同書、二六〇頁。
(12)小林忠雄、二〇〇〇年『江戸・東京はどんな色』教育出版、三二頁脚注の「仏教と金色」に「特に仏教では釈迦の仏像を黄金で塗ることにより、万物宇宙の中心を表現したのであろう」と記している。
(13)前掲注(2)、同書、一三四頁。
(14)オギュスタン・ベルク著／篠田勝英訳、一九八八年『風土の日本』筑摩書房、一〇七頁。
(15)前掲注(1)、同書、一二八頁。
(16)木村繁雄編、一八四一(天保一二)年『新増女諸礼綾錦』(大阪府立中之島図書館所蔵)。
(17)喜多川守貞『守貞漫稿』(朝倉治彦・柏川修一校訂、一九九二年『守貞謾稿三』東京堂出版、八〇頁)。
(18)前掲注(17)、同書三、八一頁。
(19)前掲注(5)、同書、一〇〇頁。底本は一八六七年四月一〇日発行。
(20)前掲注(5)、同書、一二六頁。底本は一八六七年五月十日発行。
(21)牧村史陽、一九八四年『講談社学術文庫　大阪ことば事典』七〇頁。底本は、牧村史陽、一九七九年『大阪ことば事典』講談社である。
(22)郡司正勝、一九九八年「風流と見立て」辻惟雄編『「かざり」の日本文化』角川書店、三五頁。
(23)小林忠雄、一九八九年「都市と酒」前掲注(2)、同書、二四七頁。
(24)宇佐見辰一・三好広一郎・三好つや子、一九九一年『きつねうどん口伝』筑摩書房、一五～一六頁。
(25)前掲注(24)、同書、二六頁に、うどんを打つ塩水の濃度について「季節によって塩水の濃度を変え、春と秋は＊塩ボーメが約十度、夏は約十五度、冬は約七、八度でうどんを打ちます。＊塩ボーメ：ボーメ度：比重を利用した塩の濃度の表示方法。水温十五度Cの水のボーメ度をゼロとし、十五度Cの水に食塩一〇パーセントを溶かした時を十とする。このゼロから十までを十等分した計算である」と記している。
(26)井上忠司・サントリー不易流行研究所、一九九三年『講談社現代新書　現代家庭の年中行事』九五頁。
(27)喜田川守貞著・宇佐見英機校訂、一九九六年『岩波文庫　近世風俗志（守貞謾稿）一』一九六頁。
(28)鈴木棠三、一九七七年『日本年中行事辞典』角川書店、五〇三頁。
(29)前掲注(26)、同書、四八頁。
(30)前掲注(28)、同書、六四二頁。
(31)大阪府玩具・人形屋協同組合連合会創立五〇周年記念誌編纂委員会、一九九八年『五十年のあゆみ』大阪府玩具・人形屋協同組合連合会、二一頁。
(32)前掲注(31)、同書、一一〇頁。
(33)平山敏治郎、一九八四年『歳時習俗考』法政大学出版局、一二三頁。
(34)前掲注(31)、同書、三四頁。
(35)前掲注(31)、同書、一〇六頁。
(36)前掲注(31)、同書、八頁。
(37)前掲注(31)、同書、一〇八頁。
(38)前掲注(31)、一一三頁。
(39)前掲注(31)、一一三頁。
(40)前掲注(31)、一一五頁。
(41)前掲注(31)、一一五～一一六頁。
(42)竹内利美、一九八八年『日本大百科全書一九』小学館、六二五頁。
(43)前掲注(31)、同書、一一六頁。
(44)前掲注(31)、一一七頁。
(45)暁鐘成『摂津名所図会大成』（船越政一郎編纂校訂、一九二八年『浪速叢書八』浪速叢書刊行会、二七三～二七五頁）の瀬戸物町地蔵会に端を発する。底本は一八五五年頃、暁鐘成によって稿本が作成されていた。このことからすれば、この地蔵会は幕末には「見せる祭礼」になっていたのである。
(46)三宅吉之助、一九三一年「瀬戸物町の造り物」『上方』七、上方郷土研究会、六八頁。
(47)前掲注(22)、同書、三五頁。
(48)前掲注(33)、同書、一二五頁。
(49)前掲注(28)、同書、六二四頁。
(50)日垣明貫、一九三三年一〇月「大阪の誓文払」『上方』三四、上方郷土研究会、三四頁。
(51)中村浩、一九七九年一二月「忘れられていく年中行事誓文払い」『大阪春秋』二一、大阪春秋社、七九頁。
(52)中村浩、一九八五年二月「誓文拂」『大阪春秋』四二、大阪春秋社、三三頁。
(53)前掲注(6)、同書、四一五頁。関西経済連合会機関紙、一九五五年三月「経済人」掲載記事。
(54)前掲注(31)、同書、二二頁。
(55)前掲注(46)、同書、二五頁。
(56)長沢光男、一九九四年「監修にあたって」全国中小企業情報化促進センター監修『全国街づくり催事年鑑95' FESTA』。
(57)上田長太郎、一九三三年一一月「大阪商工祭概観」『上方』三五、上方郷土研究会、七五頁。
(58)前掲注(57)、同誌三五、七五頁。
(59)『上方』編集部、一九三四年一月「大阪商工祭町人風俗行列

に就て」『上方』三七、上方郷土研究会、一〇〇頁。
(60)前掲注(59)、同誌、一〇〇～一〇一頁。
(61)前掲注(56)、同書、一五五頁。

31 道頓堀かに料理店の都市民俗誌 PP.617—632

(1)陣内秀信、一九九二年『ちくま学芸文庫　東京の空間人類学』一四六頁。初出は、一九八五年『東京の空間人類学』筑摩書房である。
(2)『嬉遊笑覧』(一九九六年『日本随筆大成別巻一〇』吉川弘文館、二二一頁)。底本は、喜多村信節、一八一六年『嬉遊笑覧』である。
(3)ケンペル著、斎藤信訳、一九七七年『東洋文庫　江戸参府旅行日記』一一五頁。底本は、ケンペル、一六九一年『江戸参府旅行日記』である。
(4)橋爪紳也、一九九四年『中公新書　化物屋敷—遊戯化される恐怖』。
(5)浦達雄、一九九八年『観光地の成り立ち　温泉・高原・都市』古今書院、一五頁。
(6)前掲注(5)、同書、一七七頁。
(7)神崎宣武、一九八七年『盛り場のフォークロア』河出書房新社。
(8)松崎憲三、一九八九年「銀座の時間と空間」岩本通弥・倉石忠彦・小林忠雄『都市民俗学へのいざないⅠ混沌と生成』雄山閣出版、二五一～二七一頁。
(9)ハンス・モーザー著、河野眞訳・解説、一九九〇年六月「民俗学の研究課題としてのフォークロリスムス(下)」『愛知大学国際問題研究所紀要』九一、七頁。
(10)JRI(株)かに道楽、一九九六年『遺稿抄　今津芳雄「おかげさまでかに一筋」』一三七頁。
(11)前掲注(10)、同書、一七七頁。
(12)郡司正勝、一九九八年「風流と見立て」辻惟雄編『「かざり」の日本文化』角川書店、三五～三六頁。
(13)前掲注(10)、同書、「追憶」。
(14)前掲注(10)、同書、四頁。
(15)あまから手帖編集部、一九九七年一二月「ふぐカニおもしろこぼれ話」『あまから手帖』一九九七年一二月号、(株)クリエテ関西、五七頁。
(16)かに道楽パンフレット。
(17)伊野上のぼる作詞・キダ・タロー作曲、一九六八年「かに道楽CMソング」JRI(株)かに道楽広報部提供。「かに道楽」歌詞「(1番)ぴんとハサミを打ちふり上げて/活きのいいのが気にいった/獲れ獲れピチピチ　かに料理/味で夢よぶ　味で人よぶ/かに道楽は/同じのれんの味つづき「(2番)かにはかにでも日本海の/海にもまれた本場の味だ/獲れ獲れピチピチ　かに料理/味で夢よぶ　かにの網元/かに道楽は/同じのれんの味つづき「(3番)一度通えばうまさのとりこ/磯の香りや蝦夷の茶屋/獲れ獲れピチピチかに料理/味で夢よぶ　味で人よぶ/かに道楽は/同じのれんの味つづき」
(18)前掲注(10)、同書、「弔辞」。
(19)戸塚文子、一九六七年七月「海の幸」月刊『あまカラ』一九一、甘辛社、三三頁。
(20)前掲注(10)、同書、三六六頁。
(21)前掲注(10)、同書、三頁。
(22)戸塚文子、一九六八年四月「鯛の浜焼」月刊『あまカラ』二〇〇、甘辛社、三九頁。
(23)柿木央久、一九九六年『ばかたれ、しっかりせーくいだおれ会長・山田六郎伝』講談社、一一八頁。
(24)前掲注(10)、同書、六頁。
(25)朝日新聞、一九九六年五月二九日朝刊。

(26)（株）かに道楽、一九八〇年『かに道楽チェーン　創業二〇周年記念誌「あゆみ」』六頁。
(27)前掲注(26)、同書、一三頁。
(28)前掲注(10)、同書、一三二頁。
(29)民俗学研究所編、一九五五年『綜合日本民俗語彙一』四四〇頁。
(30)前掲注(10)、同書、三一六～三一七頁。
(31)前掲注(10)、同書、一六頁。
(32)石井謙治、一九八三年『国史大辞典四』吉川弘文館、一三五頁。
(33)大阪市立博物館編、一九八三年『北前船と大阪』四九頁。
(34)前掲注(10)、同書、三三〇頁。
(35)前掲注(19)、同書、三〇～三一頁。
(36)ＪＴＢ、一九九七年『ＪＴＢの旅ノート二三　山陰』一五頁。
(37)前掲注(10)、同書、一三〇頁。
(38)前掲注(10)、同書、二三頁。
(39)上田長太郎、一九三一年六月「大阪の川は個性を持つ」『上方』六、上方郷土研究会、一七～一九頁。
(40)ブルーガイドパック編集部編、一九九四年『ブルーガイドパック二四』実業之日本社、一〇五頁。
(41)前掲注(10)、同書、「序文にかえて」。
(42)前掲注(10)、同書、三八頁。
(43)前掲注(10)、同書、三二九頁。
(44)前掲注(10)、同書、三六八頁。
(45)北尾鐐之助、二〇〇〇年『複刻版　近代大阪』創元社、二八六頁。初版は北尾鐐之助、一九三二年『近代大阪』創元社である。

第三編　「大阪」をめぐる都市民俗研究史

第一章　都市民俗学研究史概観

概要　PP.635―637

(1)倉石忠彦、一九九七年三月「編集後記」『都市民俗研究』三、都市民俗学研究会、九四頁。
(2)福田アジオ、一九九七年「総説　社会の民俗」福田アジオ・赤田光男編『講座日本の民俗学三』雄山閣出版、三頁。
(3)前掲注(2)、同書、山本質素、一九九七年「町場の構成と生活組織」二七一頁。
(4)倉石忠彦、一九九〇年『都市民俗論序説』雄山閣出版、三四四頁の初出書誌一覧の「第二編　団地の生活」に一九七〇年一〇月発表の論考が挙げられている。

32　日本民俗学における都市への眼差し　PP.638―642

(1)柳田國男、一九六二年『定本柳田國男集一六』筑摩書房、二三七～三九一頁。初版は一九二九年「都市と農村」『朝日常識講座六』朝日新聞社である。
(2)柳田國男、一九六四年『定本柳田國男集別巻三』筑摩書房、二七頁、同書、五五頁。初出は、柳田國男、一九五八年「故郷七十年」神戸新聞である。
(3)前掲注(1)、同集一六、二三九頁。
(4)前掲注(1)、同集一六、三一四頁。
(5)前掲注(1)、同集一六、三九一頁。
(6)前掲注(1)、同集一六、三〇四頁。
(7)前掲注(1)、同集一六、三八二頁。
(8)前掲注(1)、同集一六、三八三頁。
(9)前掲注(1)、同集一六、二五〇頁。
(10)前掲注(1)、同集一六、二八七頁。
(11)井上頼寿、一九六八年『東洋文庫　京都民俗志改訂版』。初版は、一九三三年『京都民俗志』松田尚友堂である。

(12)伊藤廣之、一九八五年六月「小島勝治の都市民俗論」『月刊歴史手帖』一三―六、名著出版、三四頁。
(13a)小島勝治、一九三六年一〇月「職人の町と農業（上）」大阪府統計協会『浪速の鏡』一―一〇、二～一一頁。(13b)小島勝治、一九三六年一二月「職人の町と農業（下）」『浪速の鏡』一―一二、三四頁。
(14)小島勝治、一九四〇年九月「あんこうとなかま」『大阪民俗談話会会報』九、大阪民俗談話会、五～一〇頁。
(15)小島勝治、一九三八年一二月「商都大阪の葬式」上方郷土研究会『上方』九六、二八～三二頁。
(16)森口多里、一九七九年『新訂増補　町の民俗』歴史図書社。初版は一九四四年『町の民俗』三国書房である。
(17)福田アジオ解説、一九八一年『桜田勝徳著作集五』、名著出版、九六頁。初版は桜田勝徳、一九四九年『民俗学の話』民俗学研究所編である。
(18)宮本常一、一九八四年「都会の中の田舎」『宮本常一著作集三〇』、未来社、九～五〇頁。初出は、宮本常一、一九六四年『民俗のふるさと』河出書房新社である。
(19)前掲注(18)、同書、一四～一七頁。
(20)小寺廉吉、一九五九年「商業―交易・行商・市・商習慣」『日本民俗学大系五』平凡社、三六五～三九九頁。
(21)前掲注(17)、同書、九六頁。
(22)前掲注(17)、同書、四一四頁。
(23)千葉徳爾、一九六六年「生業の民俗について」『日本民俗学』四七、一五～二六頁。

33　百花繚乱の「都市民俗学」PP.643―649

(1)米山俊直、一九七三年『中公新書　祇園祭―都市人類学ことはじめ』。同氏には、一九七九年『中公新書　天神祭』が同じ趣旨での調査研究の成果として著されている。
(2)この年一九八〇年の法律学雑誌『ジュリスト』に国文学者による近世都市の記事に「都市民俗」という語が見られている。広末保、一九八〇年「近世都市の文化と虚構」『ジュリスト増刊総合特集　日本の大衆文化』二〇、有斐閣、一九～二三頁。
(3a)倉石忠彦、一九七三年八月「団地アパートの民俗」『信濃』信濃史学会、二五―八、三一～四二頁。(3b)倉石忠彦、一九九〇年『都市民俗論序説』雄山閣出版、一一一頁～一三四頁。
(4)岩本通弥、一九八三年「都市の民俗」『日本民俗学概論』吉川弘文館、二二三頁。
(5)高桑守史、一九七九年九月「都市民俗学―その研究動向と課題」『日本民俗学』一二四、日本民俗学会、九五頁。
(6)小林忠雄、一九八一年四月「伝統都市における民俗の構造（2）」『日本民俗学』一三四、日本民俗学会、四～一〇頁。
(7)岩本通弥、一九八一年四月「鳶の社会史」『日本民俗学』一三四、日本民俗学会、一一～一六頁
(8)倉石忠彦、一九八一年四月「マチの民俗と民俗学」『日本民俗学』一三四、一七～二二頁。
(9)宮田登、一九九六年『歴史と民俗のあいだ―海と都市の視点から』歴史文化ライブラリー。
(10)宮田登他、一九八五年『都市と田舎―マチの生活文化―』小学館。
(11)宮田登、一九八二年『都市民俗論の課題』未来社、八〇頁。
(12)前掲注(11)、同書、八二頁。
(13)前掲注(11)、同書、八一頁。
(14)前掲注(11)、同書、八二～八三頁。
(15)前掲注(11)、同書、八四頁。
(16)前掲注(11)、同書、八六～八八頁。
(17)前掲注(11)、同書、九四頁。

(18)宮田登・小松和彦、一九八八年『異界が覗く市街図』青弓社、一〇七～一三一頁。
(19)宮田登、一九八八年『霊魂の民俗学』日本エディタースクール出版部、四四～七一頁。
(注)宮田登、一九九六年『ちくま新書　民俗学への招待』一六〇～一六一頁。
(21)レッドフィールド著、安藤慶一郎訳、一九六〇年『文明の文化人類学』原題　Peasant Society and Culture : Anthropological Aproach to Civilization, The University of Chicago Press 1956　誠信書房
(22)野口武徳、一九八四年「比較民俗学・都市民俗学」赤田光男他共著『日本民俗学』弘文堂入門双書、二二頁。
(23)アラン・ダンデス著、荒木博之編訳、一九九四年『フォークロアの理論―歴史地理的方法を越えて―』法政大学出版会、六頁。
(24)大月隆寛、一九八五年一月「『都市民俗学』論の本質的性格」『日本民俗学』一五七・一五八、日本民俗学会、八六頁。
(25)神崎宣武、一九八七年『盛り場のフォークロア』河出書房新社。
(26)岩本通弥・倉石忠彦・小林忠雄編著、一九八九年『都市民俗学へのいざないⅠ　混沌と生成』雄山閣出版の三頁には、「民俗学の歴史」とあるだけである。
(27)小林忠雄、一九九〇年『都市民俗学―都市のフォークソサエティ―』名著出版、五頁。
(28)前掲注(27)、同書、一一頁。
(29)前掲注(27)、同書、二一七頁。
(30)前掲注(27)、同書、二四〇頁。
(31)前掲注(27)、同書、一〇三頁。
(32)前掲注(26)、同書、牛島史彦「都市民俗の創造」一三七～一五六頁。
(33)森栗茂一は、一九九〇年『河原町の民俗地理論』弘文堂の二一頁の小見出しに「歴史民俗学と城下町『都市民俗学』」を立て、二三頁に一九八一年『日本民俗学』一三四号の都市民俗学の特集を「日本民俗学が、いまだ残存主義とその歴史文献実証主義のドグマから解放されていない証左であろう」と論じている。

34　現代民俗学への傾斜　PP.650―655

(1)倉石忠彦は、一九九〇年『都市民俗論序説』雄山閣出版、三二頁に、新たな方法論にもとづき、民俗の残存・変遷・創造の状態が理解されてこそ都市民俗学の誕生ということができるとした。
(2)岩本通弥・倉石忠彦・小林忠雄著、一九八九年『都市民俗学へのいざないⅠ　混沌と生成』雄山閣出版、一一一頁。
(3)前掲注(2)、同書、一一一頁。
(4)倉石忠彦、一九九七年『民俗都市の人びと』歴史文化ライブラリー、一九八～二〇〇頁。
(5)井上忠司・サントリー不易流行研究所、一九九三年『講談社現代新書　現代家庭の年中行事』。
(6)森栗茂一、二〇〇三年『河原町の歴史と都市民俗学』明石書店、八七頁、七七七頁。
(7)前掲注(6)、同書、六三〇～六三一頁。
(8)和崎春日、一九九六年『大文字の都市人類学的研究』刀水書房、三六二頁～三七二頁。
(9)金子毅、二〇〇三年『八幡製鉄所・職工たちの社会誌』草風館。

第二章　大阪の都市民俗研究史

概要　PP.657―659

(1)宮田登、一九八三年『日本民俗学概論』吉川弘文館、二七〇

頁。

(2)和崎春日、一九九六年『大文字の都市人類学的研究』刀水書房、四五八頁に、都市風俗と都市民俗の弁証法的な関係を現代化の脱フォーク性と伝統化の再フォーク性の併存と論じている。

(3)大阪に冠する「水都」という言葉が明治時代末年頃から用いられるようになった。このことについては、〈第二編 第一章 11「水都」の歴史〉に詳述した。

(4)中村幸彦校注、一九七五年『日本古典文学全集 東海道中膝栗毛』四五九頁。

(5)この領域設定に関しては、通時性をとりあげた第一編〈第一章 近世大阪の都市民俗〉、〈第二編 第一章 11「水都」の歴史〉において詳しく論究した。

(6)例えば、喜田川守貞『守貞漫稿』巻之三 家宅（朝倉治彦・柏川修一校訂、一九九二年『守貞漫稿一』東京堂、六一頁）の「井」の記事に「坂俗」という言葉はみえる。「大阪ノ厨ニハ、必ラズ二瓶ヲ並べ置ク。河井ノ水ヲ別ツ。故ニ、河水ノ瓶ニハ蓋アリ。井水ノ瓶ニハ無蓋也。坂俗、其形ト大小ヲ擇バズ、ツボト云」とある。京都の記事を承けて、大阪における厨房の井戸水と川水とを瓶で区別する習俗を「坂俗」と述べているのである。「京都」の「俗」に対して、「坂俗」を大阪の習俗と読むことができる。

35 近世の文献資料にみえる都市民俗 PP.660—666

(1)夕月編、一六七九年『難波鶴』（大阪府立中之島図書館所蔵）。

(2)芳賀登、一九七七年「大日本地誌大系摂陽群談解題」『大日本地誌大系三八』雄山閣出版、一頁。

(3)船越政一郎編纂校訂、一九二四年「浜松歌国伝」『浪速叢書一』浪速叢書刊行会、「解題」三頁。

(4)北川博邦、一九九四年「『浪華の風』解題」『日本随筆大成三—五』吉川弘文館、五頁。

(5)ケンペル著、斎藤信訳、一九七七年『東洋文庫 江戸参府旅行日記』。

(6)オランダの旅行家ツュンベリーは、江戸への往路・復路に大阪に立ち寄っている。その記録は、C・Pツュンベリー、高橋文訳、一九九四年『東洋文庫 江戸参府随行記』に記されている。

(7)『羇旅漫録』（一九七五年『日本随筆大成一—一』吉川弘文館、二四五～二七九頁）。底本は、滝沢馬琴、一八〇二年『羇旅漫録』である。

(8)オランダの医師・ジーボルトは、江戸への往路・復路に大阪に立ち寄っている。その記録は、斎藤信訳、一九六七年『東洋文庫 江戸参府紀行』に記されている。

(9)朝倉治彦校注、一九九〇年『東洋文庫 人倫訓蒙図彙』には、京・江戸とともに大阪の生業が記されている。底本は蒔絵師源三郎画、一六九〇年、『人倫訓蒙図彙』である。

(10)『和漢三才図会一三』（島田勇雄他訳注、一九八九年『東洋文庫和漢三才図会一三』四～一三一頁）。底本は、寺島良安、一七一二年自序『和漢三才図会』である。

第三章 郷土研究誌『上方』にみえる大阪研究

37 上方文化の縮図 PP.675—679

(1)谷沢永一・筒井之隆・肥田晧三、一九八三年『なにわ町人学者伝』潮出版、一〇一頁に、この雑誌を発刊するに当たり、ネーミングについて、主唱者・南木芳太郎の思惑を記している。それによれば、大阪だけでは刊行を続けて行くのが難しかろうとして「上方」とした経緯が記されている。南木は刊行当初から大阪を中心とする雑誌づくりを目指していた。

(2)大阪市史編纂所・大阪市史調査会、一九九六年『新修大阪市史一〇』大阪市一六四頁。

(3)前掲注(2)、同市史一〇、一七四頁、一七八頁。
(4)前掲注(2)、同市史一〇、一七四頁、一六八頁。
(5)前掲注(2)、同市史一〇、一七四頁、一七三頁。

38 庶民の暮らしの記録 PP.680—690

(1)以下『上方』引用箇所については、簡略して記述者名「論考名」(号数)の表記だけにする。なお『上方』各号の発行年月は、次のとおりである。昭和六(一九三一)年一月に創刊し、昭和一九(一九四四)年四月まで一五一号が発行された。創刊から昭和一七年一一月の一四三号までは欠かすことなく月刊で発行され、同年一二月号が休刊となり、以後は昭和一八年一月の一四四号から同年四月の一四七号までは毎月発行されたものの、同年六月の一四八号から同年一〇月の一五〇号までは隔月となり、翌年四月の一五一号でもって廃刊となった。
(2)一九八九～一九九〇年『国書総目録補訂版一～八』(岩波書店)の分類による。
(3)鴻池義一、一九八七年九月「大阪の開帳」『大阪の歴史』二二、大阪市史料調査会、三三～六四頁。
(4)『近来年代記』は、著者が未詳であるが、途中、天保年間の三年間は欠けるものの天保八(一八三七)年に始まり明治一〇(一八七七)年に終わる編年体の記述である。
(5)高谷重夫、一九八六年一一月「砂持ち考」『近畿民俗』一〇九、近畿民俗学会、二二頁。
(6)高岡弘幸は一九九八年八月「都市と疫病—近世大阪の風の神送り」『日本民俗学』一七五、日本民俗学会に発表している。
(7)近世の都市民俗を最初にとりあげたのは、宮田登『江戸歳時記』(一九八一年、吉川弘文館)であろう。宮田登『民俗学を支えた人びと』(二〇〇七年、吉川弘文館)、一七〇頁によれば、宮田は和歌森太郎から風俗史の構想を学んでいる。その彼は西山松之助の注目した江戸っ子の行動文化を都市民俗として位置づけたと考える。宮田の都市民俗研究によって、都市民俗に通時的研究分野が開かれたのである。
(8)大阪市史編纂所・大阪市史調査会、一九九六年『新修大阪市史一〇』大阪市、一七一頁の昭和五(一九三〇)年に「エロ・グロ・ナンセンス」の語流行とある。
(9)一例を挙げれば、大阪市福島区の名勝の一つである義経「逆櫓の松」がそうである。『平家物語』巻十一「逆櫓」を基に、近世の芝居に登場する「逆櫓の松」が義経伝説を語りはじめ、地元の和菓子屋に「逆櫓の松」といった銘菓まで生み出している。
(10)前掲注(8)、一七一頁に「昭和六年九月一八日に満州事変始まる」とある。
(11)前掲注(8)、同市史一〇、一七九頁。
(12)藤原秀憲、一九七四年二月「大阪人発掘二　南木芳太郎」『大阪春秋』二、大阪春秋社、一二五頁。

あとがき

「路地狭ふ提灯吊るや地蔵盆」という句がある。夏休みも終わりがたの宵。子どもたちが地蔵堂の前に敷かれた茣蓙に集まってくる。うずたかく積まれたお供え物の奥には、お地蔵さんがいらっしゃる。大阪の町ならどこにでも見かける情景である。地蔵盆は秋の季語である。一月前の天神祭が浪花の夏本番を告げる勇壮な祭礼であるのに対し、地蔵盆の宵は路地をわたる風に秋を感じる。わが家でも一昨年までは、三人の子どもの成長を願って三張りの提灯を献灯していたが、もう大きくなり、町内の酒屋からのジュースをお供えするだけになった。

私がお地蔵さんを市岡高校都市文化研究会（大阪都市文化研究会の前身）の生徒たちと調査を始めたのは、もう二〇年以上も前のことで、彼らも今や不惑である。港区八幡屋の波除地蔵では、「地蔵さんが、町内からのうなって、みなさびしがった。盆も近い頃、まだ、あかいうちから、若い衆三人が、『ええのん、見つけたあるさかいに』ということで、大八車を曳いて拾いに出かけよった。昼日中といえ、そこらじゅう焼け野原。一軒の家もない。首尾よく積み込んだ。ところが、町内に帰って来た時の恰好というたら、尻からげに頬かむりで、ビショ濡れ。帰りしな、一雨降りよったんや」と話された時の話者の口吻が今も忘れられない。当時、今は亡き宮田登先生のご著書で「都市民俗学」という言葉を知った。調査で歩いている時、生徒に団地での民俗調査があることを話した。学位論文の御指導を賜ったのは、団地から都市民俗学を立ち上げられた倉石忠彦先生である。調査をする度に職場で先輩でもある今は亡き竹鼻廣三先生に報告した。流れ着いて来て祀られた地蔵さんの話もした。「昔からある話やが今の都会にもあるんやなア」というて興味を示された。その言葉が励みになってひたすら歩き続けた。

大阪市の民俗調査のあった一九九〇年、福島区在住で今も都市史の指導を賜っている長山雅一先生は、文化財保護課におられた。私の割り当てられたのは、港区・西区・大正区と私の地元ということもあって福島区であった。港区・西区・大正区は川筋に開けた町であって、他の調査員は誰も見向きもしなかった。副査をしていただいた小林忠雄先生の御高著『都市民俗学』が出たその頃から、私の関心は、いっそう都市民俗に傾き、川筋の生業の調査に夢中になっていった。やがて、大都会・大阪の民俗の切り口として「水の都」を思い立った。「水の都」は「商いの都」でもあるということで、船場・上町といった大阪の都心部を調査した。松屋町の造花屋では、マチの四季を演出する「桜物」「水色物」「紅葉物」「金銀物」といった業界用語があるのを知り、これは、ムラ社会にはみられない領域であると思い、片っ端から「商いの都」を訪ね歩いた。しかし、大海大阪を前にして、私は井蛙《せいあ》であって、萍水《ひょうすい》であった。近畿民俗学会の帰りしな、代表理事の原泰根先生が、大阪のマチの人もお盆に、家で盆棚を設えてちゃんとお祀りをしているのには驚いたということを話された。私は、この言葉こそ驚きでこれに発奮した。

二〇〇〇年の秋、母が亡くなった。それを契機に旦那寺である妙壽寺の御住職にも懇意にしていただくことになり、何ならウチの墓でも調べてみるかと云われ、その前にと、作務衣の恰好で隣の了徳院に連れて行かれ、御住職に紹介された。萍水であった者にもようやく根が生え始めたのだ。周縁のマチの民俗から都市をとらえる視点が定まった。和泉書院社長・廣橋研三氏と初めてお目にかかったのは、恩師で今も指導を賜っている井手至先生の古稀記念論文集の出版記念会の開かれた二〇〇〇年冬である。読みづらいところを丹念に指摘していただいた。文献資料の豊かな大阪から民俗文化を発信できる機会を与えて下さったことに感謝する。折柄、西区調査の時、地元のお婆さんから聞いた「カンテキ割った擂り鉢割ったエノ叱られたおかしゅてたまらんトッテレチンチン」の口三味線が聞こえてくる。末筆ながら物故された両先生の御冥福をお祈りし、お世話になった皆様方に感謝申しあげます。

二〇〇七年八月二二日

摂州浦江村　田夫野人こと田　野　登識

索　引

以下の索引は、本文を対象とし、掲載する頁数を記す。
ただし、本文になくて補注にだけみられる項目については、補注の頁数を記す。

Ⅰ 水都関連項目 【橋】【川】【堀】【浜】【船・舟】

【橋】

○町名に含まれる件を挙げる場合もある。

【川・堀】

①町名に含まれる件を挙げる場合もある。
②書名・論文名に含まれる件を挙げる場合もある。

【浜】

①町名に含まれる件を挙げる場合もある。
②書名・論文名に含まれる件を挙げる場合もある。

①─浜

②浜─

③─浜─

【船・舟他】

①船(舟)─

ｉふね・ふな・フナ

Ⅱ　一般事項

①原則として、一般化するため、地名・社寺名などの固有名詞の付帯するものは、その箇所を除いて挙げる。ただし、〈野田藤〉などは、その限りでない。
②原則として、書名・論文名などに含まれる語彙は挙げないが、内容によっては挙げる。
③関連項目は、できるだけ1項目としてまとめ〈・〉〈—〉でまとめたが、〈・〉を列ねた項目は、紙数の関係で独立項目とはしないで、それぞれの検索結果を重ね合わせたものである。
例　記念写真・記念樹・記念鈴・記念セール・記念碑・記念日・記念品
④他の項目に挙げる場合は、適宜、〈→〉で指示する。
⑤古典籍における用語にあって、今日、認識を改めなければならない差別的な語は、除いていない。もとより学術に資する目的以外に用いられることはあってはならないと考える。

【ア行】

【カ行】

【サ行】

【タ行】

【ナ行】

【ハ行】

【マ行】

【ヤ行】

【ラ行】

【ワ行】

Ⅲ　社寺項目

①併記する社名の中には、現在の社名で本文中に検出できない場合もある。
②(　)内の地名は、現在に比定した所在地で、必ずしも現存することを意味しない。また移転先の所在地である場合もある。

【神社】

①大阪市内

680
金比羅宮・高松藩屋敷(北区中之島) 695
鷺大明神・土佐堀白子町出雲松江侯蔵屋敷(西区土佐堀通) 25
坐摩・座摩神社・―社(中央区久太郎町渡辺) 34,564,566～568,608
三光神社・真田山の三光さん(天王寺区玉造本町) 134,143
三社神社(港区磯路) 539,576
潮待天満宮・天然寺(天王寺区城南寺町) 386
少彦名神社(中央区道修町) 564,568,569,606
素戔嗚尊神社・午頭天王・浦江の八坂さん(北区大淀南) 14,459,460,468,469
住吉神社・―大明神・―大社・摂津―祠(住吉区住吉) 32,34,40,58,101,102,115,117,147,246,247,264,371,427～430,433,497,567,568,572～575,581,582,585,677,687
玉造稲荷神社(中央区玉造) 672
露天神社・―祠・お初天神(北区曾根崎) 377～379
天神社(摂津国住吉郡) 377
天神社(摂津国西成郡) 377
土佐稲荷神社(西区北堀江) 130,146,562,563
楠珺社・初辰さん・住吉大社境内社(住吉区住吉) 117,581
難波神社・博労町―(中央区博労町) 116,147,687,692
難波八阪神社(浪速区元町) 115
野里住吉神社・野里の住吉神社・住吉神社(西淀川区野里) 264,〈5 野里の岩見重太郎伝説 327～358〉,692
野田恵美須神社・恵美須神社・野田エビス(福島区玉川) 436
博労稲荷(中央区博労町) 34,608
火防陶器神社・陶器神社・坐摩神社境内社(中央区久太郎町渡辺) 564～568,572,607,608,692
鞴神社・生玉神社境内社(天王寺区生玉町) 118
福崎住吉神社・福崎の住吉神社(港区福崎) 277,307
福島天満宮・―天神社・―社・上―天神社・上の天神さん(福島区福島) 4,10,81,84,265,〈17 福島天満宮の餓鬼島伝説 374～396〉,430,458,545
船玉神社・住吉大社摂社(住吉区住吉) 433
弁財天社(摂津国住吉郡) 81
豊国神社(当時、北区中之島) 132
堀川神社・堀川エビス・堀川戎(北区西天満) 436,594
三津神社(港区夕凪) 288
三津八幡宮(中央区西心斎橋) 581,582
港住吉神社(港区築港) 263,285,286,288
八阪神社上の社・上の八坂神社(大正区三軒家東) 321
八阪神社下の社・下八阪神社(大正区三軒家東) 403
安居(井)天神社・―神社(天王寺区逢坂) 138,146,377,389,562
若宮八幡宮・住吉大社境内社(住吉区住吉) 117
王仁神社・素戔嗚尊神社境内社(北区大淀南) 468
和霊神社・和霊神・宇和島藩邸(北区中之島) 25,58

②近畿地方

愛宕神社(京都市右京区嵯峨愛宕町) 565,566
安満神社(高槻市安満) 709
淡島神社(和歌山市加太) 605
生田神社(神戸市中央区下山手通) 123
石切劔箭神社・石切神社(東大阪市東石切町) 70
伊勢神宮・―太神宮(三重県伊勢市宇治館町) 144,145,511,569
稲荷社(兵庫県芦屋市または神戸市東灘区・摂津国兎原郡) 81
石清水八幡宮(京都府八幡市高坊) 581,582
恵比須社(摂津国川邊郡) 81
岡太神社(兵庫県西宮市小松) 334
橿原神宮(奈良県橿原市久米町) 570,571
河阿神社(京都府亀岡市稗田野町) 334
吉志部神社(吹田市岸部) 709
北野天満宮(京都市上京区馬喰町) 376,567,572
呉服神社(池田市室町) 166,168,171,178,

183,184,193,194,199,200,210
五社神社(池田市鉢塚)　202,205〜208
五條天満宮・—天神社(京都市下京区松原通西洞院西)　569
西刀神社(兵庫県豊岡市瀬戸)　630
堺乳守宮(堺市堺区南旅籠町)　56
四社神社(奈良県宇陀郡御杖村菅生)　354
関戸神社(大阪府島上郡)　81
高槻天神社(高槻市)　143
天神社(摂津国川邊郡)　81
長洲天神社・—村天神社・—天満神社(兵庫県尼崎市)　83,376,377,385
名居神社(三重県名張市下比奈知)　709
西宮神社・—エビス・—のエベッサン(兵庫県西宮市社家町)　286,437
野宮(京都市右京区嵯峨野々宮町)　123
白山神社(三重県名張市上三谷)　709
八幡宮・淡路国都志宮村(兵庫県洲本市五色町)　511
八幡社・飛田村—(北海道か不明)　511
八幡祠・落針村—(三重県亀山市布気町)　273
伏見稲荷大社(京都市伏見区深草藪之内町)　427,570,581,582
方違神社(堺市堺区北三国ヶ丘町)　142,143
松尾大社(京都市西京区嵐山宮町)　570
妙見・—宮・能勢の—・能州—宮・能勢郡野間むら—祠(大阪府豊能郡能勢町野間中)　54,55,186,211,511
八坂神社(奈良県桜井市)　709
吉田神社(京都市左京区吉田神楽岡町)　571
和田社・摂津国矢田部郡(兵庫県神戸市)　81
③その他地域
鷲神社(東京都足立区花畑町)　75
貴ノ宮神社・貴船神社(神奈川県足柄下郡真鶴町真鶴)　269
久里浜天神社(神奈川県横須賀市久里浜)　712
金比羅・—宮・讃州—・金刀比羅宮(香川県仲多度郡琴平町)　428〜430,511
城山稲荷(岡山県倉敷市)　427
太宰府天満宮(福岡県太宰府市観世音寺)　122
波除稲荷神社(東京都中央区築地)　264,318,319,323〜326
波除稲荷神社(東京都中央区佃)　317,318
八幡社・函館—　511
姫宮(長野県下伊那上郷町)　335
靖国神社(東京都千代田区九段北)　145

【寺院】

①大阪市内
安楽寺(北区大淀南)　460
一心寺(天王寺区逢阪)　7,138,146
鶴満寺(北区長柄東)　96
寒山寺(北区兎我野町あたり)　108
観音寺・玉造口観音寺(天王寺区・未詳)　56
九島院(西区本田)　—龍渓禅師庵　235,236,312
岡松寺(福島区福島)　4,7,545
光智院(福島区福島)　4,9,10,104,545
国分寺・長柄国分寺(北区国分寺)　367
西方寺・合邦の辻の閻魔さん(天王寺区逢阪)　686
三光寺(福島区福島)　6
白髪町観音堂(西区新町)　58
地蔵院・藤次寺内(天王寺区生玉町)　517,518
四天王寺・天王寺・難波寺(天王寺区四天王寺)　27,34,37,40,56,58,99,115,134,136〜139,146,147,246,256,580,604
—石神堂(天王寺区四天王寺)　74
—神衣堂(天王寺区四天王寺)　686
—牛神さんの祠(天王寺区四天王寺)　74,75
—亀井(堂)(天王寺区四天王寺)　137,138
—九頭龍権現・龍神の祠(天王寺区四天王寺)　74
—庚申堂(天王寺区堀越町)　56,58,74
—乳の布袋(天王寺区四天王寺)　686
—本堂(天王寺区四天王寺)　604
—六時堂(天王寺区四天王寺)　115
釈迦院・築港の高野山(港区築港)　298
舎利寺(生野区舎利寺)　138
正圓寺・天下茶屋の聖天さん(阿倍野区松虫通)　55
勝楽寺(北区大淀中)　460
正蓮寺(此花区伝法)　80,111,257,264,265,〈16　伝法正蓮寺の川施餓鬼　359〜373〉
神宮寺・住吉—・住吉大社境内社(住吉区住吉)

428
千日寺・法善寺(中央区千日前) 146
大長寺(現在は都島区中野町) 82
大念仏寺・平野―(平野区平野上町) 112
太融寺・北野村太融寺(北区太融寺町) 480
竹林寺(西区本田) 273
天然寺・おちつき寺・もちつき寺(天王寺区城南寺町) 386
呑海寺・―庵(大正区三軒家東) 80,303,304,306,307,311,319,325
難波寺 →「四天王寺」
母恩寺(都島区都島本通) 82,108
本願寺・石山本願寺・石山御坊(摂津国生玉荘) 231,387
本願寺・北御堂・本町御堂(中央区本町) 100,147
本願寺・南御堂・難波御堂(中央区久太郎町) 34,147
妙壽寺(福島区鷺洲) 452,453,459,460,462,467,469,〈23 都市化に消えた蓮池 473~482〉,525
了徳院・浦江聖天・浦江の聖天・福島聖天(福島区鷺洲) 431,452,453,459,460,462,464,467,469,470,473,478,482,〈24 都市化に発生した松尾芭蕉伝説、25 福島聖天の高田屋嘉兵衛霊験譚 483~519〉,525,537,576
和光寺・阿弥陀池(西区北堀江) 8,81,82,108,119,125,128,129,132,133,141,146,266,267,538,607,687
②近畿地方
朝熊寺(三重県伊勢市朝熊山麓公園) 272
円通寺(池田市) 187
観音寺・山崎観音寺(京都府乙訓郡大山崎町) 56
大峰山寺(奈良県天川村) 490
乾性寺(高槻市天神町) 143
観心寺(河内長野市寺元) 143
義仲寺(滋賀県大津市馬場) 498,499,501
久安寺(池田市伏尾町) 181
金峯山寺・金峰山(奈良県吉野郡吉野町) 490
広済寺(兵庫県尼崎市久々知) 55
釈迦院(池田市鉢塚) 203,208,211
清澄寺・清荒神・三宝荒神(兵庫県宝塚市米谷字清シ) 11,174,189,570
善集院・高野山善集院(奈良県伊都郡高野町) 484
託明寺(池田市栄本町) 209
長林寺(兵庫県洲本市五色町都志万才) 511,512
道明寺(藤井寺市―) 321,375,389
中山寺(兵庫県宝塚市中山寺) 189
弁財天の祠(池田市鉢塚) 207
宝山寺・岩屋―・生駒―(奈良県生駒市門前町) 56,511
法泉寺(此花区伝法) 366
法輪寺虚空蔵菩薩堂(京都市右京区嵐山) 145
満願寺(兵庫県川西市満願寺町) 181,189
門戸厄神(兵庫県西宮市門戸西町) 189
瀧安寺(箕面市箕面公園内) 114
③その他地域
空印寺(福井県小浜市) 469
光心寺(静岡県焼津市東小川) 318
善光寺(長野県長野市元善町) 34,40,82,128,267
称名寺(北海道函館市) 508,518
泉岳寺(東京都港区高輪) 145
浅草寺(東京都台東区浅草) 279,280,313
立江寺(徳島県小松島市立江町) 269
法華寺・法花寺・三河国知多郡矢梨村(愛知県知多郡豊浜町) 272
鳳来寺(参河) 497

Ⅳ 地名

①原則として現行の地名を挙げるが、旧地名・旧国名・汎称地名・俗称を示すこともある。したがって同一項目であっても新旧が錯綜している場合もある。

②社寺名・書名・人名などの固有名詞に含まれる地名は、別項目にあるので原則として除く。ただし、社寺名の場合、〈→「　」参照　〉を付す。
③駅名・公園・駅名など公共施設名などに含まれる地名を挙げることはあるが、複合名詞に含まれる地名は挙げない。例えば「博多人形」の「博多」
④各説タイトルにある地名を挙げることはある。
⑤見出し項目にあったりして、集中的にみえる地名は一括する。
例　→ 参照〈3　梅田の牛の藪入りの都市民俗　51〜77〉
⑥頻度の高い「大阪」は除く。
⑦町名の前後に方位が接続する場合は、同一項目として扱う。例えば、北津守、南津守は、いずれも「津守」とし、三軒家東、三軒家西は、いずれも「三軒家」とする。ただし旧地名で現行の行政区域が異なる場合、別に立てることはある。例 「北浦江」は「北区」に「南浦江」は「福島区」に別に立てる。
⑧別の索引にも記載する場合は、記載する項目を【　】に括り示す。
例　―浜→【Ⅰ 水都関連項目】
⑨（　）別項目に記載する場合は、→により指示する。
例　衢壌島→西区「九条」

①大阪市内

○大阪府下旧河内国域

○大阪府下旧和泉国域

③その他近畿地方

○兵庫県のうち、旧摂津国域

④近畿地方以外の地域

○北海道地方

○東北地方

○関東地方

⑤海外

Ⅴ　人名

①同一人物は〈＝〉で一括りする。
②姓と名のいずれかしか記載がなくても同一人物とみなされる場合は同一項目として掲げる。
③夫婦・親子などで並んで記述されている場合、〈&〉で、一括りすることもある。

【ア行】

【カ行】

【サ行】

【タ行】

【ナ行】

【ハ行】

【マ行】

【ヤ行】

【ラ行】

【ワ行】

Ⅵ 屋号·家名·会社名

①人名に含まれる屋号は、【Ⅴ 人名】にあるので挙げない。
②会社名にある「株式会社」などは省略して表記する。
③家名には、氏・姓の他、藩名も含める。

【ア行】

【カ行】

【サ行】

【タ行】

【ラ行】

【ワ行】

Ⅶ　文献名

①雑誌は除く。
②【25　福島聖天の高田屋嘉兵衛霊験譚】の［3　解説(1)書誌分類］にある書名のみに記述されているものは除く。
③副題は原則として省略する。
④全集名は除き、原著の書名を載せる。
⑤用字は新字体を原則とするが、旧字体を用いることもある。

【ア行】

【カ行】

【サ行】

【タ行】

【ナ行】

【ハ行】

【マ行】

【ヤ行】

【ラ行】

【ワ行】

図版・底本出典一覧

口絵　安治川橋　大阪府立中之島図書館蔵『浪花百景』（初代貞信画）。
p.３　（１）昭和30年頃の福島界隈の地図　大阪府立中之島図書館蔵『大阪市区分詳細図福島区』（和楽路屋　1952年７月　地調1188号）より、一部改変。
p.35　（９）弥次喜多の旅程関連地図　大阪府立中之島図書館蔵「新改正摂津國名所旧跡細見大絵図」（天保七（1836）年校正再刻）より、一部改変。
p.51　(10) 錦絵梅田道牛の藪入り　大阪府立中之島図書館蔵『花暦浪花自慢』（芳豊画）
p.57　(11)『神社仏閣願懸重宝記』関連地図　大阪府立中之島図書館蔵「新改正摂津國名所旧跡細見大絵図」（天保七（1836）年校正再刻）より、一部改変。
p.115 (18) 四天王寺　六時堂　著者撮影
p.116 (19) 住吉大社　太鼓橋（反橋）　著者撮影
p.126 (20)「堀江の子供の民俗空間」関連地図　著者蔵「近代都市の構築」（大阪都市協会、現財団法人大阪都市工学情報センター　1980年）より、一部改変して転載。
p.134 (22) 今宮戎　今宮戎神社広報部提供。
p.136 (23) 四天王寺　西門　著者撮影
p.137 (24) 四天王寺　亀の池　著者撮影
p.138 (25) 四天王寺　経木流し　著者撮影
p.150 (30)「此花「奴隷島」の近代女工の都市生活」関連地図　大阪府立中之島図書館蔵「大阪西北部」（大日本帝国陸地測量部　２万５千分の１　1934年）より、一部改変。
p.165 (31) 現在の池田市室町周辺の地図　著者蔵「地形図　伊丹」（国土地理院　1977年改測）より、一部改変。
p.202 (34) 鉢塚古墳　写真提供：池田市教育委員会。
p.204 (35) 昭和初期の才田・尊鉢の地形図　著者蔵『新修池田市史第５巻民俗編』（池田市史編纂所　1998年３月）より、一部修正して転載。
p.234 (39) 近世大阪の堀川　大阪市立中央図書館蔵『大阪の川—都市河川の変遷—』（財団法人大阪市土木技術協会、現大阪市都市建設技術協会　1995年10月）より転載。原拠資料は大阪歴史博物館蔵「大阪細見全図　慶応改正」
p.253 (45) 木津勘助お迎え人形　大阪天満宮蔵　著者撮影。
p.270 (50)「川あがり」の伝承のある地蔵の分布図　『月刊歴史手帖』第16巻12号（名著出版 1988年12月）より転載。国土地理院土地利用図「大阪西北部」1982年２月28日発行と「大阪西南部」1983年２月28日発行を基に著者作成。
p.340 (63)（64）高木義賢編集発行　絵本『岩見重太郎』大日本雄弁会講談社　表紙　同格闘場面　大阪市立中央図書館蔵『岩見重太郎』（大日本雄弁会講談社　1936年12月）よ

り転載。画・井川洗崖。氏ならびに御家族の消息をご存じの方は編集部までお知らせ下さい。

p.351 (65) 速水春暁斎『諸国図会年中行事大成』 大阪府立中之島図書館蔵『諸国図会年中行事大成』(臨川書店　2003年4月) より転載。

p.352 (66) 下男による夏越桶運搬「野里一夜官女花暦浪花自慢」 大阪府立中之島図書館蔵「花暦浪花自慢」の内「野里一夜官女」(芳豊画)。

p.359 (67) 正蓮寺川施餓鬼　正蓮寺提供。

p.367 (68) 錦絵正蓮寺川施餓鬼　大阪府立中之島図書館蔵『上方』44号表紙の一部より転載。

p.401 (72) 調査した生業の所在地　著者蔵「地形図大阪西南部」(国土地理院　2万5千分の1) より、一部改変。

p.450 (78) 川筋の生業関連地図　著者蔵「日本大白地図」(武揚堂　150万分の1) より、一部改変。

p.456 (79) 地図1:「水都」周辺のマチとムラの伝承関連地図　大阪市立中央図書館蔵「福島」(国土地理院　1万分の1地形図　京都及大阪12-2-2　1986年) より、一部改変。

p.461 (82) 地図2:近世絵地図にみえる浦江村　大阪市立中央図書館蔵『大阪建設史夜話・大阪古地図集成』附図「第十二図　文政新改摂州大阪全図」(大阪都市協会、現財団法人大阪都市工学情報センター　1980年　原図は文政八 (1825) 年) より、一部改変して転載。

p.463 (83) 地図3:明治20年頃の浦江　大阪市立中央図書館蔵『大阪建設史夜話・大阪古地図集成』附図「第二十二図　陸地測量部大阪地図」(大阪都市協会、現財団法人大阪都市工学情報センター　1980年　原図は明治19 (1886) 年) より、一部改変して転載。

p.465 (84) 地図4:明治40年頃の浦江　大阪市立中央図書館蔵「大阪西北部」(大日本帝国陸地測量部　2万分の1地形図　明治42年測図) より、一部改変。

p.466 (85) 地図5:大正時代終わり頃の浦江　大阪市立中央図書館蔵『鷺洲町史』付図 (鷺洲町史編纂委員会　大正14年1月) より、一部改変して転載。

p.474 (86) 妙壽寺石造物配置図　妙壽寺蔵　一部改変。

p.485 (91) 了徳院石造物配置図　了徳院蔵　一部改変。

p.497 (95)『浪花百景』浦江杜若　大阪府立中之島図書館蔵『浪花百景』「うらえ杜若」(芳雪画)

p.502 大聖歓喜天霊験経和訓図会　京都府立総合資料館蔵『大聖歓喜天霊験経和訓図会』中巻 (安政2 (1855) 年) を翻刻掲載。

p.541 (101) 郷土誌『上方』の幕末の刷り物　大阪府立中之島図書館蔵『上方』62号　138頁より一部転載。

p.574 (105) 住吉大社　常夜石燈籠

p.611 (109) 九条まつり　九条商店連合会　著者撮影

p.613 (110) エイサー祭り　関西沖縄文庫　著者撮影

p.676 (113) 雑誌『上方』創刊号目次　大阪府立中之島図書館蔵『上方』創刊号目次より転載。

田野　登（たの　のぼる）

一九五〇年大阪生まれ。大阪市立大学文学部卒業。大阪都市文化研究会会員。近畿民俗学会会員。日本民俗学会会員。現在、大阪府立かわち野高校教諭。著書『大阪のお地蔵さん』（一九九四年渓水社）。博士（文学）。

大阪叢書　4

水都大阪の民俗誌

二〇〇七年一二月三〇日　初版第一刷発行©

著　者　田　野　　登

発行者　廣　橋　研　三

発行所　和　泉　書　院

〒543-0002　大阪市天王寺区上汐五－三－八

電話　〇六－六七七一－一四六七

振替　〇〇九七〇－八－一五〇四三

印刷／製本　亜細亜印刷

装訂／濱崎実幸

ISBN978-4-7576-0430-8　C3339